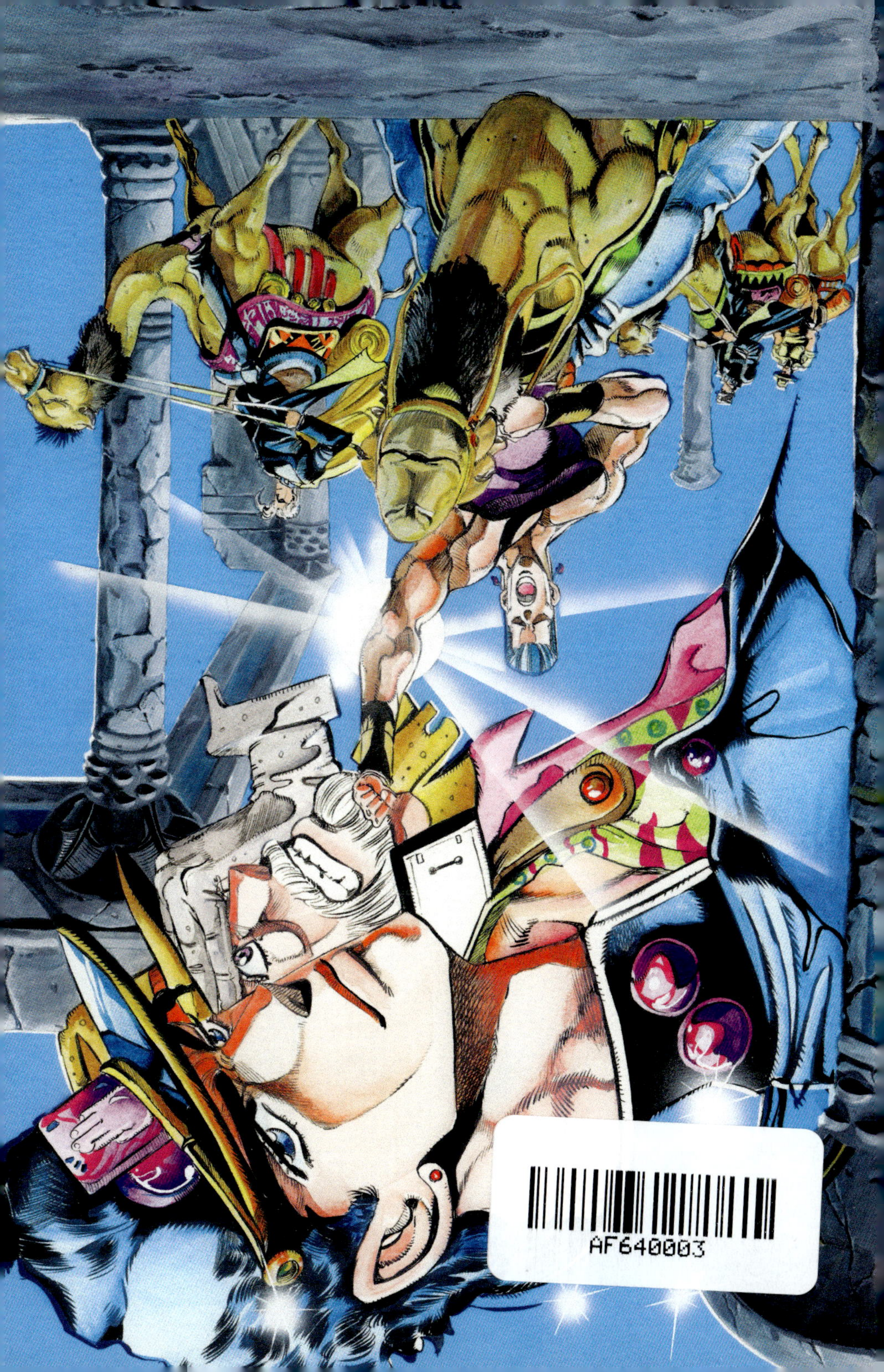

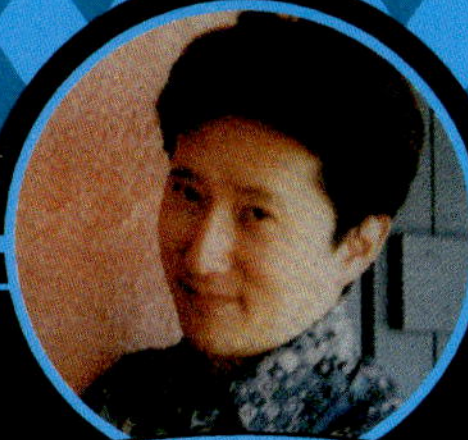

HIROHIKO ARAKI

Araki wurde am 7. Juni 1960 in der Stadt Sendai, Präfektur Miyagi, Japan geboren. Er ist Sternzeichen Zwillinge und hat Blutgruppe B.

1980 nahm er am Nachwuchswettbewerb des Weekly Shonen Jump teil und gewann mit dem One-Shot „Buso Poker“ (Poker Under Arms) den 20. Tezuka-Preis in der 2. Kategorie (die 1. Kategorie war in dem Jahr wie so oft unbesetzt).

In der ersten Ausgabe von Shonen Jump 1981 feierte er dann mit demselben Werk sein Debüt als Mangaka. In Ausgabe 42 des Jahres 1983 startete seine erste Serie „Mashonen Bi Ti“ (COOL SHOCK B.T.). Ab Ausgabe 45 des Jahres 1984 erschien seine zweite Serie „Bao Raihosha“ (Baoh), und ab Doppelausgabe 1/2 des Jahres 1987 schließlich „JoJo no Kimyou na Bouken“ (JoJo’s Bizarre Adventure), das schnell eine riesige Fangemeinde um sich scharen konnte. Zuletzt veröffentlichte er im Ultra Jump Magazin „JoJo’s Bizarre Adventure Part 8: JoJolion“.

JoJo's Bizarre Adventure

Part 3

Stardust Crusaders

04

JoJo's Bizarre Adventure Part 3

Stardust Crusaders

04

Inhalt

Der Inhalt dieses Bandes
erschien zuerst im Weekly Shonen Jump,
Ausgabe 11 bis 26 des Jahres 1990.

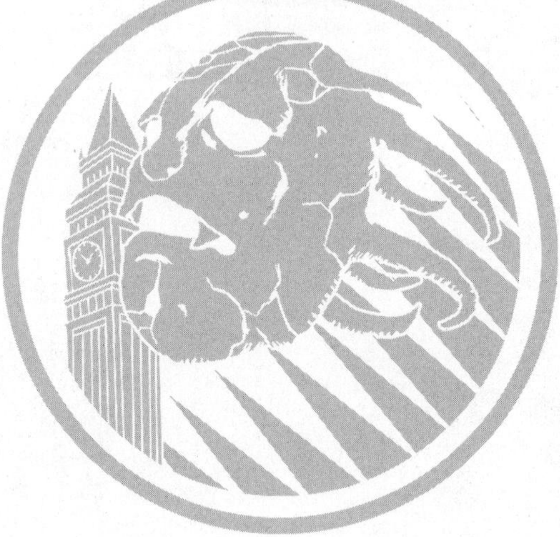

(Dieser Sammelband wurde vom Verlag Shueisha unter dem
Label Jump Comics ursprünglich in drei Einzelbänden im August,
Oktober und Dezember 1990 publiziert.)

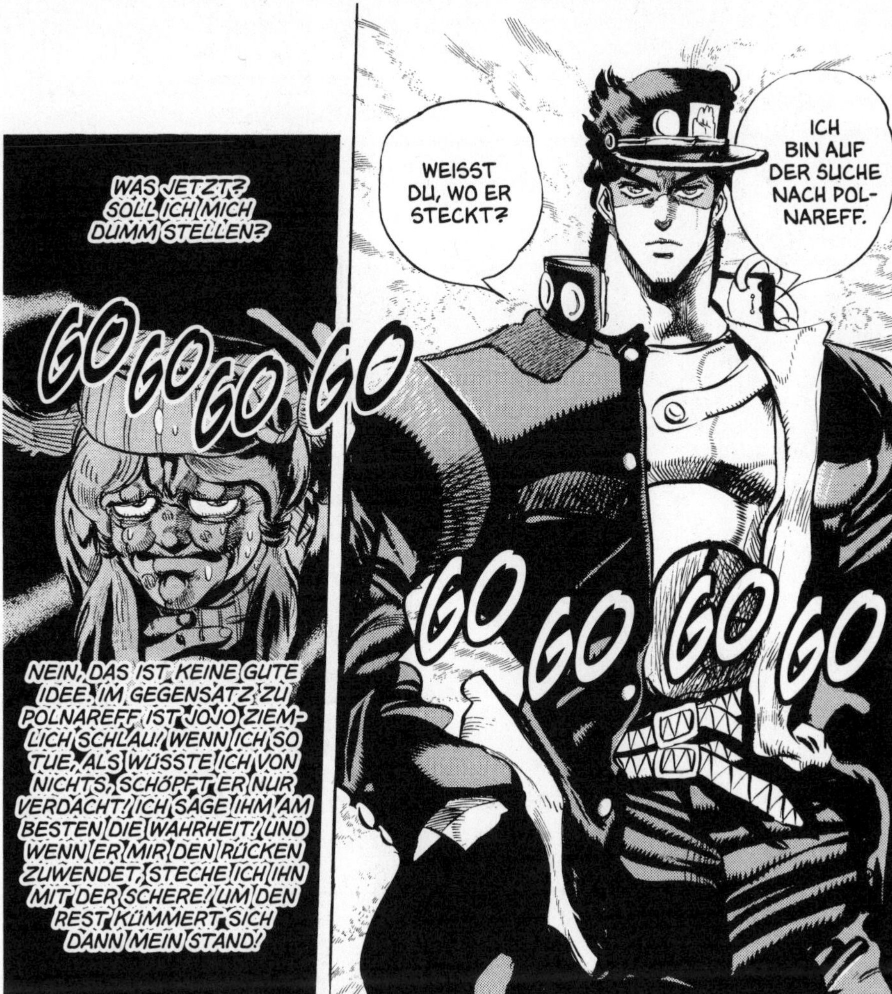

Die Gerechtigkeit: Teil 6

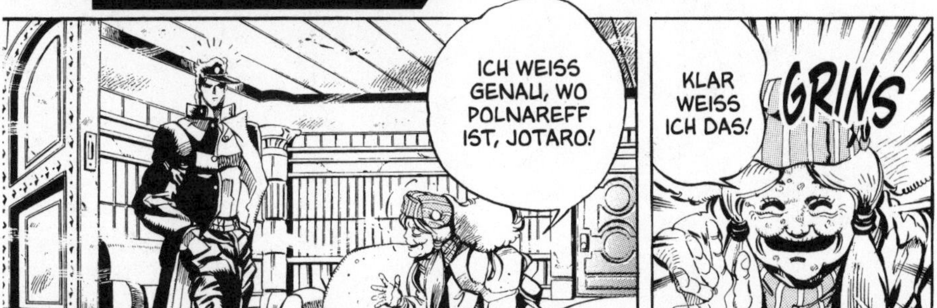

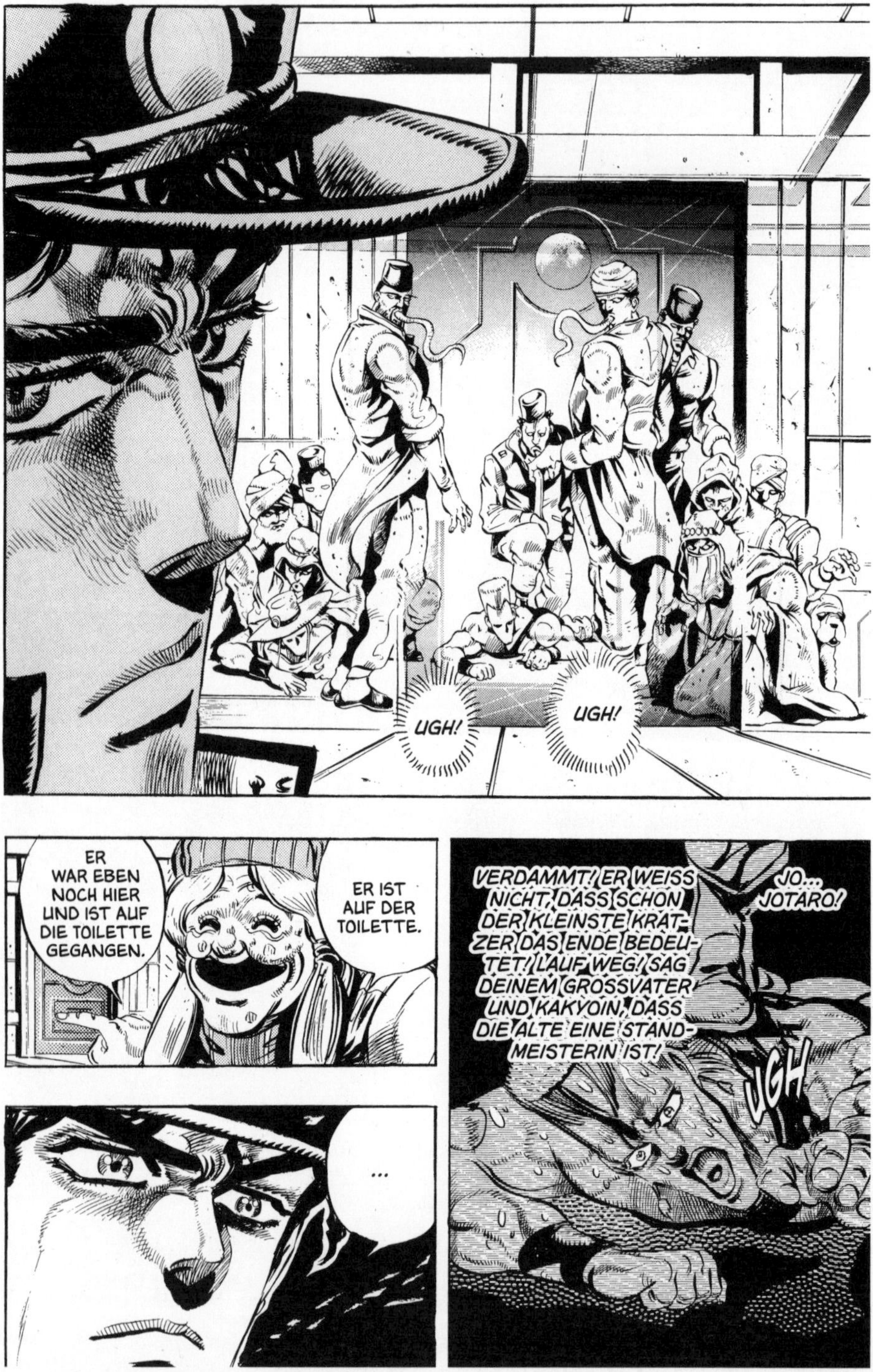

UGH!
UGH!
ER WAR EBEN NOCH HIER UND IST AUF DIE TOILETTE GEGANGEN.
ER IST AUF DER TOILETTE.
VERDAMMT! ER WEISS NICHT, DASS SCHON DER KLEINSTE KRATZER DAS ENDE BEDEUTET! LAUF WEG! SAG DEINEM GROSSVATER UND KAKYOIN, DASS DIE ALTE EINE STANDMEISTERIN IST!
JO... JOTARO!
UGH
...

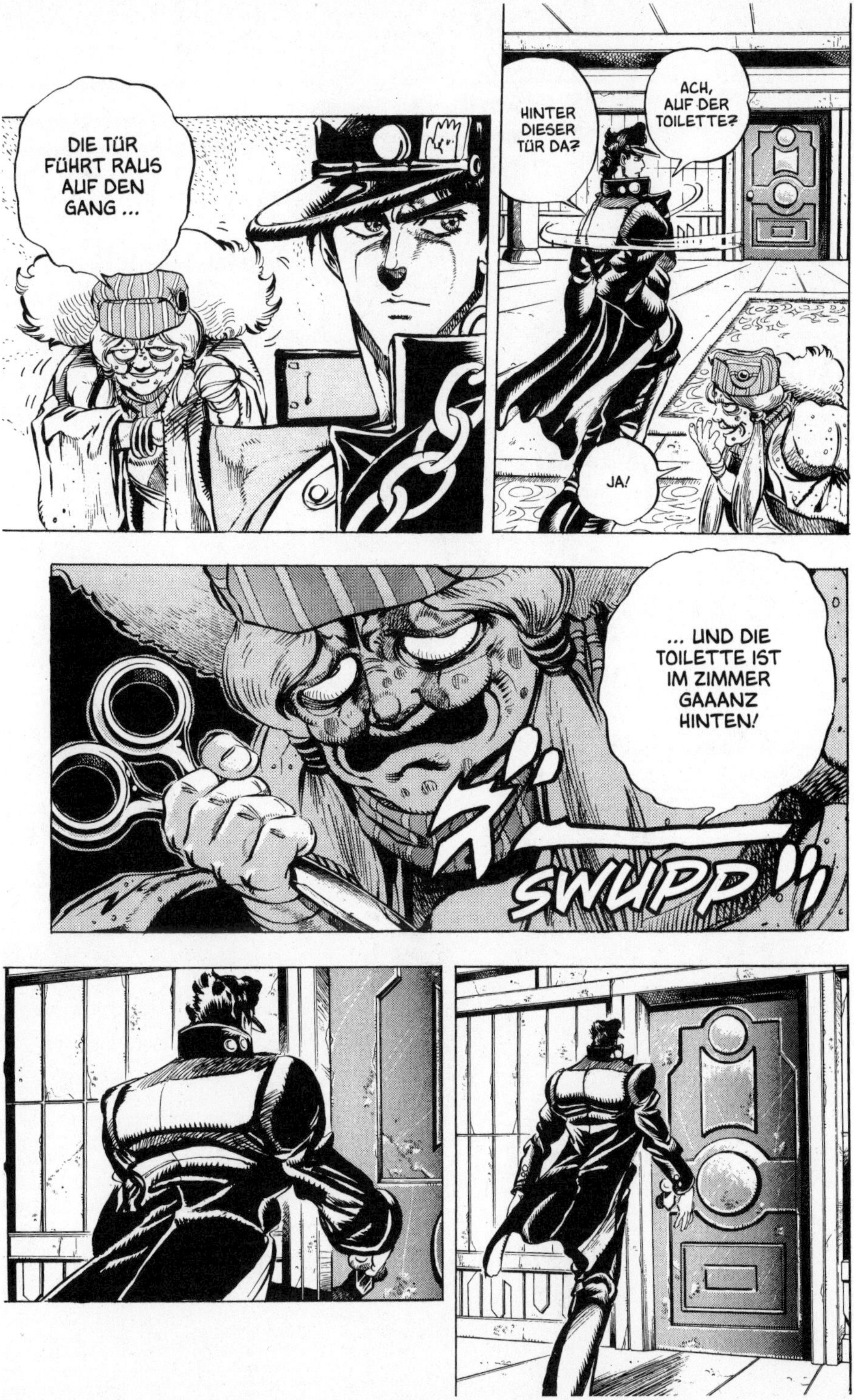
DIE TÜR FÜHRT RAUS AUF DEN GANG ...
HINTER DIESER TÜR DA?
ACH, AUF DER TOILETTE?
JA!
... UND DIE TOILETTE IST IM ZIMMER GAAANZ HINTEN!
SWUPP

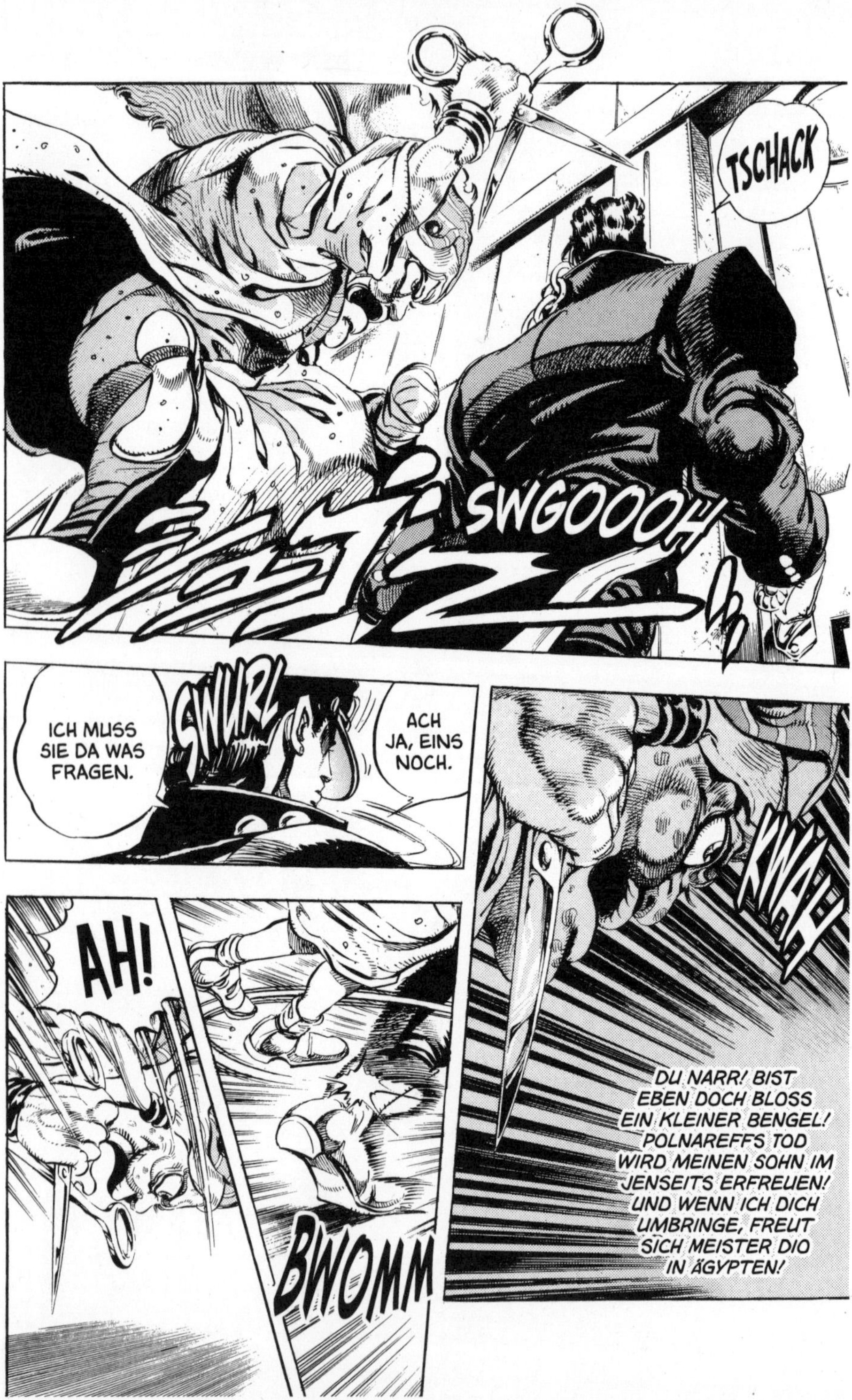
TSCHACK
SWGOOOH
ACH JA, EINS NOCH.
SWURL
ICH MUSS SIE DA WAS FRAGEN.
KWAH
DU NARR! BIST EBEN DOCH BLOSS EIN KLEINER BENGEL! POLNAREFFS TOD WIRD MEINEN SOHN IM JENSEITS ERFREUEN! UND WENN ICH DICH UMBRINGE, FREUT SICH MEISTER DIO IN ÄGYPTEN!
AH!
BWOMM

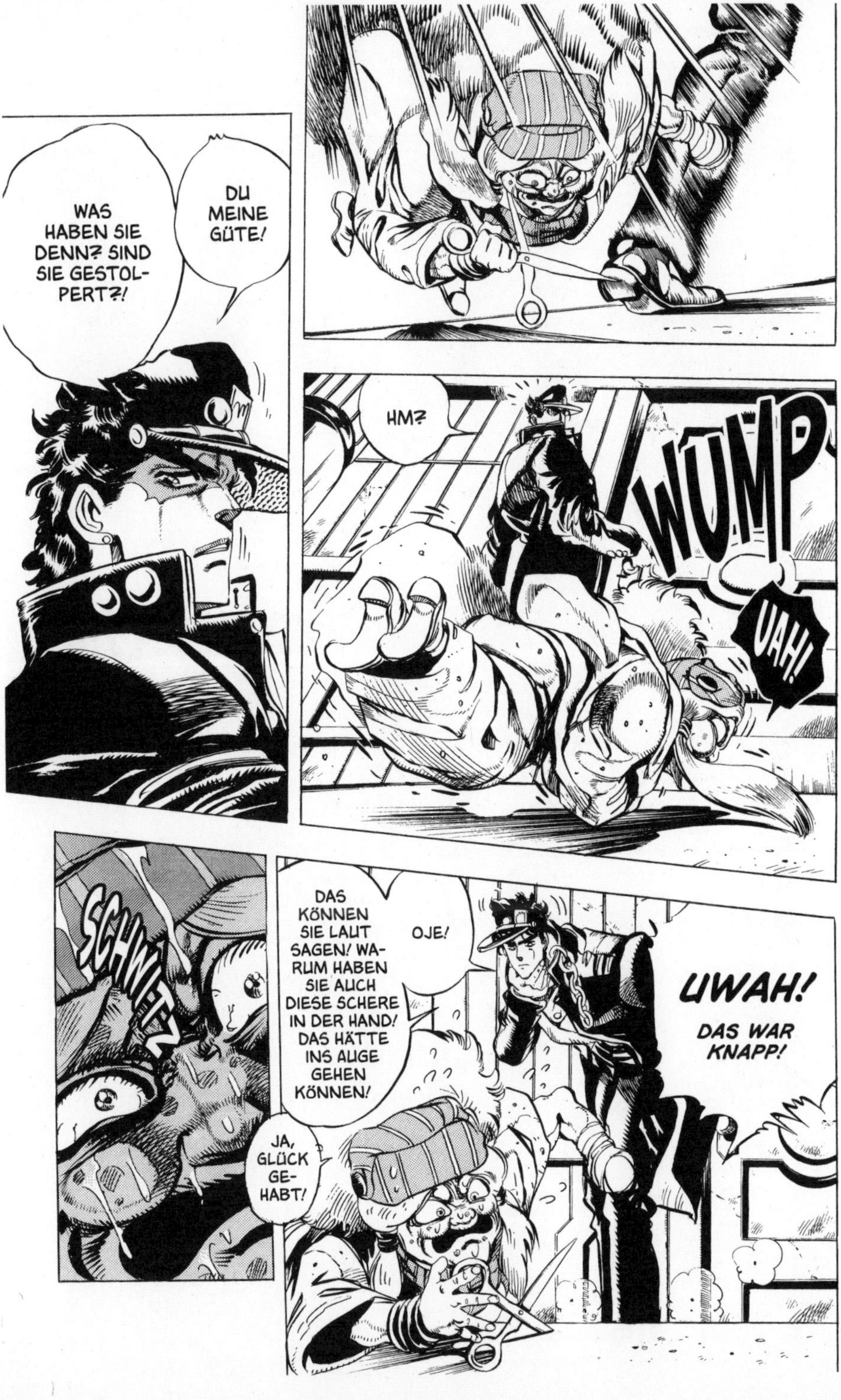
DU MEINE GÜTE!
WAS HABEN SIE DENN?! SIND SIE GESTOLPERT?!
HM?
WUMP
UAH!
UWAH!
DAS WAR KNAPP!
OJE!
DAS KÖNNEN SIE LAUT SAGEN! WARUM HABEN SIE AUCH DIESE SCHERE IN DER HAND! DAS HÄTTE INS AUGE GEHEN KÖNNEN!
JA, GLÜCK GEHABT!
SCHWITZ

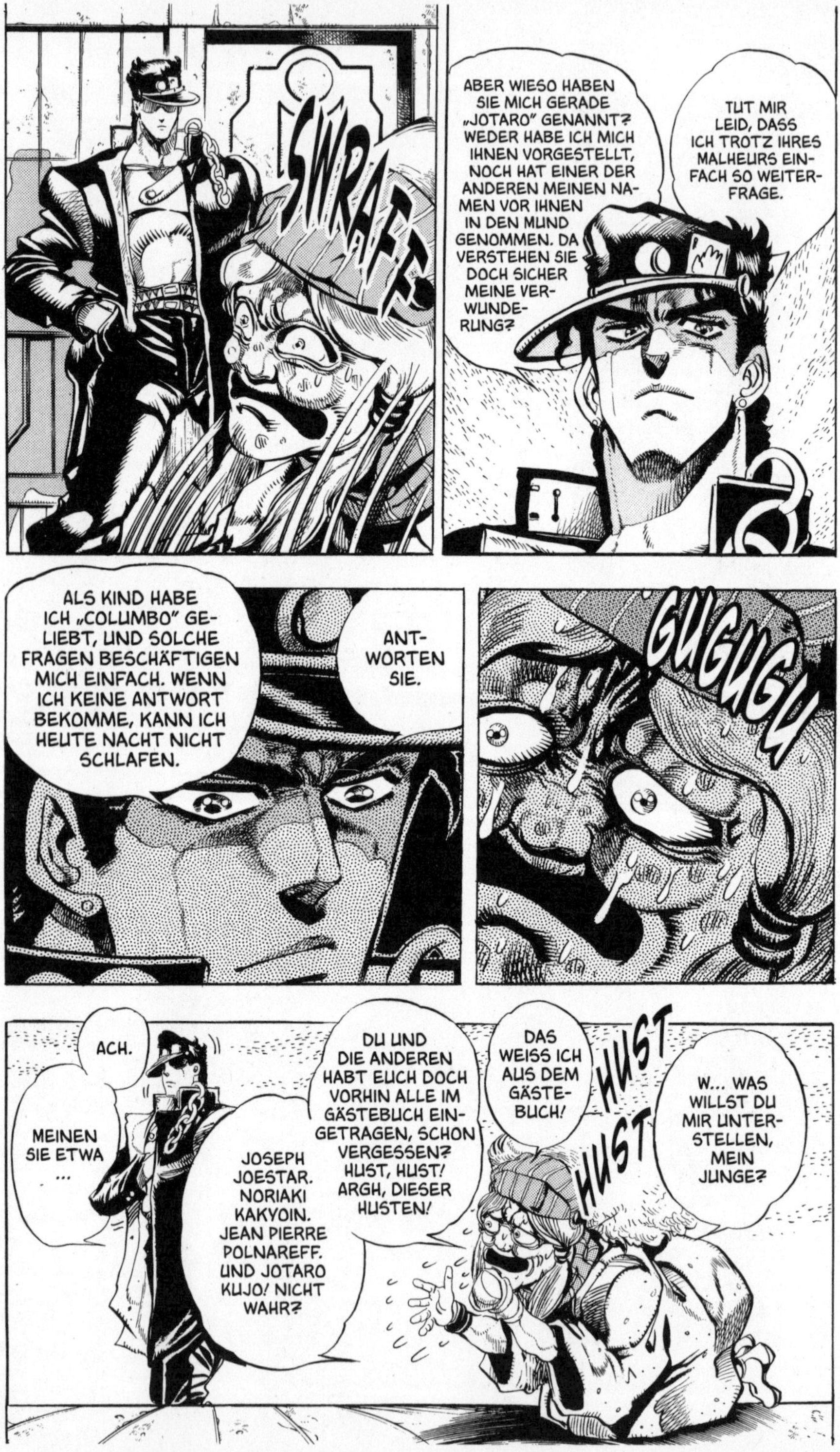

TUT MIR LEID, DASS ICH TROTZ IHRES MALHEURS EINFACH SO WEITERFRAGE.
ABER WIESO HABEN SIE MICH GERADE „JOTARO" GENANNT? WEDER HABE ICH MICH IHNEN VORGESTELLT, NOCH HAT EINER DER ANDEREN MEINEN NAMEN VOR IHNEN IN DEN MUND GENOMMEN. DA VERSTEHEN SIE DOCH SICHER MEINE VERWUNDERUNG?
SWRAFF
GUGUGU
ANTWORTEN SIE.
ALS KIND HABE ICH „COLUMBO" GELIEBT, UND SOLCHE FRAGEN BESCHÄFTIGEN MICH EINFACH. WENN ICH KEINE ANTWORT BEKOMME, KANN ICH HEUTE NACHT NICHT SCHLAFEN.
W... WAS WILLST DU MIR UNTERSTELLEN, MEIN JUNGE?
HUST
HUST
DAS WEISS ICH AUS DEM GÄSTEBUCH!
DU UND DIE ANDEREN HABT EUCH DOCH VORHIN ALLE IM GÄSTEBUCH EINGETRAGEN, SCHON VERGESSEN? HUST, HUST! ARGH, DIESER HUSTEN!
JOSEPH JOESTAR. NORIAKI KAKYOIN. JEAN PIERRE POLNAREFF. UND JOTARO KUJO! NICHT WAHR?
ACH.
MEINEN SIE ETWA ...

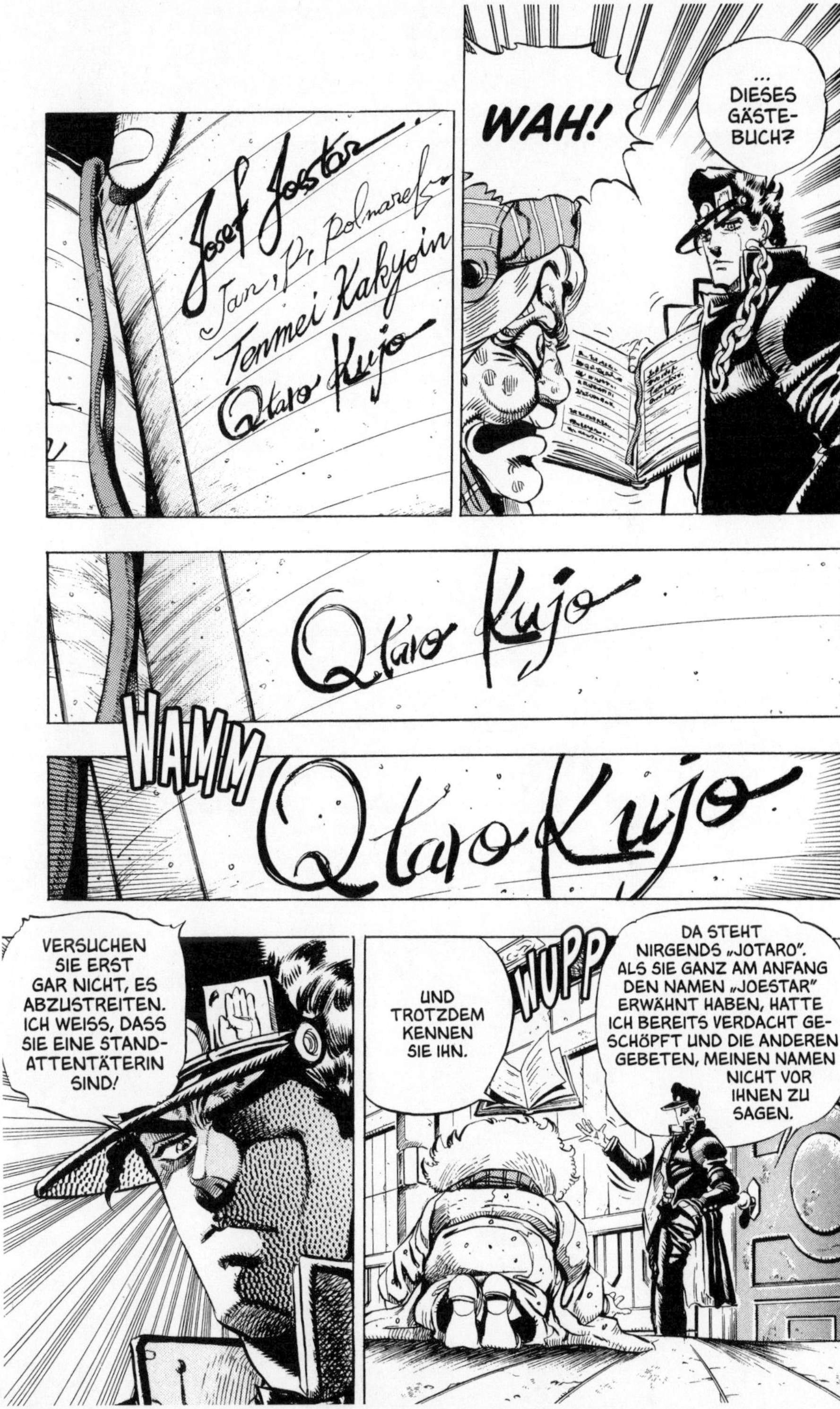

... DIESES GÄSTE-BUCH?
WAH!
Josef Joestar
Jan, P, Polnareff
Tenmei Kakyoin
Qtaro Kujo
Qtaro Kujo
WAMM
Qtaro Kujo
DA STEHT NIRGENDS „JOTARO“. ALS SIE GANZ AM ANFANG DEN NAMEN „JOESTAR“ ERWÄHNT HABEN, HATTE ICH BEREITS VERDACHT GESCHÖPFT UND DIE ANDEREN GEBETEN, MEINEN NAMEN NICHT VOR IHNEN ZU SAGEN.
WUPP
UND TROTZDEM KENNEN SIE IHN.
VERSUCHEN SIE ERST GAR NICHT, ES ABZUSTREITEN. ICH WEISS, DASS SIE EINE STAND-ATTENTÄTERIN SIND!

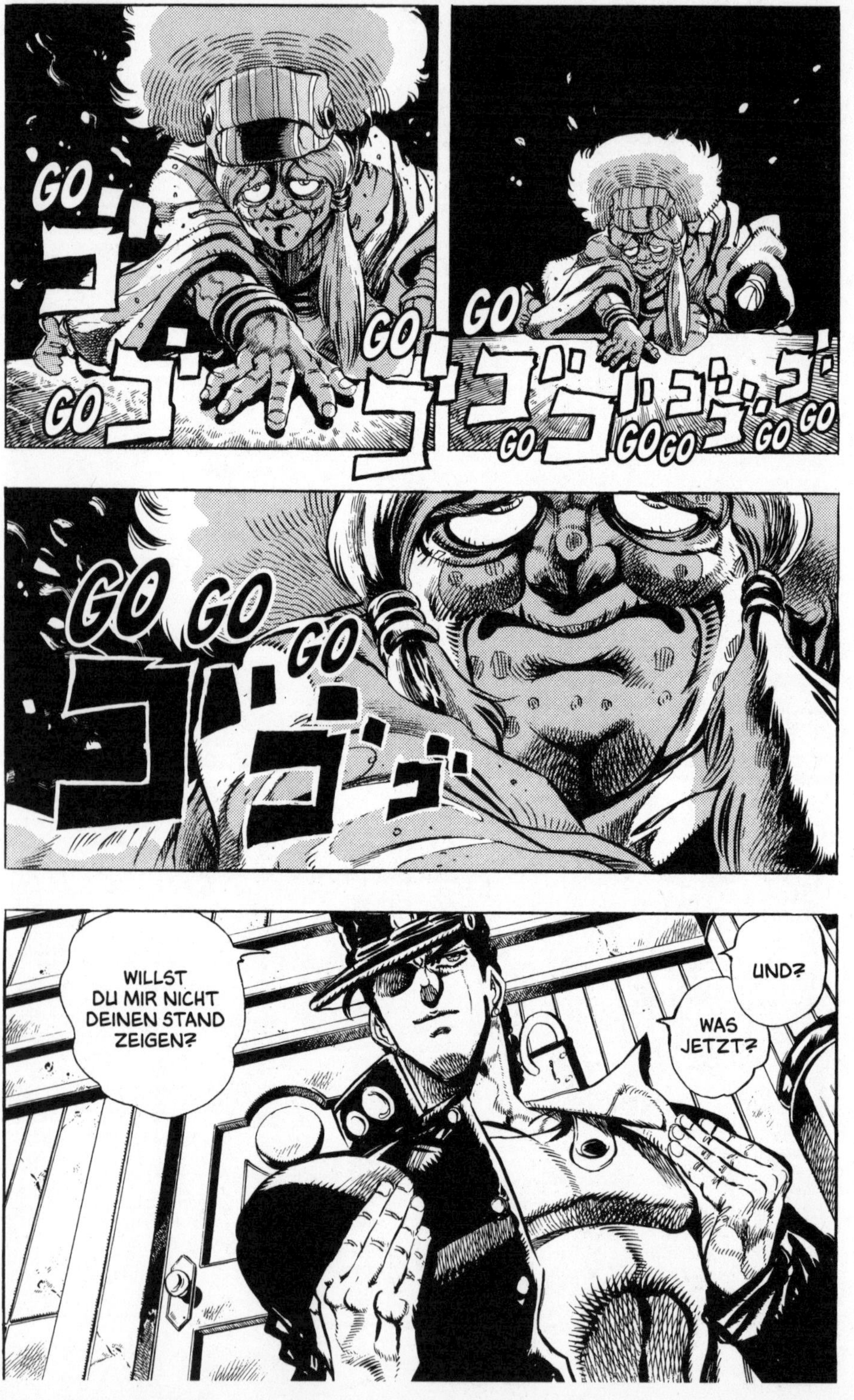
GO GO GO GO GO GO
ゴゴゴゴ
GO GO GO
ゴゴゴ
GO GO GO
ゴゴゴ
UND?
WAS JETZT?
WILLST DU MIR NICHT DEINEN STAND ZEIGEN?

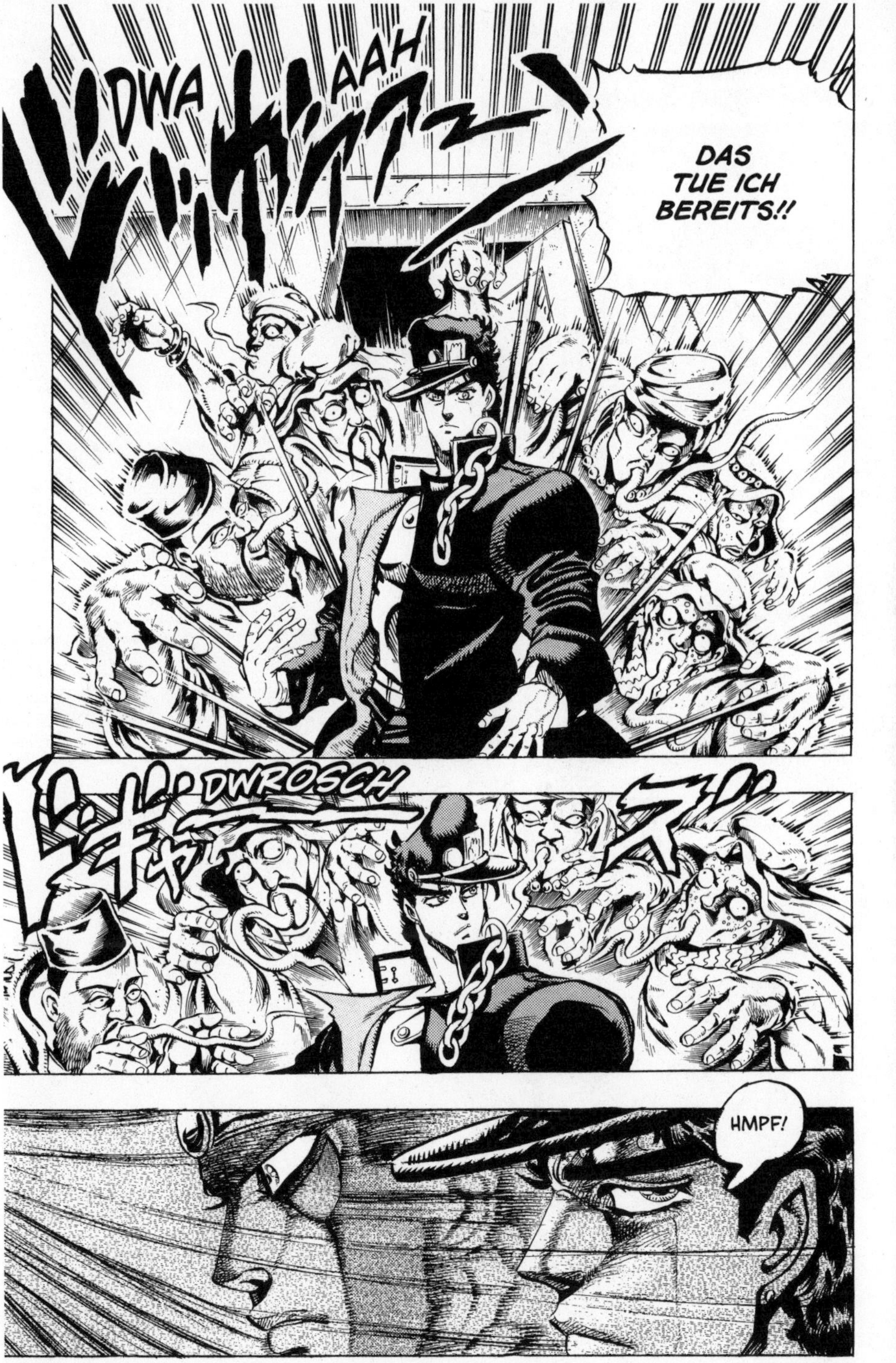
DAS TUE ICH BEREITS!!
DWA AAH
DWROSCH
HMPF!

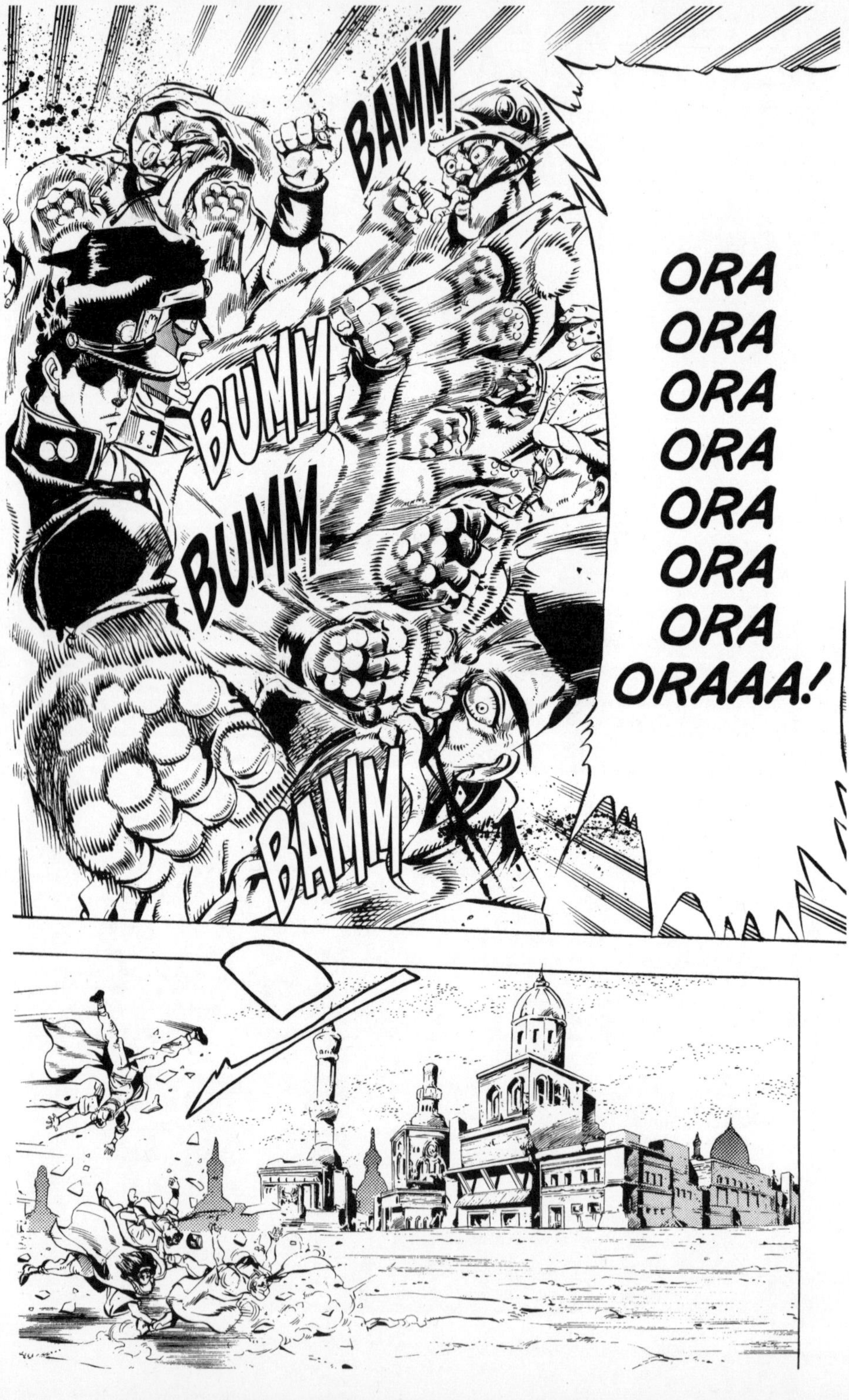
BAMM
BUMM
BUMM
BAMM
ORA
ORA
ORA
ORA
ORA
ORA
ORA
ORAAA!

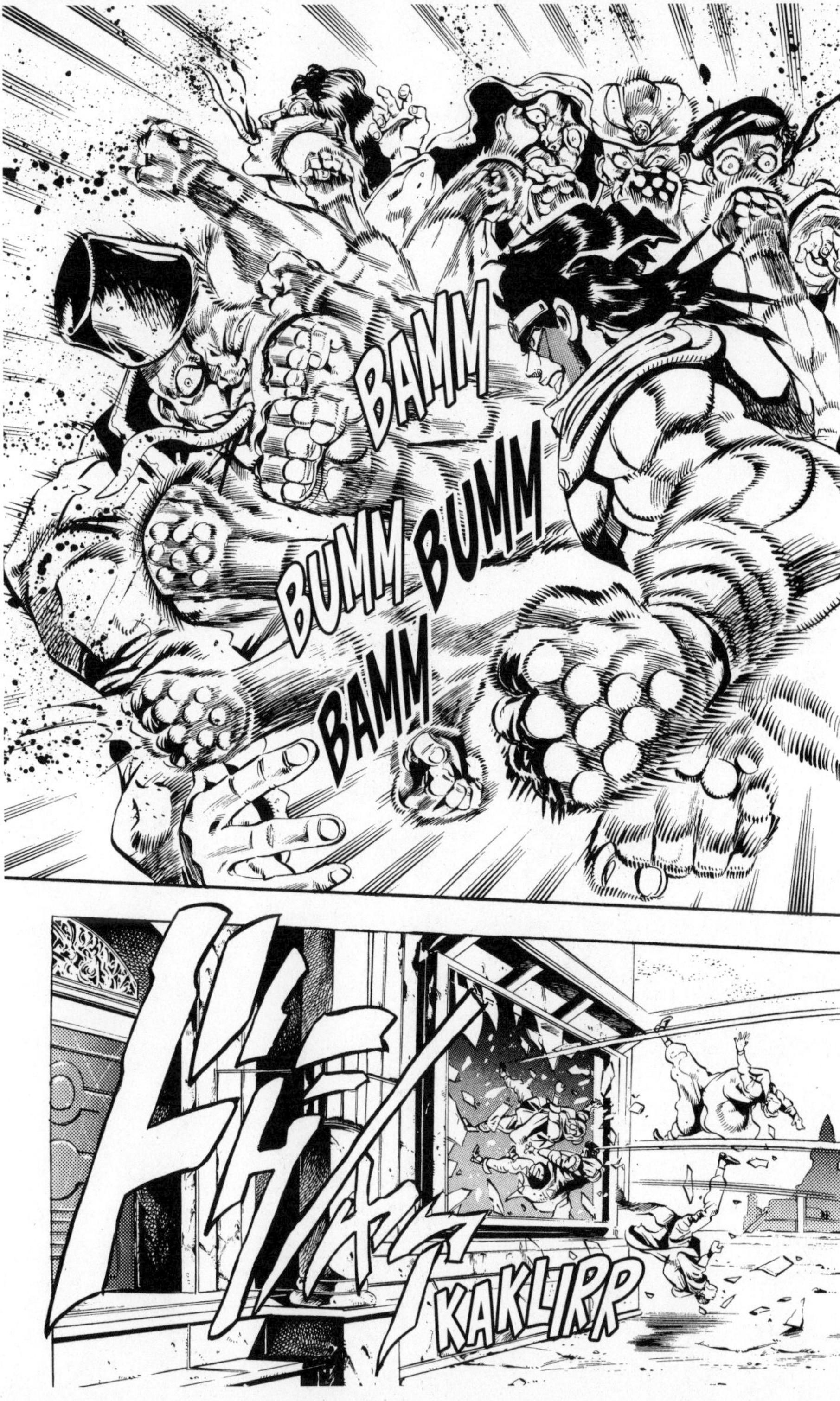
BAMM
BUMM BUMM
BAMM
KAKLIRR

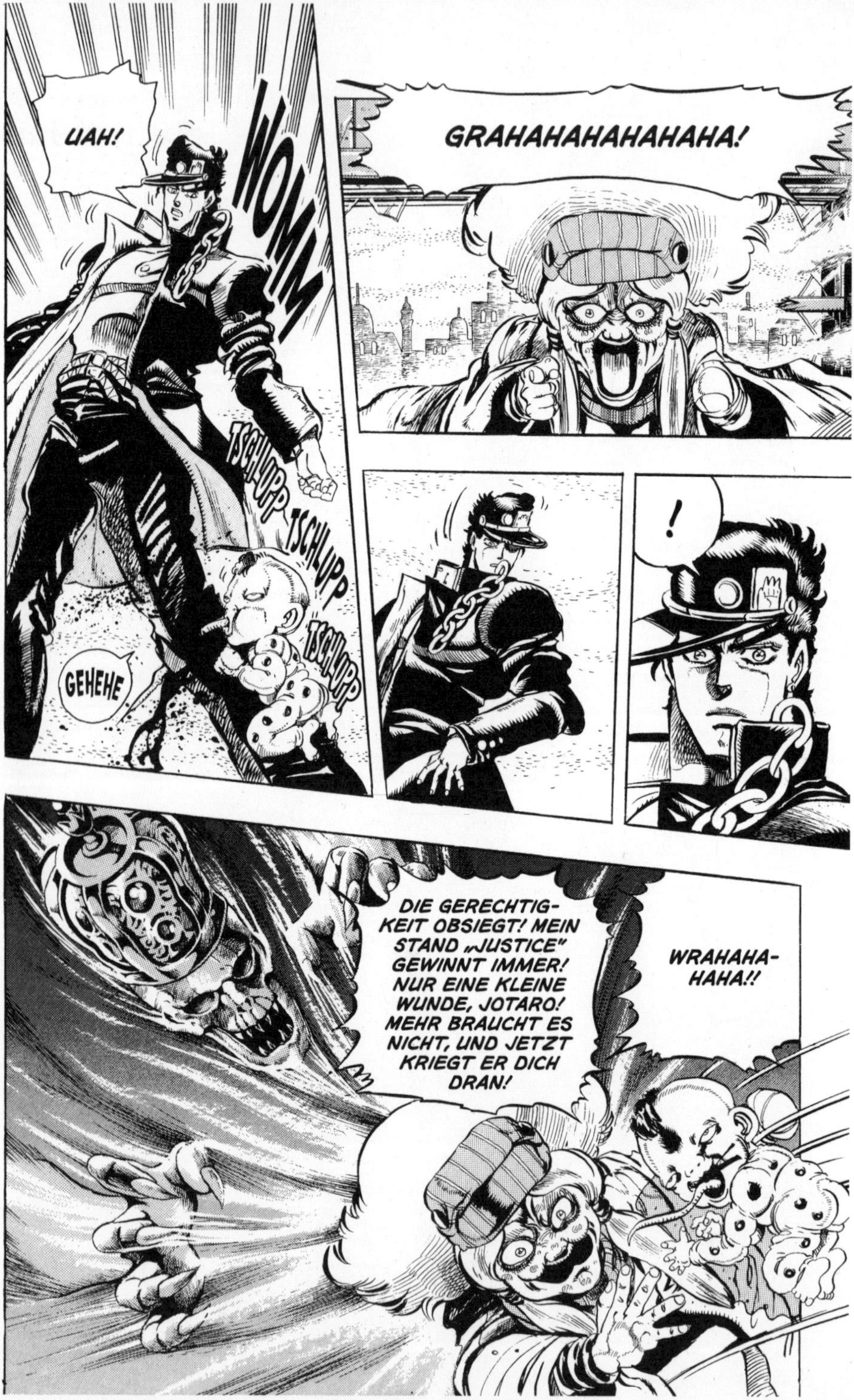

UAH!
WOMM
TSCHLUPP
TSCHLUPP
TSCHLUPP
GEHEHE
GRAHAHAHAHAHAHA!
!
DIE GERECHTIG-KEIT OBSIEGT! MEIN STAND „JUSTICE" GEWINNT IMMER! NUR EINE KLEINE WUNDE, JOTARO! MEHR BRAUCHT ES NICHT, UND JETZT KRIEGT ER DICH DRAN!
WRAHAHA-HAHA!!

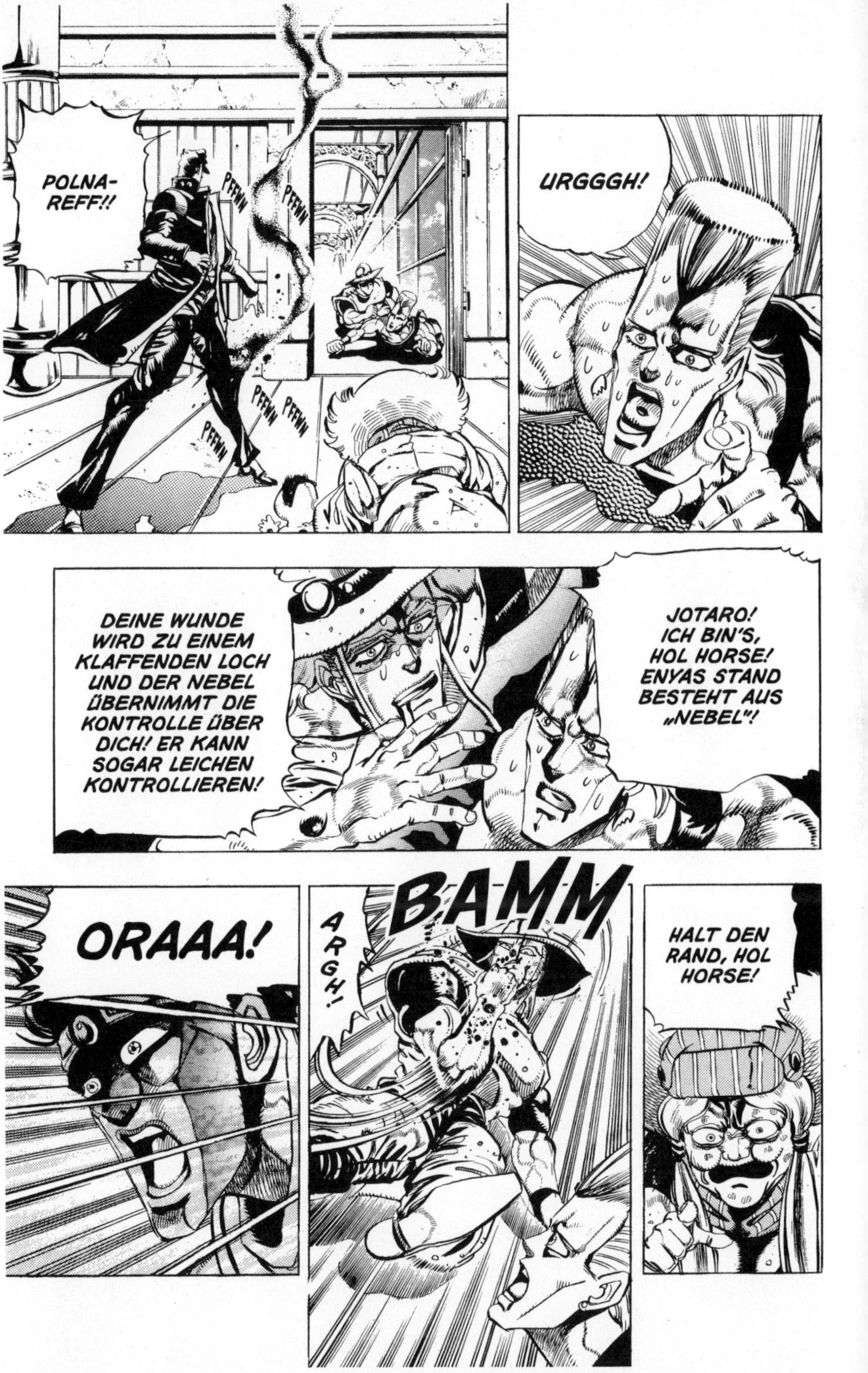
POLNA-
REFF!!
PFFWN
PFFWN
PFFWN
PFFWN
PFFWN
URGGGH!
JOTARO! ICH BIN'S, HOL HORSE! ENYAS STAND BESTEHT AUS „NEBEL"!
DEINE WUNDE WIRD ZU EINEM KLAFFENDEN LOCH UND DER NEBEL ÜBERNIMMT DIE KONTROLLE ÜBER DICH! ER KANN SOGAR LEICHEN KONTROLLIEREN!
ORAAA!
BAMM
ARGH!
HALT DEN RAND, HOL HORSE!

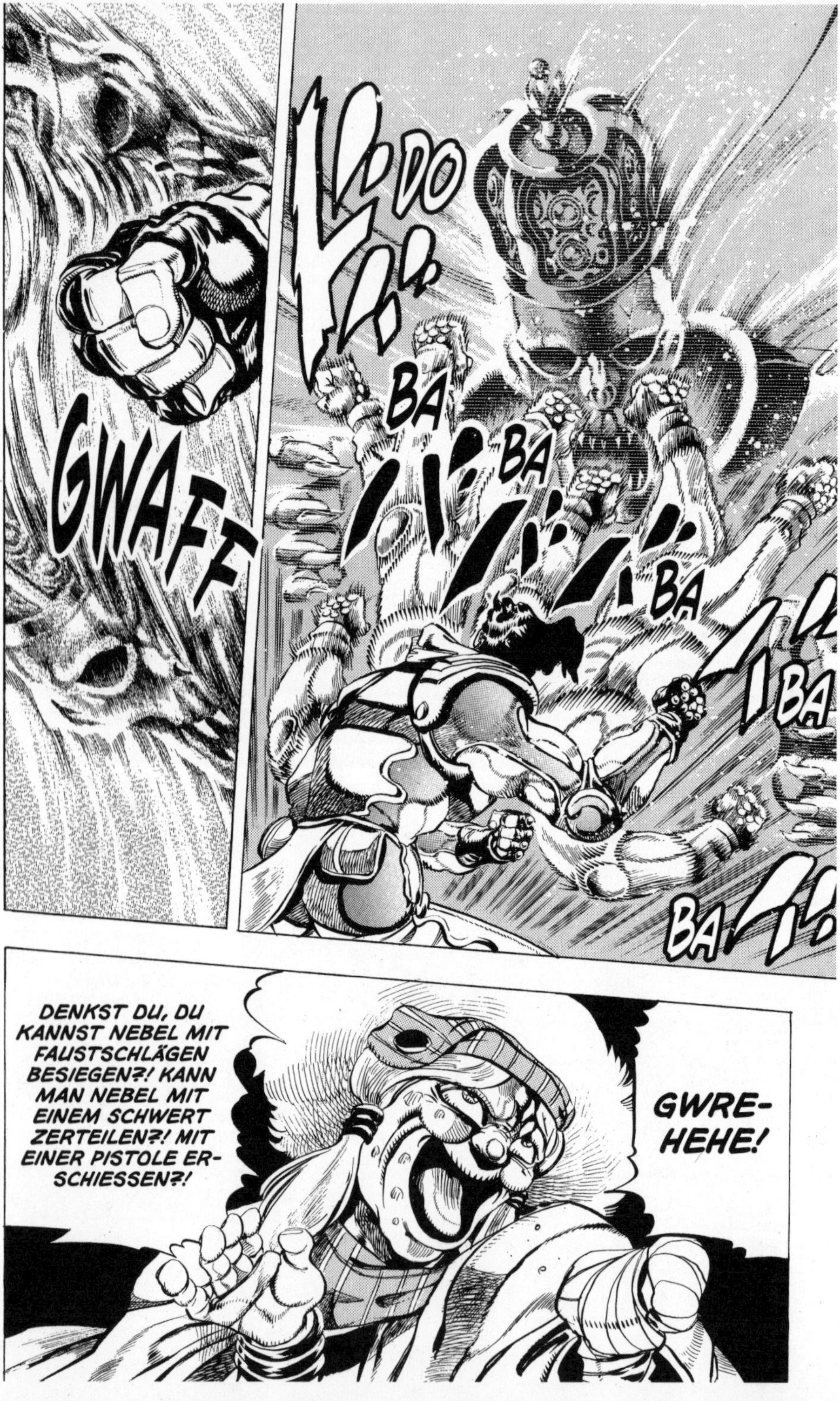
GWAFF
DO
BA
BA
BA
BA
BA
DENKST DU, DU KANNST NEBEL MIT FAUSTSCHLÄGEN BESIEGEN?! KANN MAN NEBEL MIT EINEM SCHWERT ZERTEILEN?! MIT EINER PISTOLE ER-SCHIESSEN?!
GWRE-HEHE!

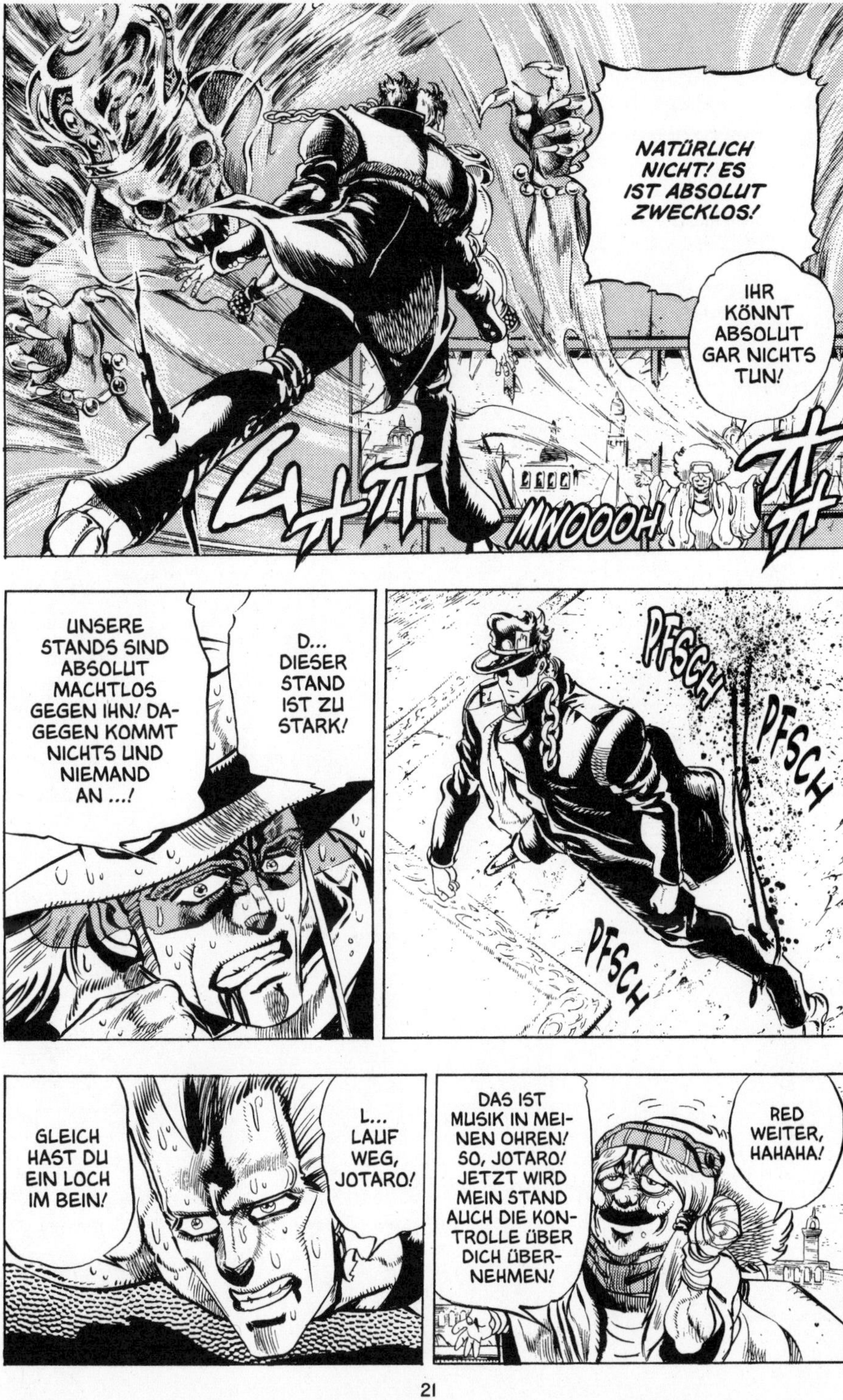
NATÜRLICH NICHT! ES IST ABSOLUT ZWECKLOS!
IHR KÖNNT ABSOLUT GAR NICHTS TUN!
MWOOOH
PFSCH
PFSCH
PFSCH
D... DIESER STAND IST ZU STARK!
UNSERE STANDS SIND ABSOLUT MACHTLOS GEGEN IHN! DAGEGEN KOMMT NICHTS UND NIEMAND AN ...!
RED WEITER, HAHAHA!
DAS IST MUSIK IN MEINEN OHREN! SO, JOTARO! JETZT WIRD MEIN STAND AUCH DIE KONTROLLE ÜBER DICH ÜBERNEHMEN!
L... LAUF WEG, JOTARO!
GLEICH HAST DU EIN LOCH IM BEIN!

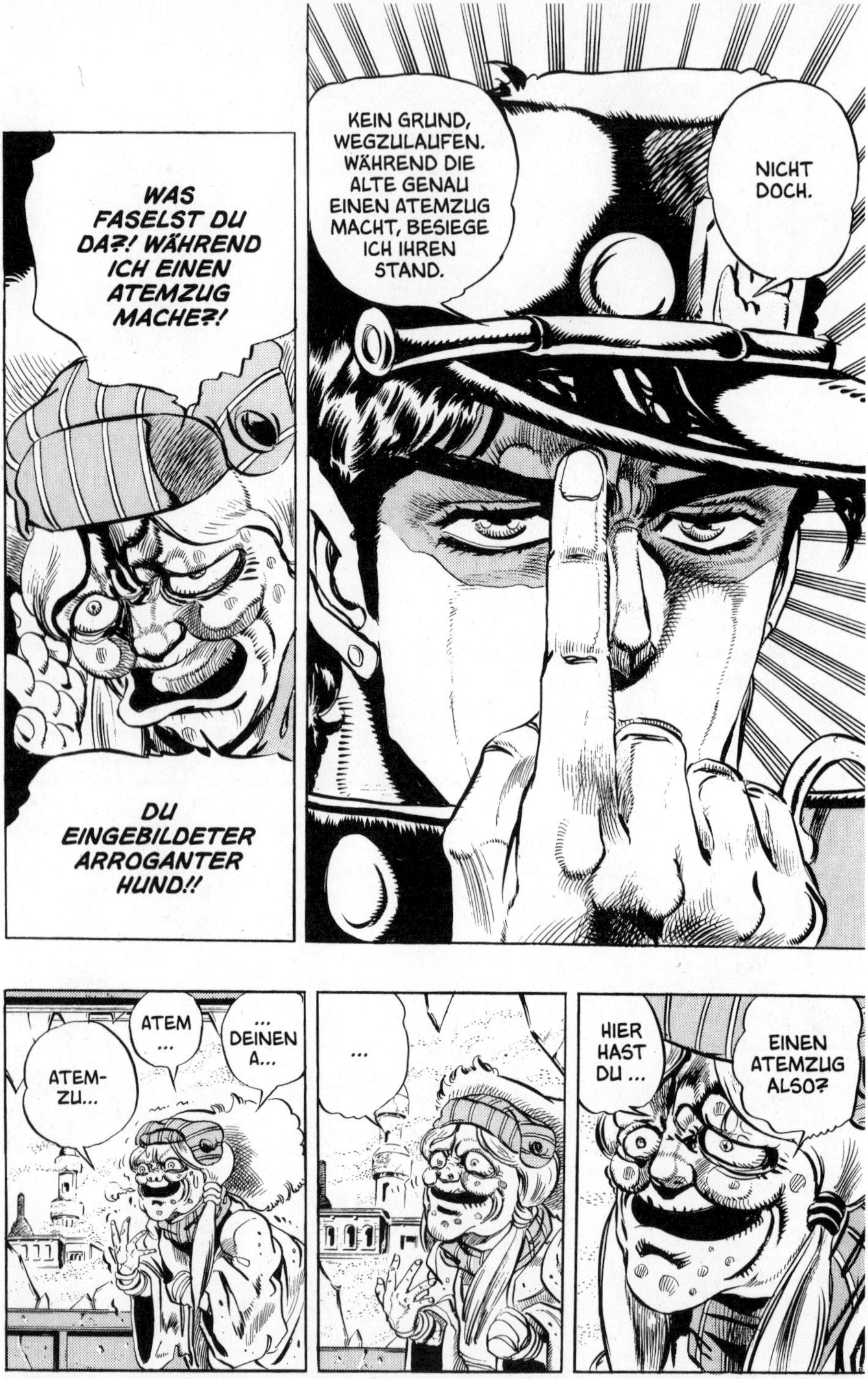
NICHT DOCH.
KEIN GRUND, WEGZULAUFEN. WÄHREND DIE ALTE GENAU EINEN ATEMZUG MACHT, BESIEGE ICH IHREN STAND.
WAS FASELST DU DA?! WÄHREND ICH EINEN ATEMZUG MACHE?!
DU EINGEBILDETER ARROGANTER HUND!!
EINEN ATEMZUG ALSO?
HIER HAST DU ...
...
... DEINEN A...
ATEM ...
ATEM-ZU...

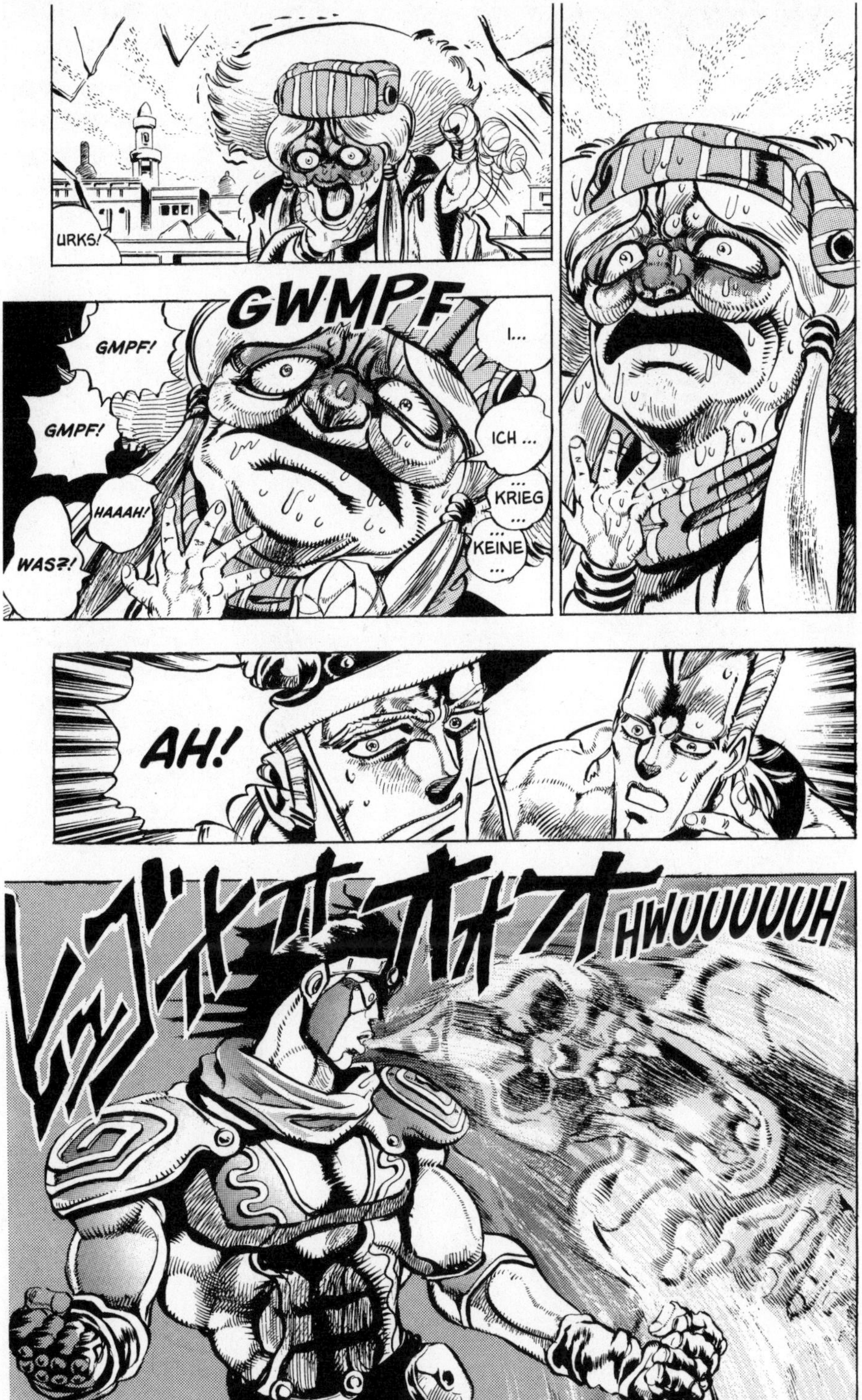
URKS!
GWMPF
I...
ICH ...
... KRIEG ...
... KEINE ...
GMPF!
GMPF!
HAAAH!
WAS?!
AH!
HWUUUUUUH

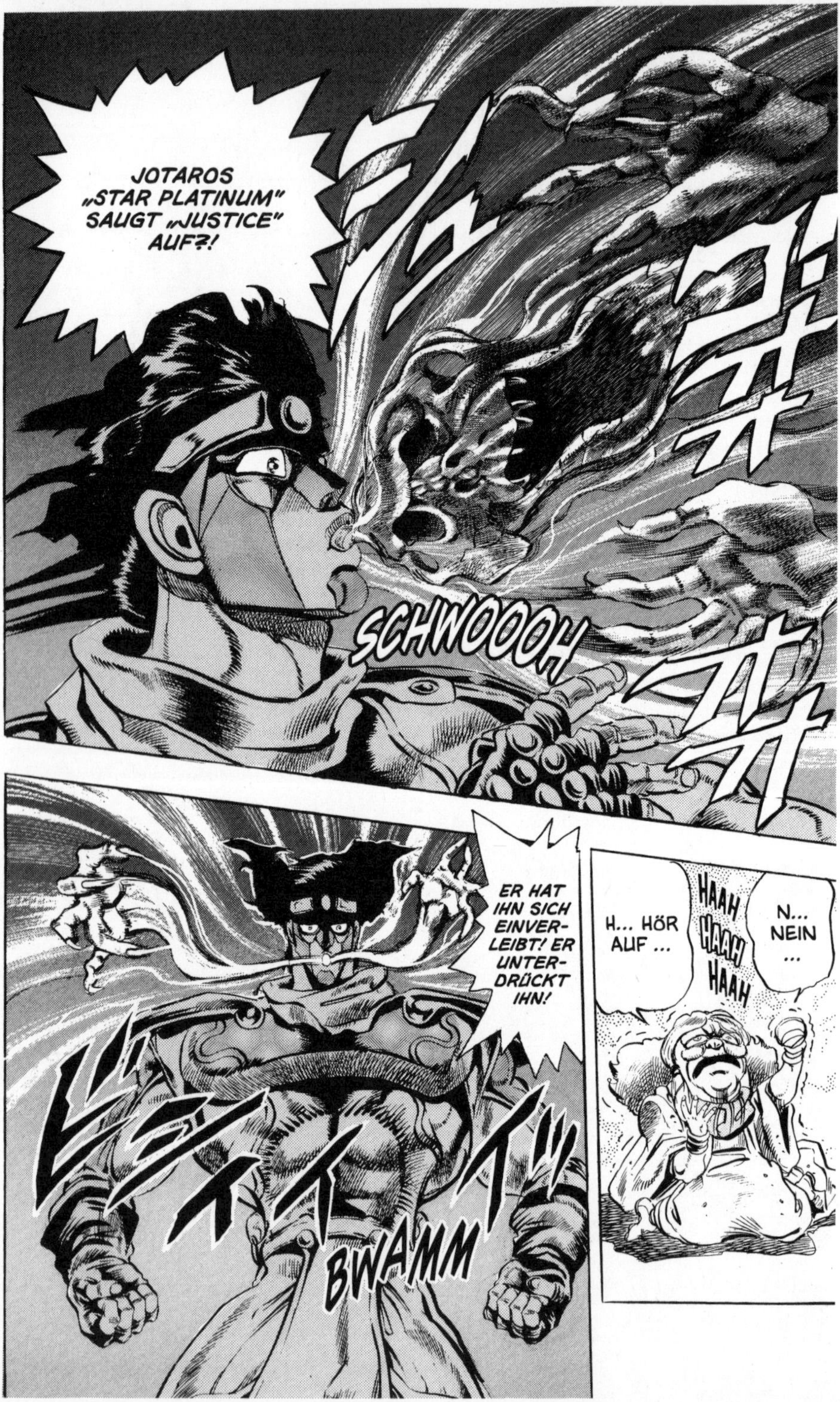
JOTAROS „STAR PLATINUM" SAUGT „JUSTICE" AUF?!
SCHWOOOH
ER HAT IHN SICH EINVERLEIBT! ER UNTERDRÜCKT IHN!
BWAMM
N… NEIN …
HAAH HAAH HAAH
H… HÖR AUF …

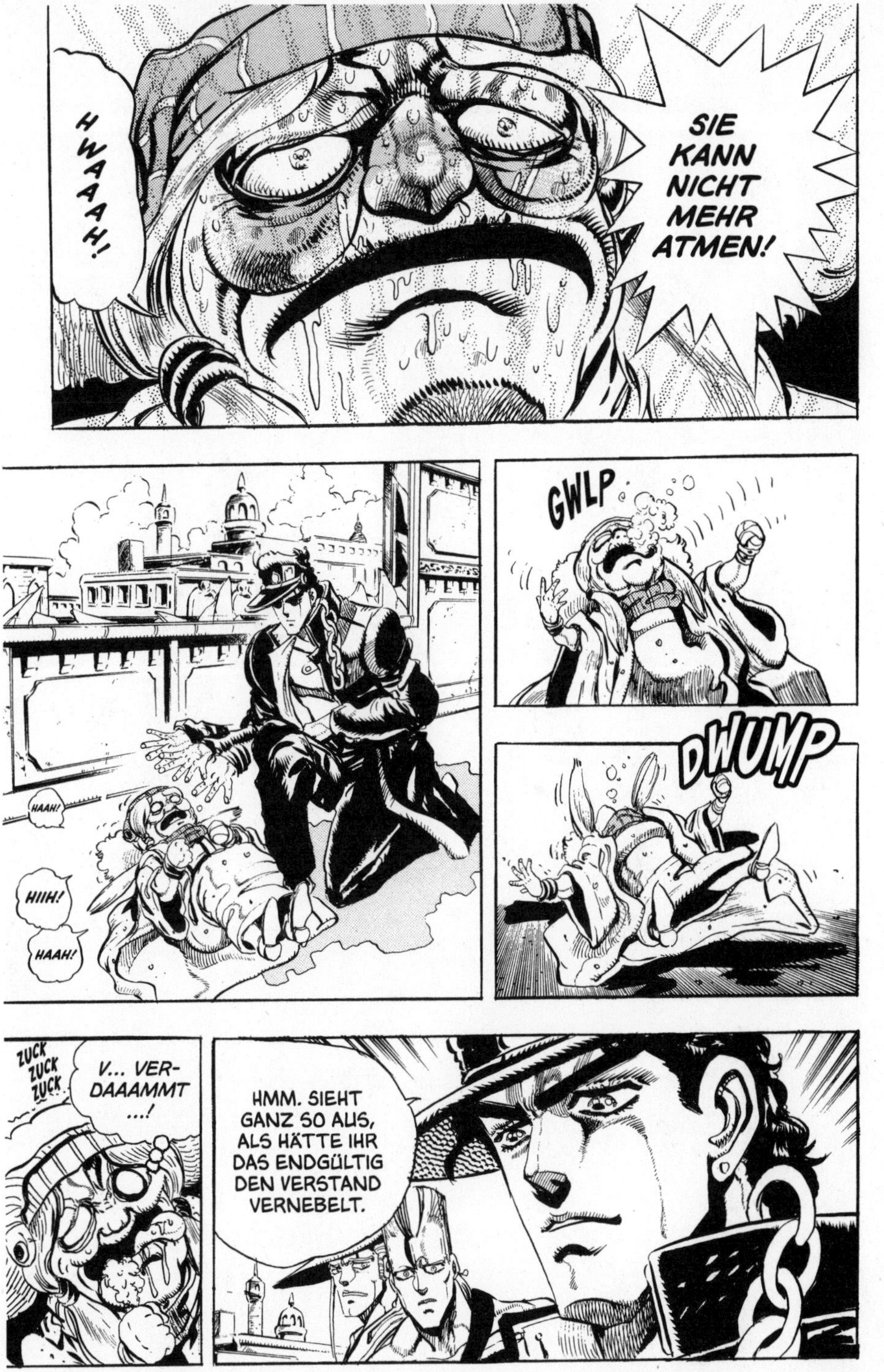
SIE KANN NICHT MEHR ATMEN!
HWAAAAH!
HAAH!
HIIH!
HAAH!
GWLP
DWUMP
HMM. SIEHT GANZ SO AUS, ALS HÄTTE IHR DAS ENDGÜLTIG DEN VERSTAND VERNEBELT.
V… VER-DAAAMMT …!
ZUCK ZUCK ZUCK

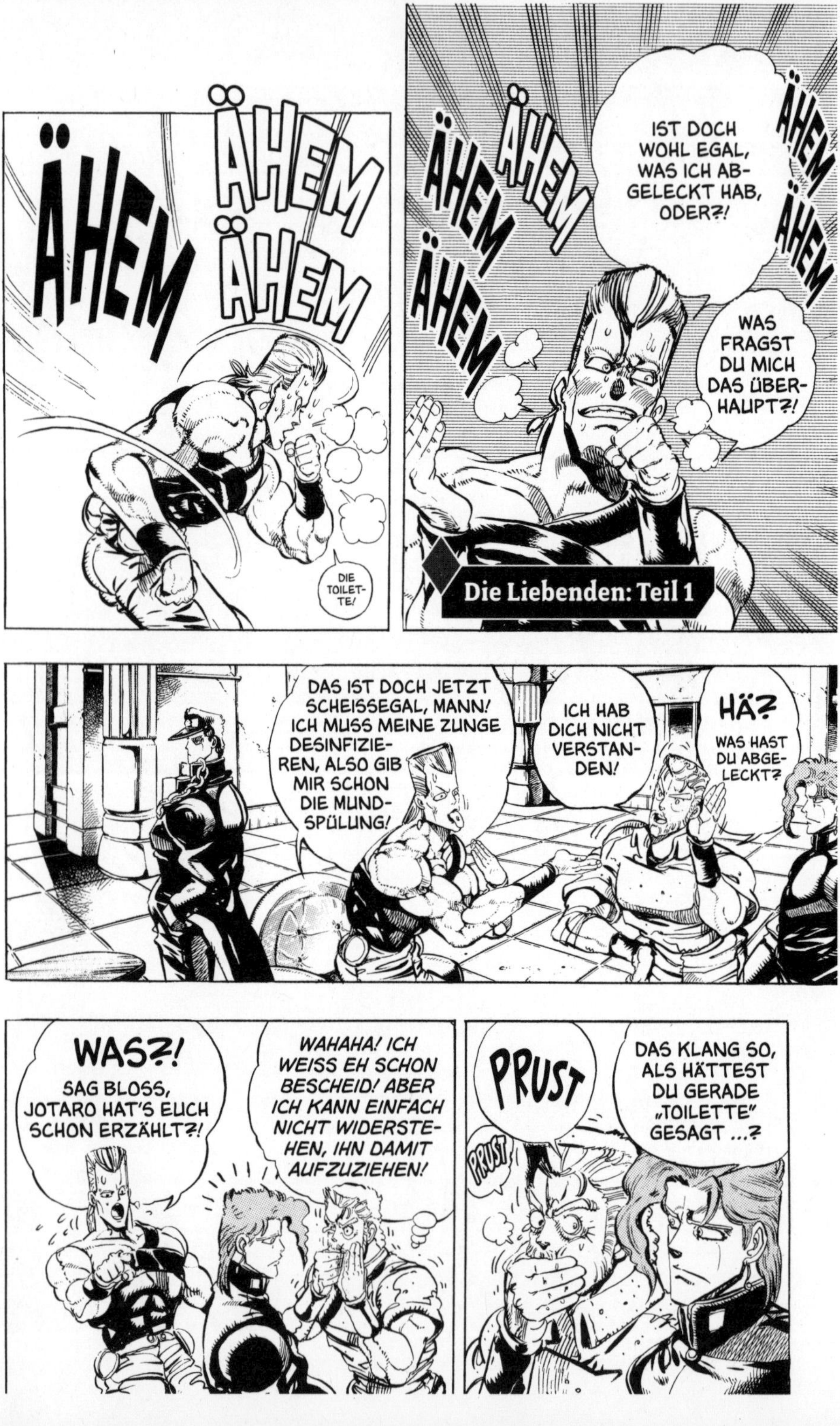
ÄHEM ÄHEM
IST DOCH WOHL EGAL, WAS ICH ABGELECKT HAB, ODER?!
WAS FRAGST DU MICH DAS ÜBERHAUPT?!
ÄHEM ÄHEM ÄHEM
Die Liebenden: Teil 1
ÄHEM ÄHEM ÄHEM
DIE TOILETTE!
HÄ? WAS HAST DU ABGELECKT?
ICH HAB DICH NICHT VERSTANDEN!
DAS IST DOCH JETZT SCHEISSEGAL, MANN! ICH MUSS MEINE ZUNGE DESINFIZIEREN, ALSO GIB MIR SCHON DIE MUNDSPÜLUNG!
DAS KLANG SO, ALS HÄTTEST DU GERADE „TOILETTE" GESAGT …?
PRUST
PRUST
WAHAHA! ICH WEISS EH SCHON BESCHEID! ABER ICH KANN EINFACH NICHT WIDERSTEHEN, IHN DAMIT AUFZUZIEHEN!
WAS?! SAG BLOSS, JOTARO HAT'S EUCH SCHON ERZÄHLT?!

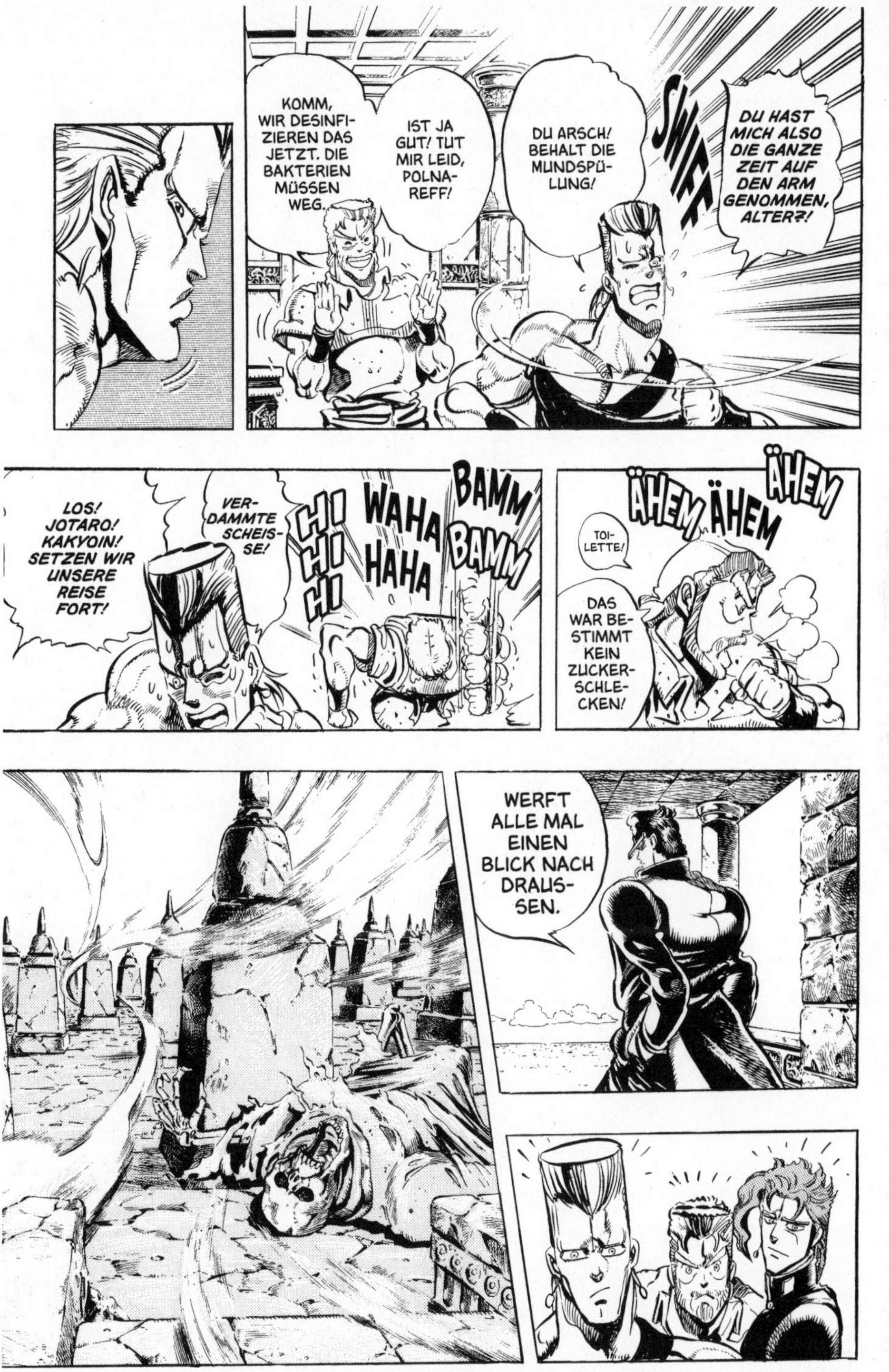
DU HAST MICH ALSO DIE GANZE ZEIT AUF DEN ARM GENOMMEN, ALTER?!
SWIFF
DU ARSCH! BEHALT DIE MUNDSPÜLUNG!
IST JA GUT! TUT MIR LEID, POLNAREFF!
KOMM, WIR DESINFIZIEREN DAS JETZT. DIE BAKTERIEN MÜSSEN WEG.
ÄHEM
ÄHEM ÄHEM
TOILETTE!
DAS WAR BESTIMMT KEIN ZUCKERSCHLECKEN!
BAMM BAMM
WAHA HAHA
HI HI HI
VERDAMMTE SCHEISSE!
LOS! JOTARO! KAKYOIN! SETZEN WIR UNSERE REISE FORT!
WERFT ALLE MAL EINEN BLICK NACH DRAUSSEN.

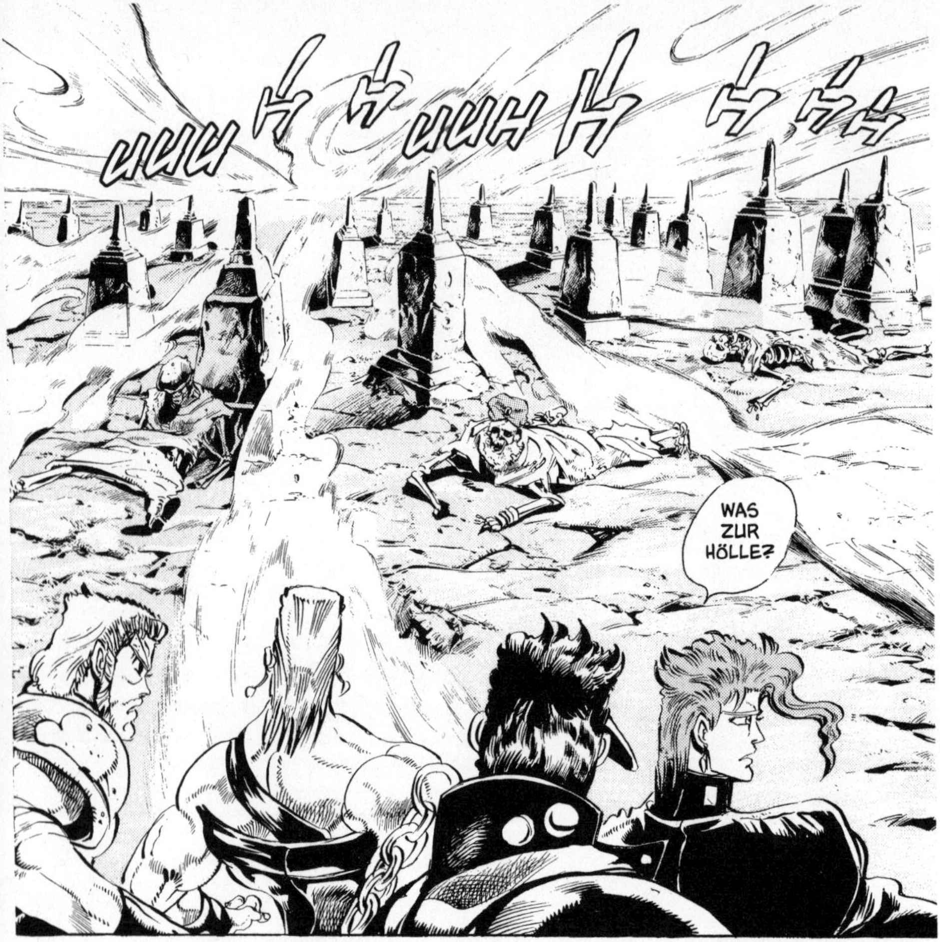
WAS
ZUR
HÖLLE?

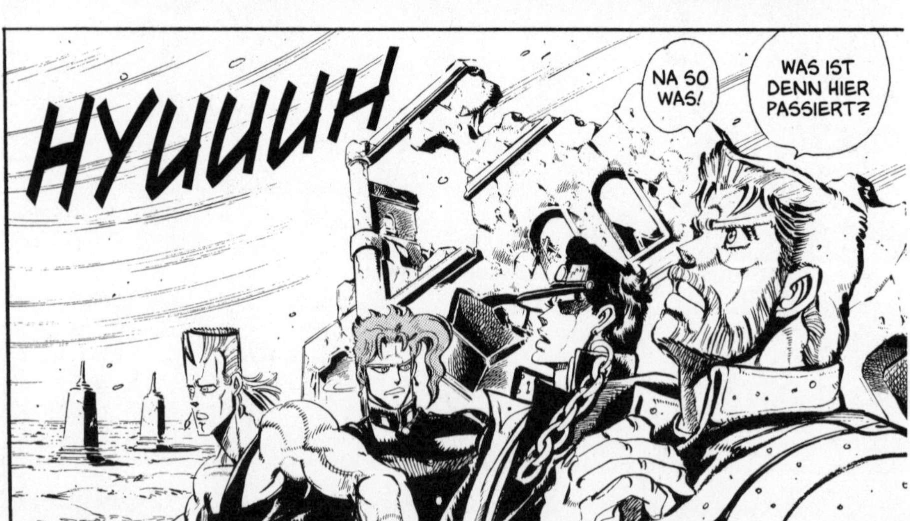
HYUUUH
WAS IST
DENN HIER
PASSIERT?
NA SO
WAS!

Die Liebenden: Teil 1

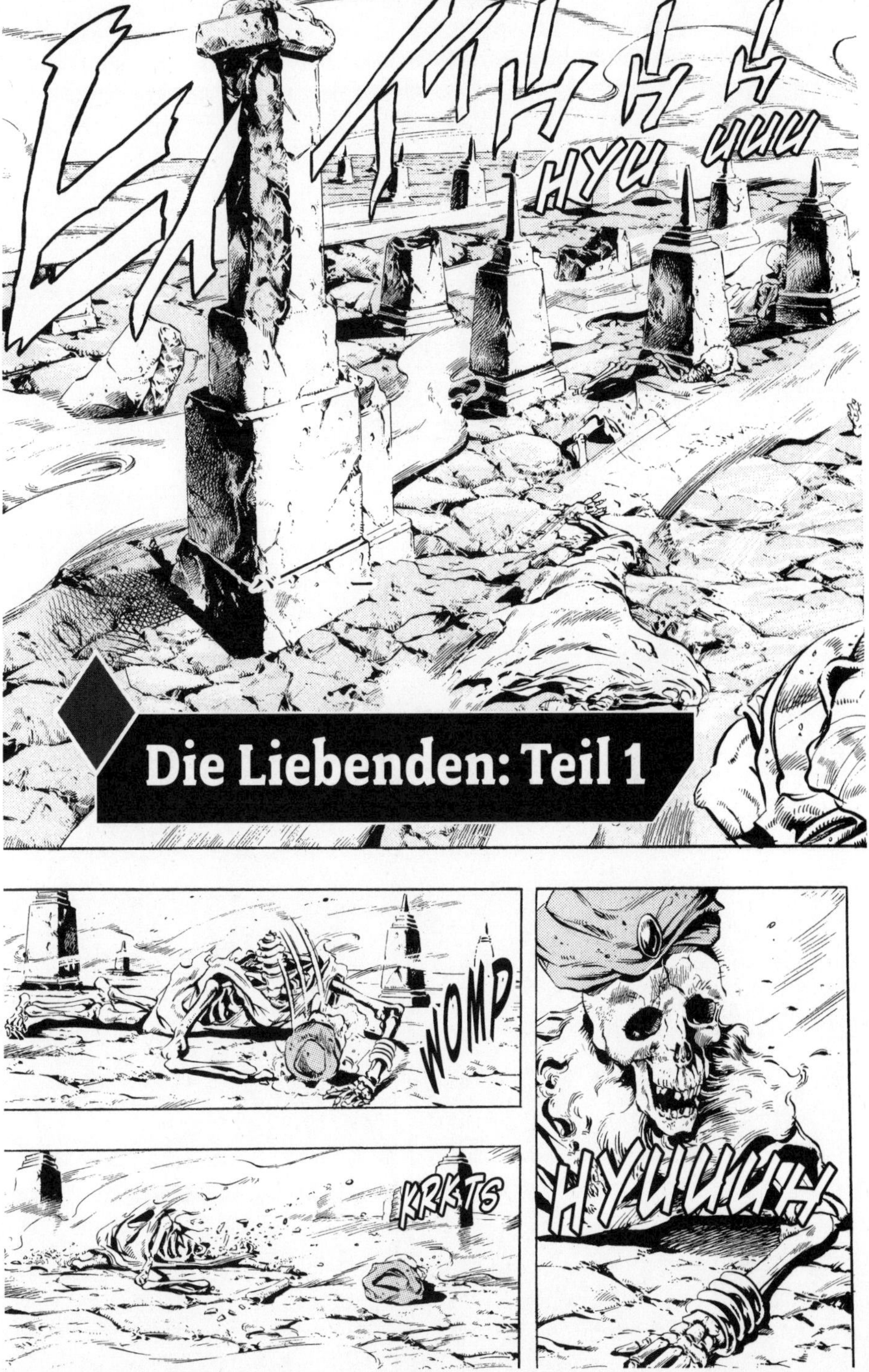

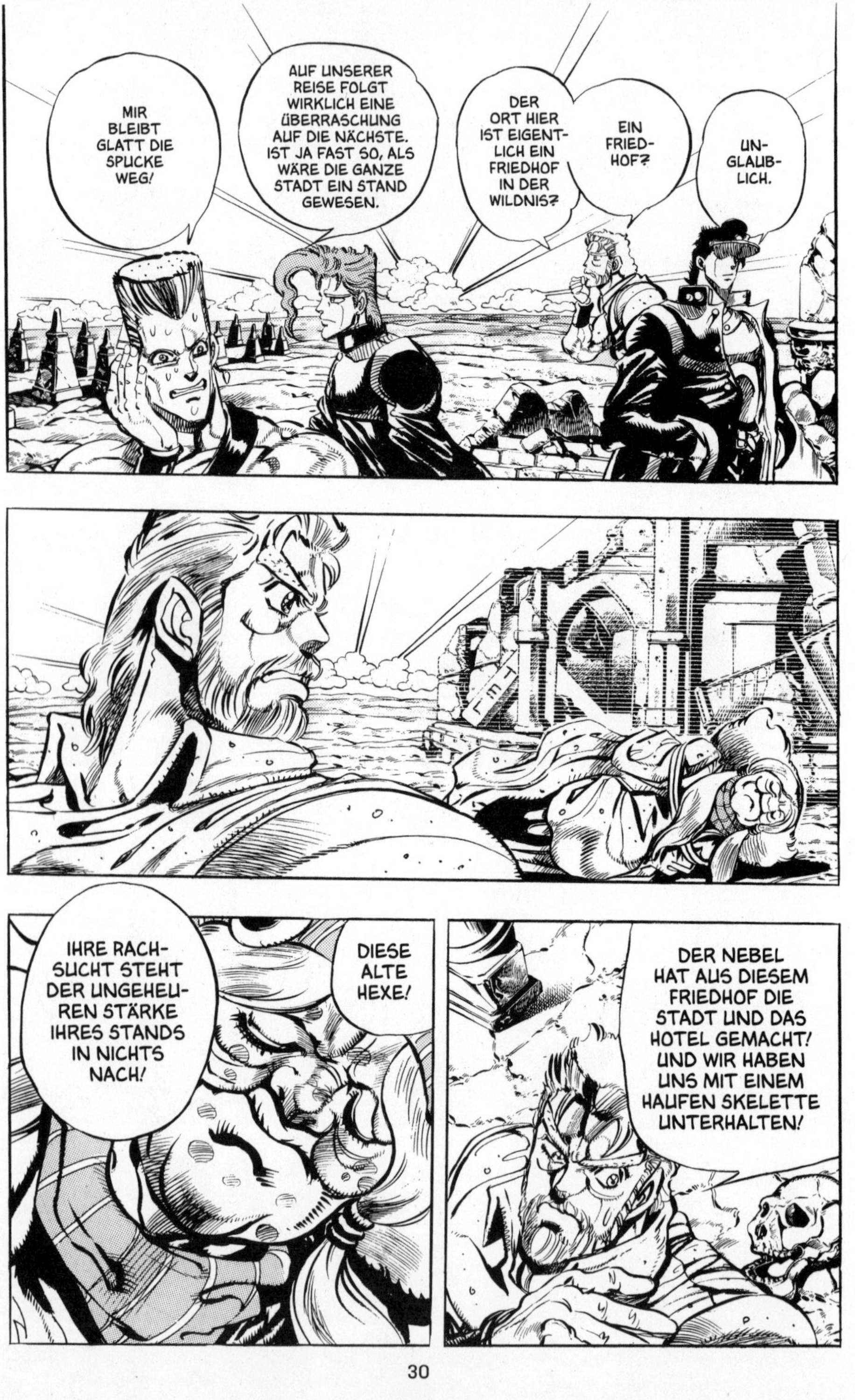
MIR BLEIBT GLATT DIE SPUCKE WEG!
AUF UNSERER REISE FOLGT WIRKLICH EINE ÜBERRASCHUNG AUF DIE NÄCHSTE. IST JA FAST SO, ALS WÄRE DIE GANZE STADT EIN STAND GEWESEN.
DER ORT HIER IST EIGENTLICH EIN FRIEDHOF IN DER WILDNIS?
EIN FRIEDHOF?
UNGLAUBLICH.
IHRE RACHSUCHT STEHT DER UNGEHEUREN STÄRKE IHRES STANDS IN NICHTS NACH!
DIESE ALTE HEXE!
DER NEBEL HAT AUS DIESEM FRIEDHOF DIE STADT UND DAS HOTEL GEMACHT! UND WIR HABEN UNS MIT EINEM HAUFEN SKELETTE UNTERHALTEN!

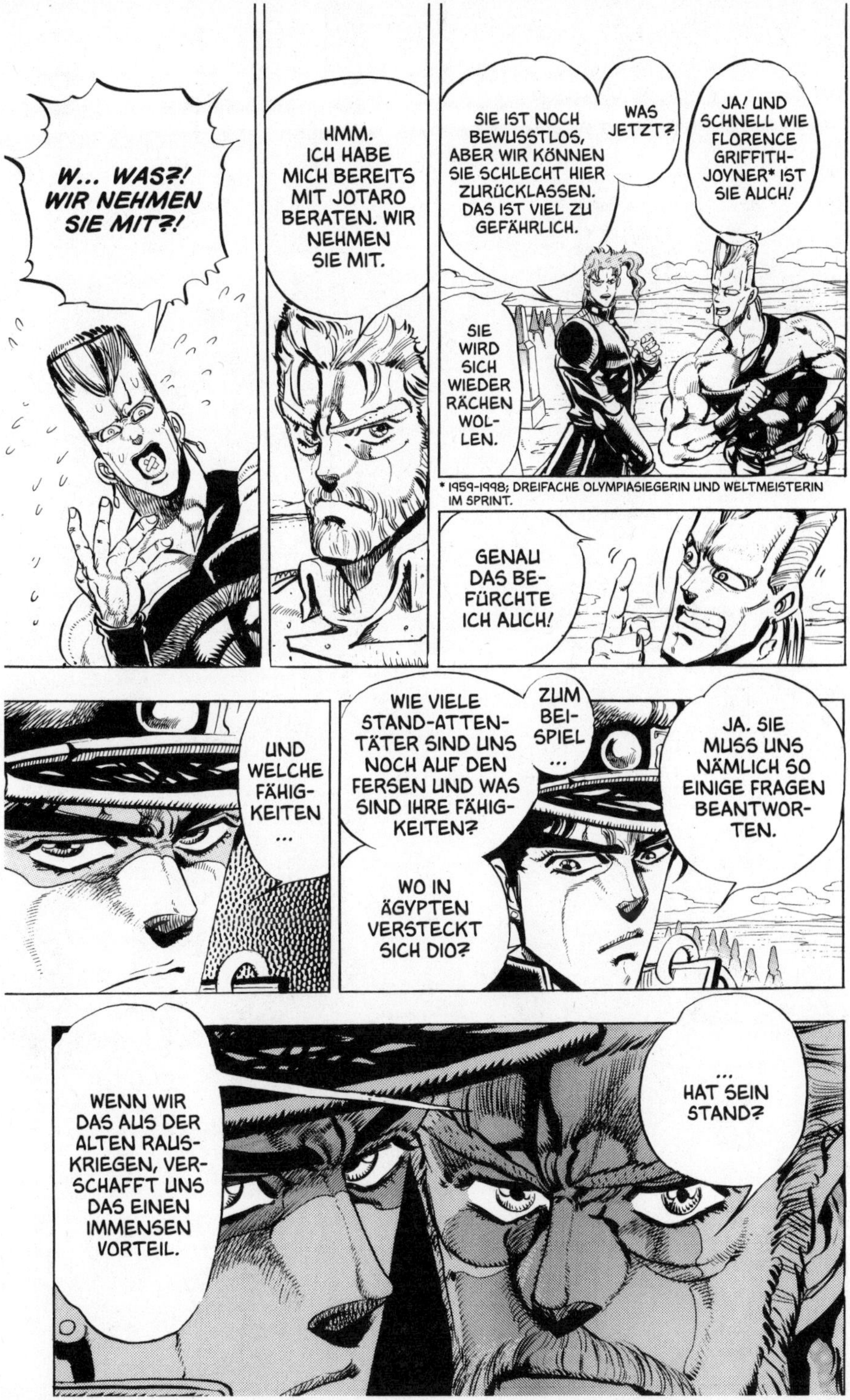
W... WAS?! WIR NEHMEN SIE MIT?!
HMM. ICH HABE MICH BEREITS MIT JOTARO BERATEN. WIR NEHMEN SIE MIT.
SIE IST NOCH BEWUSSTLOS, ABER WIR KÖNNEN SIE SCHLECHT HIER ZURÜCKLASSEN. DAS IST VIEL ZU GEFÄHRLICH.
WAS JETZT?
JA! UND SCHNELL WIE FLORENCE GRIFFITH-JOYNER* IST SIE AUCH!
SIE WIRD SICH WIEDER RÄCHEN WOL-LEN.
* 1959-1998; DREIFACHE OLYMPIASIEGERIN UND WELTMEISTERIN IM SPRINT.
GENAU DAS BE-FÜRCHTE ICH AUCH!
JA. SIE MUSS UNS NÄMLICH SO EINIGE FRAGEN BEANTWOR-TEN.
ZUM BEI-SPIEL ...
WIE VIELE STAND-ATTEN-TÄTER SIND UNS NOCH AUF DEN FERSEN UND WAS SIND IHRE FÄHIG-KEITEN?
WO IN ÄGYPTEN VERSTECKT SICH DIO?
UND WELCHE FÄHIG-KEITEN ...
... HAT SEIN STAND?
WENN WIR DAS AUS DER ALTEN RAUS-KRIEGEN, VER-SCHAFFT UNS DAS EINEN IMMENSEN VORTEIL.

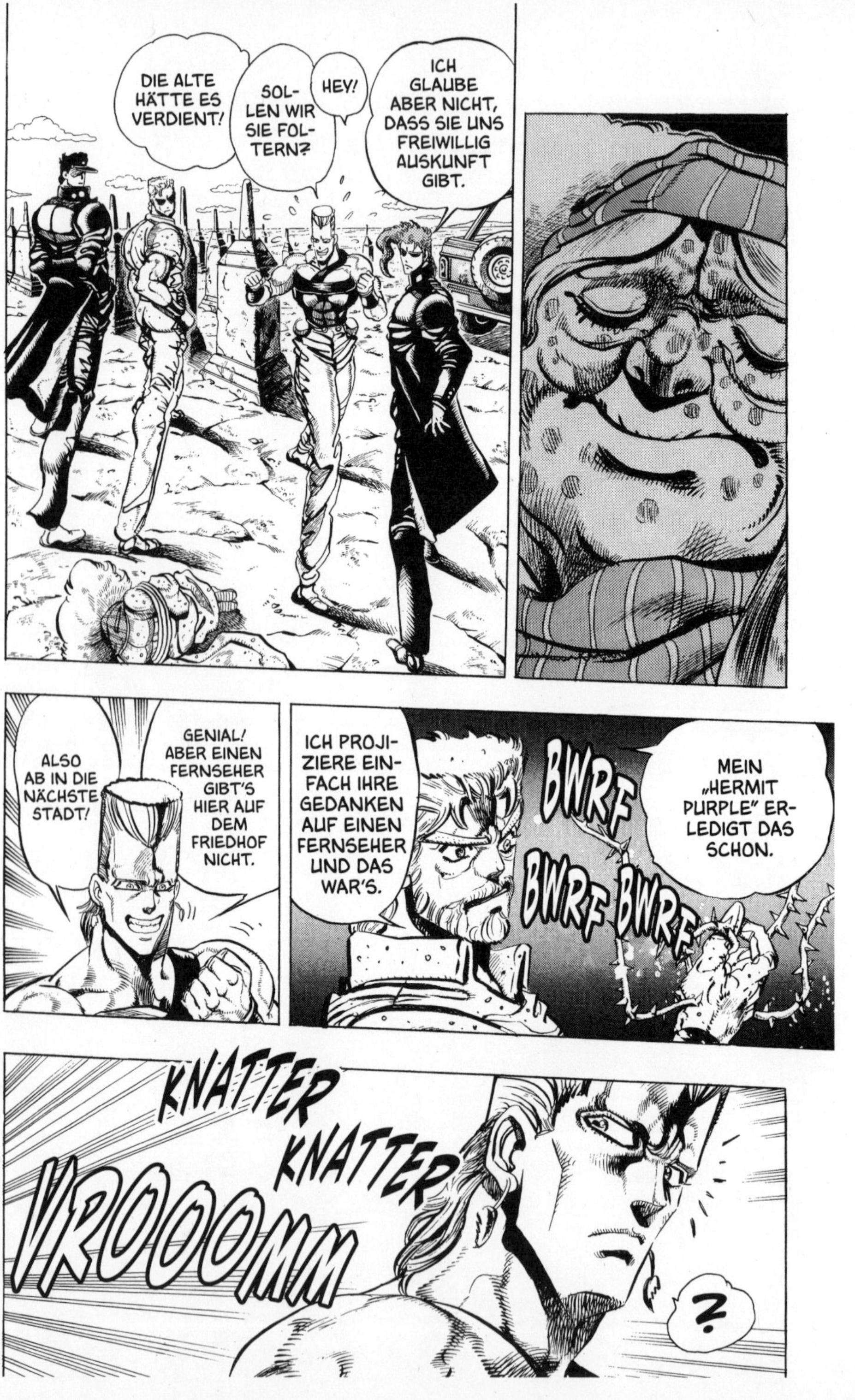

ICH GLAUBE ABER NICHT, DASS SIE UNS FREIWILLIG AUSKUNFT GIBT.
HEY!
SOL-LEN WIR SIE FOL-TERN?
DIE ALTE HÄTTE ES VERDIENT!
MEIN „HERMIT PURPLE" ER-LEDIGT DAS SCHON.
BWRF
BWRF BWRF
ICH PROJI-ZIERE EIN-FACH IHRE GEDANKEN AUF EINEN FERNSEHER UND DAS WAR'S.
GENIAL! ABER EINEN FERNSEHER GIBT'S HIER AUF DEM FRIEDHOF NICHT.
ALSO AB IN DIE NÄCHSTE STADT!
KNATTER
KNATTER
VROOOMM
?

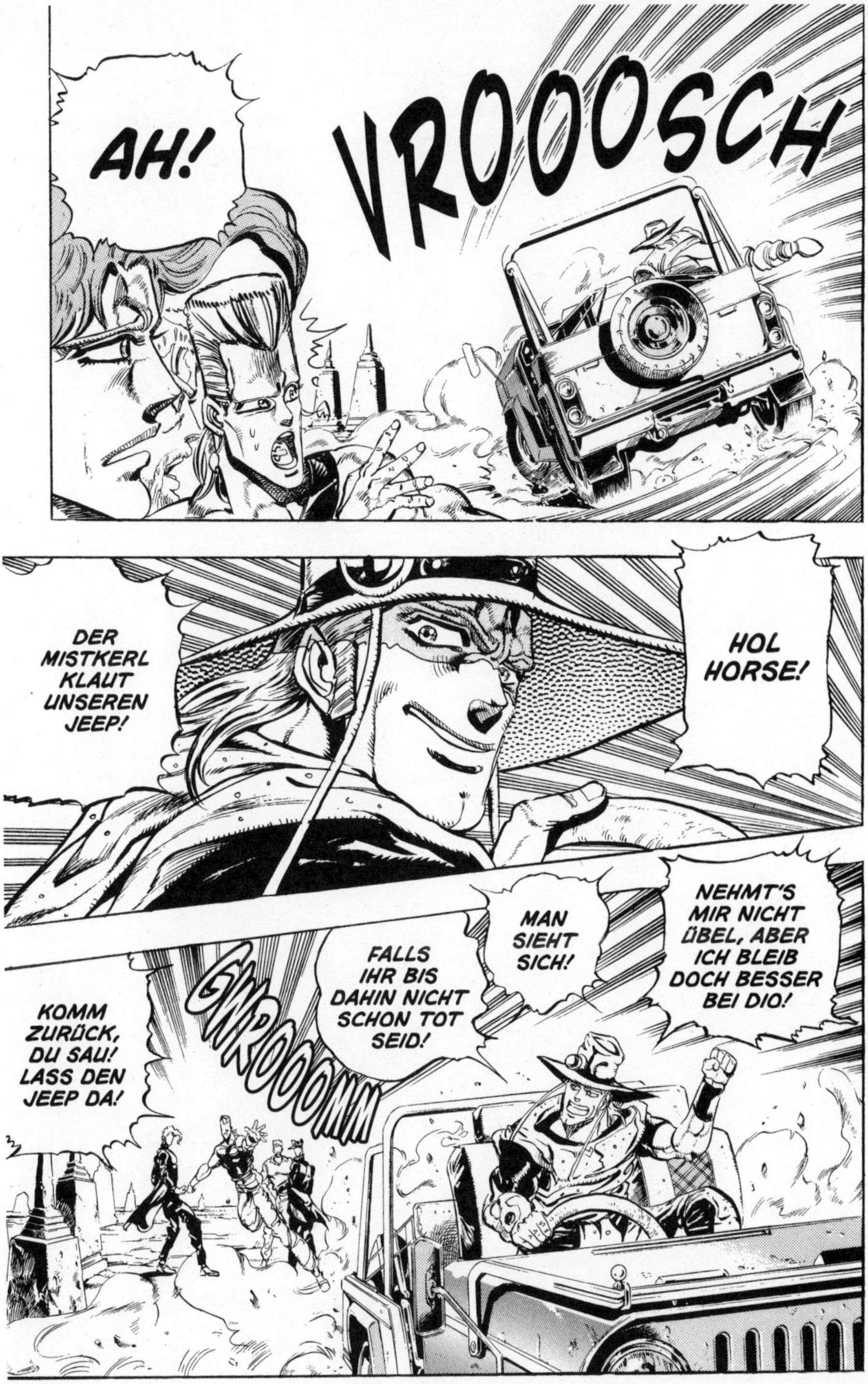
VROOOSCH
AH!
HOL HORSE!
DER MISTKERL KLAUT UNSEREN JEEP!
NEHMT'S MIR NICHT ÜBEL, ABER ICH BLEIB DOCH BESSER BEI DIO!
MAN SIEHT SICH!
FALLS IHR BIS DAHIN NICHT SCHON TOT SEID!
KOMM ZURÜCK, DU SAU! LASS DEN JEEP DA!

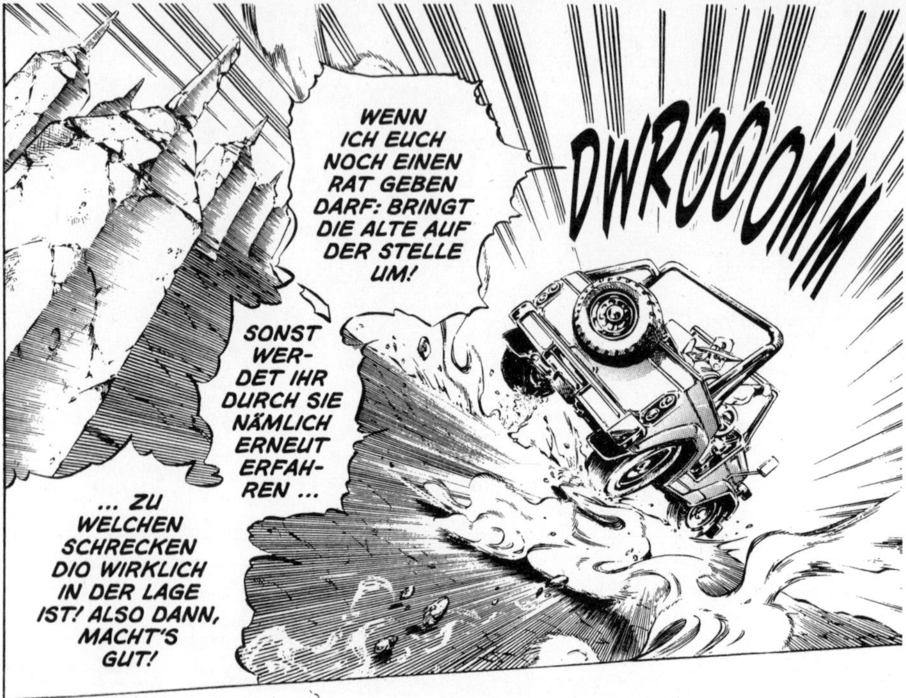
WENN ICH EUCH NOCH EINEN RAT GEBEN DARF: BRINGT DIE ALTE AUF DER STELLE UM!
SONST WERDET IHR DURCH SIE NÄMLICH ERNEUT ERFAHREN ...
... ZU WELCHEN SCHRECKEN DIO WIRKLICH IN DER LAGE IST! ALSO DANN, MACHT'S GUT!
DWROOOMM

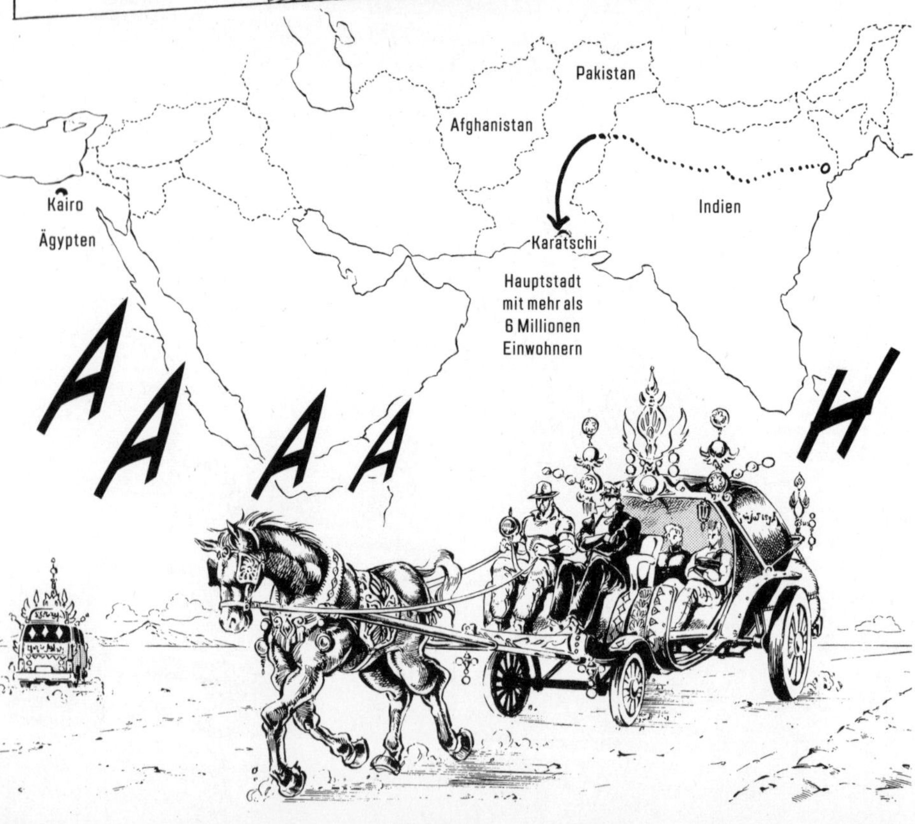
Pakistan
Afghanistan
Kairo
Ägypten
Indien
Karatschi
Hauptstadt mit mehr als 6 Millionen Einwohnern
AAAAAH

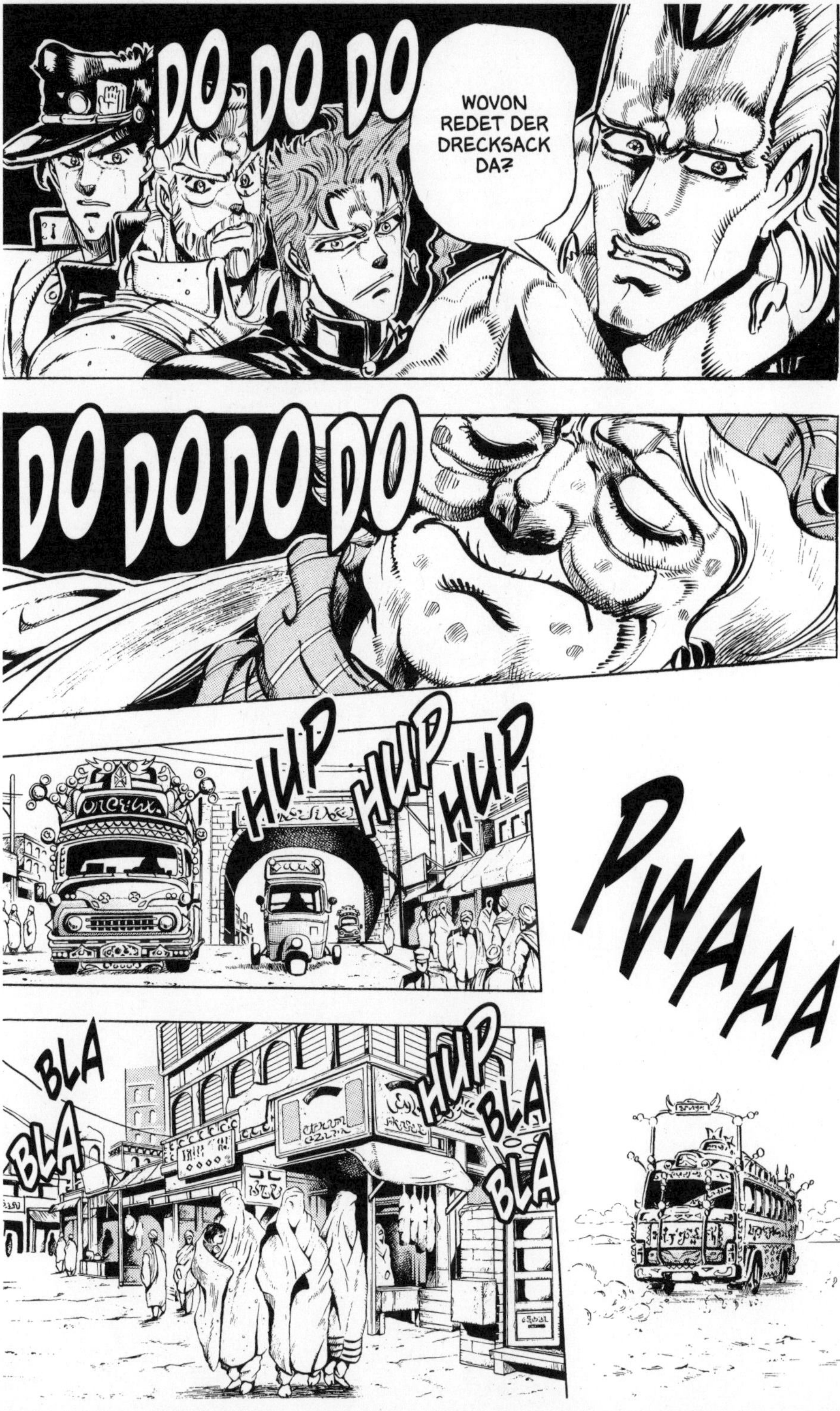
DO DO DO
WOVON REDET DER DRECKSACK DA?
DO DO DO DO
HUP HUP HUP
PWAAA
BLA BLA
HUP
BLA BLA

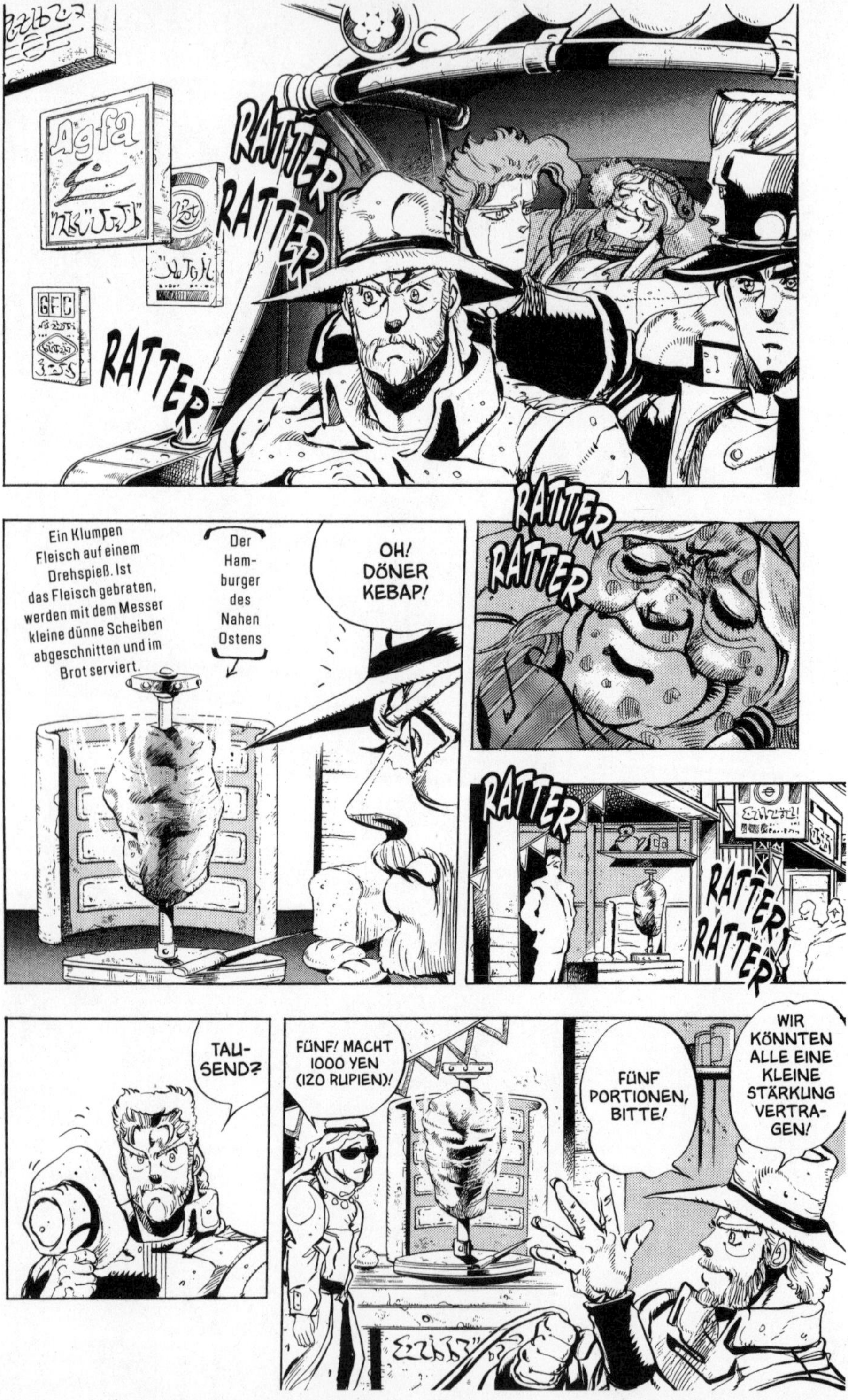

Agfa
RATTER RATTER
RATTER
RATTER RATTER
Ein Klumpen Fleisch auf einem Drehspieß. Ist das Fleisch gebraten, werden mit dem Messer kleine dünne Scheiben abgeschnitten und im Brot serviert.
Der Hamburger des Nahen Ostens
OH! DÖNER KEBAP!
RATTER
RATTER RATTER
TAU-SEND?
FÜNF! MACHT 1000 YEN (120 RUPIEN)!
FÜNF PORTIONEN, BITTE!
WIR KÖNNTEN ALLE EINE KLEINE STÄRKUNG VERTRAGEN!

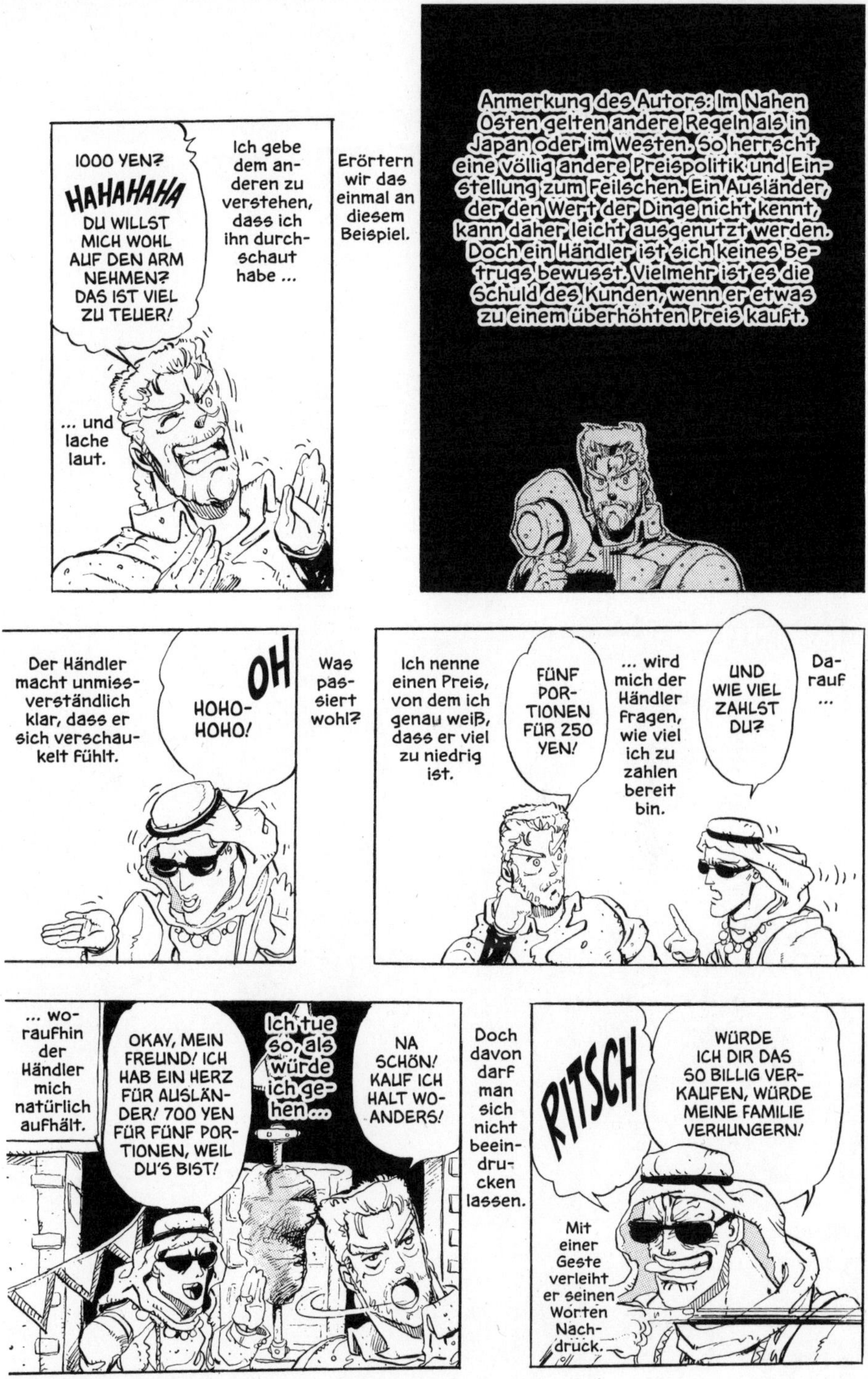
Anmerkung des Autors: Im Nahen Osten gelten andere Regeln als in Japan oder im Westen. So herrscht eine völlig andere Preispolitik und Einstellung zum Feilschen. Ein Ausländer, der den Wert der Dinge nicht kennt, kann daher leicht ausgenutzt werden. Doch ein Händler ist sich keines Betrugs bewusst. Vielmehr ist es die Schuld des Kunden, wenn er etwas zu einem überhöhten Preis kauft.
Erörtern wir das einmal an diesem Beispiel.
Ich gebe dem anderen zu verstehen, dass ich ihn durchschaut habe ...
1000 YEN? HAHAHAHA DU WILLST MICH WOHL AUF DEN ARM NEHMEN? DAS IST VIEL ZU TEUER!
... und lache laut.
Darauf ...
UND WIE VIEL ZAHLST DU?
... wird mich der Händler fragen, wie viel ich zu zahlen bereit bin.
FÜNF PORTIONEN FÜR 250 YEN!
Ich nenne einen Preis, von dem ich genau weiß, dass er viel zu niedrig ist.
Was passiert wohl?
OH HOHO-HOHO!
Der Händler macht unmissverständlich klar, dass er sich verschaukelt fühlt.
WÜRDE ICH DIR DAS SO BILLIG VERKAUFEN, WÜRDE MEINE FAMILIE VERHUNGERN!
RITSCH
Mit einer Geste verleiht er seinen Worten Nachdrück.
Doch davon darf man sich nicht beeindrucken lassen.
NA SCHÖN! KAUF ICH HALT WOANDERS!
Ich tue so, als würde ich gehen ...
OKAY, MEIN FREUND! ICH HAB EIN HERZ FÜR AUSLÄNDER! 700 YEN FÜR FÜNF PORTIONEN, WEIL DU'S BIST!
... woraufhin der Händler mich natürlich aufhält.

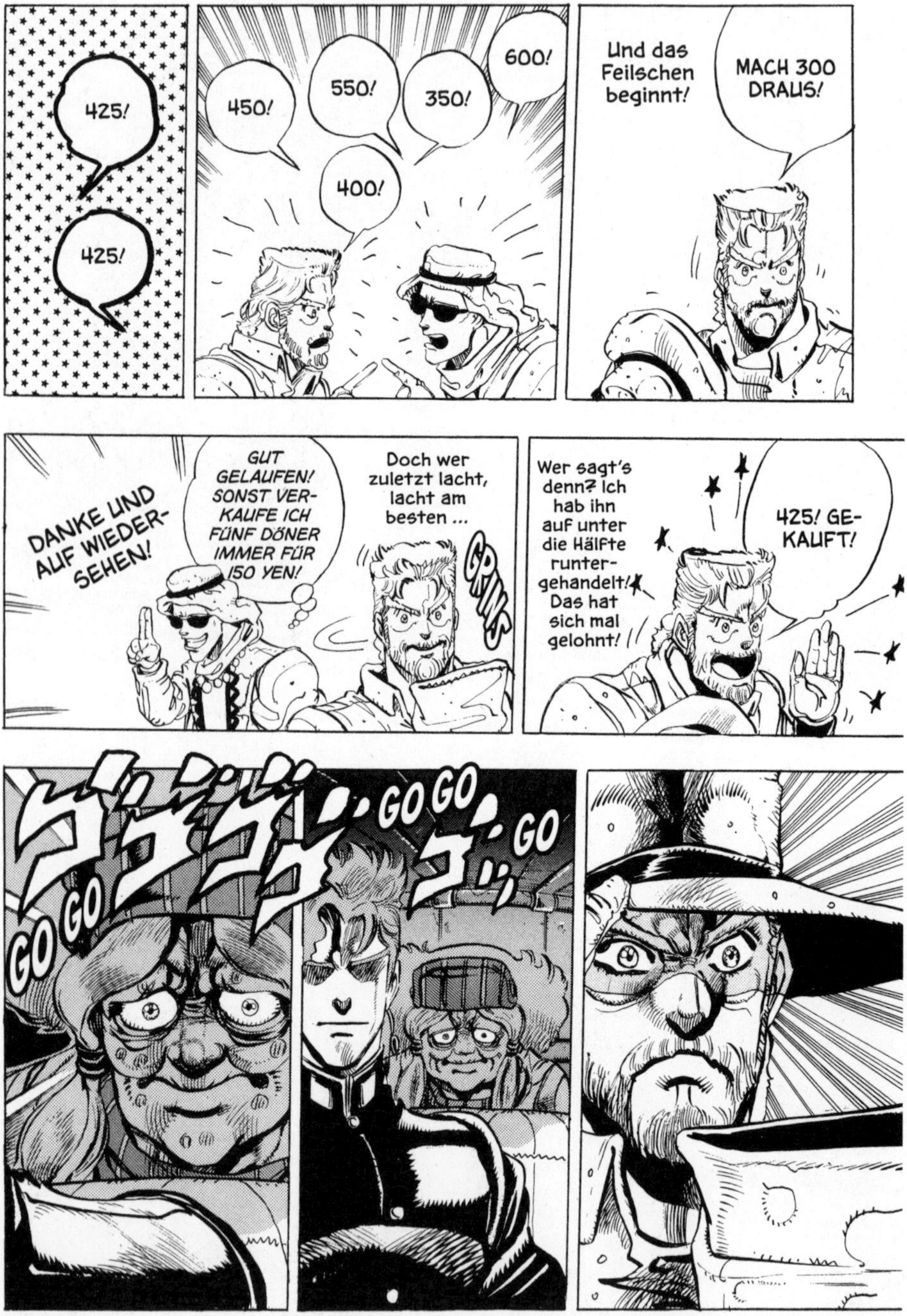
MACH 300 DRAUS!
Und das Feilschen beginnt!
600!
350!
550!
450!
400!
425!
425!
425! GEKAUFT!
Wer sagt's denn? Ich hab ihn auf unter die Hälfte runtergehandelt! Das hat sich mal gelohnt!
Doch wer zuletzt lacht, lacht am besten ...
GRINS
GUT GELAUFEN! SONST VERKAUFE ICH FÜNF DÖNER IMMER FÜR 150 YEN!
DANKE UND AUF WIEDERSEHEN!
GO GO
GO
GO GO

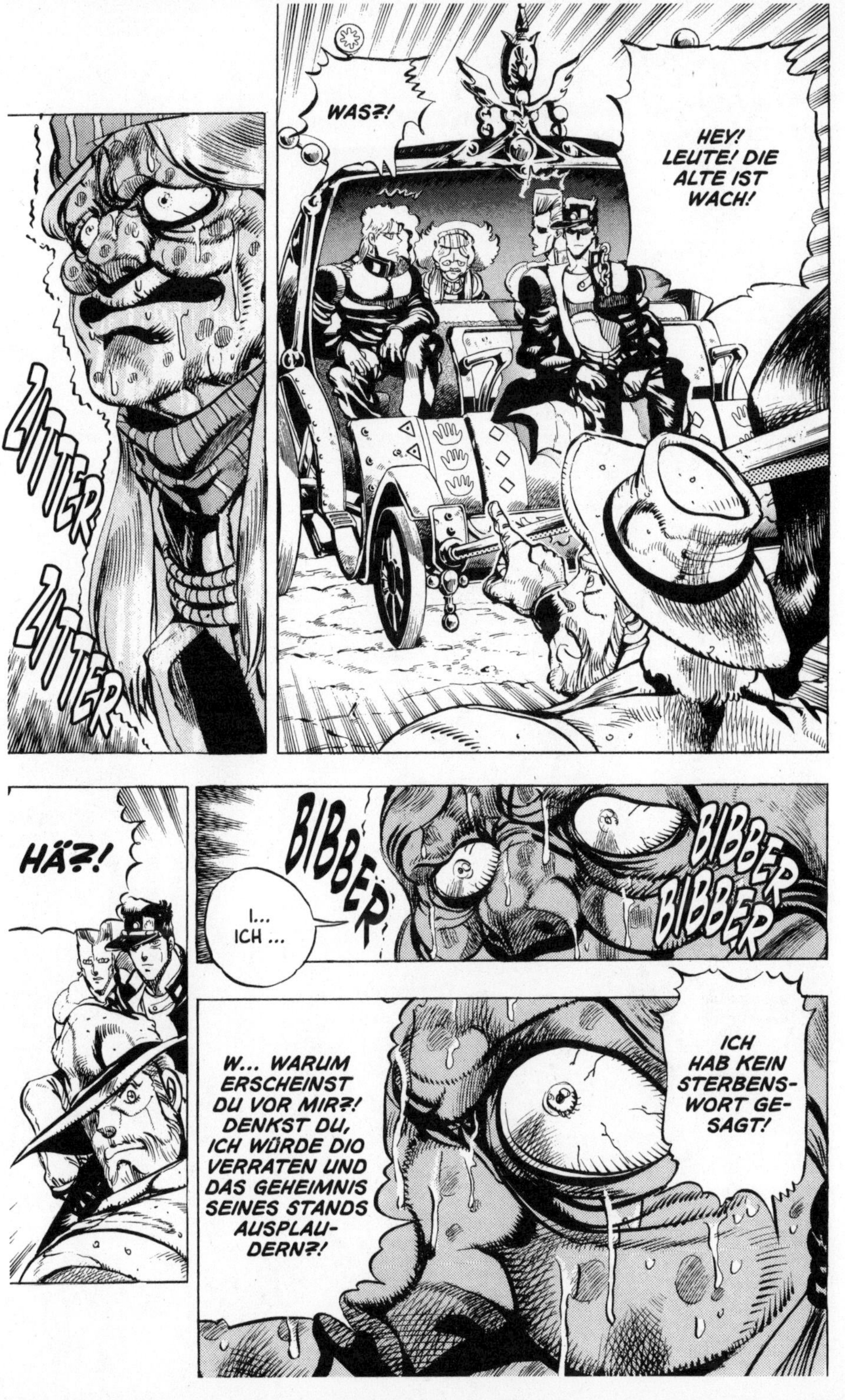
HEY! LEUTE! DIE ALTE IST WACH!
WAS?!
ZITTER
ZITTER
BIBBER
BIBBER
BIBBER
I... ICH ...
HÄ?!
ICH HAB KEIN STERBENS-WORT GE-SAGT!
W... WARUM ERSCHEINST DU VOR MIR?! DENKST DU, ICH WÜRDE DIO VERRATEN UND DAS GEHEIMNIS SEINES STANDS AUSPLAU-DERN?!

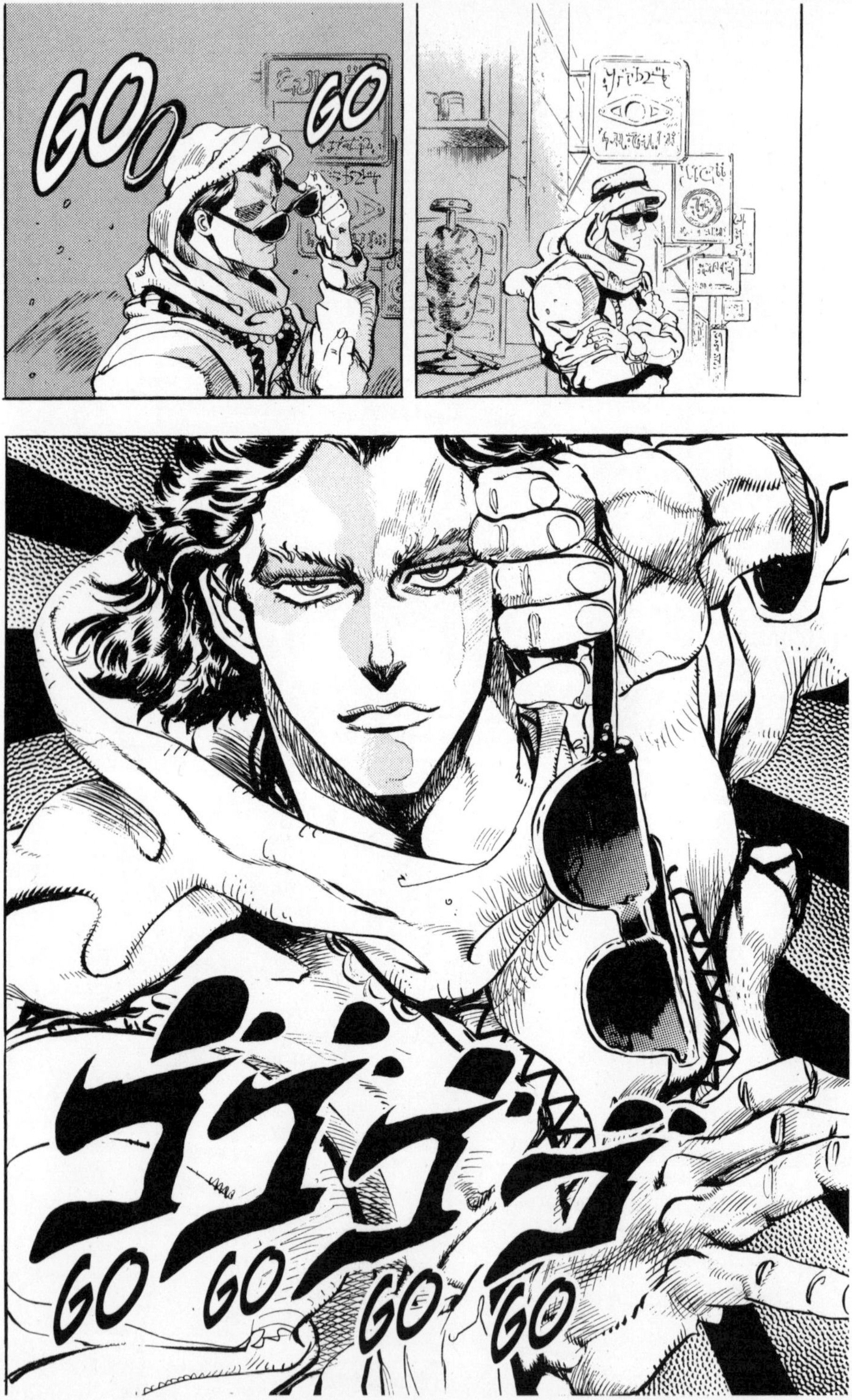
GO GO
ゴゴゴゴ
GO GO GO GO

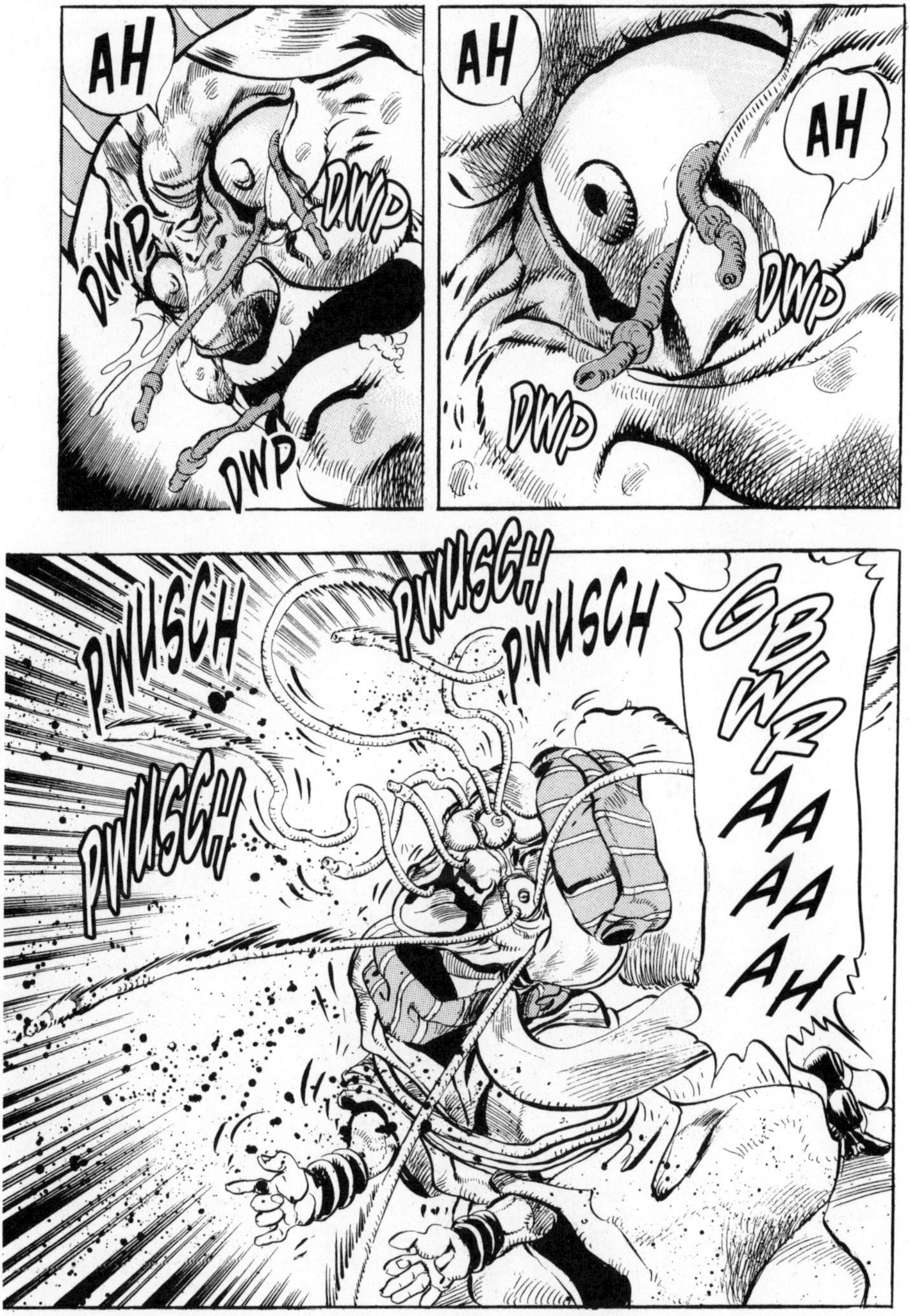
AH
DWP
DWP
DWP
AH
AH
DWP
DWP
PWUSCH
PWUSCH
PWUSCH
PWUSCH
GBWRAAAAAAH

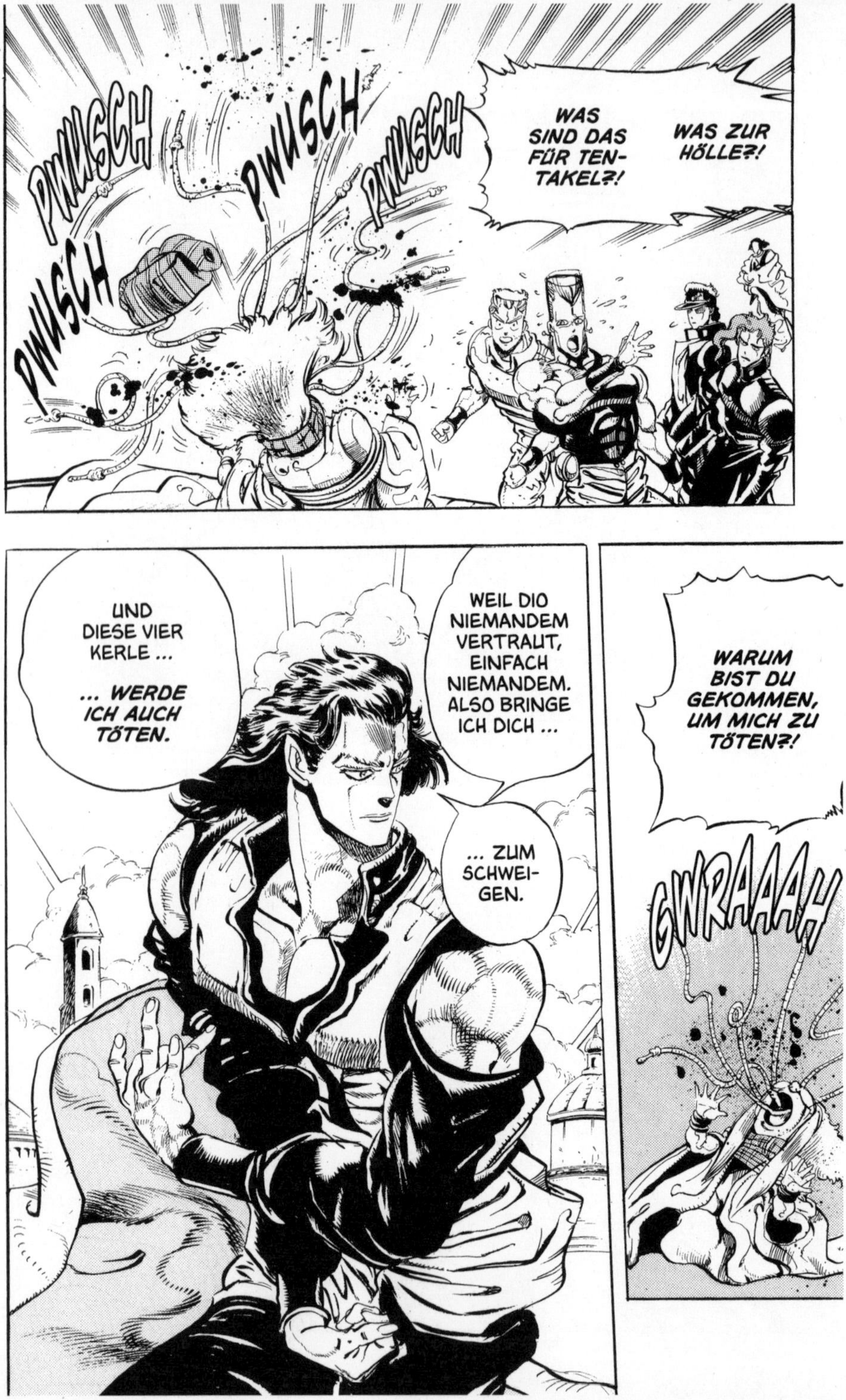
PWUSCH
PWUSCH
PWUSCH
PWUSCH
WAS ZUR HÖLLE?!
WAS SIND DAS FÜR TENTAKEL?!
WARUM BIST DU GEKOMMEN, UM MICH ZU TÖTEN?!
GWRAAAH
WEIL DIO NIEMANDEM VERTRAUT, EINFACH NIEMANDEM. ALSO BRINGE ICH DICH ...
... ZUM SCHWEIGEN.
UND DIESE VIER KERLE ...
... WERDE ICH AUCH TÖTEN.

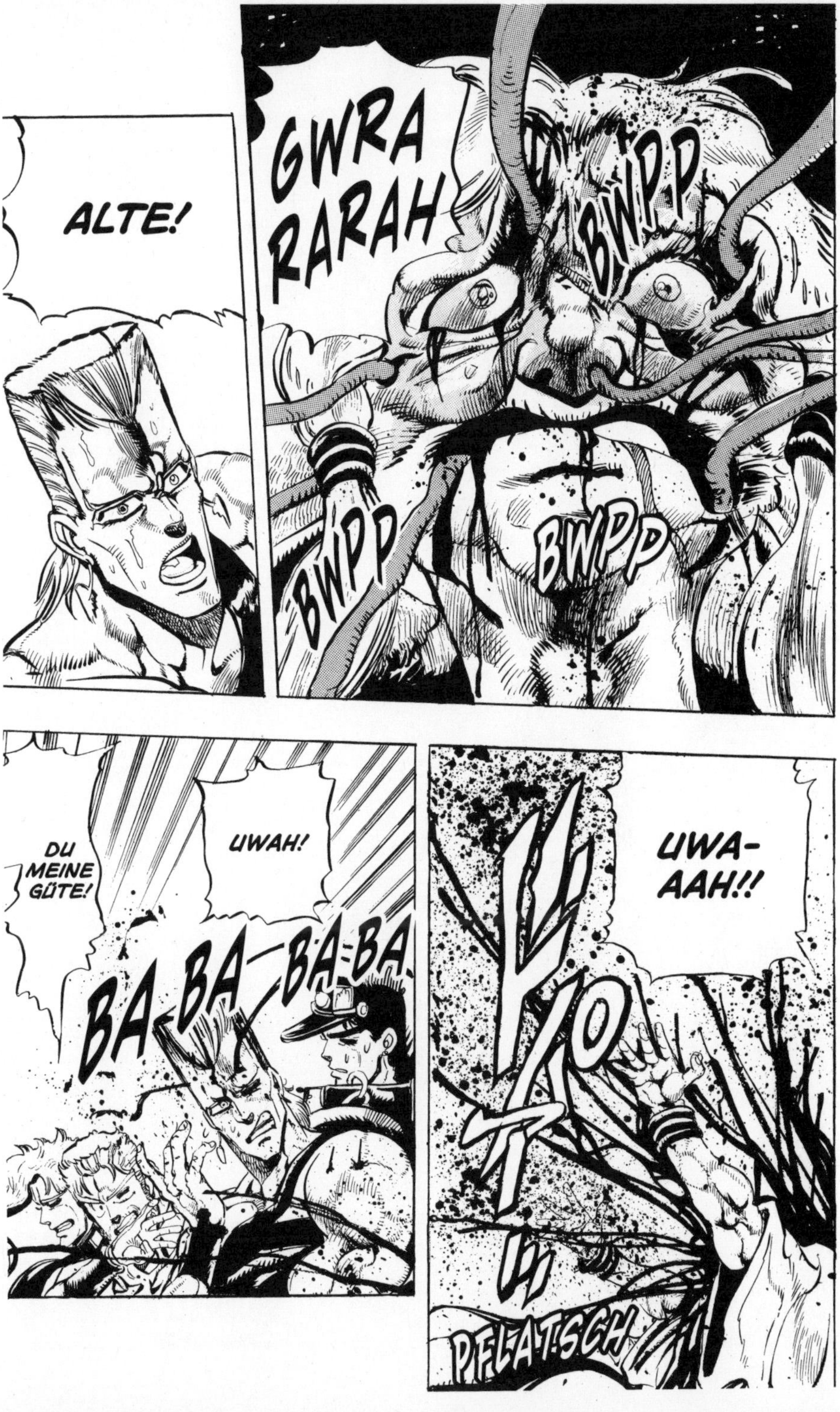
GWRA RARAH
BWPP
ALTE!
BWPP
BWPP
UWA-AAH!!
PFLATSCH
UWAH!
DU MEINE GÜTE!
BA-BA-BA-BA

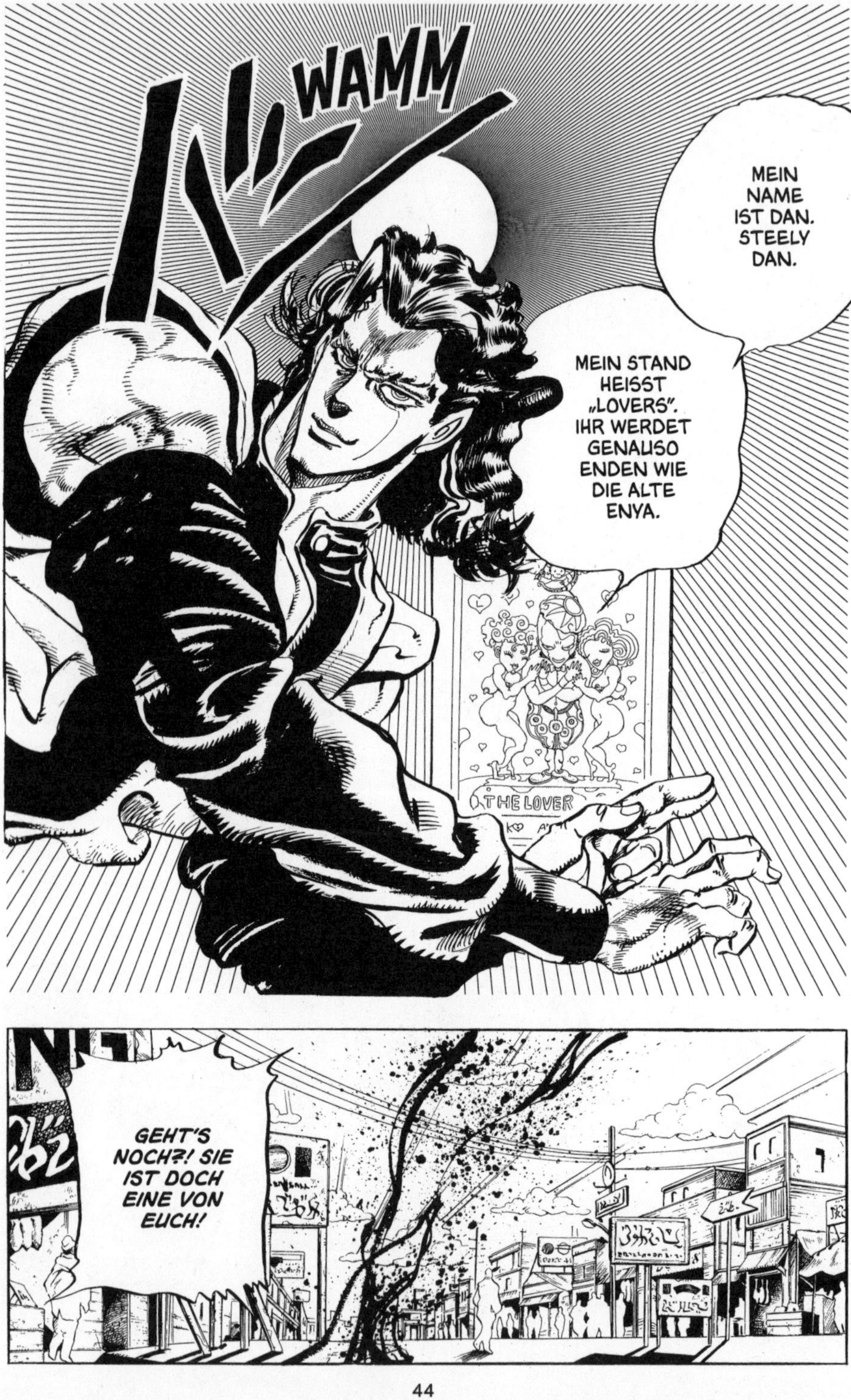
WAMM
MEIN NAME IST DAN. STEELY DAN.
MEIN STAND HEISST „LOVERS". IHR WERDET GENAUSO ENDEN WIE DIE ALTE ENYA.
THE LOVER
GEHT'S NOCH?! SIE IST DOCH EINE VON EUCH!

Die Liebenden: Teil 2

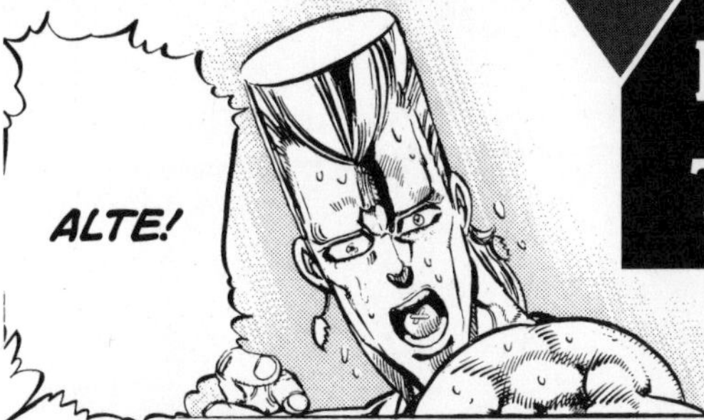

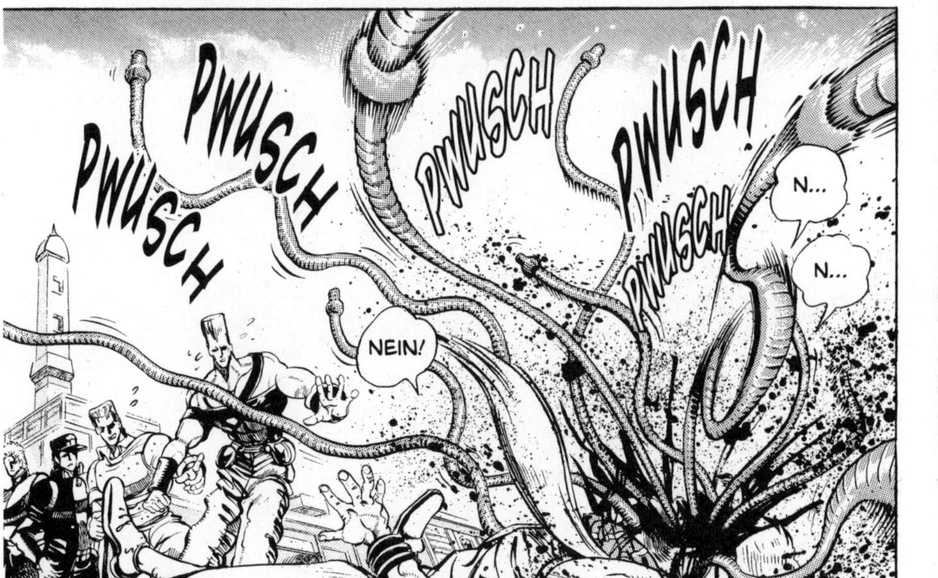

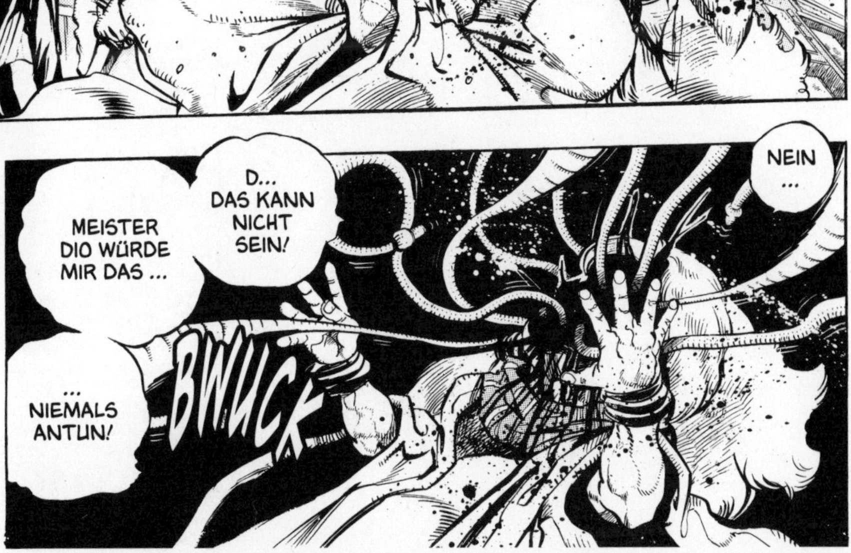

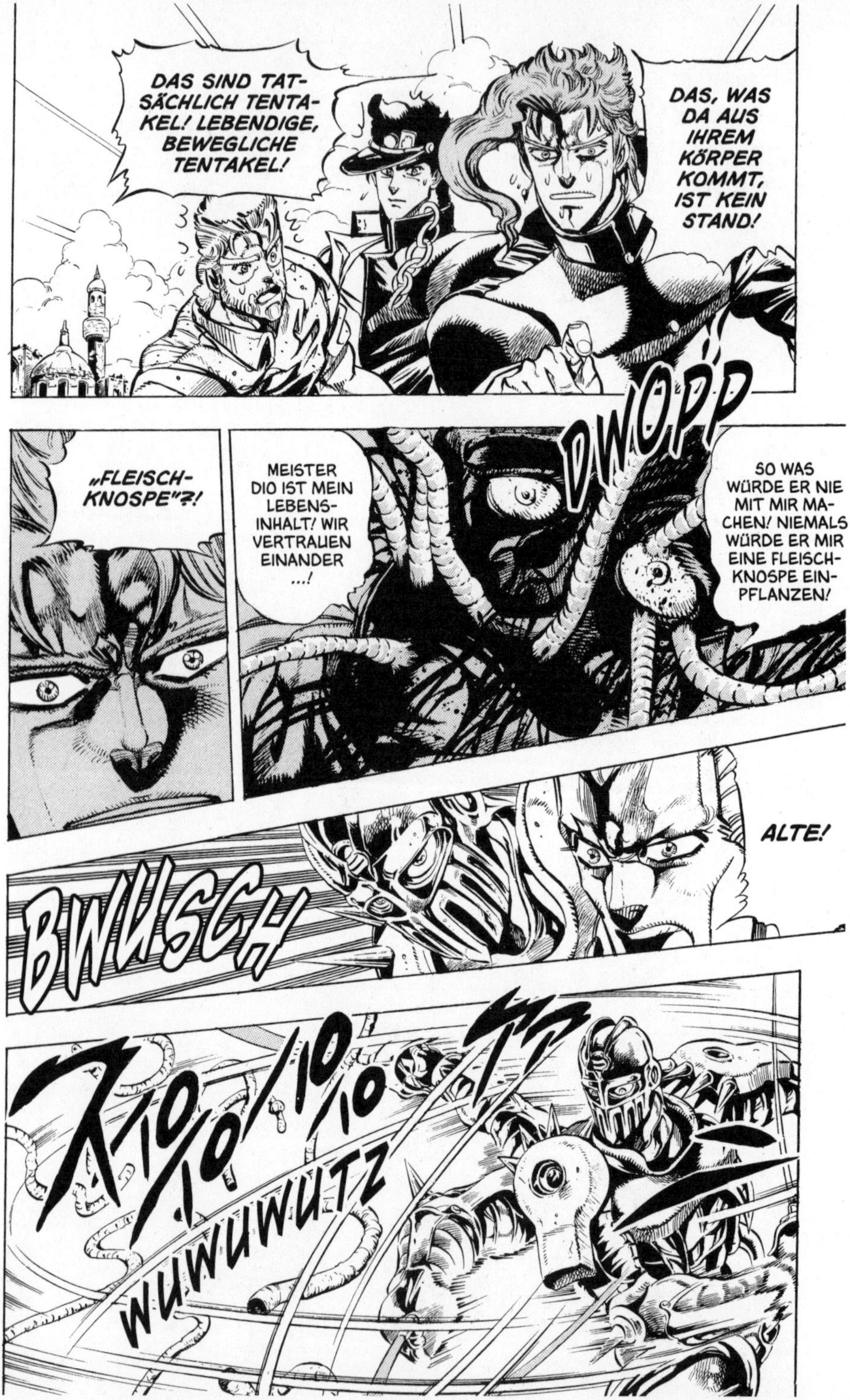
DAS, WAS DA AUS IHREM KÖRPER KOMMT, IST KEIN STAND!
DAS SIND TATSÄCHLICH TENTAKEL! LEBENDIGE, BEWEGLICHE TENTAKEL!
DWOPP
SO WAS WÜRDE ER NIE MIT MIR MACHEN! NIEMALS WÜRDE ER MIR EINE FLEISCHKNOSPE EINPFLANZEN!
MEISTER DIO IST MEIN LEBENSINHALT! WIR VERTRAUEN EINANDER ...!
„FLEISCHKNOSPE"?!
ALTE!
BWUSCH
WUWUWUTZ

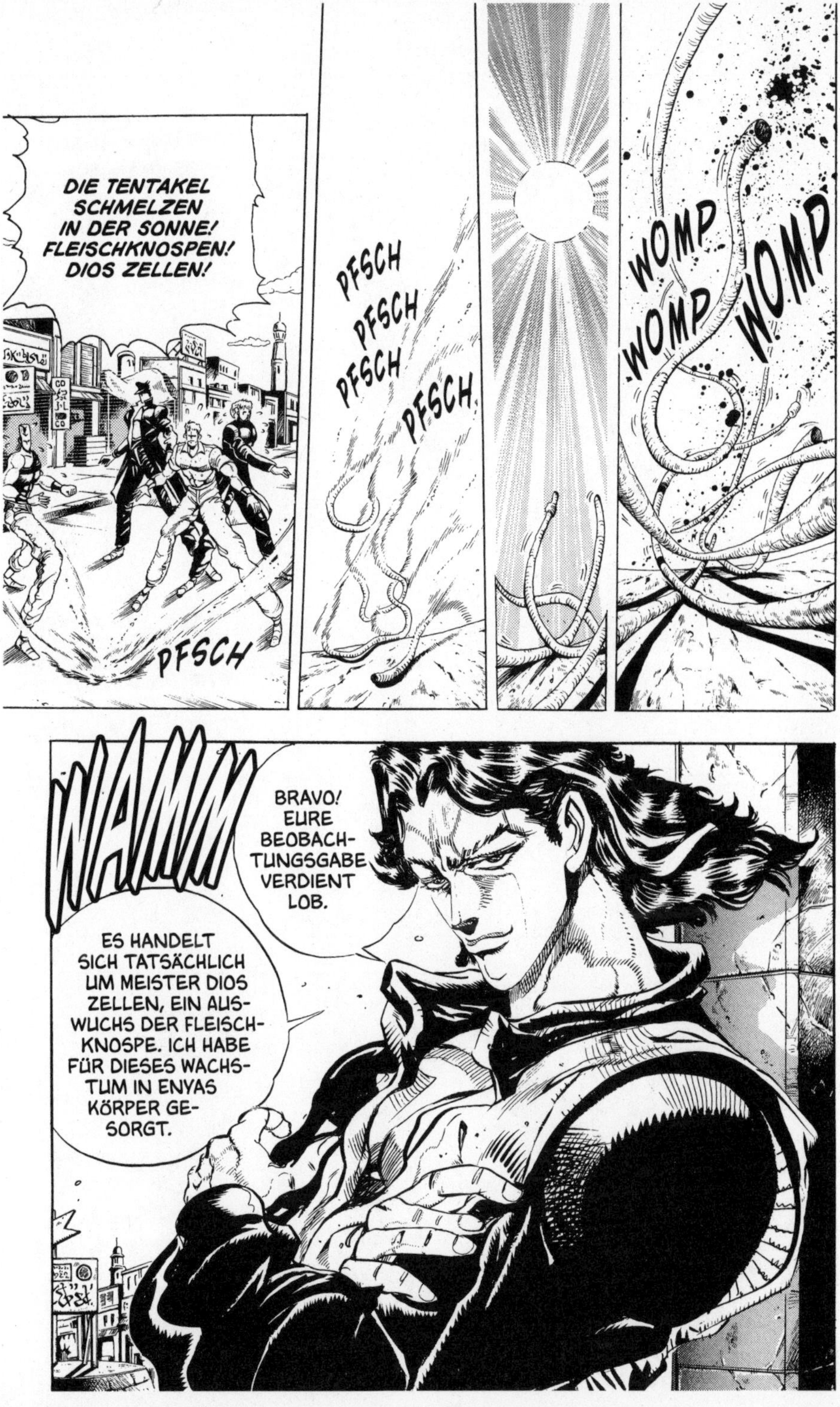
DIE TENTAKEL SCHMELZEN IN DER SONNE! FLEISCHKNOSPEN! DIOS ZELLEN!
PFSCH
PFSCH
PFSCH
PFSCH
PFSCH
WOMP
WOMP
WOMP
WOMP
WAMM
BRAVO! EURE BEOBACH-TUNGSGABE VERDIENT LOB.
ES HANDELT SICH TATSÄCHLICH UM MEISTER DIOS ZELLEN, EIN AUS-WUCHS DER FLEISCH-KNOSPE. ICH HABE FÜR DIESES WACHS-TUM IN ENYAS KÖRPER GE-SORGT.

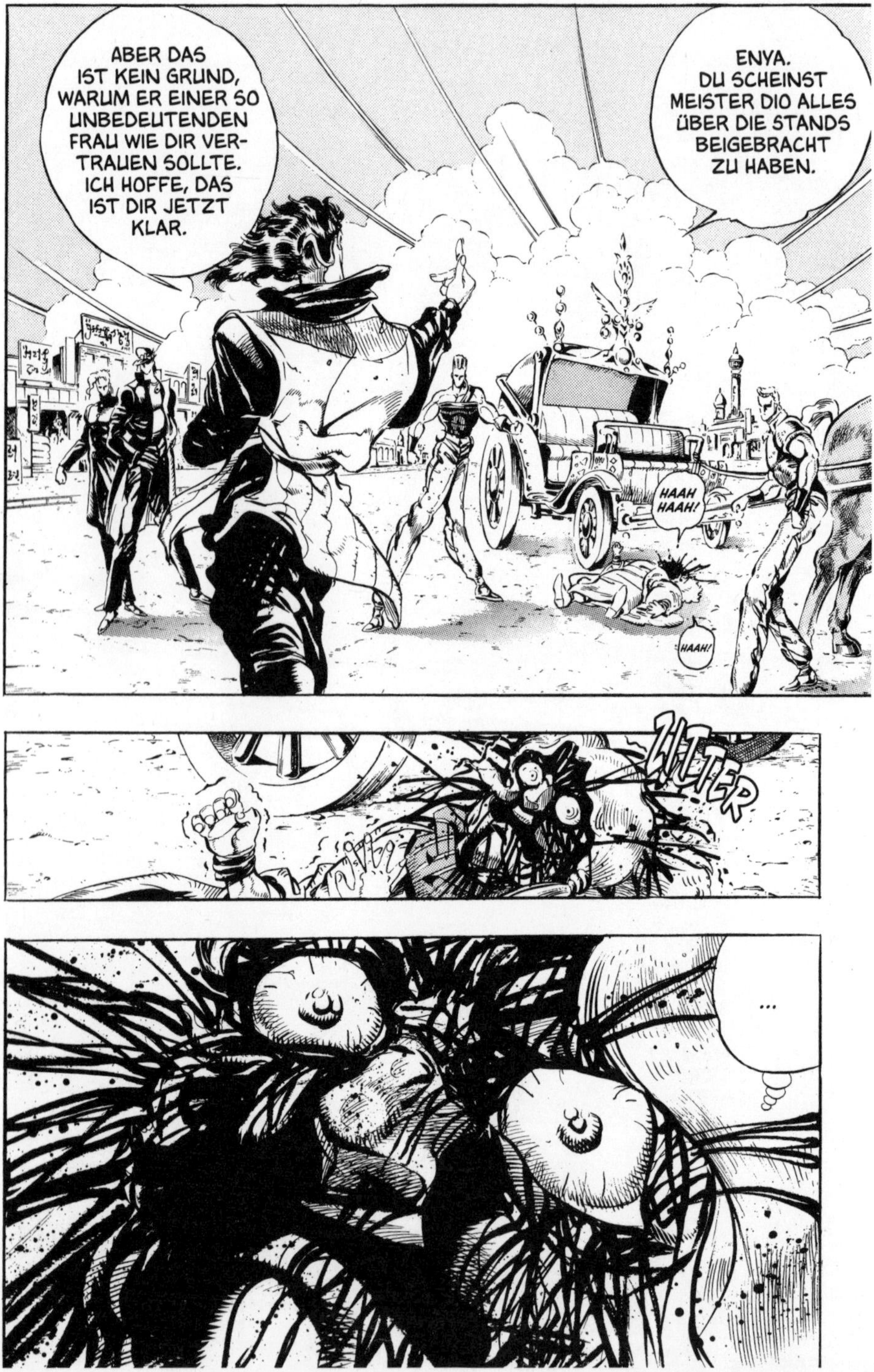
ENYA. DU SCHEINST MEISTER DIO ALLES ÜBER DIE STANDS BEIGEBRACHT ZU HABEN.
ABER DAS IST KEIN GRUND, WARUM ER EINER SO UNBEDEUTENDEN FRAU WIE DIR VERTRAUEN SOLLTE. ICH HOFFE, DAS IST DIR JETZT KLAR.
HAAH HAAH!
HAAH!
ZITTER
...

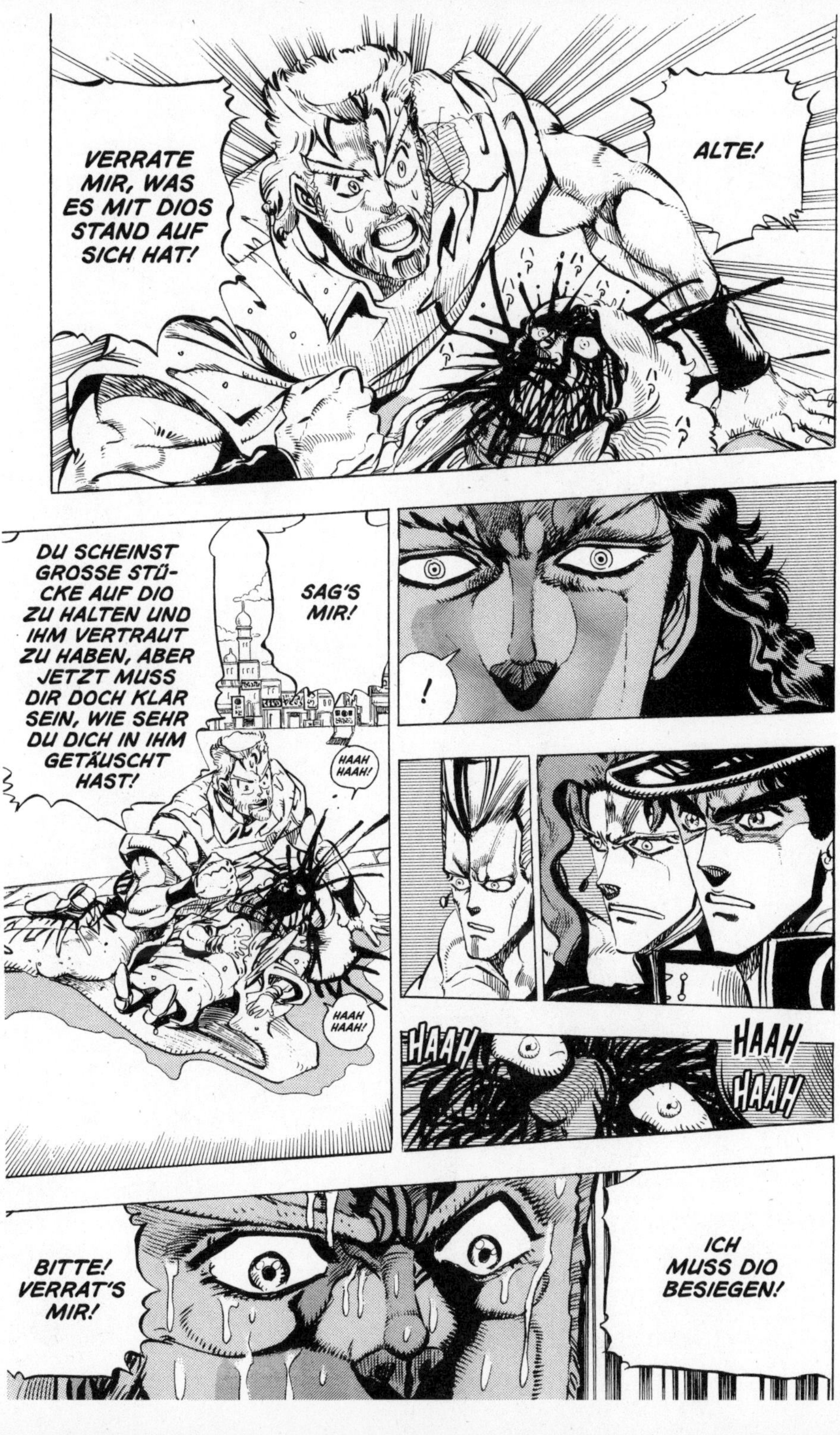
ALTE!
VERRATE MIR, WAS ES MIT DIOS STAND AUF SICH HAT!
!
SAG'S MIR!
DU SCHEINST GROSSE STÜCKE AUF DIO ZU HALTEN UND IHM VERTRAUT ZU HABEN, ABER JETZT MUSS DIR DOCH KLAR SEIN, WIE SEHR DU DICH IN IHM GETÄUSCHT HAST!
HAAH HAAH!
HAAH HAAH!
HAAH
HAAH HAAH
ICH MUSS DIO BESIEGEN!
BITTE! VERRAT'S MIR!

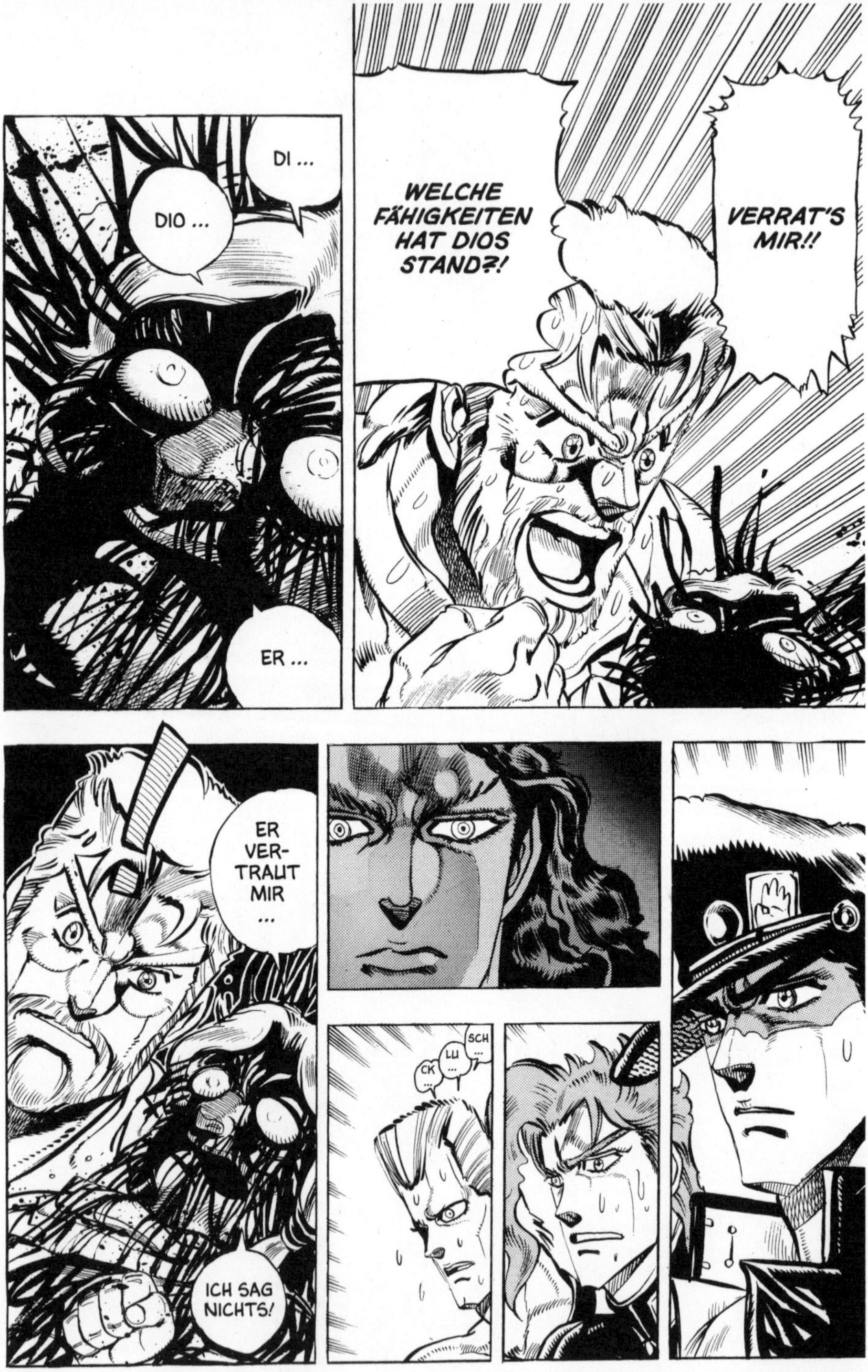

WELCHE FÄHIGKEITEN HAT DIOS STAND?!
VERRAT'S MIR!!
DI ...
DIO ...
ER ...
SCH ...
LU ...
CK ...
ER VER-TRAUT MIR ...
ICH SAG NICHTS!

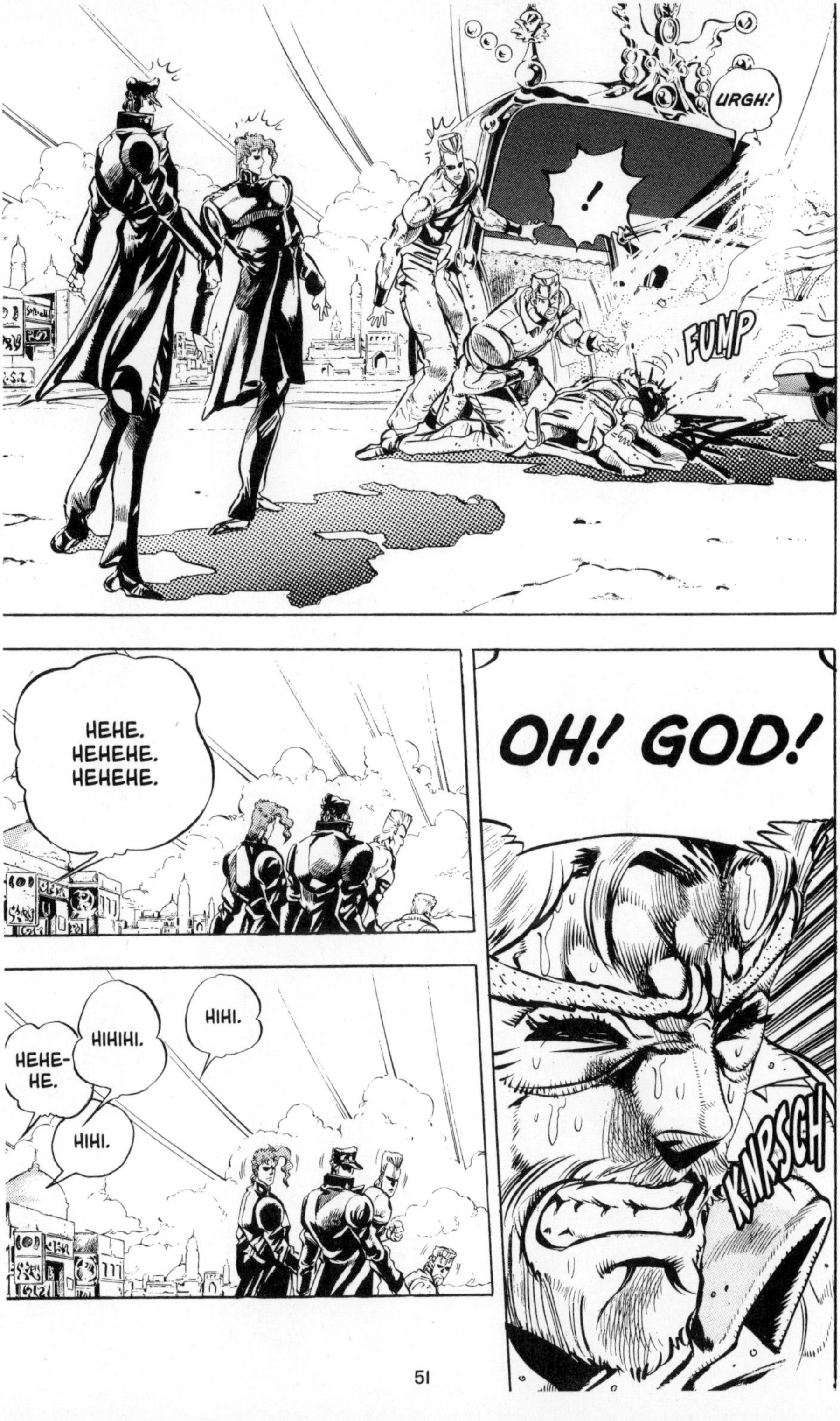
URGH!
!
FUMP
HEHE.
HEHEHE.
HEHEHE.
OH! GOD!
HIHI.
HIHIHI.
HEHEHE-
HE.
HIHI.
KNRSCH

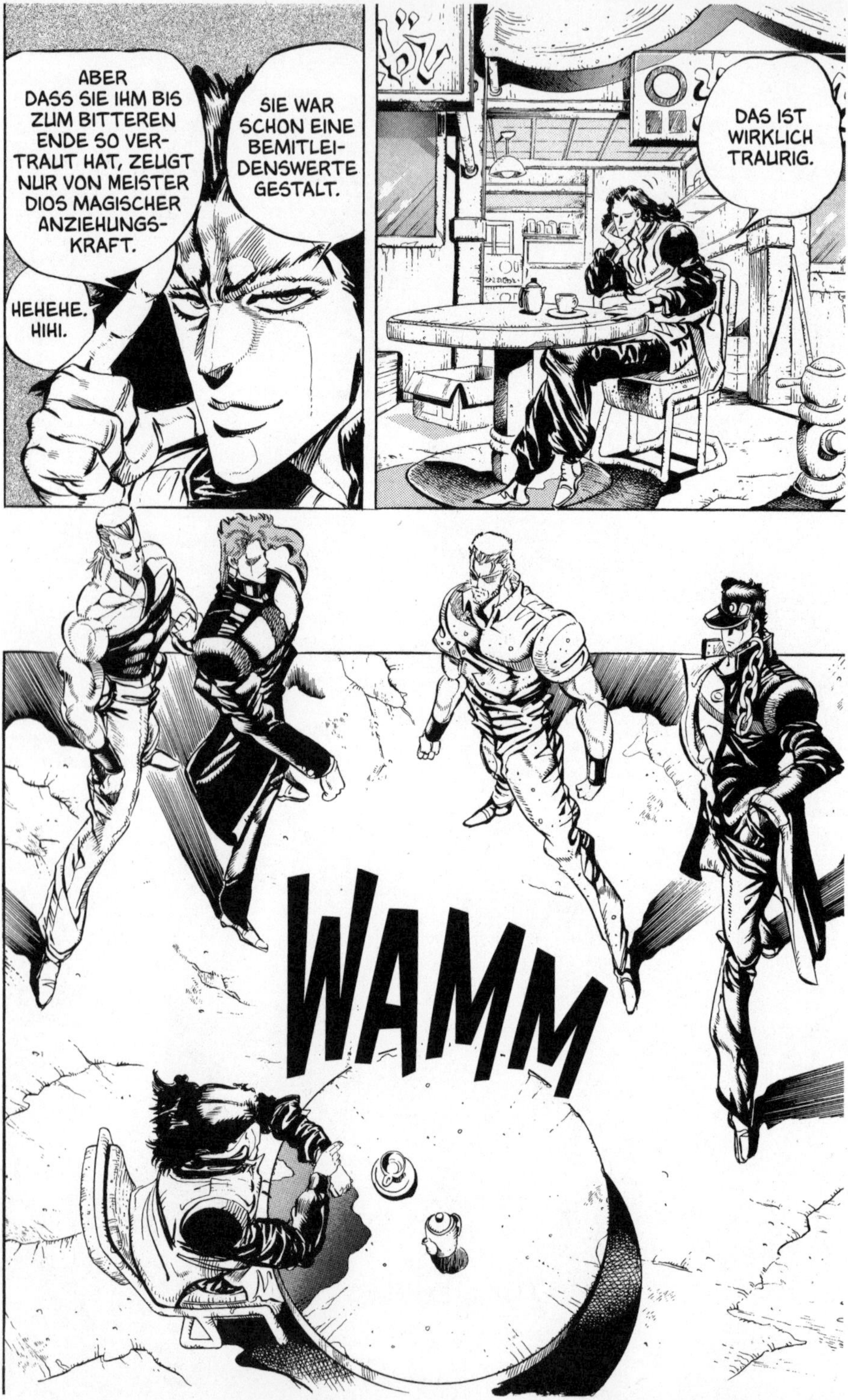
DAS IST WIRKLICH TRAURIG.
SIE WAR SCHON EINE BEMITLEI-DENSWERTE GESTALT.
ABER DASS SIE IHM BIS ZUM BITTEREN ENDE SO VER-TRAUT HAT, ZEUGT NUR VON MEISTER DIOS MAGISCHER ANZIEHUNGS-KRAFT.
HEHEHE. HIHI.
WAMM

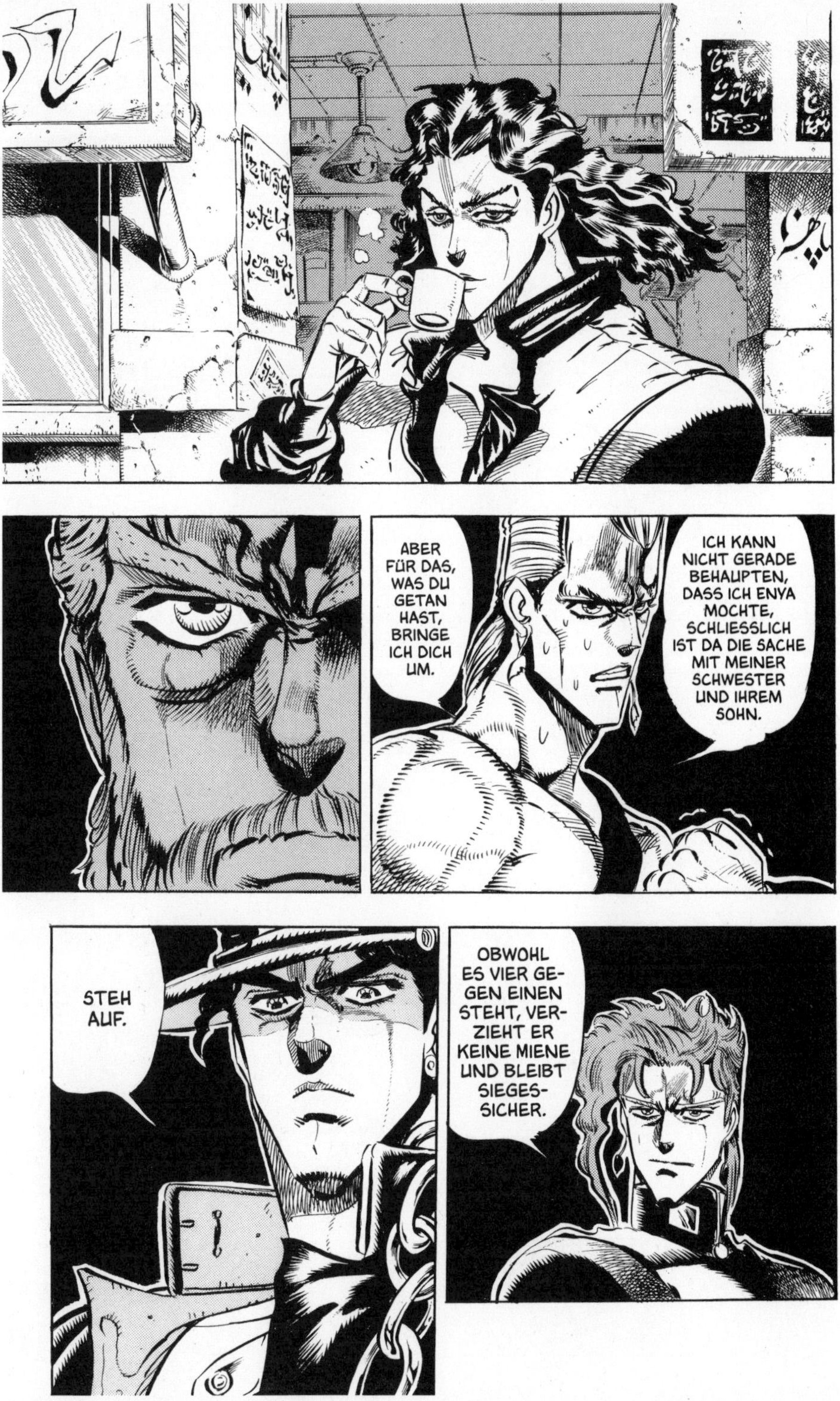
ICH KANN NICHT GERADE BEHAUPTEN, DASS ICH ENYA MOCHTE, SCHLIESSLICH IST DA DIE SACHE MIT MEINER SCHWESTER UND IHREM SOHN.
ABER FÜR DAS, WAS DU GETAN HAST, BRINGE ICH DICH UM.
OBWOHL ES VIER GEGEN EINEN STEHT, VERZIEHT ER KEINE MIENE UND BLEIBT SIEGESSICHER.
STEH AUF.

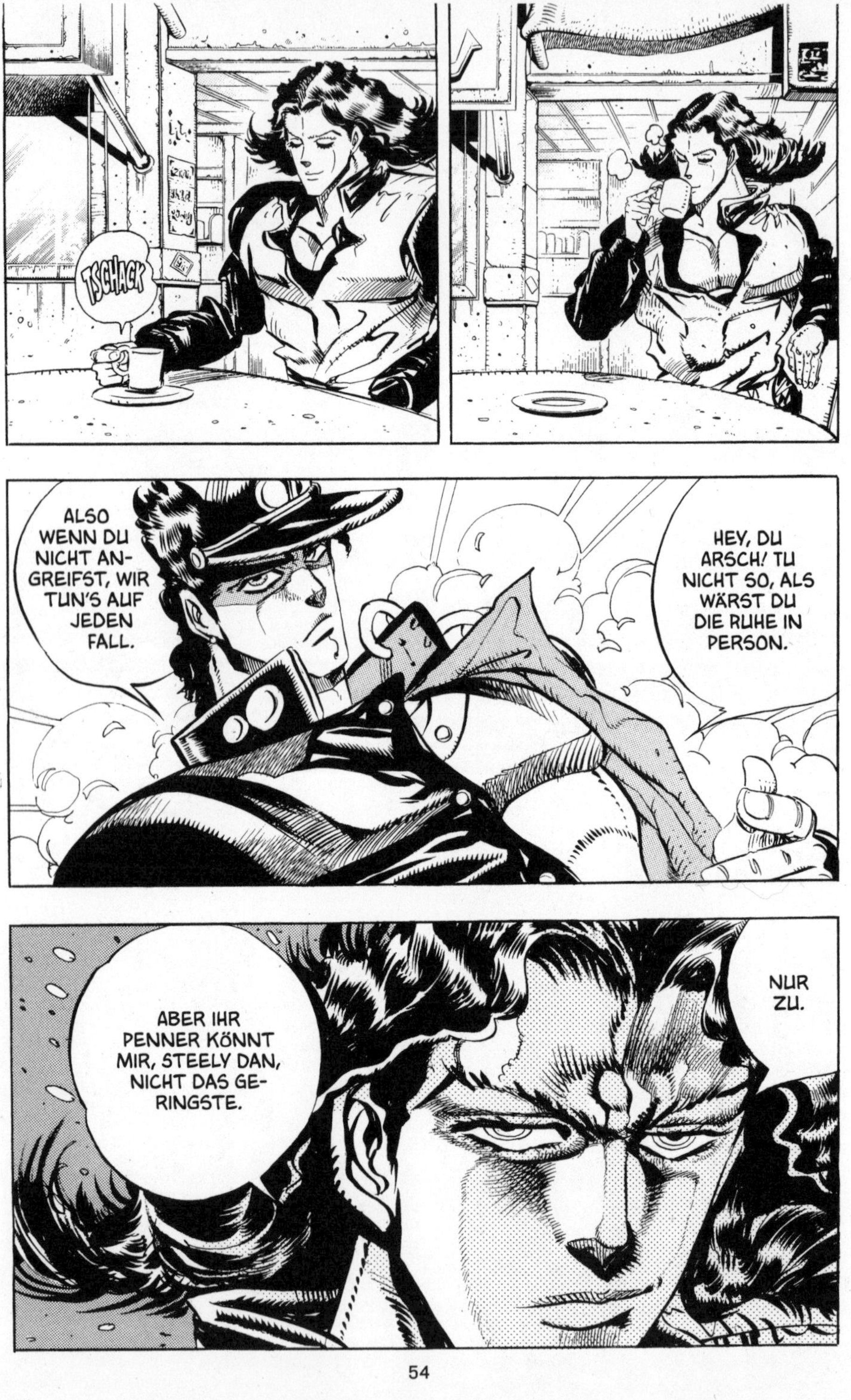

TSCHACK
HEY, DU ARSCH! TU NICHT SO, ALS WÄRST DU DIE RUHE IN PERSON.
ALSO WENN DU NICHT ANGREIFST, WIR TUN'S AUF JEDEN FALL.
NUR ZU.
ABER IHR PENNER KÖNNT MIR, STEELY DAN, NICHT DAS GERINGSTE.

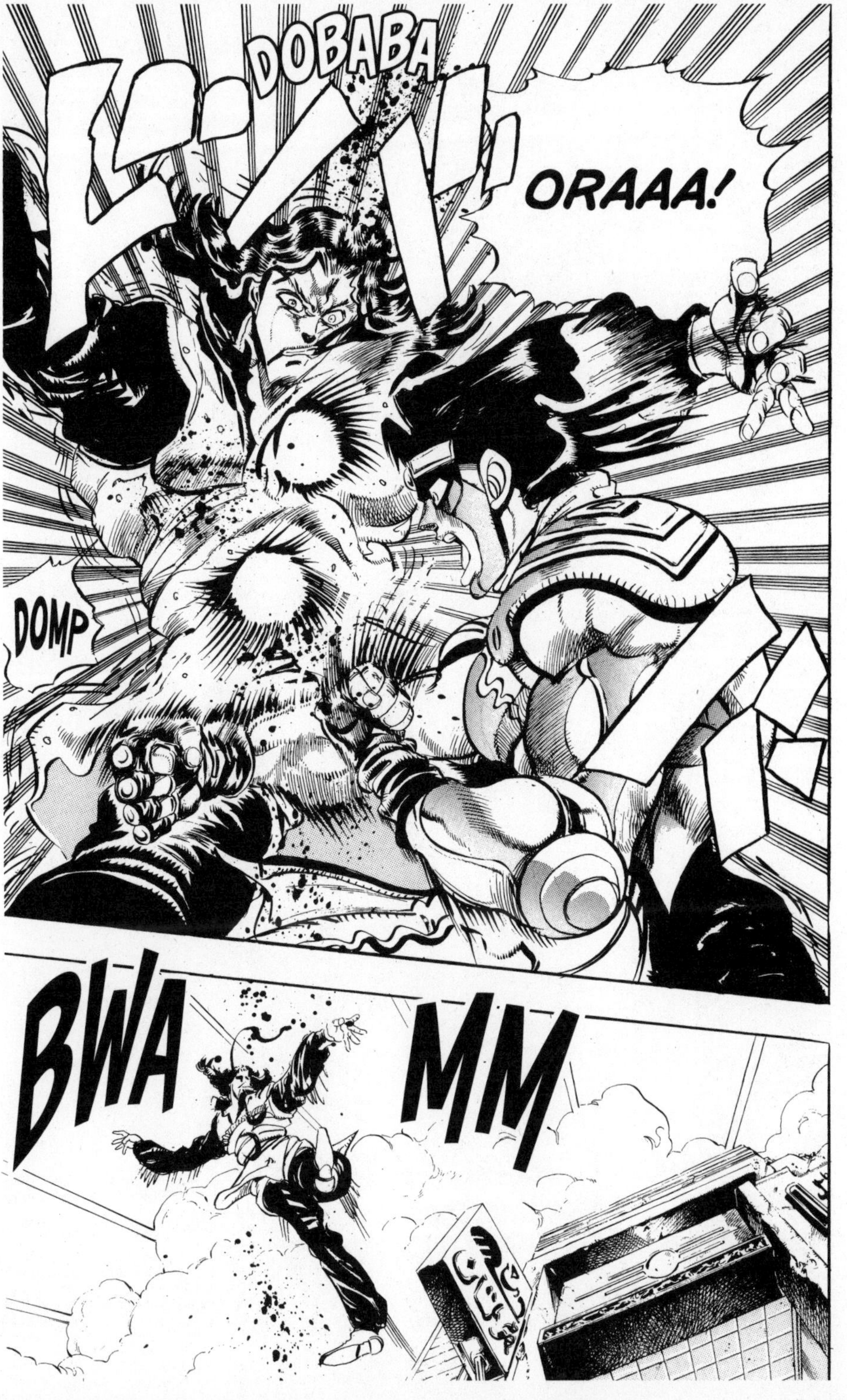
DOBABA
ORAAA!
DOMP
BWA
MM

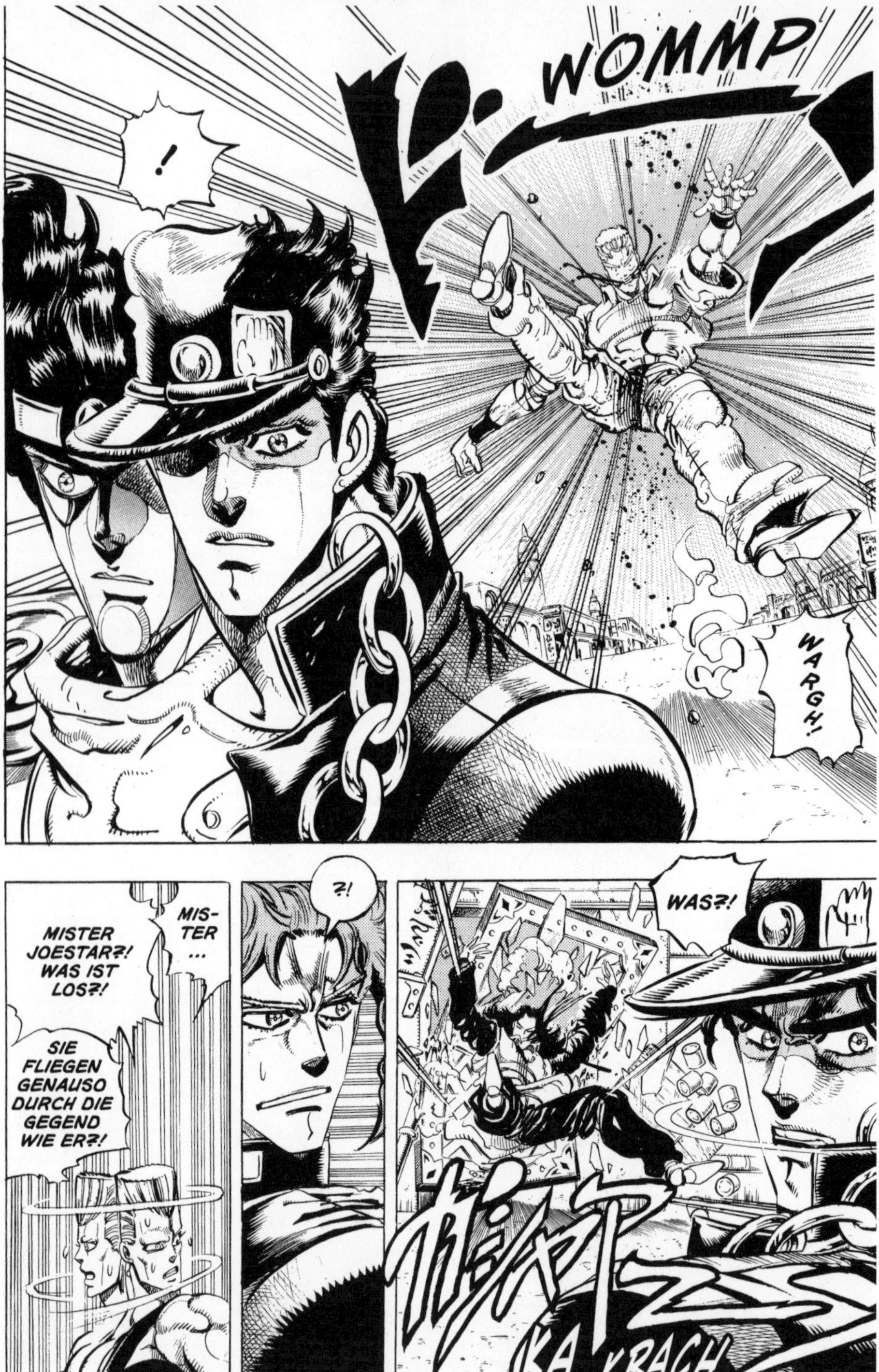
!
WOMMP
WARGH!
MISTER JOESTAR?! WAS IST LOS?!
MIS-TER ...
SIE FLIEGEN GENAUSO DURCH DIE GEGEND WIE ER?!
?!
WAS?!
KA KRACH

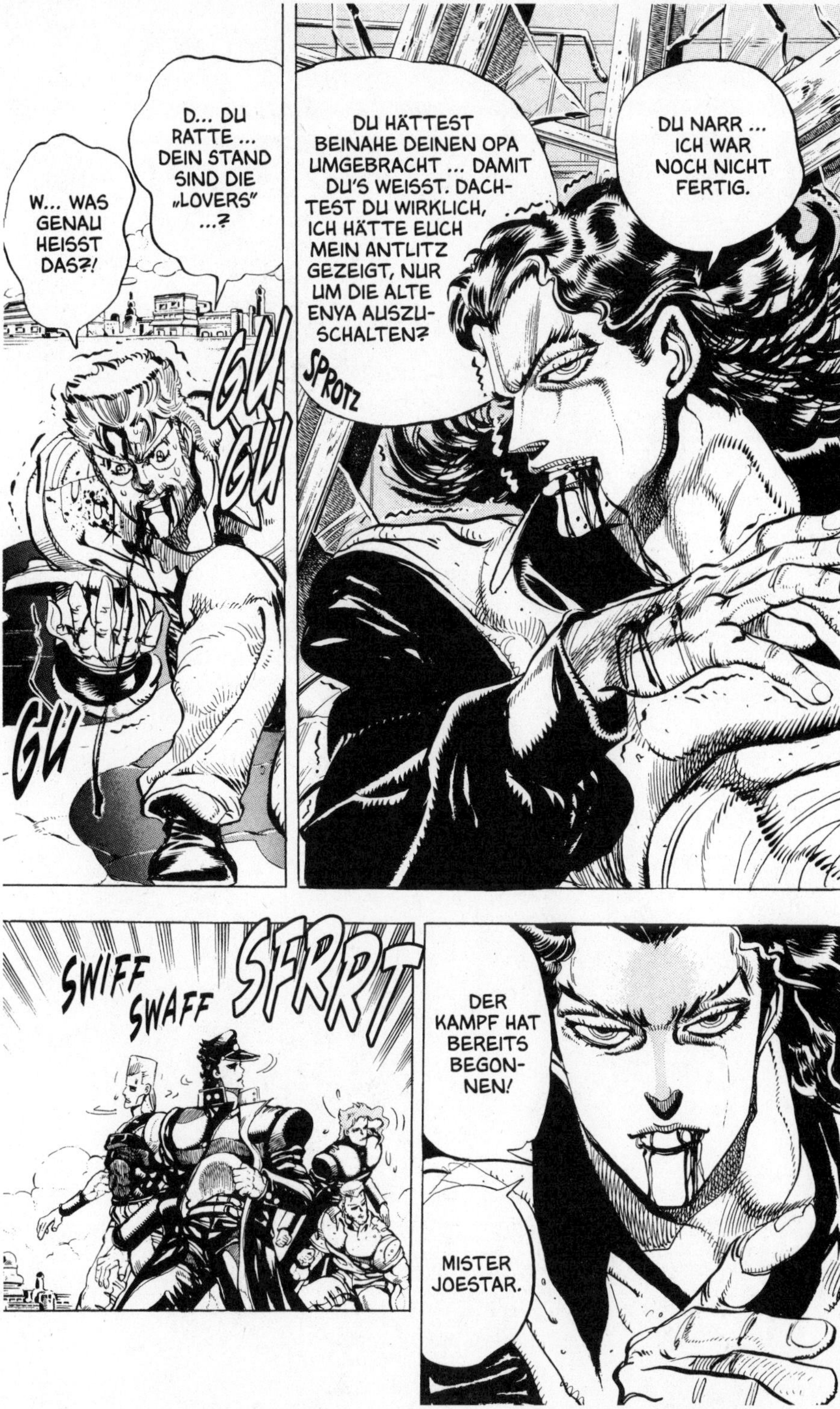
DU NARR ... ICH WAR NOCH NICHT FERTIG.
DU HÄTTEST BEINAHE DEINEN OPA UMGEBRACHT ... DAMIT DU'S WEISST. DACH-TEST DU WIRKLICH, ICH HÄTTE EUCH MEIN ANTLITZ GEZEIGT, NUR UM DIE ALTE ENYA AUSZU-SCHALTEN?
SPROTZ
GU GU
GU
D... DU RATTE ... DEIN STAND SIND DIE „LOVERS" ...?
W... WAS GENAU HEISST DAS?!
DER KAMPF HAT BEREITS BEGON-NEN!
MISTER JOESTAR.
SFRRT
SWIFF SWAFF

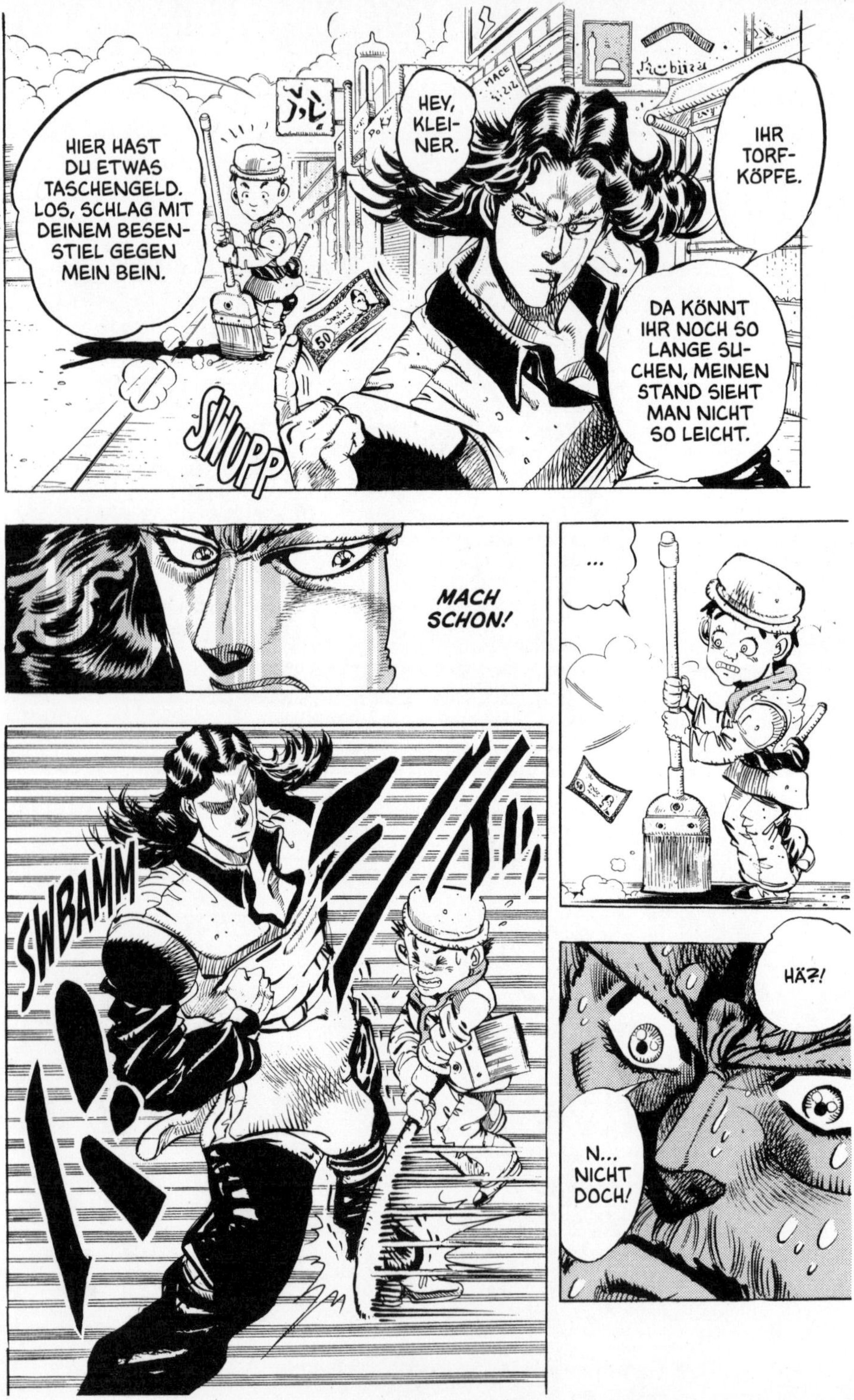
IHR TORF-KÖPFE.
DA KÖNNT IHR NOCH SO LANGE SU-CHEN, MEINEN STAND SIEHT MAN NICHT SO LEICHT.
HEY, KLEI-NER.
HIER HAST DU ETWAS TASCHENGELD. LOS, SCHLAG MIT DEINEM BESEN-STIEL GEGEN MEIN BEIN.
SWUPP
...
MACH SCHON!
HÄ?!
N... NICHT DOCH!
SWBAMM

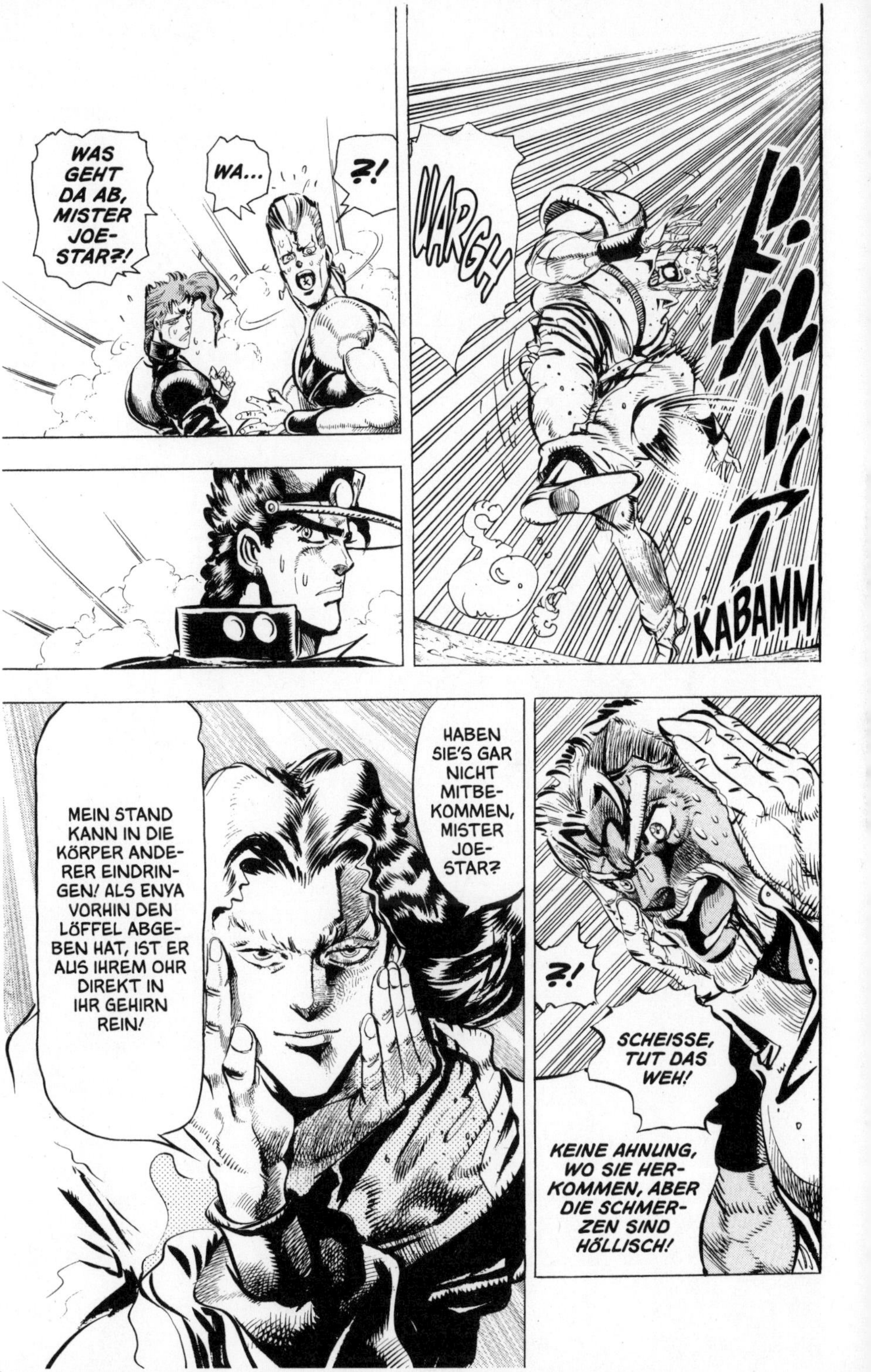
UARGH
KABAMM
?!
WA…
WAS GEHT DA AB, MISTER JOE-STAR?!
?!
SCHEISSE, TUT DAS WEH!
KEINE AHNUNG, WO SIE HER-KOMMEN, ABER DIE SCHMER-ZEN SIND HÖLLISCH!
HABEN SIE'S GAR NICHT MITBE-KOMMEN, MISTER JOE-STAR?
MEIN STAND KANN IN DIE KÖRPER ANDE-RER EINDRIN-GEN! ALS ENYA VORHIN DEN LÖFFEL ABGE-BEN HAT, IST ER AUS IHREM OHR DIREKT IN IHR GEHIRN REIN!

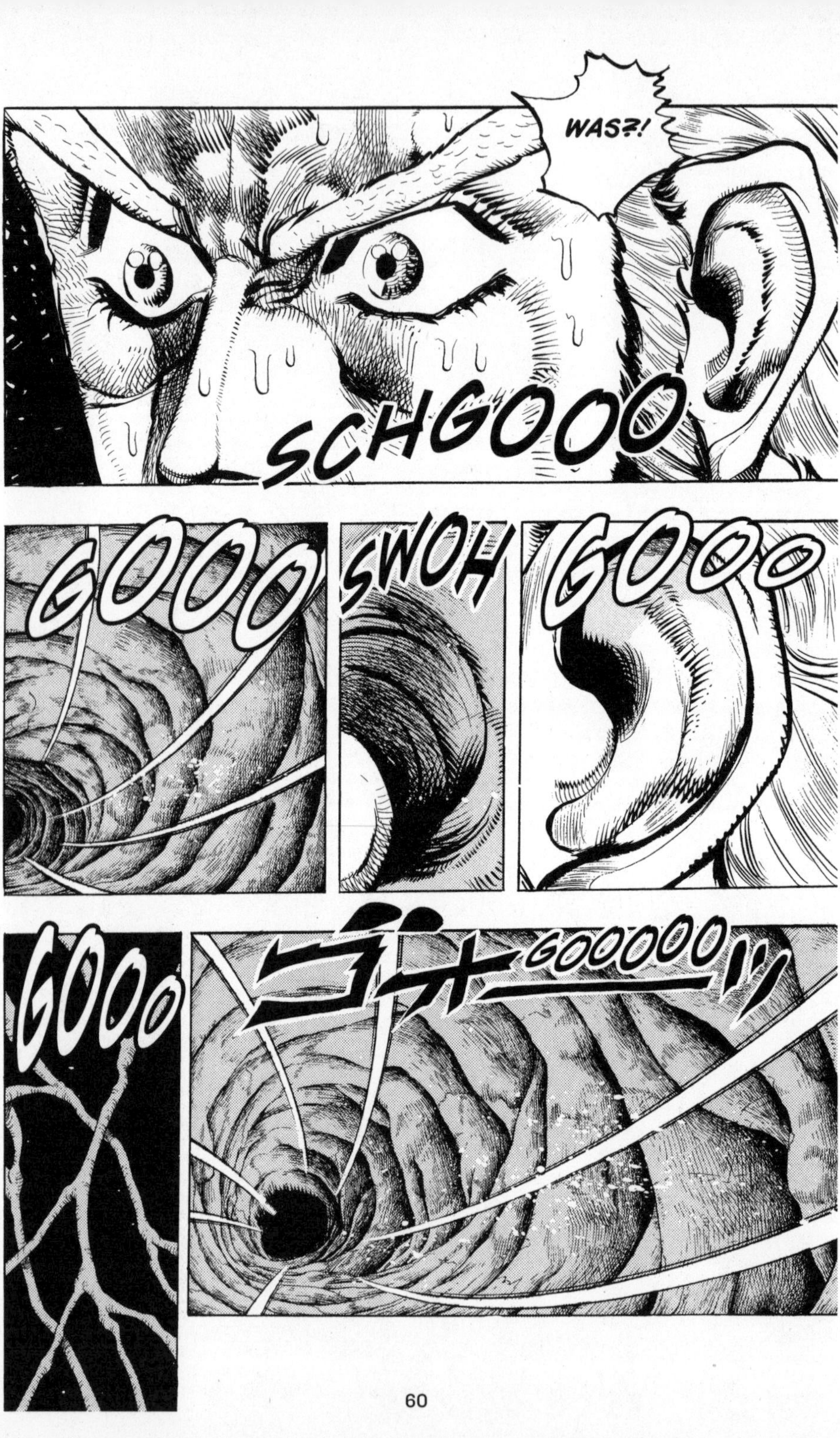
WAS?!
SCHGOOO
GOOO
SWOH
GOOO
GOOO
ゴオー GOOOOO!!

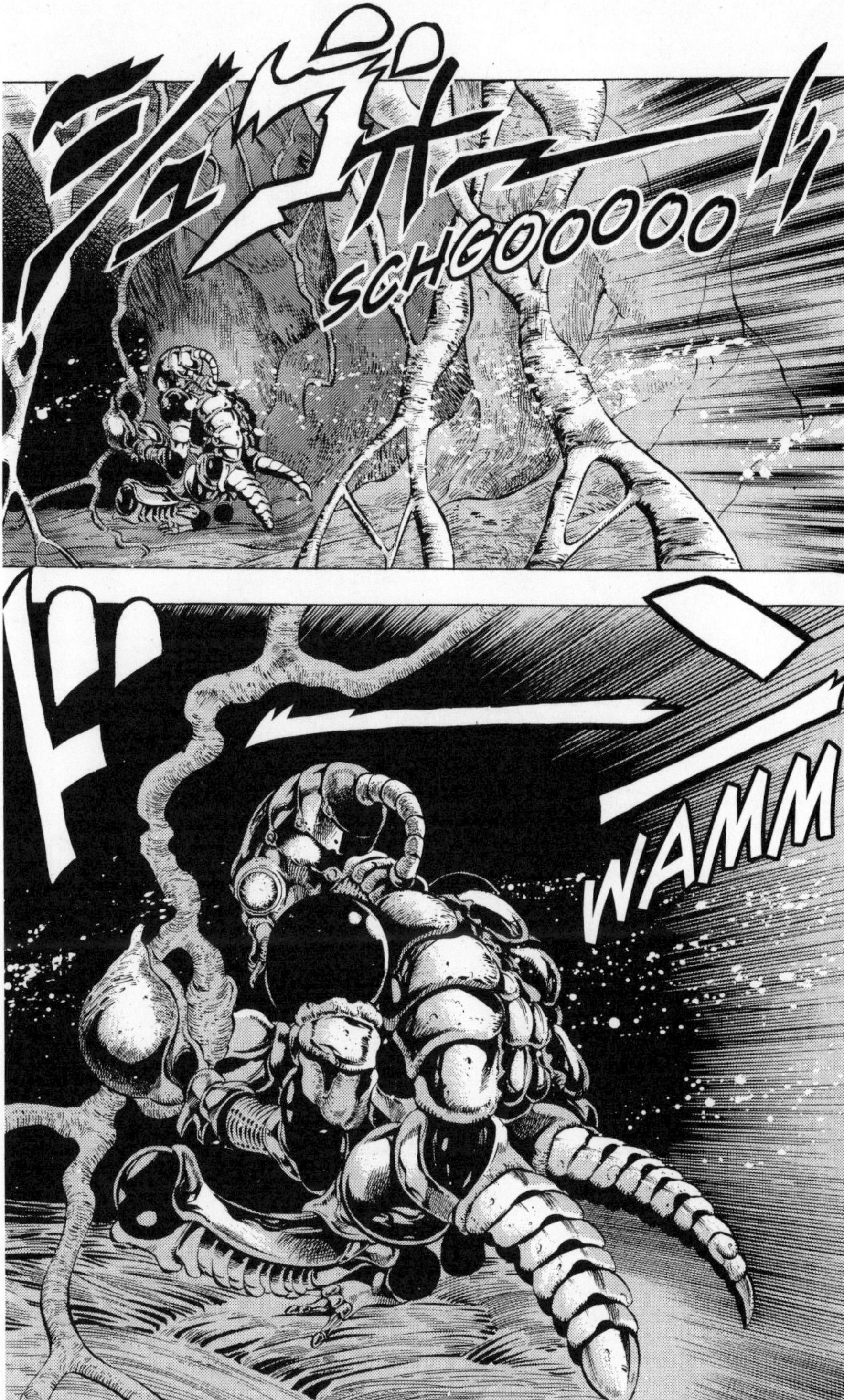
SCHGOOOOO
WAMM

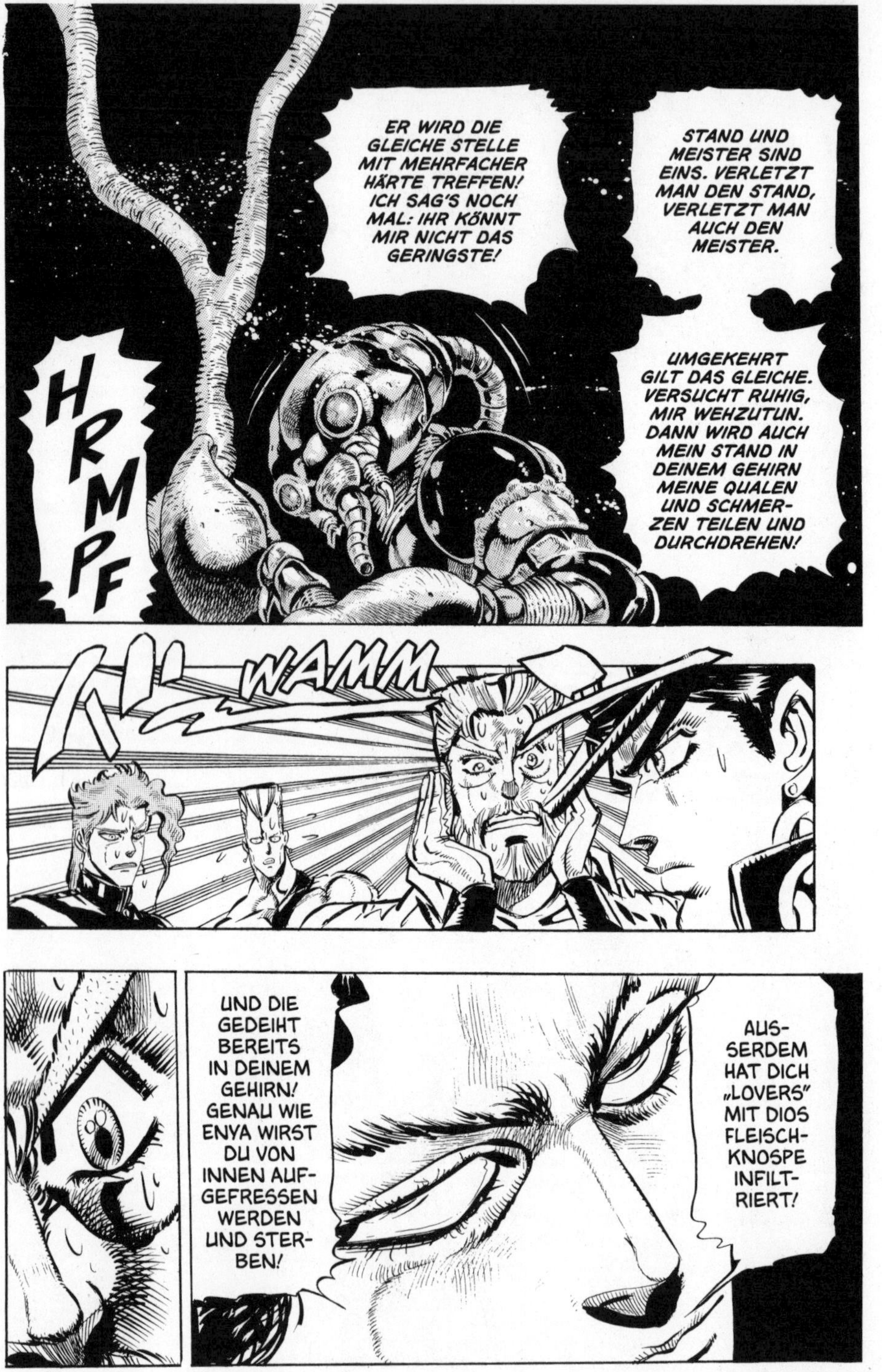
STAND UND MEISTER SIND EINS. VERLETZT MAN DEN STAND, VERLETZT MAN AUCH DEN MEISTER.
ER WIRD DIE GLEICHE STELLE MIT MEHRFACHER HÄRTE TREFFEN! ICH SAG'S NOCH MAL: IHR KÖNNT MIR NICHT DAS GERINGSTE!
UMGEKEHRT GILT DAS GLEICHE. VERSUCHT RUHIG, MIR WEHZUTUN. DANN WIRD AUCH MEIN STAND IN DEINEM GEHIRN MEINE QUALEN UND SCHMERZEN TEILEN UND DURCHDREHEN!
HRMPF
WAMM
AUSSERDEM HAT DICH „LOVERS" MIT DIOS FLEISCHKNOSPE INFILTRIERT!
UND DIE GEDEIHT BEREITS IN DEINEM GEHIRN! GENAU WIE ENYA WIRST DU VON INNEN AUFGEFRESSEN WERDEN UND STERBEN!

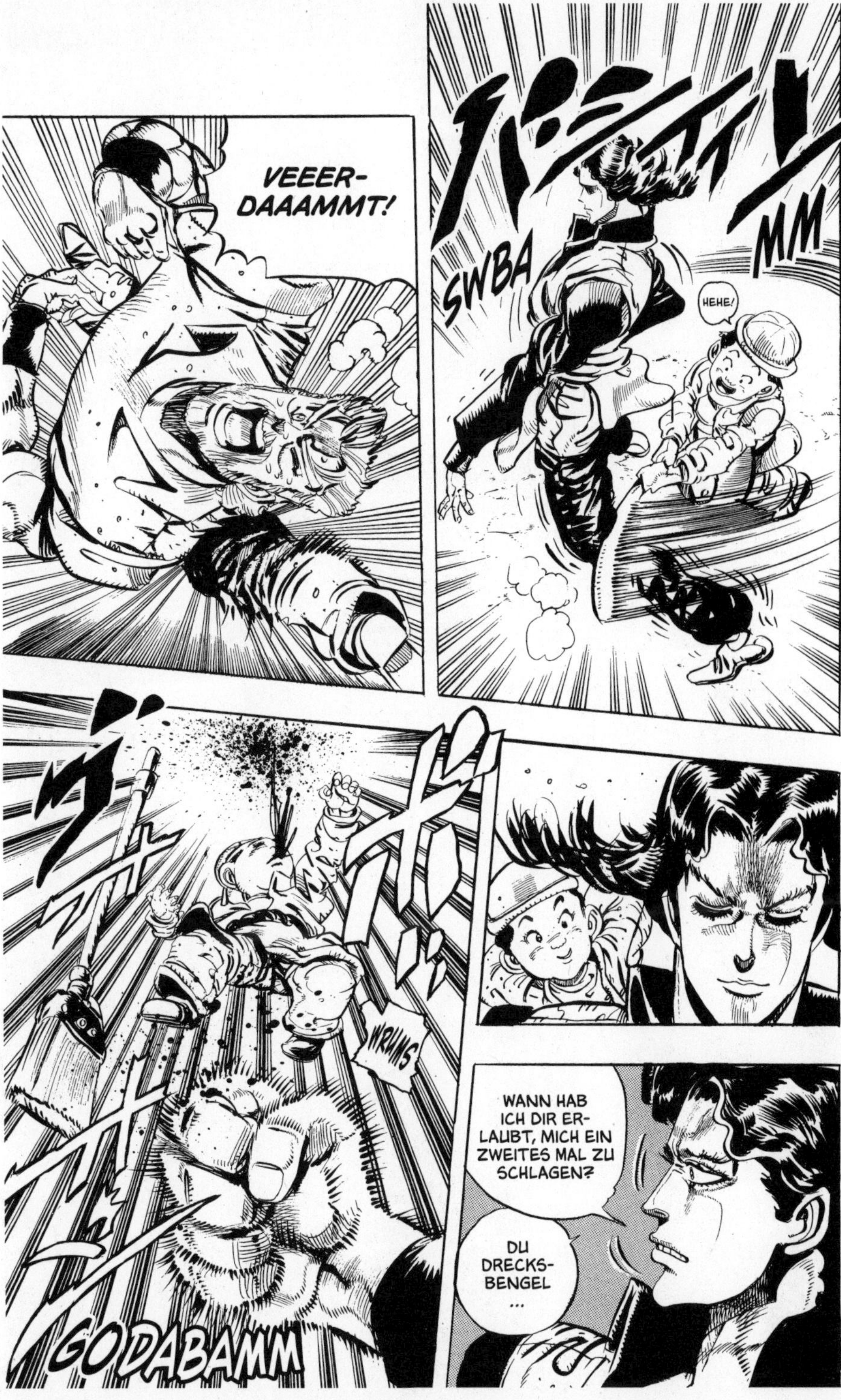
SWBA
MM
HEHE!
VEEER-
DAAAMMT!
WANN HAB
ICH DIR ER-
LAUBT, MICH EIN
ZWEITES MAL ZU
SCHLAGEN?
DU
DRECKS-
BENGEL
...
WRUMS
GODABAMM

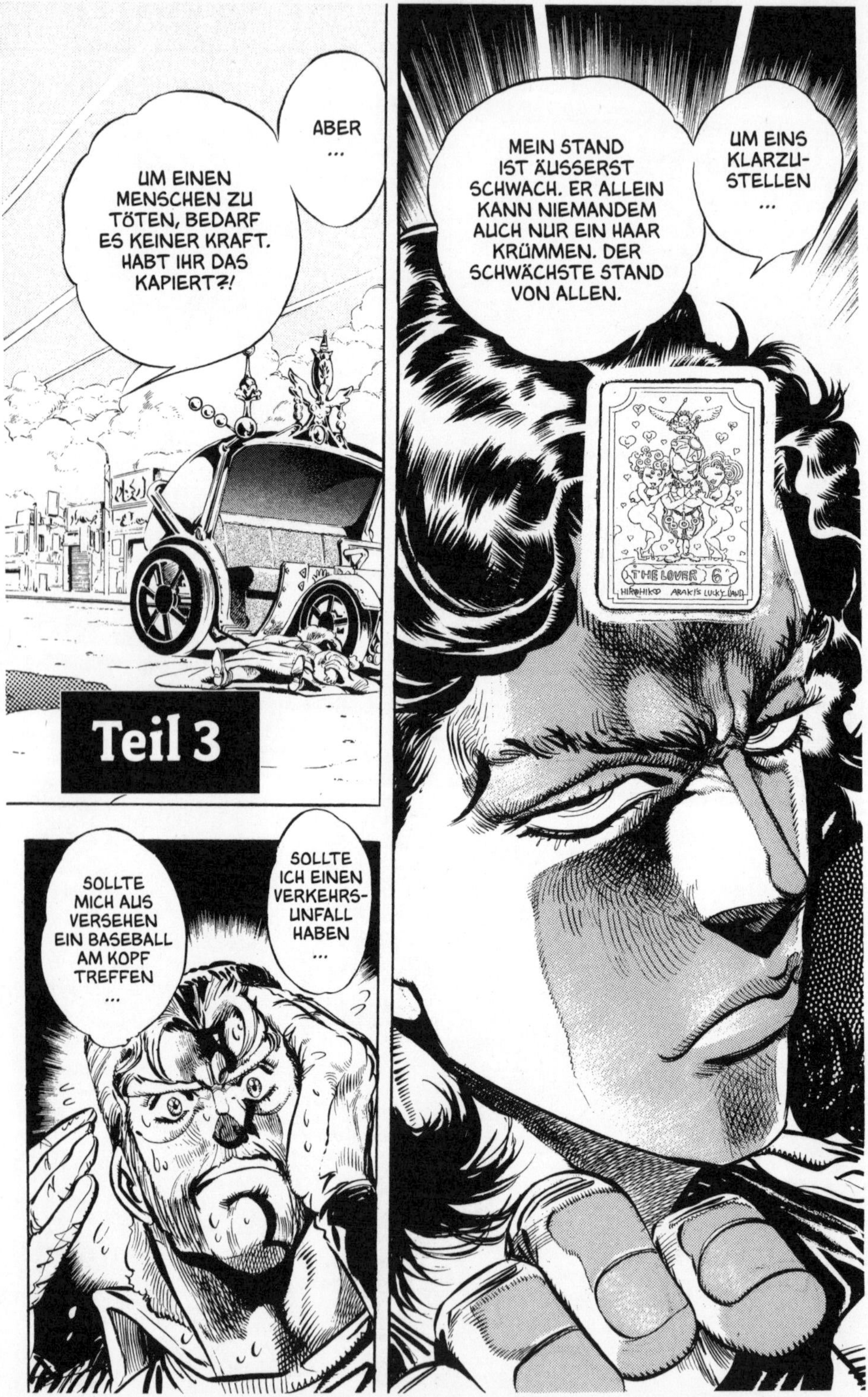
UM EINS KLARZU-STELLEN ...
MEIN STAND IST ÄUSSERST SCHWACH. ER ALLEIN KANN NIEMANDEM AUCH NUR EIN HAAR KRÜMMEN. DER SCHWÄCHSTE STAND VON ALLEN.
THE LOVER 6
ABER ...
UM EINEN MENSCHEN ZU TÖTEN, BEDARF ES KEINER KRAFT. HABT IHR DAS KAPIERT?!
Teil 3
SOLLTE ICH EINEN VERKEHRS-UNFALL HABEN ...
SOLLTE MICH AUS VERSEHEN EIN BASEBALL AM KOPF TREFFEN ...

Die Liebenden:

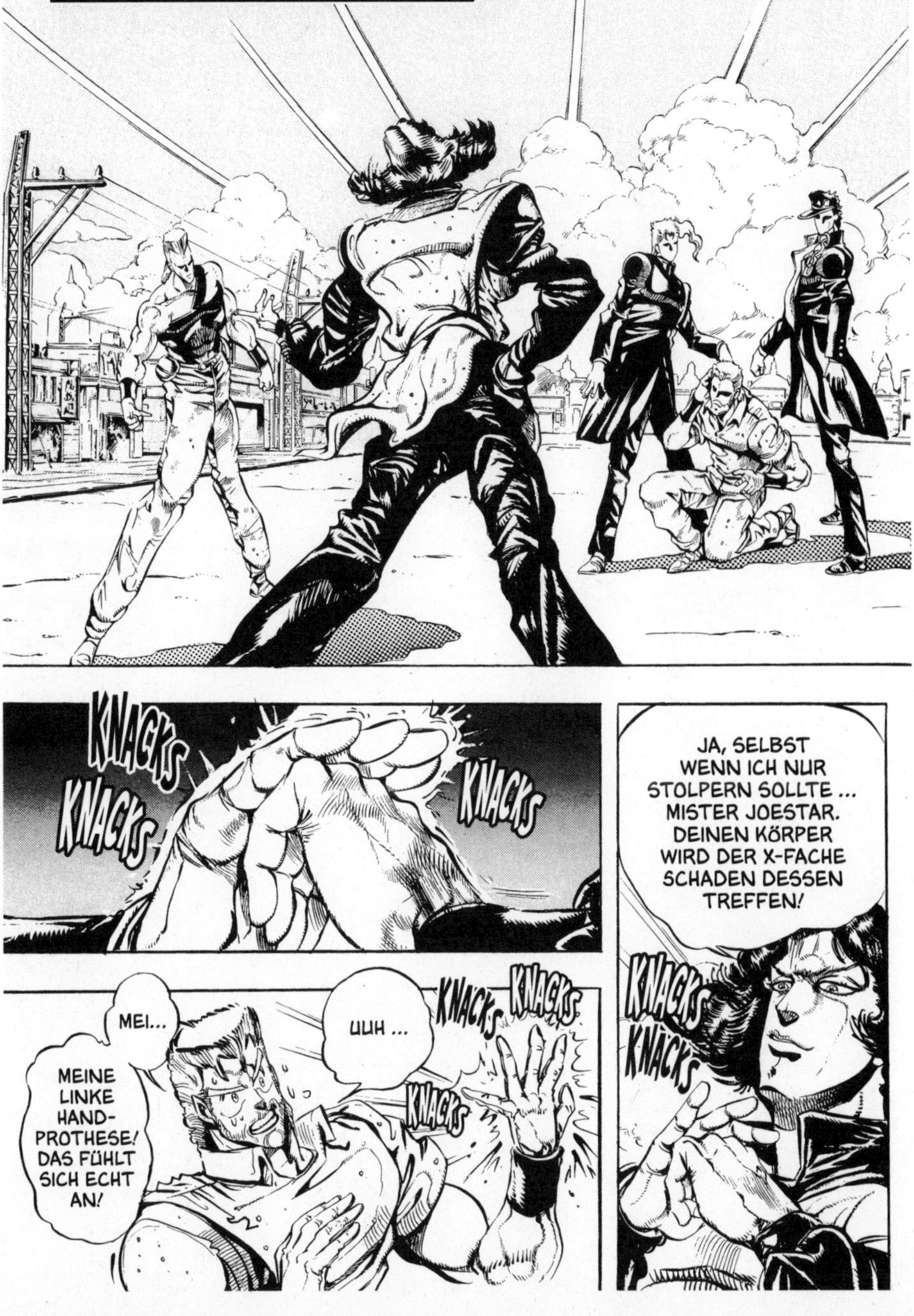

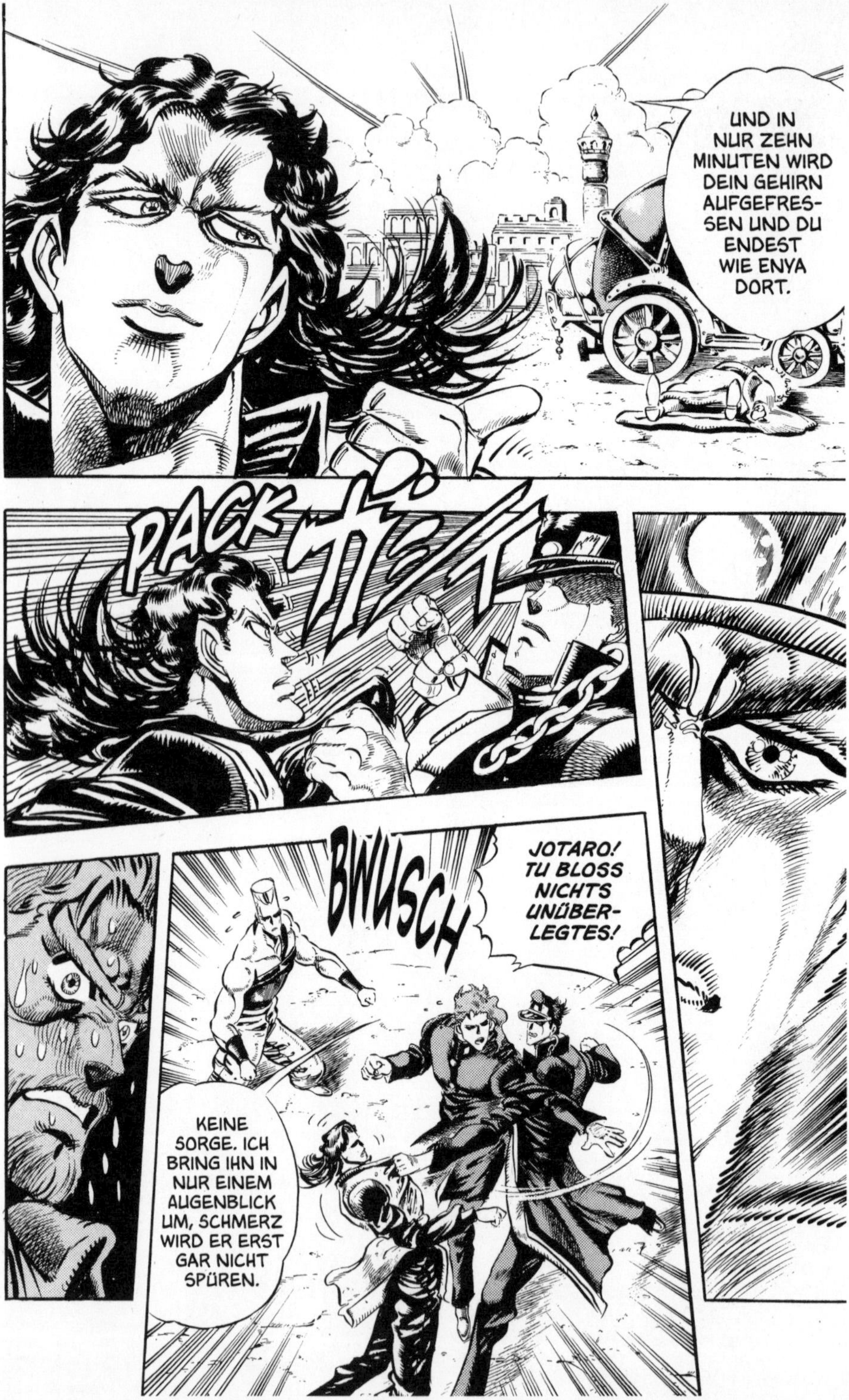
UND IN NUR ZEHN MINUTEN WIRD DEIN GEHIRN AUFGEFRESSEN UND DU ENDEST WIE ENYA DORT.
PACK
BWUSCH
JOTARO! TU BLOSS NICHTS UNÜBERLEGTES!
KEINE SORGE. ICH BRING IHN IN NUR EINEM AUGENBLICK UM, SCHMERZ WIRD ER ERST GAR NICHT SPÜREN.

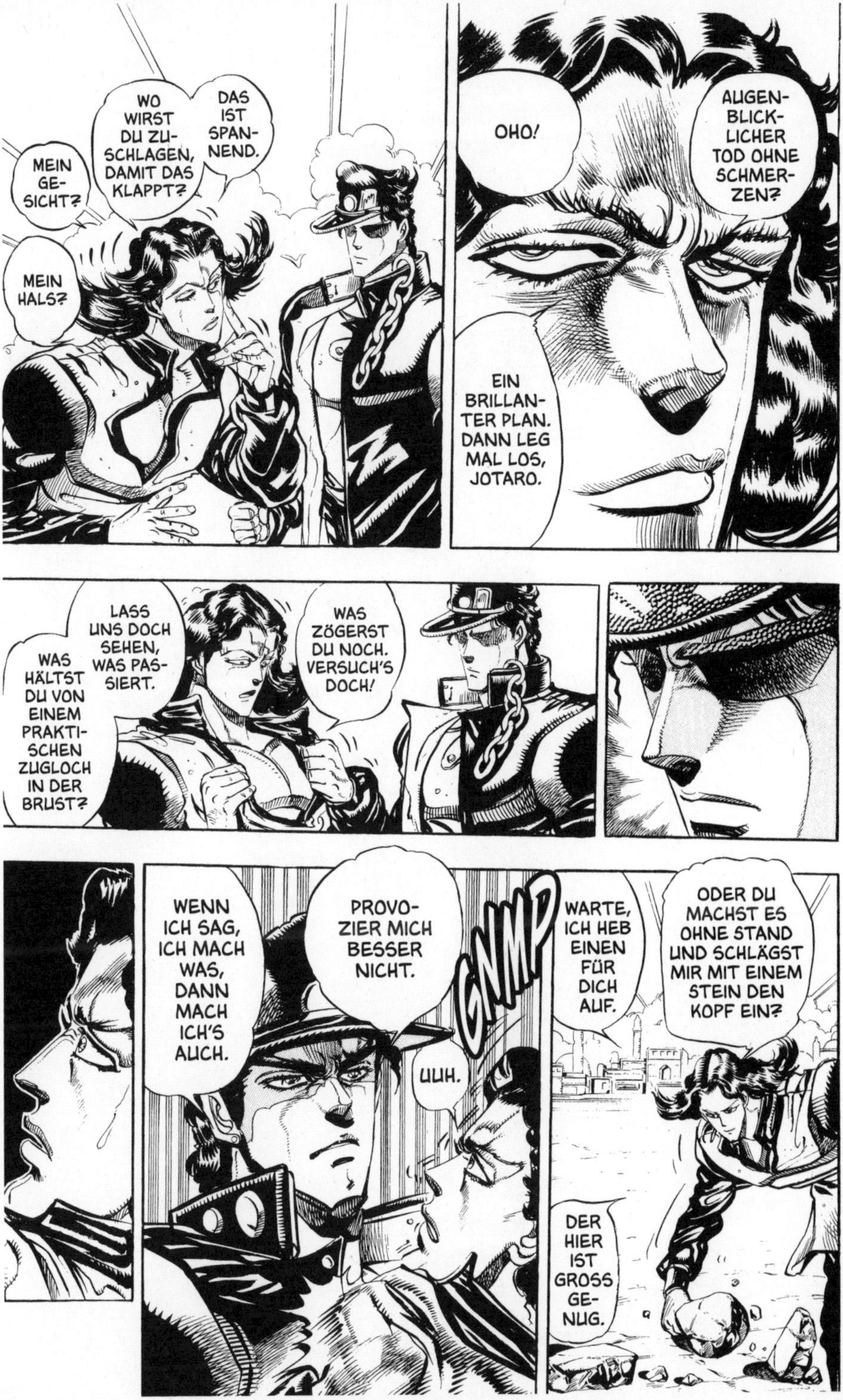
AUGENBLICKLICHER TOD OHNE SCHMERZEN?
OHO!
EIN BRILLANTER PLAN. DANN LEG MAL LOS, JOTARO.
DAS IST SPANNEND.
WO WIRST DU ZUSCHLAGEN, DAMIT DAS KLAPPT?
MEIN GESICHT?
MEIN HALS?
WAS ZÖGERST DU NOCH. VERSUCH'S DOCH!
LASS UNS DOCH SEHEN, WAS PASSIERT.
WAS HÄLTST DU VON EINEM PRAKTISCHEN ZUGLOCH IN DER BRUST?
ODER DU MACHST ES OHNE STAND UND SCHLÄGST MIR MIT EINEM STEIN DEN KOPF EIN?
WARTE, ICH HEB EINEN FÜR DICH AUF.
DER HIER IST GROSS GENUG.
GNMP
UUH.
PROVOZIER MICH BESSER NICHT.
WENN ICH SAG, ICH MACH WAS, DANN MACH ICH'S AUCH.

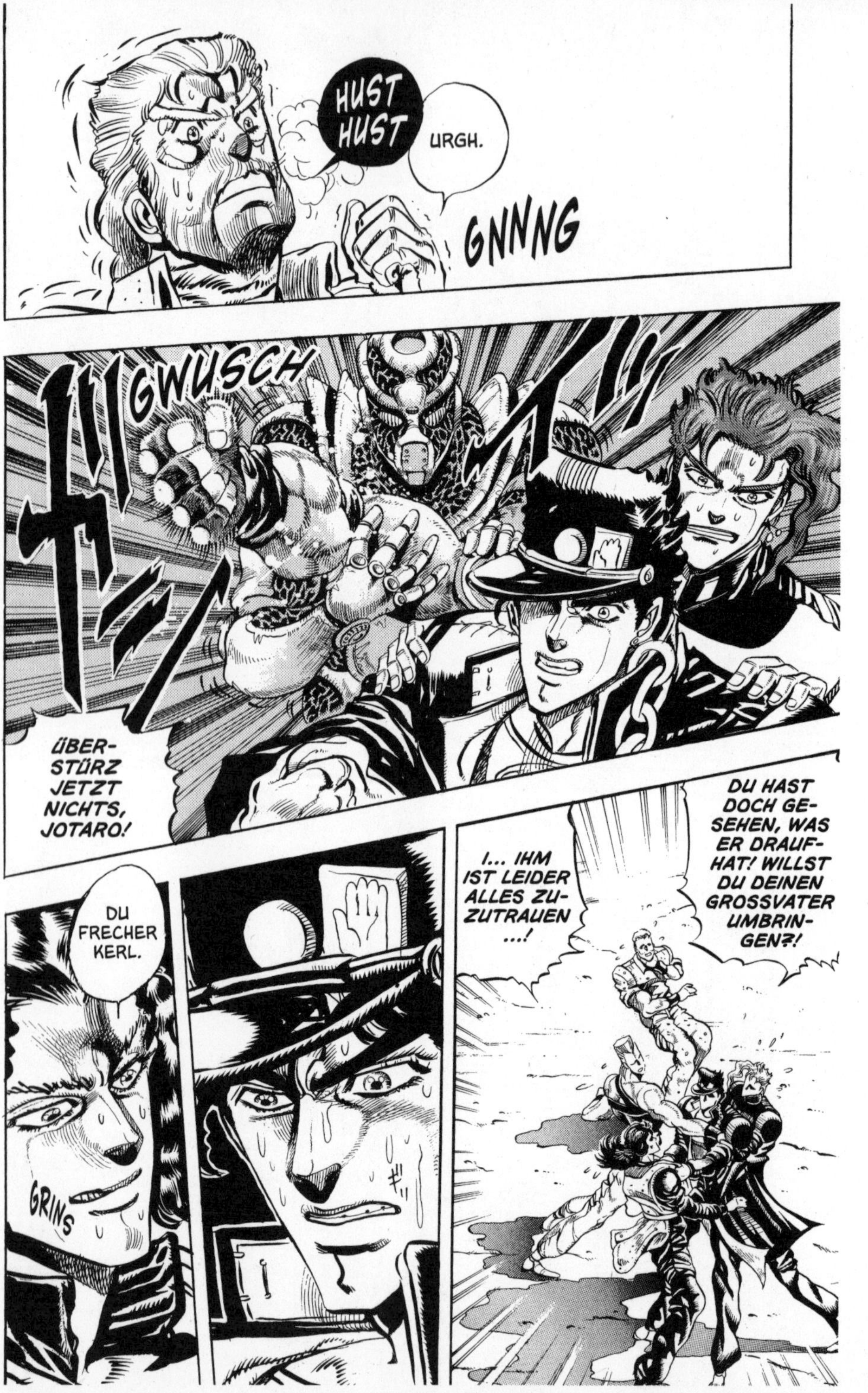
HUST HUST
URGH.
GNNNG
GWUSCH
ÜBERSTÜRZ JETZT NICHTS, JOTARO!
DU HAST DOCH GESEHEN, WAS ER DRAUFHAT! WILLST DU DEINEN GROSSVATER UMBRINGEN?!
I... IHM IST LEIDER ALLES ZUZUTRAUEN ...!
DU FRECHER KERL.
GRINS

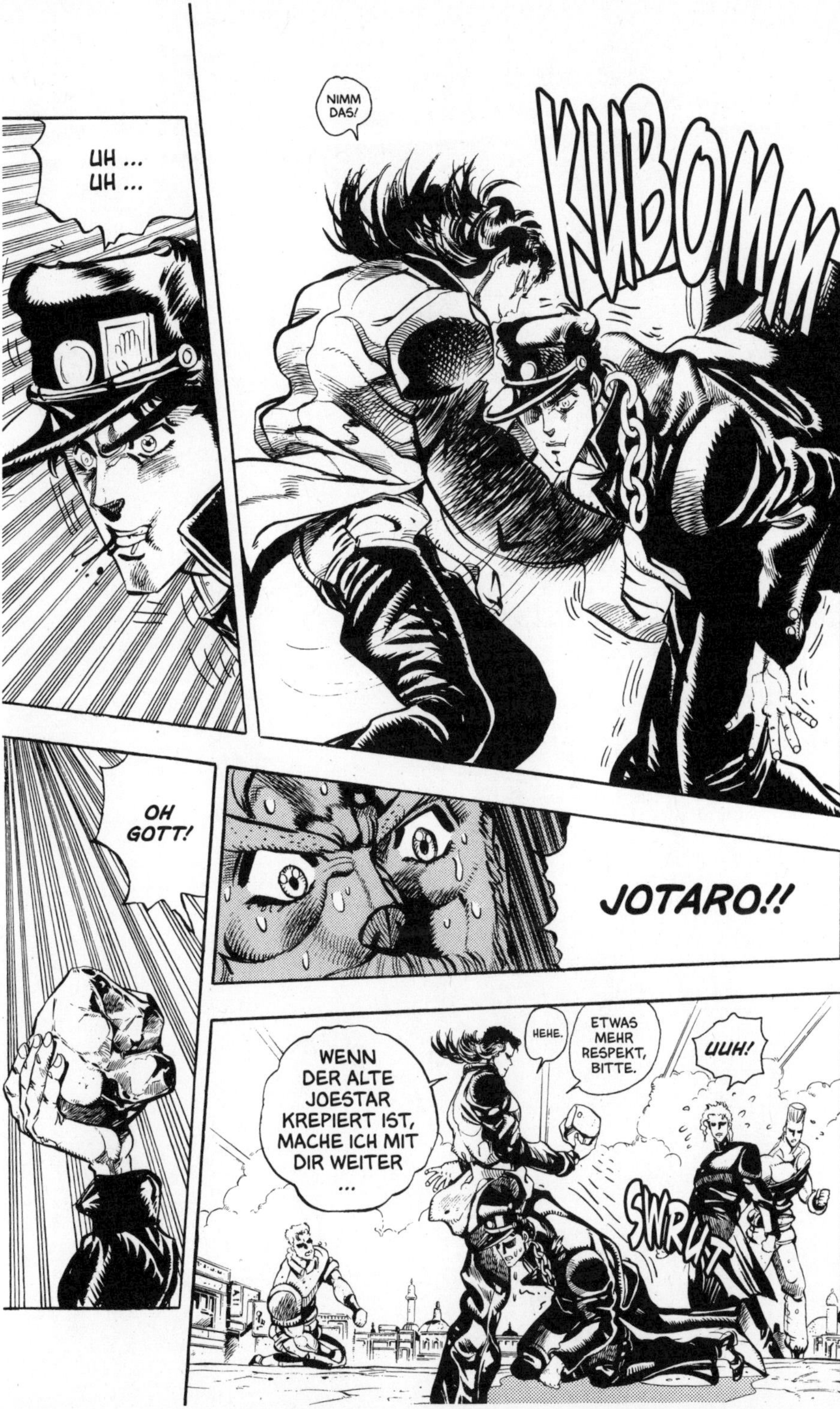
NIMM DAS!
KUBOMM
UH ... UH ...
JOTARO!!
OH GOTT!
UUH!
ETWAS MEHR RESPEKT, BITTE.
HEHE.
WENN DER ALTE JOESTAR KREPIERT IST, MACHE ICH MIT DIR WEITER ...
SWRUT

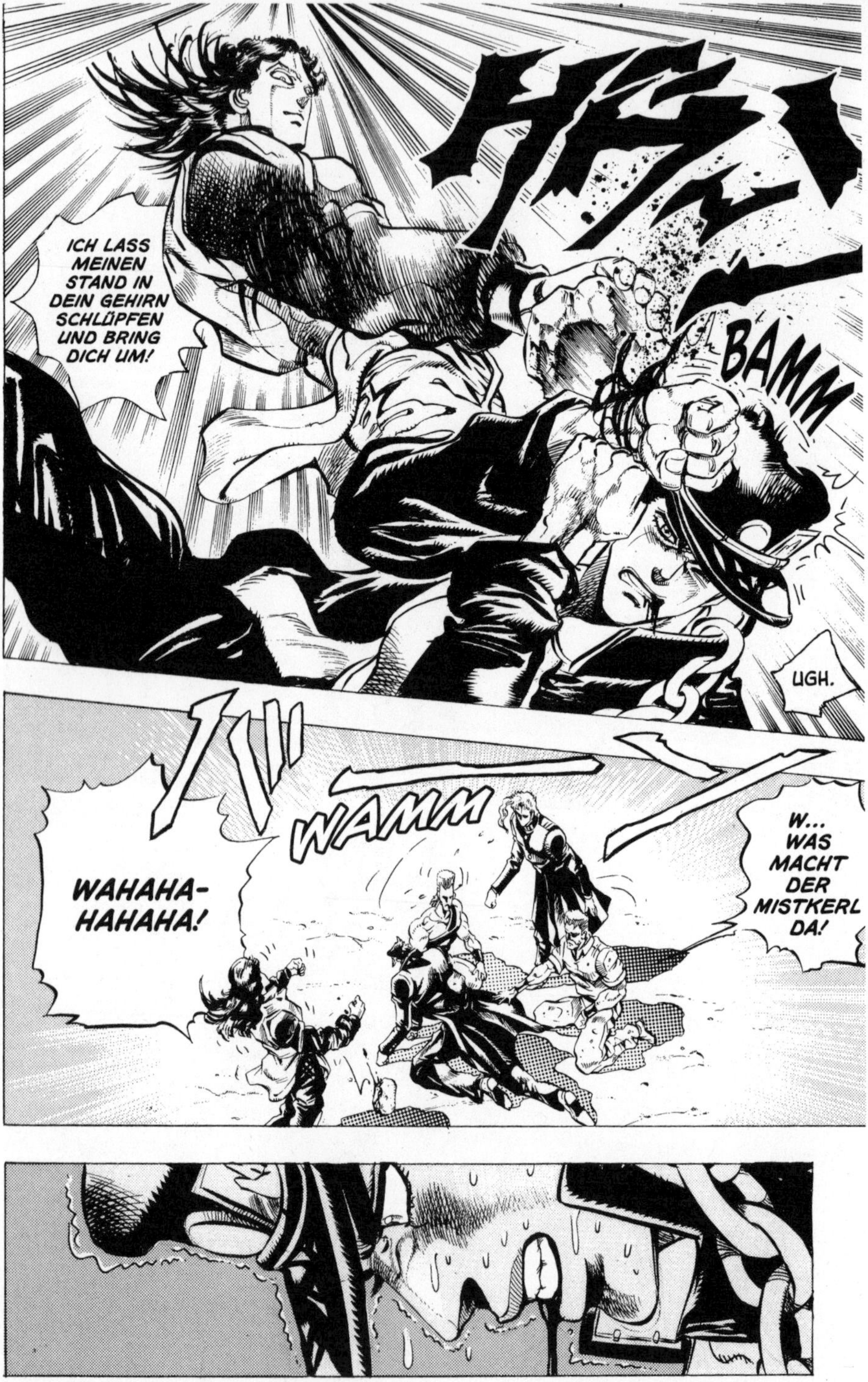
ICH LASS MEINEN STAND IN DEIN GEHIRN SCHLÜPFEN UND BRING DICH UM!
BAMM
UGH.
WAMM
WAHAHA-HAHAHA!
W... WAS MACHT DER MISTKERL DA!

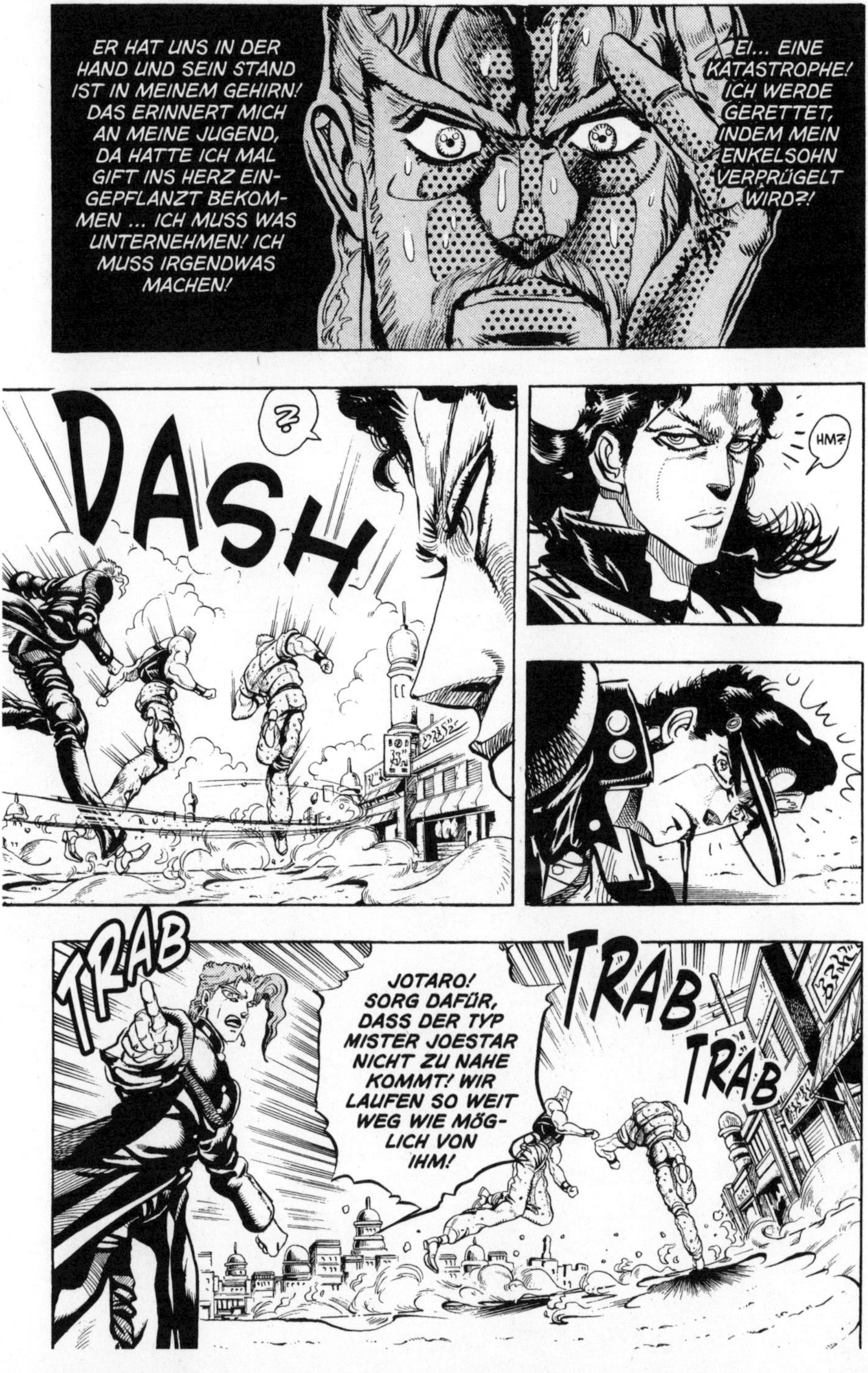
EI... EINE KATASTROPHE! ICH WERDE GERETTET, INDEM MEIN ENKELSOHN VERPRÜGELT WIRD?!
ER HAT UNS IN DER HAND UND SEIN STAND IST IN MEINEM GEHIRN! DAS ERINNERT MICH AN MEINE JUGEND, DA HATTE ICH MAL GIFT INS HERZ EINGEPFLANZT BEKOMMEN ... ICH MUSS WAS UNTERNEHMEN! ICH MUSS IRGENDWAS MACHEN!
HM?
?
DASH
TRAB TRAB
TRAB
JOTARO! SORG DAFÜR, DASS DER TYP MISTER JOESTAR NICHT ZU NAHE KOMMT! WIR LAUFEN SO WEIT WEG WIE MÖGLICH VON IHM!
TRAB

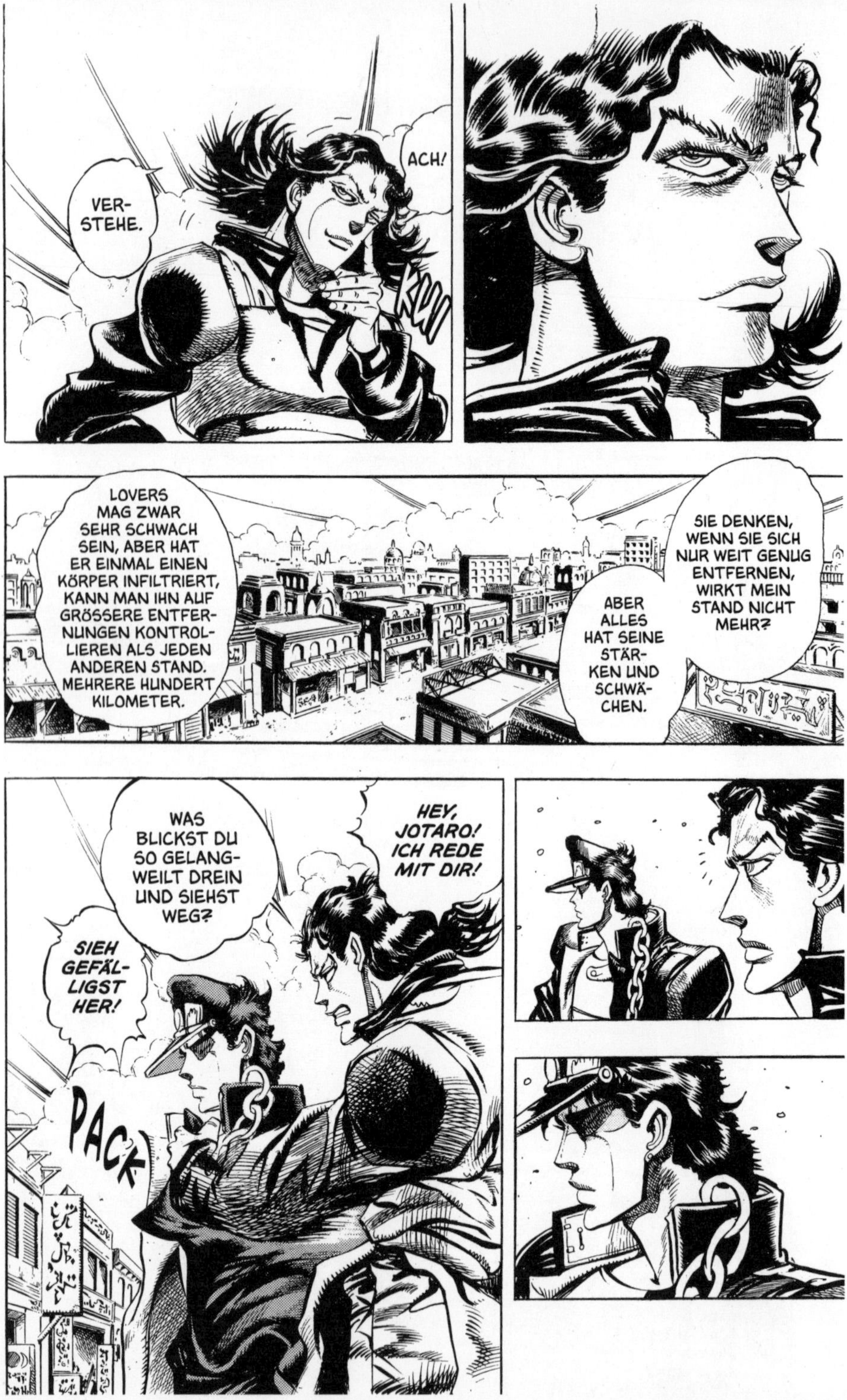
VER-
STEHE.
ACH!
KNU
LOVERS MAG ZWAR SEHR SCHWACH SEIN, ABER HAT ER EINMAL EINEN KÖRPER INFILTRIERT, KANN MAN IHN AUF GRÖSSERE ENTFERNUNGEN KONTROLLIEREN ALS JEDEN ANDEREN STAND. MEHRERE HUNDERT KILOMETER.
ABER ALLES HAT SEINE STÄRKEN UND SCHWÄCHEN.
SIE DENKEN, WENN SIE SICH NUR WEIT GENUG ENTFERNEN, WIRKT MEIN STAND NICHT MEHR?
SIEH GEFÄLLIGST HER!
WAS BLICKST DU SO GELANGWEILT DREIN UND SIEHST WEG?
HEY, JOTARO! ICH REDE MIT DIR!
PACK

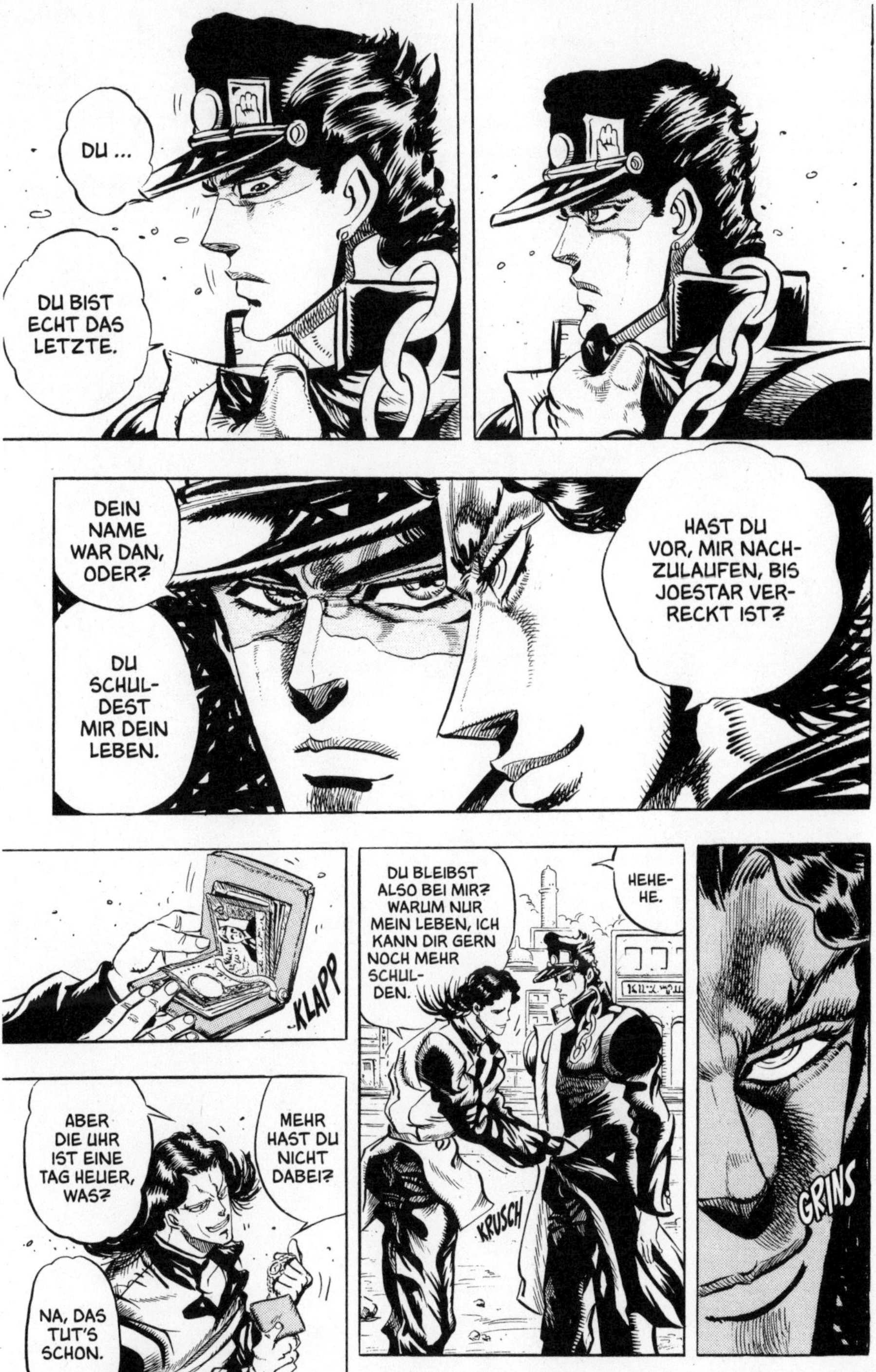
DU ...
DU BIST ECHT DAS LETZTE.
DEIN NAME WAR DAN, ODER?
DU SCHULDEST MIR DEIN LEBEN.
HAST DU VOR, MIR NACHZULAUFEN, BIS JOESTAR VERRECKT IST?
HEHEHE.
GRINS
DU BLEIBST ALSO BEI MIR? WARUM NUR MEIN LEBEN, ICH KANN DIR GERN NOCH MEHR SCHULDEN.
KRUSCH
KLAPP
MEHR HAST DU NICHT DABEI?
ABER DIE UHR IST EINE TAG HEUER, WAS?
NA, DAS TUT'S SCHON.

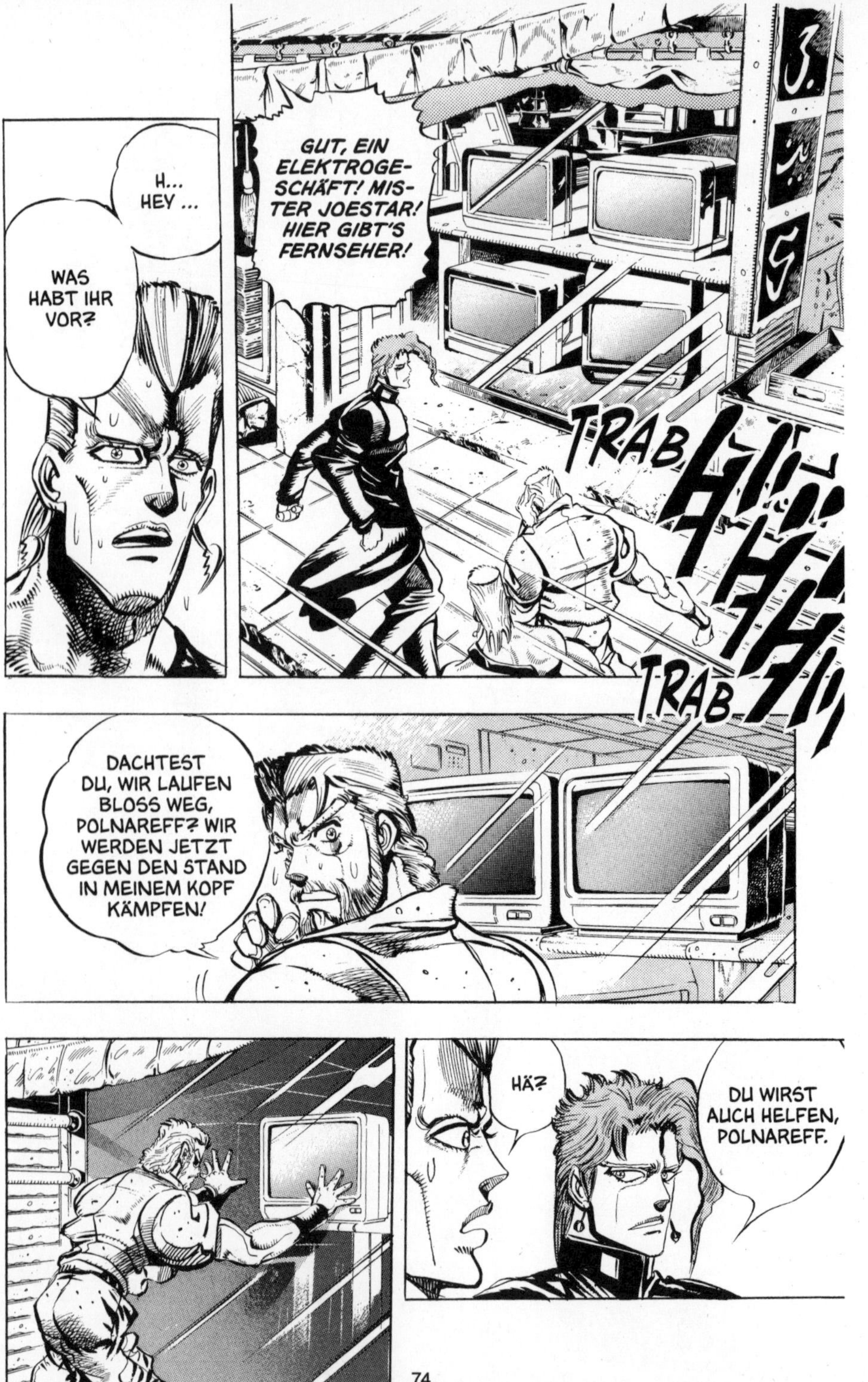
H... HEY ...
WAS HABT IHR VOR?
GUT, EIN ELEKTROGE-SCHÄFT! MIS-TER JOESTAR! HIER GIBT'S FERNSEHER!
TRAB
TRAB
DACHTEST DU, WIR LAUFEN BLOSS WEG, POLNAREFF? WIR WERDEN JETZT GEGEN DEN STAND IN MEINEM KOPF KÄMPFEN!
HÄ?
DU WIRST AUCH HELFEN, POLNAREFF.

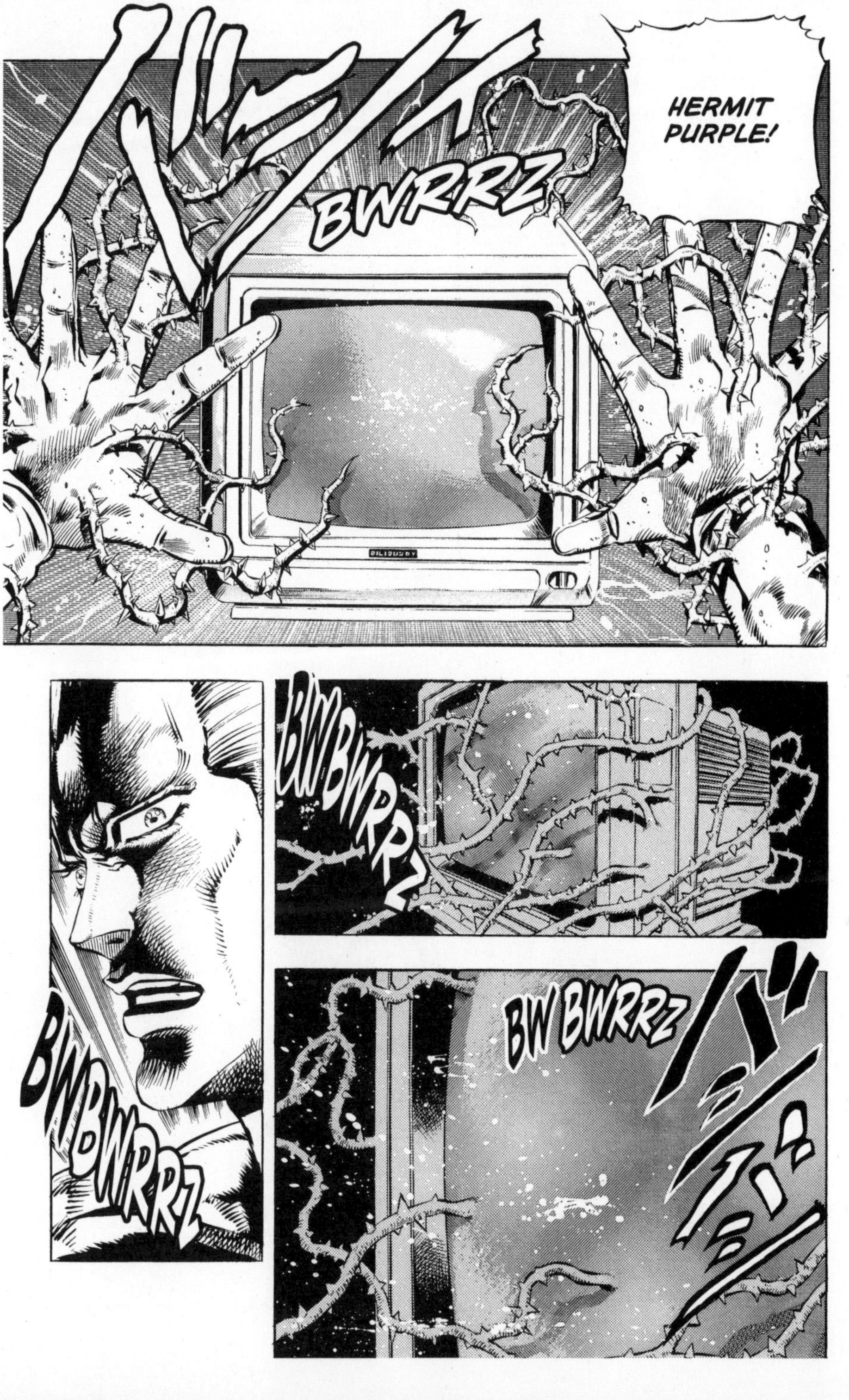
HERMIT
PURPLE!
BWRRZ
BWBWRRZ
BWBWRRZ
BW BWRRZ

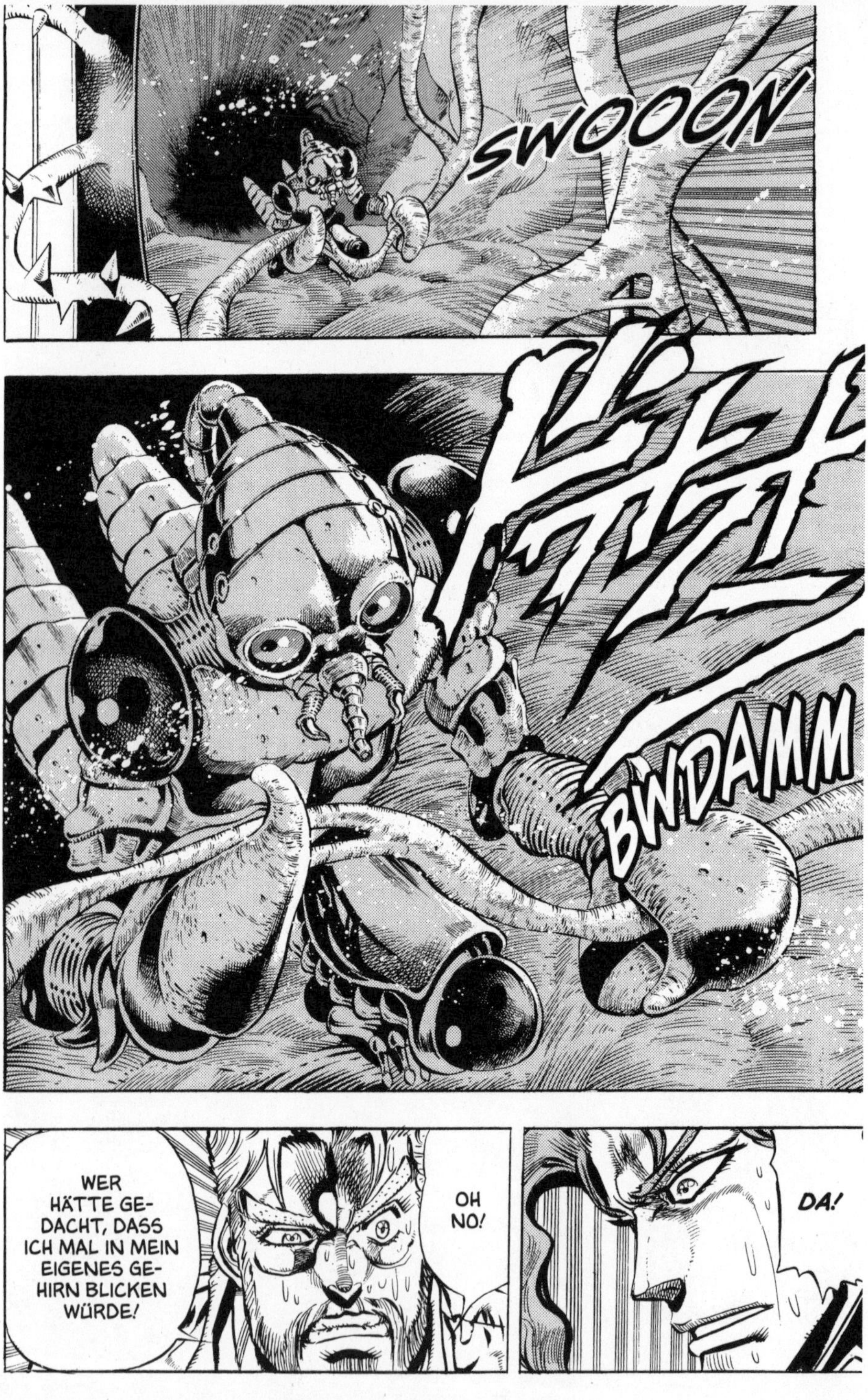
SWOOON
BWDAMM
WER HÄTTE GE-DACHT, DASS ICH MAL IN MEIN EIGENES GE-HIRN BLICKEN WÜRDE!
OH NO!
DA!

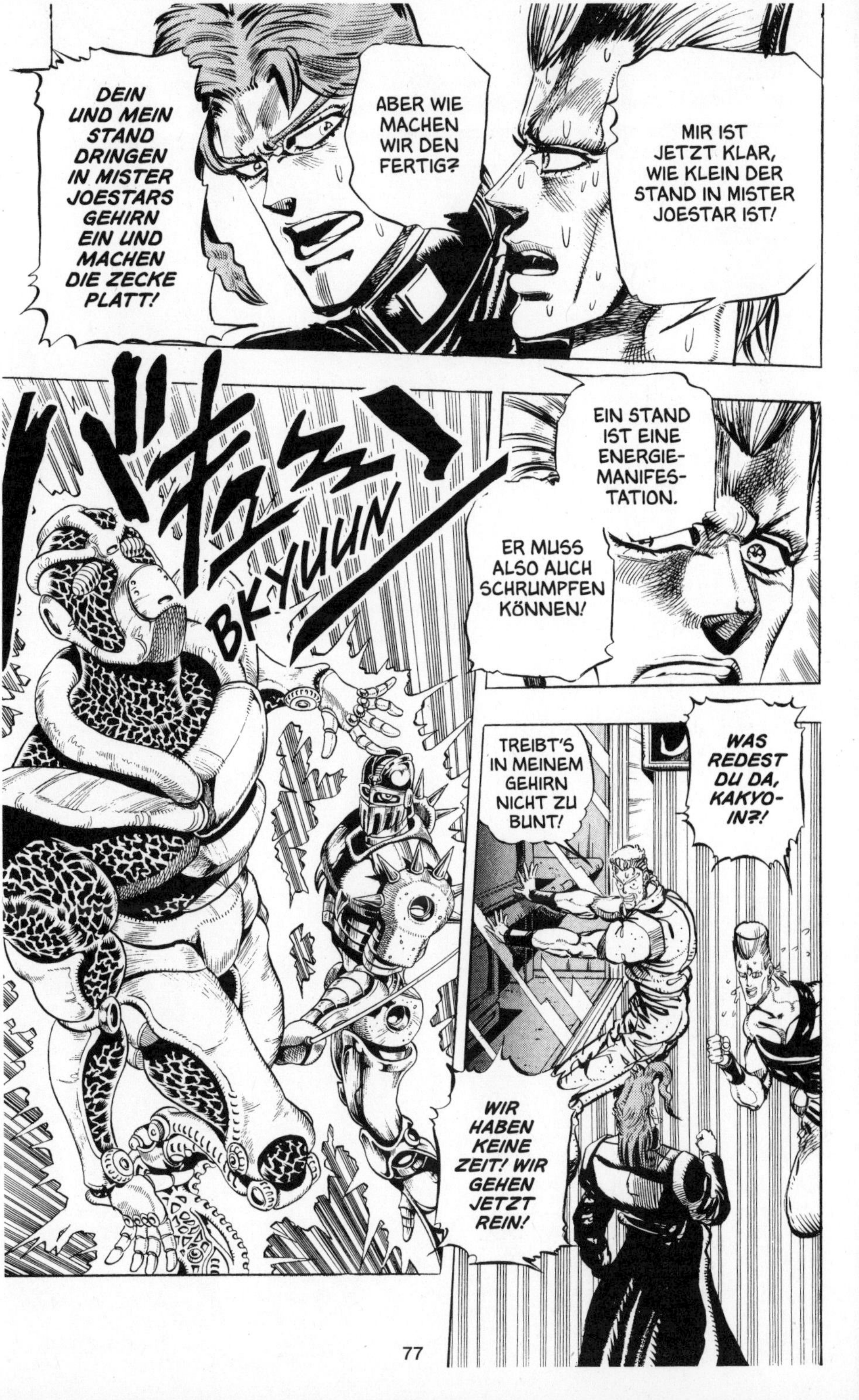
MIR IST JETZT KLAR, WIE KLEIN DER STAND IN MISTER JOESTAR IST!
ABER WIE MACHEN WIR DEN FERTIG?
DEIN UND MEIN STAND DRINGEN IN MISTER JOESTARS GEHIRN EIN UND MACHEN DIE ZECKE PLATT!
EIN STAND IST EINE ENERGIE-MANIFES-TATION.
ER MUSS ALSO AUCH SCHRUMPFEN KÖNNEN!
BKYUUN
WAS REDEST DU DA, KAKYO-IN?!
TREIBT'S IN MEINEM GEHIRN NICHT ZU BUNT!
WIR HABEN KEINE ZEIT! WIR GEHEN JETZT REIN!

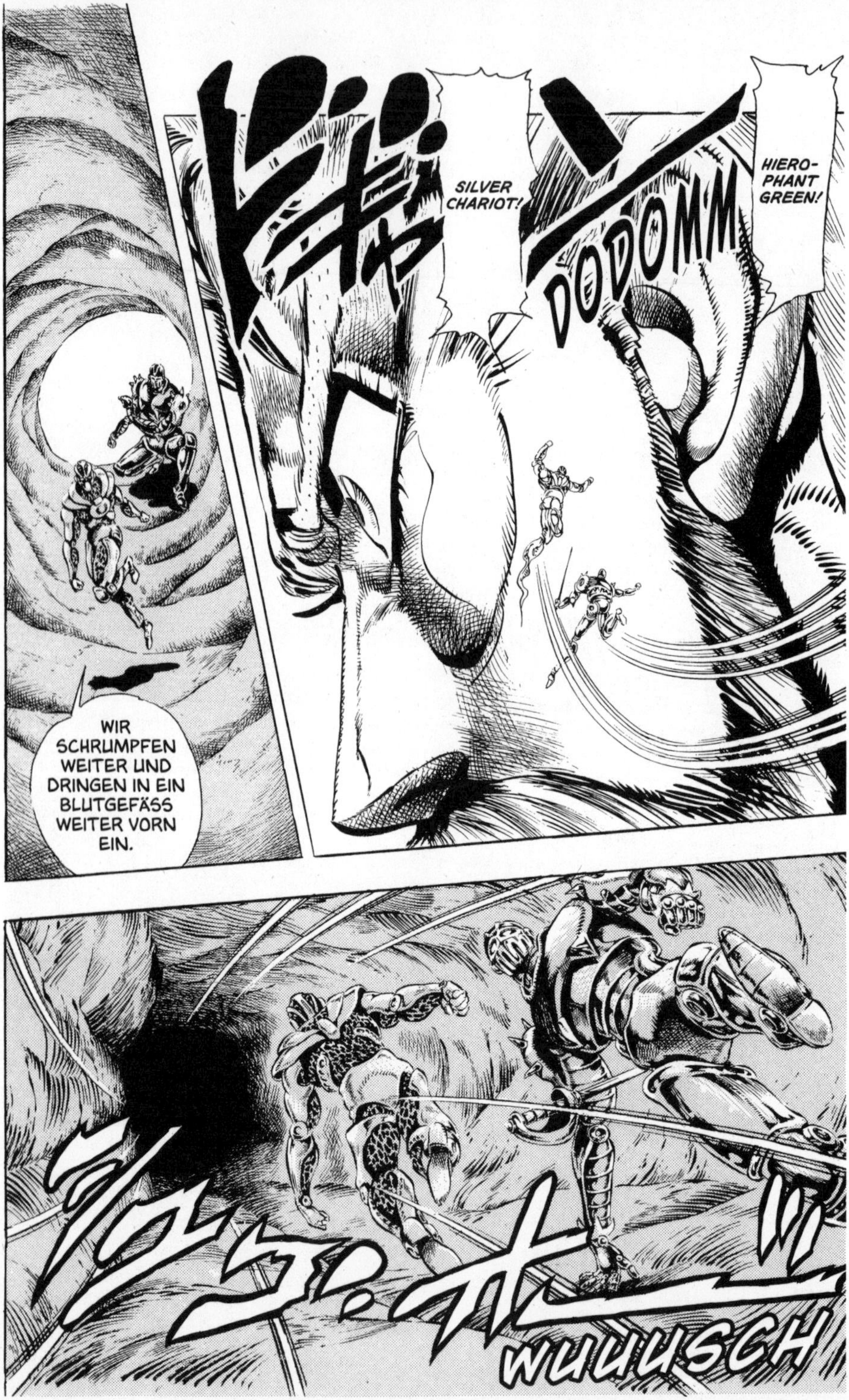
HIEROPHANT GREEN!
SILVER CHARIOT!
DODOMM
WIR SCHRUMPFEN WEITER UND DRINGEN IN EIN BLUTGEFÄSS WEITER VORN EIN.
WUUUSCH

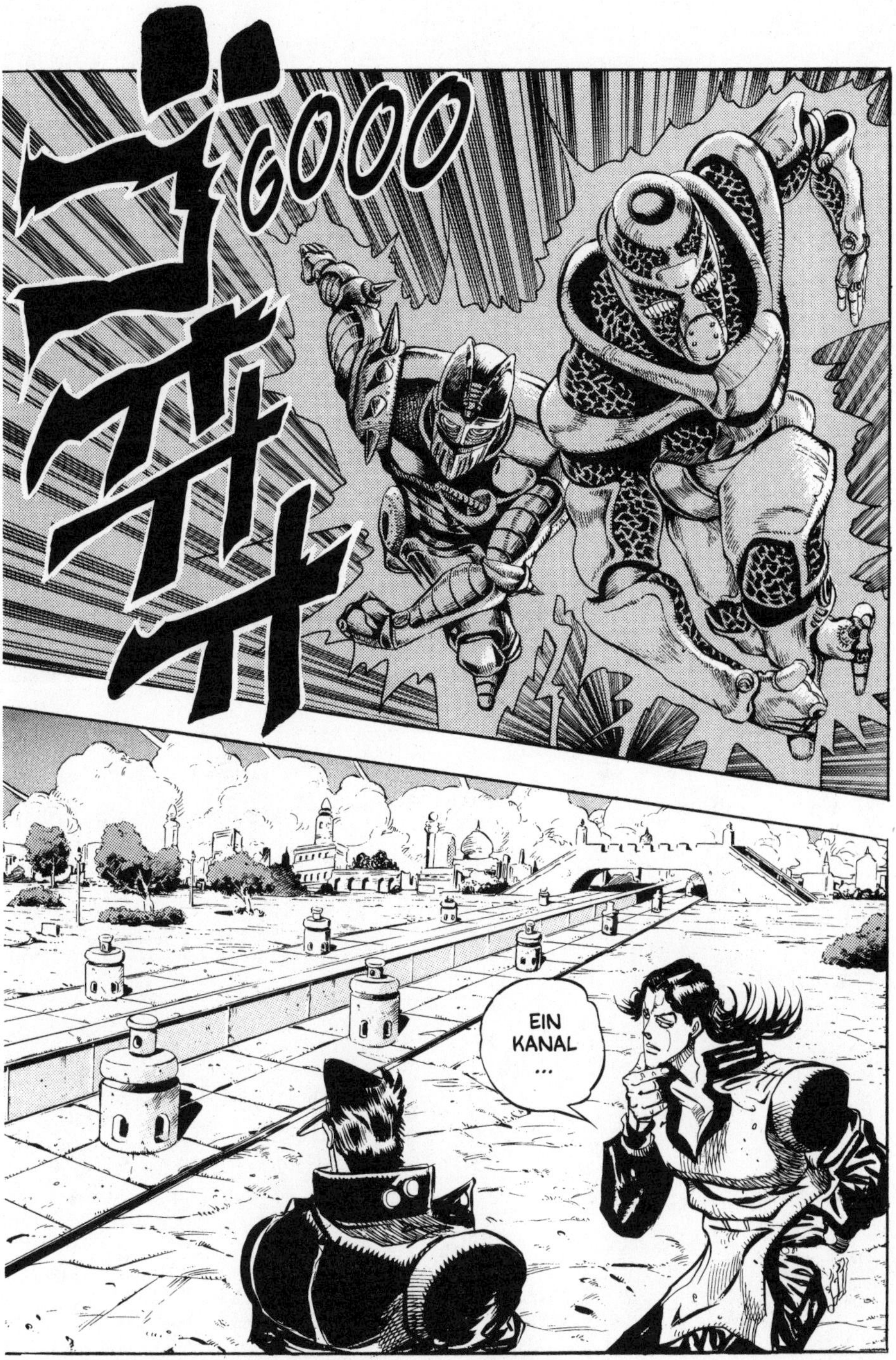
ゴオオ
GOOO
EIN KANAL ...

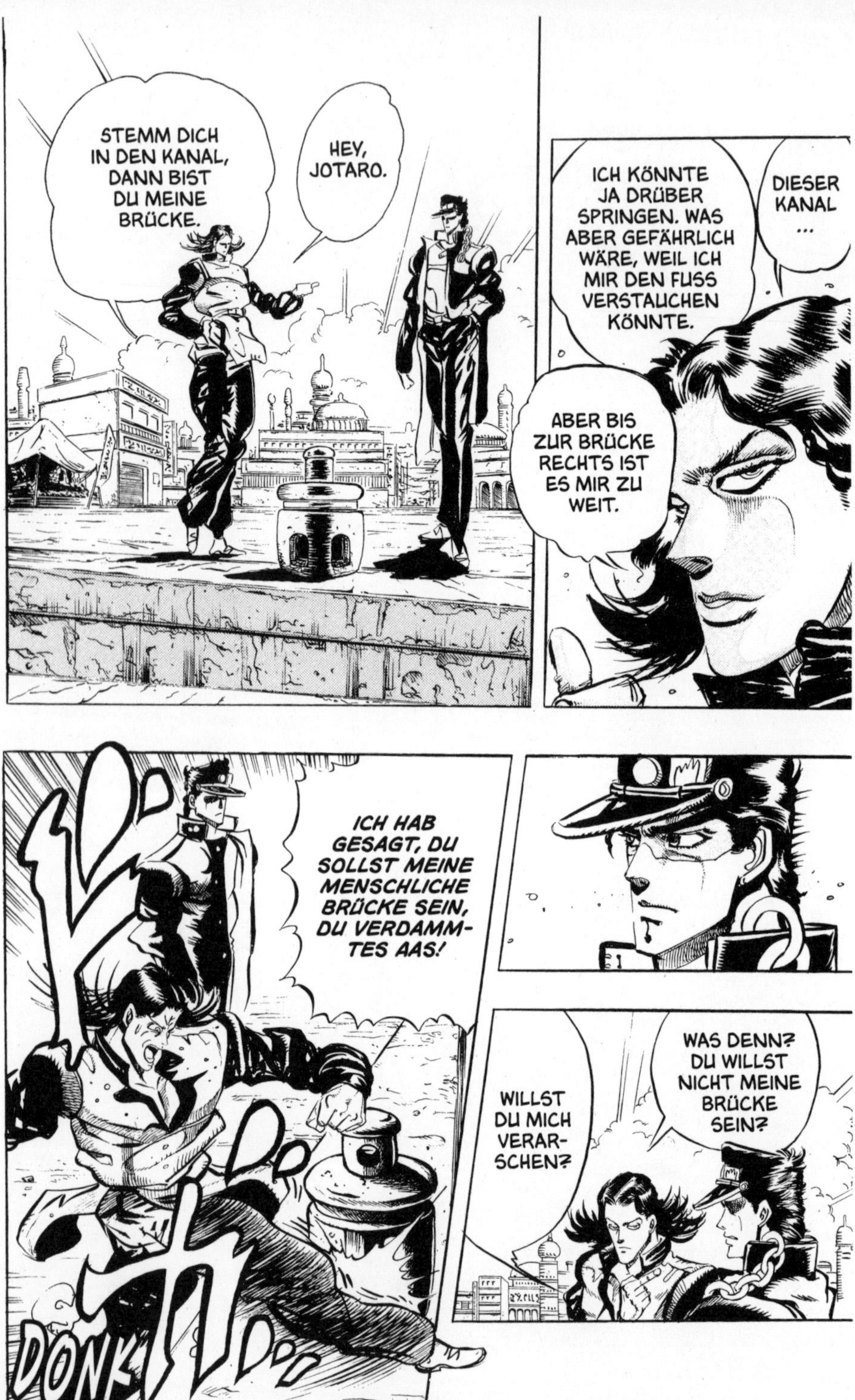
HEY, JOTARO.
STEMM DICH IN DEN KANAL, DANN BIST DU MEINE BRÜCKE.
DIESER KANAL ...
ICH KÖNNTE JA DRÜBER SPRINGEN. WAS ABER GEFÄHRLICH WÄRE, WEIL ICH MIR DEN FUSS VERSTAUCHEN KÖNNTE.
ABER BIS ZUR BRÜCKE RECHTS IST ES MIR ZU WEIT.
WAS DENN? DU WILLST NICHT MEINE BRÜCKE SEIN?
WILLST DU MICH VERARSCHEN?
ICH HAB GESAGT, DU SOLLST MEINE MENSCHLICHE BRÜCKE SEIN, DU VERDAMMTES AAS!
DONK

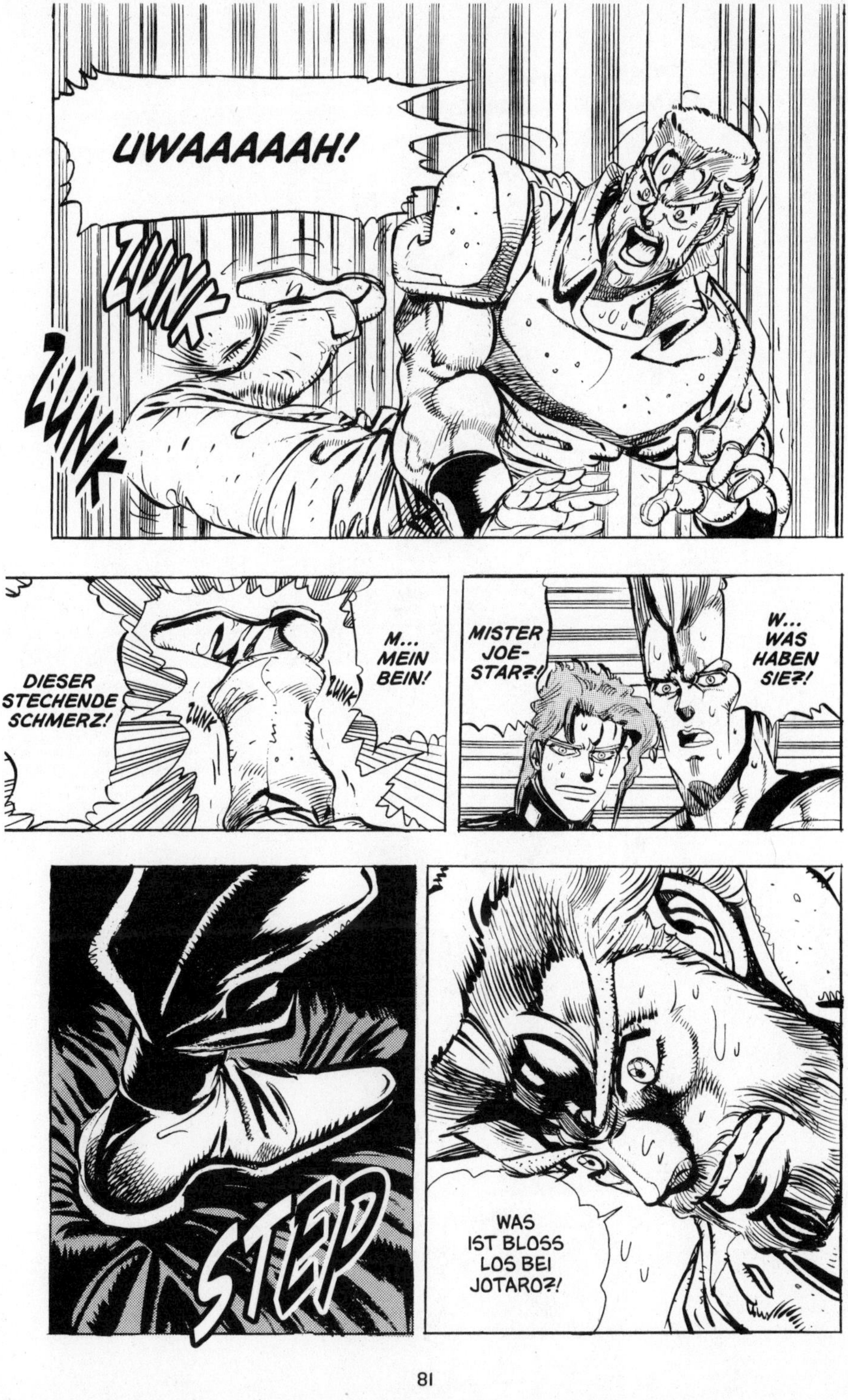
UWAAAAAH!
ZUNK
ZUNK
W... WAS HABEN SIE?!
MISTER JOE-STAR?!
M... MEIN BEIN!
ZUNK
ZUNK
DIESER STECHENDE SCHMERZ!
WAS IST BLOSS LOS BEI JOTARO?!
STEP

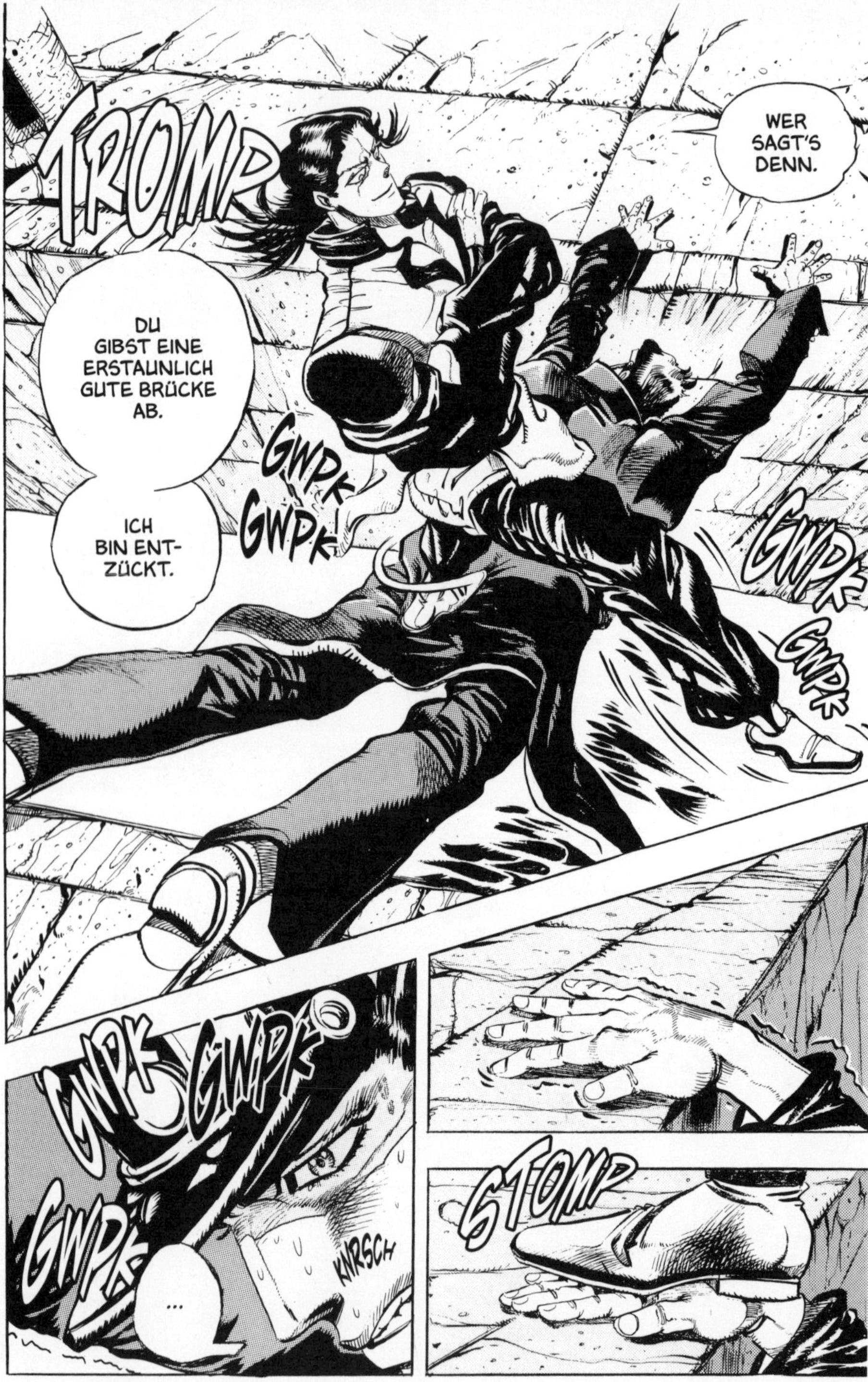
TROMP
WER SAGT'S DENN.
DU GIBST EINE ERSTAUNLICH GUTE BRÜCKE AB.
ICH BIN ENTZÜCKT.
GWPK GWPK
GWPK GWPK
GWPK GWPK
GWPK
KNRSCH
...
STOMP

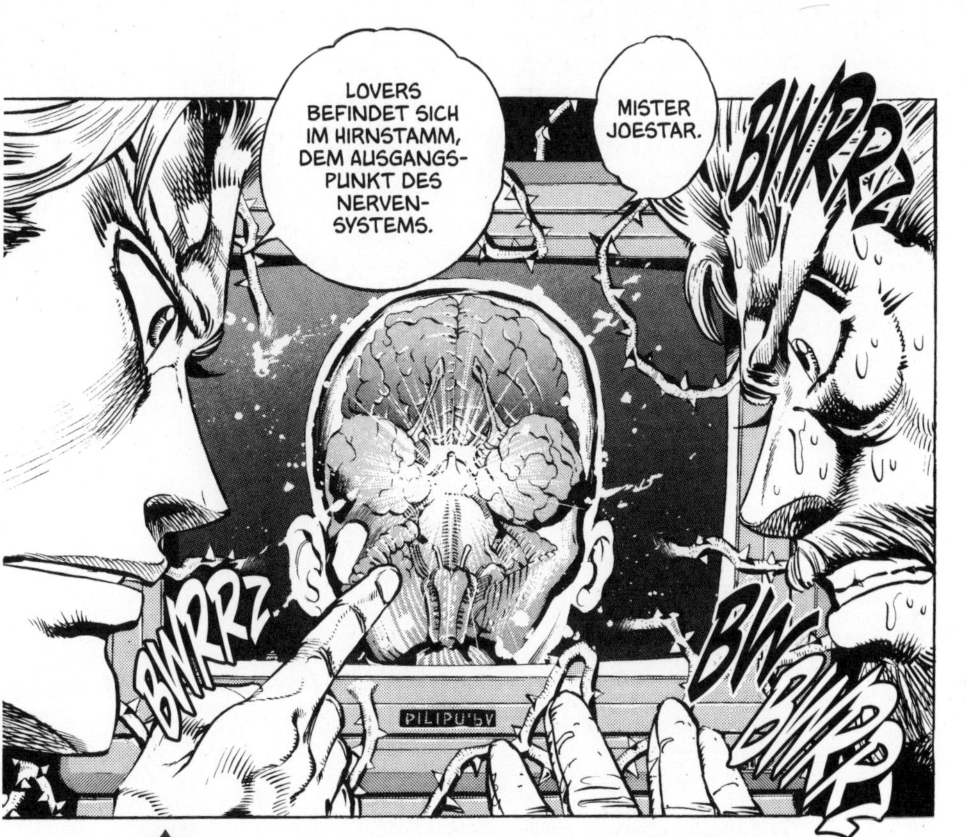

Die Liebenden: Teil 4

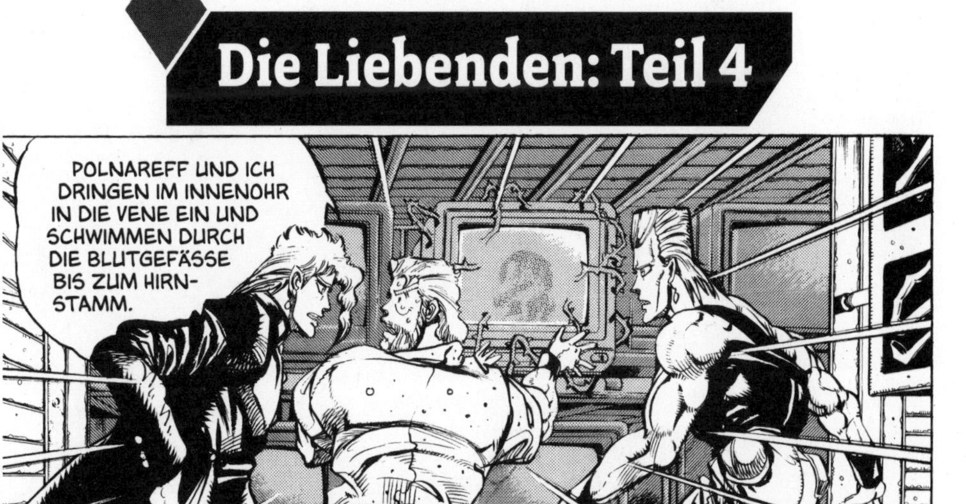

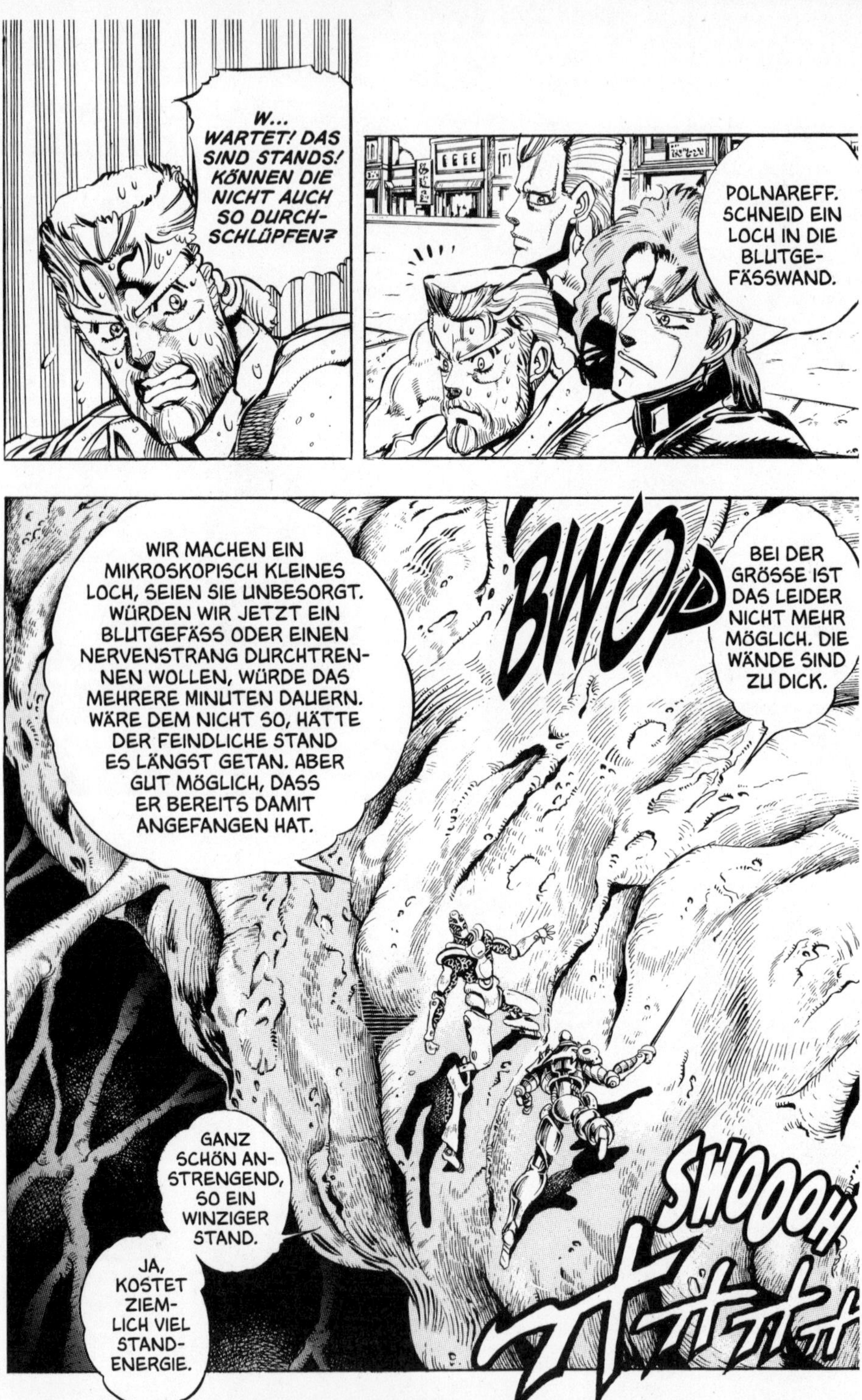
W... WARTET! DAS SIND STANDS! KÖNNEN DIE NICHT AUCH SO DURCHSCHLÜPFEN?
POLNAREFF. SCHNEID EIN LOCH IN DIE BLUTGEFÄSSWAND.
BWOP
BEI DER GRÖSSE IST DAS LEIDER NICHT MEHR MÖGLICH. DIE WÄNDE SIND ZU DICK.
WIR MACHEN EIN MIKROSKOPISCH KLEINES LOCH, SEIEN SIE UNBESORGT. WÜRDEN WIR JETZT EIN BLUTGEFÄSS ODER EINEN NERVENSTRANG DURCHTRENNEN WOLLEN, WÜRDE DAS MEHRERE MINUTEN DAUERN. WÄRE DEM NICHT SO, HÄTTE DER FEINDLICHE STAND ES LÄNGST GETAN. ABER GUT MÖGLICH, DASS ER BEREITS DAMIT ANGEFANGEN HAT.
SWOOOH
GANZ SCHÖN ANSTRENGEND, SO EIN WINZIGER STAND.
JA, KOSTET ZIEMLICH VIEL STANDENERGIE.

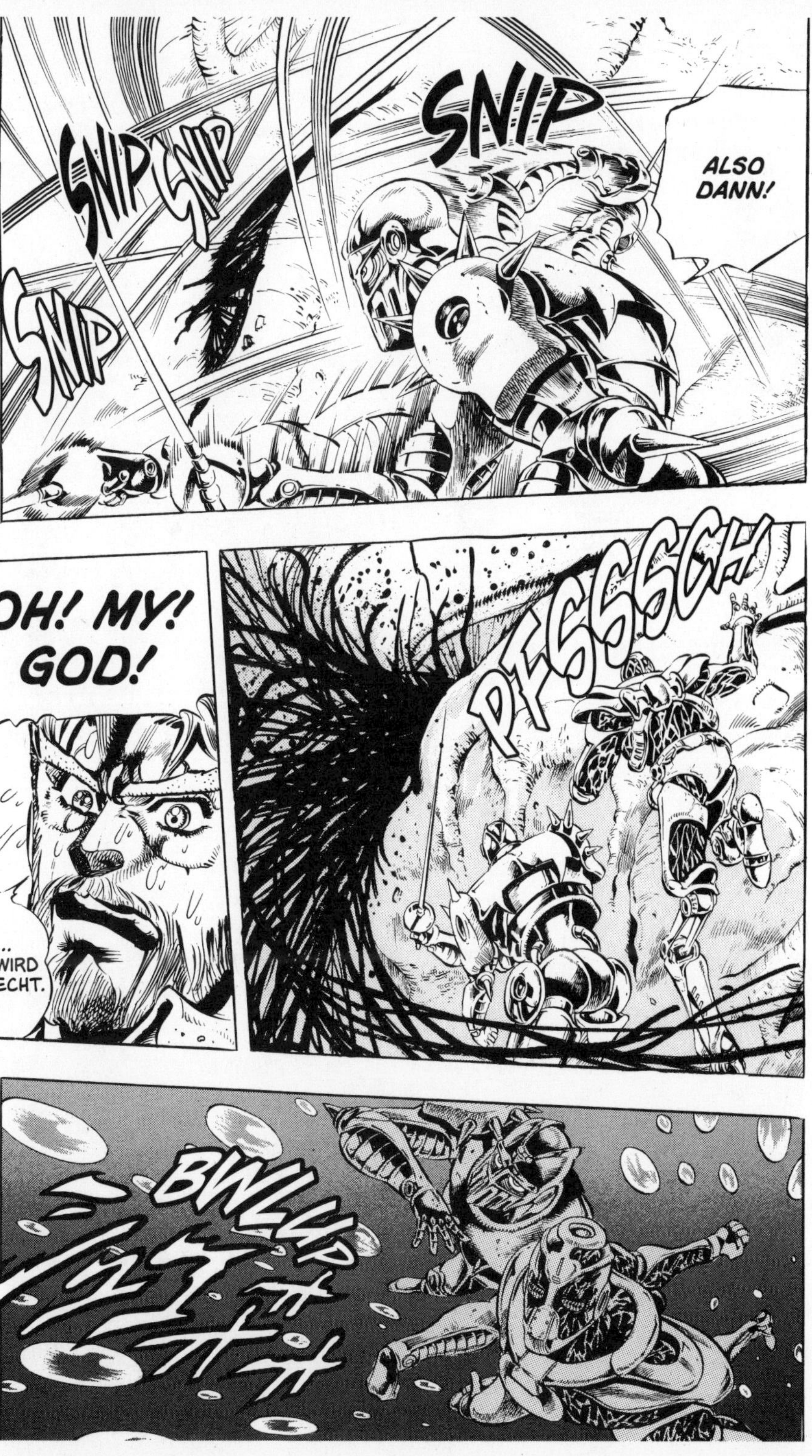
SNIP
ALSO DANN!
SNIP
SNIP
SNIP
PFSSSCH
OH! MY! GOD!
M... MIR WIRD SCHLECHT.
BWLUP

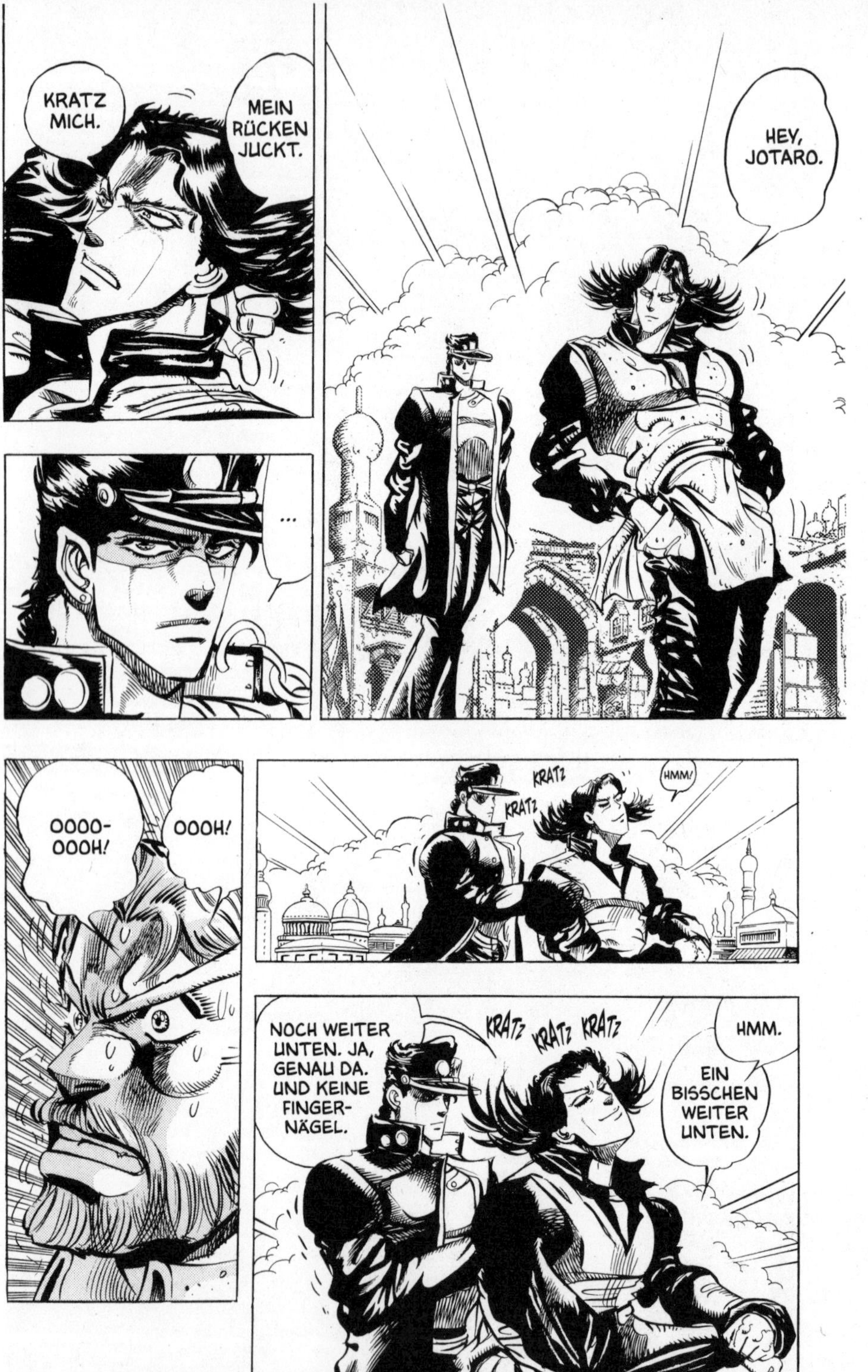

HEY, JOTARO.
MEIN RÜCKEN JUCKT.
KRATZ MICH.
...
HMM!
KRATZ
KRATZ
OOOH!
OOOO-OOOH!
HMM.
EIN BISSCHEN WEITER UNTEN.
KRATZ KRATZ KRATZ
NOCH WEITER UNTEN. JA, GENAU DA. UND KEINE FINGER-NÄGEL.

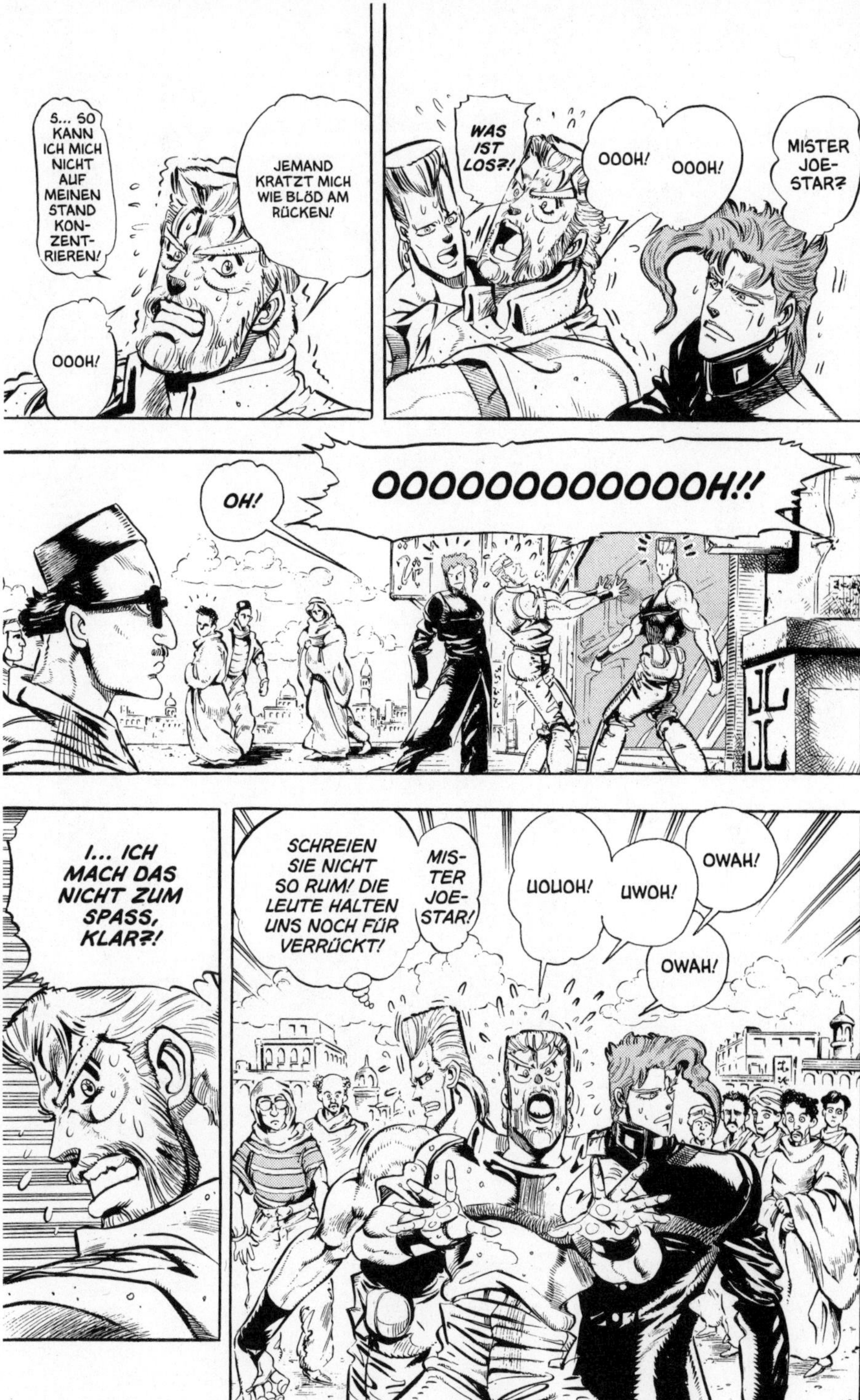
S... SO KANN ICH MICH NICHT AUF MEINEN STAND KONZENTRIEREN!
JEMAND KRATZT MICH WIE BLÖD AM RÜCKEN!
OOOH!
WAS IST LOS?!
OOOH!
OOOH!
MISTER JOESTAR?
OH!
OOOOOOOOOOOOH!!
I... ICH MACH DAS NICHT ZUM SPASS, KLAR?!
SCHREIEN SIE NICHT SO RUM! DIE LEUTE HALTEN UNS NOCH FÜR VERRÜCKT!
MISTER JOESTAR!
UOUOH!
UWOH!
OWAH!
OWAH!

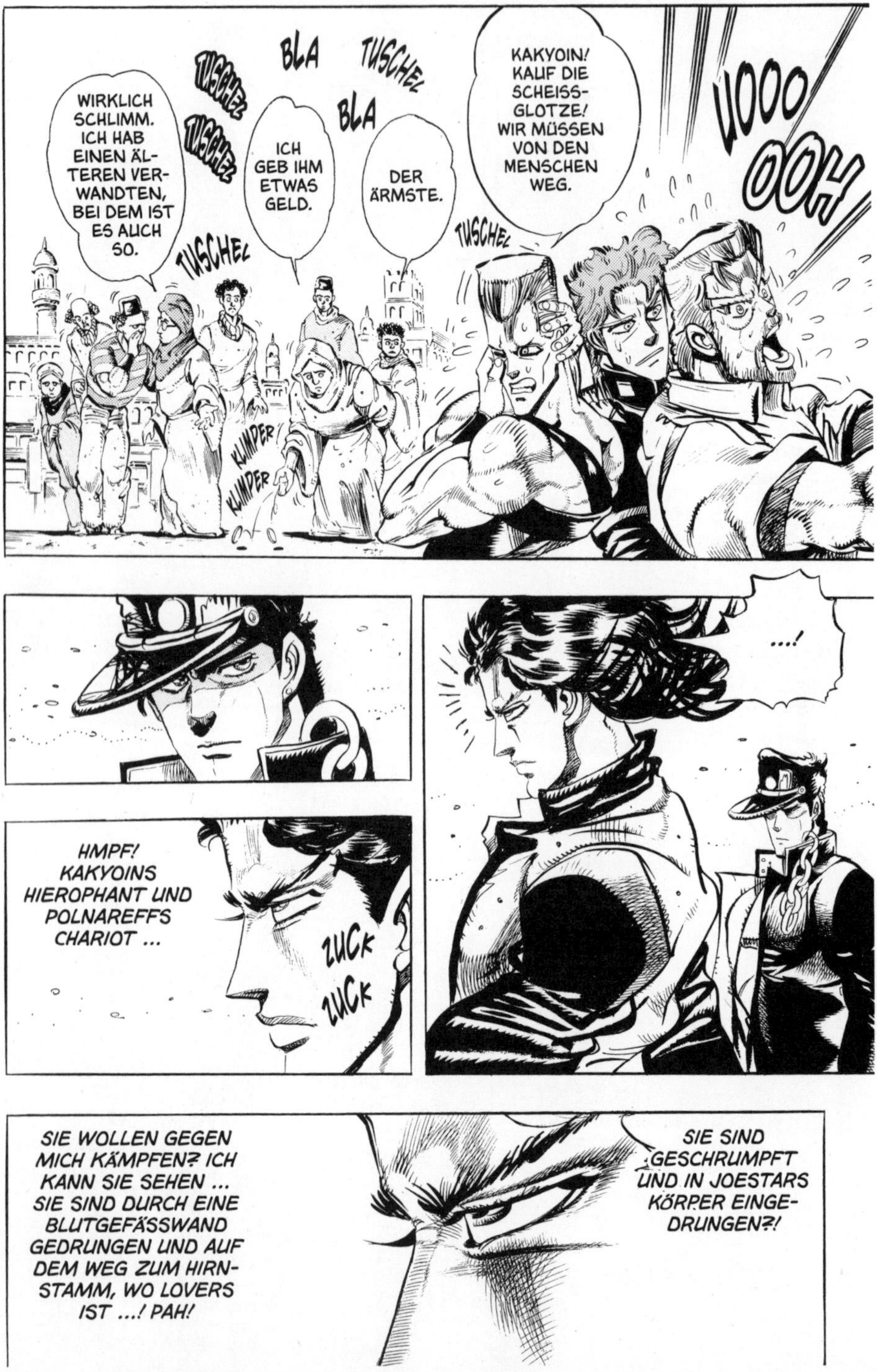

UOOO OOH
KAKYOIN! KAUF DIE SCHEISS-GLOTZE! WIR MÜSSEN VON DEN MENSCHEN WEG.
TUSCHEL
BLA TUSCHEL BLA
DER ÄRMSTE.
ICH GEB IHM ETWAS GELD.
TUSCHEL TUSCHEL
WIRKLICH SCHLIMM. ICH HAB EINEN ÄLTEREN VERWANDTEN, BEI DEM IST ES AUCH SO.
TUSCHEL
KLIMPER KLIMPER
...!
HMPF! KAKYOINS HIEROPHANT UND POLNAREFFS CHARIOT ...
ZUCK ZUCK
SIE SIND GESCHRUMPFT UND IN JOESTARS KÖRPER EINGE-DRUNGEN?!
SIE WOLLEN GEGEN MICH KÄMPFEN?! ICH KANN SIE SEHEN ... SIE SIND DURCH EINE BLUTGEFÄSSWAND GEDRUNGEN UND AUF DEM WEG ZUM HIRN-STAMM, WO LOVERS IST ...! PAH!

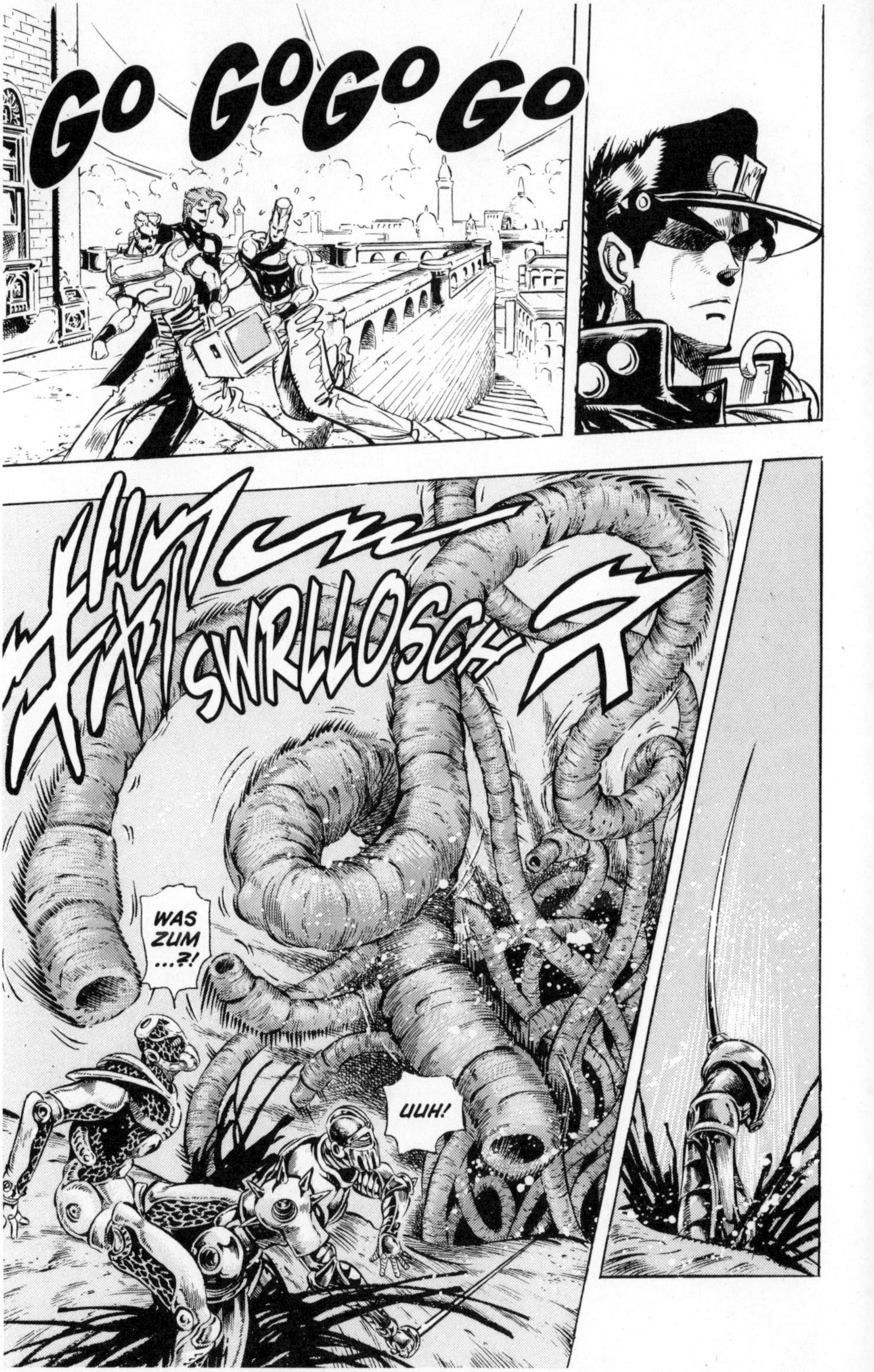
GO GOGOGO GO
SWRLLOSCH
WAS ZUM ...?!
UUH!

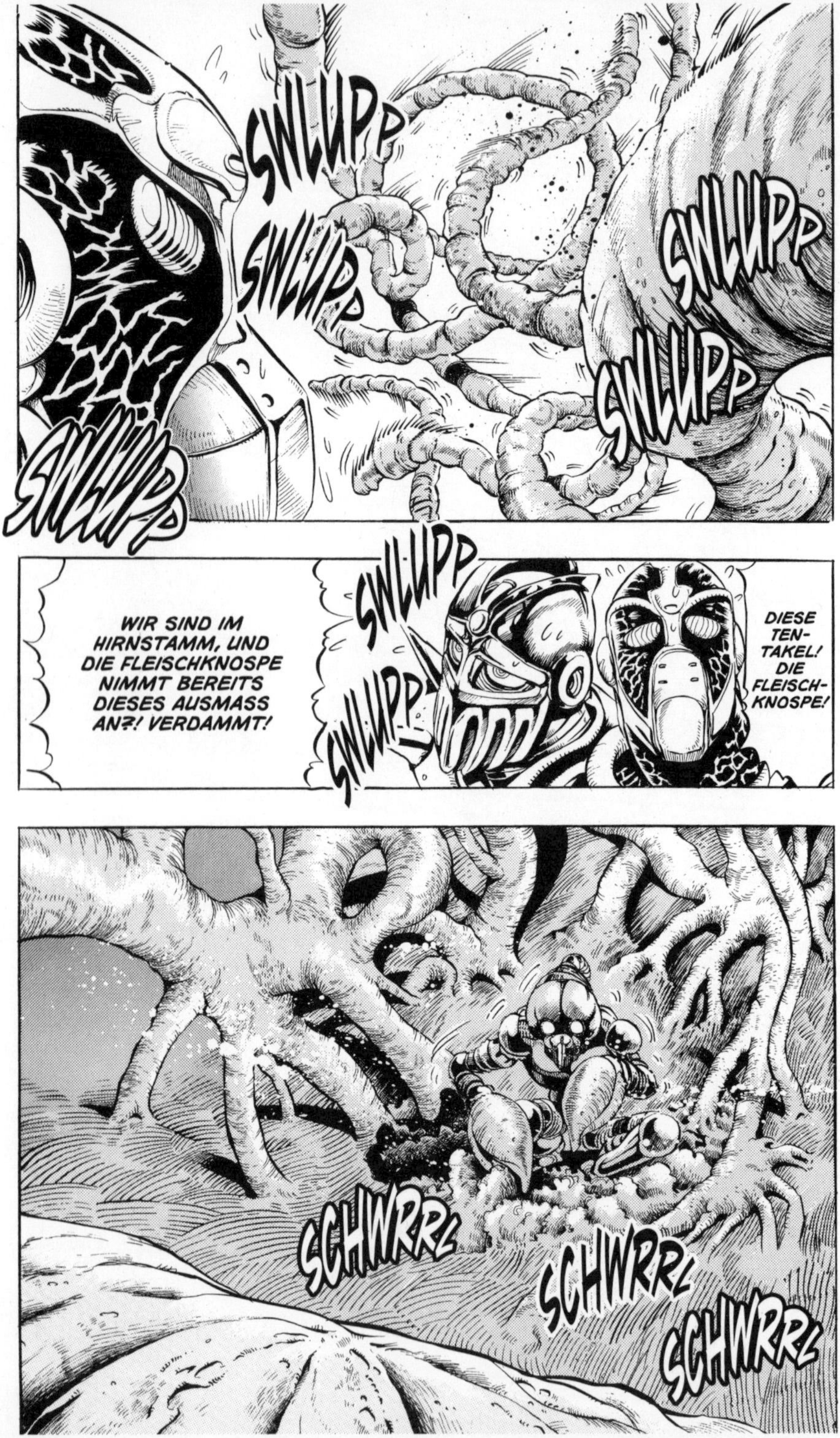
SWLUPP
SWLUPP
SWLUPP
SWLUPP
SWLUPP
SWLUPP
SWLUPP
DIESE TEN-TAKEL! DIE FLEISCH-KNOSPE!
WIR SIND IM HIRNSTAMM, UND DIE FLEISCHKNOSPE NIMMT BEREITS DIESES AUSMASS AN?! VERDAMMT!
SCHWRRL
SCHWRRL
SCHWRRL

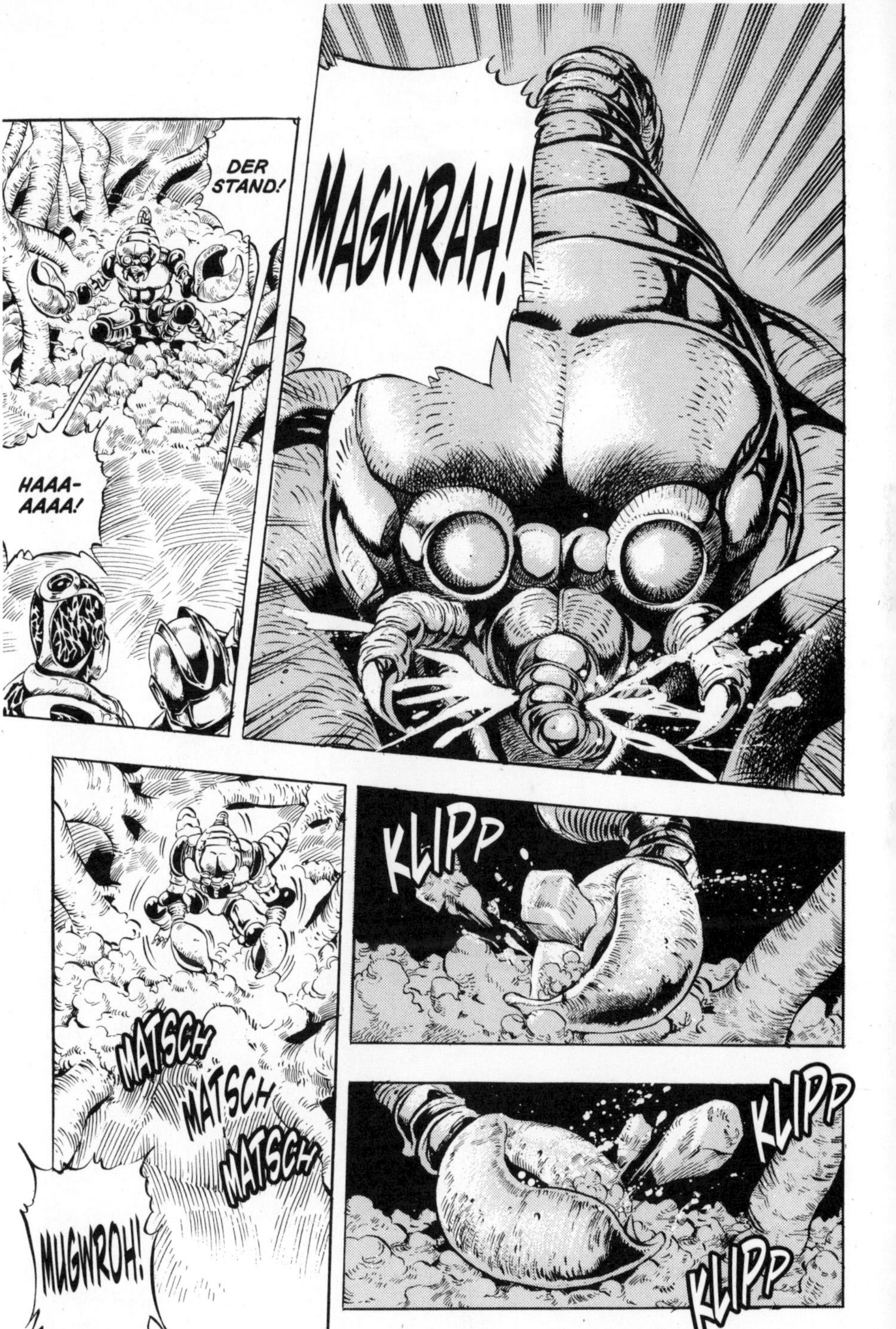
MAGWRAH!
DER STAND!
HAAA-AAAA!
KLIPP
MATSCH
MATSCH
MATSCH
MUGWROH!
KLIPP
KLIPP

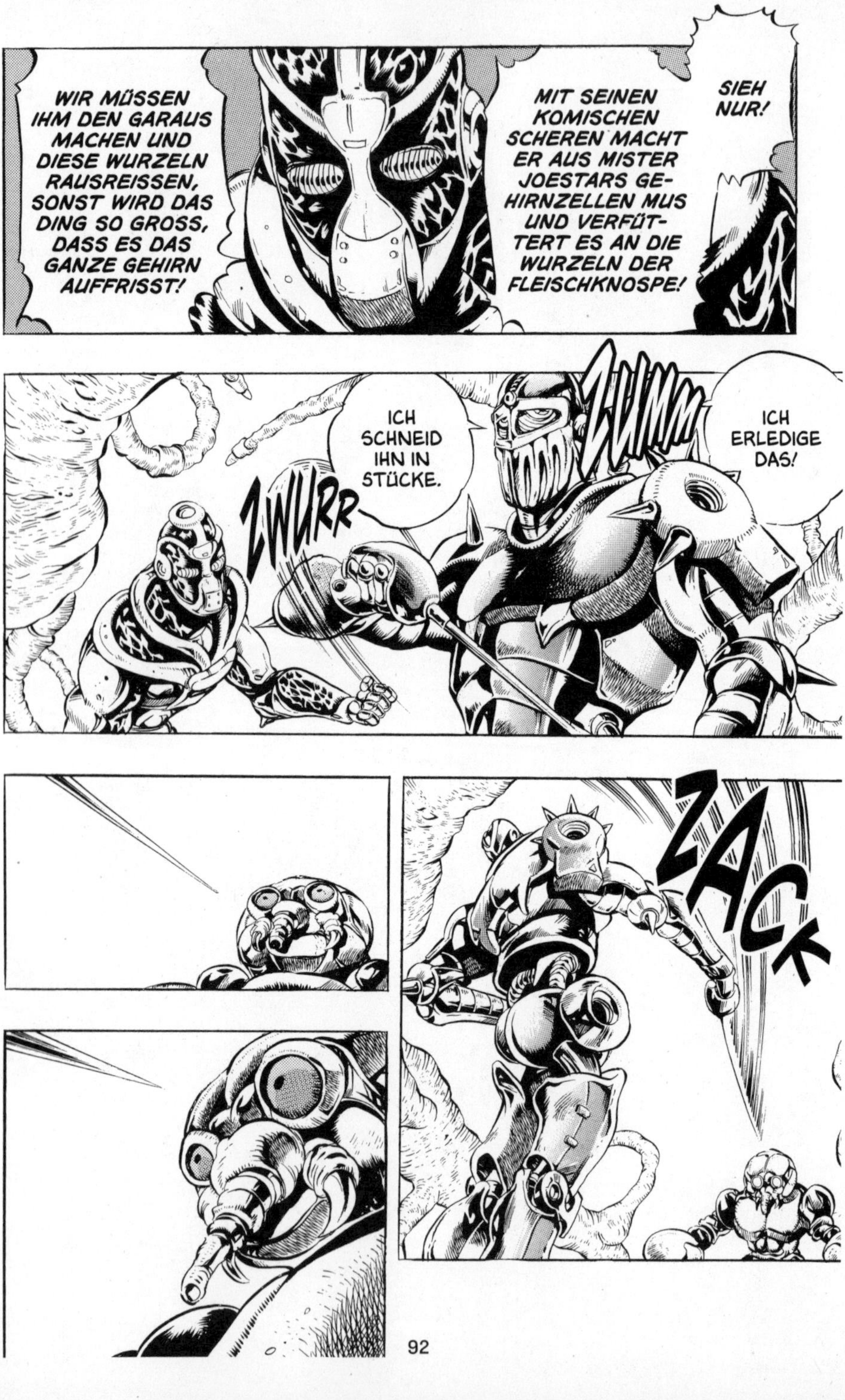
SIEH NUR!
MIT SEINEN KOMISCHEN SCHEREN MACHT ER AUS MISTER JOESTARS GEHIRNZELLEN MUS UND VERFÜTTERT ES AN DIE WURZELN DER FLEISCHKNOSPE!
WIR MÜSSEN IHM DEN GARAUS MACHEN UND DIESE WURZELN RAUSREISSEN, SONST WIRD DAS DING SO GROSS, DASS ES DAS GANZE GEHIRN AUFFRISST!
ICH ERLEDIGE DAS!
ZUMM
ICH SCHNEID IHN IN STÜCKE.
ZWURR
ZACK

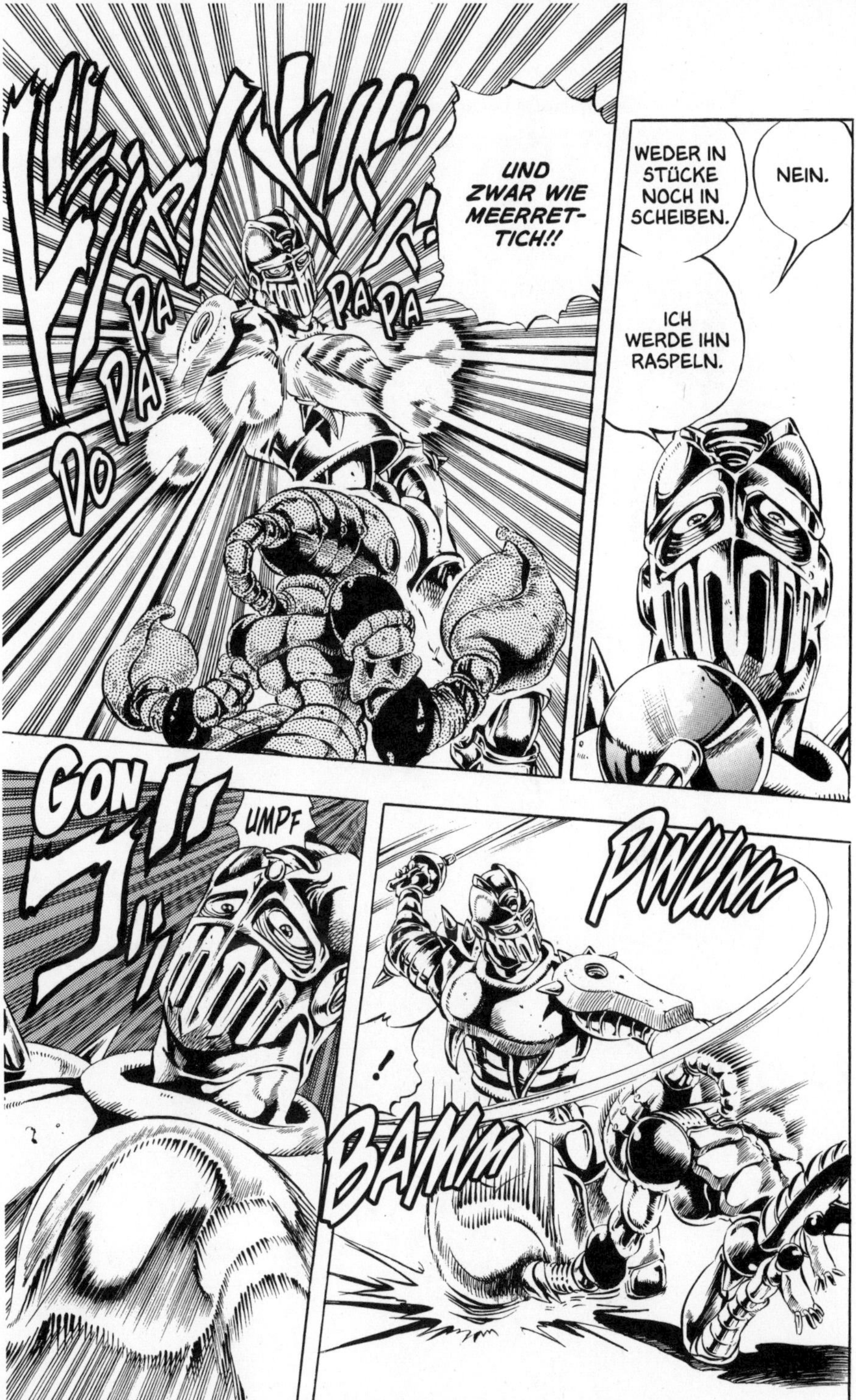
NEIN.
WEDER IN STÜCKE NOCH IN SCHEIBEN.
ICH WERDE IHN RASPELN.
UND ZWAR WIE MEERRETTICH!!
DO
PA PA
PA PA
PWUNN
!
BAMM
GON
UMPF

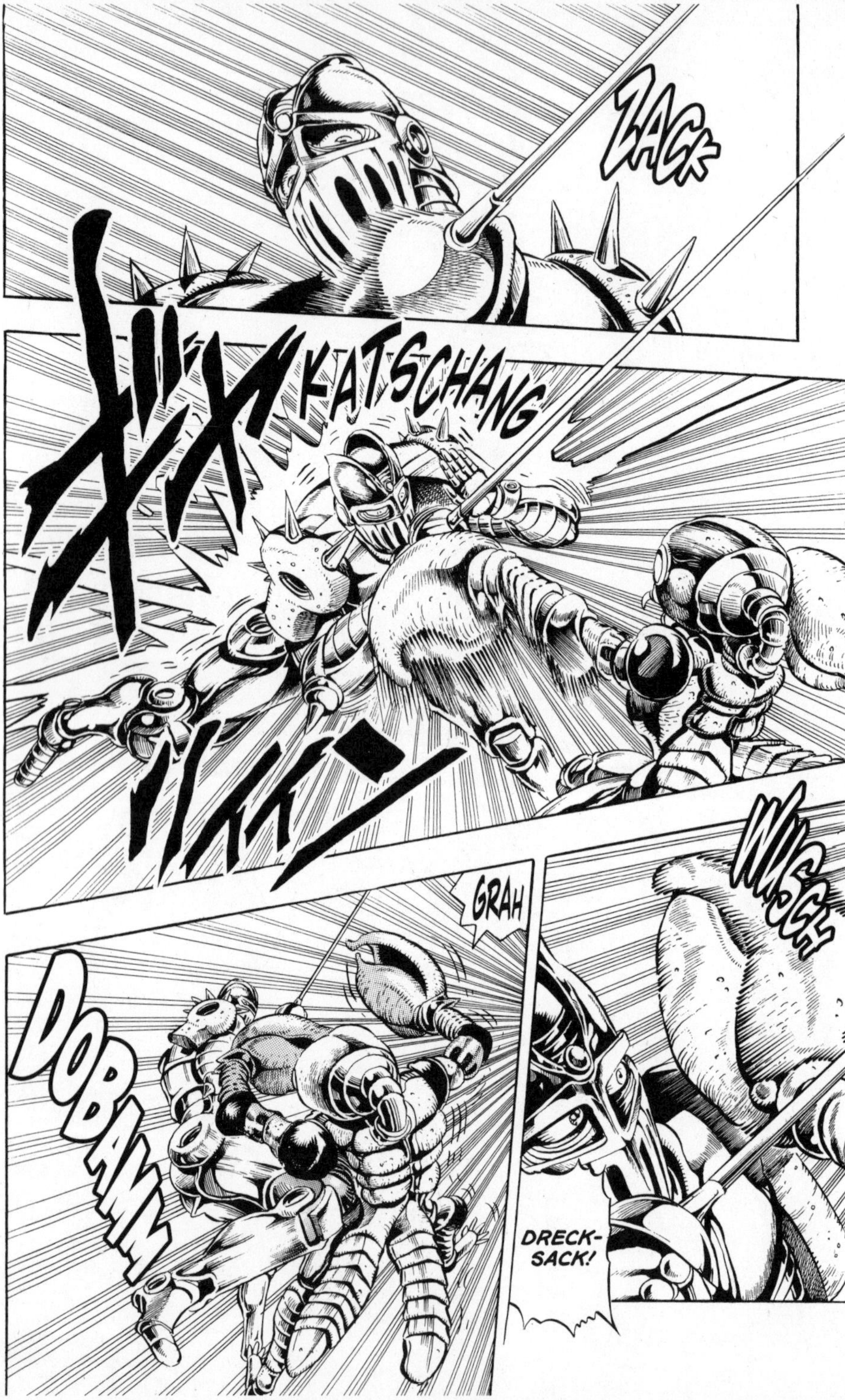
ZACK
KATSCHANG
WUSCH
DRECK-SACK!
GRAH
DOBAMM

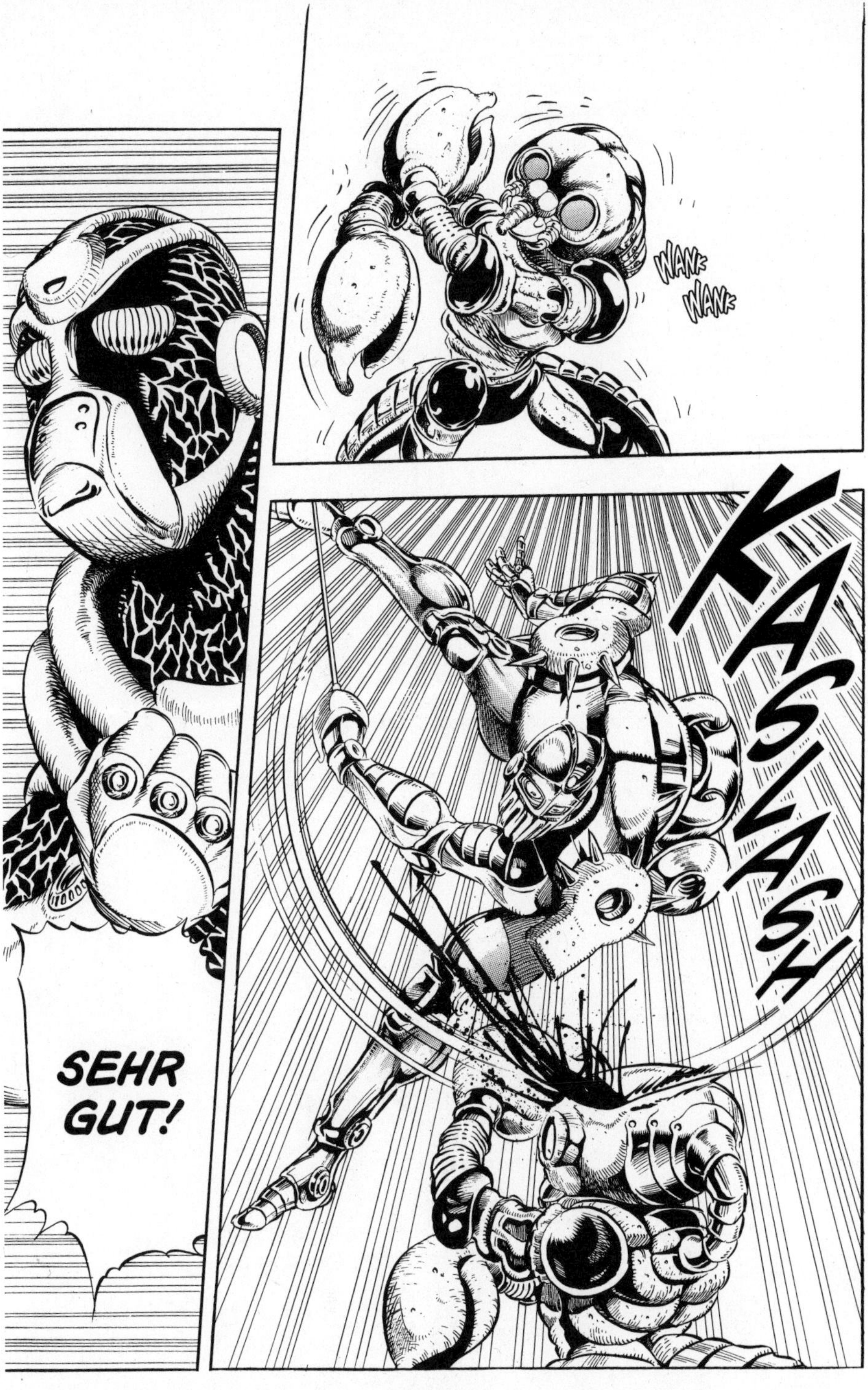
WANK
WANK
KASLASH
SEHR GUT!

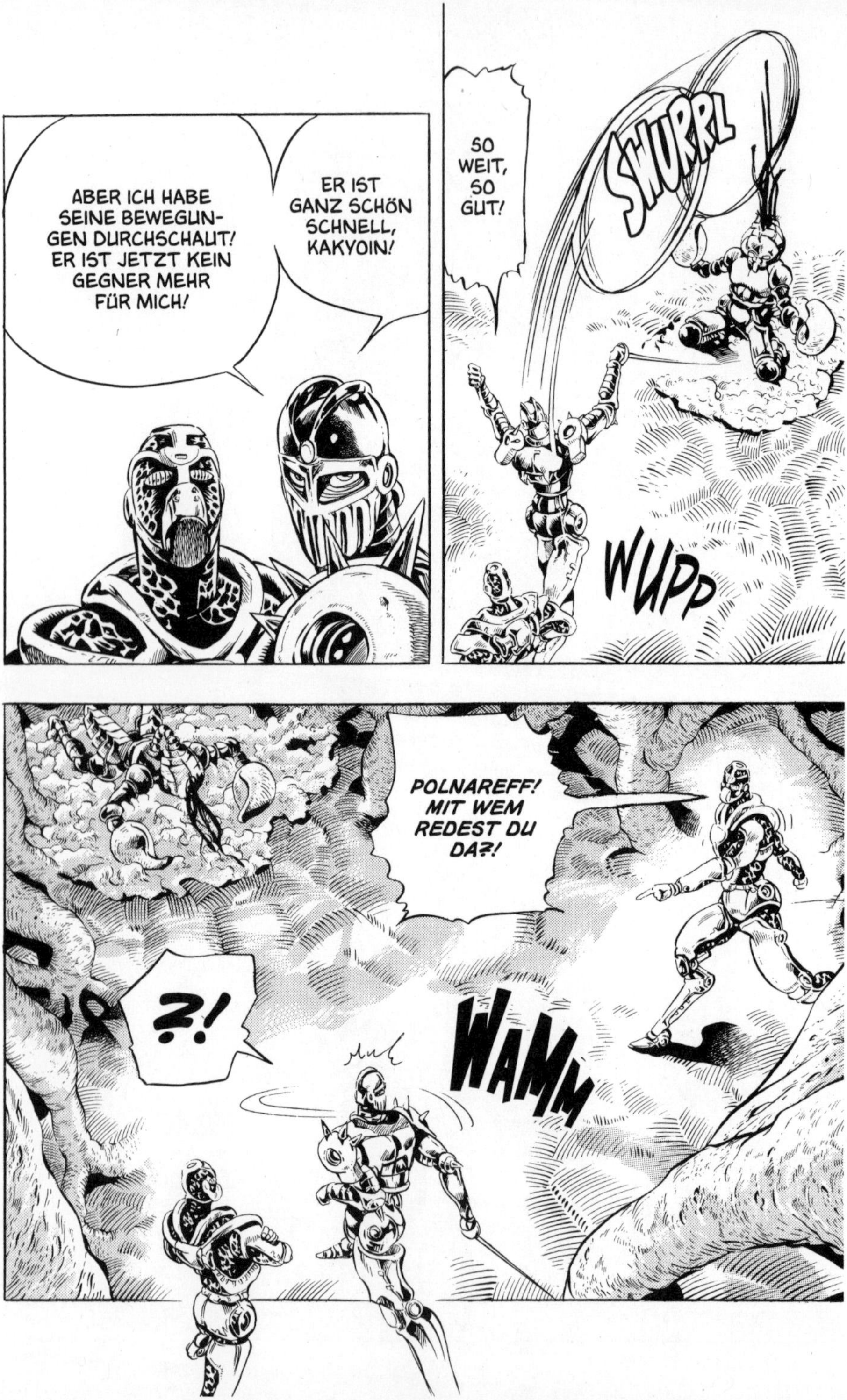
SO WEIT, SO GUT!
SWURRL
WUPP
ER IST GANZ SCHÖN SCHNELL, KAKYOIN!
ABER ICH HABE SEINE BEWEGUNGEN DURCHSCHAUT! ER IST JETZT KEIN GEGNER MEHR FÜR MICH!
POLNAREFF! MIT WEM REDEST DU DA?!
WAMM
?!

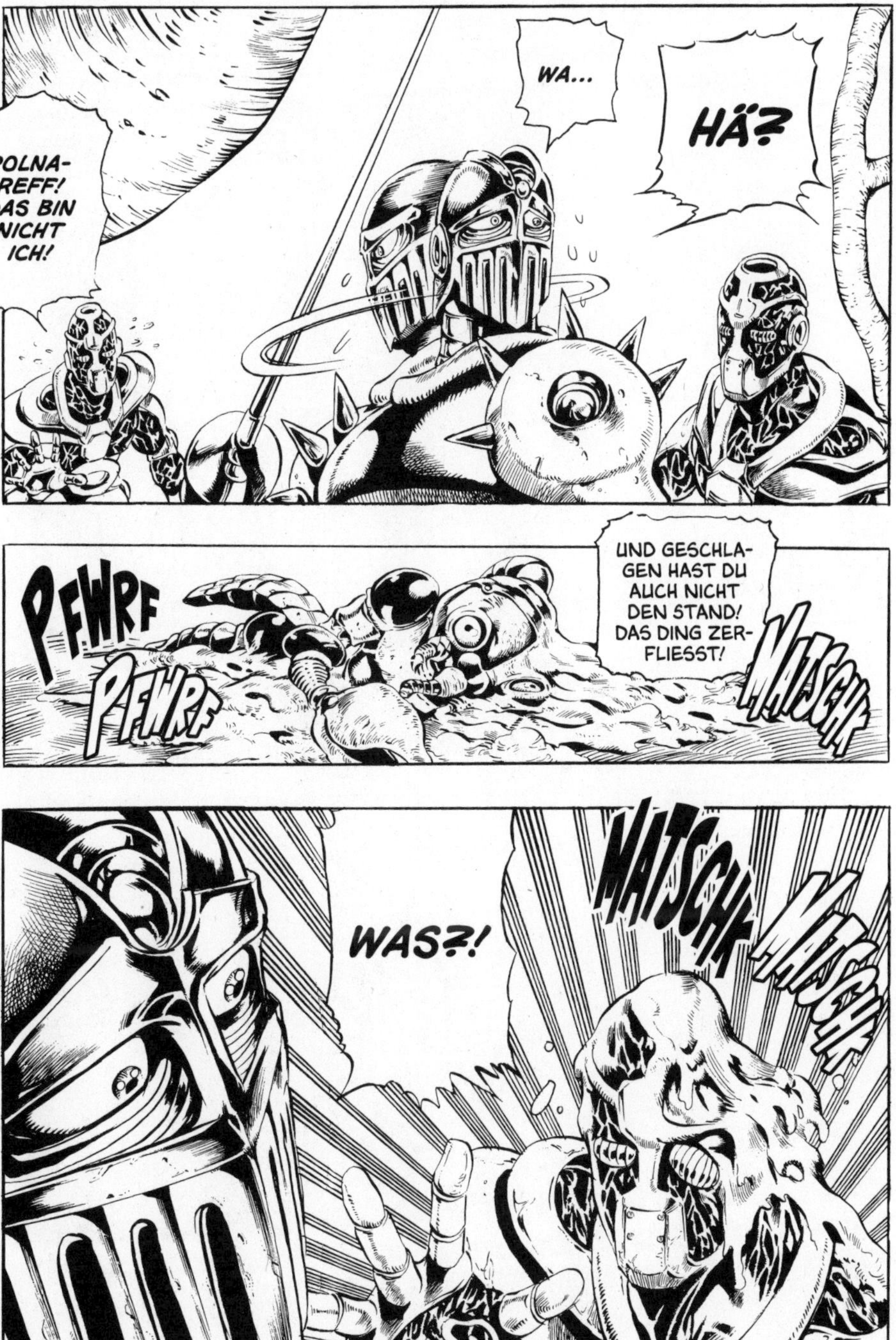
POLNA-
REFF!
DAS BIN
NICHT
ICH!
WA...
HÄ?
UND GESCHLA-
GEN HAST DU
AUCH NICHT
DEN STAND!
DAS DING ZER-
FLIESST!
PFWRF
PFWRF
MATSCHK
WAS?!
MATSCHK
MATSCHK

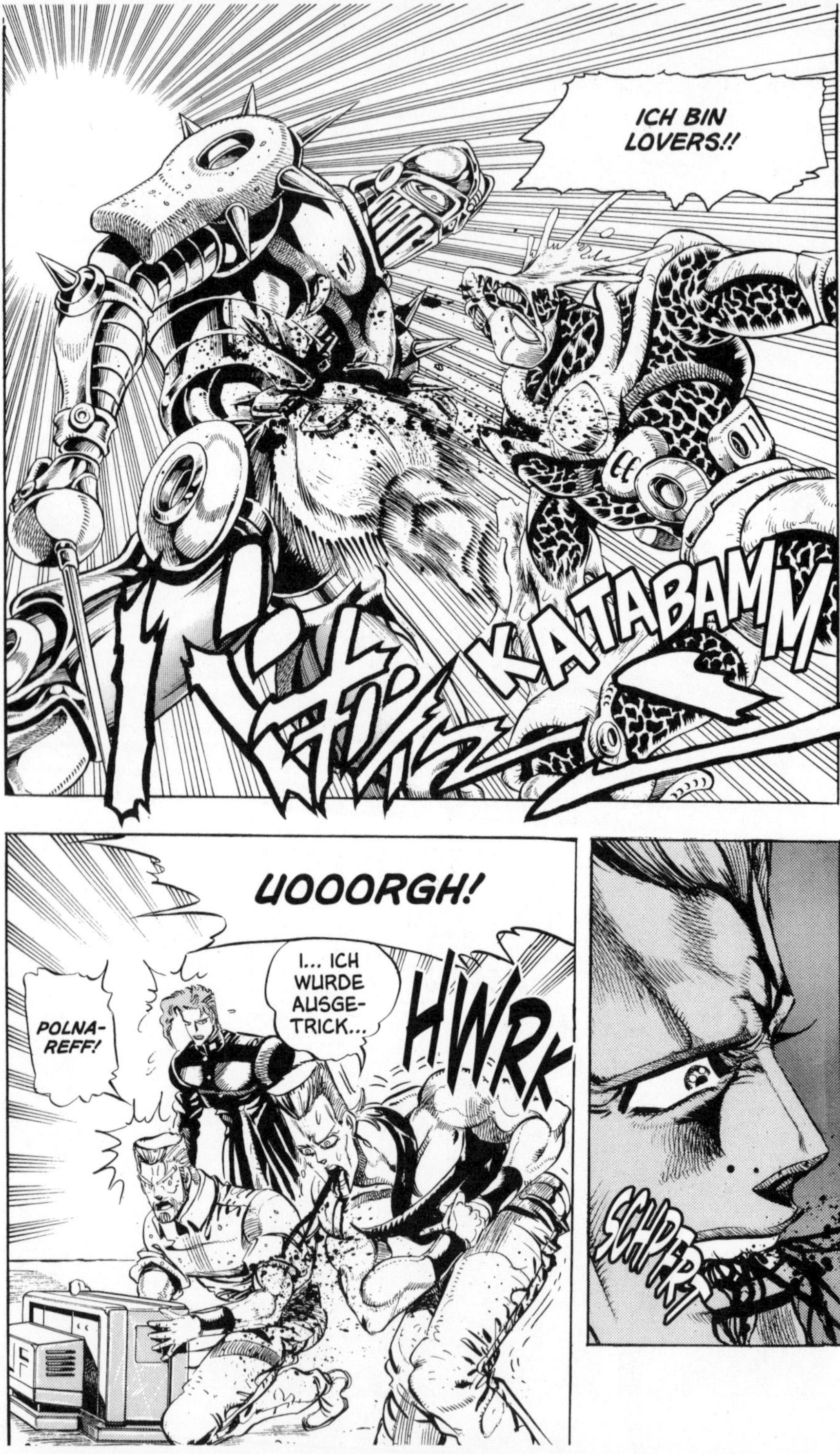

ICH BIN LOVERS!!
KATABAMM
UOOORGH!
HWRK
I... ICH WURDE AUSGE-TRICK...
POLNA-REFF!

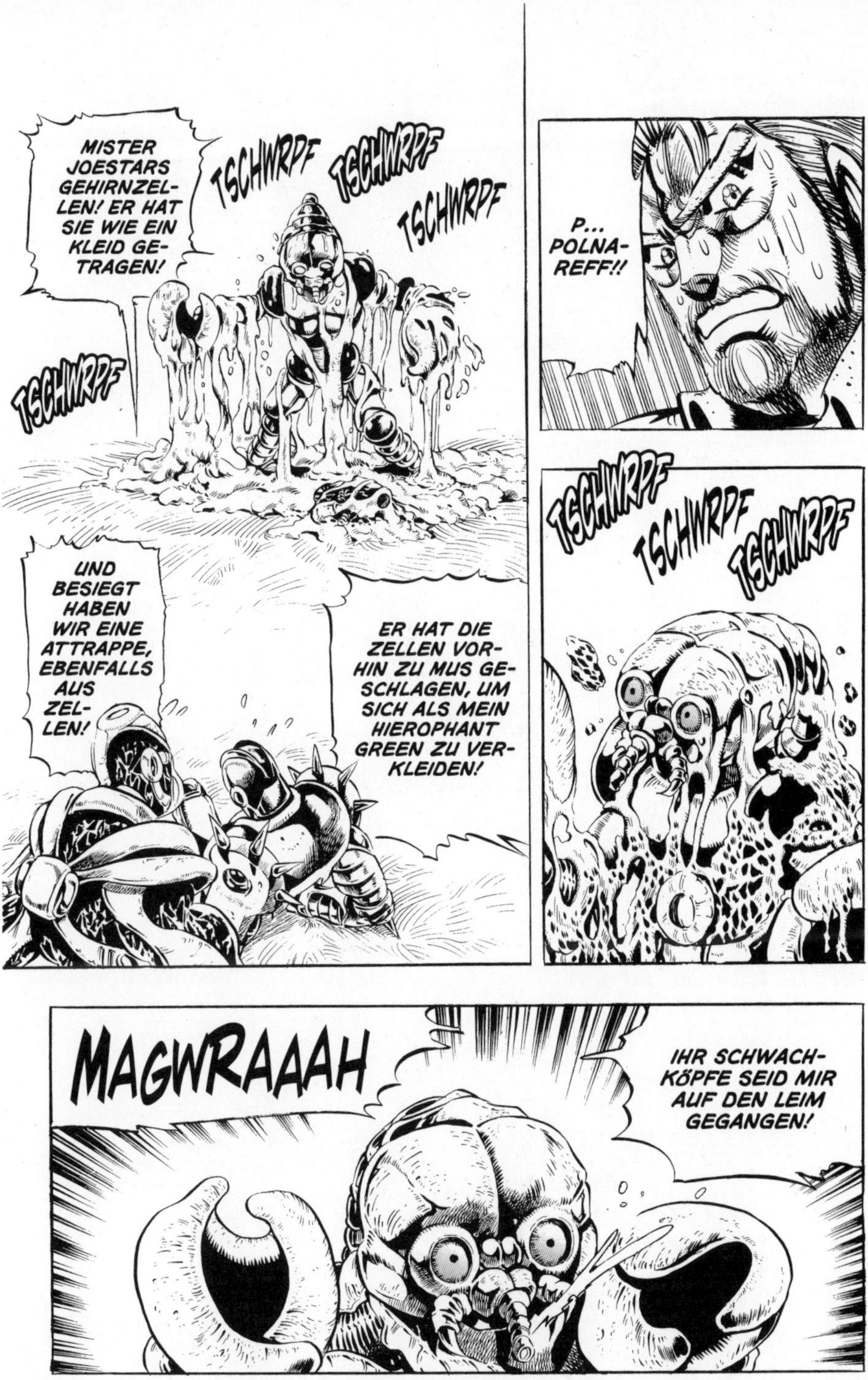
P... POLNAREFF!!
MISTER JOESTARS GEHIRNZELLEN! ER HAT SIE WIE EIN KLEID GETRAGEN!
TSCHWRPF TSCHWRPF TSCHWRPF
TSCHWRPF
ER HAT DIE ZELLEN VORHIN ZU MUS GESCHLAGEN, UM SICH ALS MEIN HIEROPHANT GREEN ZU VERKLEIDEN!
UND BESIEGT HABEN WIR EINE ATTRAPPE, EBENFALLS AUS ZELLEN!
TSCHWRPF TSCHWRPF TSCHWRPF
IHR SCHWACHKÖPFE SEID MIR AUF DEN LEIM GEGANGEN!
MAGWRAAAH

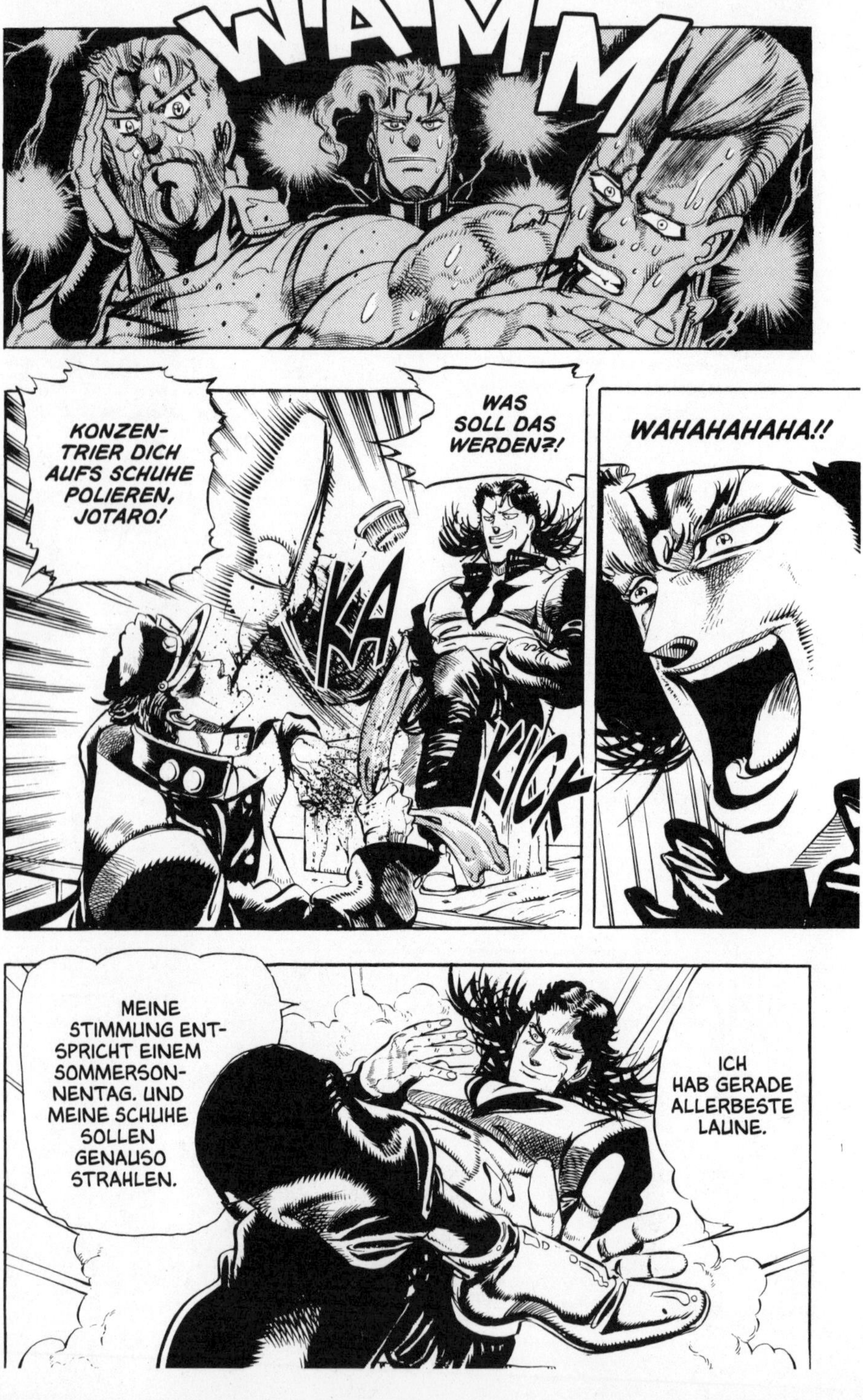
WAMM
WAHAHAHAHA!!
WAS SOLL DAS WERDEN?!
KONZEN-TRIER DICH AUFS SCHUHE POLIEREN, JOTARO!
KA
KICK
ICH HAB GERADE ALLERBESTE LAUNE.
MEINE STIMMUNG ENT-SPRICHT EINEM SOMMERSON-NENTAG. UND MEINE SCHUHE SOLLEN GENAUSO STRAHLEN.

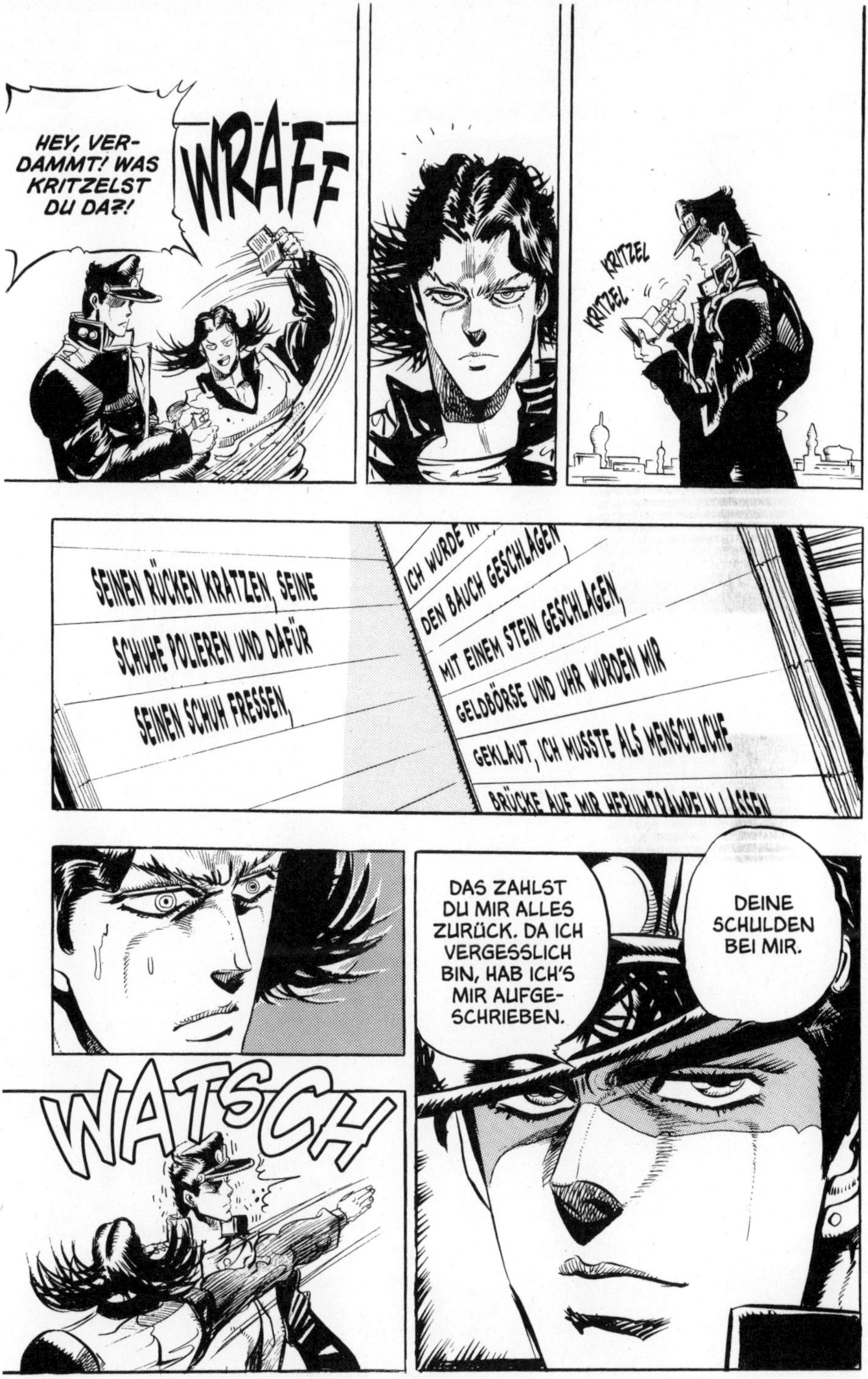
KRITZEL
KRITZEL
WRAFF
HEY, VERDAMMT! WAS KRITZELST DU DA?!
ICH WURDE IN
DEN BAUCH GESCHLAGEN,
MIT EINEM STEIN GESCHLAGEN,
GELDBÖRSE UND UHR WURDEN MIR
GEKLAUT, ICH MUSSTE ALS MENSCHLICHE
BRÜCKE AUF MIR HERUMTRAMPELN LASSEN
SEINEN RÜCKEN KRATZEN, SEINE
SCHUHE POLIEREN UND DAFÜR
SEINEN SCHUH FRESSEN,
DEINE SCHULDEN BEI MIR.
DAS ZAHLST DU MIR ALLES ZURÜCK. DA ICH VERGESSLICH BIN, HAB ICH'S MIR AUFGESCHRIEBEN.
WATSCH

JOJO'S BIZARRE ADVENTURE PART 3

STARDUST CRUSADERS

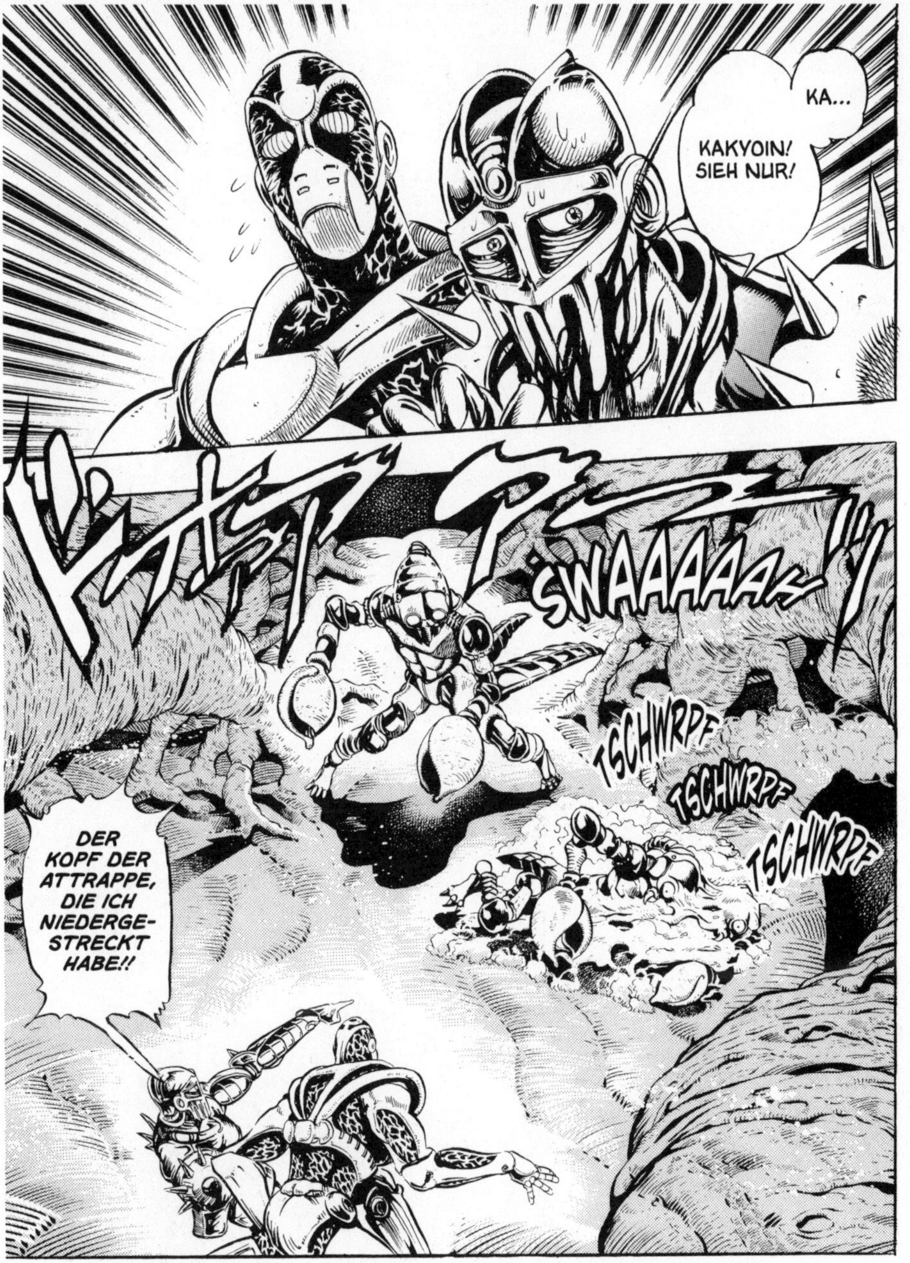

Die Liebenden: Teil 5

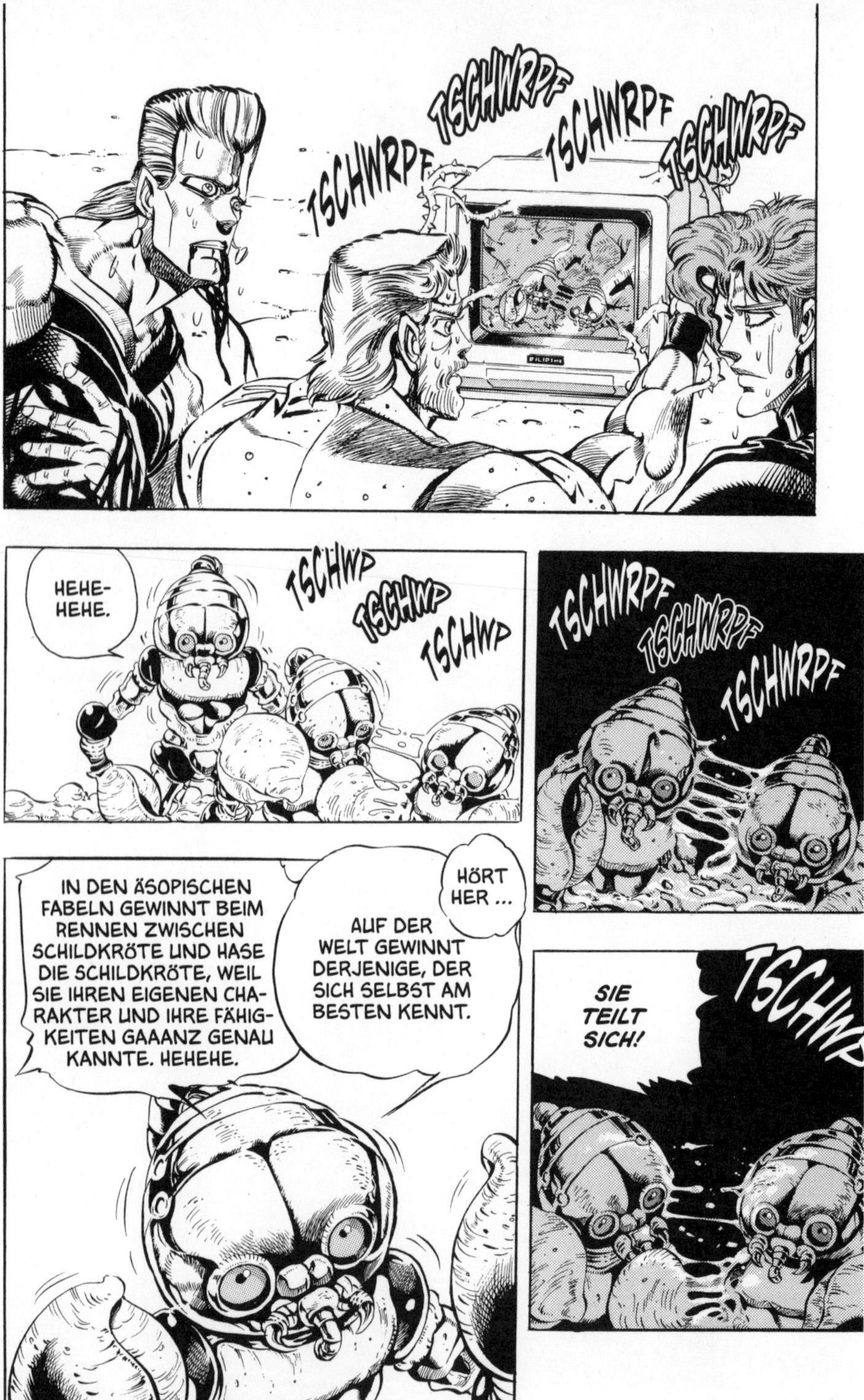
TSCHWRPF
TSCHWRPF
TSCHWRPF
TSCHWRPF
TSCHWRPF
TSCHWRPF
TSCHWRPF
HEHE-
HEHE.
TSCHWP
TSCHWP
TSCHWP
SIE
TEILT
SICH!
TSCHWP
HÖRT
HER ...
AUF DER
WELT GEWINNT
DERJENIGE, DER
SICH SELBST AM
BESTEN KENNT.
IN DEN ÄSOPISCHEN
FABELN GEWINNT BEIM
RENNEN ZWISCHEN
SCHILDKRÖTE UND HASE
DIE SCHILDKRÖTE, WEIL
SIE IHREN EIGENEN CHA-
RAKTER UND IHRE FÄHIG-
KEITEN GAAANZ GENAU
KANNTE. HEHEHE.

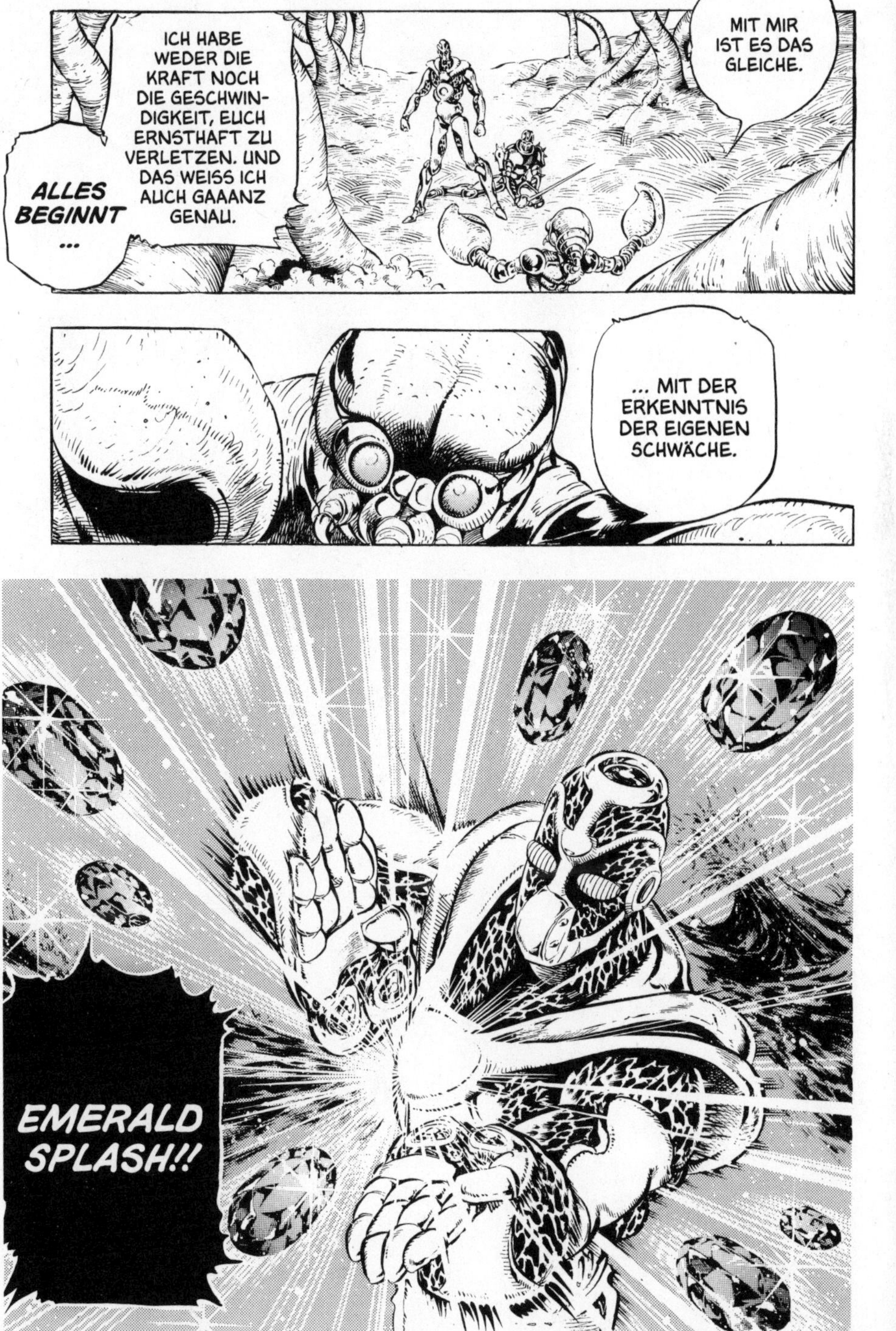
MIT MIR IST ES DAS GLEICHE.
ICH HABE WEDER DIE KRAFT NOCH DIE GESCHWINDIGKEIT, EUCH ERNSTHAFT ZU VERLETZEN. UND DAS WEISS ICH AUCH GAAANZ GENAU.
ALLES BEGINNT ...
... MIT DER ERKENNTNIS DER EIGENEN SCHWÄCHE.
EMERALD SPLASH!!

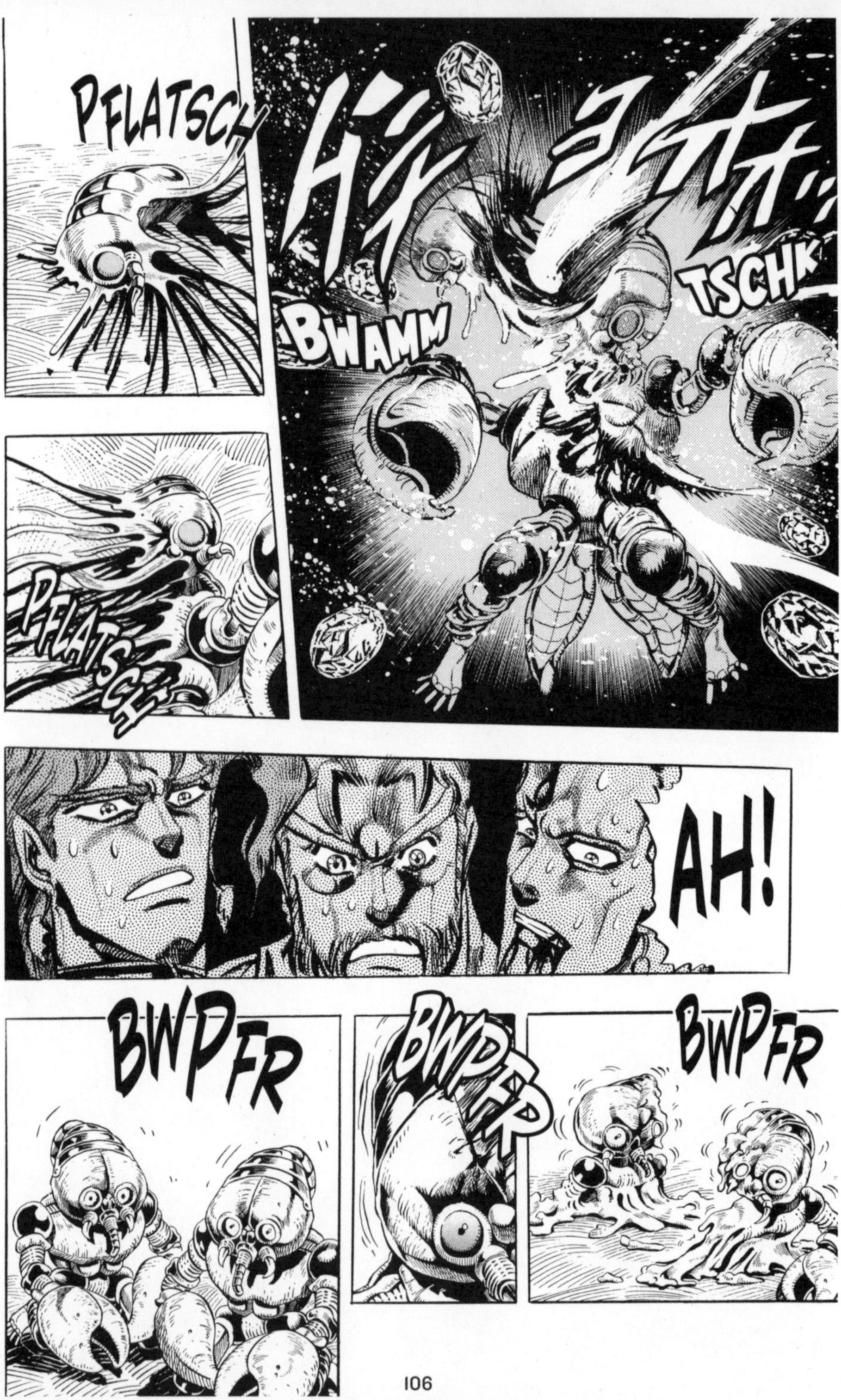
TSCHK
BWAMM
PFLATSCH
PFLATSCH
AH!
BWPFR
BWPFR
BWPFR

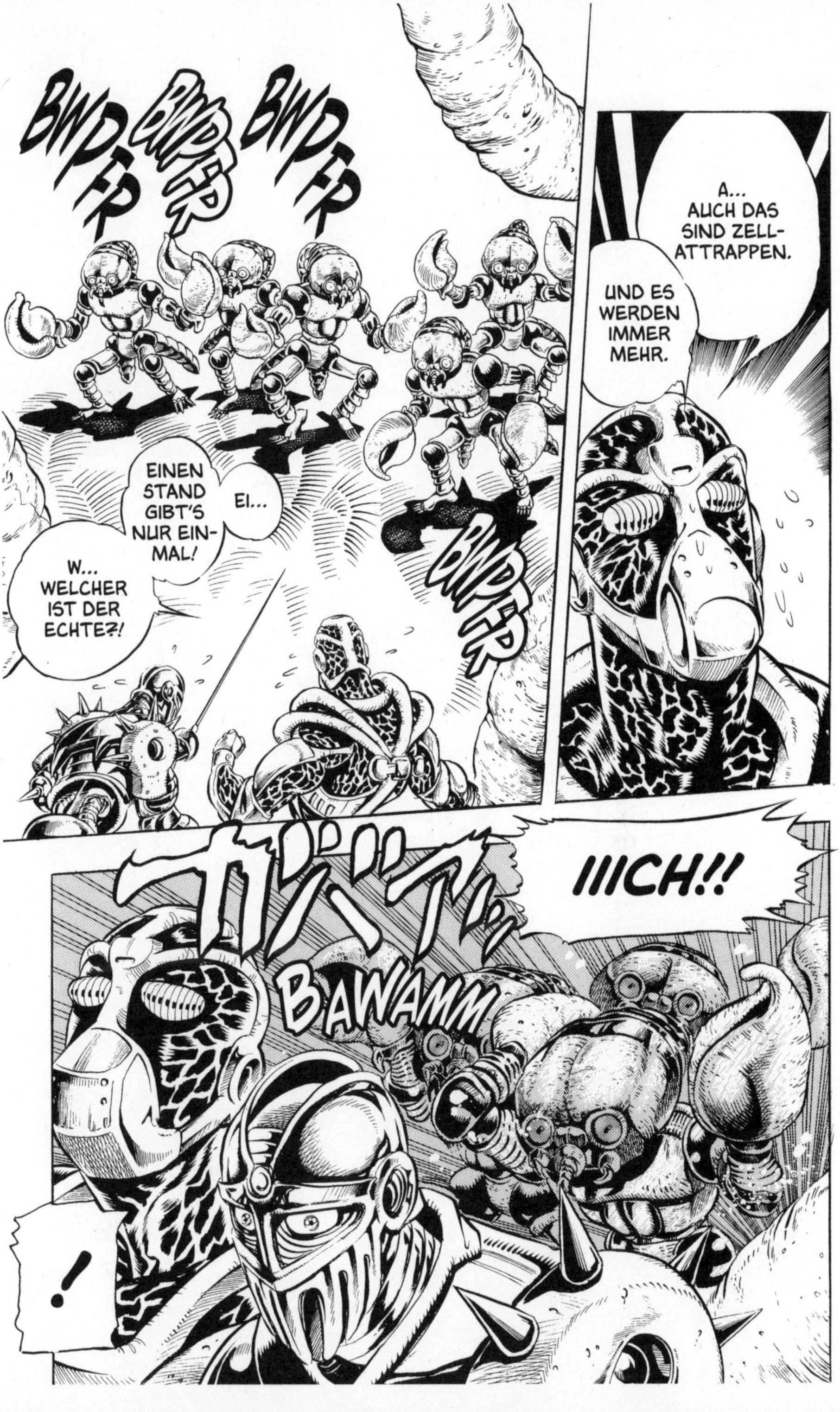
A... AUCH DAS SIND ZELL-ATTRAPPEN.
UND ES WERDEN IMMER MEHR.
BWDFR
BWDFR
BWDFR
BWDFR
EI...
EINEN STAND GIBT'S NUR EIN-MAL!
W... WELCHER IST DER ECHTE?!
IIICH!!
BAWAMM
!

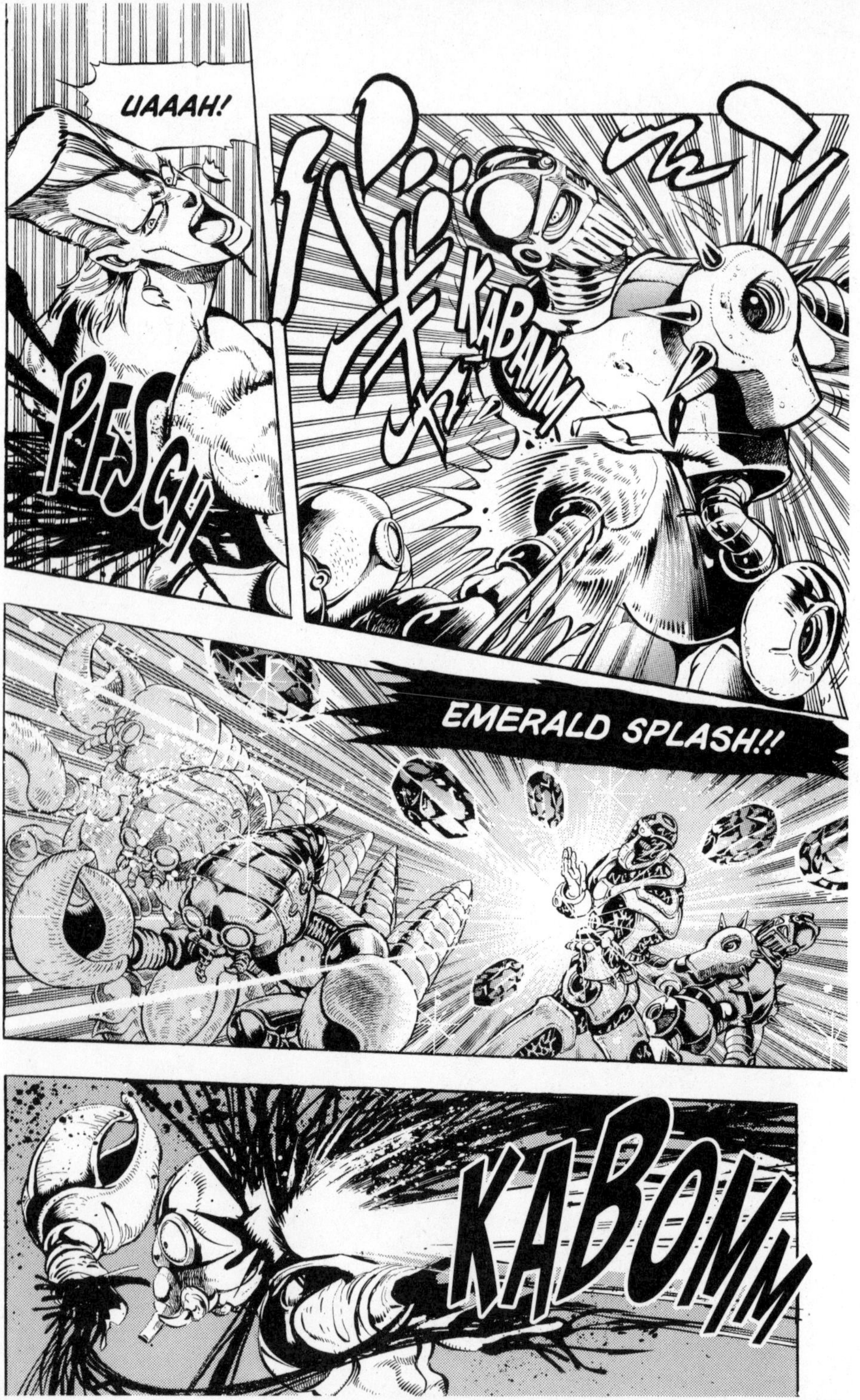

UAAAH!
PFSCH
KABAMM
EMERALD SPLASH!!
KABOMM

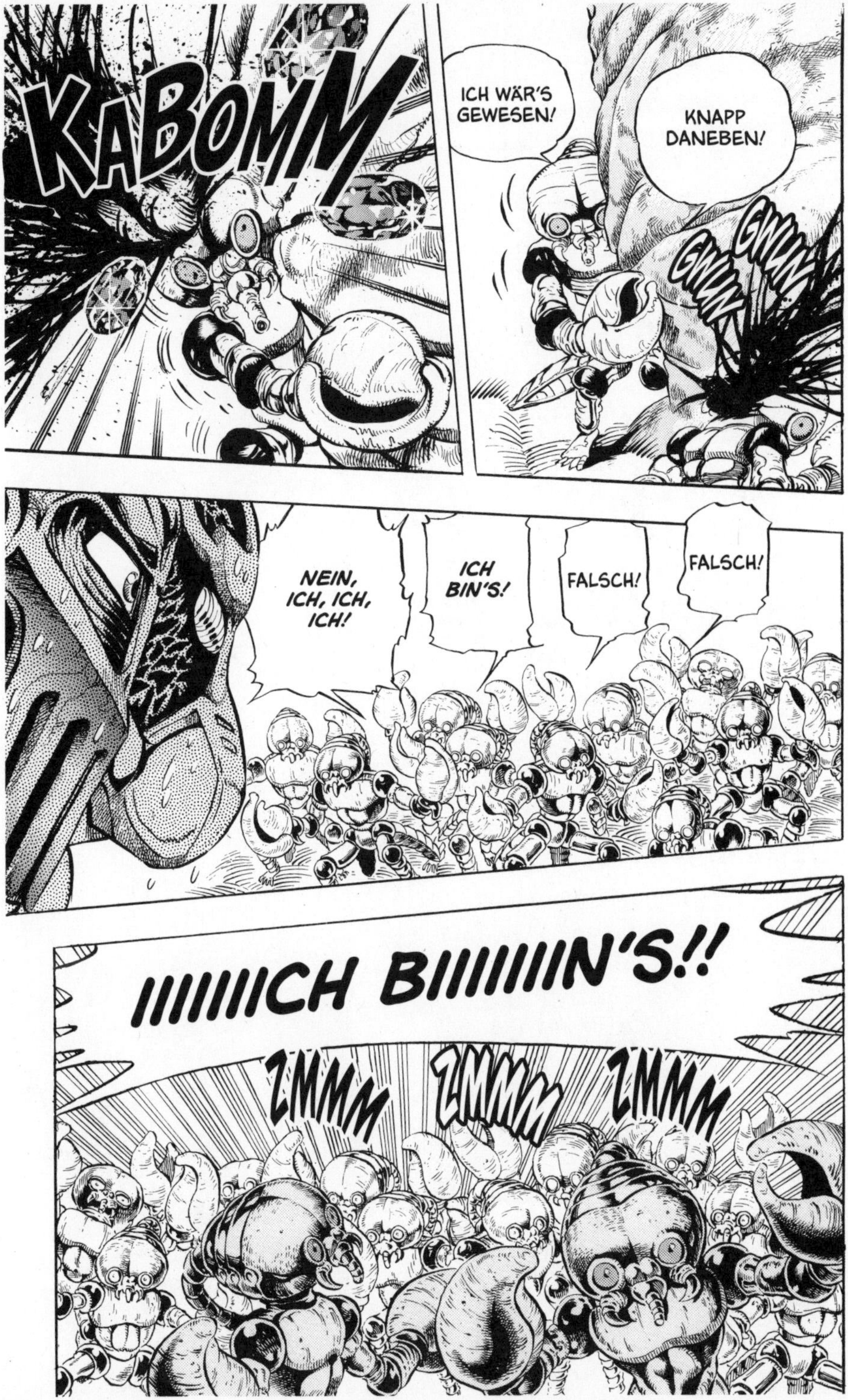
KABOMM
ICH WÄR'S GEWESEN!
KNAPP DANEBEN!
GWAN GWAN
NEIN, ICH, ICH, ICH!
ICH BIN'S!
FALSCH!
FALSCH!
IIIIIICH BIIIIIIN'S!!
ZMMM ZMMM ZMMM

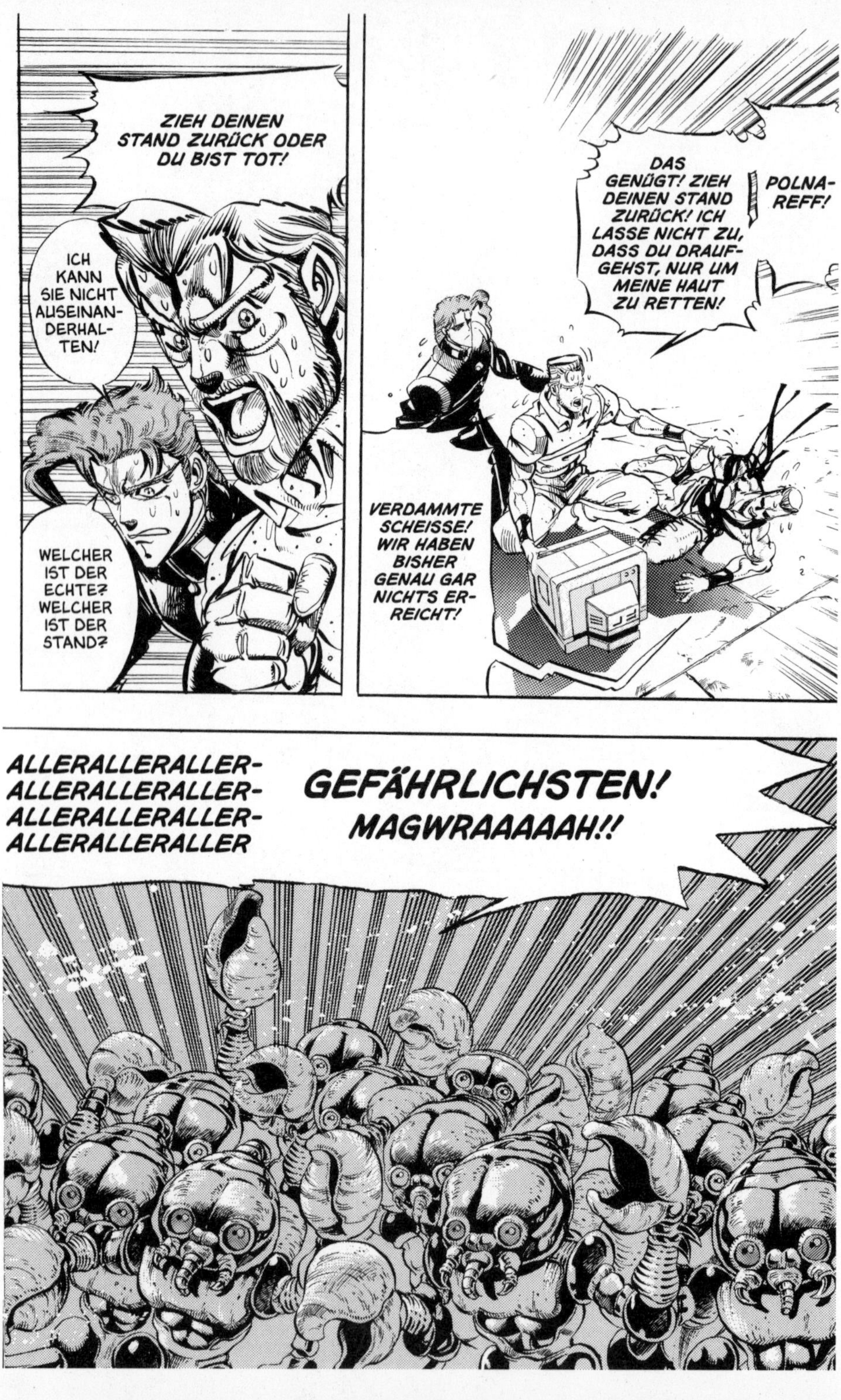

POLNAREFF!
DAS GENÜGT! ZIEH DEINEN STAND ZURÜCK! ICH LASSE NICHT ZU, DASS DU DRAUFGEHST, NUR UM MEINE HAUT ZU RETTEN!
VERDAMMTE SCHEISSE! WIR HABEN BISHER GENAU GAR NICHTS ERREICHT!
ZIEH DEINEN STAND ZURÜCK ODER DU BIST TOT!
ICH KANN SIE NICHT AUSEINANDERHALTEN!
WELCHER IST DER ECHTE? WELCHER IST DER STAND?
ALLERALLERALLER-ALLERALLERALLER-ALLERALLERALLER-ALLERALLERALLER GEFÄHRLICHSTEN! MAGWRAAAAAH!!

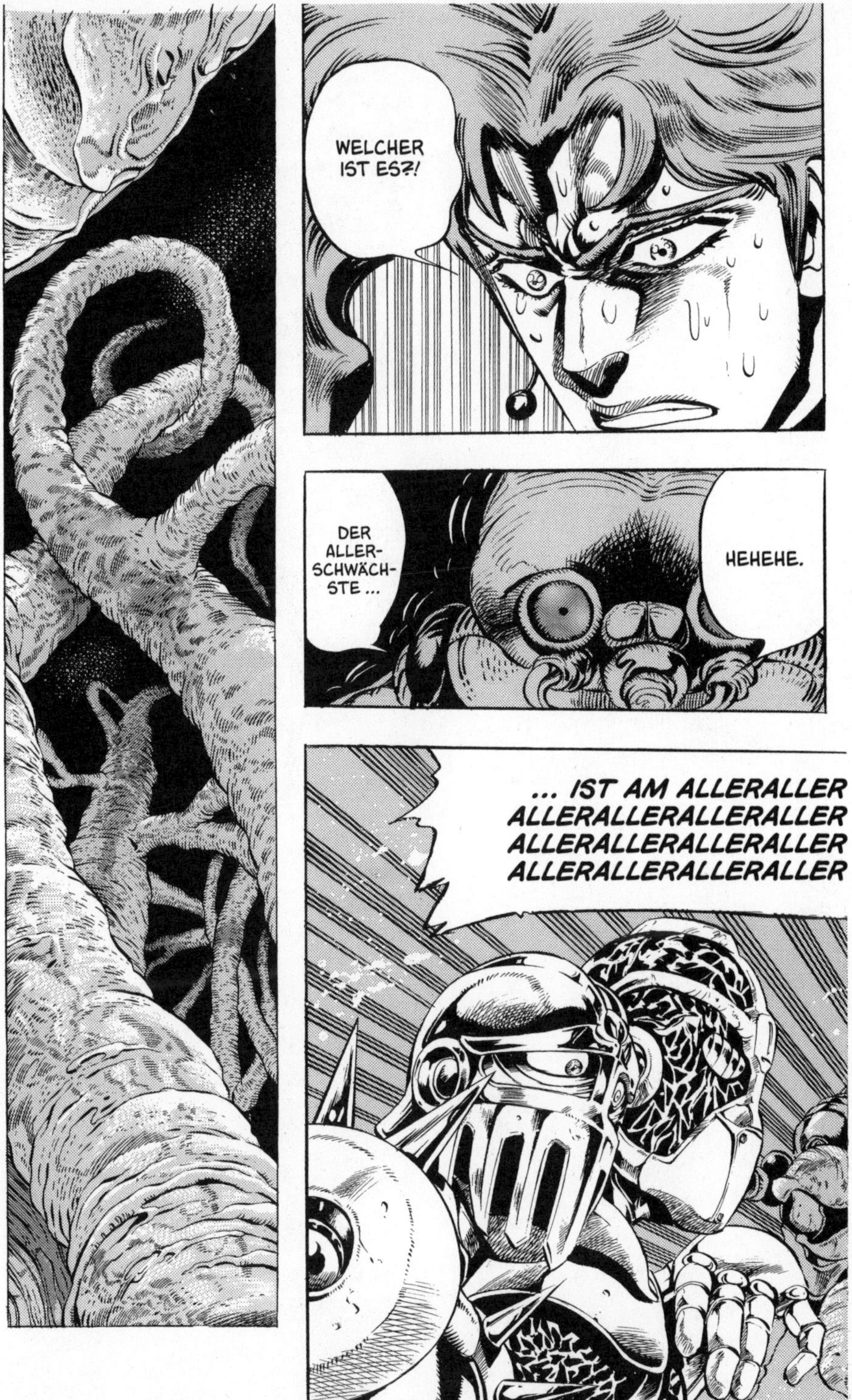
WELCHER IST ES?!
HEHEHE.
DER ALLERSCHWÄCHSTE ...
... IST AM ALLERALLER ALLERALLERALLERALLER ALLERALLERALLERALLER ALLERALLERALLERALLER

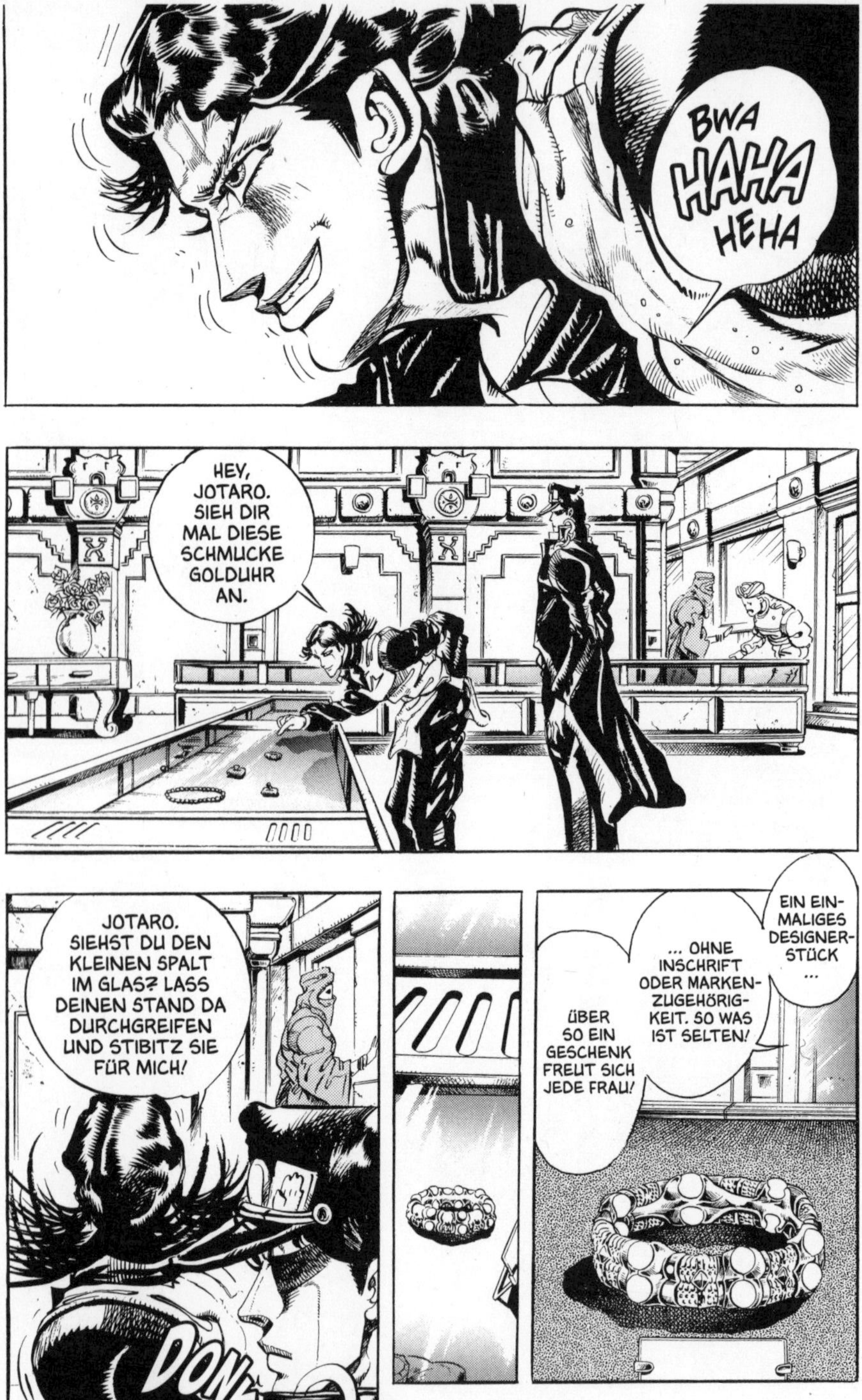
BWA HAHA HEHA
HEY, JOTARO. SIEH DIR MAL DIESE SCHMUCKE GOLDUHR AN.
JOTARO. SIEHST DU DEN KLEINEN SPALT IM GLAS? LASS DEINEN STAND DA DURCHGREIFEN UND STIBITZ SIE FÜR MICH!
DONK
EIN EINMALIGES DESIGNERSTÜCK ...
... OHNE INSCHRIFT ODER MARKENZUGEHÖRIGKEIT. SO WAS IST SELTEN!
ÜBER SO EIN GESCHENK FREUT SICH JEDE FRAU!

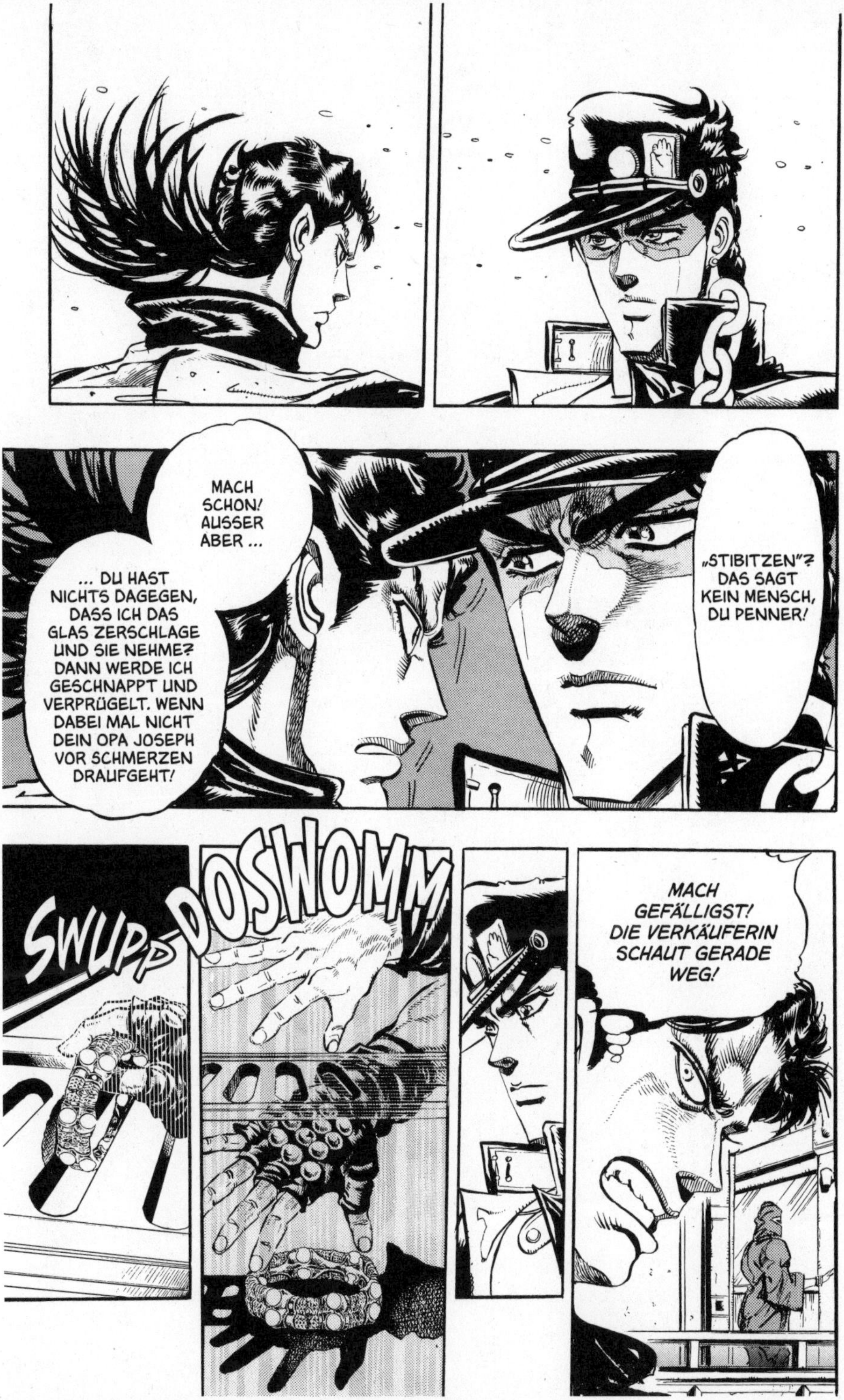
„STIBITZEN"? DAS SAGT KEIN MENSCH, DU PENNER!
MACH SCHON! AUSSER ABER ...
... DU HAST NICHTS DAGEGEN, DASS ICH DAS GLAS ZERSCHLAGE UND SIE NEHME? DANN WERDE ICH GESCHNAPPT UND VERPRÜGELT. WENN DABEI MAL NICHT DEIN OPA JOSEPH VOR SCHMERZEN DRAUFGEHT!
MACH GEFÄLLIGST! DIE VERKÄUFERIN SCHAUT GERADE WEG!
DOSWOMM
SWUPP

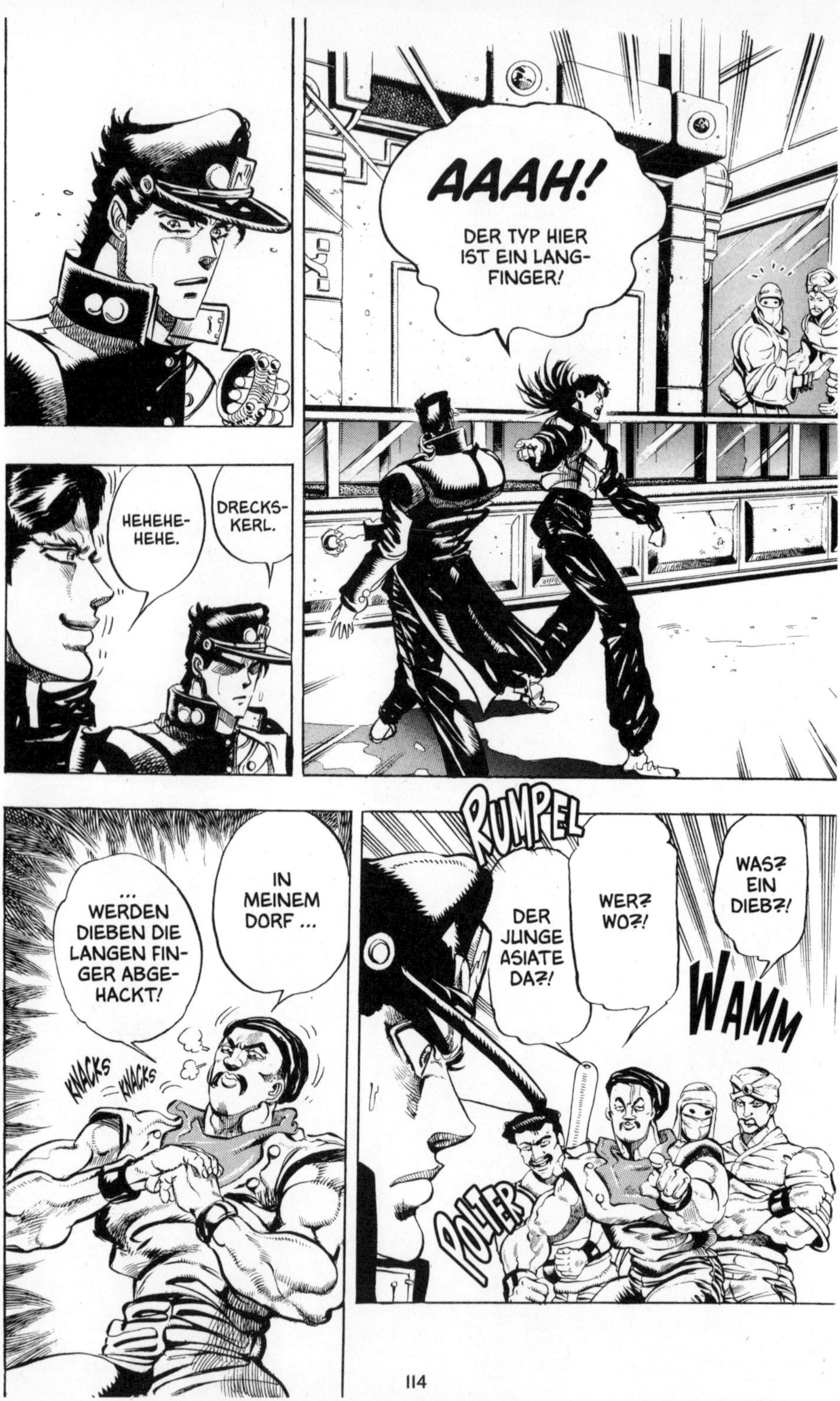
AAAH!
DER TYP HIER IST EIN LANG-FINGER!
DRECKS-KERL.
HEHEHE-HEHE.
RUMPEL
WAS? EIN DIEB?!
WER? WO?!
DER JUNGE ASIATE DA?!
WAMM
POLTER
IN MEINEM DORF ...
... WERDEN DIEBEN DIE LANGEN FIN-GER ABGE-HACKT!
KNACKS
KNACKS

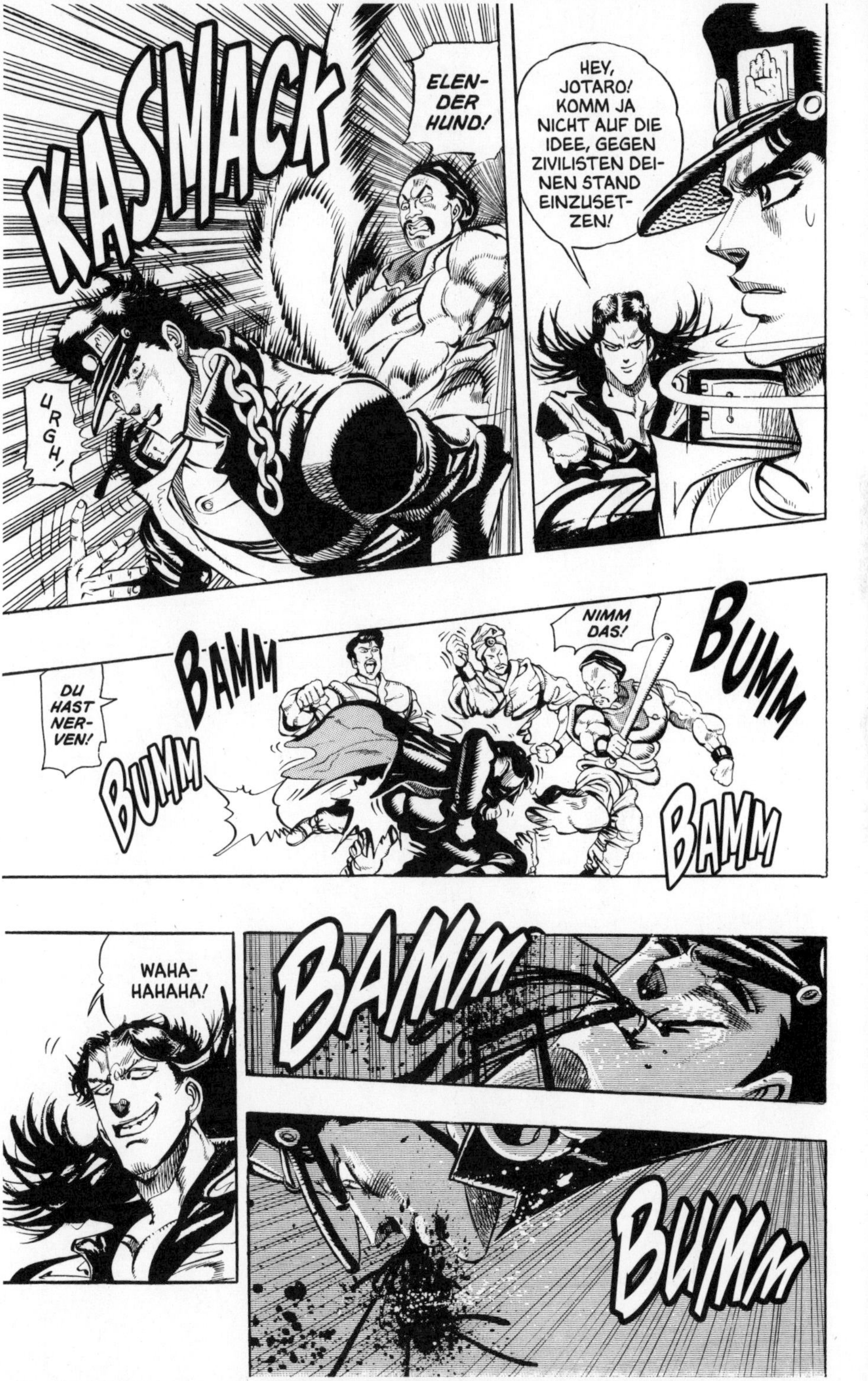
HEY, JOTARO! KOMM JA NICHT AUF DIE IDEE, GEGEN ZIVILISTEN DEI-NEN STAND EINZUSET-ZEN!
ELEN-DER HUND!
KASMACK
URGH!
NIMM DAS!
BUMM
BAMM
BAMM
DU HAST NER-VEN!
BUMM
BAMM
BUMM
WAHA-HAHAHA!

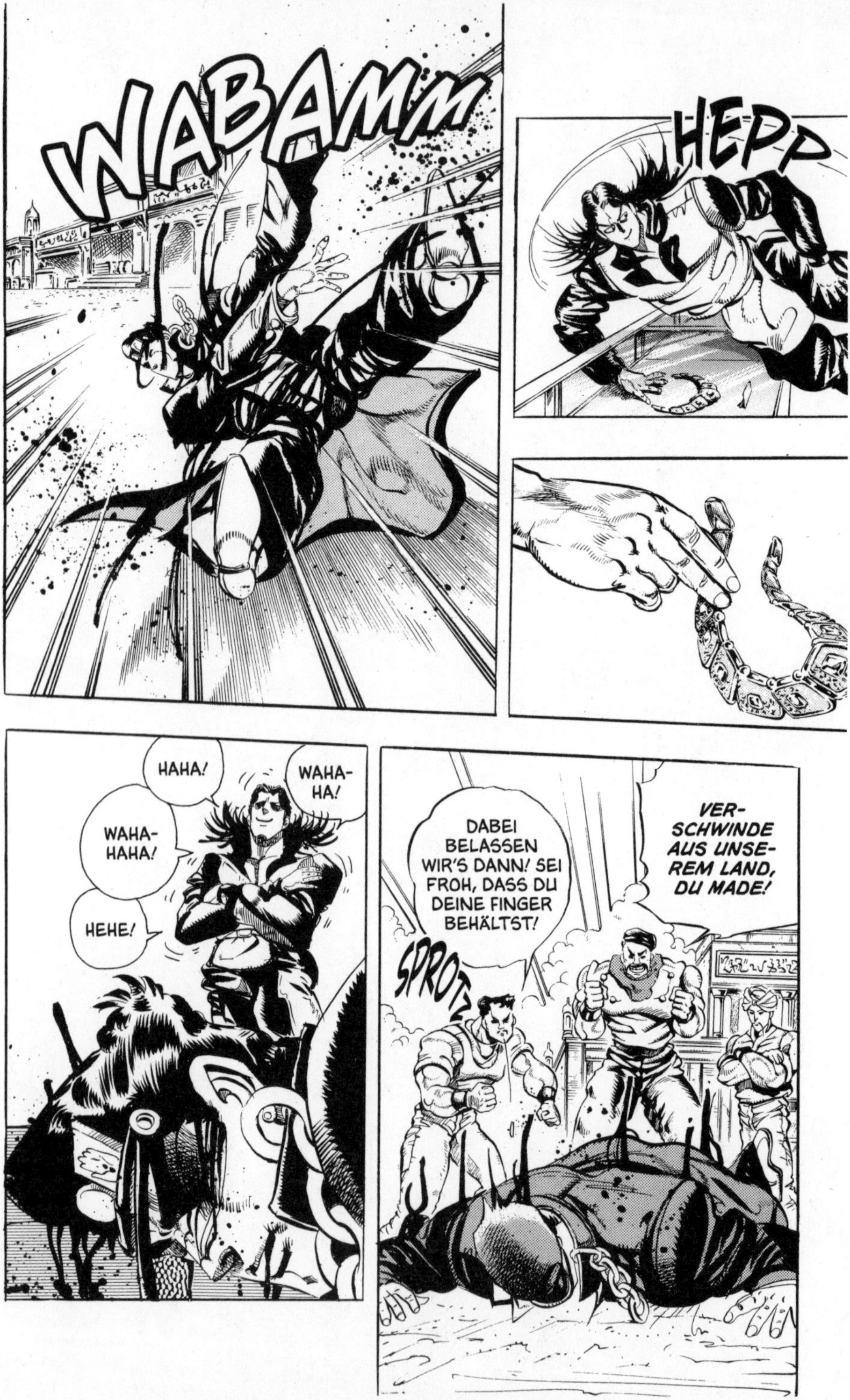
WABAMM
HEPP
HAHA!
WAHA-HA!
WAHA-HAHA!
HEHE!
VER-SCHWINDE AUS UNSE-REM LAND, DU MADE!
DABEI BELASSEN WIR'S DANN! SEI FROH, DASS DU DEINE FINGER BEHÄLTST!
SPROTZ

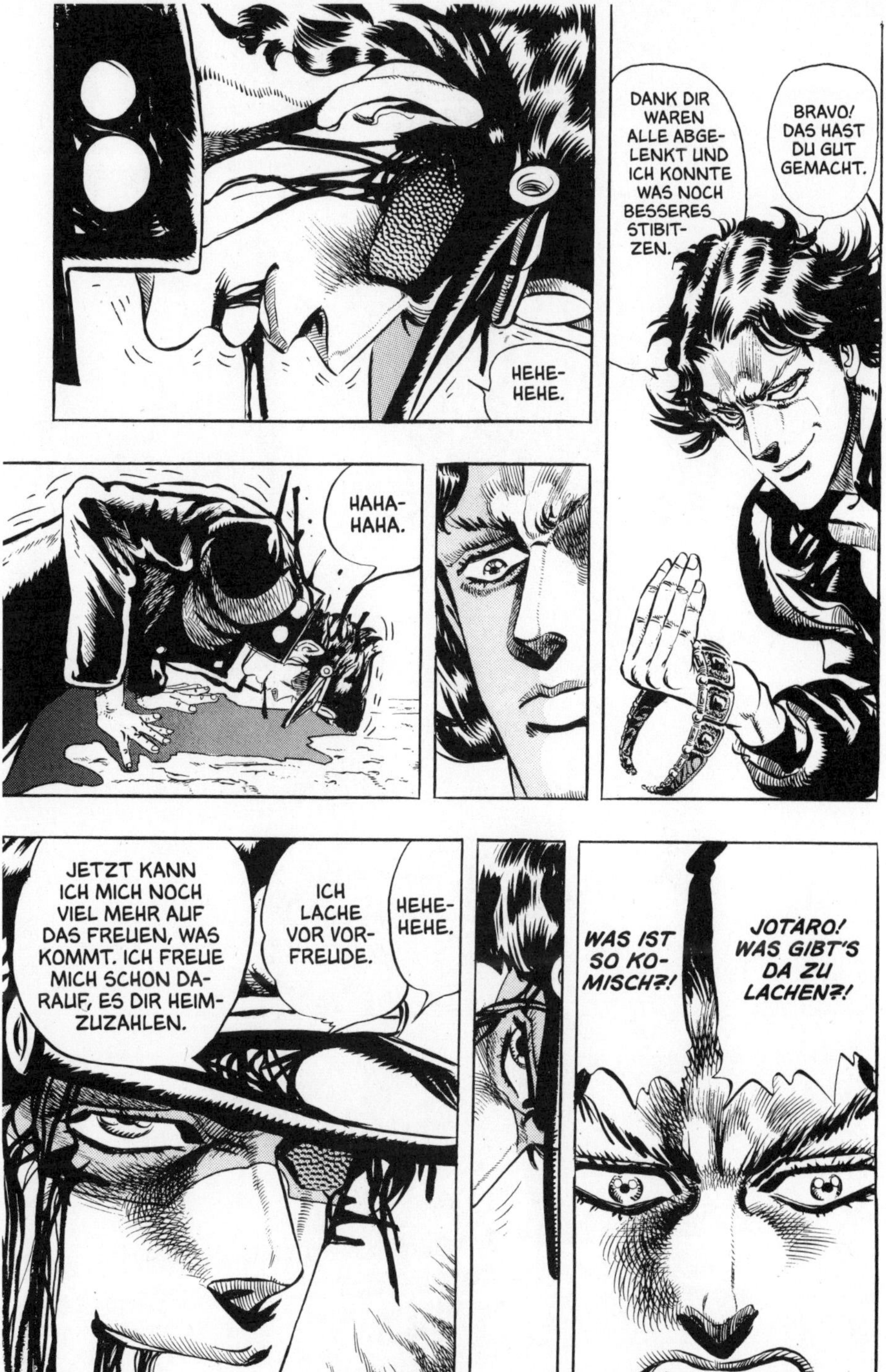
BRAVO! DAS HAST DU GUT GEMACHT.
DANK DIR WAREN ALLE ABGELENKT UND ICH KONNTE WAS NOCH BESSERES STIBITZEN.
HEHEHEHE.
HAHAHAHA.
JOTARO! WAS GIBT'S DA ZU LACHEN?!
WAS IST SO KOMISCH?!
HEHEHEHE.
ICH LACHE VOR VORFREUDE.
JETZT KANN ICH MICH NOCH VIEL MEHR AUF DAS FREUEN, WAS KOMMT. ICH FREUE MICH SCHON DARAUF, ES DIR HEIMZUZAHLEN.

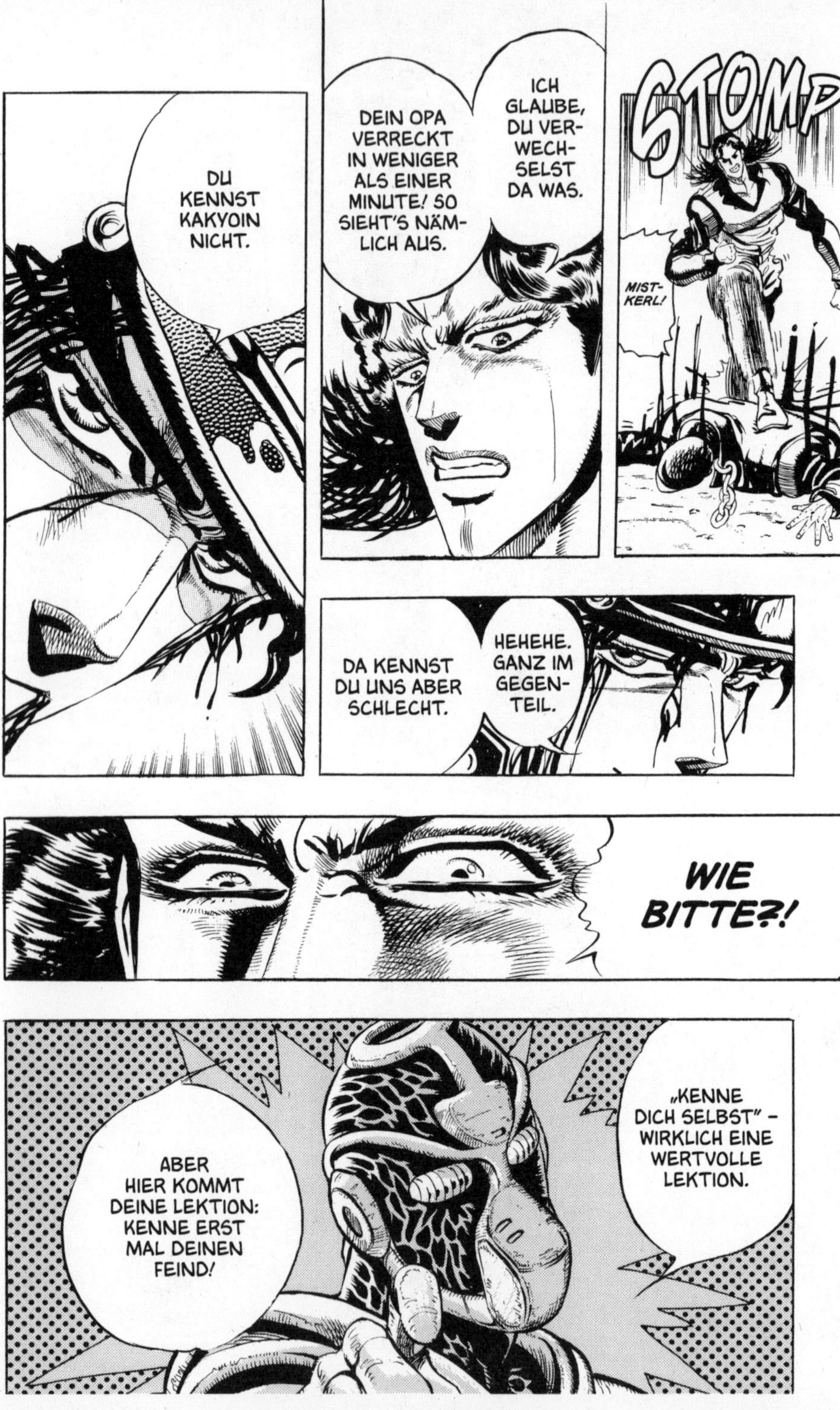
STOMP
MIST-KERL!
ICH GLAUBE, DU VERWECHSELST DA WAS.
DEIN OPA VERRECKT IN WENIGER ALS EINER MINUTE! SO SIEHT'S NÄMLICH AUS.
HEHEHE. GANZ IM GEGENTEIL.
DA KENNST DU UNS ABER SCHLECHT.
DU KENNST KAKYOIN NICHT.
WIE BITTE?!
„KENNE DICH SELBST" – WIRKLICH EINE WERTVOLLE LEKTION.
ABER HIER KOMMT DEINE LEKTION: KENNE ERST MAL DEINEN FEIND!

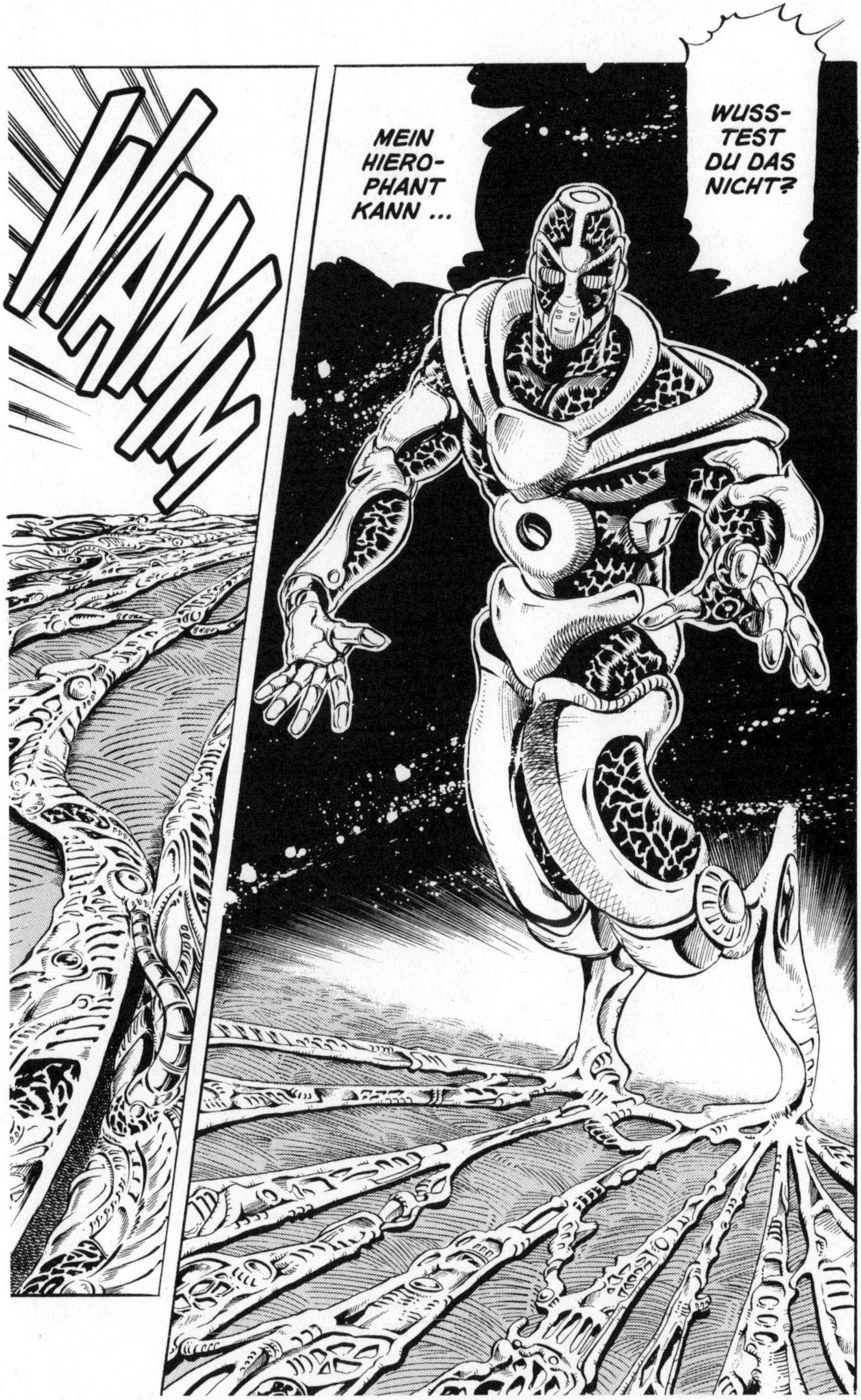
MEIN HIERO-PHANT KANN …
WUSS-TEST DU DAS NICHT?
WAMM

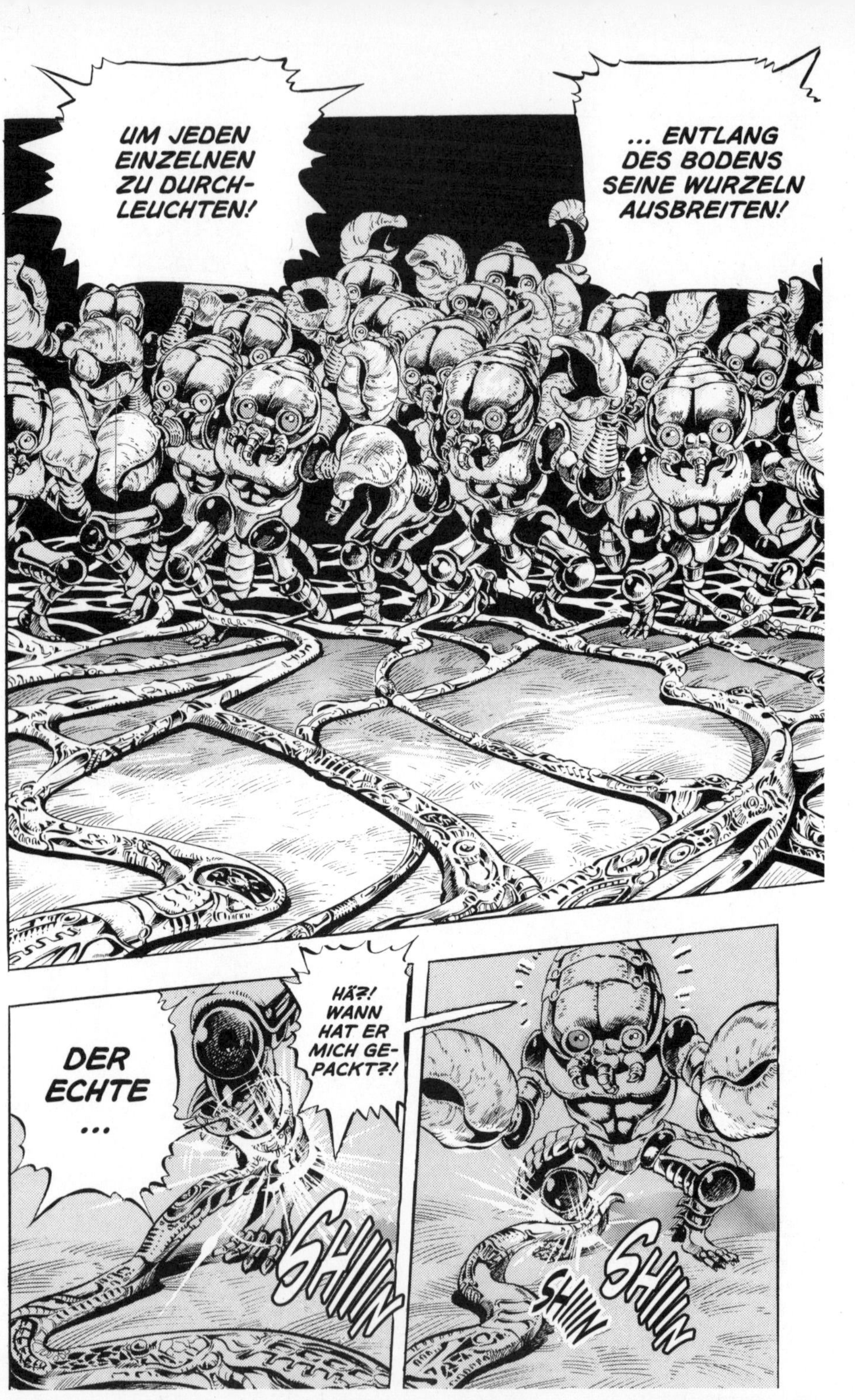
... ENTLANG DES BODENS SEINE WURZELN AUSBREITEN!
UM JEDEN EINZELNEN ZU DURCH-LEUCHTEN!
HÄ?! WANN HAT ER MICH GE-PACKT?!
SHUUN
SHUUN
DER ECHTE ...
SHUUN

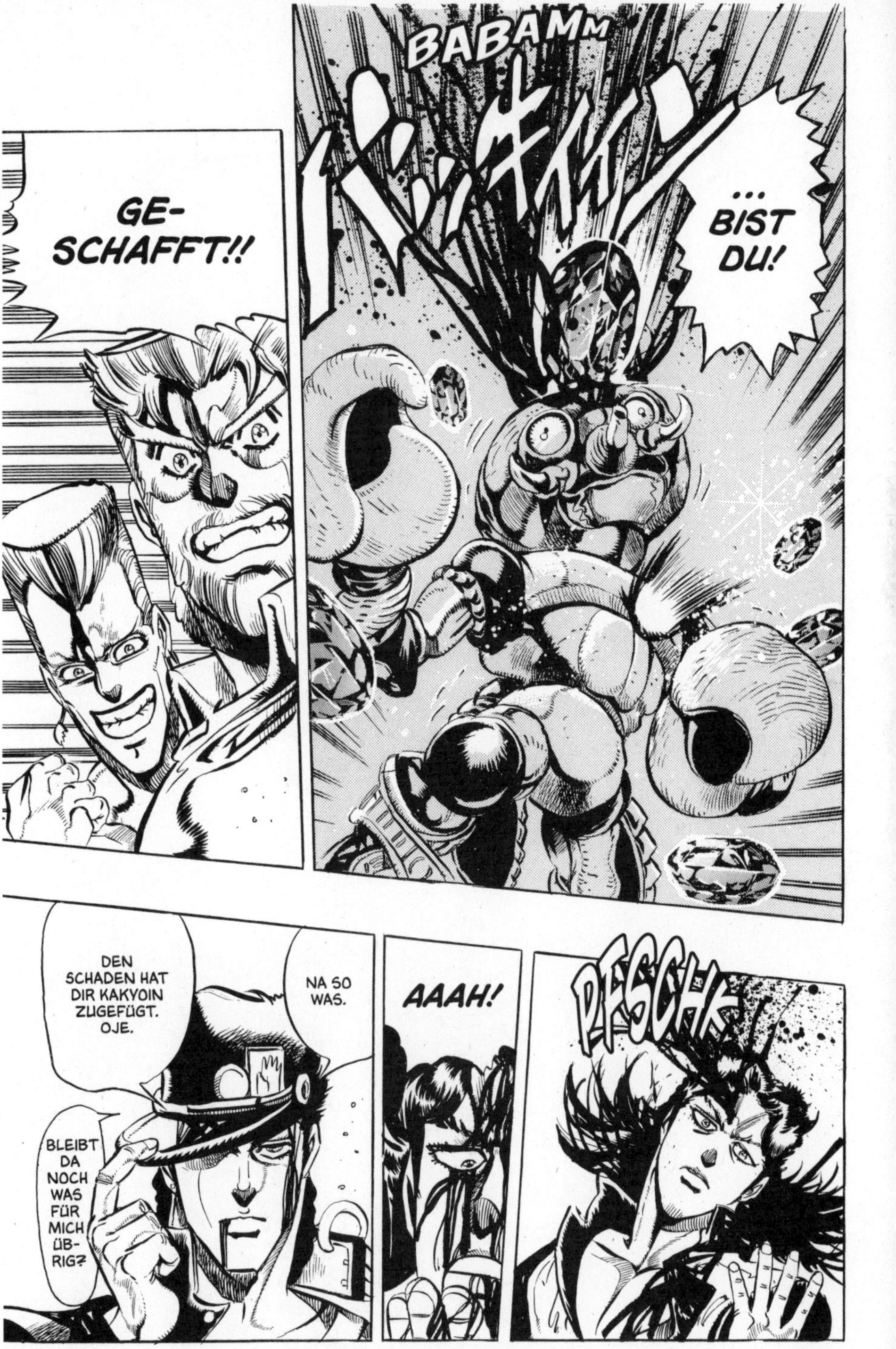
BABAMM
... BIST DU!
GE-SCHAFFT!!
DESCHK
AAAH!
NA SO WAS.
DEN SCHADEN HAT DIR KAKYOIN ZUGEFÜGT. OJE.
BLEIBT DA NOCH WAS FÜR MICH ÜB-RIG?

JOJO'S BIZARRE ADVENTURE PART 3
STARDUST CRUSADERS

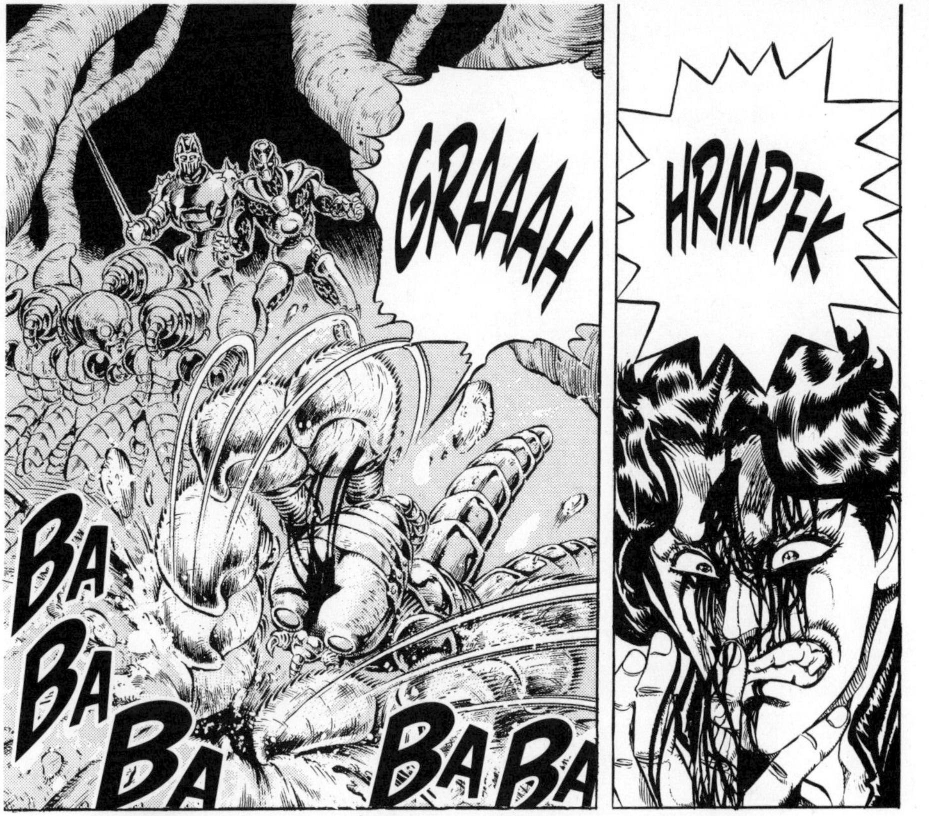

Die Liebenden: Teil 6

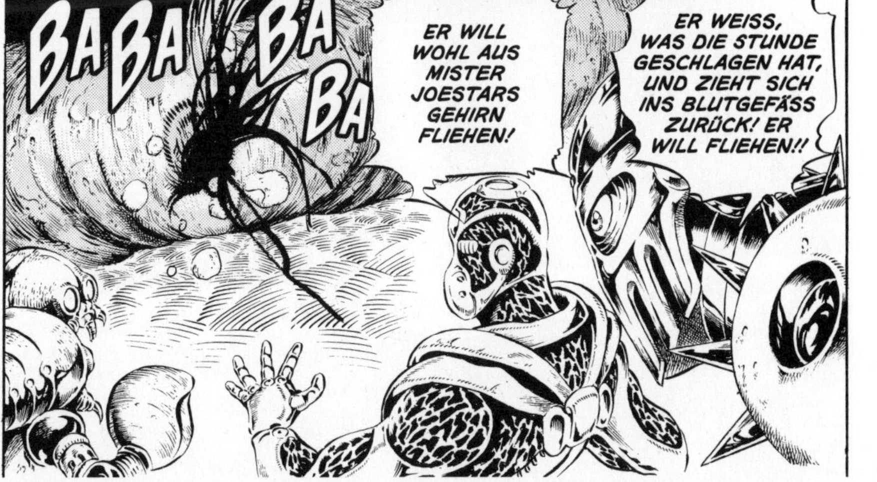

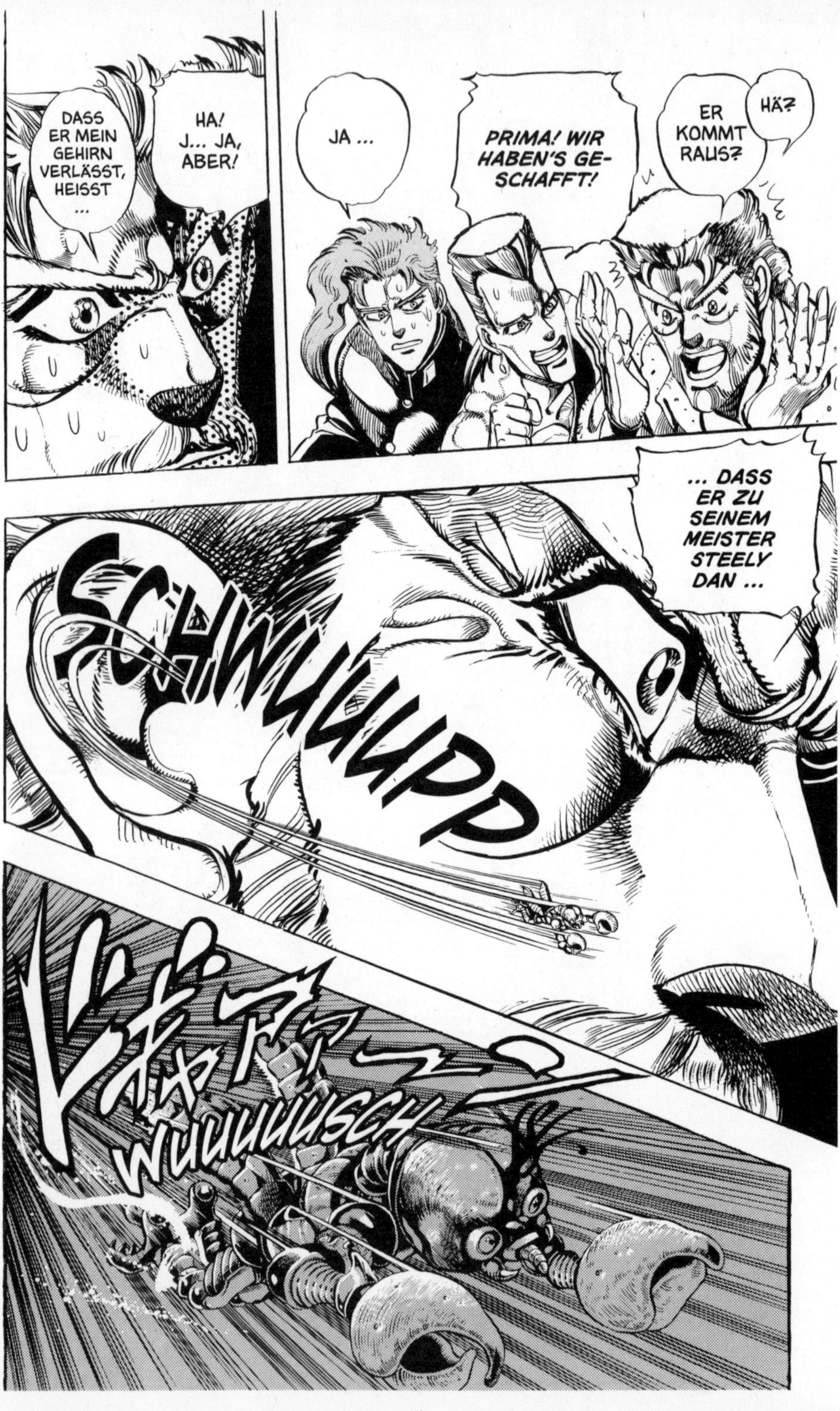

HÄ?
ER KOMMT RAUS?
PRIMA! WIR HABEN'S GE-SCHAFFT!
JA ...
HA! J... JA, ABER!
DASS ER MEIN GEHIRN VERLÄSST, HEISST ...
... DASS ER ZU SEINEM MEISTER STEELY DAN ...
SCHWUUUPP
WUUUUUSCH

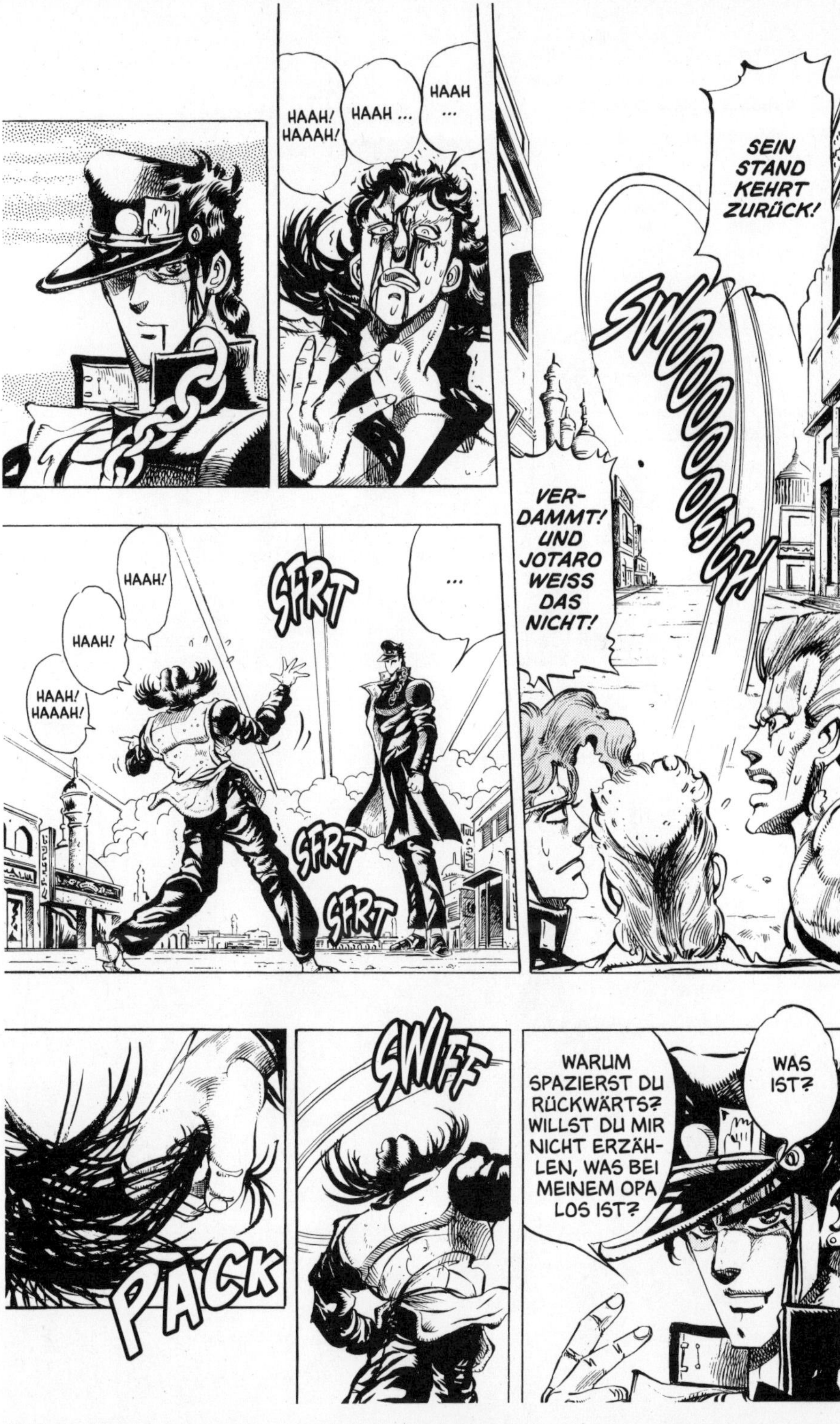
SEIN STAND KEHRT ZURÜCK!
SWOOOOOOSCH
HAAH ...
HAAH ...
HAAH! HAAAH!
VER-DAMMT! UND JOTARO WEISS DAS NICHT!
...
SFRT
HAAH!
HAAH!
HAAH! HAAAH!
SFRT
SFRT
WAS IST?
WARUM SPAZIERST DU RÜCKWÄRTS? WILLST DU MIR NICHT ERZÄHLEN, WAS BEI MEINEM OPA LOS IST?
SWIFF
PACK

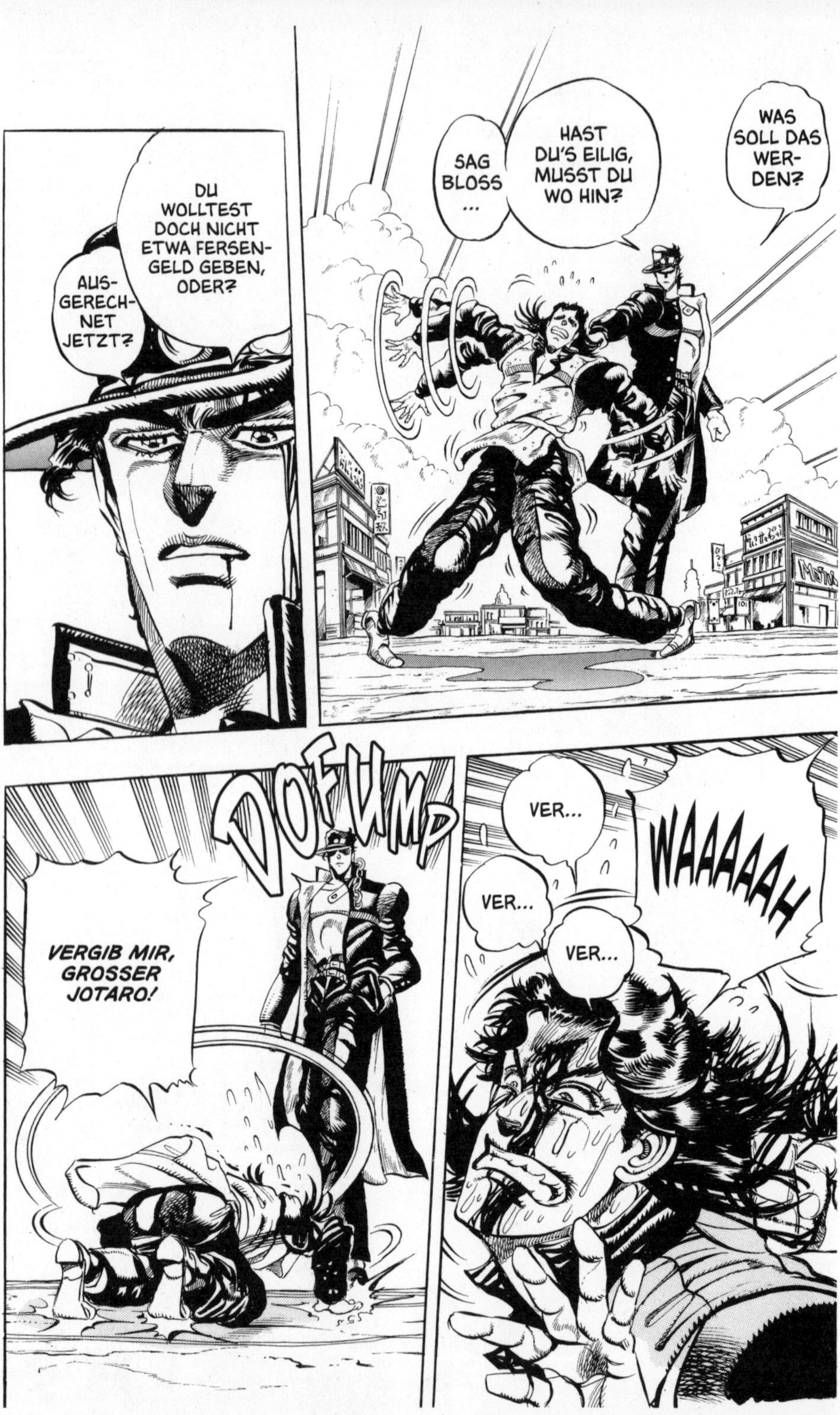

WAS SOLL DAS WERDEN?
HAST DU'S EILIG, MUSST DU WO HIN?
SAG BLOSS ...
DU WOLLTEST DOCH NICHT ETWA FERSENGELD GEBEN, ODER?
AUSGERECHNET JETZT?
VER...
VER...
VER...
WAAAAAH
DOFUMP
VERGIB MIR, GROSSER JOTARO!

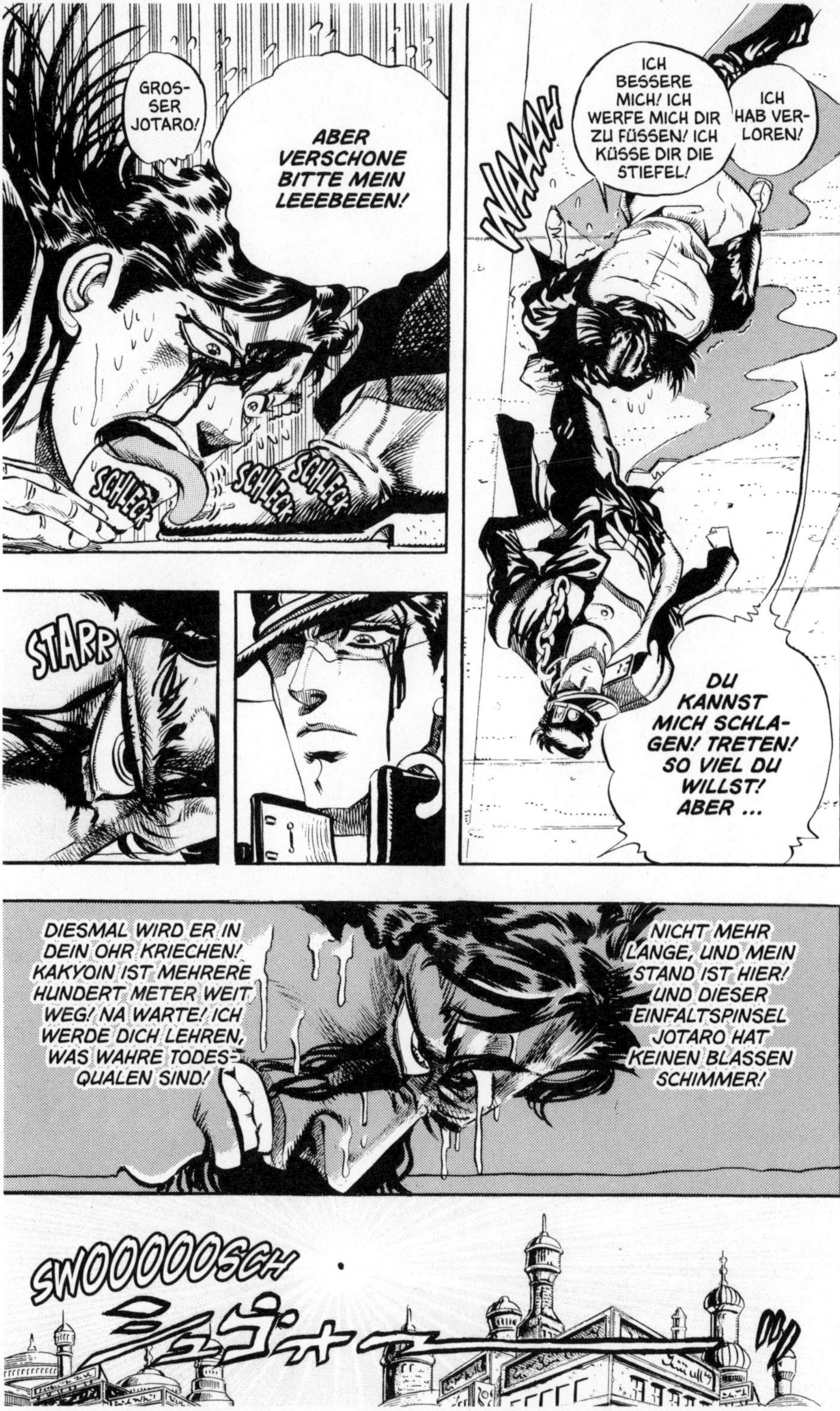
ICH HAB VERLOREN!
ICH BESSERE MICH! ICH WERFE MICH DIR ZU FÜSSEN! ICH KÜSSE DIR DIE STIEFEL!
WAAAH
DU KANNST MICH SCHLAGEN! TRETEN! SO VIEL DU WILLST! ABER ...
GROSSER JOTARO!
ABER VERSCHONE BITTE MEIN LEEEBEEEN!
SCHLECK
SCHLECK
SCHLECK
STARR
NICHT MEHR LANGE, UND MEIN STAND IST HIER! UND DIESER EINFALTSPINSEL JOTARO HAT KEINEN BLASSEN SCHIMMER!
DIESMAL WIRD ER IN DEIN OHR KRIECHEN! KAKYOIN IST MEHRERE HUNDERT METER WEIT WEG! NA WARTE! ICH WERDE DICH LEHREN, WAS WAHRE TODESQUALEN SIND!
SWOOOOOSCH

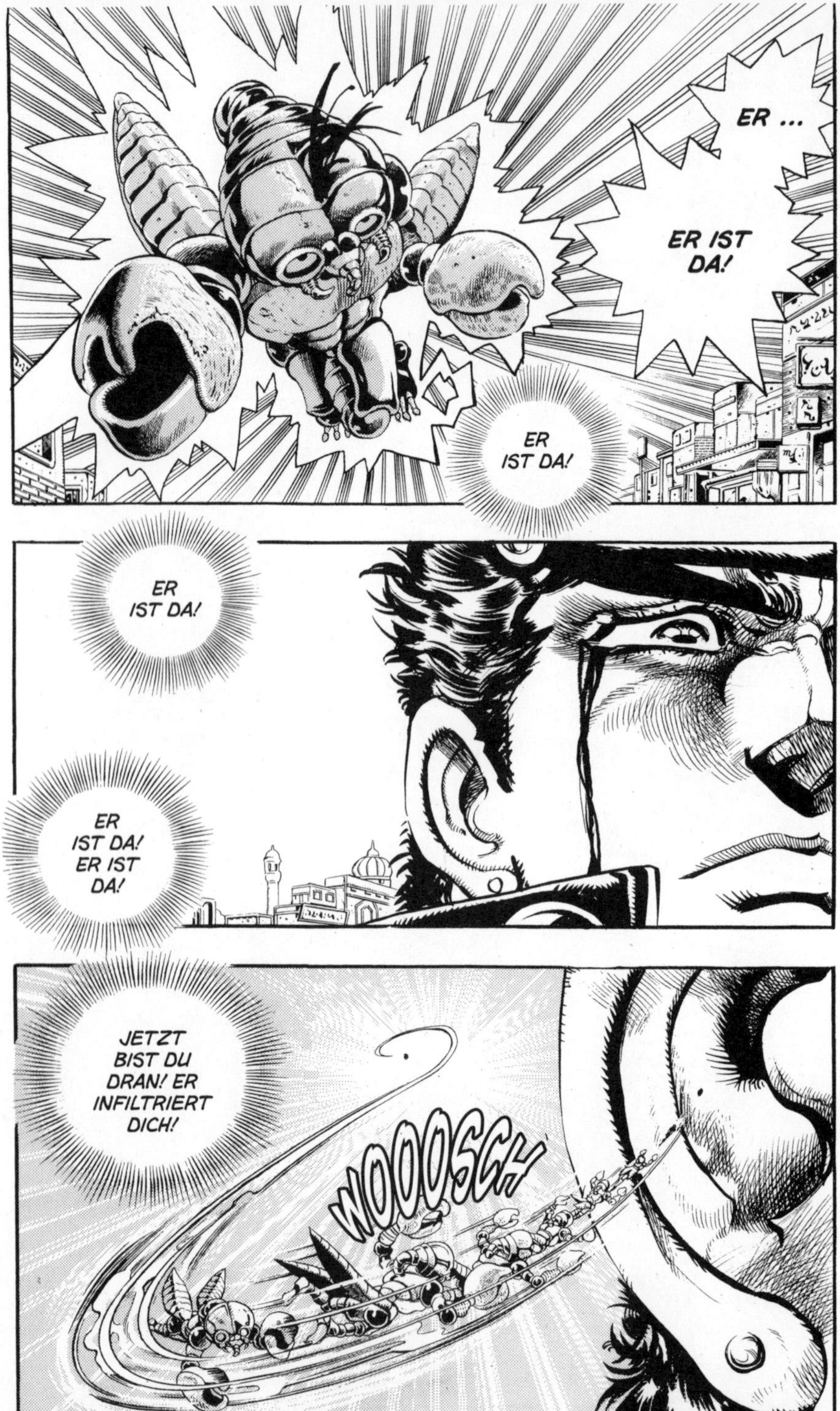
ER ...
ER IST DA!
ER IST DA!
ER IST DA!
ER IST DA! ER IST DA!
JETZT BIST DU DRAN! ER INFILTRIERT DICH!
WOOOSCH

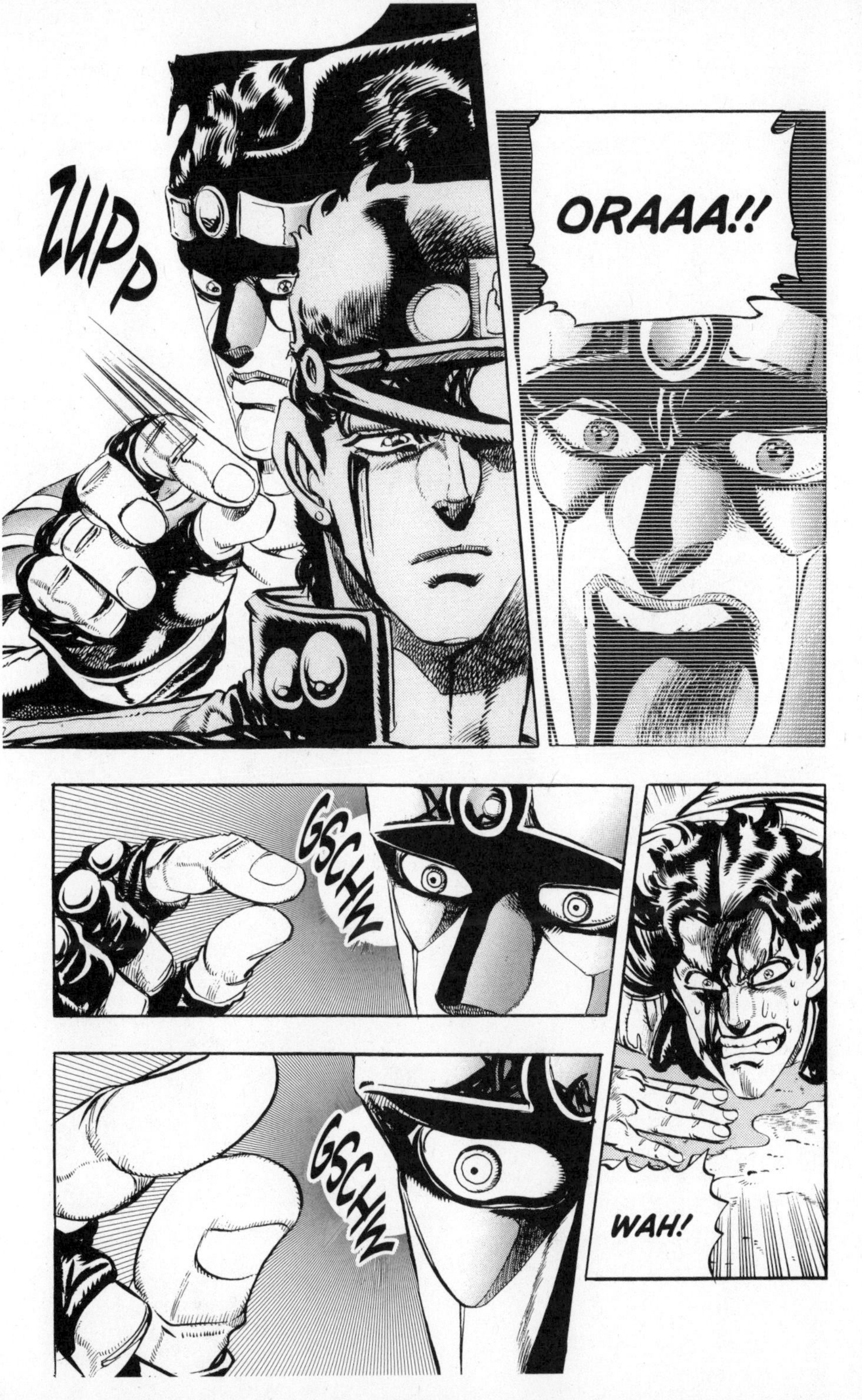
ORAAA!!
ZUPP
WAH!
GSCHW
GSCHW

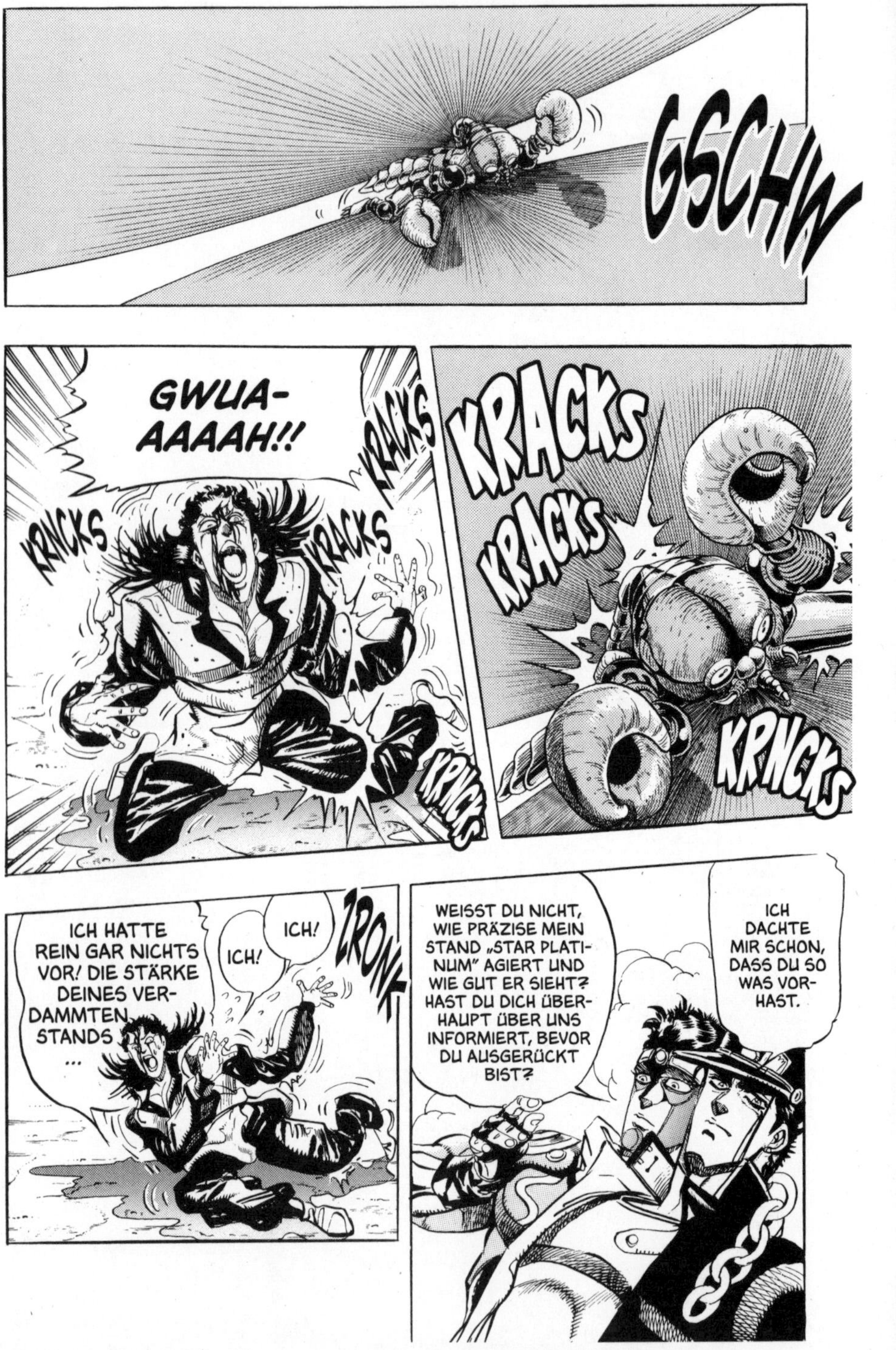
GSCHW
GWUA-AAAAH!!
KRACKS
KRNCKS
KRACKS
KRNCKS
KRACKS
KRACKS
KRNCKS
ICH DACHTE MIR SCHON, DASS DU SO WAS VORHAST.
WEISST DU NICHT, WIE PRÄZISE MEIN STAND „STAR PLATINUM" AGIERT UND WIE GUT ER SIEHT? HAST DU DICH ÜBERHAUPT ÜBER UNS INFORMIERT, BEVOR DU AUSGERÜCKT BIST?
ZRONK
ICH!
ICH!
ICH HATTE REIN GAR NICHTS VOR! DIE STÄRKE DEINES VERDAMMTEN STANDS …

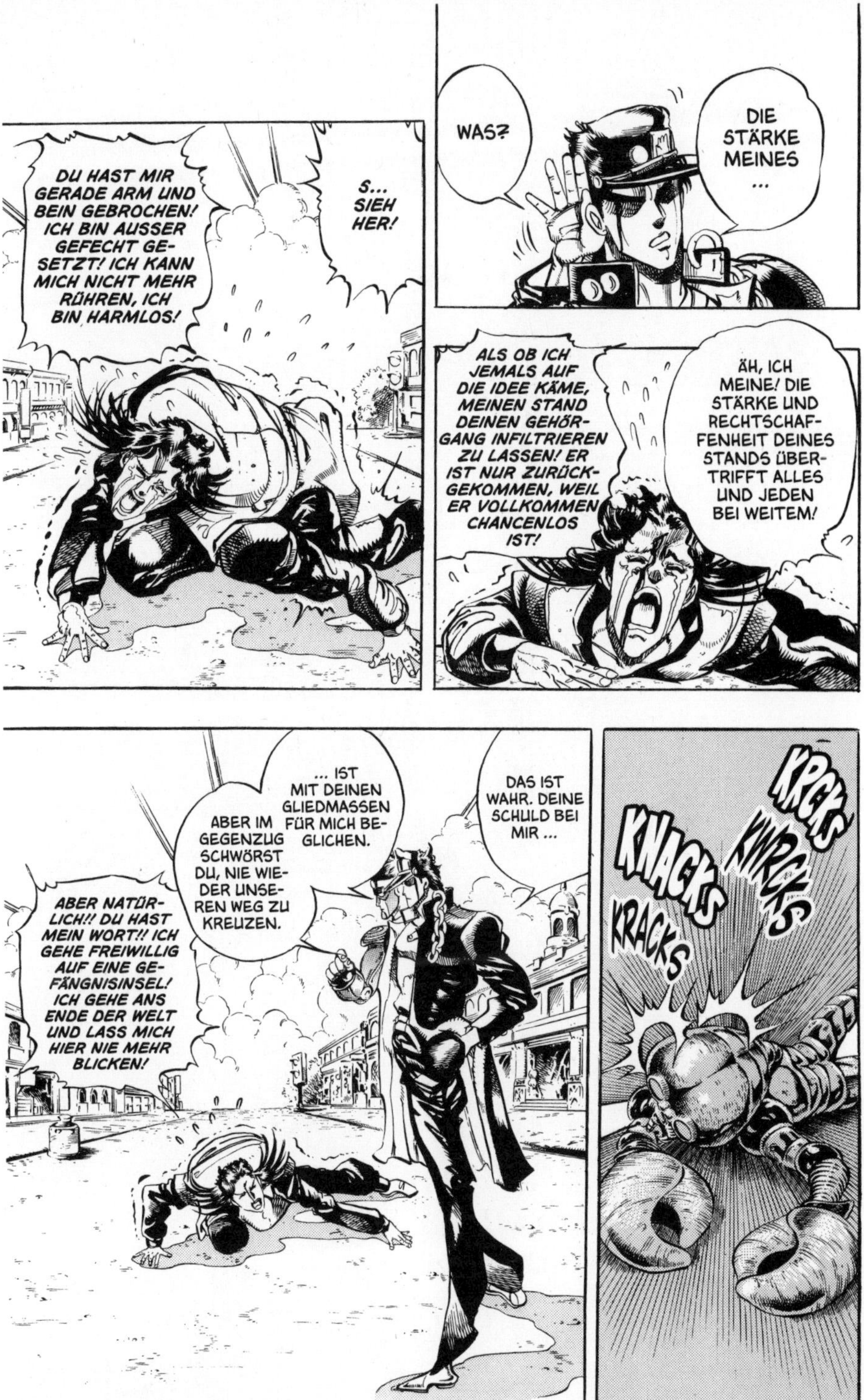

DIE STÄRKE MEINES ...
WAS?
ÄH, ICH MEINE! DIE STÄRKE UND RECHTSCHAFFENHEIT DEINES STANDS ÜBERTRIFFT ALLES UND JEDEN BEI WEITEM!
ALS OB ICH JEMALS AUF DIE IDEE KÄME, MEINEN STAND DEINEN GEHÖRGANG INFILTRIEREN ZU LASSEN! ER IST NUR ZURÜCKGEKOMMEN, WEIL ER VOLLKOMMEN CHANCENLOS IST!
S... SIEH HER!
DU HAST MIR GERADE ARM UND BEIN GEBROCHEN! ICH BIN AUSSER GEFECHT GESETZT! ICH KANN MICH NICHT MEHR RÜHREN, ICH BIN HARMLOS!
KRCKS
KWRCKS
KNACKS
KRACKS
DAS IST WAHR. DEINE SCHULD BEI MIR ...
... IST MIT DEINEN GLIEDMASSEN FÜR MICH BEGLICHEN.
ABER IM GEGENZUG SCHWÖRST DU, NIE WIEDER UNSEREN WEG ZU KREUZEN.
ABER NATÜRLICH!! DU HAST MEIN WORT!! ICH GEHE FREIWILLIG AUF EINE GEFÄNGNISINSEL! ICH GEHE ANS ENDE DER WELT UND LASS MICH HIER NIE MEHR BLICKEN!

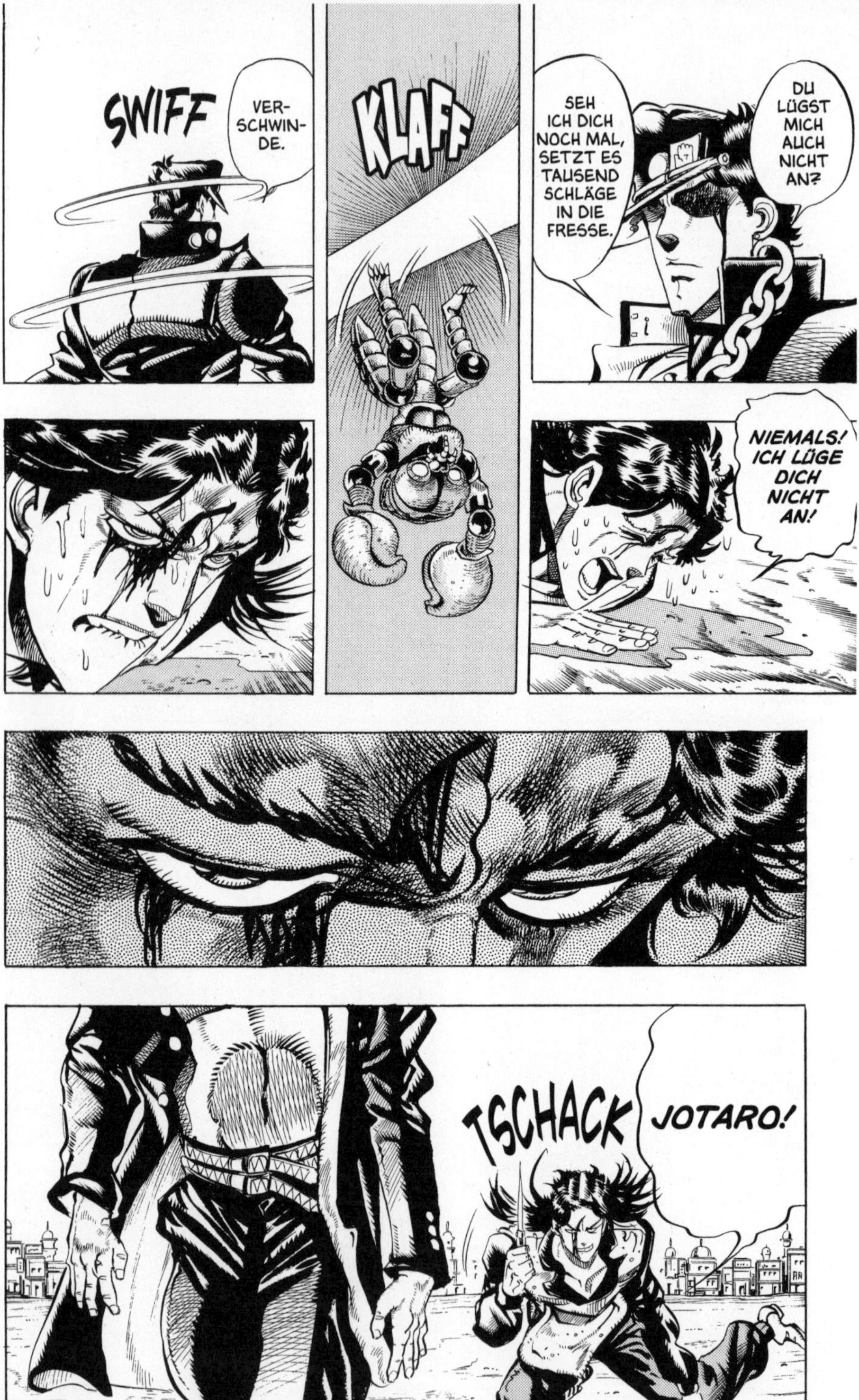
DU LÜGST MICH AUCH NICHT AN?
SEH ICH DICH NOCH MAL, SETZT ES TAUSEND SCHLÄGE IN DIE FRESSE.
NIEMALS! ICH LÜGE DICH NICHT AN!
KLAFF
SWIFF
VER-SCHWIN-DE.
JOTARO!
TSCHACK

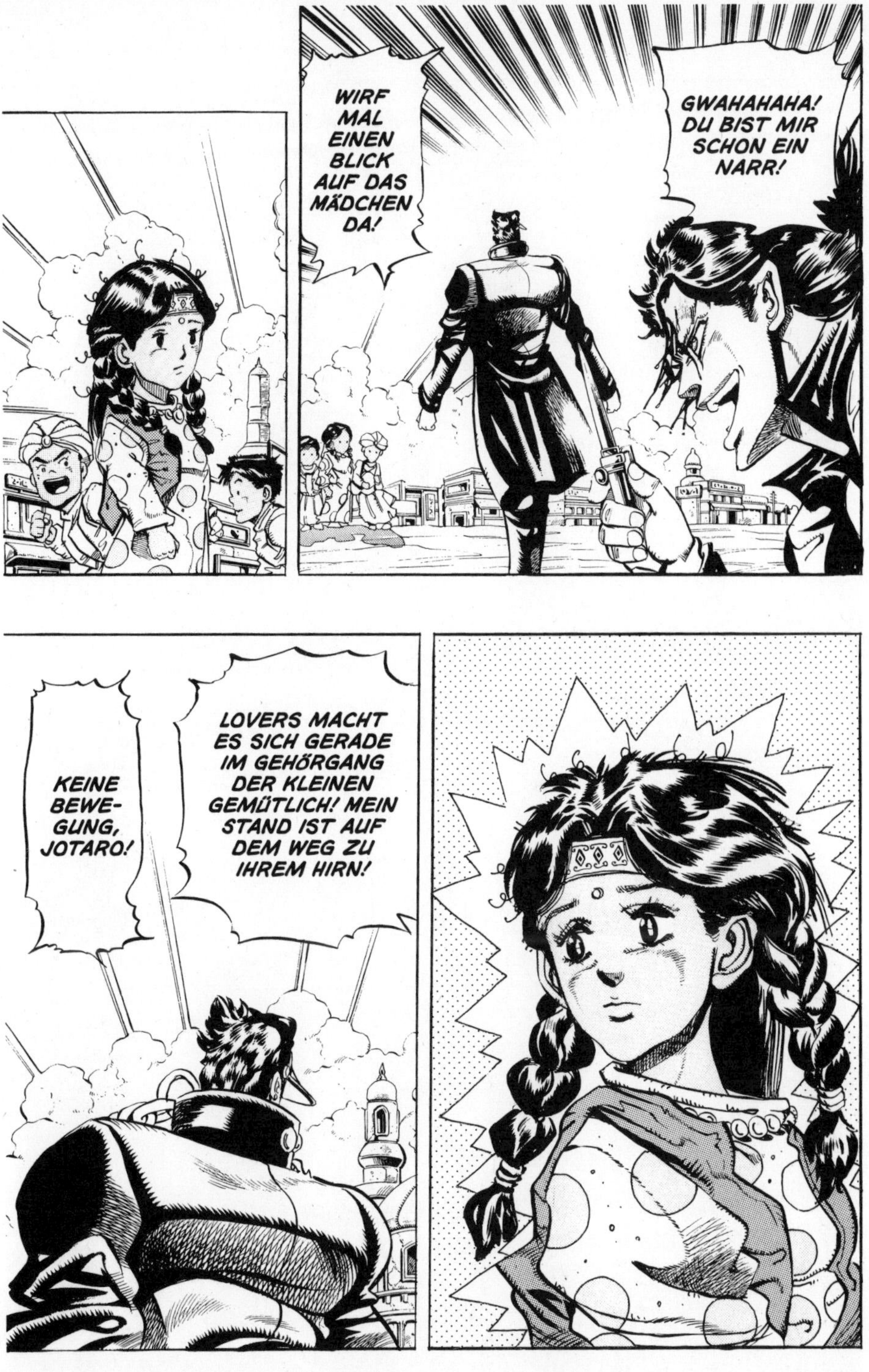
GWAHAHAHA! DU BIST MIR SCHON EIN NARR!
WIRF MAL EINEN BLICK AUF DAS MÄDCHEN DA!
LOVERS MACHT ES SICH GERADE IM GEHÖRGANG DER KLEINEN GEMÜTLICH! MEIN STAND IST AUF DEM WEG ZU IHREM HIRN!
KEINE BEWE-GUNG, JOTARO!

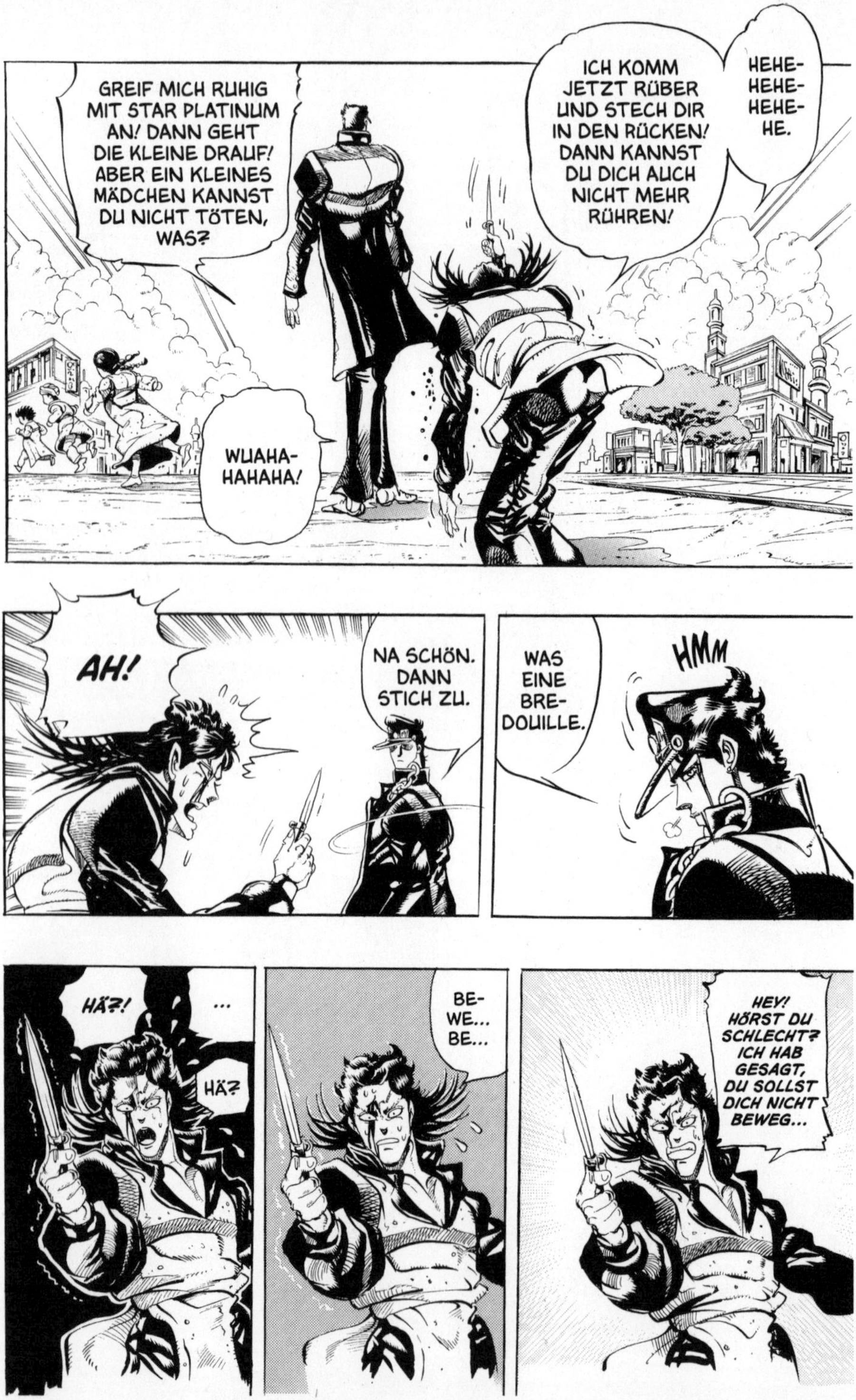
HEHE-HEHE-HEHE-HE.
ICH KOMM JETZT RÜBER UND STECH DIR IN DEN RÜCKEN! DANN KANNST DU DICH AUCH NICHT MEHR RÜHREN!
GREIF MICH RUHIG MIT STAR PLATINUM AN! DANN GEHT DIE KLEINE DRAUF! ABER EIN KLEINES MÄDCHEN KANNST DU NICHT TÖTEN, WAS?
WUAHA-HAHAHA!
HMM
WAS EINE BRE-DOUILLE.
NA SCHÖN. DANN STICH ZU.
AH!
HEY! HÖRST DU SCHLECHT? ICH HAB GESAGT, DU SOLLST DICH NICHT BEWEG...
BE-WE... BE...
HÄ?!
...
HÄ?

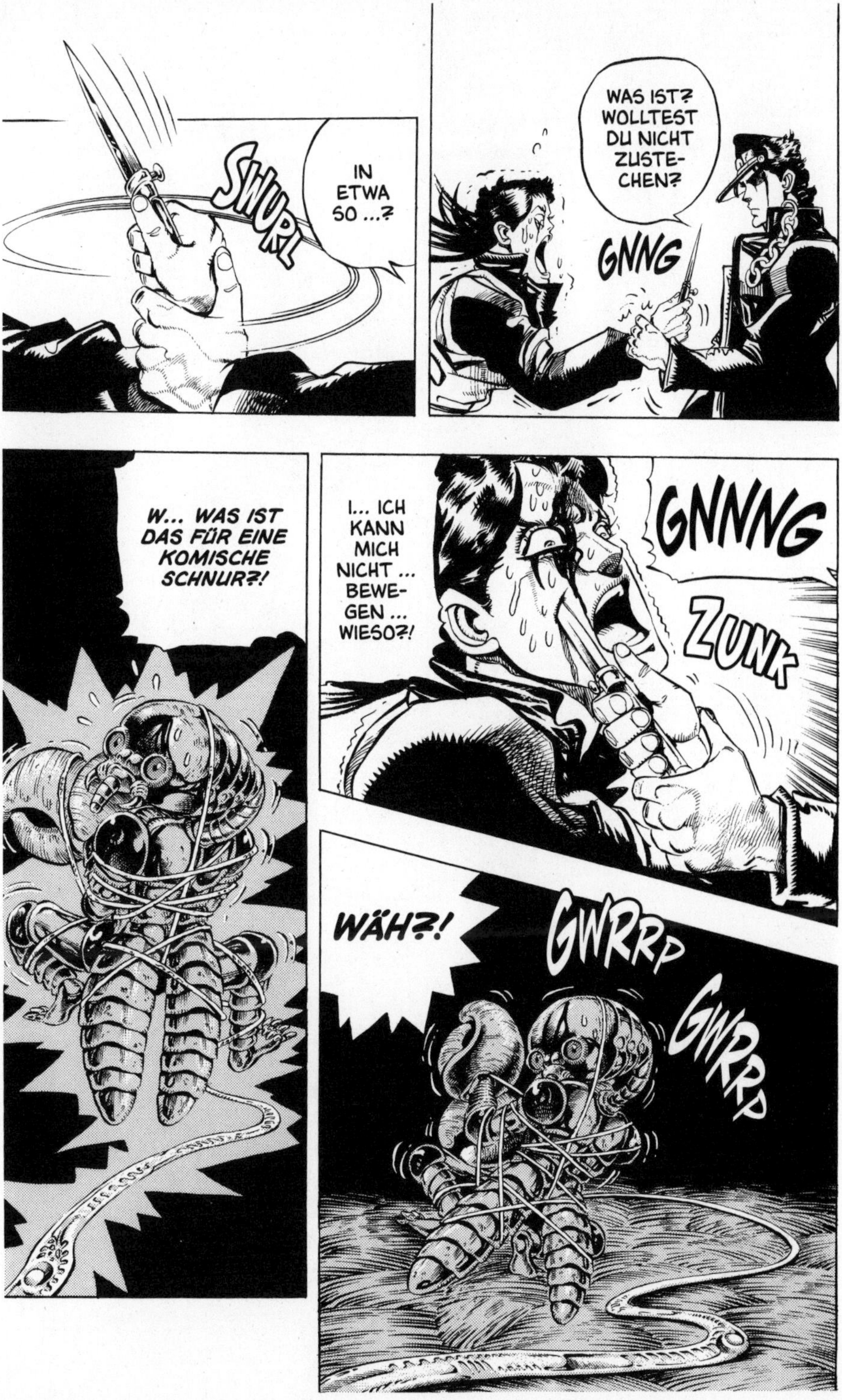
WAS IST? WOLLTEST DU NICHT ZUSTECHEN?
GNNG
IN ETWA SO ...?
SWURL
GNNNG
ZUNK
I... ICH KANN MICH NICHT ... BEWEGEN ... WIESO?!
WÄH?!
GWRRP
GWRRP
W... WAS IST DAS FÜR EINE KOMISCHE SCHNUR?!

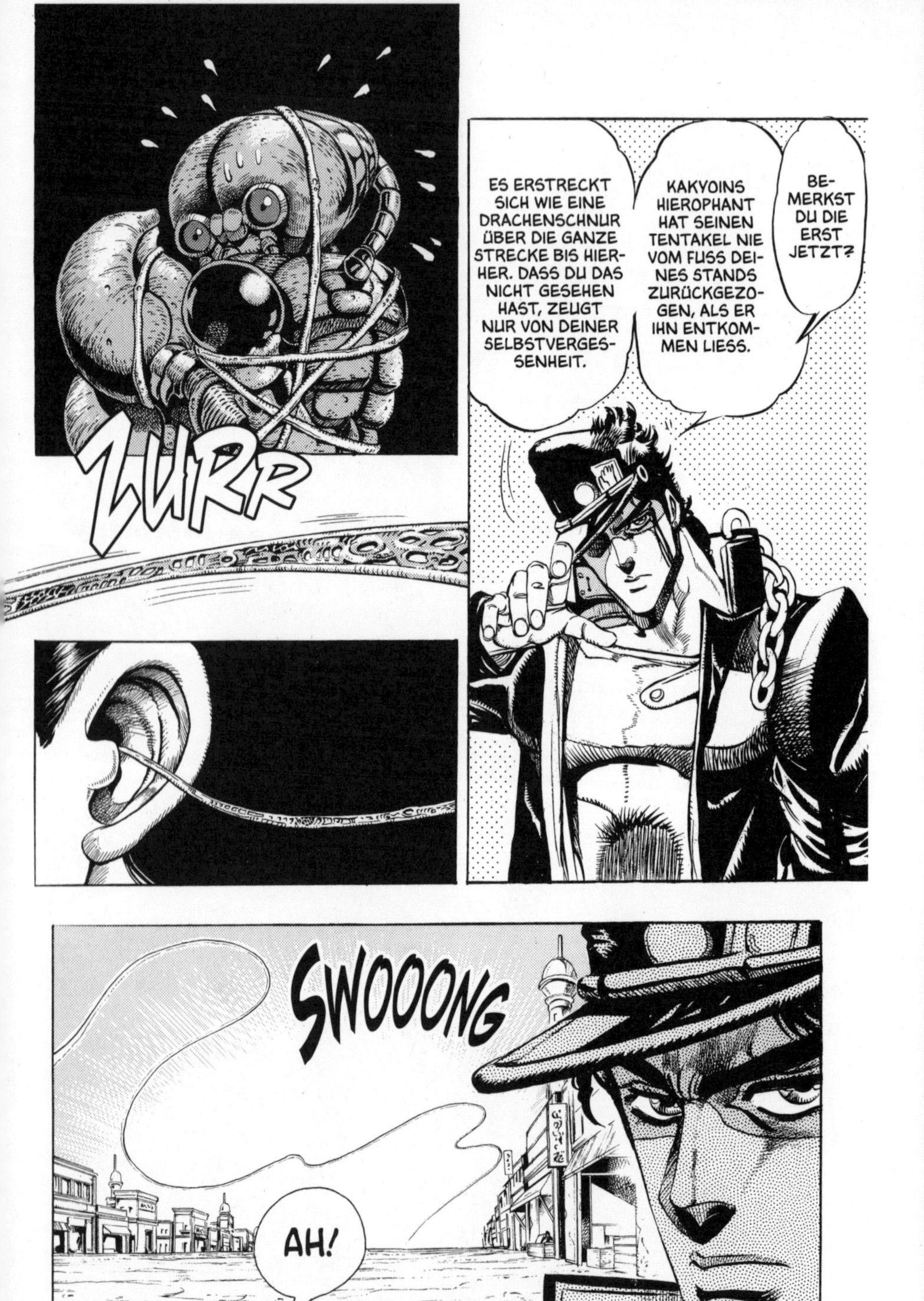
BE-
MERKST
DU DIE
ERST
JETZT?
KAKYOINS
HIEROPHANT
HAT SEINEN
TENTAKEL NIE
VOM FUSS DEI-
NES STANDS
ZURÜCKGEZO-
GEN, ALS ER
IHN ENTKOM-
MEN LIESS.
ES ERSTRECKT
SICH WIE EINE
DRACHENSCHNUR
ÜBER DIE GANZE
STRECKE BIS HIER-
HER. DASS DU DAS
NICHT GESEHEN
HAST, ZEUGT
NUR VON DEINER
SELBSTVERGES-
SENHEIT.
ZURR
SWOOONG
AH!

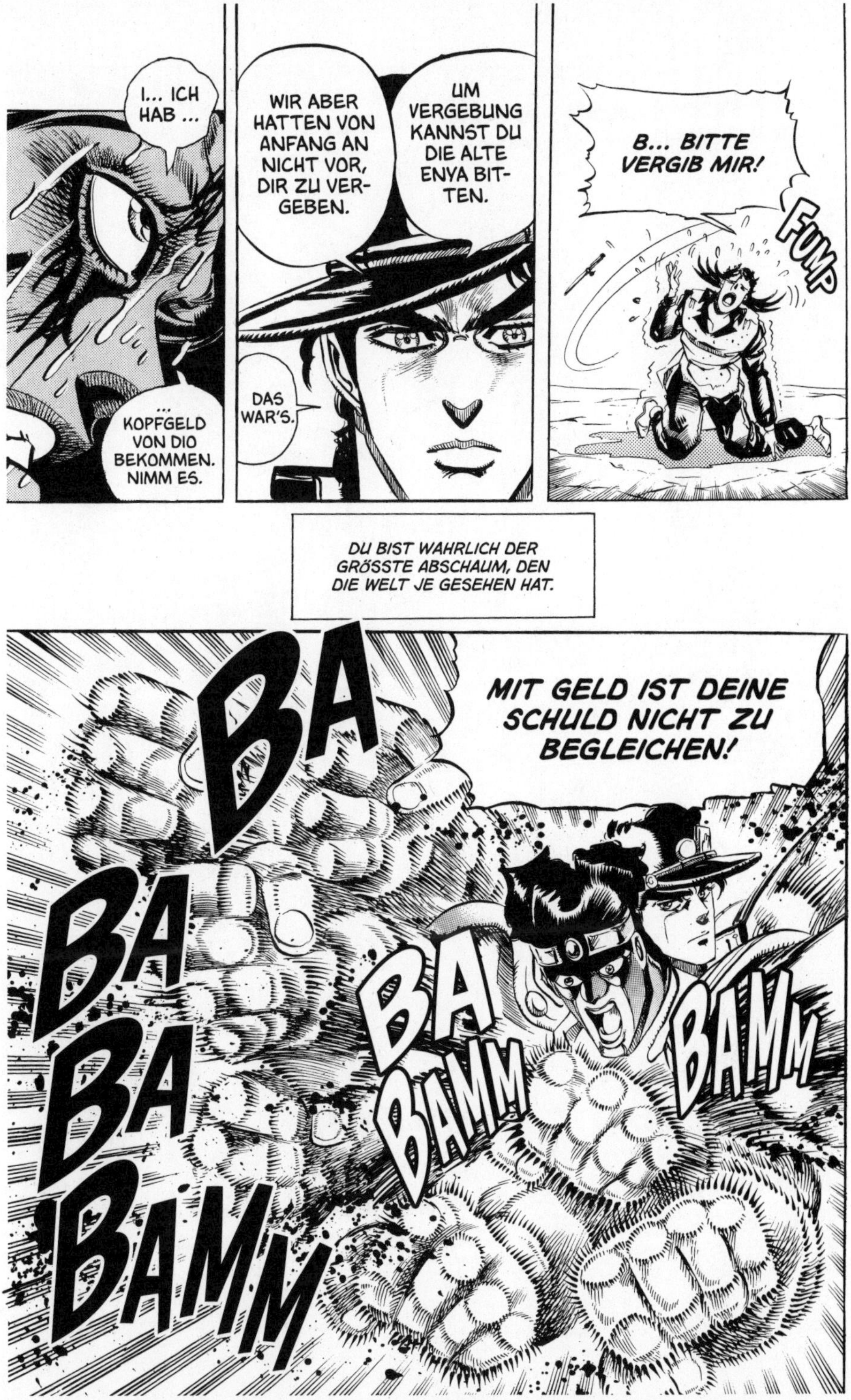
B... BITTE VERGIB MIR!
FUMP
UM VERGEBUNG KANNST DU DIE ALTE ENYA BITTEN.
WIR ABER HATTEN VON ANFANG AN NICHT VOR, DIR ZU VERGEBEN.
DAS WAR'S.
I... ICH HAB ...
... KOPFGELD VON DIO BEKOMMEN. NIMM ES.
DU BIST WAHRLICH DER GRÖSSTE ABSCHAUM, DEN DIE WELT JE GESEHEN HAT.
MIT GELD IST DEINE SCHULD NICHT ZU BEGLEICHEN!
BA
BA BA BA BAMM
BA BAMM
BAMM

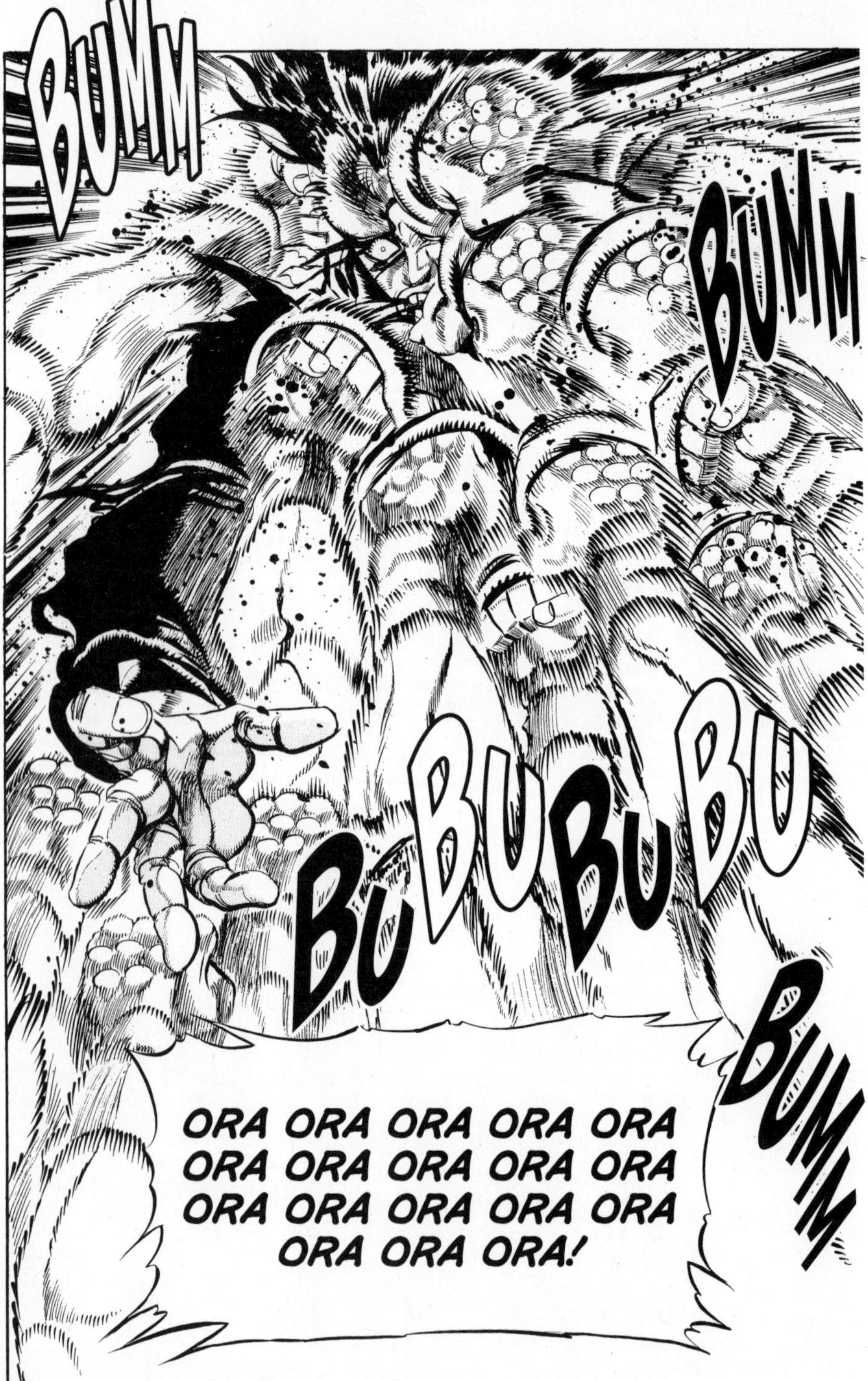
BUMM
BUMM
BU BU BU BU BU
BUMM
ORA ORA ORA ORA ORA
ORA ORA ORA ORA ORA
ORA ORA ORA ORA ORA
ORA ORA ORA!

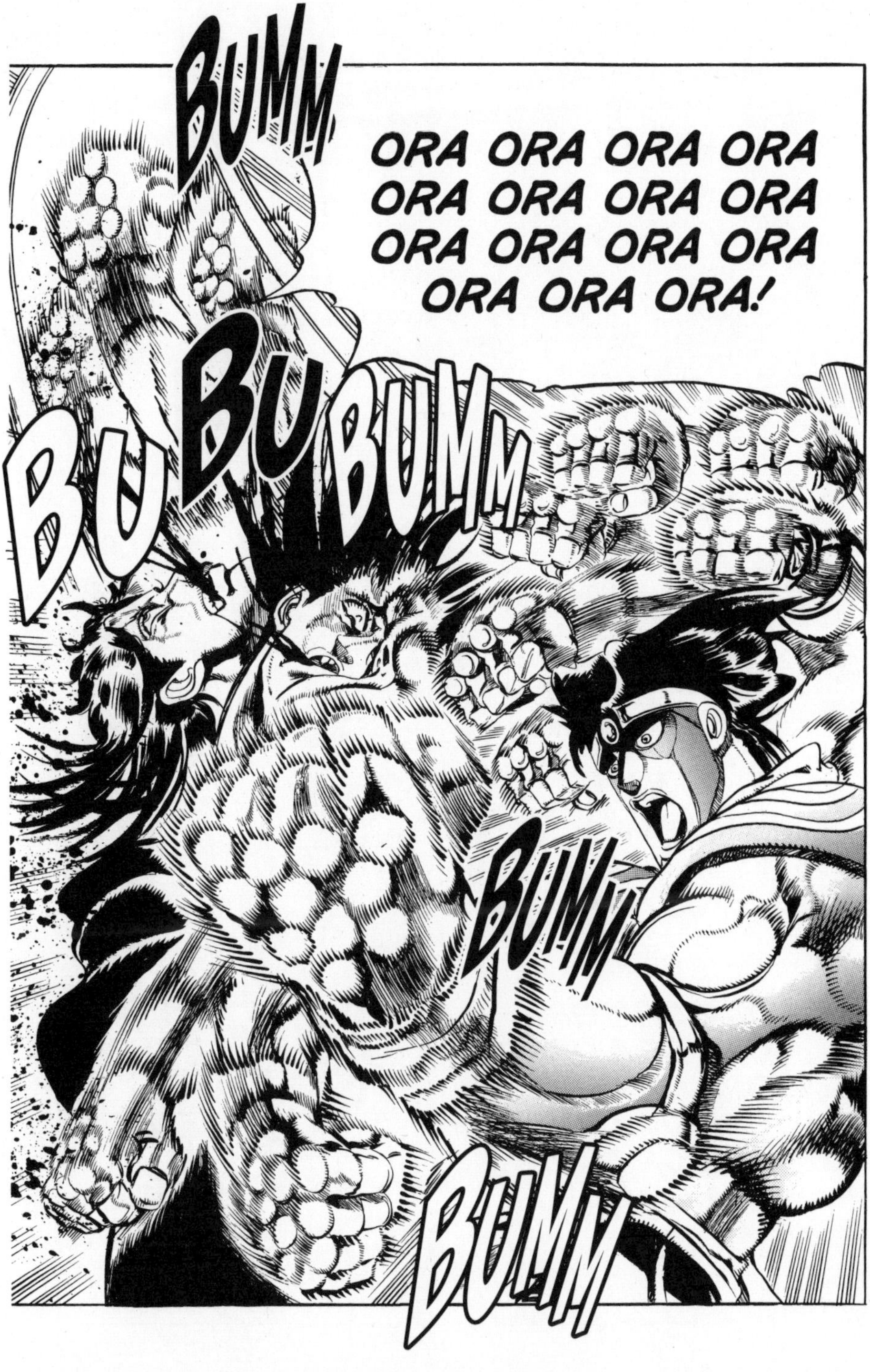

BUMM
ORA ORA ORA ORA
ORA ORA ORA ORA
ORA ORA ORA ORA
ORA ORA ORA!
BU BU BUBUMM
BUMM
BUMM

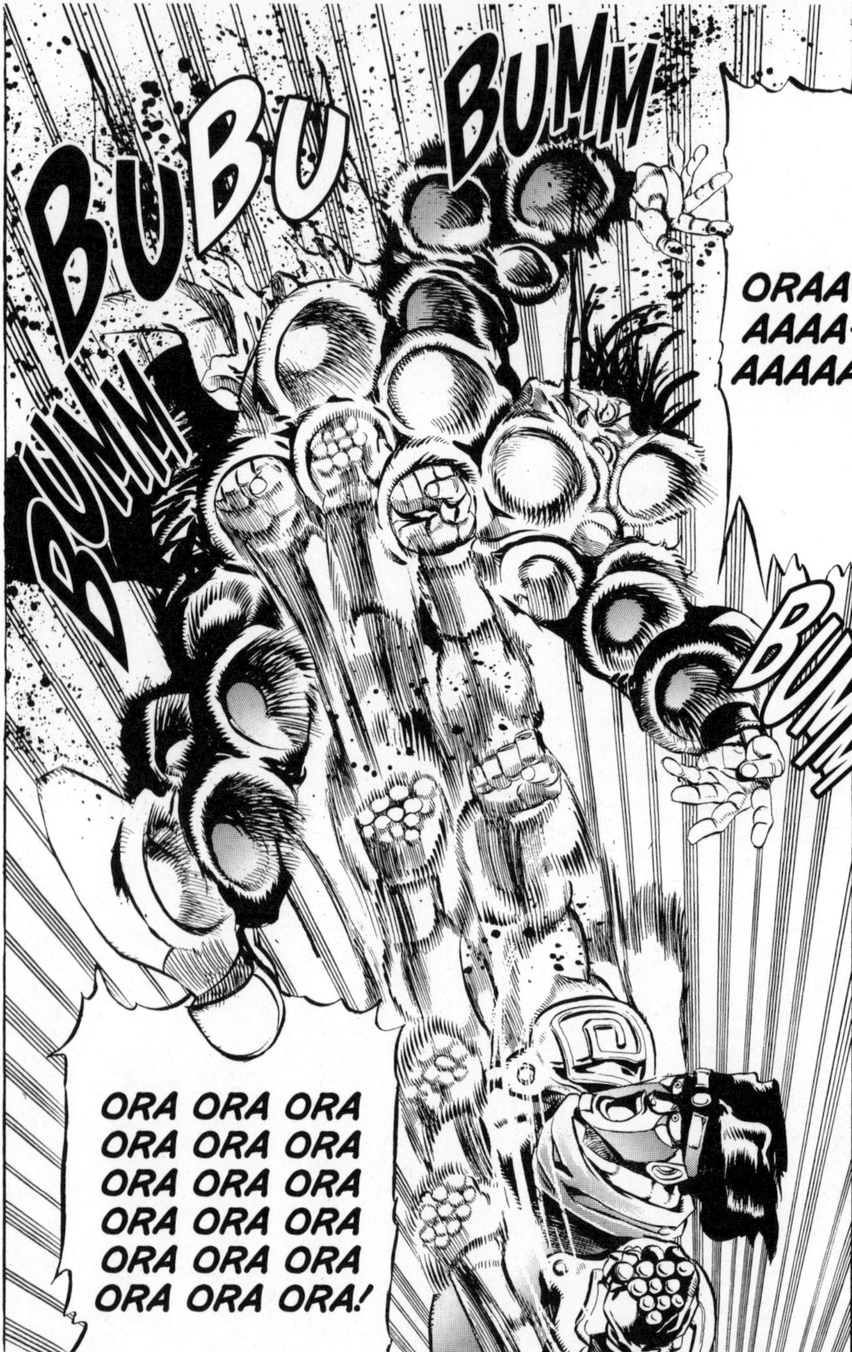
ORAA-
AAAA-
AAAAA!
BUBU BUMM
BUMM
BUMM
ORA ORA ORA
ORA ORA ORA
ORA ORA ORA
ORA ORA ORA
ORA ORA ORA
ORA ORA ORA!

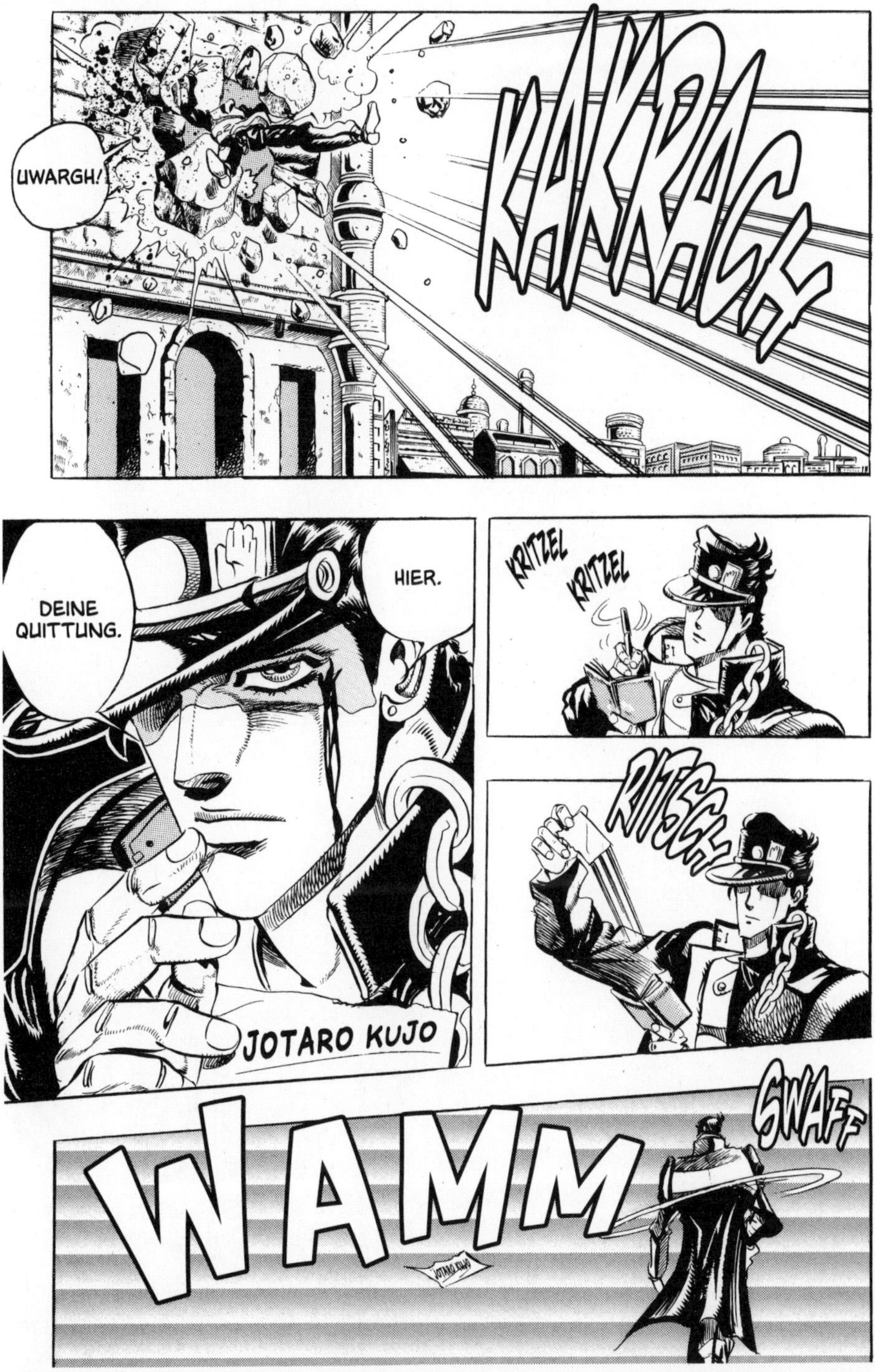
KAKRACH
UWARGH!
KRITZEL
KRITZEL
RITSCH
HIER.
DEINE QUITTUNG.
JOTARO KUJO
SWAFF
WAMM

JOJO'S BIZARRE ADVENTURE PART 3

STARDUST CRUSADERS

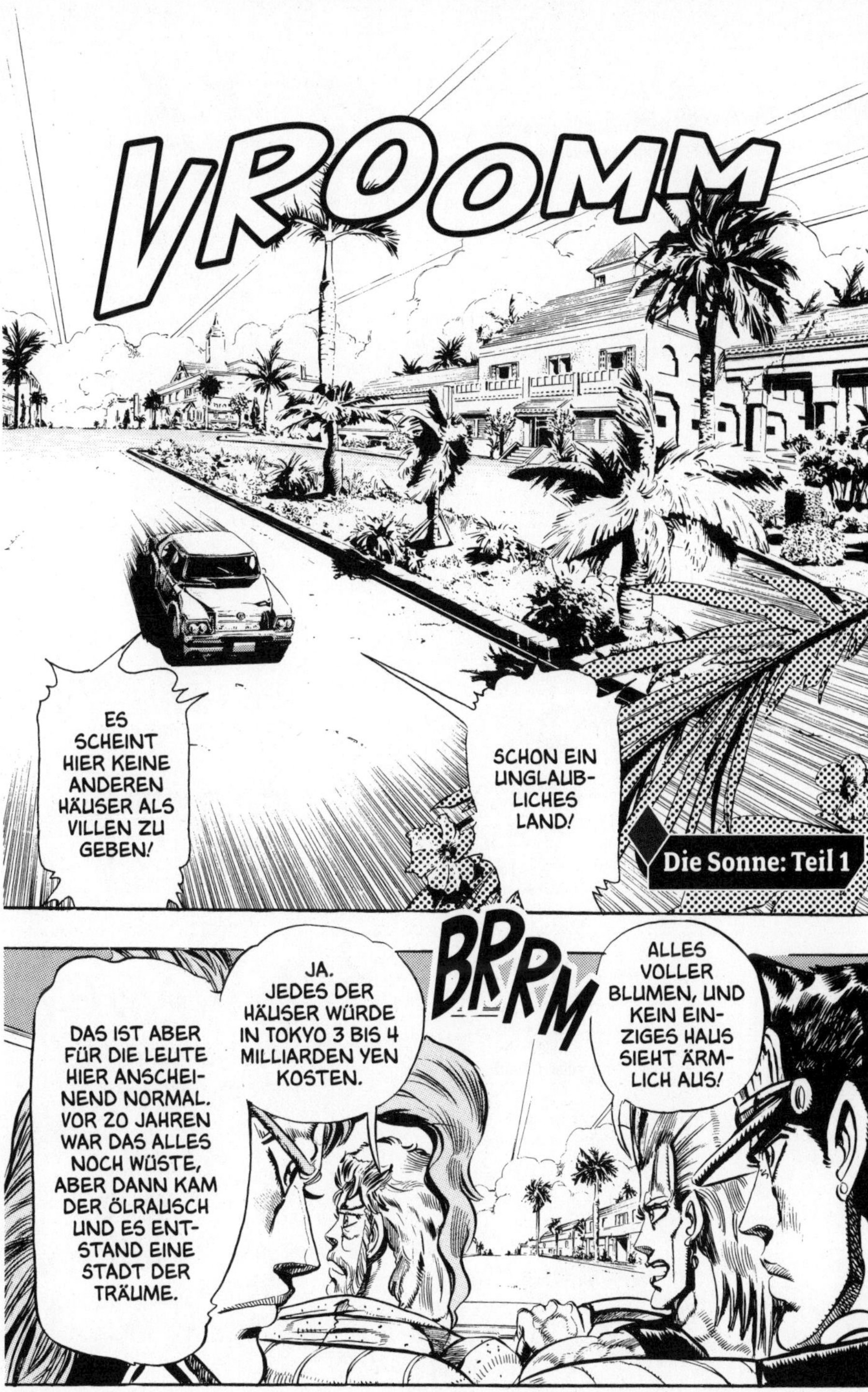
VROOMM
SCHON EIN UNGLAUBLICHES LAND!
ES SCHEINT HIER KEINE ANDEREN HÄUSER ALS VILLEN ZU GEBEN!
Die Sonne: Teil 1
ALLES VOLLER BLUMEN, UND KEIN EINZIGES HAUS SIEHT ÄRMLICH AUS!
BRRRM
JA. JEDES DER HÄUSER WÜRDE IN TOKYO 3 BIS 4 MILLIARDEN YEN KOSTEN.
DAS IST ABER FÜR DIE LEUTE HIER ANSCHEINEND NORMAL. VOR 20 JAHREN WAR DAS ALLES NOCH WÜSTE, ABER DANN KAM DER ÖLRAUSCH UND ES ENTSTAND EINE STADT DER TRÄUME.

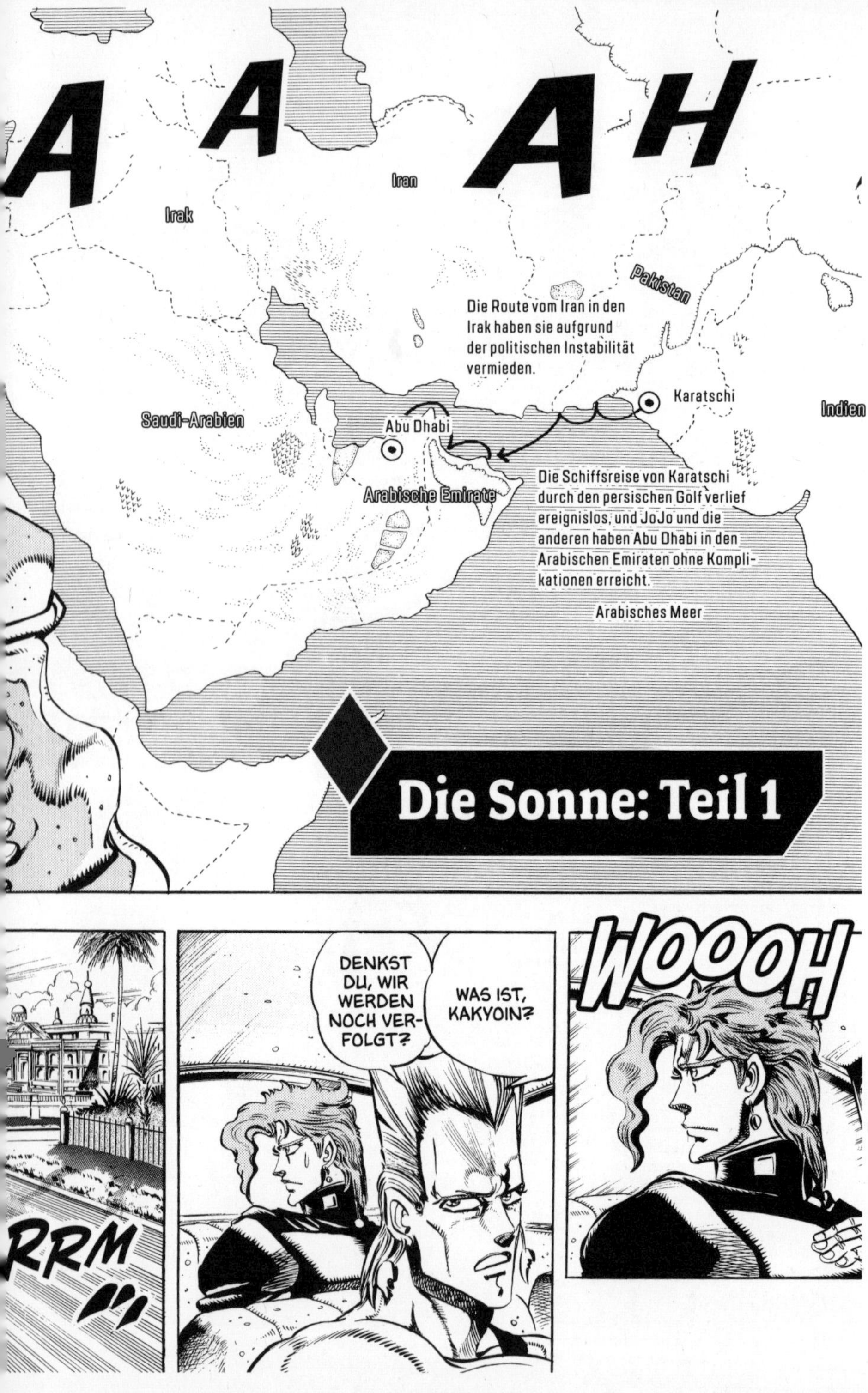
AAAH
Irak
Iran
Pakistan
Die Route vom Iran in den Irak haben sie aufgrund der politischen Instabilität vermieden.
Karatschi
Indien
Saudi-Arabien
Abu Dhabi
Arabische Emirate
Die Schiffsreise von Karatschi durch den persischen Golf verlief ereignislos, und JoJo und die anderen haben Abu Dhabi in den Arabischen Emiraten ohne Komplikationen erreicht.
Arabisches Meer
Die Sonne: Teil 1
RRM
WAS IST, KAKYOIN?
DENKST DU, WIR WERDEN NOCH VERFOLGT?
WOOOH

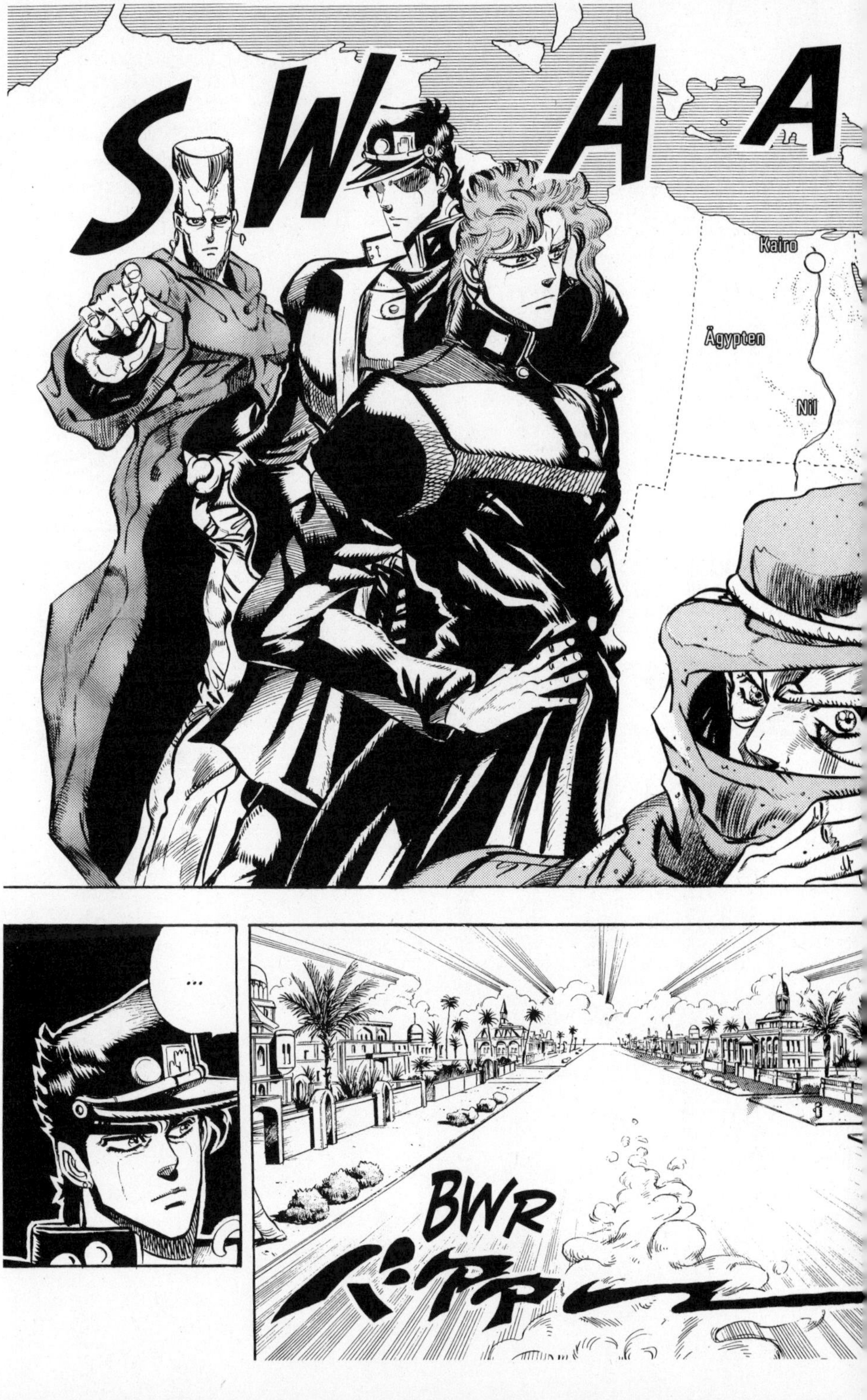

SWAA
Kairo
Ägypten
Nil
BWR
...

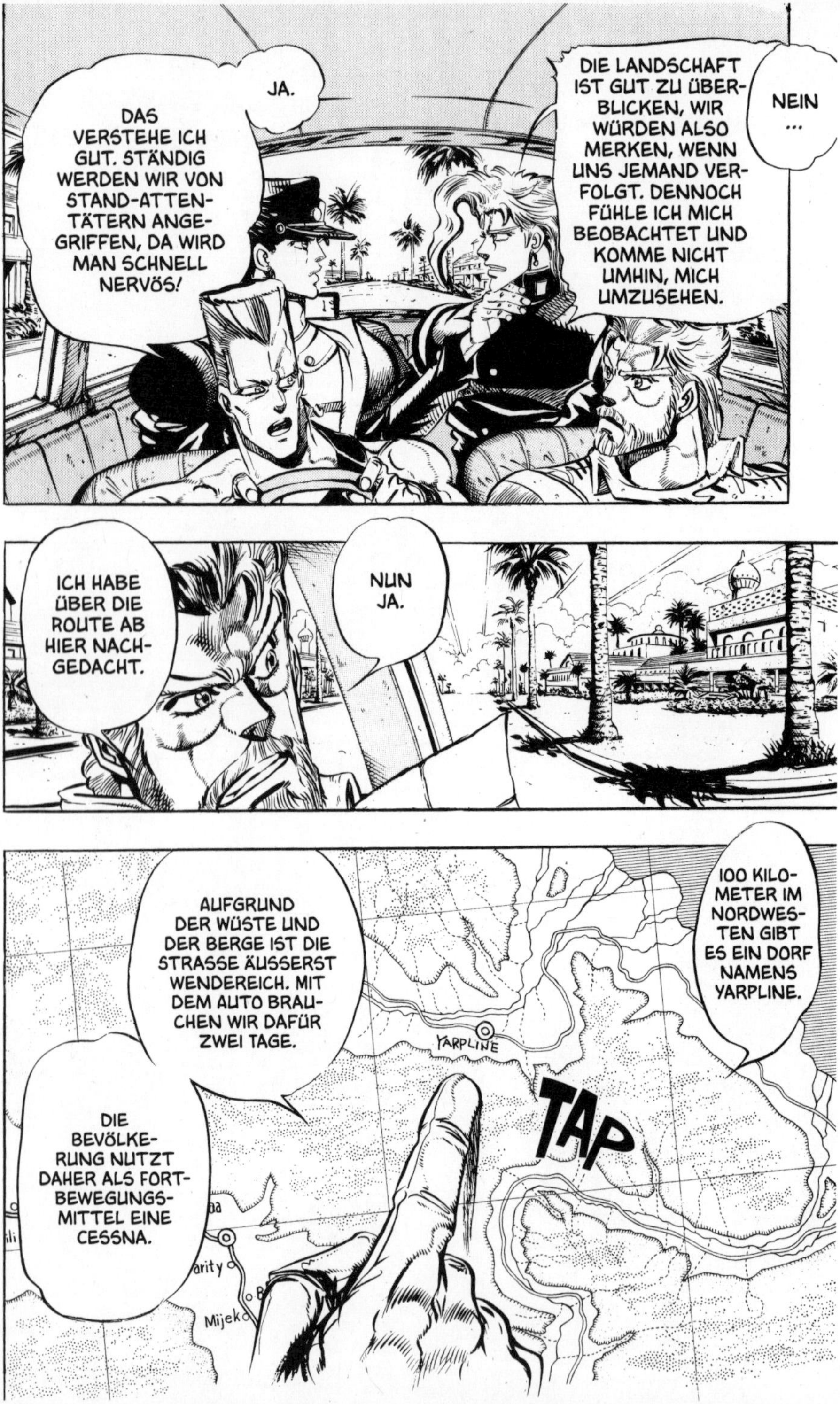
NEIN ...
DIE LANDSCHAFT IST GUT ZU ÜBERBLICKEN, WIR WÜRDEN ALSO MERKEN, WENN UNS JEMAND VERFOLGT. DENNOCH FÜHLE ICH MICH BEOBACHTET UND KOMME NICHT UMHIN, MICH UMZUSEHEN.
JA.
DAS VERSTEHE ICH GUT. STÄNDIG WERDEN WIR VON STAND-ATTENTÄTERN ANGEGRIFFEN, DA WIRD MAN SCHNELL NERVÖS!
NUN JA.
ICH HABE ÜBER DIE ROUTE AB HIER NACHGEDACHT.
100 KILOMETER IM NORDWESTEN GIBT ES EIN DORF NAMENS YARPLINE.
AUFGRUND DER WÜSTE UND DER BERGE IST DIE STRASSE ÄUSSERST WENDEREICH. MIT DEM AUTO BRAUCHEN WIR DAFÜR ZWEI TAGE.
DIE BEVÖLKERUNG NUTZT DAHER ALS FORTBEWEGUNGSMITTEL EINE CESSNA.
YARPLINE
TAP
Mijeko

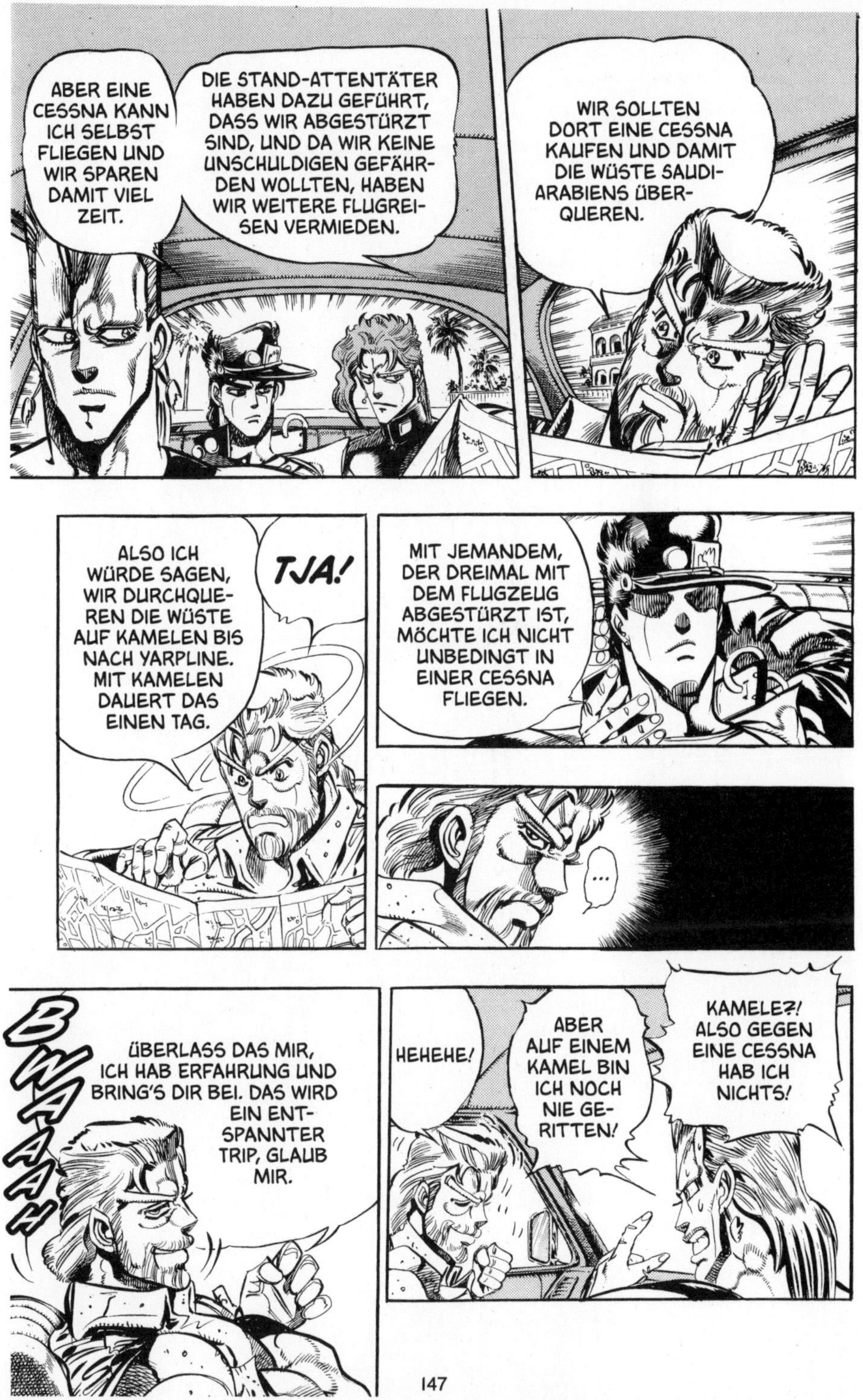
DIE STAND-ATTENTÄTER HABEN DAZU GEFÜHRT, DASS WIR ABGESTÜRZT SIND, UND DA WIR KEINE UNSCHULDIGEN GEFÄHRDEN WOLLTEN, HABEN WIR WEITERE FLUGREISEN VERMIEDEN.
ABER EINE CESSNA KANN ICH SELBST FLIEGEN UND WIR SPAREN DAMIT VIEL ZEIT.
WIR SOLLTEN DORT EINE CESSNA KAUFEN UND DAMIT DIE WÜSTE SAUDI-ARABIENS ÜBERQUEREN.
TJA!
ALSO ICH WÜRDE SAGEN, WIR DURCHQUEREN DIE WÜSTE AUF KAMELEN BIS NACH YARPLINE. MIT KAMELEN DAUERT DAS EINEN TAG.
MIT JEMANDEM, DER DREIMAL MIT DEM FLUGZEUG ABGESTÜRZT IST, MÖCHTE ICH NICHT UNBEDINGT IN EINER CESSNA FLIEGEN.
...
BWAAAAAH
ÜBERLASS DAS MIR, ICH HAB ERFAHRUNG UND BRING'S DIR BEI. DAS WIRD EIN ENTSPANNTER TRIP, GLAUB MIR.
HEHEHE!
ABER AUF EINEM KAMEL BIN ICH NOCH NIE GERITTEN!
KAMELE?! ALSO GEGEN EINE CESSNA HAB ICH NICHTS!

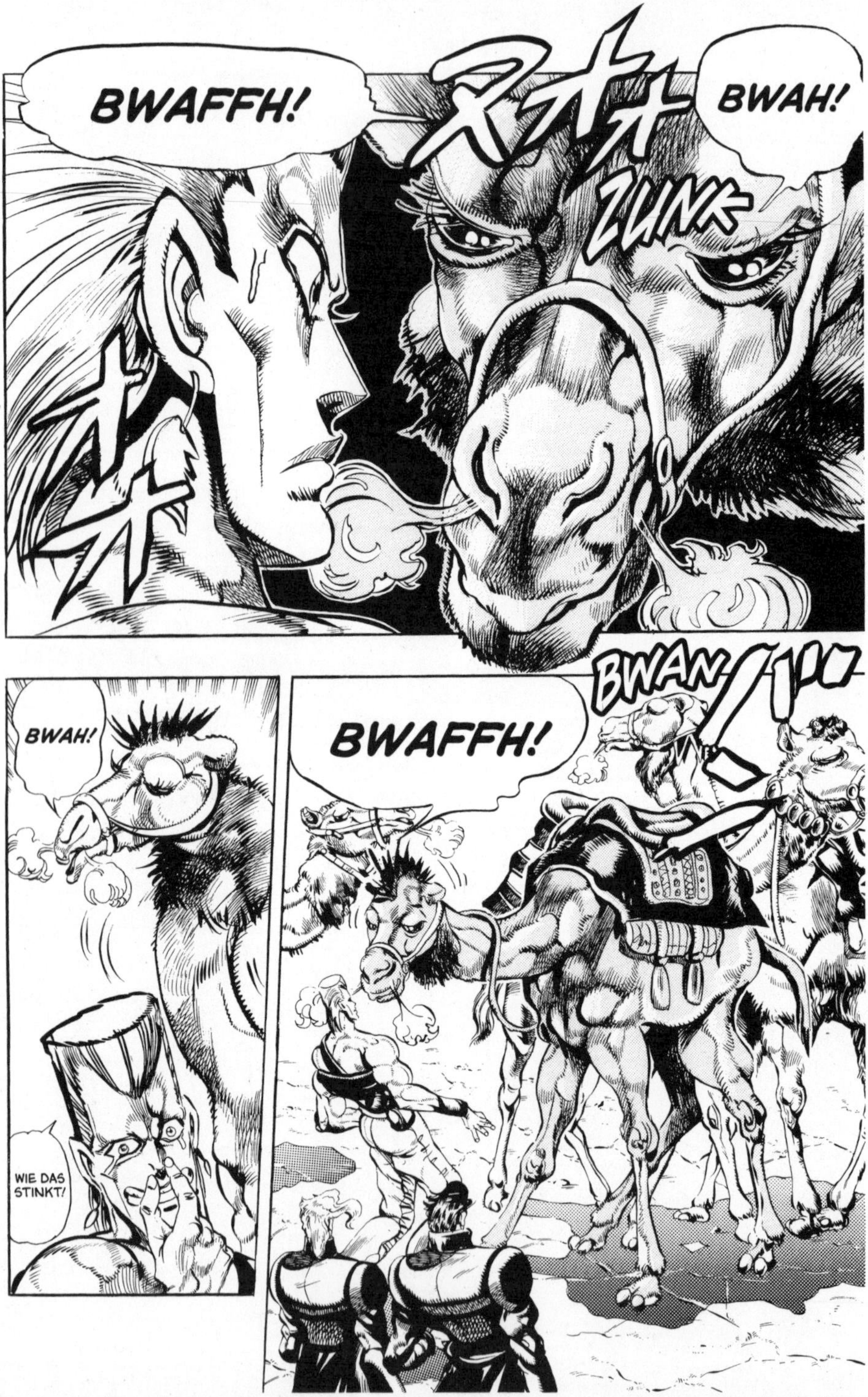
BWAH!
ZUNK
BWAFFH!
BWAN
BWAFFH!
BWAH!
WIE DAS STINKT!

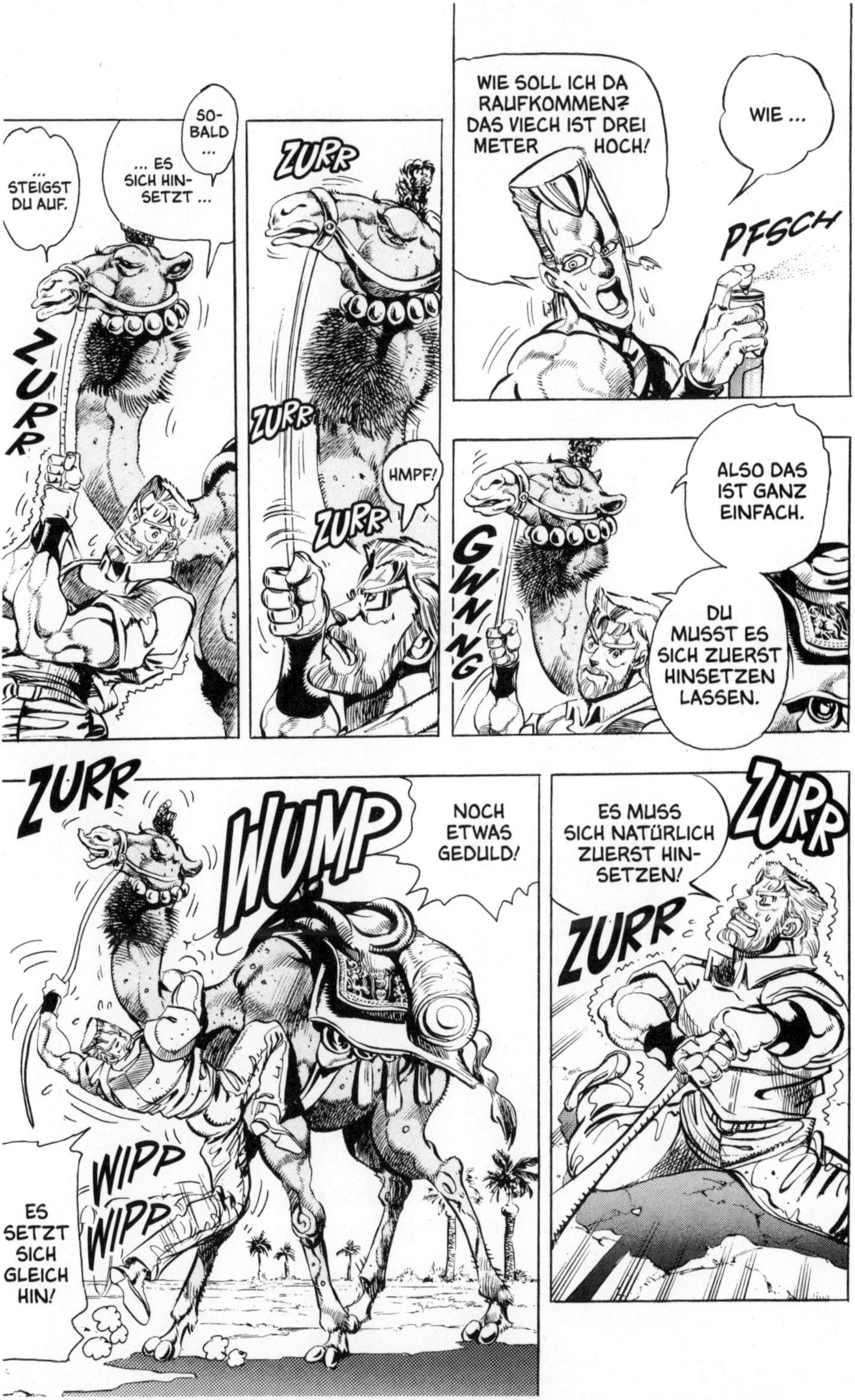
WIE ...
PFSCH
WIE SOLL ICH DA RAUFKOMMEN? DAS VIECH IST DREI METER HOCH!
ALSO DAS IST GANZ EINFACH.
DU MUSST ES SICH ZUERST HINSETZEN LASSEN.
GWNNG
ZURR
HMPF!
ZURR
ZURR
SO-BALD ...
... ES SICH HIN-SETZT ...
... STEIGST DU AUF.
ZURR
ZURR
ES MUSS SICH NATÜRLICH ZUERST HIN-SETZEN!
ZURR
NOCH ETWAS GEDULD!
WUMP
ZURR
WIPP WIPP
ES SETZT SICH GLEICH HIN!

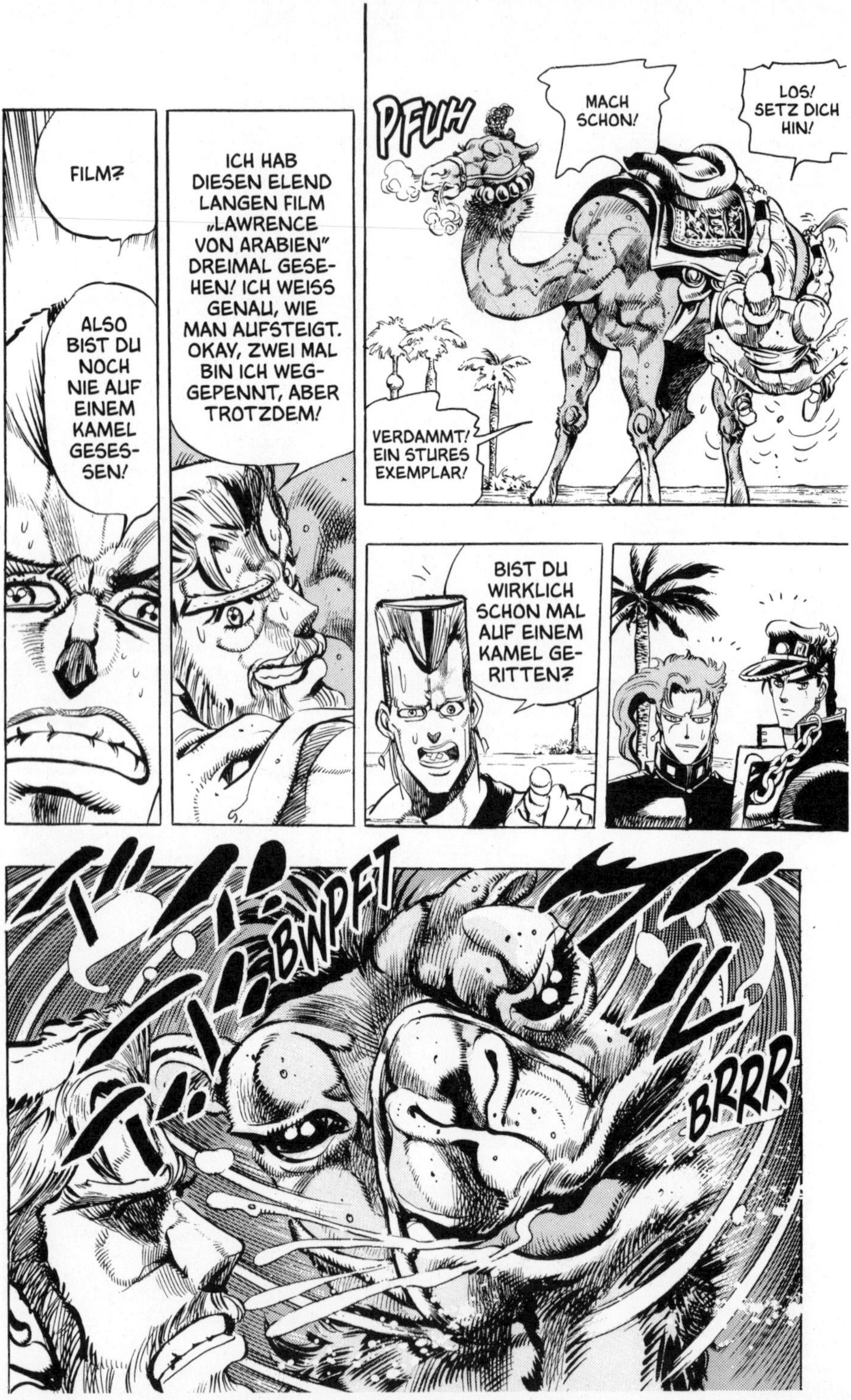
LOS! SETZ DICH HIN!
MACH SCHON!
PFUH
VERDAMMT! EIN STURES EXEMPLAR!
BIST DU WIRKLICH SCHON MAL AUF EINEM KAMEL GERITTEN?
ICH HAB DIESEN ELEND LANGEN FILM „LAWRENCE VON ARABIEN“ DREIMAL GESEHEN! ICH WEISS GENAU, WIE MAN AUFSTEIGT. OKAY, ZWEI MAL BIN ICH WEGGEPENNT, ABER TROTZDEM!
FILM?
ALSO BIST DU NOCH NIE AUF EINEM KAMEL GESESSEN!
BWPFT
BRRR

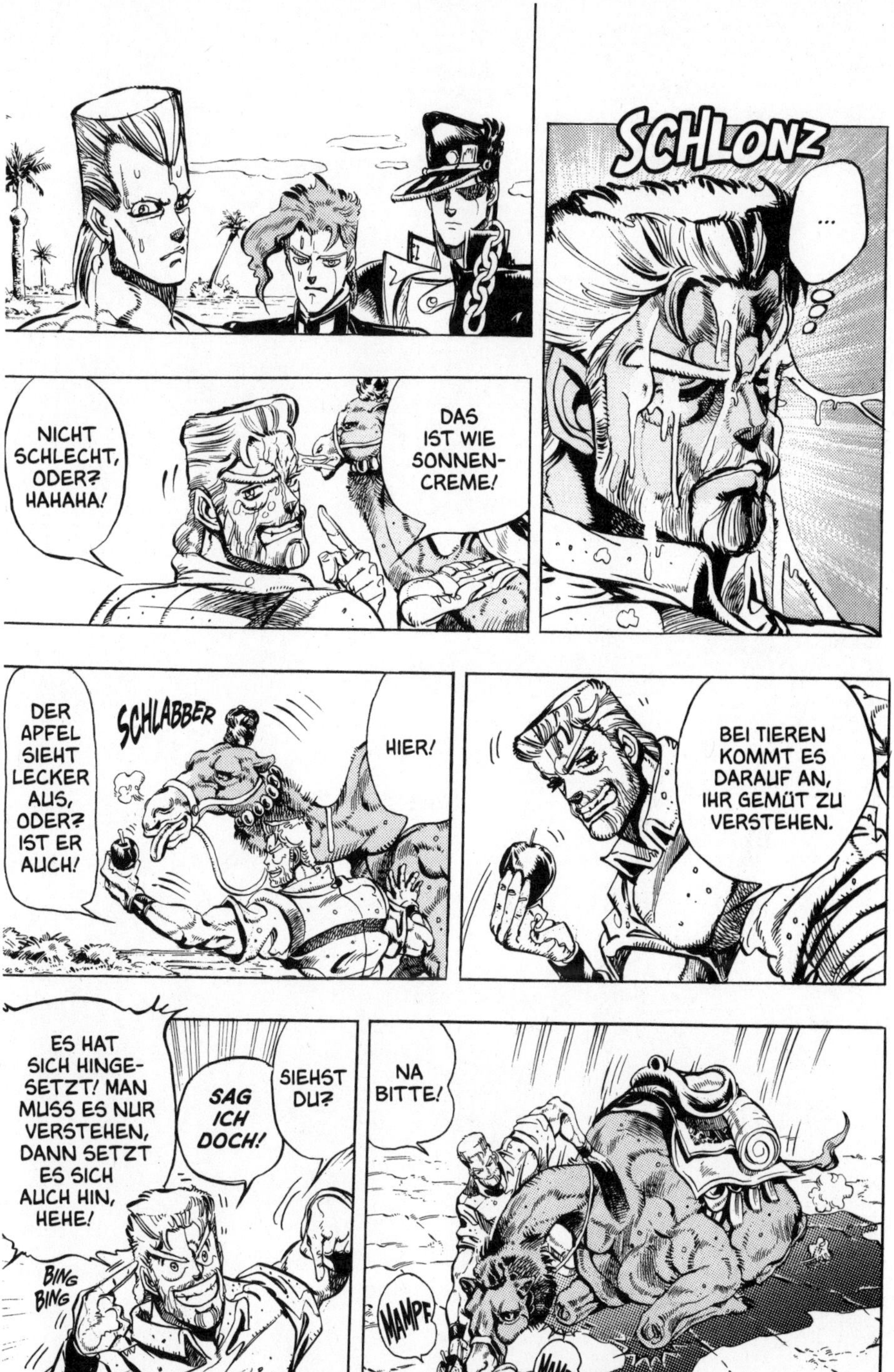
SCHLONZ
...
DAS IST WIE SONNENCREME!
NICHT SCHLECHT, ODER? HAHAHA!
BEI TIEREN KOMMT ES DARAUF AN, IHR GEMÜT ZU VERSTEHEN.
HIER!
SCHLABBER
DER APFEL SIEHT LECKER AUS, ODER? IST ER AUCH!
NA BITTE!
MAMPF
MAMPF
SIEHST DU?
SAG ICH DOCH!
ES HAT SICH HINGESETZT! MAN MUSS ES NUR VERSTEHEN, DANN SETZT ES SICH AUCH HIN, HEHE!
BING BING

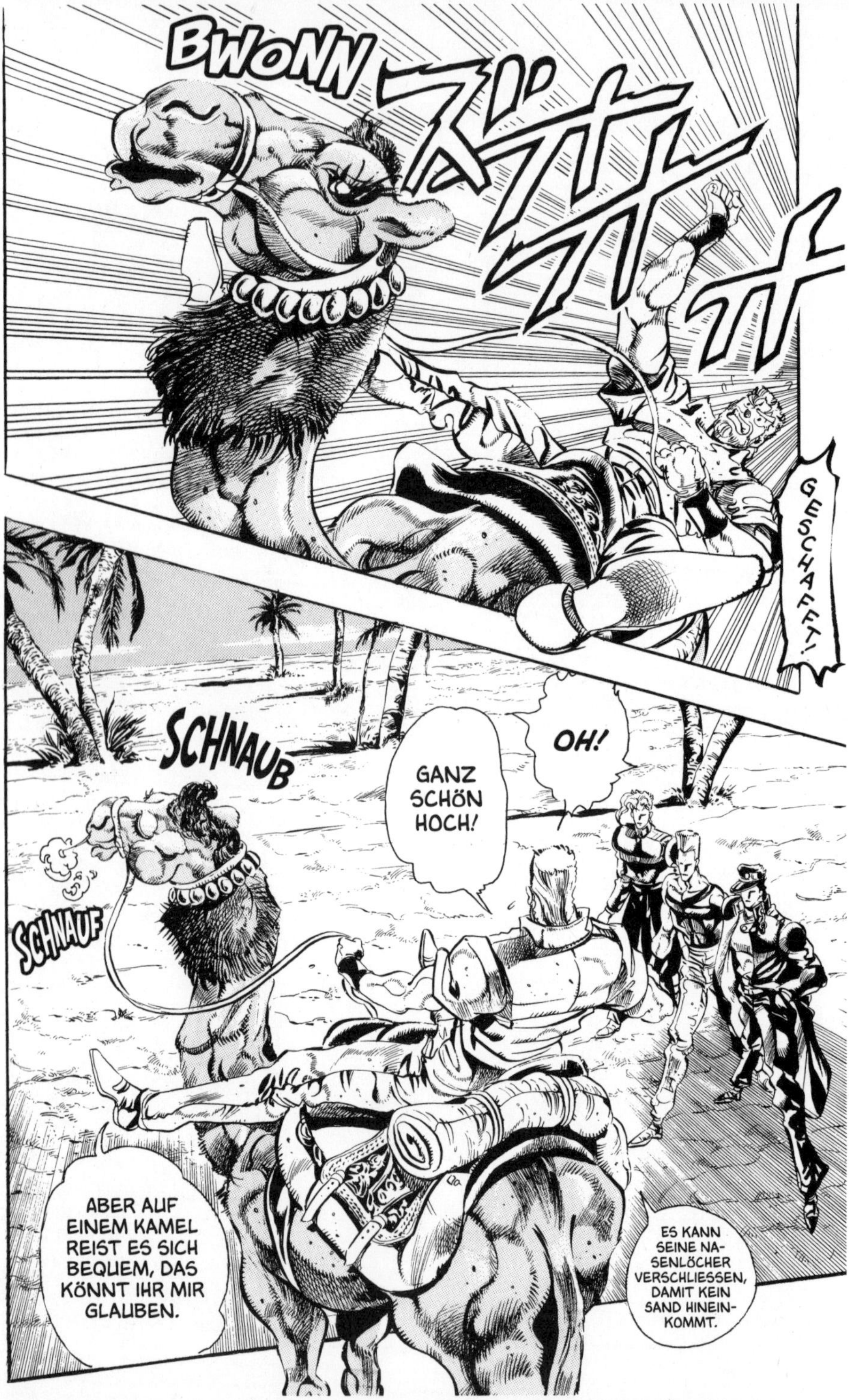

BWONN
GESCHAFFT!
SCHNAUB
OH!
GANZ SCHÖN HOCH!
SCHNAUF
ES KANN SEINE NA-SENLÖCHER VERSCHLIESSEN, DAMIT KEIN SAND HINEIN-KOMMT.
ABER AUF EINEM KAMEL REIST ES SICH BEQUEM, DAS KÖNNT IHR MIR GLAUBEN.

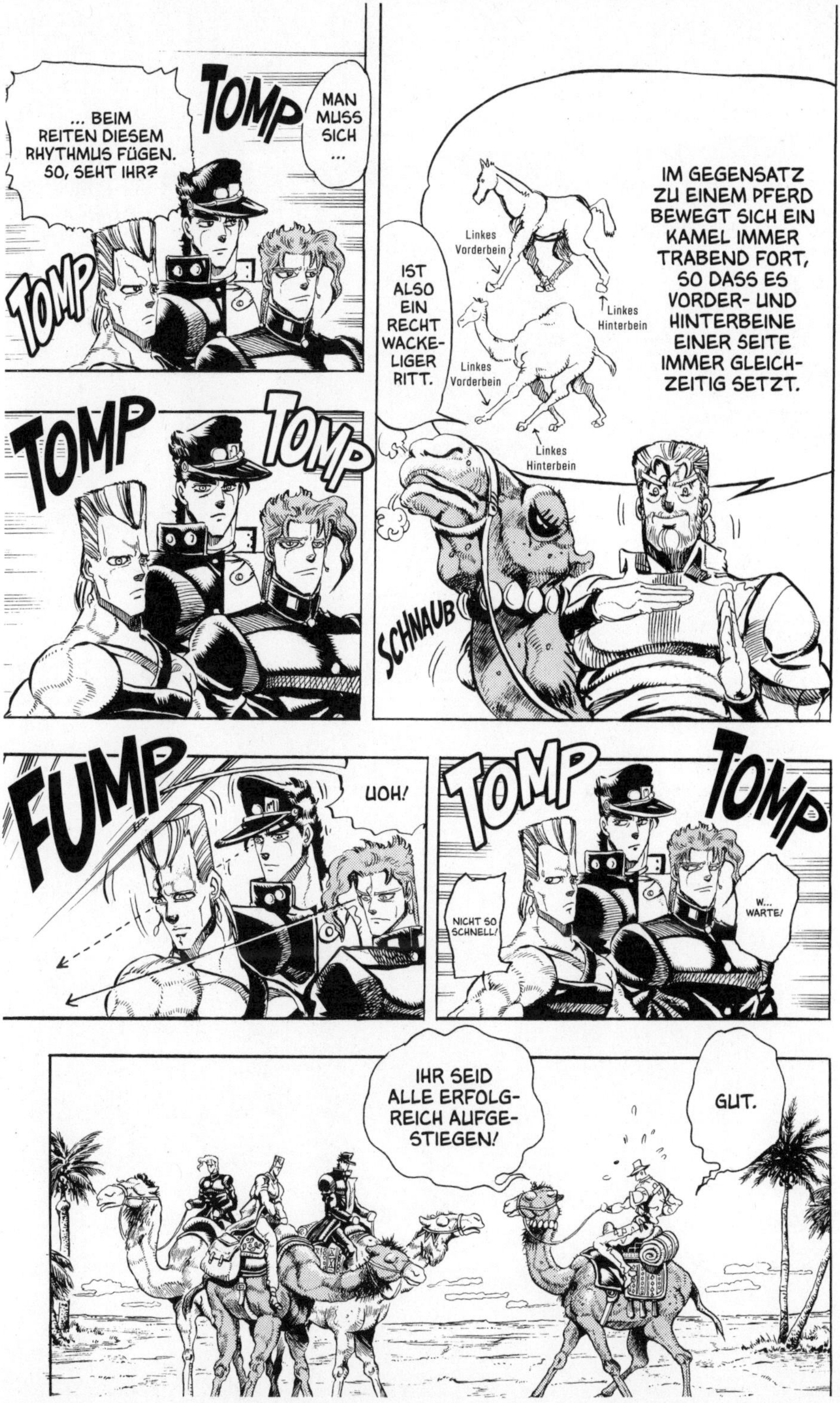
IM GEGENSATZ ZU EINEM PFERD BEWEGT SICH EIN KAMEL IMMER TRABEND FORT, SO DASS ES VORDER- UND HINTERBEINE EINER SEITE IMMER GLEICH-ZEITIG SETZT.
Linkes Vorderbein
Linkes Hinterbein
Linkes Vorderbein
Linkes Hinterbein
IST ALSO EIN RECHT WACKE-LIGER RITT.
SCHNAUB
MAN MUSS SICH ...
TOMP
... BEIM REITEN DIESEM RHYTHMUS FÜGEN. SO, SEHT IHR?
TOMP
TOMP
TOMP
TOMP
TOMP
W... WARTE!
NICHT SO SCHNELL!
UOH!
FUMP
GUT.
IHR SEID ALLE ERFOLG-REICH AUFGE-STIEGEN!

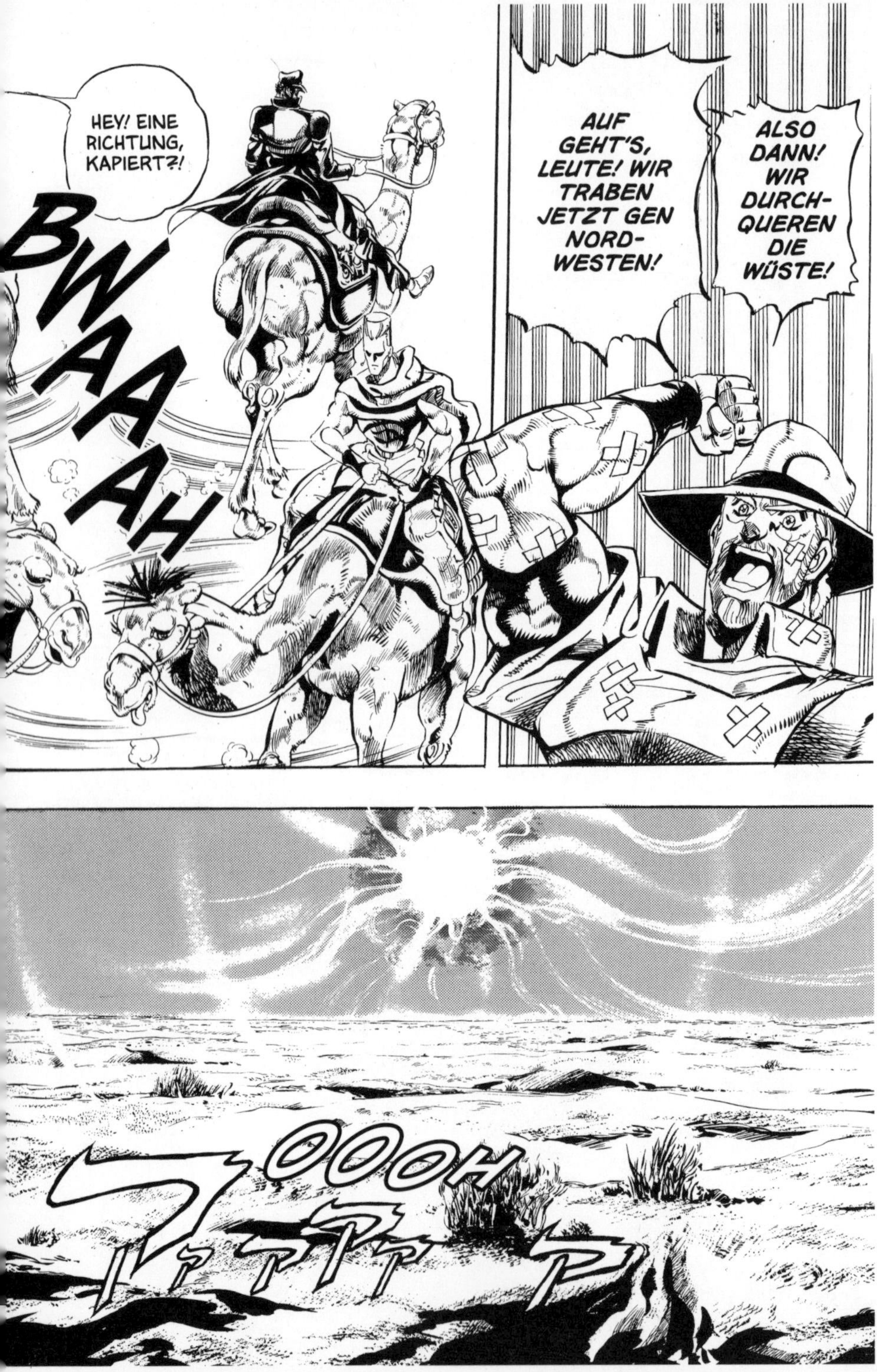
ALSO DANN! WIR DURCH-QUEREN DIE WÜSTE!
AUF GEHT'S, LEUTE! WIR TRABEN JETZT GEN NORD-WESTEN!
HEY! EINE RICHTUNG, KAPIERT?!
BWAAAAH
OOOH

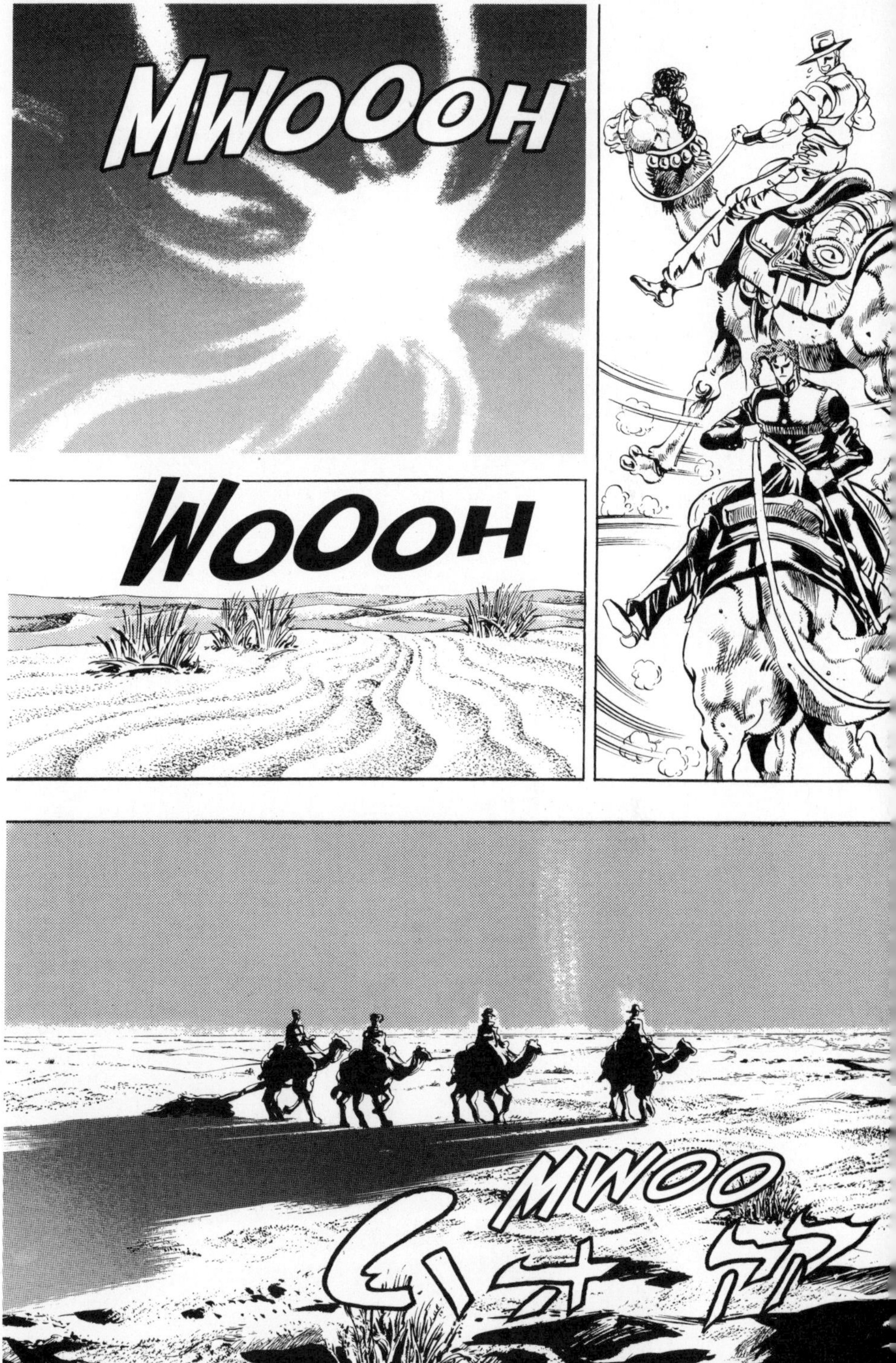
MWOOOH
WOOOH
MWOO

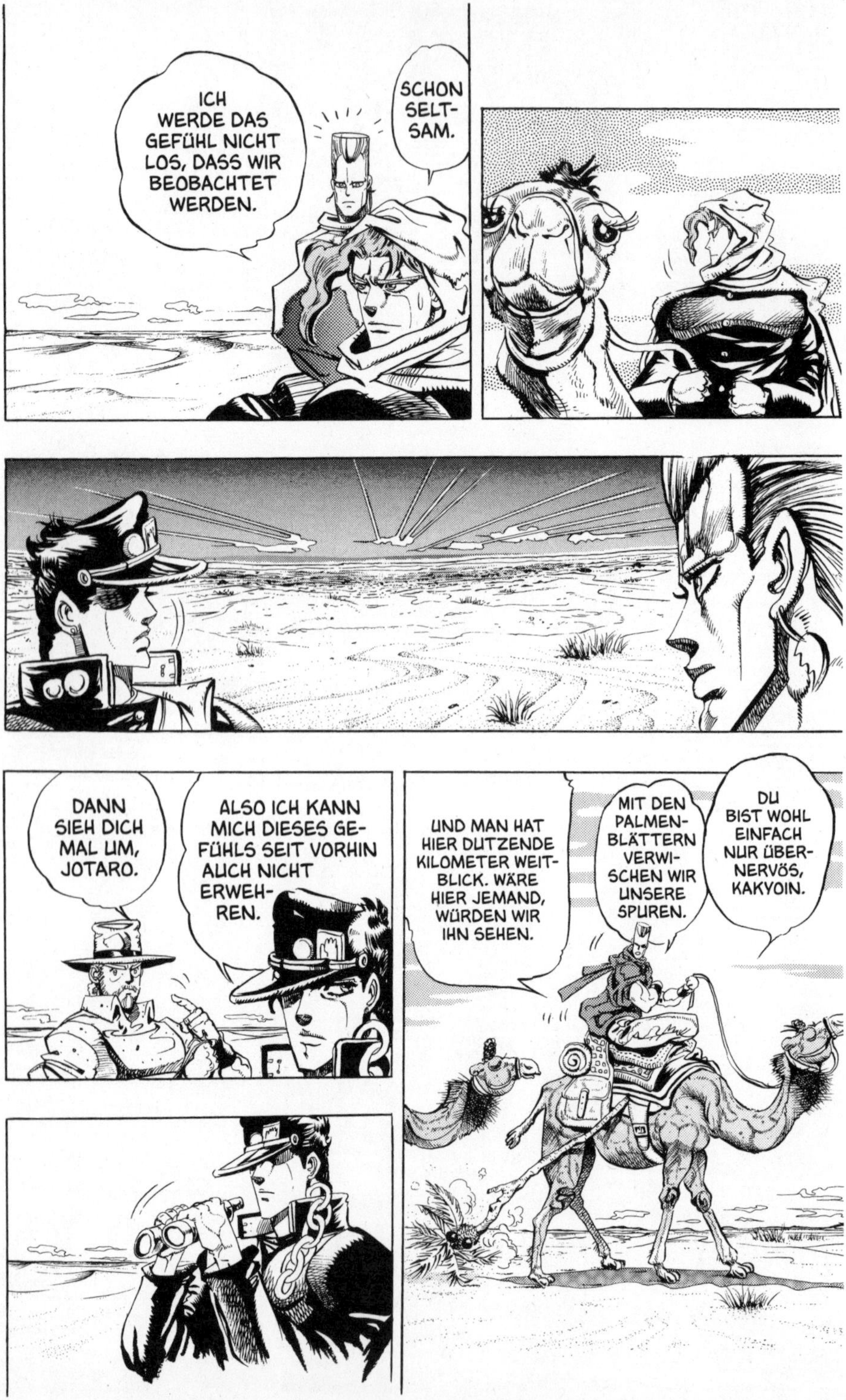

SCHON SELTSAM.
ICH WERDE DAS GEFÜHL NICHT LOS, DASS WIR BEOBACHTET WERDEN.
DU BIST WOHL EINFACH NUR ÜBERNERVÖS, KAKYOIN.
MIT DEN PALMENBLÄTTERN VERWISCHEN WIR UNSERE SPUREN.
UND MAN HAT HIER DUTZENDE KILOMETER WEITBLICK. WÄRE HIER JEMAND, WÜRDEN WIR IHN SEHEN.
ALSO ICH KANN MICH DIESES GEFÜHLS SEIT VORHIN AUCH NICHT ERWEHREN.
DANN SIEH DICH MAL UM, JOTARO.

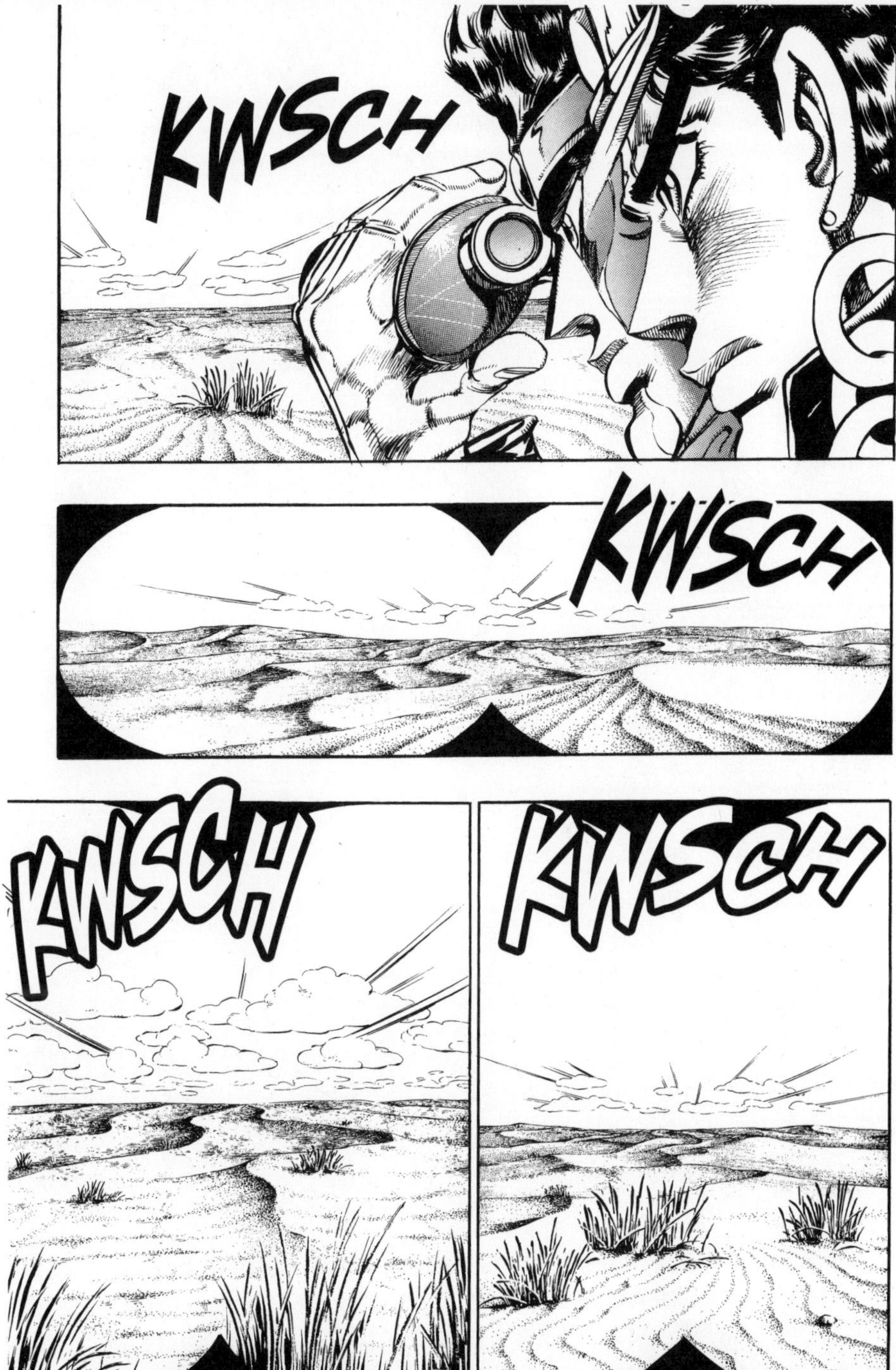
KWSCH
KWSCH
KWSCH
KWSCH

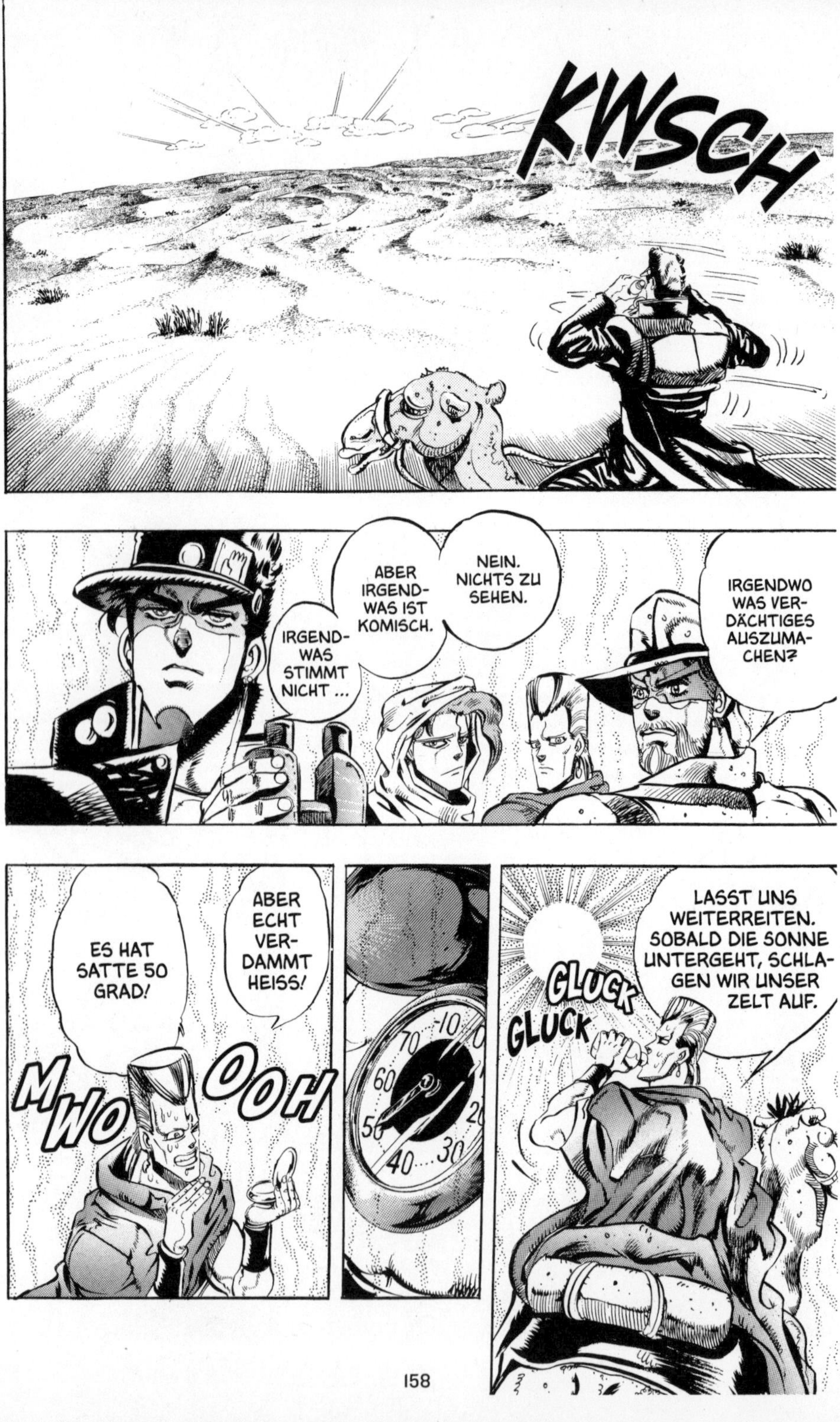
KWSCH
IRGENDWO WAS VERDÄCHTIGES AUSZUMACHEN?
NEIN. NICHTS ZU SEHEN.
ABER IRGENDWAS IST KOMISCH.
IRGENDWAS STIMMT NICHT …
LASST UNS WEITERREITEN. SOBALD DIE SONNE UNTERGEHT, SCHLAGEN WIR UNSER ZELT AUF.
GLUCK
GLUCK
ABER ECHT VERDAMMT HEISS!
ES HAT SATTE 50 GRAD!
MWOOOH

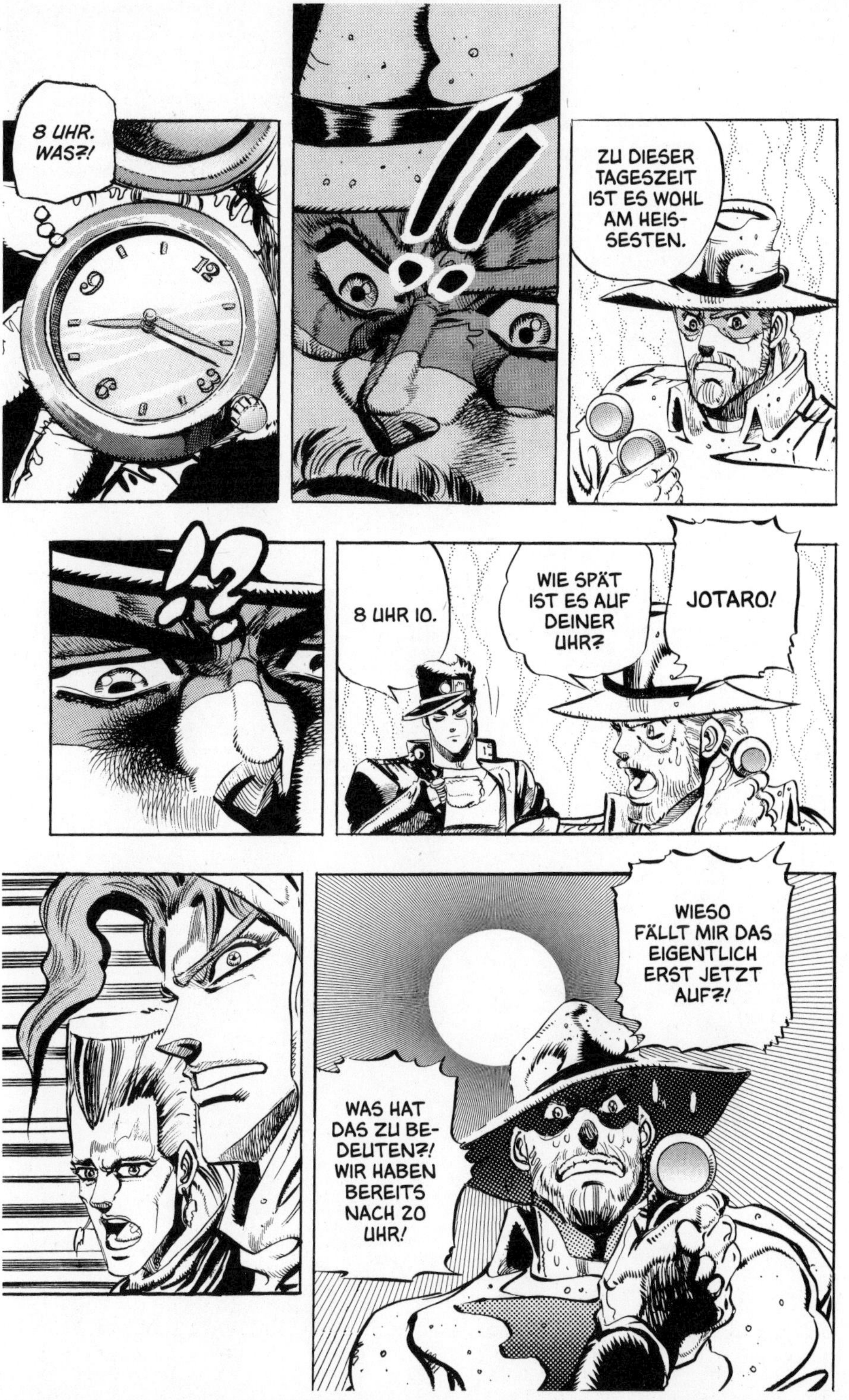
8 UHR.
WAS?!
ZU DIESER TAGESZEIT IST ES WOHL AM HEIS-SESTEN.
JOTARO!
WIE SPÄT IST ES AUF DEINER UHR?
8 UHR 10.
WIESO FÄLLT MIR DAS EIGENTLICH ERST JETZT AUF?!
WAS HAT DAS ZU BE-DEUTEN?! WIR HABEN BEREITS NACH 20 UHR!

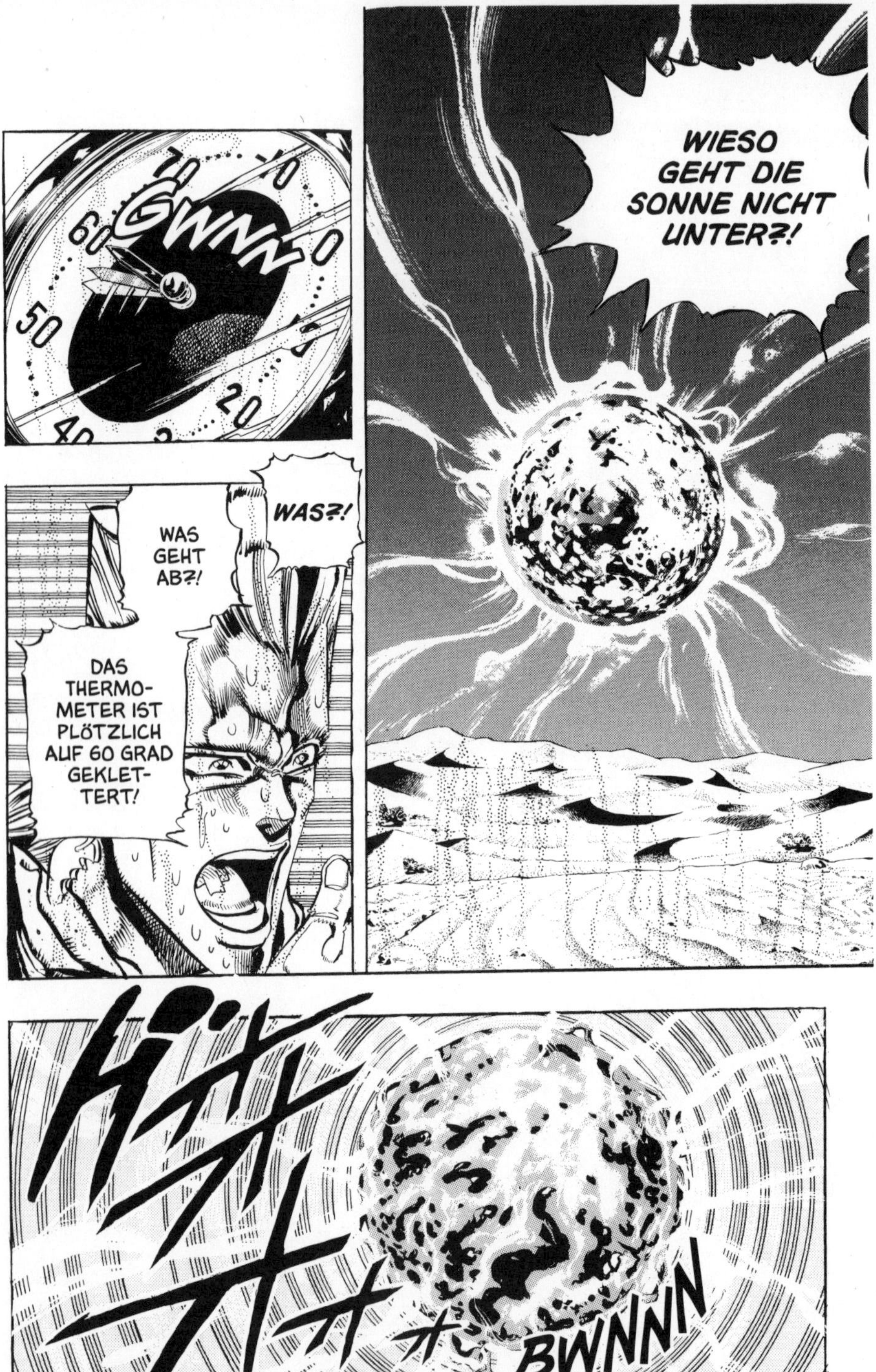
WIESO GEHT DIE SONNE NICHT UNTER?!
GWNN
WAS?!
WAS GEHT AB?!
DAS THERMOMETER IST PLÖTZLICH AUF 60 GRAD GEKLETTERT!
BWNNN

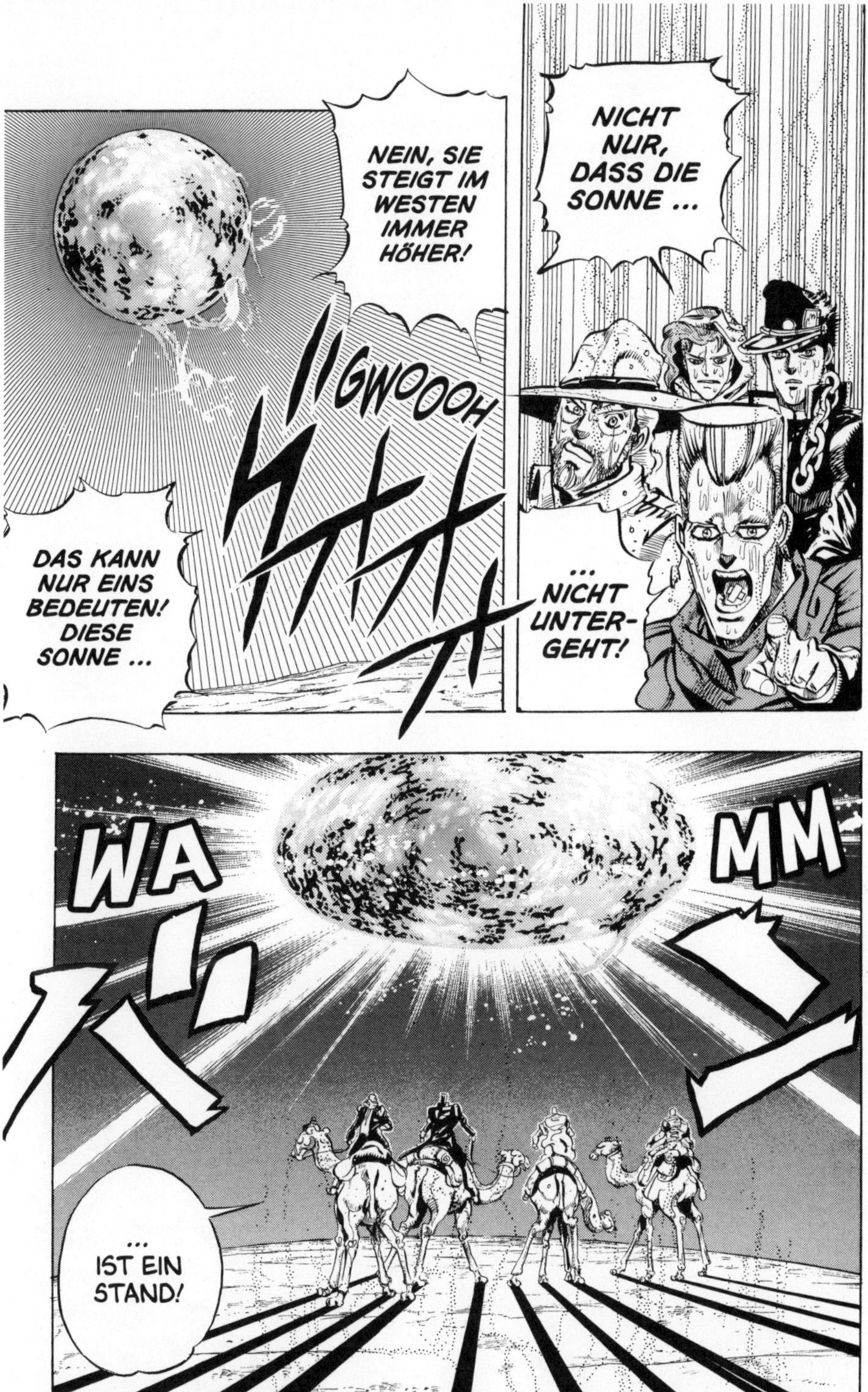
NICHT NUR, DASS DIE SONNE ...
... NICHT UNTERGEHT!
NEIN, SIE STEIGT IM WESTEN IMMER HÖHER!
GWOOOH
DAS KANN NUR EINS BEDEUTEN! DIESE SONNE ...
WA
MM
... IST EIN STAND!

JOJO'S BIZARRE ADVENTURE PART 3
STARDUST CRUSADERS

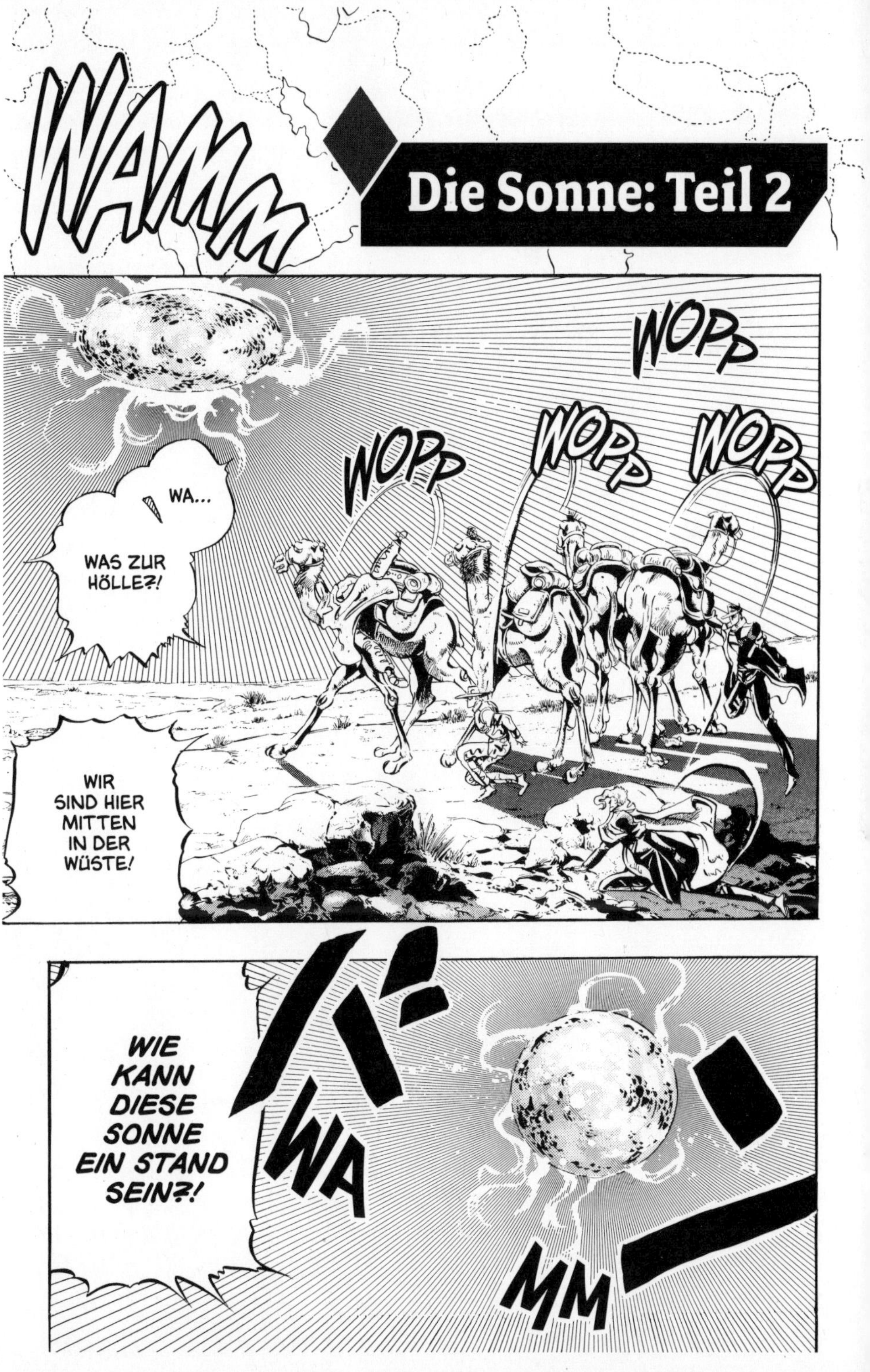
WAMM
Die Sonne: Teil 2
WOPP
WOPP
WOPP
WOPP
WA...
WAS ZUR HÖLLE?!
WIR SIND HIER MITTEN IN DER WÜSTE!
WIE KANN DIESE SONNE EIN STAND SEIN?!
WA
MM

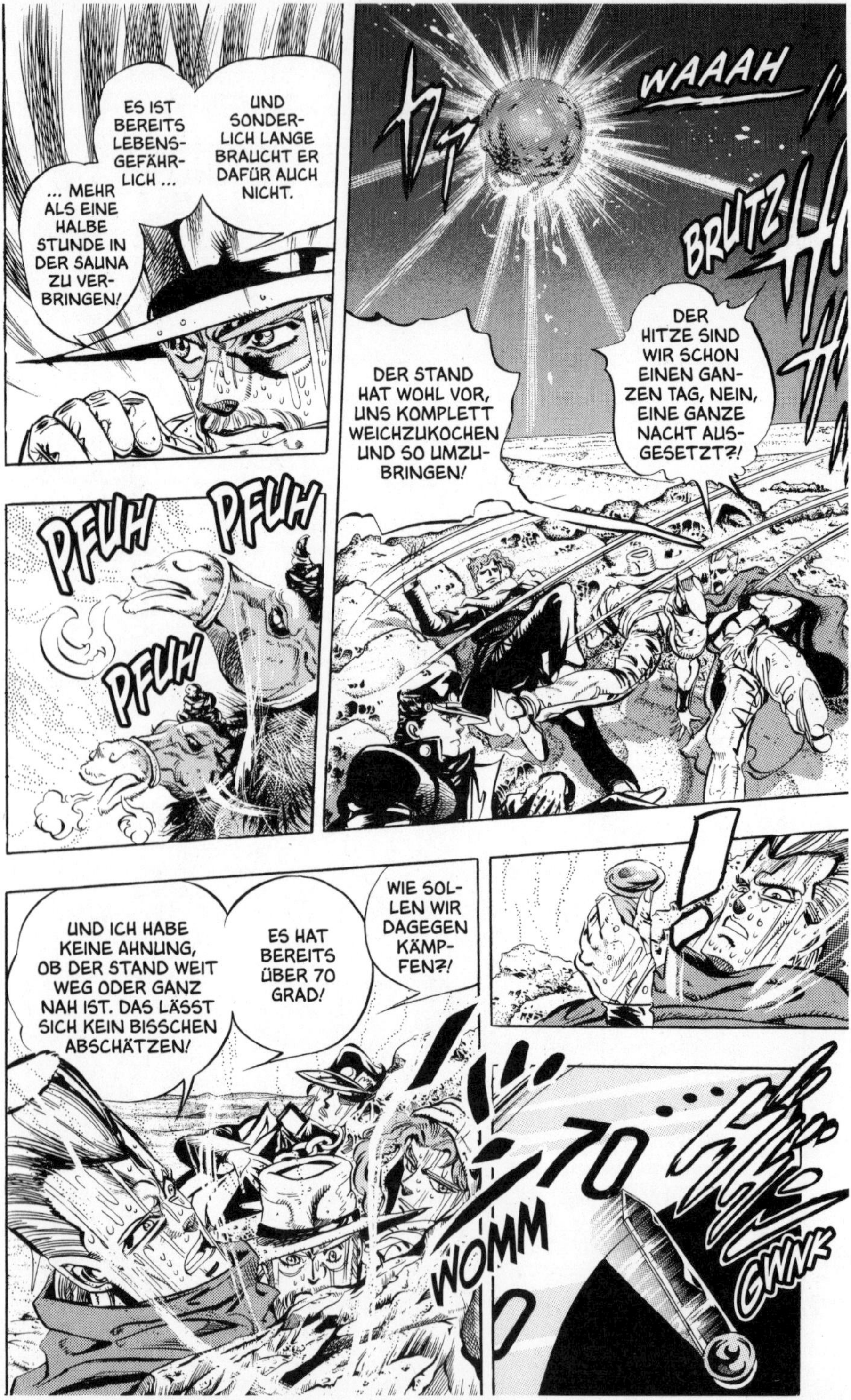

WAAAH
BRUTZ
DER HITZE SIND WIR SCHON EINEN GANZEN TAG, NEIN, EINE GANZE NACHT AUSGESETZT?!
DER STAND HAT WOHL VOR, UNS KOMPLETT WEICHZUKOCHEN UND SO UMZUBRINGEN!
UND SONDERLICH LANGE BRAUCHT ER DAFÜR AUCH NICHT.
ES IST BEREITS LEBENSGEFÄHRLICH …
… MEHR ALS EINE HALBE STUNDE IN DER SAUNA ZU VERBRINGEN!
PFUH
PFUH
PFUH
WIE SOLLEN WIR DAGEGEN KÄMPFEN?!
ES HAT BEREITS ÜBER 70 GRAD!
UND ICH HABE KEINE AHNUNG, OB DER STAND WEIT WEG ODER GANZ NAH IST. DAS LÄSST SICH KEIN BISSCHEN ABSCHÄTZEN!
70
GWNK
WOMM

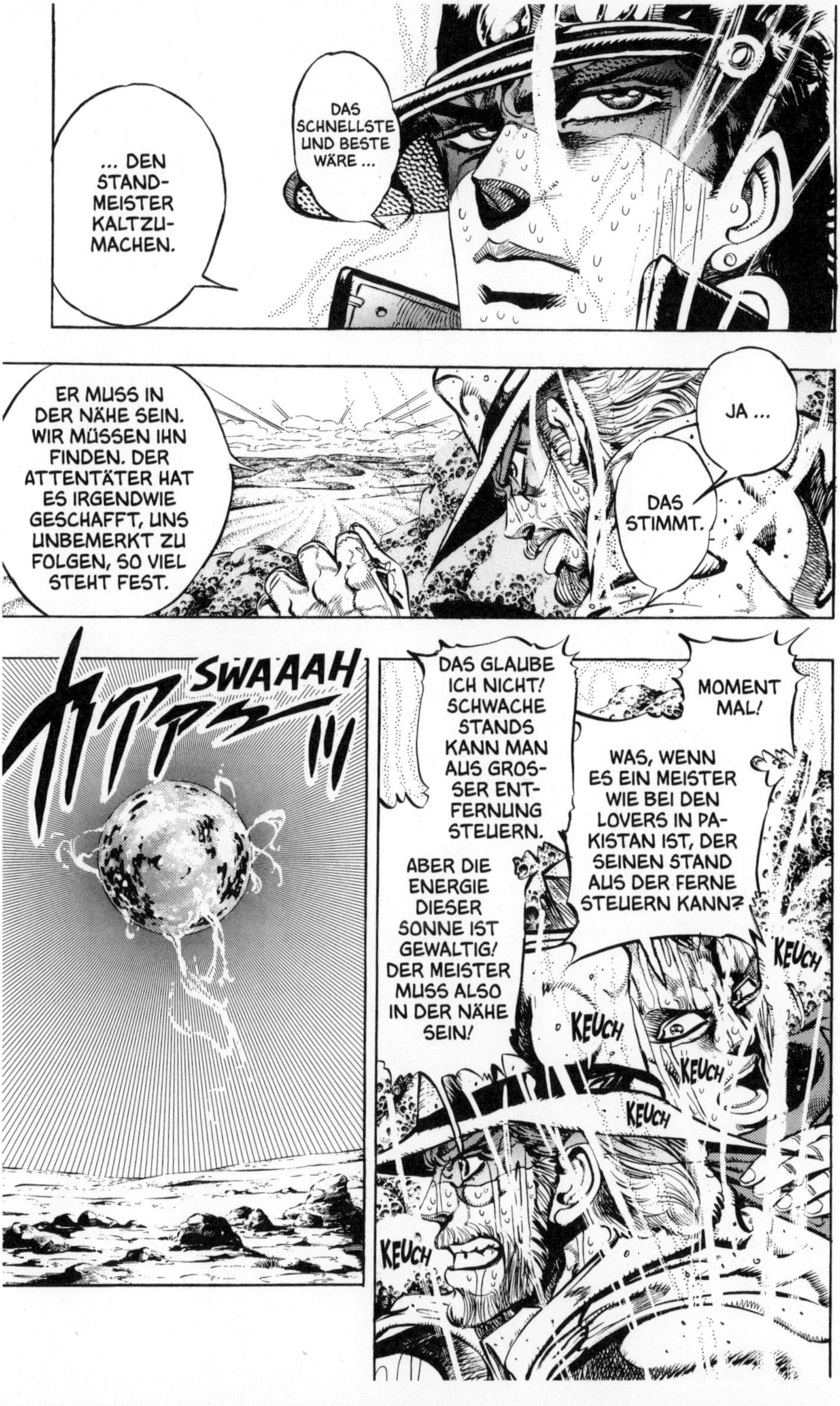
DAS SCHNELLSTE UND BESTE WÄRE ...
... DEN STAND-MEISTER KALTZU-MACHEN.
JA ...
DAS STIMMT.
ER MUSS IN DER NÄHE SEIN. WIR MÜSSEN IHN FINDEN. DER ATTENTÄTER HAT ES IRGENDWIE GESCHAFFT, UNS UNBEMERKT ZU FOLGEN, SO VIEL STEHT FEST.
MOMENT MAL!
WAS, WENN ES EIN MEISTER WIE BEI DEN LOVERS IN PA-KISTAN IST, DER SEINEN STAND AUS DER FERNE STEUERN KANN?
DAS GLAUBE ICH NICHT! SCHWACHE STANDS KANN MAN AUS GROS-SER ENT-FERNUNG STEUERN.
ABER DIE ENERGIE DIESER SONNE IST GEWALTIG! DER MEISTER MUSS ALSO IN DER NÄHE SEIN!
KEUCH
KEUCH
KEUCH
KEUCH
KEUCH
SWAAAH

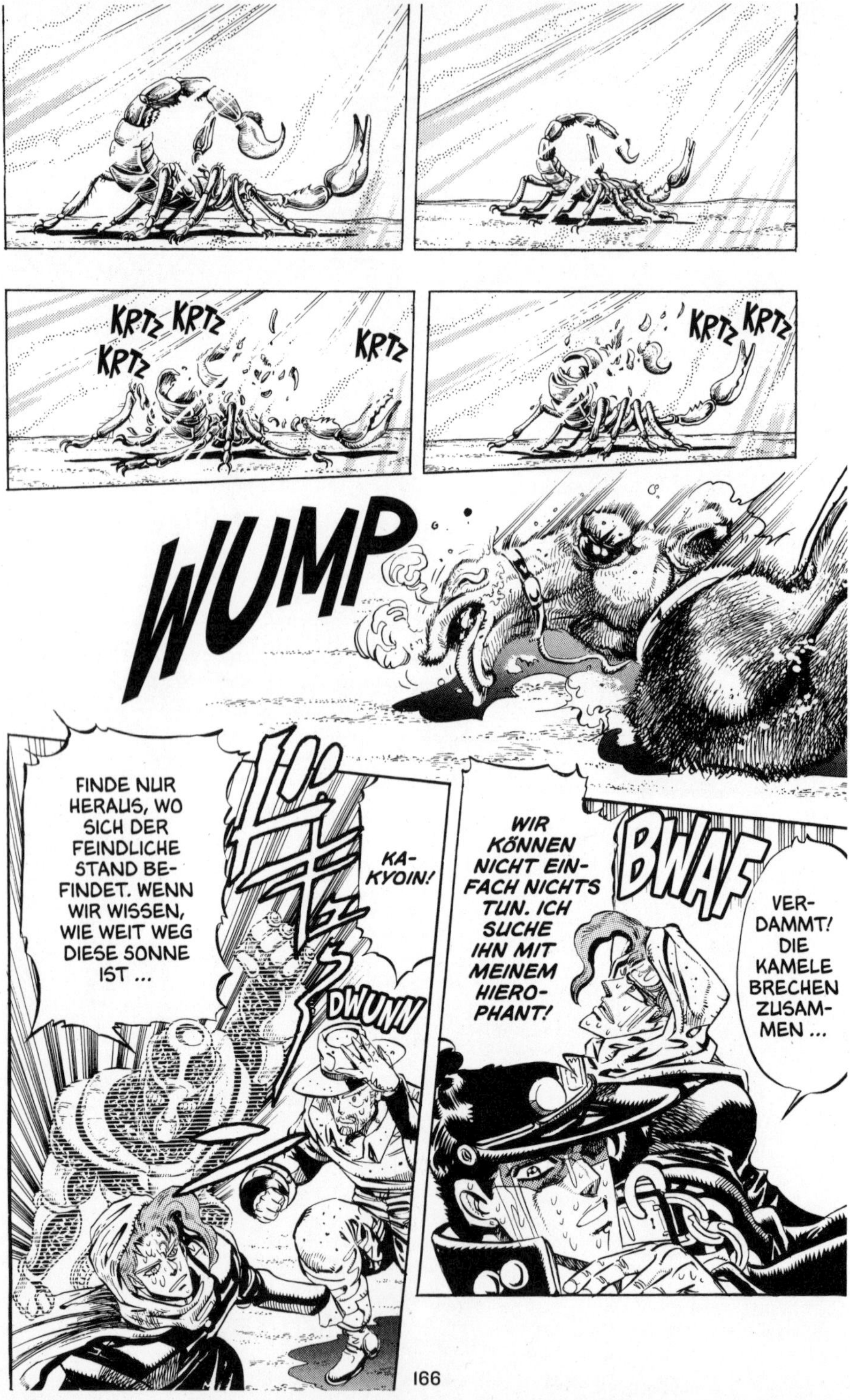
KRTZ KRTZ
KRTZ
KRTZ
KRTZ KRTZ
WUMP
BWAF
VER-DAMMT! DIE KAMELE BRECHEN ZUSAM-MEN ...
WIR KÖNNEN NICHT EIN-FACH NICHTS TUN. ICH SUCHE IHN MIT MEINEM HIERO-PHANT!
KA-KYOIN!
FINDE NUR HERAUS, WO SICH DER FEINDLICHE STAND BE-FINDET. WENN WIR WISSEN, WIE WEIT WEG DIESE SONNE IST ...
DWUNN

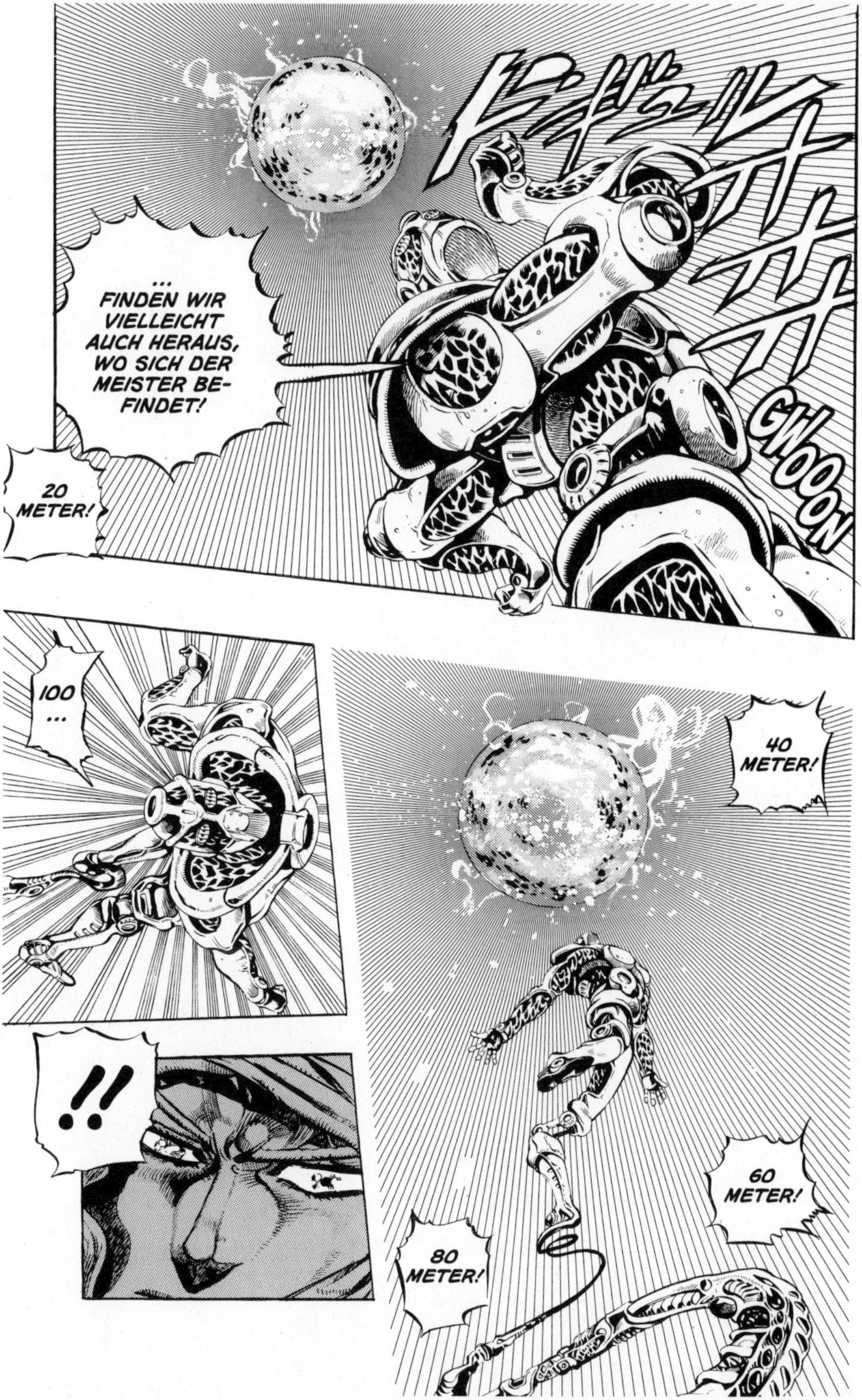

... FINDEN WIR VIELLEICHT AUCH HERAUS, WO SICH DER MEISTER BE-FINDET!
GWOOON
20 METER!
40 METER!
60 METER!
80 METER!
100 ...
!!

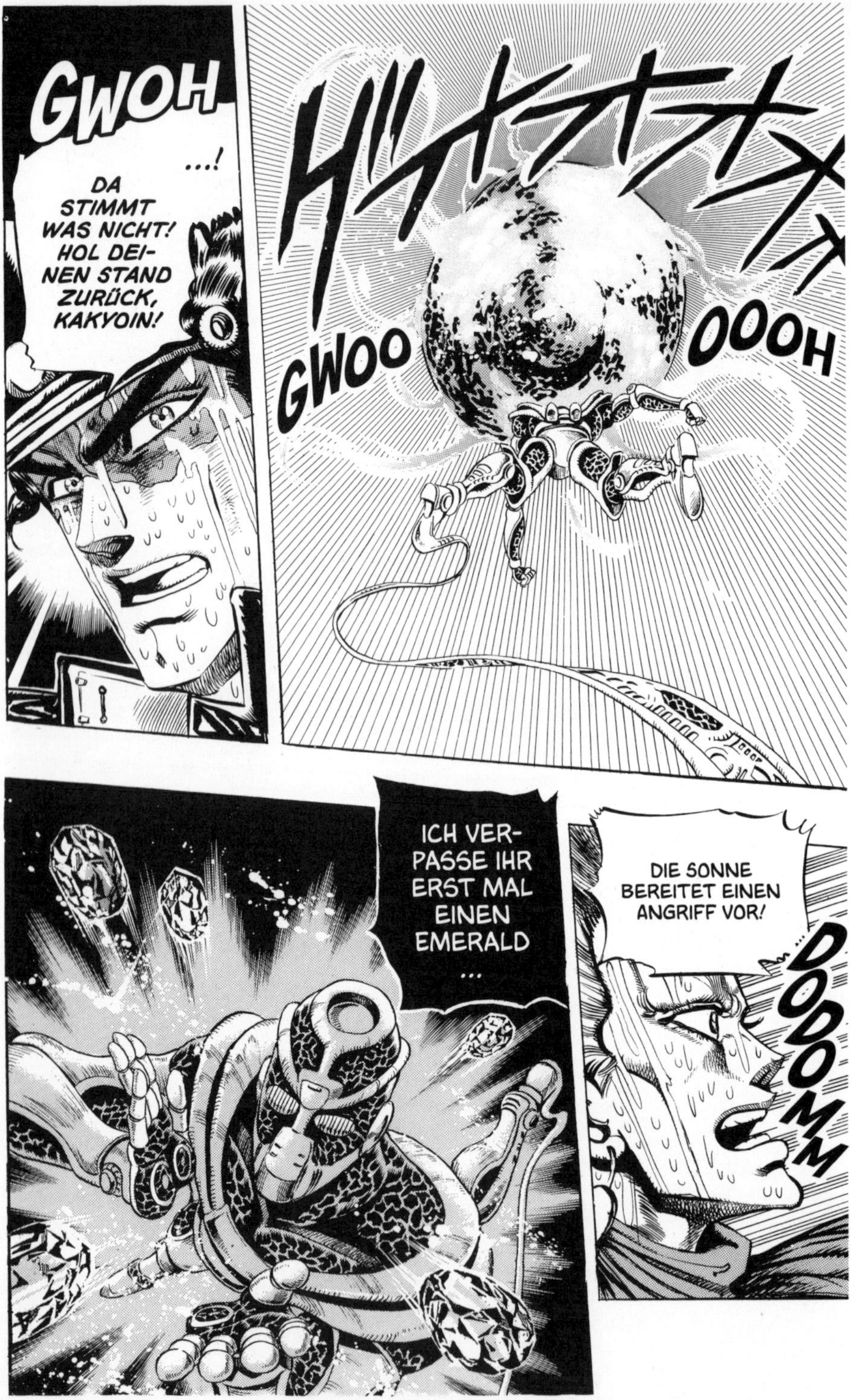
GWOO OOOH
GWOH
...!
DA STIMMT WAS NICHT! HOL DEINEN STAND ZURÜCK, KAKYOIN!
DIE SONNE BEREITET EINEN ANGRIFF VOR!
DODOOMM
ICH VERPASSE IHR ERST MAL EINEN EMERALD ...

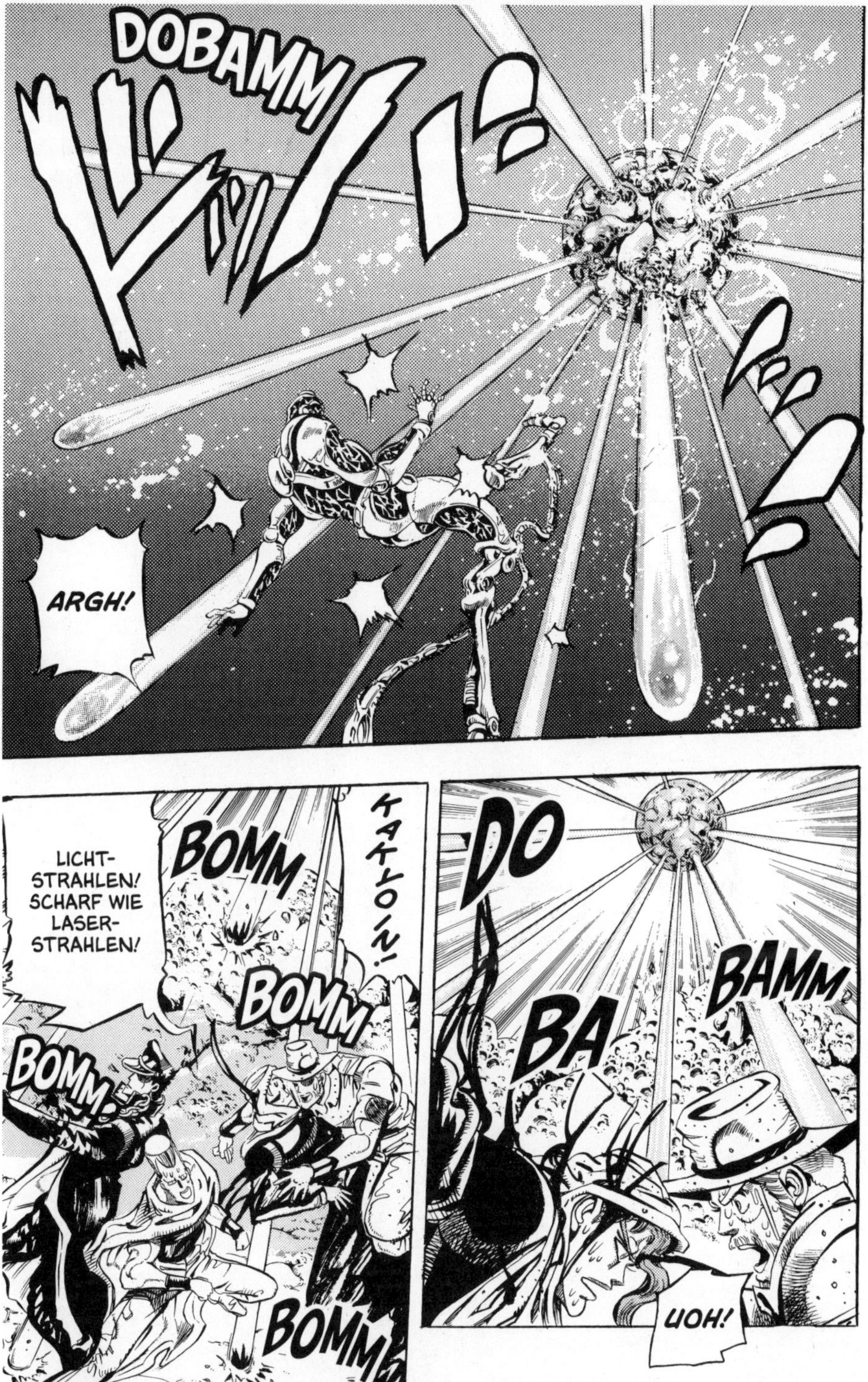
DOBAMM
ARGH!
DO
BA
BAMM
UOH!
KAKLOIN!
BOMM
BOMM
LICHT-
STRAHLEN!
SCHARF WIE
LASER-
STRAHLEN!
BOMM
BOMM

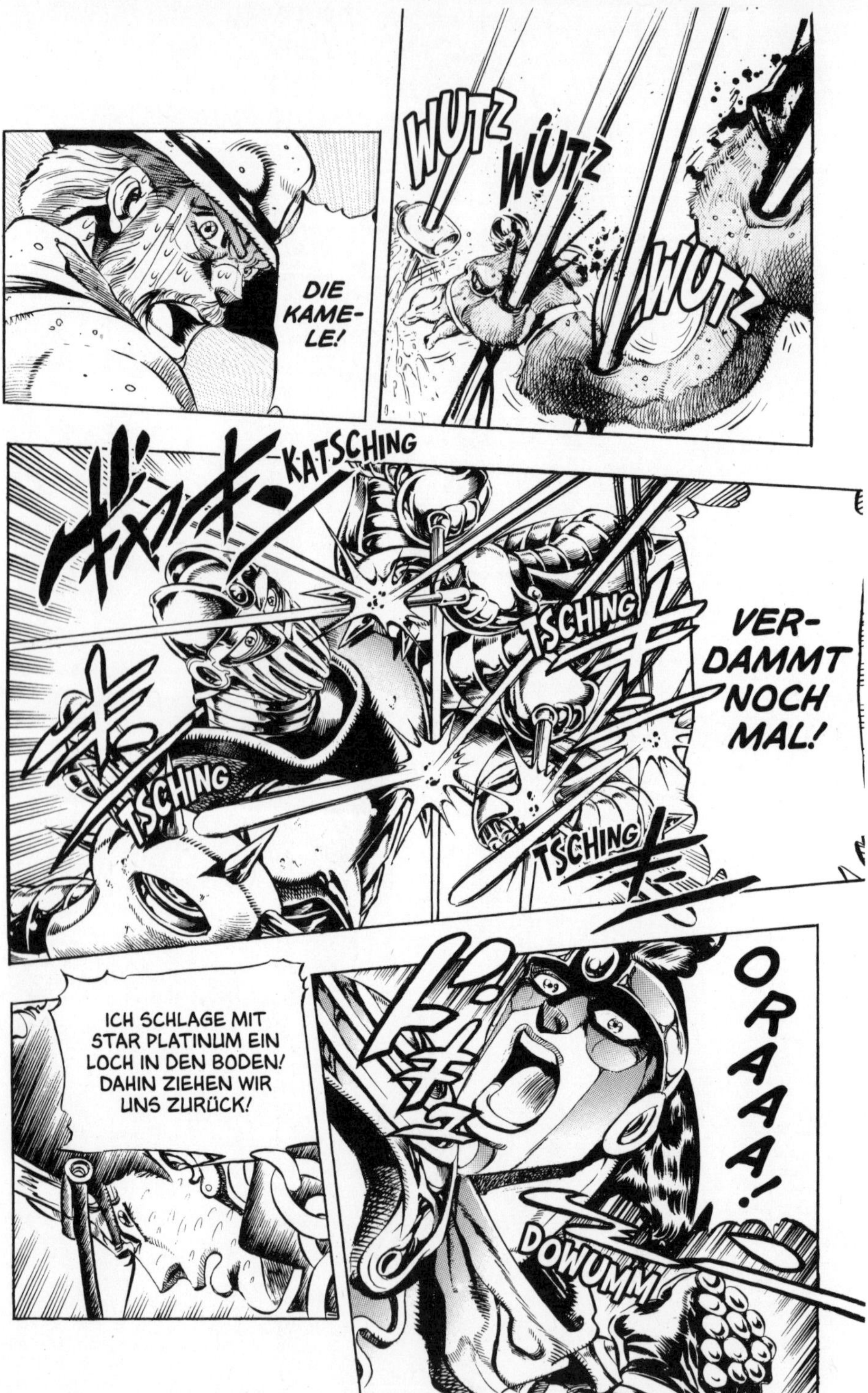
WUTZ
WÜTZ
WÜTZ
DIE KAMELE!
KATSCHING
VERDAMMT NOCHMAL!
TSCHING
TSCHING
TSCHING
ORAAAA!
DOWUMM
ICH SCHLAGE MIT STAR PLATINUM EIN LOCH IN DEN BODEN! DAHIN ZIEHEN WIR UNS ZURÜCK!

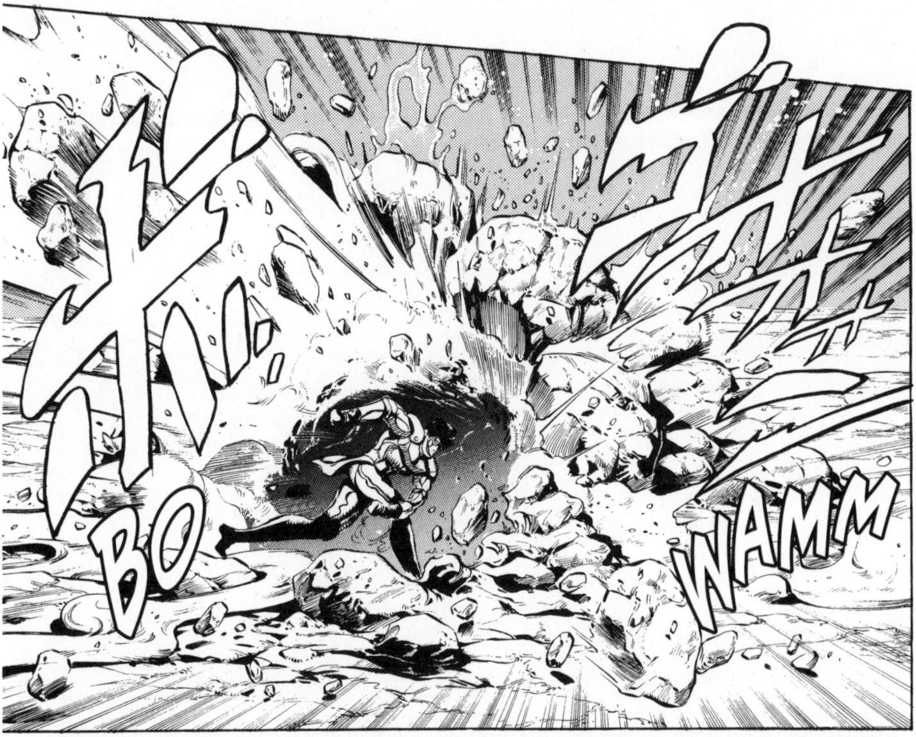
BO
WAMM

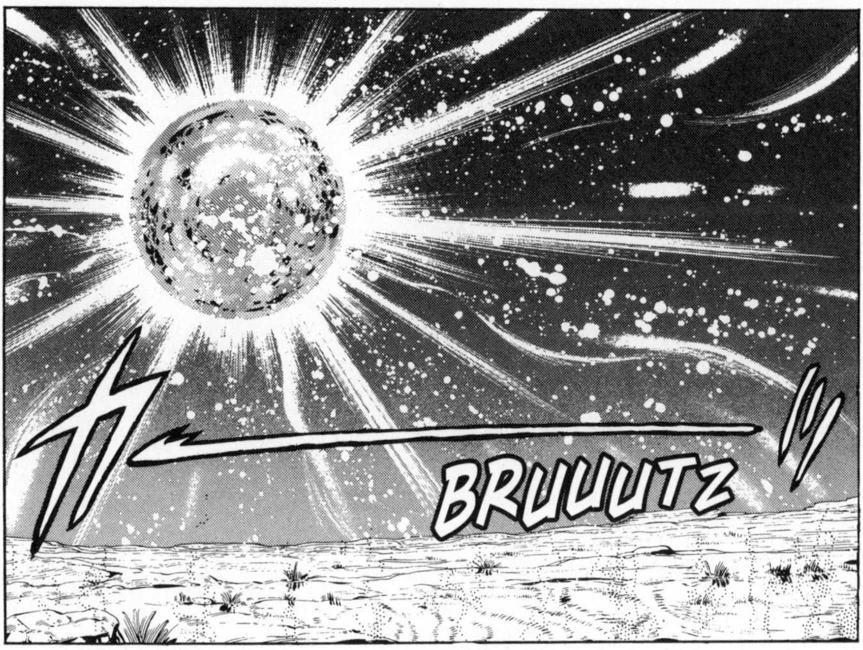
BRUUUTZ

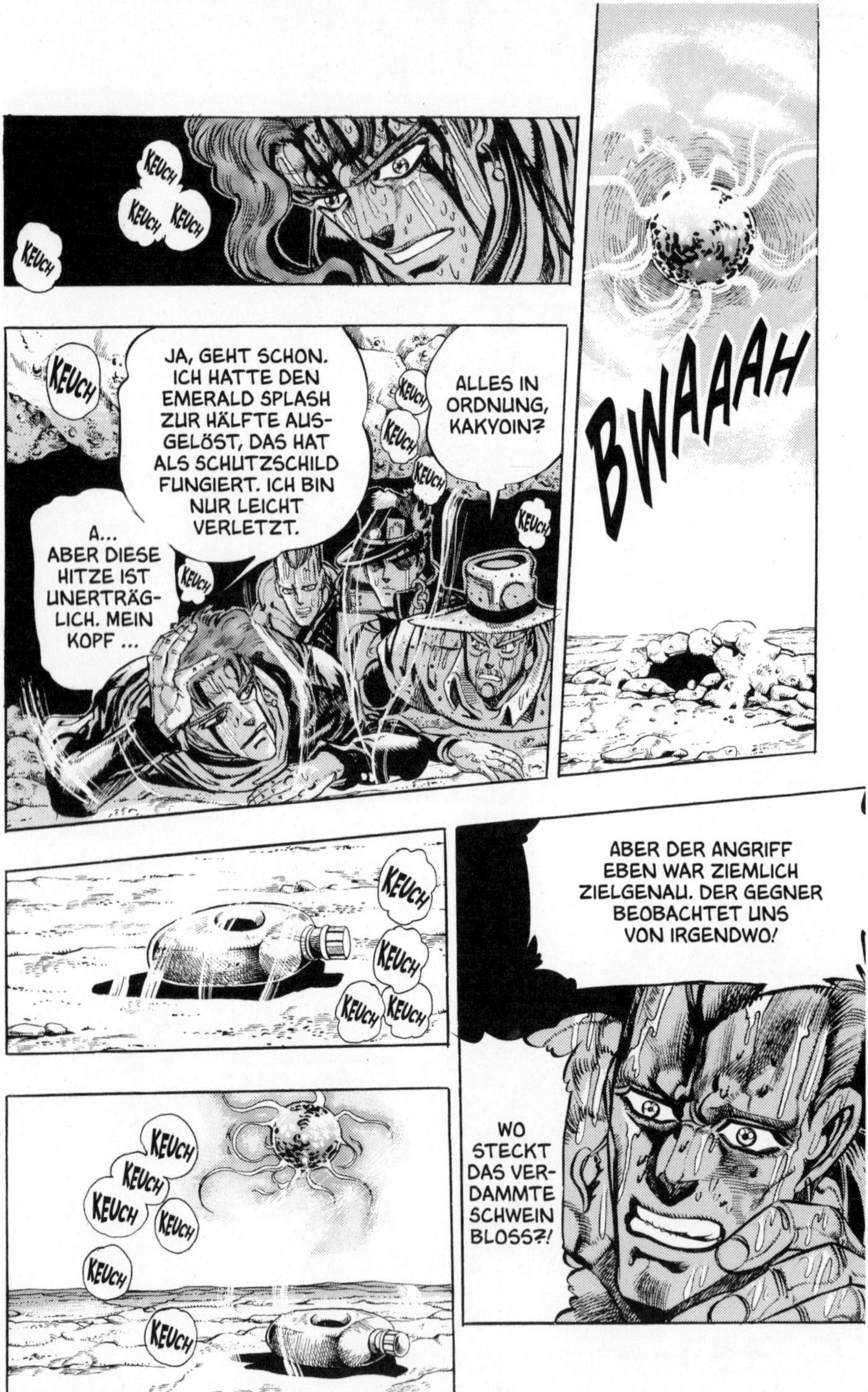
BWAAAH
KEUCH
KEUCH
KEUCH
KEUCH
ALLES IN ORDNUNG, KAKYOIN?
JA, GEHT SCHON. ICH HATTE DEN EMERALD SPLASH ZUR HÄLFTE AUSGELÖST, DAS HAT ALS SCHUTZSCHILD FUNGIERT. ICH BIN NUR LEICHT VERLETZT.
A... ABER DIESE HITZE IST UNERTRÄGLICH. MEIN KOPF ...
KEUCH
KEUCH
KEUCH
KEUCH
KEUCH
KEUCH
ABER DER ANGRIFF EBEN WAR ZIEMLICH ZIELGENAU. DER GEGNER BEOBACHTET UNS VON IRGENDWO!
WO STECKT DAS VERDAMMTE SCHWEIN BLOSS?!
KEUCH
KEUCH
KEUCH
KEUCH
KEUCH
KEUCH
KEUCH
KEUCH
KEUCH
KEUCH
KEUCH

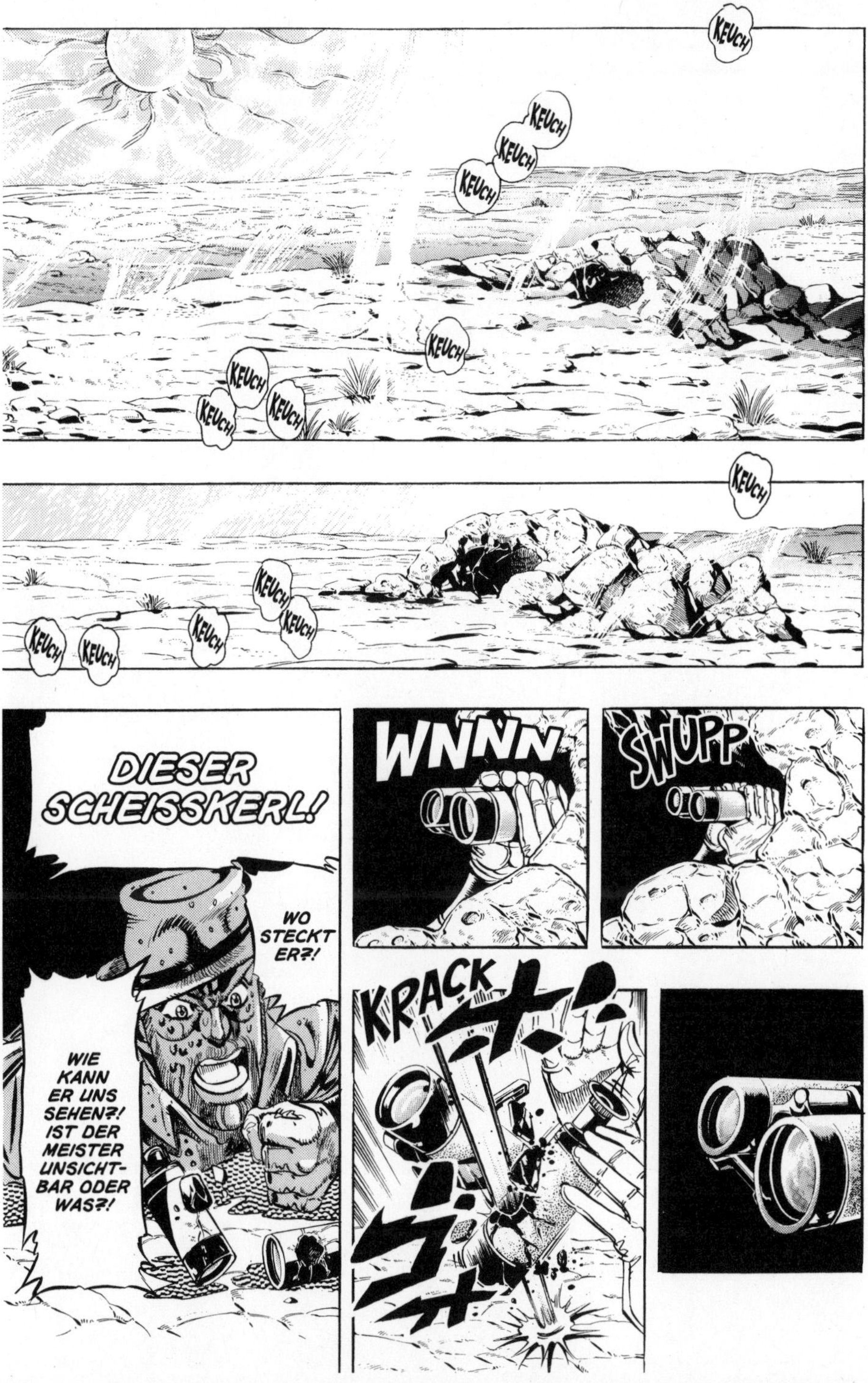
KEUCH
KEUCH
KEUCH
KEUCH
KEUCH
KEUCH
KEUCH
KEUCH
KEUCH
KEUCH
KEUCH
KEUCH
KEUCH
KEUCH
SWUPP
WNNN
DIESER SCHEISSKERL!
WO STECKT ER?!
WIE KANN ER UNS SEHEN?! IST DER MEISTER UNSICHT-BAR ODER WAS?!
KRACK

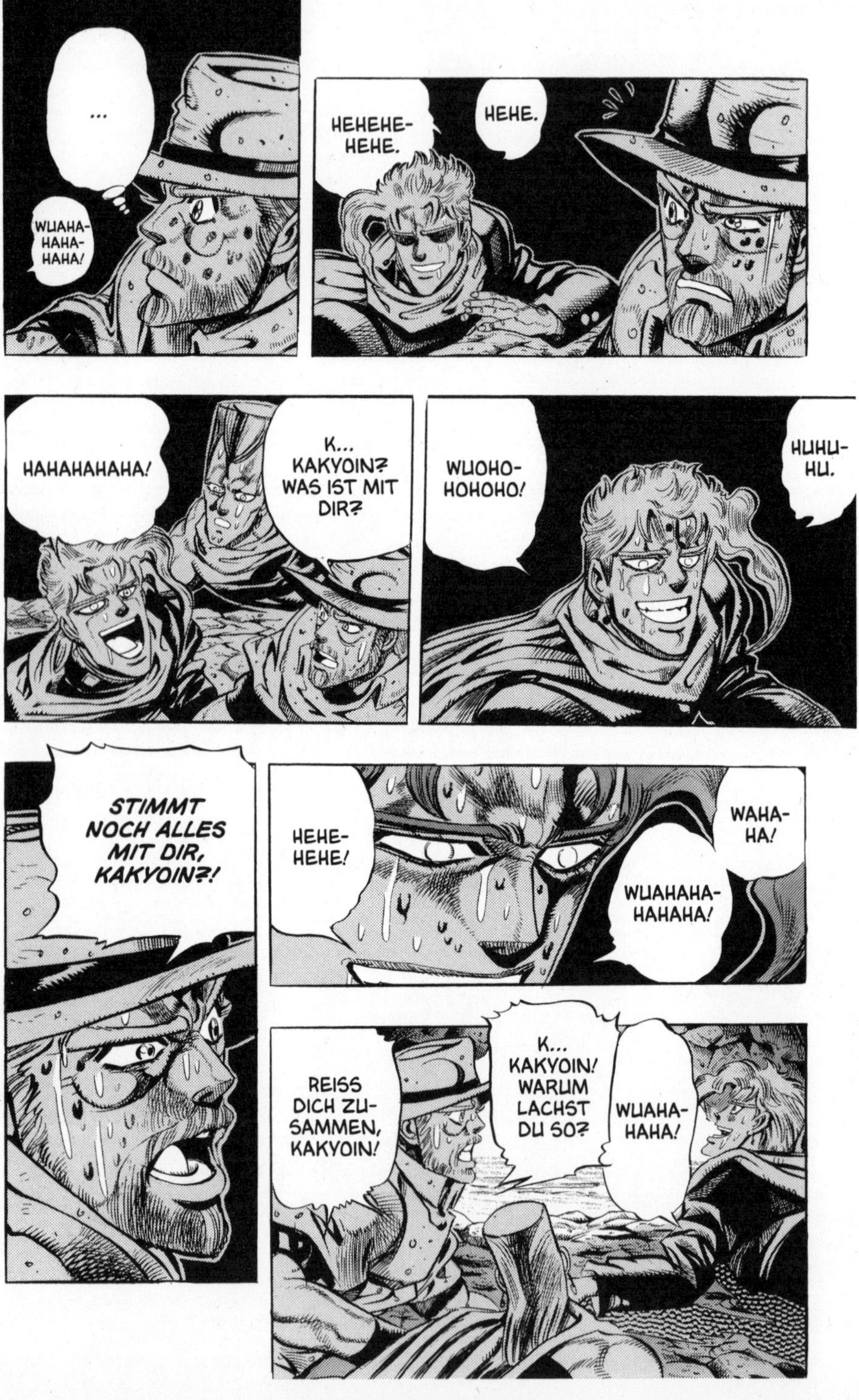
...
WUAHA-HAHA-HAHA!
HEHE.
HEHEHE-HEHE.
HUHU-HU.
WUOHO-HOHOHO!
K... KAKYOIN? WAS IST MIT DIR?
HAHAHAHAHA!
WAHA-HA!
WUAHAHA-HAHAHA!
HEHE-HEHE!
STIMMT NOCH ALLES MIT DIR, KAKYOIN?!
WUAHA-HAHA!
K... KAKYOIN! WARUM LACHST DU SO?
REISS DICH ZU-SAMMEN, KAKYOIN!

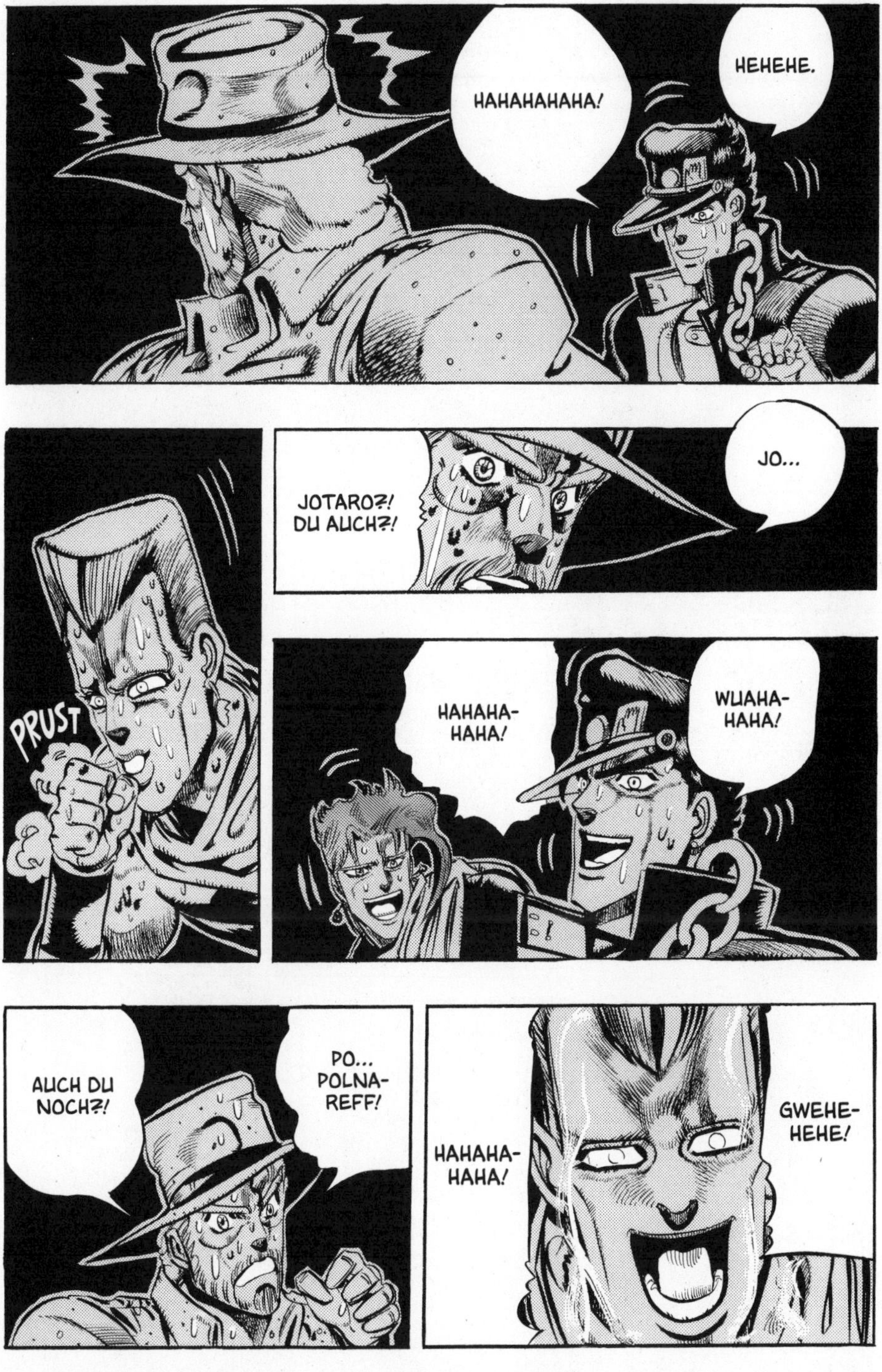
HEHEHE.
HAHAHAHAHA!
JO...
JOTARO?!
DU AUCH?!
PRUST
WUAHA-
HAHA!
HAHAHA-
HAHA!
PO...
POLNA-
REFF!
AUCH DU
NOCH?!
GWEHE-
HEHE!
HAHAHA-
HAHA!

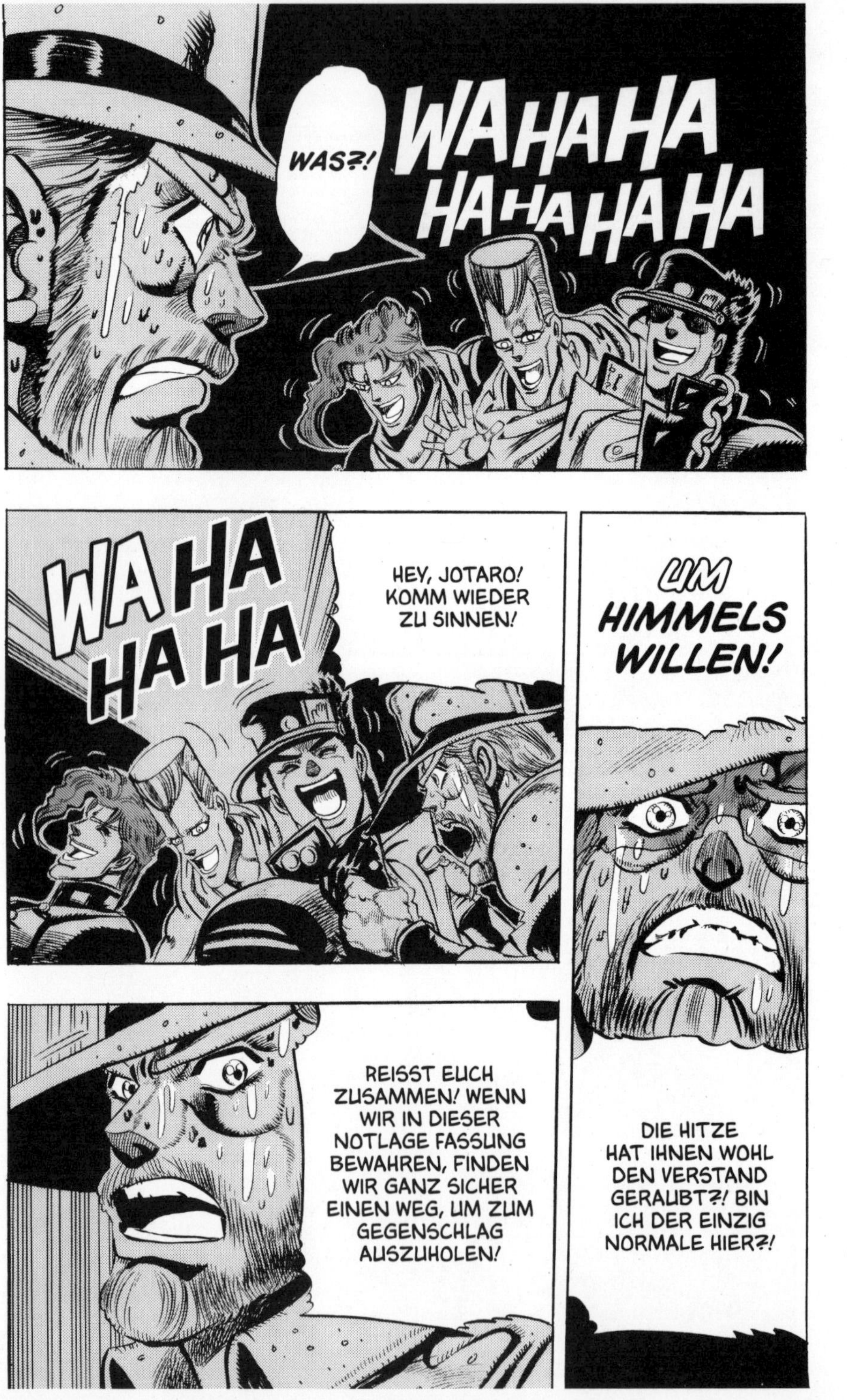
WAS?!
WA HA HA HA HA HA HA HA
WA HA HA HA
HEY, JOTARO! KOMM WIEDER ZU SINNEN!
UM HIMMELS WILLEN!
REISST EUCH ZUSAMMEN! WENN WIR IN DIESER NOTLAGE FASSUNG BEWAHREN, FINDEN WIR GANZ SICHER EINEN WEG, UM ZUM GEGENSCHLAG AUSZUHOLEN!
DIE HITZE HAT IHNEN WOHL DEN VERSTAND GERAUBT?! BIN ICH DER EINZIG NORMALE HIER?!

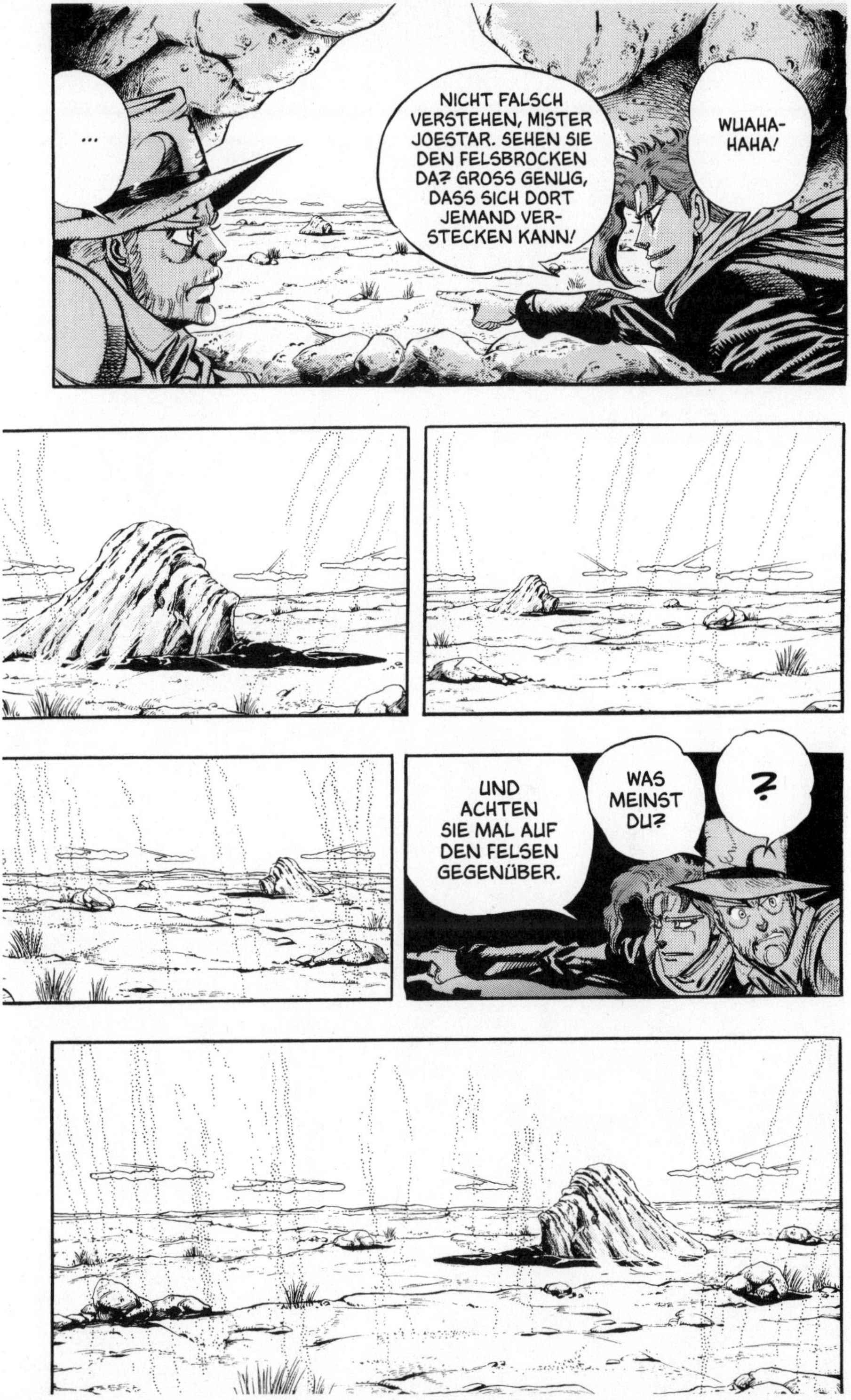
WUAHA-
HAHA!
NICHT FALSCH VERSTEHEN, MISTER JOESTAR. SEHEN SIE DEN FELSBROCKEN DA? GROSS GENUG, DASS SICH DORT JEMAND VER-STECKEN KANN!
...
?
WAS MEINST DU?
UND ACHTEN SIE MAL AUF DEN FELSEN GEGENÜBER.

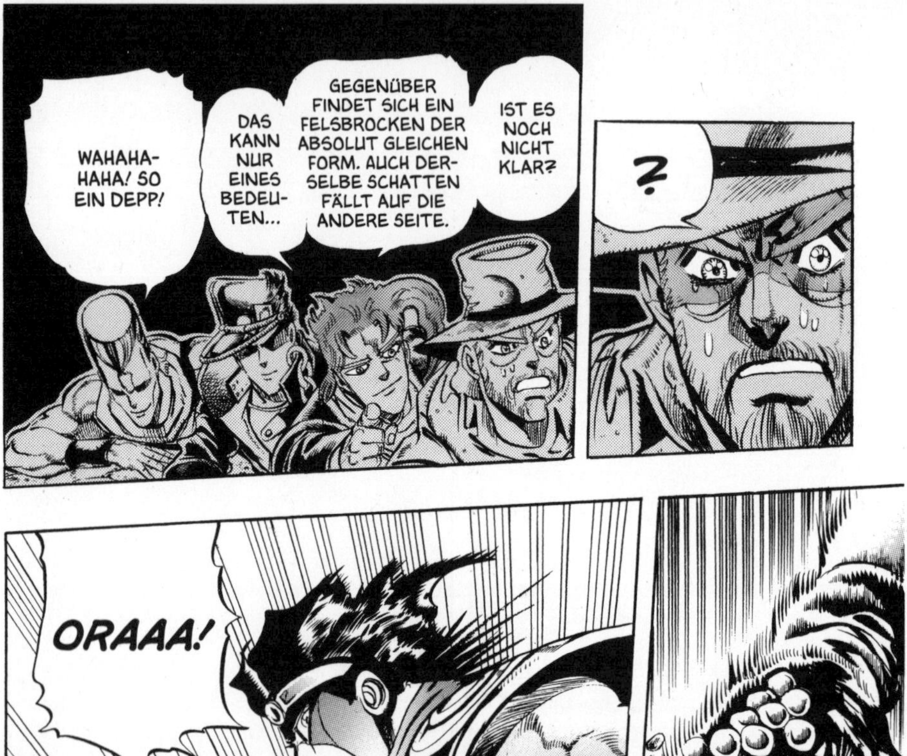

IST ES NOCH NICHT KLAR?
GEGENÜBER FINDET SICH EIN FELSBROCKEN DER ABSOLUT GLEICHEN FORM. AUCH DERSELBE SCHATTEN FÄLLT AUF DIE ANDERE SEITE.
DAS KANN NUR EINES BEDEUTEN...
WAHAHAHAHA! SO EIN DEPP!
?
ORAAA!
GNNG!

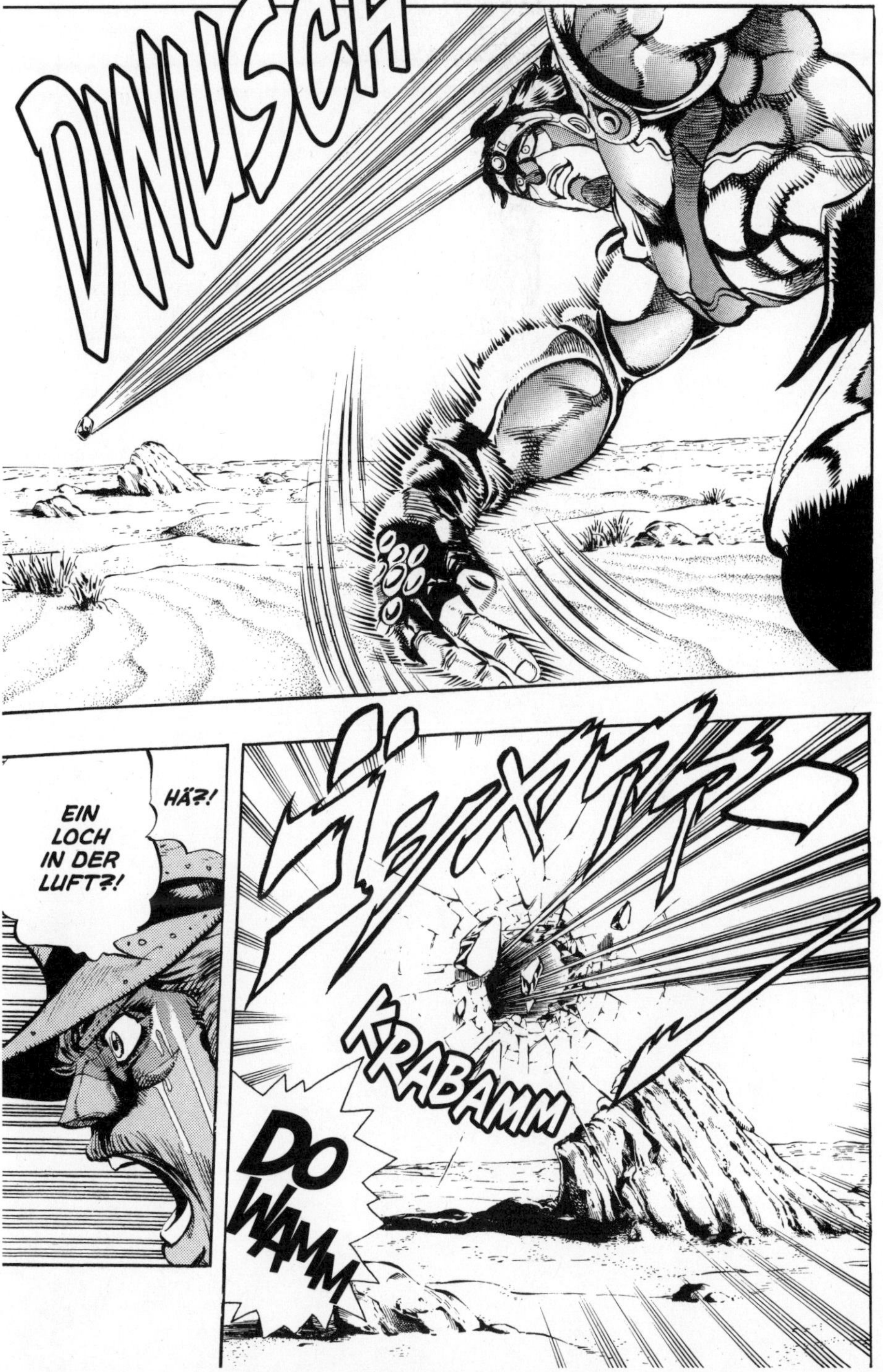
DWUSCH
KRABAMM
DO WAMM
HÄ?!
EIN LOCH IN DER LUFT?!

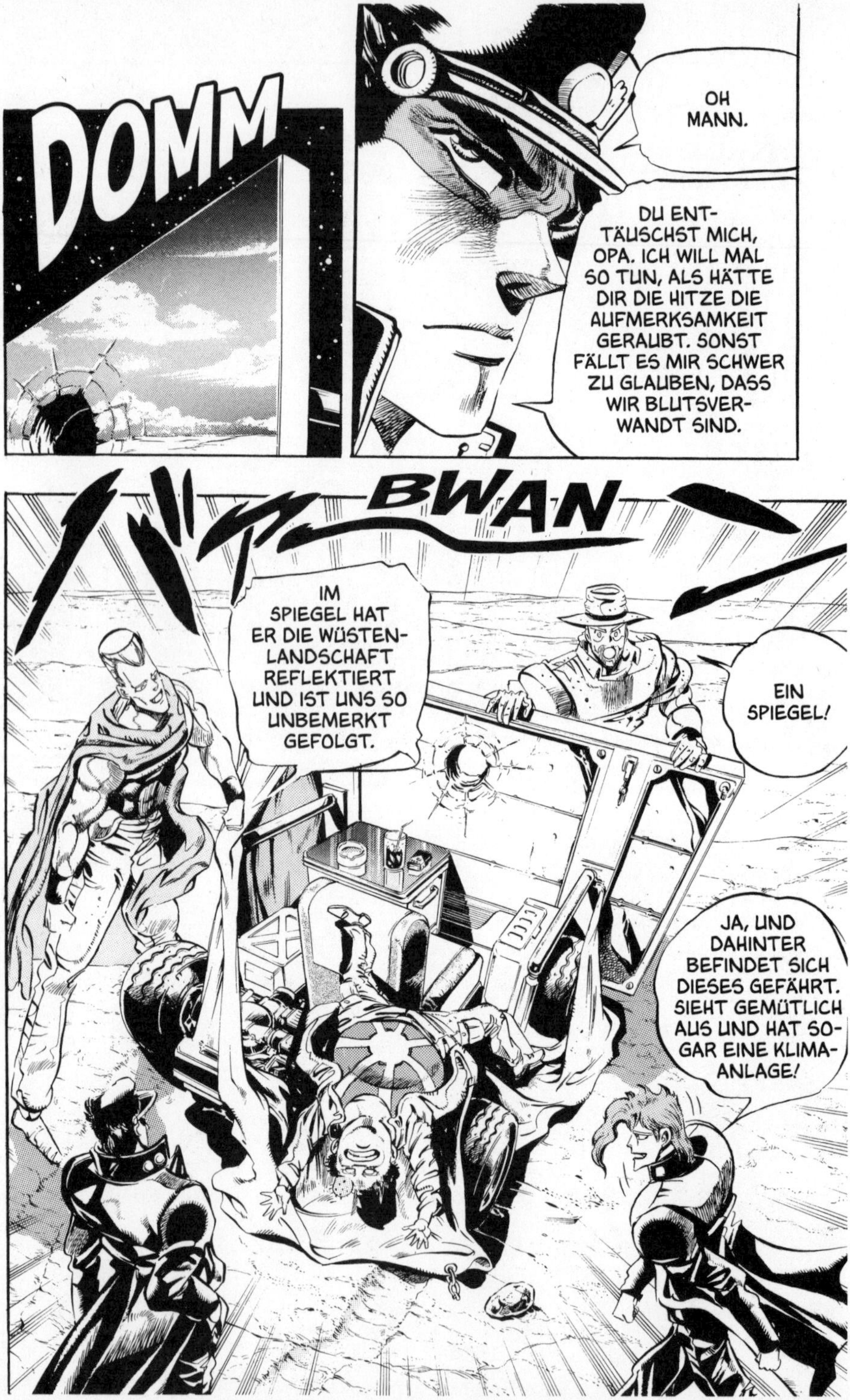
DOMM
OH MANN.
DU ENTTÄUSCHST MICH, OPA. ICH WILL MAL SO TUN, ALS HÄTTE DIR DIE HITZE DIE AUFMERKSAMKEIT GERAUBT. SONST FÄLLT ES MIR SCHWER ZU GLAUBEN, DASS WIR BLUTSVERWANDT SIND.
BWAN
EIN SPIEGEL!
IM SPIEGEL HAT ER DIE WÜSTENLANDSCHAFT REFLEKTIERT UND IST UNS SO UNBEMERKT GEFOLGT.
JA, UND DAHINTER BEFINDET SICH DIESES GEFÄHRT. SIEHT GEMÜTLICH AUS UND HAT SOGAR EINE KLIMAANLAGE!

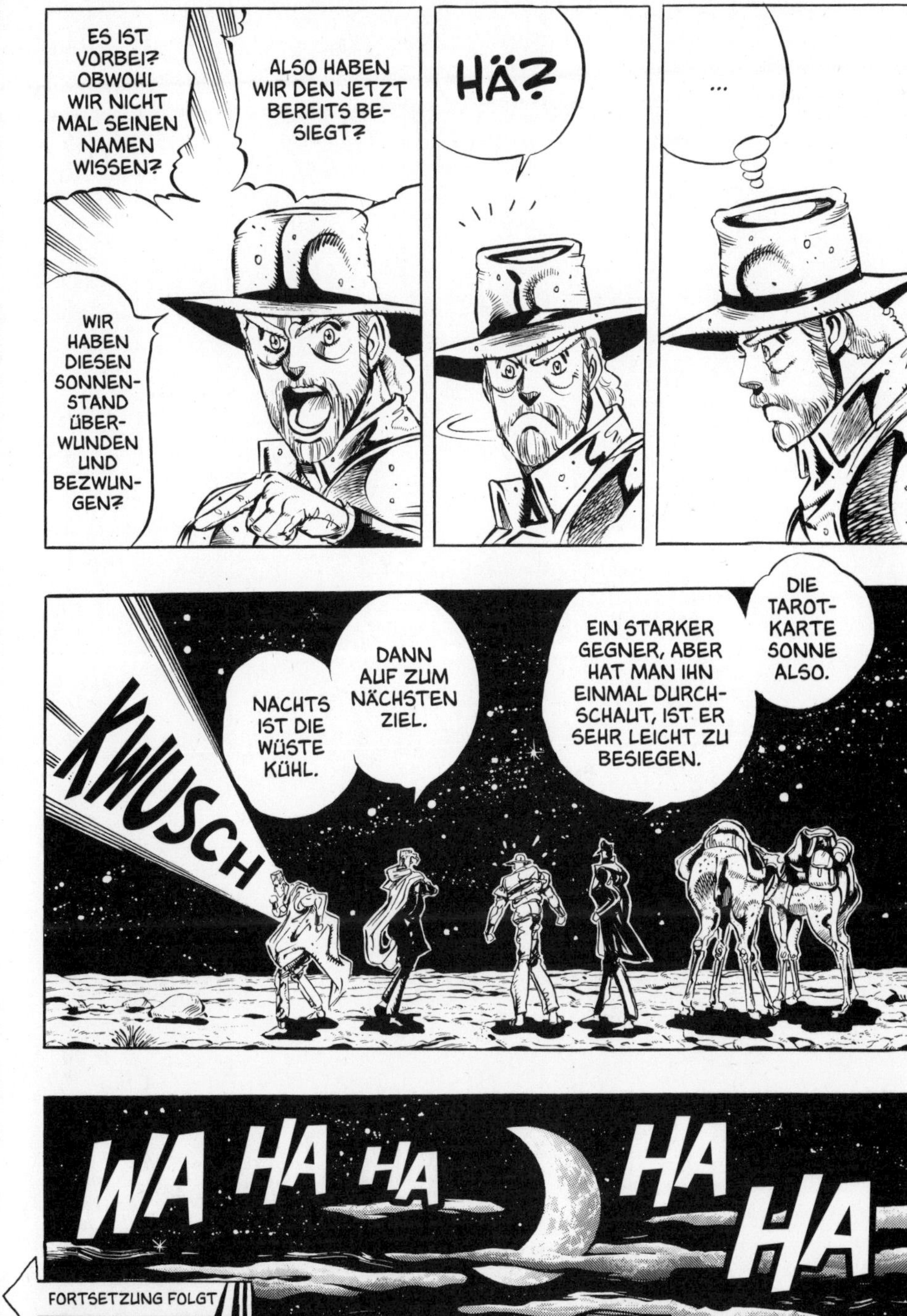
...
HÄ?
ALSO HABEN WIR DEN JETZT BEREITS BE-SIEGT?
ES IST VORBEI? OBWOHL WIR NICHT MAL SEINEN NAMEN WISSEN?
WIR HABEN DIESEN SONNEN-STAND ÜBER-WUNDEN UND BEZWUN-GEN?
DIE TAROT-KARTE SONNE ALSO.
EIN STARKER GEGNER, ABER HAT MAN IHN EINMAL DURCH-SCHAUT, IST ER SEHR LEICHT ZU BESIEGEN.
DANN AUF ZUM NÄCHSTEN ZIEL.
NACHTS IST DIE WÜSTE KÜHL.
KWUSCH
WA HA HA HA HA
FORTSETZUNG FOLGT
TSCHING TSCHING

JOJO'S BIZARRE ADVENTURE PART 3

STARDUST CRUSADERS

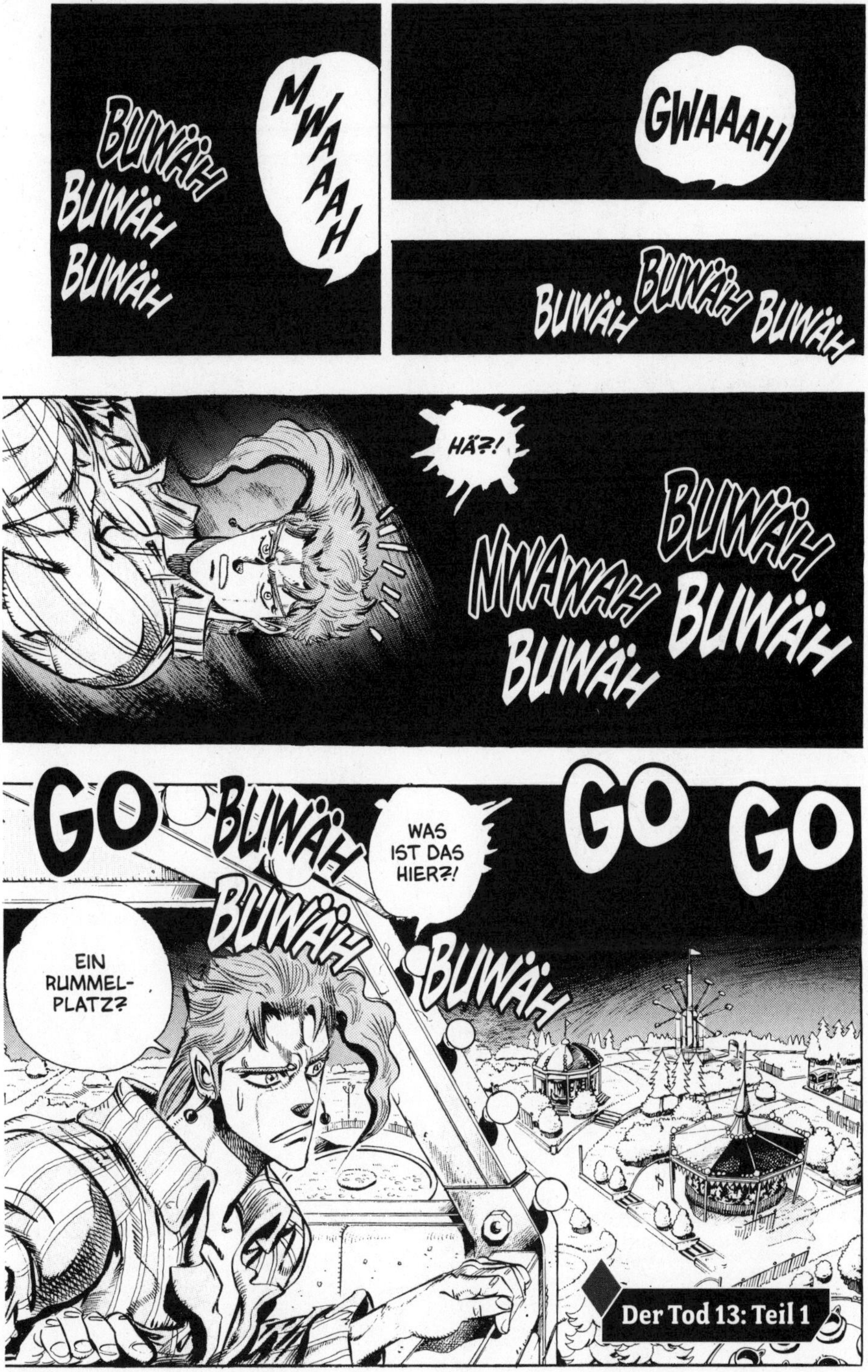
GWAAAH
MWAAAAH
BUWÄH BUWÄH BUWÄH
BUWÄH BUWÄH BUWÄH
HÄ?!
BUWÄH BUWÄH
NWAWAH BUWÄH
GO GO
WAS IST DAS HIER?!
GO
BUWÄH BUWÄH BUWÄH
EIN RUMMEL-PLATZ?
Der Tod 13: Teil 1

Der Tod 13: Teil 1

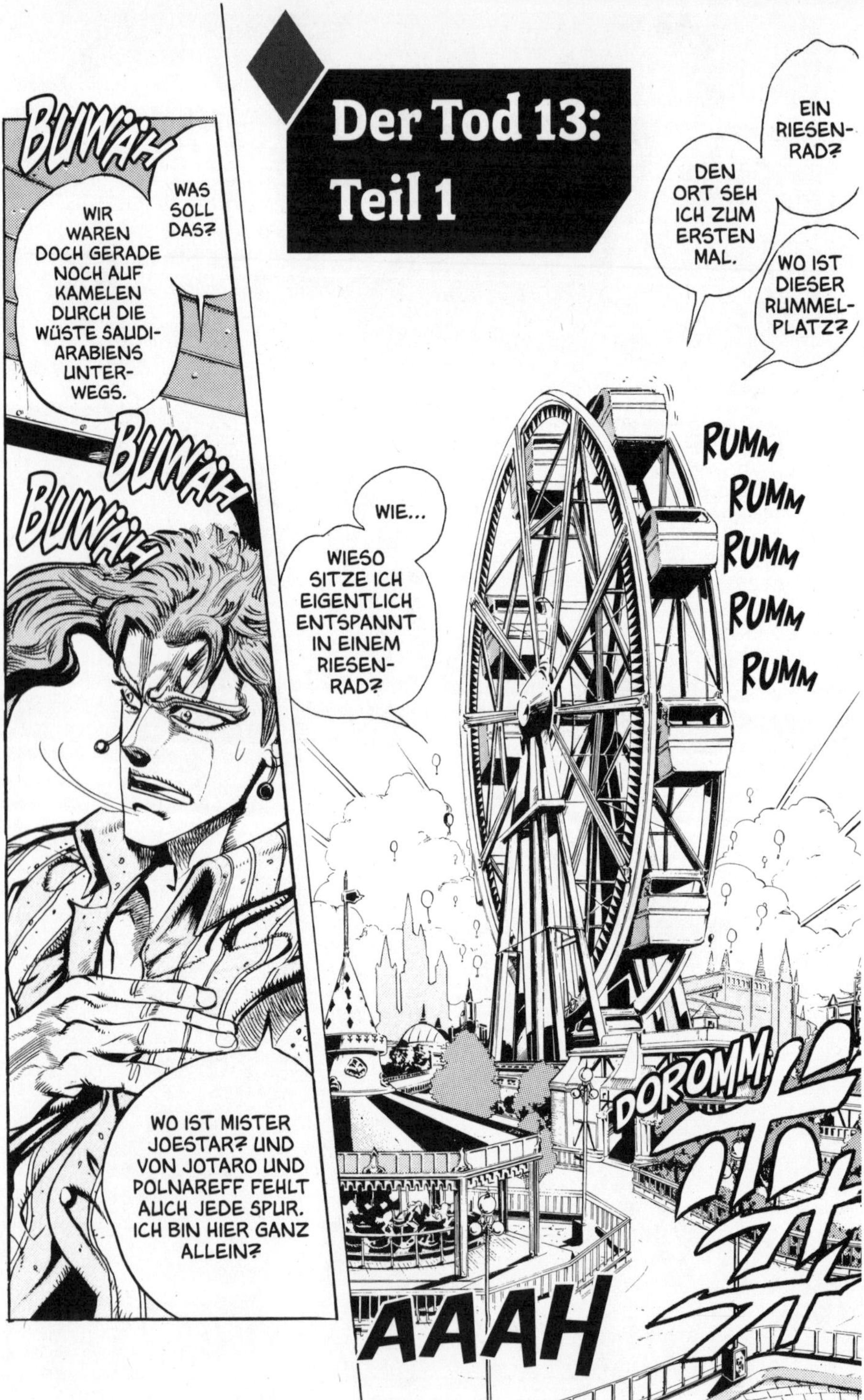

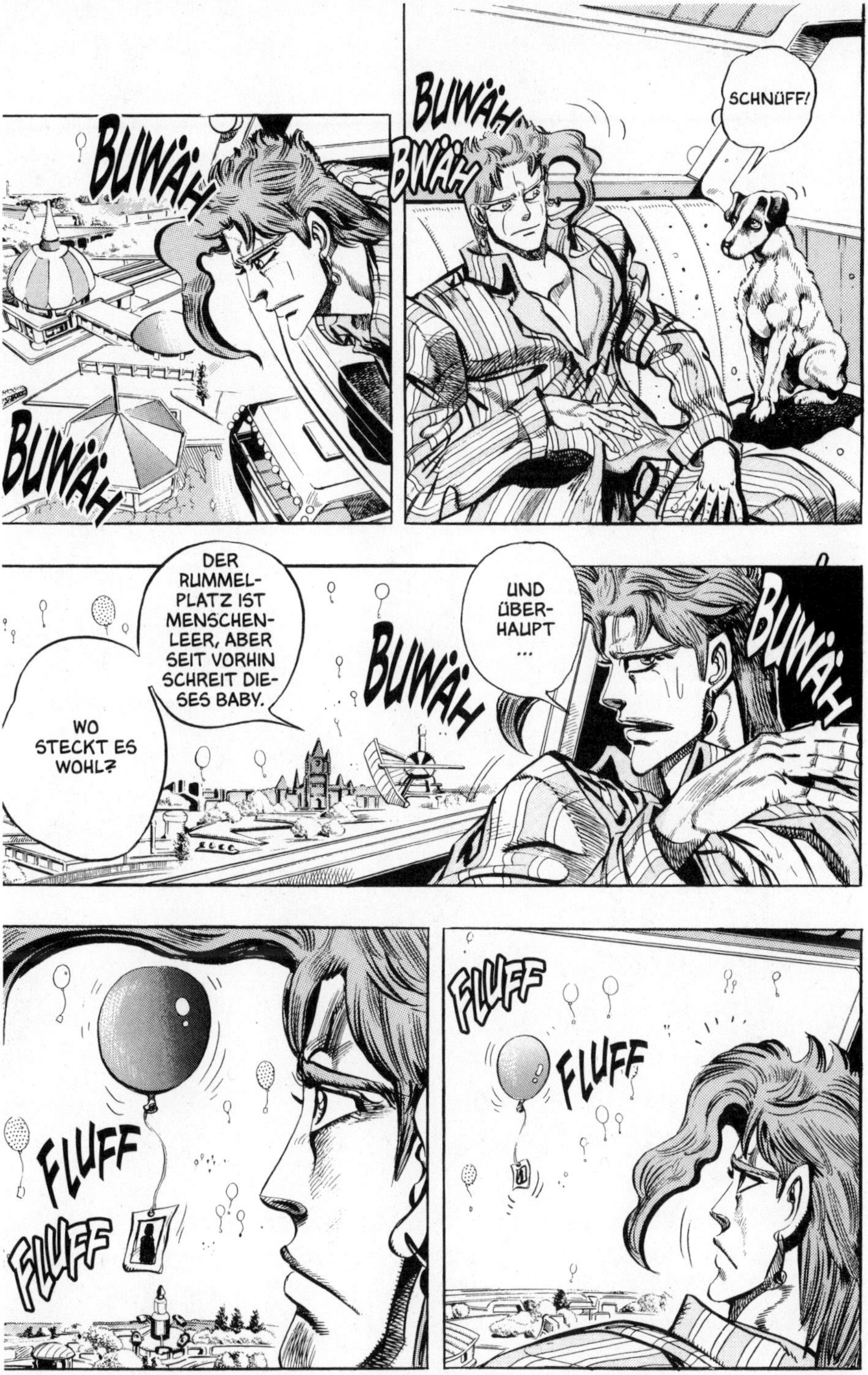
BUWÄH
BWÄH
SCHNÜFF!
BUWÄH
BUWÄH
BUWÄH
UND ÜBERHAUPT …
BUWÄH
DER RUMMELPLATZ IST MENSCHENLEER, ABER SEIT VORHIN SCHREIT DIESES BABY.
WO STECKT ES WOHL?
FLUFF
FLUFF
FLUFF
FLUFF

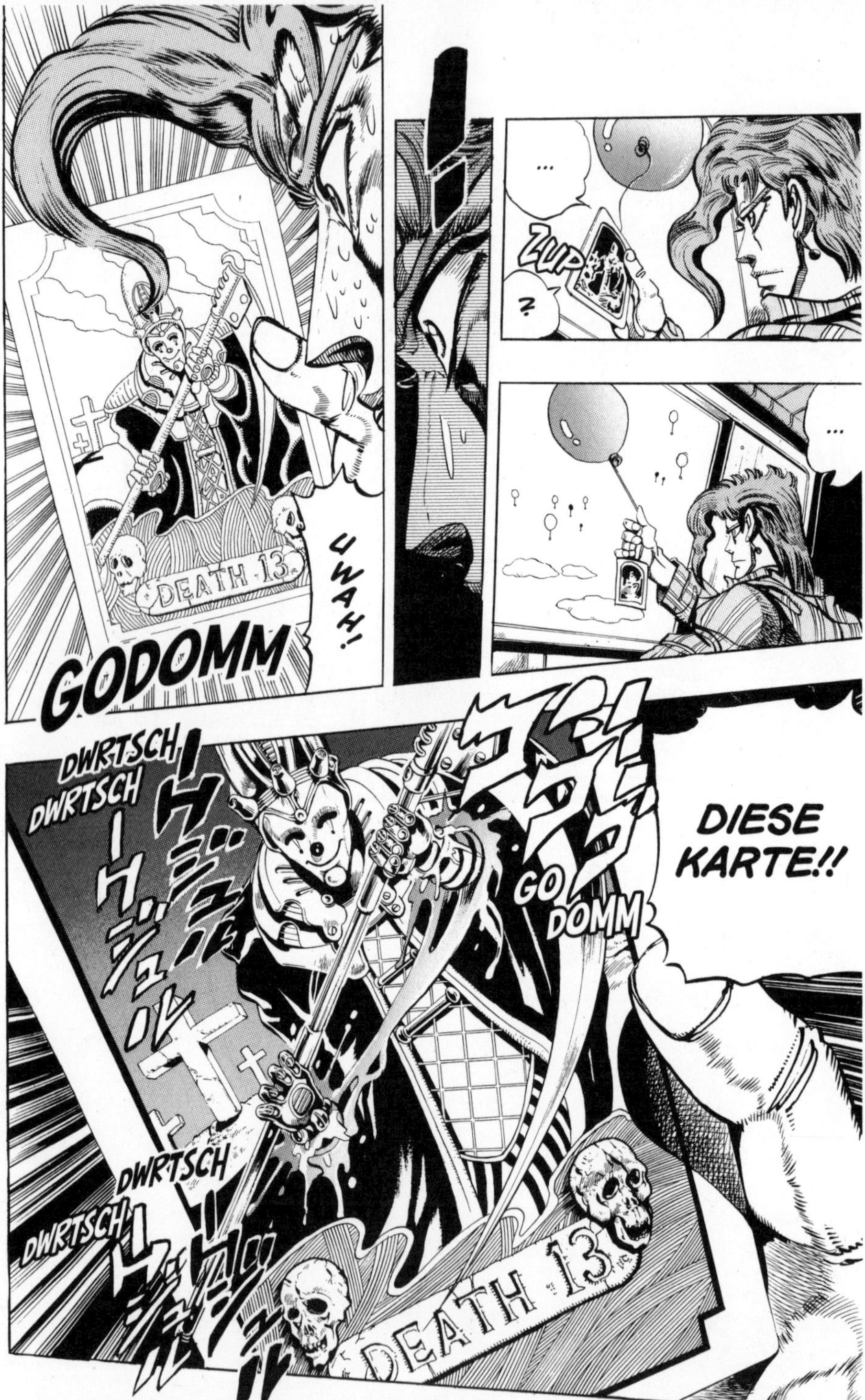
...
ZUP
?
...
UWAH!
GODOMM
DIESE KARTE!!
GO DOMM
DWRTSCH DWRTSCH
DWRTSCH DWRTSCH
DEATH 13
DEATH 13

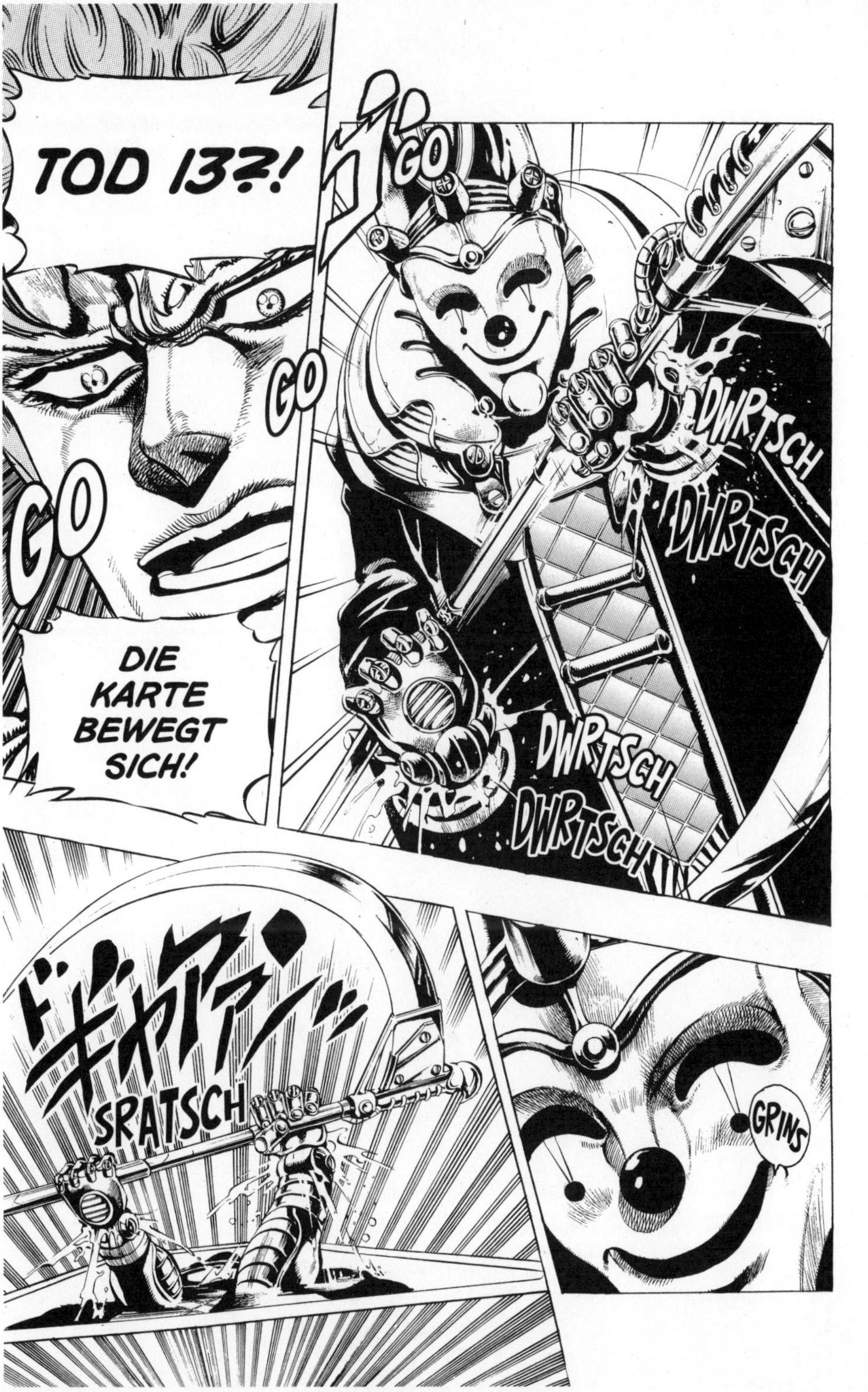
GO
GO
DWRTSCH
DWRTSCH
DWRTSCH
DWRTSCH
GO
TOD 13?!
DIE KARTE BEWEGT SICH!
GRINS
ドギャアァン
SRATSCH

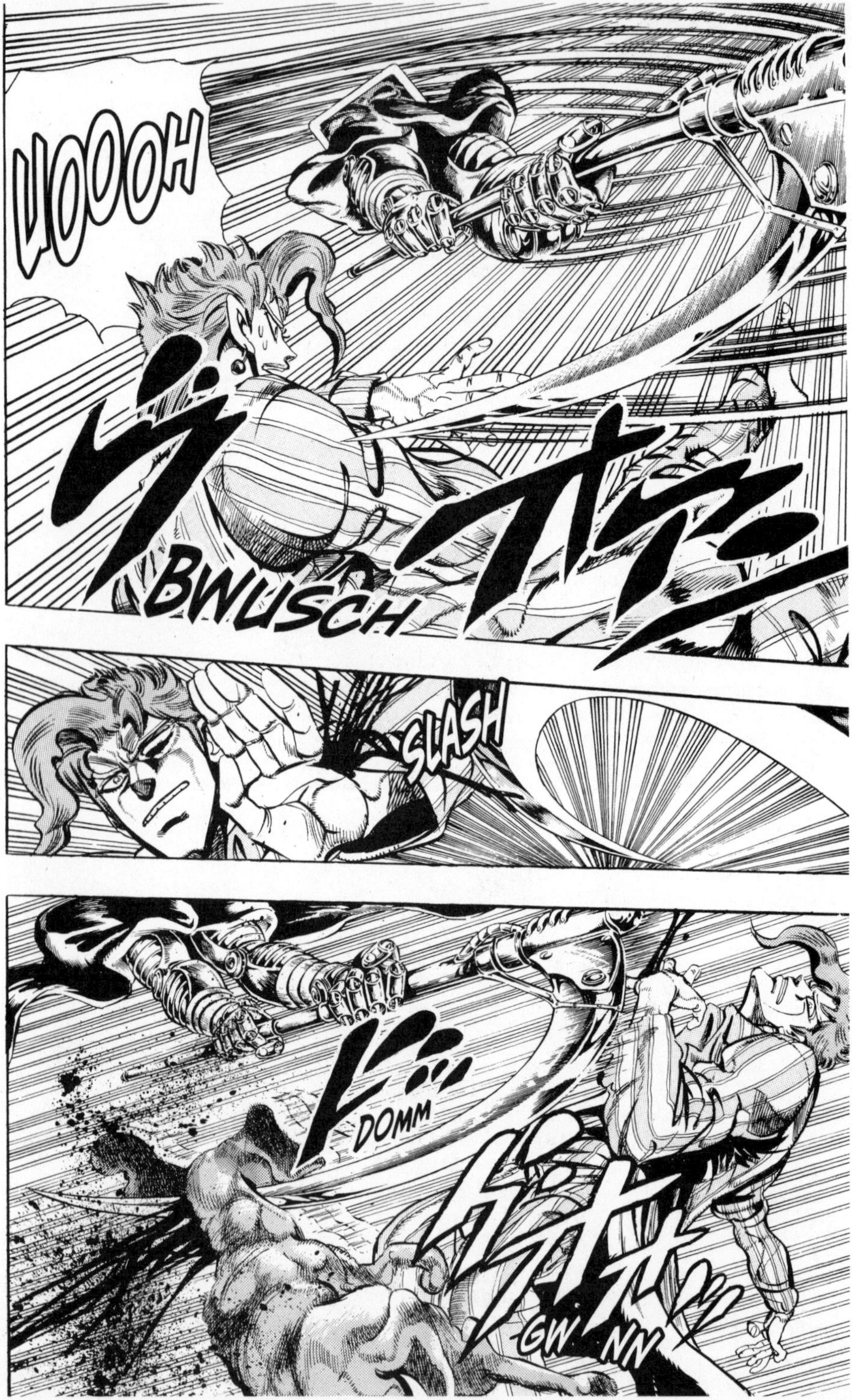
UOOOH
BWUSCH
SLASH
DOMM
GW NN

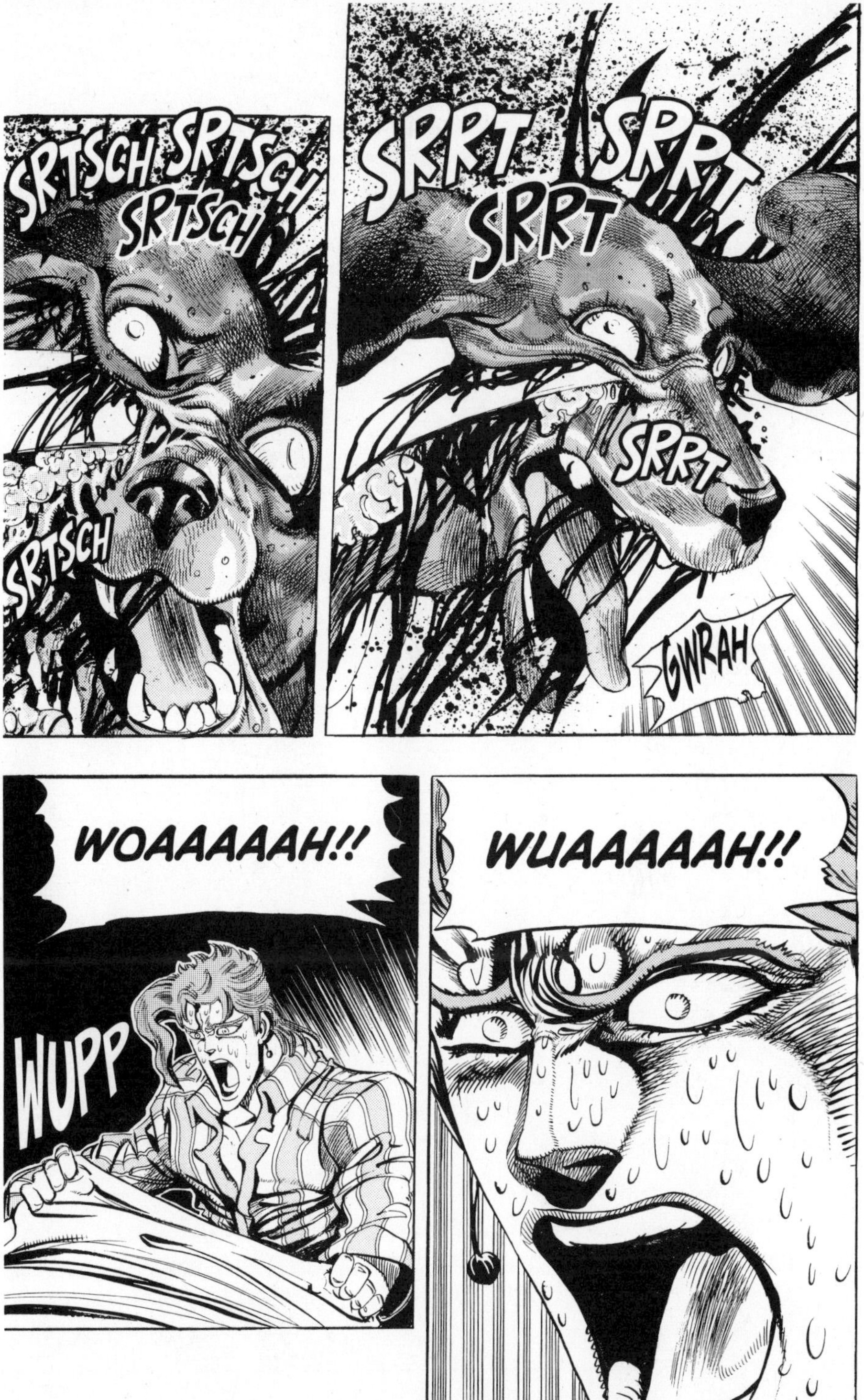
SRTSCH SRTSCH
SRTSCH
SRTSCH
SRRT SRRT
SRRT
SRRT
GWRAH
WOAAAAAH!!
WUPP
WUAAAAAH!!

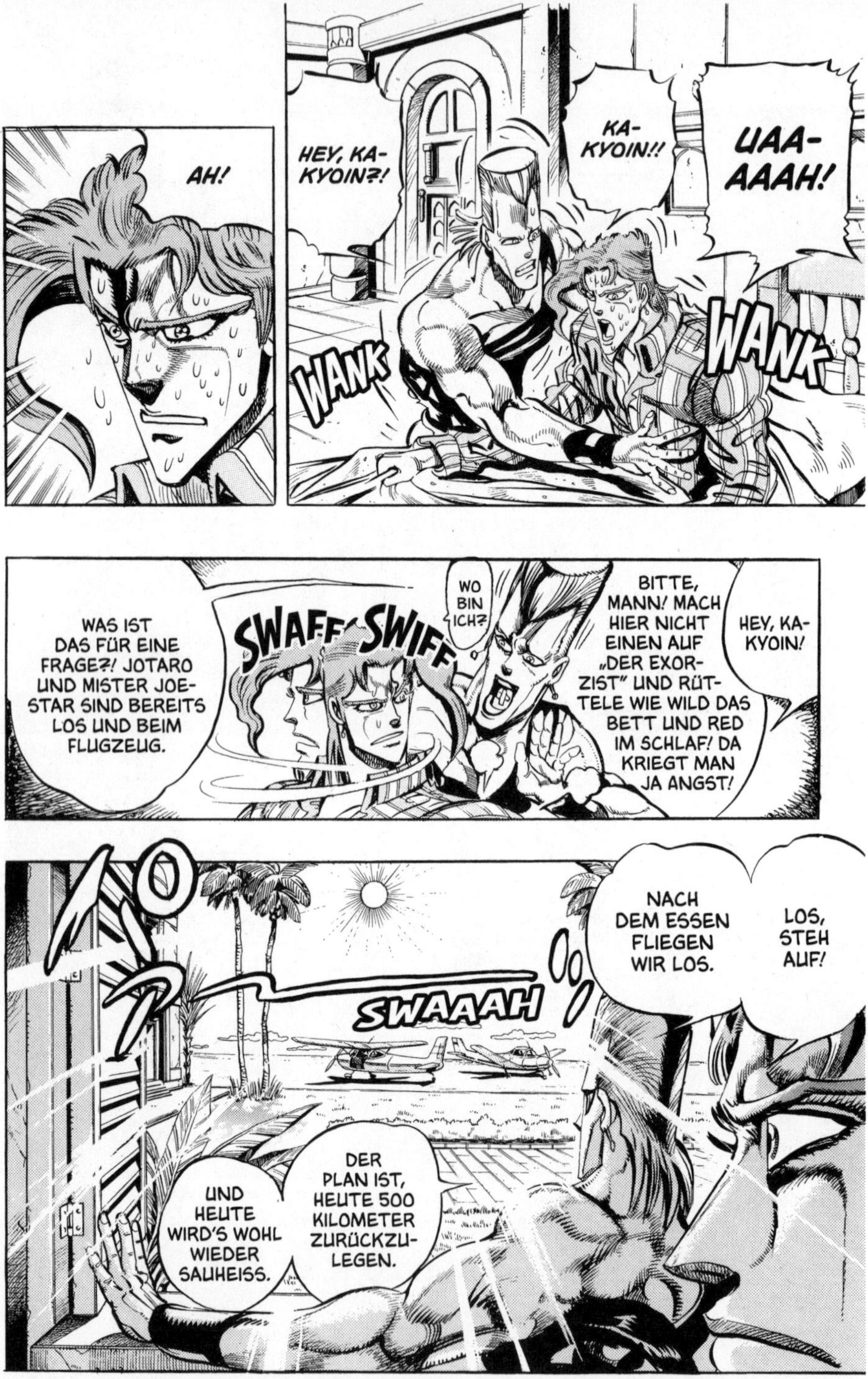
UAA-AAAH!
KA-KYOIN!!
HEY, KA-KYOIN?!
WANK
WANK
AH!
HEY, KA-KYOIN!
BITTE, MANN! MACH HIER NICHT EINEN AUF „DER EXOR-ZIST" UND RÜT-TELE WIE WILD DAS BETT UND RED IM SCHLAF! DA KRIEGT MAN JA ANGST!
WO BIN ICH?
SWIFF
SWAFF
WAS IST DAS FÜR EINE FRAGE?! JOTARO UND MISTER JOE-STAR SIND BEREITS LOS UND BEIM FLUGZEUG.
LOS, STEH AUF!
NACH DEM ESSEN FLIEGEN WIR LOS.
SWAAAH
DER PLAN IST, HEUTE 500 KILOMETER ZURÜCKZU-LEGEN.
UND HEUTE WIRD'S WOHL WIEDER SAUHEISS.

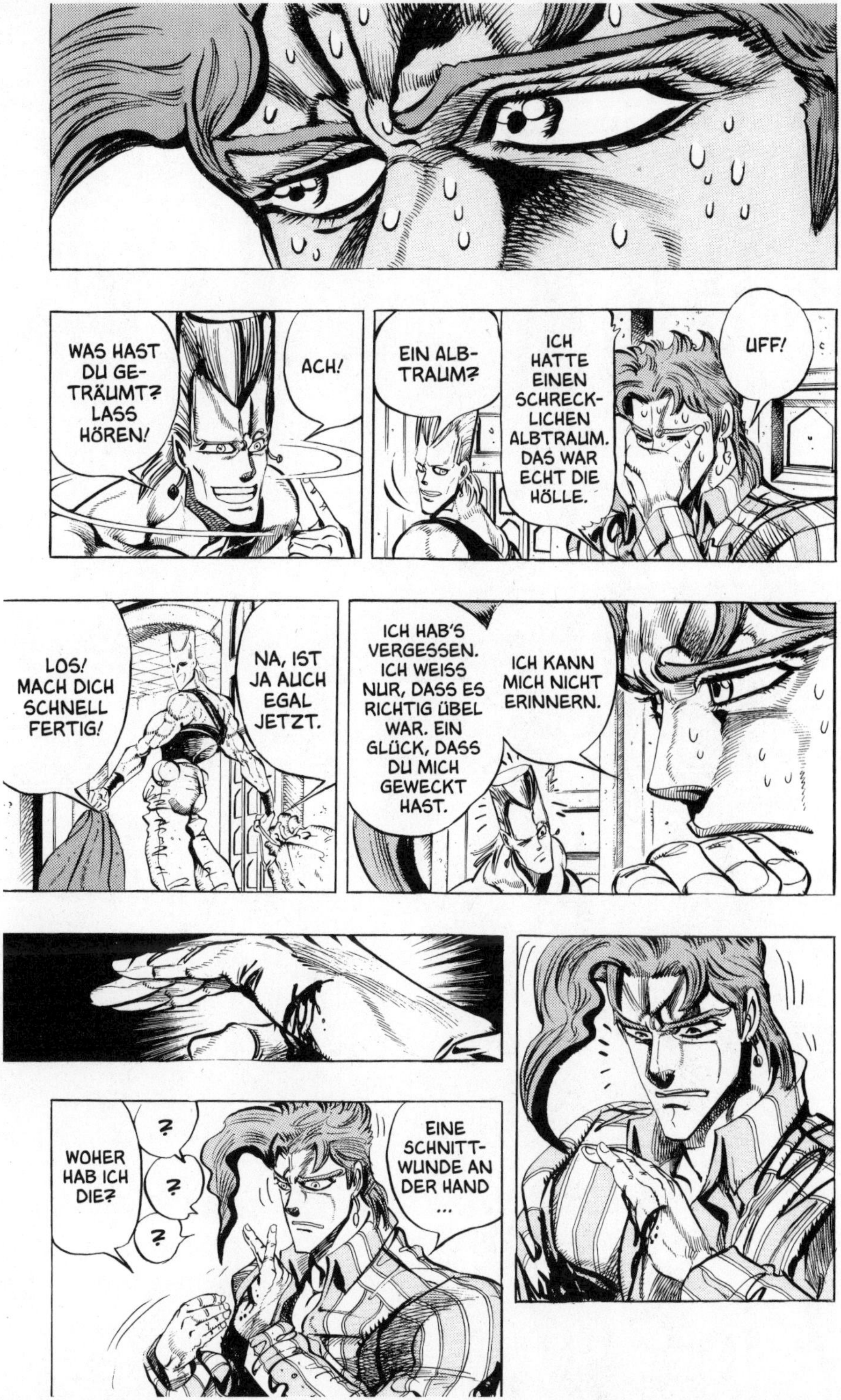
UFF!
ICH HATTE EINEN SCHRECKLICHEN ALBTRAUM. DAS WAR ECHT DIE HÖLLE.
EIN ALBTRAUM?
ACH!
WAS HAST DU GETRÄUMT? LASS HÖREN!
ICH KANN MICH NICHT ERINNERN.
ICH HAB'S VERGESSEN. ICH WEISS NUR, DASS ES RICHTIG ÜBEL WAR. EIN GLÜCK, DASS DU MICH GEWECKT HAST.
NA, IST JA AUCH EGAL JETZT.
LOS! MACH DICH SCHNELL FERTIG!
EINE SCHNITTWUNDE AN DER HAND ...
?
?
?
WOHER HAB ICH DIE?

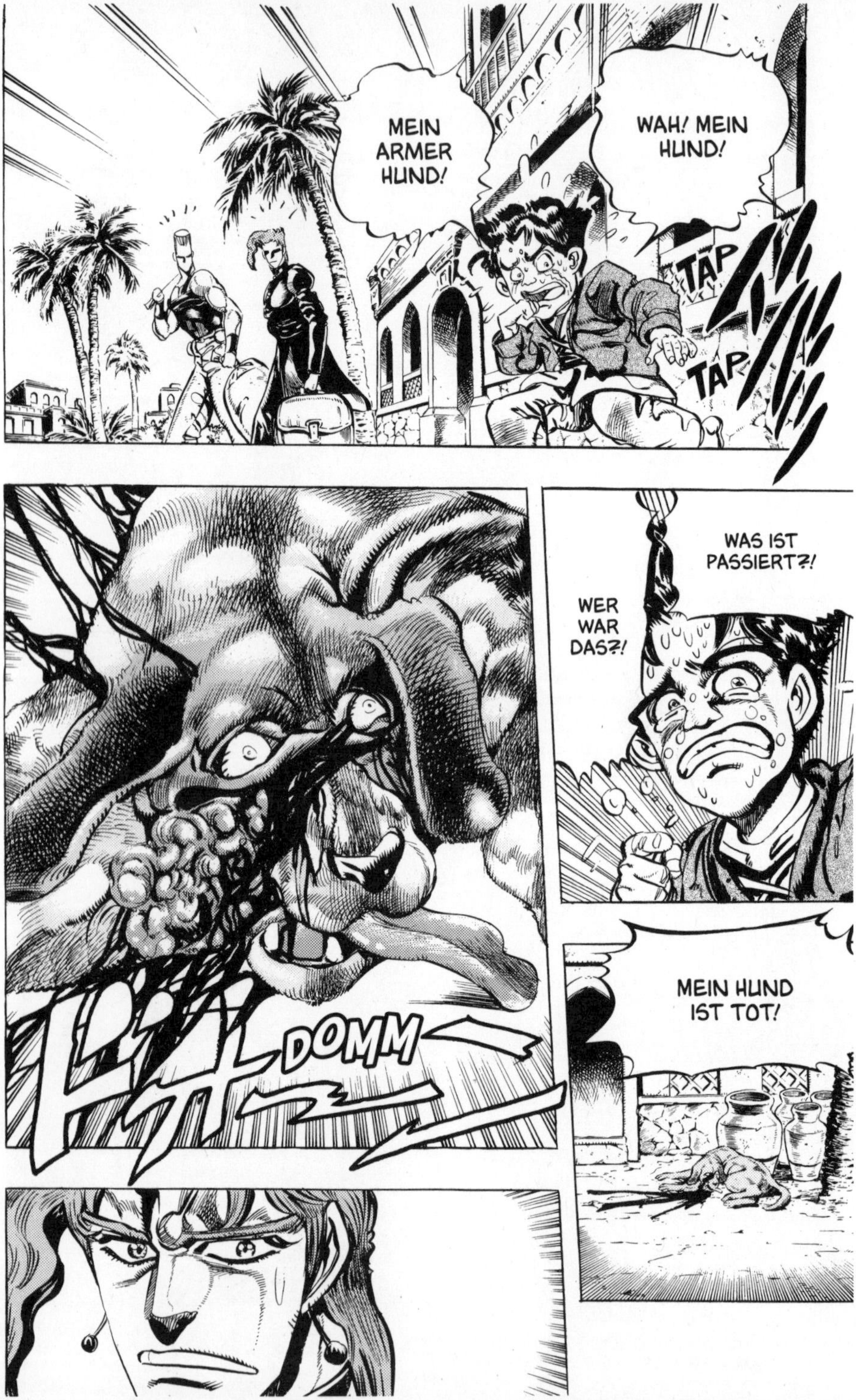
WAH! MEIN HUND!
MEIN ARMER HUND!
TAP
TAP
WAS IST PASSIERT?!
WER WAR DAS?!
DOMM
MEIN HUND IST TOT!

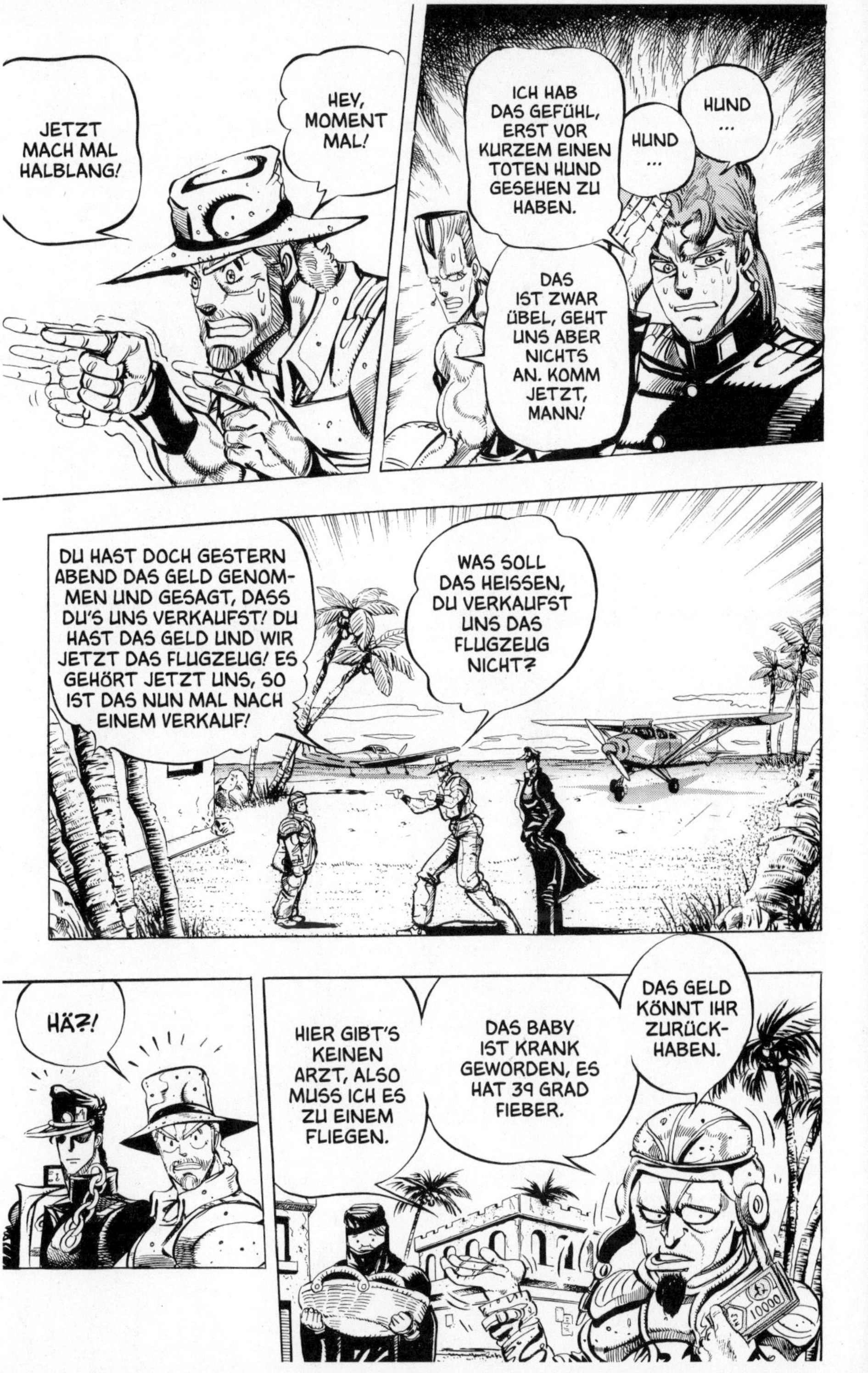
HUND ...
HUND ...
ICH HAB DAS GEFÜHL, ERST VOR KURZEM EINEN TOTEN HUND GESEHEN ZU HABEN.
DAS IST ZWAR ÜBEL, GEHT UNS ABER NICHTS AN. KOMM JETZT, MANN!
HEY, MOMENT MAL!
JETZT MACH MAL HALBLANG!
WAS SOLL DAS HEISSEN, DU VERKAUFST UNS DAS FLUGZEUG NICHT?
DU HAST DOCH GESTERN ABEND DAS GELD GENOMMEN UND GESAGT, DASS DU'S UNS VERKAUFST! DU HAST DAS GELD UND WIR JETZT DAS FLUGZEUG! ES GEHÖRT JETZT UNS, SO IST DAS NUN MAL NACH EINEM VERKAUF!
DAS GELD KÖNNT IHR ZURÜCKHABEN.
DAS BABY IST KRANK GEWORDEN, ES HAT 39 GRAD FIEBER.
HIER GIBT'S KEINEN ARZT, ALSO MUSS ICH ES ZU EINEM FLIEGEN.
HÄ?!

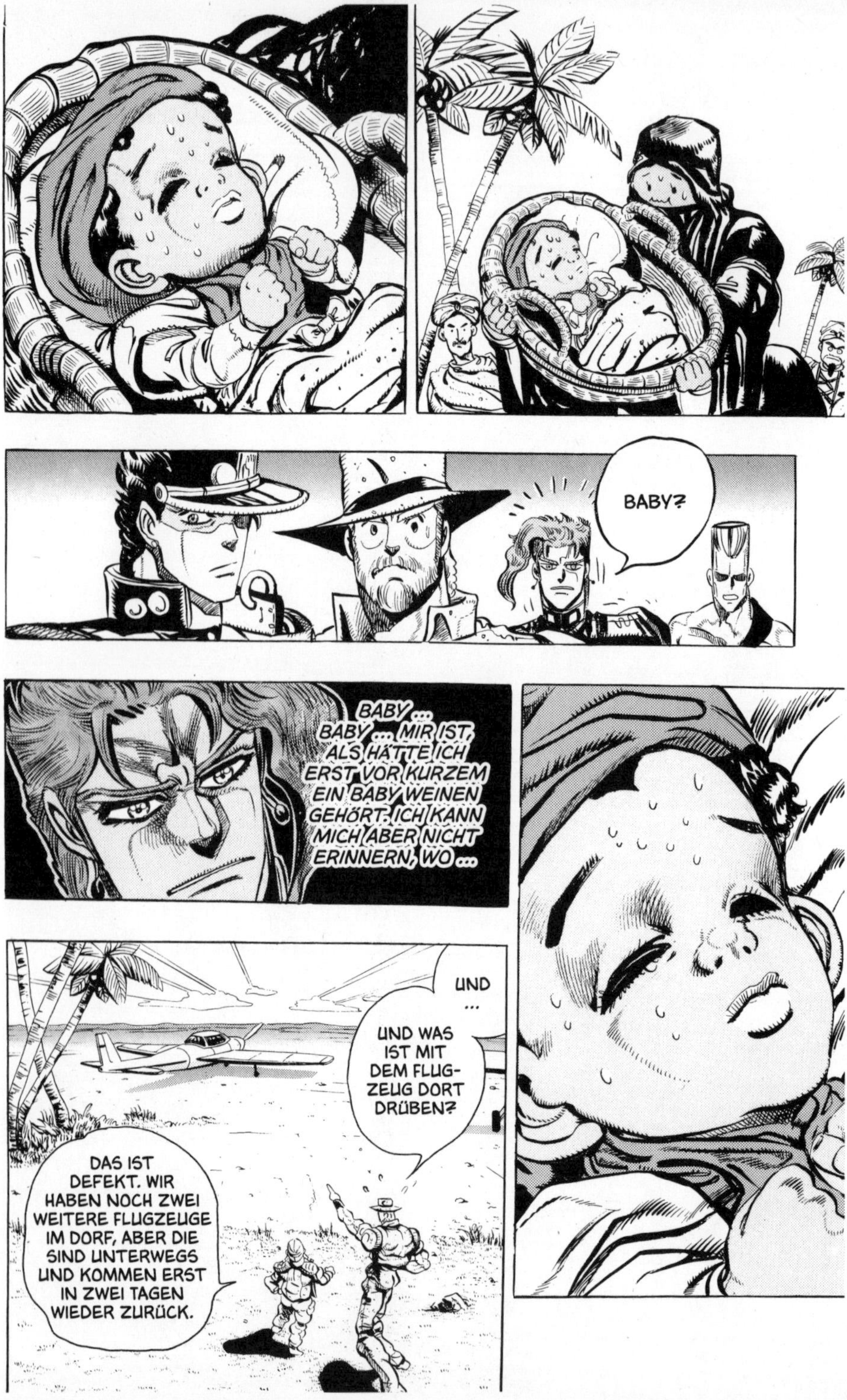
BABY?
BABY ... BABY ... MIR IST, ALS HÄTTE ICH ERST VOR KURZEM EIN BABY WEINEN GEHÖRT. ICH KANN MICH ABER NICHT ERINNERN, WO ...
UND ...
UND WAS IST MIT DEM FLUG-ZEUG DORT DRÜBEN?
DAS IST DEFEKT. WIR HABEN NOCH ZWEI WEITERE FLUGZEUGE IM DORF, ABER DIE SIND UNTERWEGS UND KOMMEN ERST IN ZWEI TAGEN WIEDER ZURÜCK.

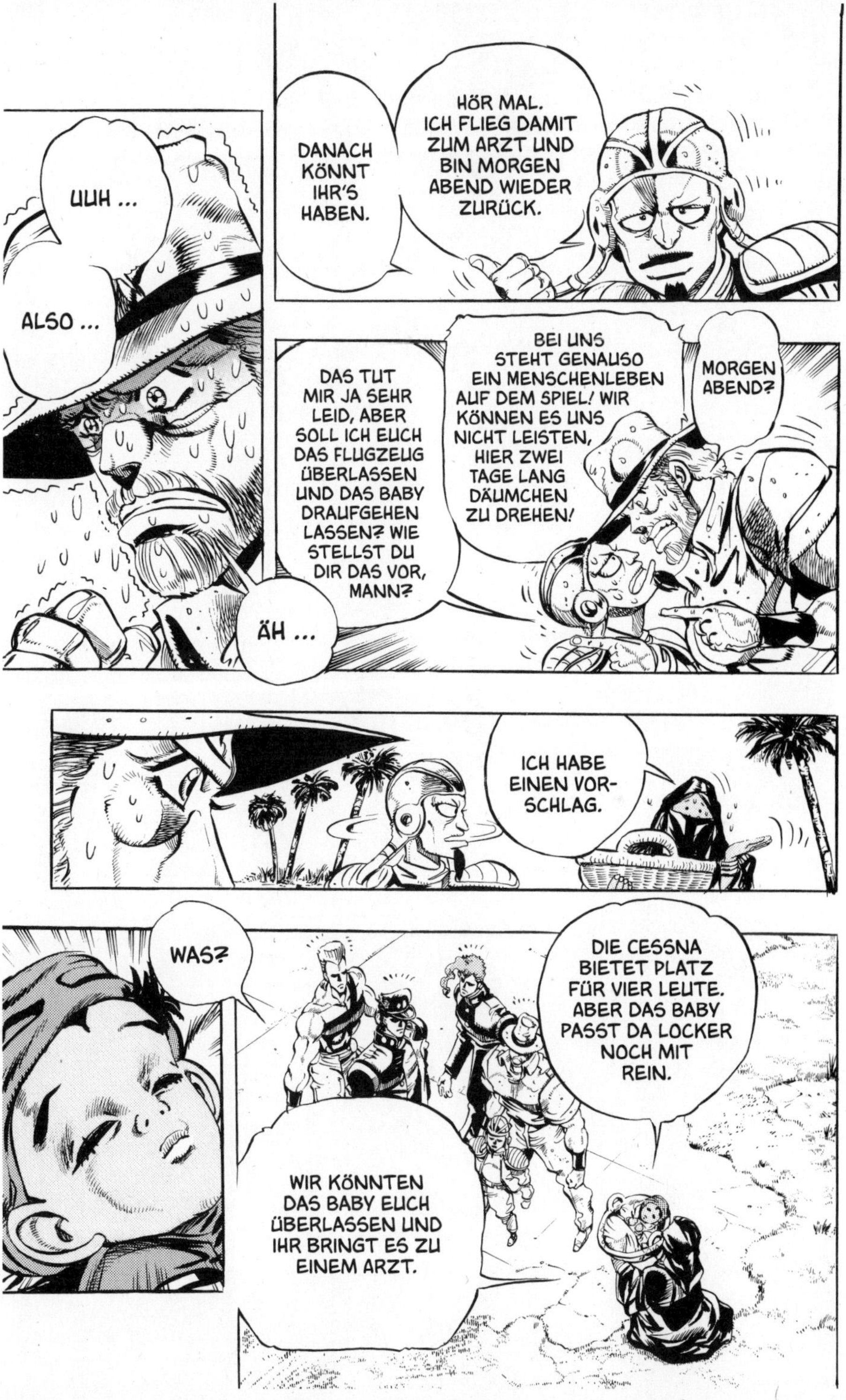
HÖR MAL. ICH FLIEG DAMIT ZUM ARZT UND BIN MORGEN ABEND WIEDER ZURÜCK.
DANACH KÖNNT IHR'S HABEN.
MORGEN ABEND?
BEI UNS STEHT GENAUSO EIN MENSCHENLEBEN AUF DEM SPIEL! WIR KÖNNEN ES UNS NICHT LEISTEN, HIER ZWEI TAGE LANG DÄUMCHEN ZU DREHEN!
DAS TUT MIR JA SEHR LEID, ABER SOLL ICH EUCH DAS FLUGZEUG ÜBERLASSEN UND DAS BABY DRAUFGEHEN LASSEN? WIE STELLST DU DIR DAS VOR, MANN?
ÄH ...
UUH ...
ALSO ...
ICH HABE EINEN VORSCHLAG.
DIE CESSNA BIETET PLATZ FÜR VIER LEUTE. ABER DAS BABY PASST DA LOCKER NOCH MIT REIN.
WIR KÖNNTEN DAS BABY EUCH ÜBERLASSEN UND IHR BRINGT ES ZU EINEM ARZT.
WAS?

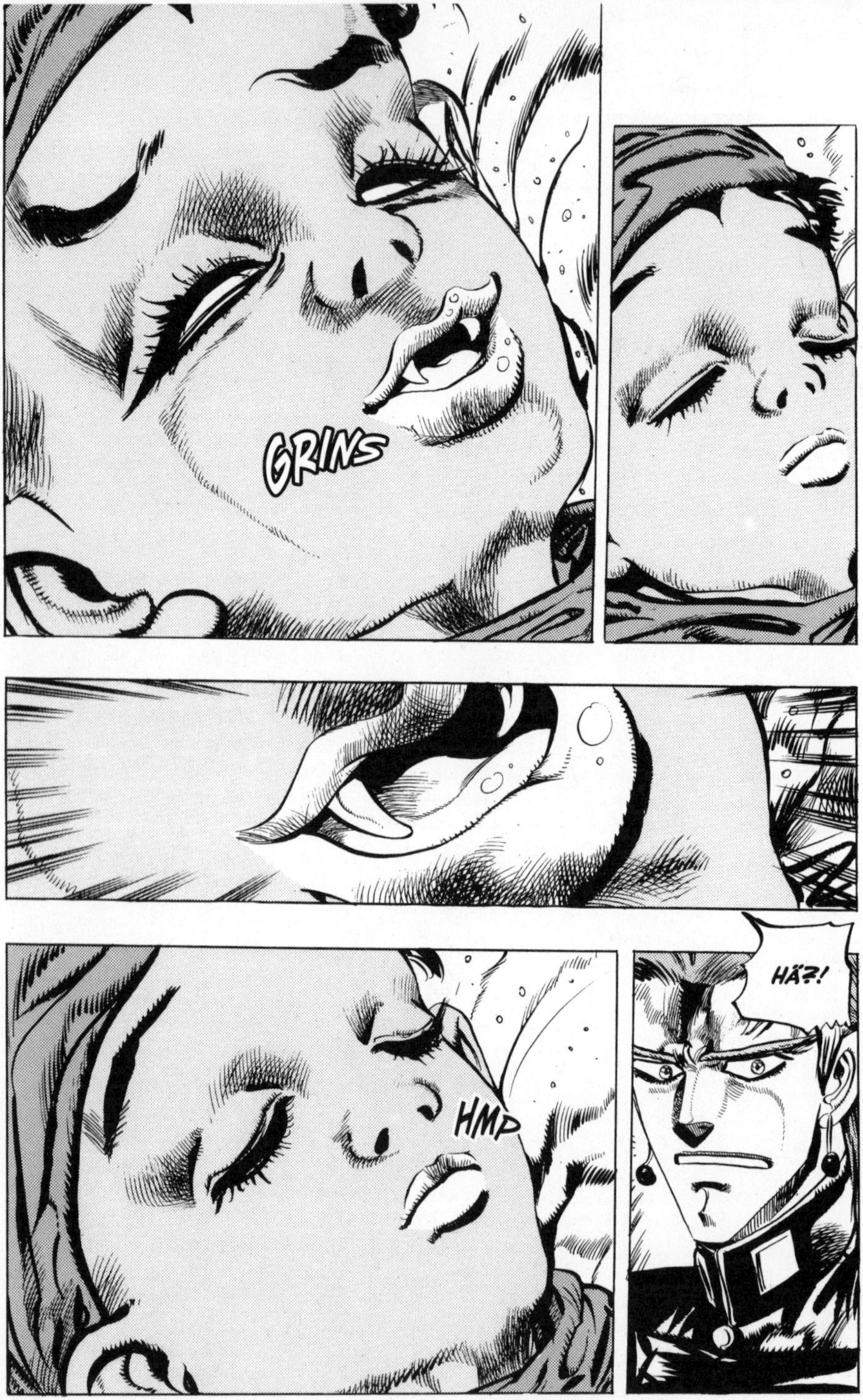
GRINS
HMP
HÄ?!

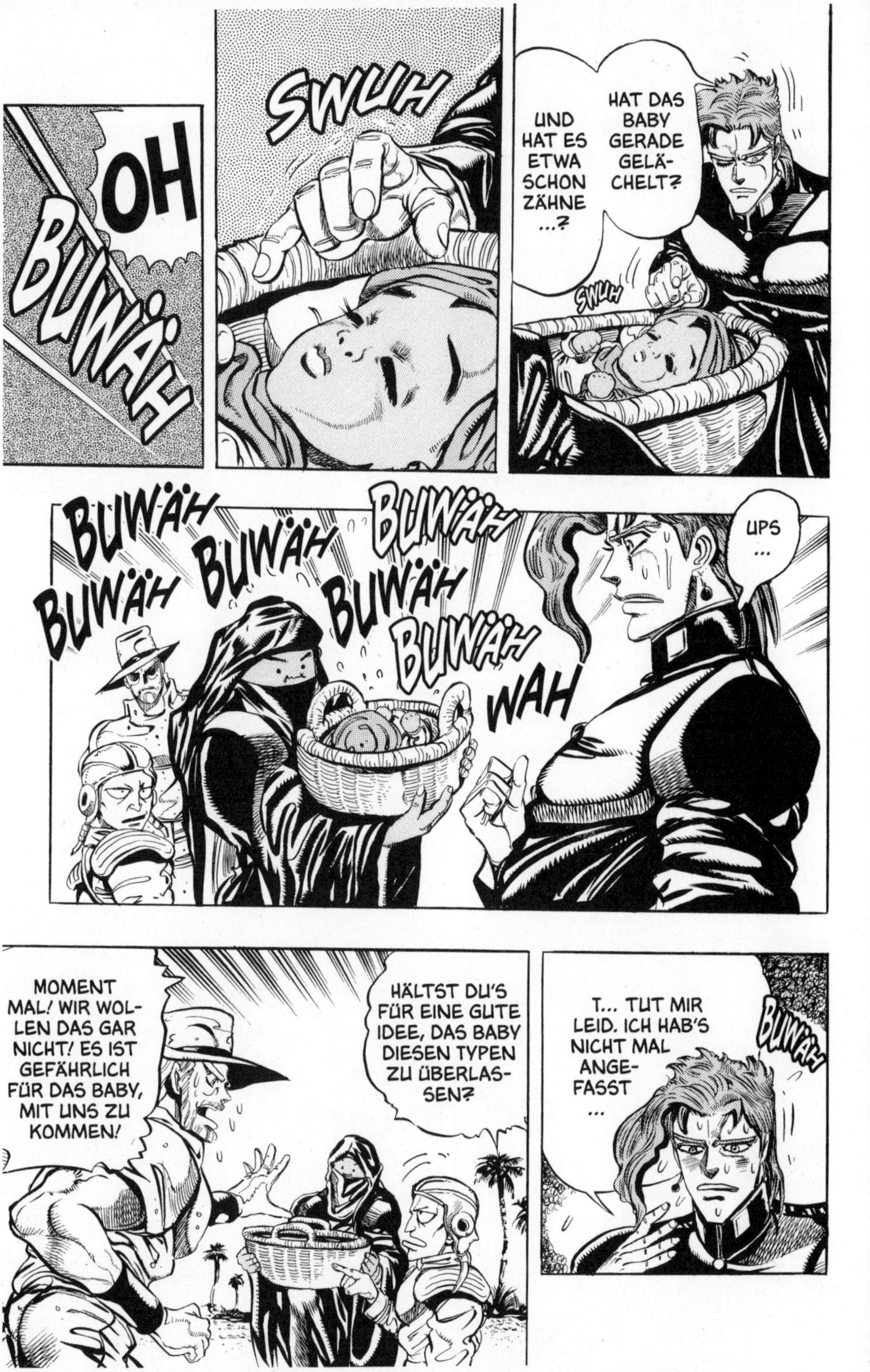
HAT DAS BABY GERADE GELÄCHELT?
UND HAT ES ETWA SCHON ZÄHNE ...?
SWUH
SWUH
OH
BUWÄH
UPS ...
BUWÄH
BUWÄH
BUWÄH
BUWÄH
BUWÄH
BUWÄH
WAH
T... TUT MIR LEID. ICH HAB'S NICHT MAL ANGEFASST ...
BUWÄH
HÄLTST DU'S FÜR EINE GUTE IDEE, DAS BABY DIESEN TYPEN ZU ÜBERLASSEN?
MOMENT MAL! WIR WOLLEN DAS GAR NICHT! ES IST GEFÄHRLICH FÜR DAS BABY, MIT UNS ZU KOMMEN!

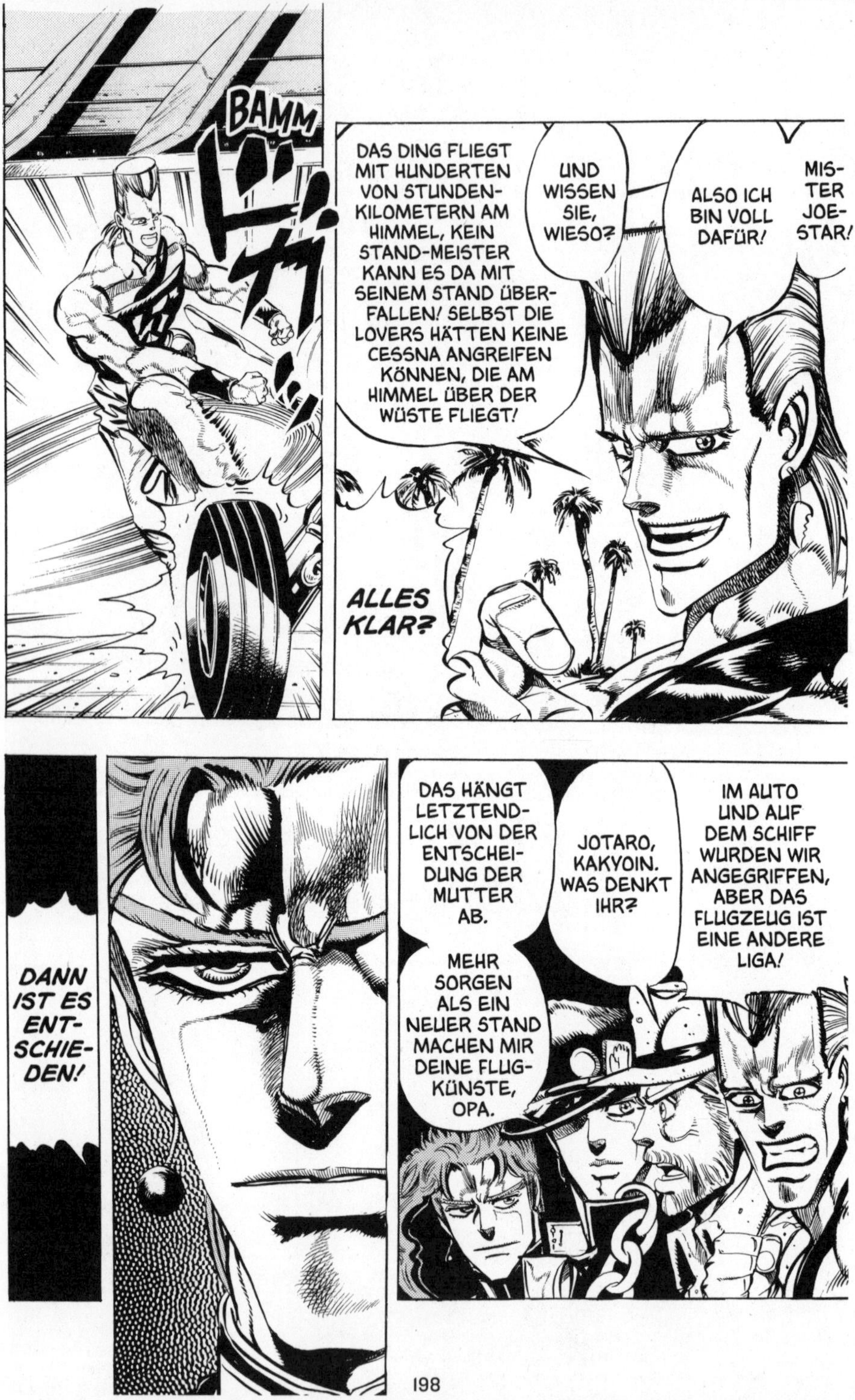
MISTER JOESTAR!
ALSO ICH BIN VOLL DAFÜR!
UND WISSEN SIE, WIESO?
DAS DING FLIEGT MIT HUNDERTEN VON STUNDENKILOMETERN AM HIMMEL, KEIN STAND-MEISTER KANN ES DA MIT SEINEM STAND ÜBERFALLEN! SELBST DIE LOVERS HÄTTEN KEINE CESSNA ANGREIFEN KÖNNEN, DIE AM HIMMEL ÜBER DER WÜSTE FLIEGT!
ALLES KLAR?
BAMM
IM AUTO UND AUF DEM SCHIFF WURDEN WIR ANGEGRIFFEN, ABER DAS FLUGZEUG IST EINE ANDERE LIGA!
JOTARO, KAKYOIN. WAS DENKT IHR?
DAS HÄNGT LETZTENDLICH VON DER ENTSCHEIDUNG DER MUTTER AB.
MEHR SORGEN ALS EIN NEUER STAND MACHEN MIR DEINE FLUGKÜNSTE, OPA.
DANN IST ES ENTSCHIEDEN!

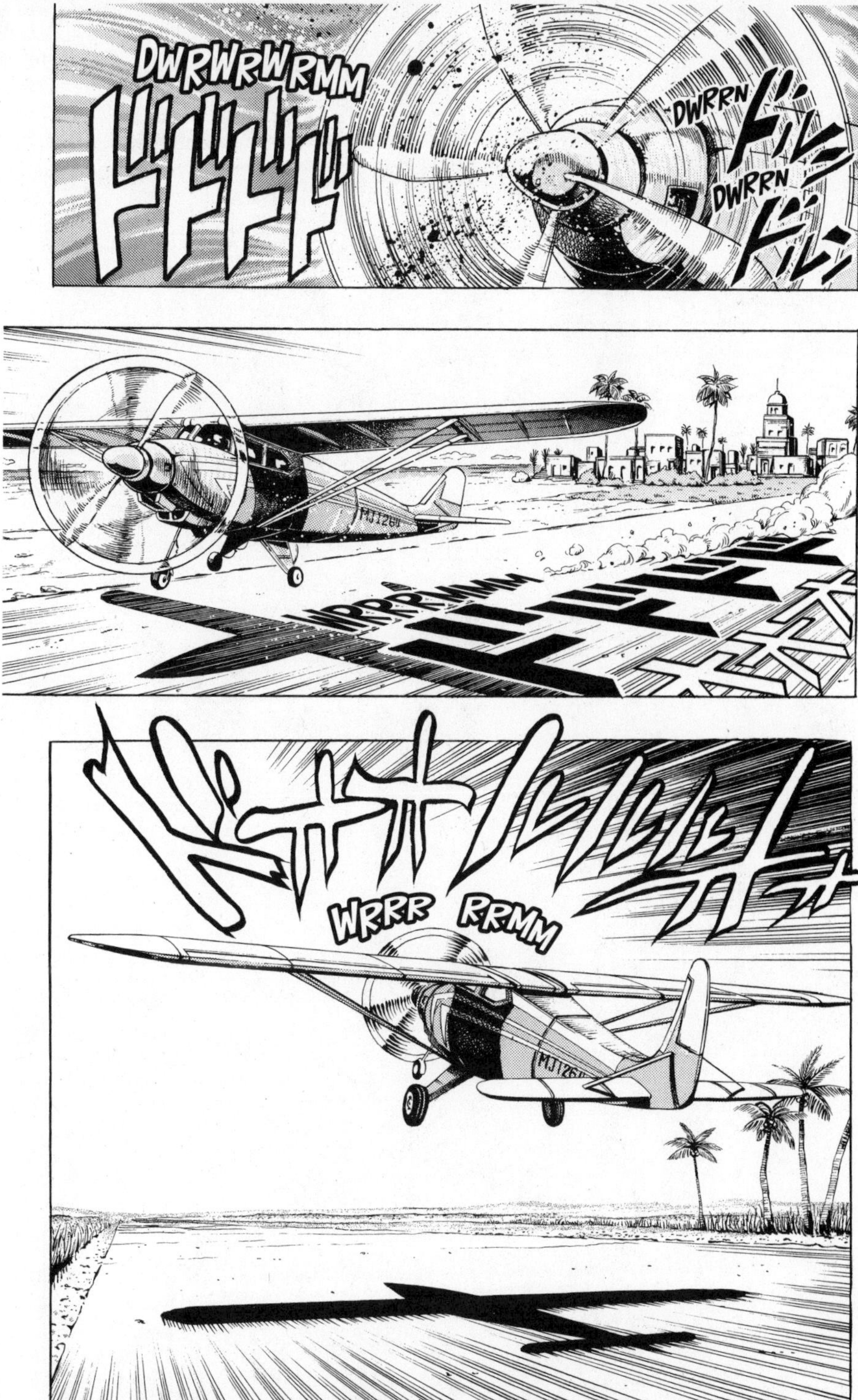
DWRWRWRMM
DWRRN
DWRRN
WRRRMMM
WRRR RRMM

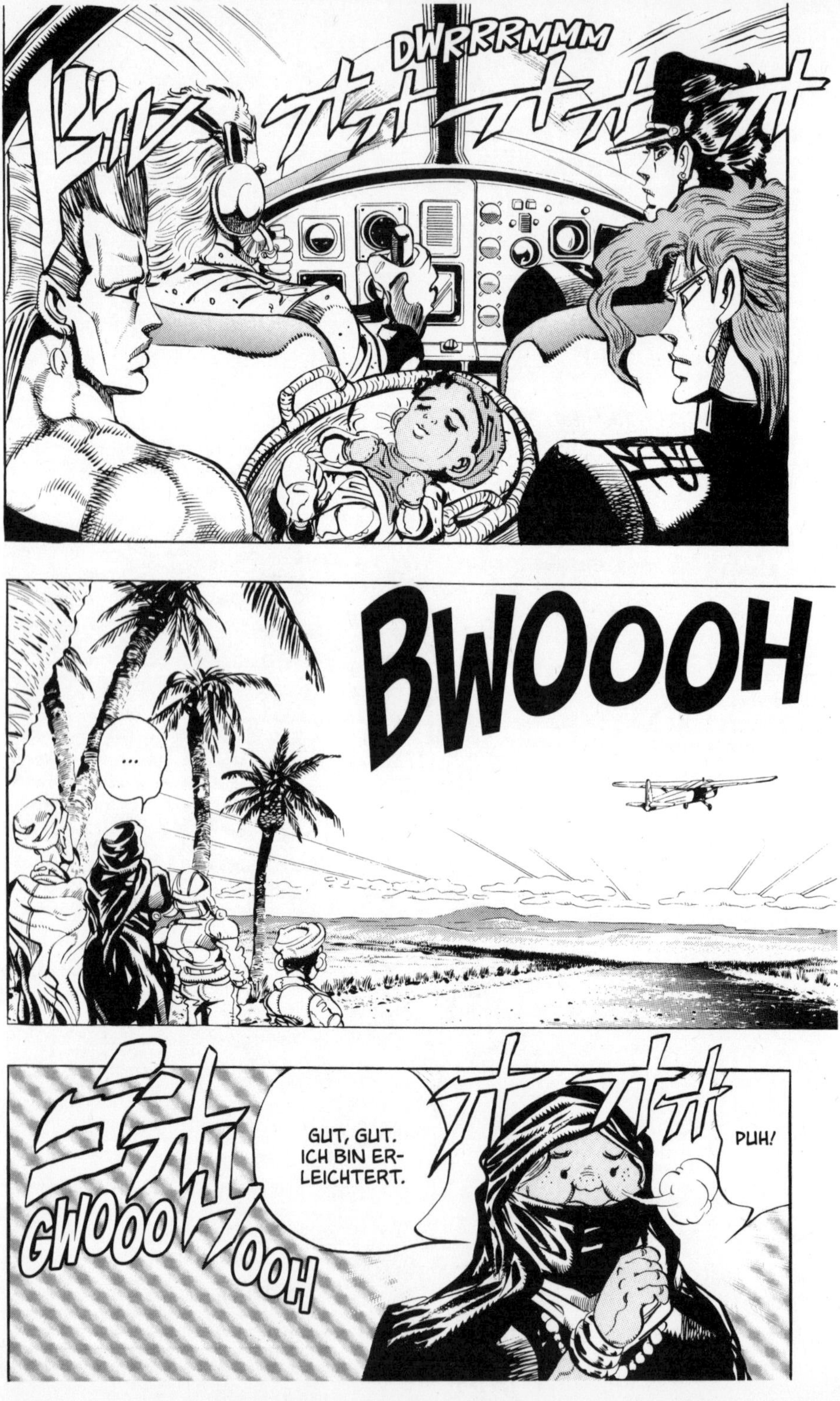
DWRRRMMM
BWOOOH
...
GUT, GUT. ICH BIN ERLEICHTERT.
PUH!
GWOOOOOOH

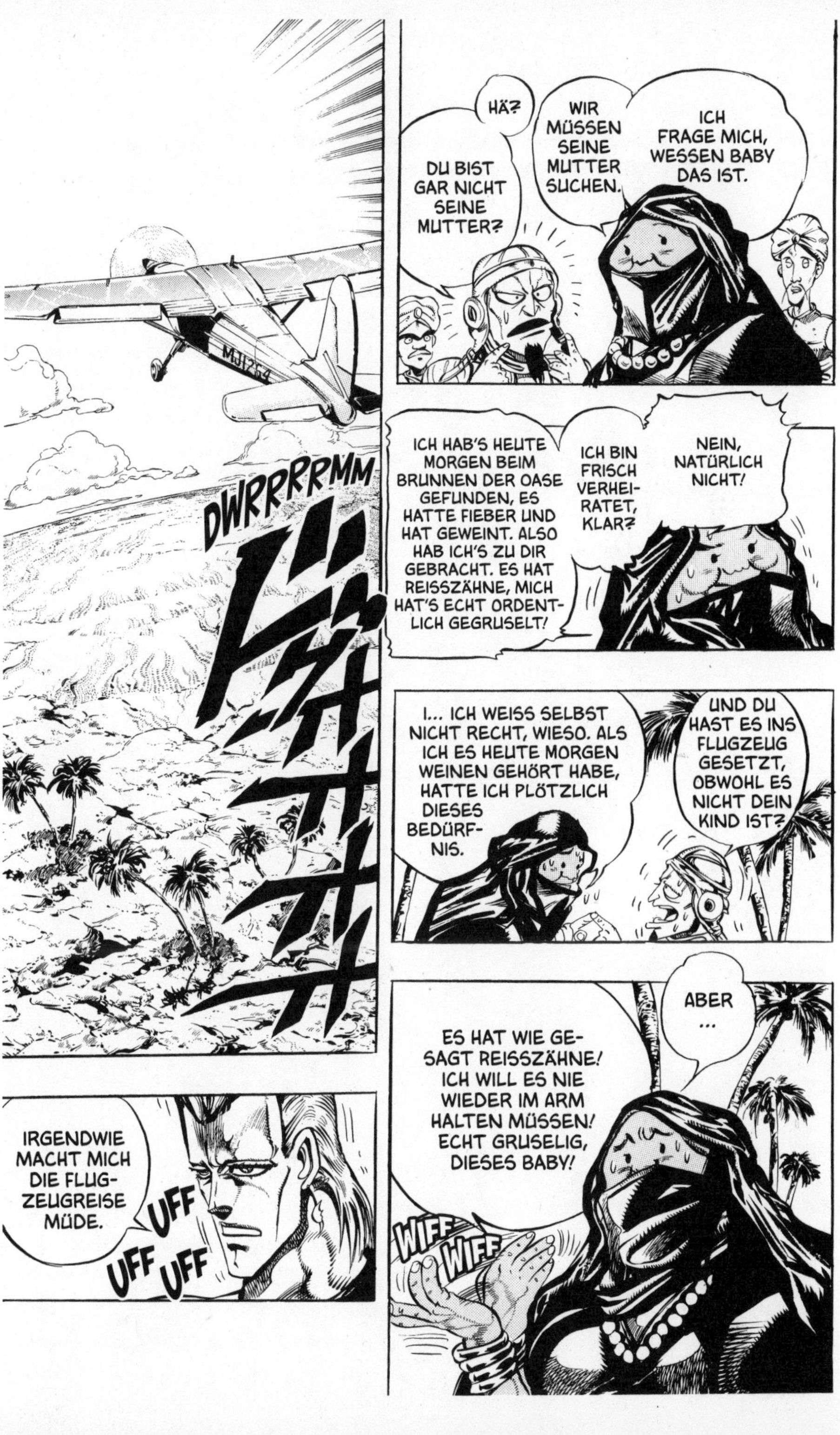
ICH FRAGE MICH, WESSEN BABY DAS IST.
WIR MÜSSEN SEINE MUTTER SUCHEN.
HÄ?
DU BIST GAR NICHT SEINE MUTTER?
NEIN, NATÜRLICH NICHT!
ICH BIN FRISCH VERHEI-RATET, KLAR?
ICH HAB'S HEUTE MORGEN BEIM BRUNNEN DER OASE GEFUNDEN, ES HATTE FIEBER UND HAT GEWEINT. ALSO HAB ICH'S ZU DIR GEBRACHT. ES HAT REISSZÄHNE, MICH HAT'S ECHT ORDENT-LICH GEGRUSELT!
UND DU HAST ES INS FLUGZEUG GESETZT, OBWOHL ES NICHT DEIN KIND IST?
I... ICH WEISS SELBST NICHT RECHT, WIESO. ALS ICH ES HEUTE MORGEN WEINEN GEHÖRT HABE, HATTE ICH PLÖTZLICH DIESES BEDÜRF-NIS.
ABER ...
ES HAT WIE GE-SAGT REISSZÄHNE! ICH WILL ES NIE WIEDER IM ARM HALTEN MÜSSEN! ECHT GRUSELIG, DIESES BABY!
WIFF WIFF
DWRRRRMM
IRGENDWIE MACHT MICH DIE FLUG-ZEUGREISE MÜDE.
UFF UFF UFF

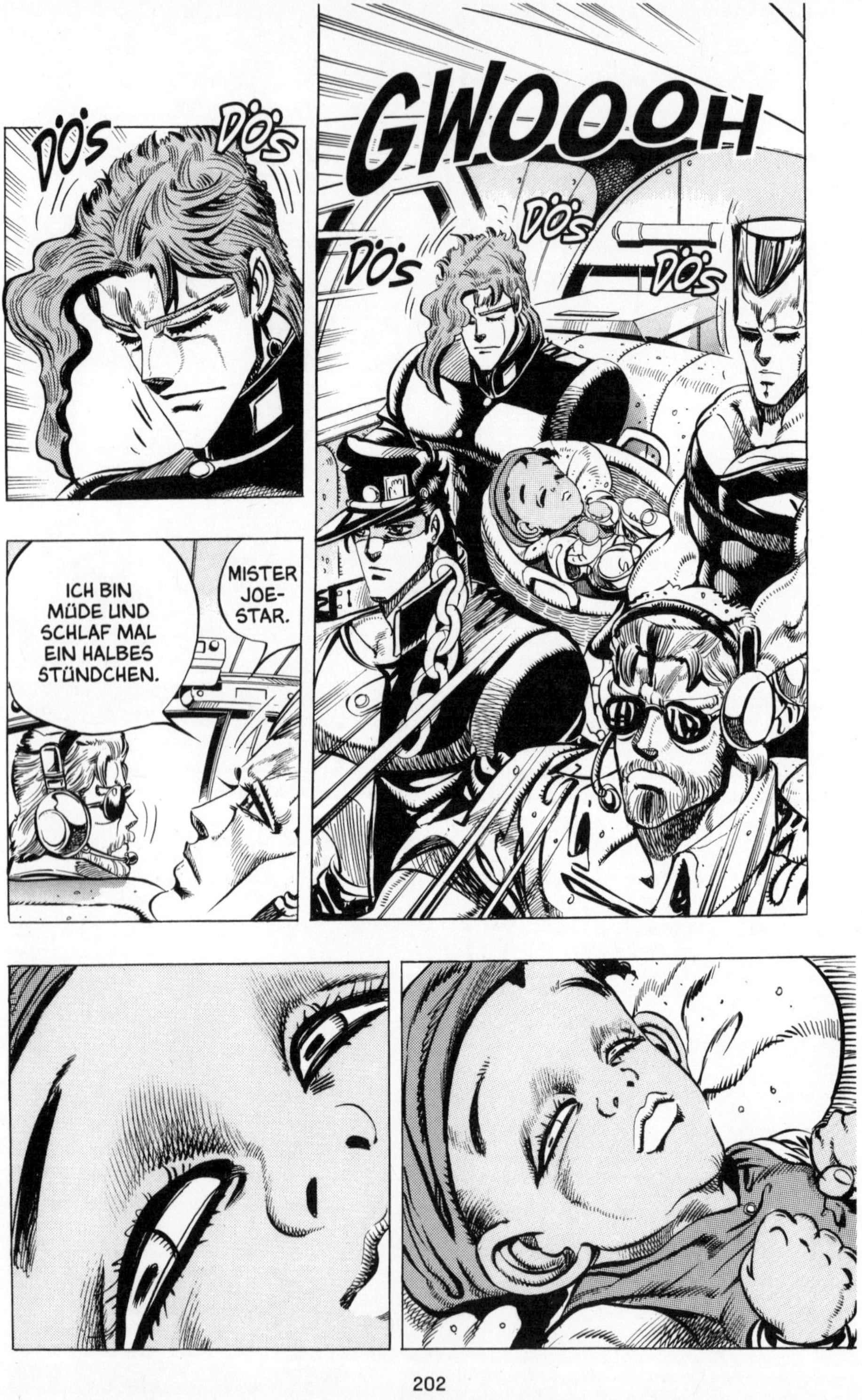
GWOOOH
DÖS
DÖS
DÖS
DÖS
DÖS
MISTER JOE-STAR.
ICH BIN MÜDE UND SCHLAF MAL EIN HALBES STÜNDCHEN.

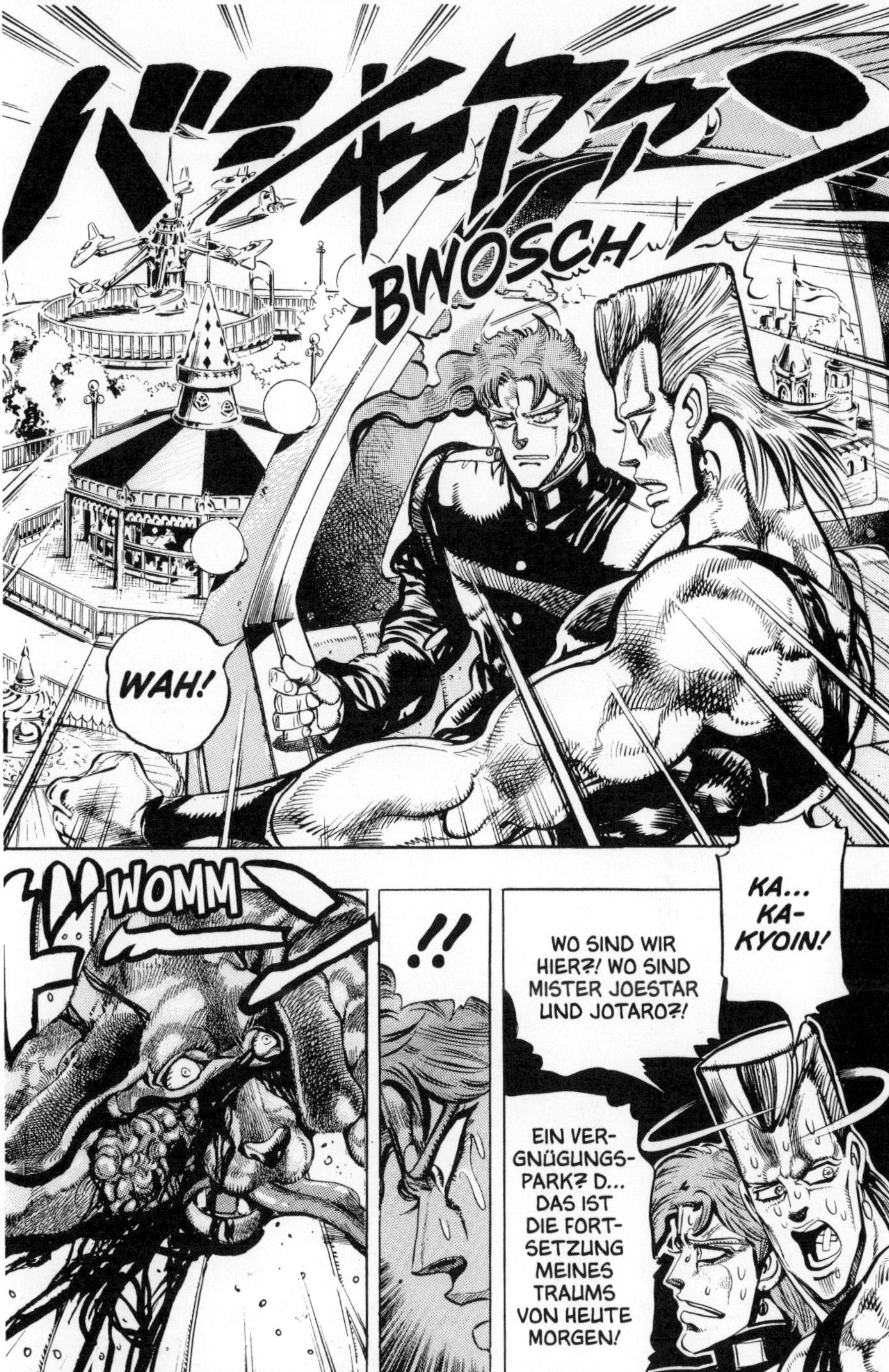
BWOSCH
WAH!
KA... KA-KYOIN!
WO SIND WIR HIER?! WO SIND MISTER JOESTAR UND JOTARO?!
!!
EIN VERGNÜGUNGSPARK? D... DAS IST DIE FORTSETZUNG MEINES TRAUMS VON HEUTE MORGEN!
WOMM

JoJo's Bizarre Adventure Part 3
Stardust Crusaders

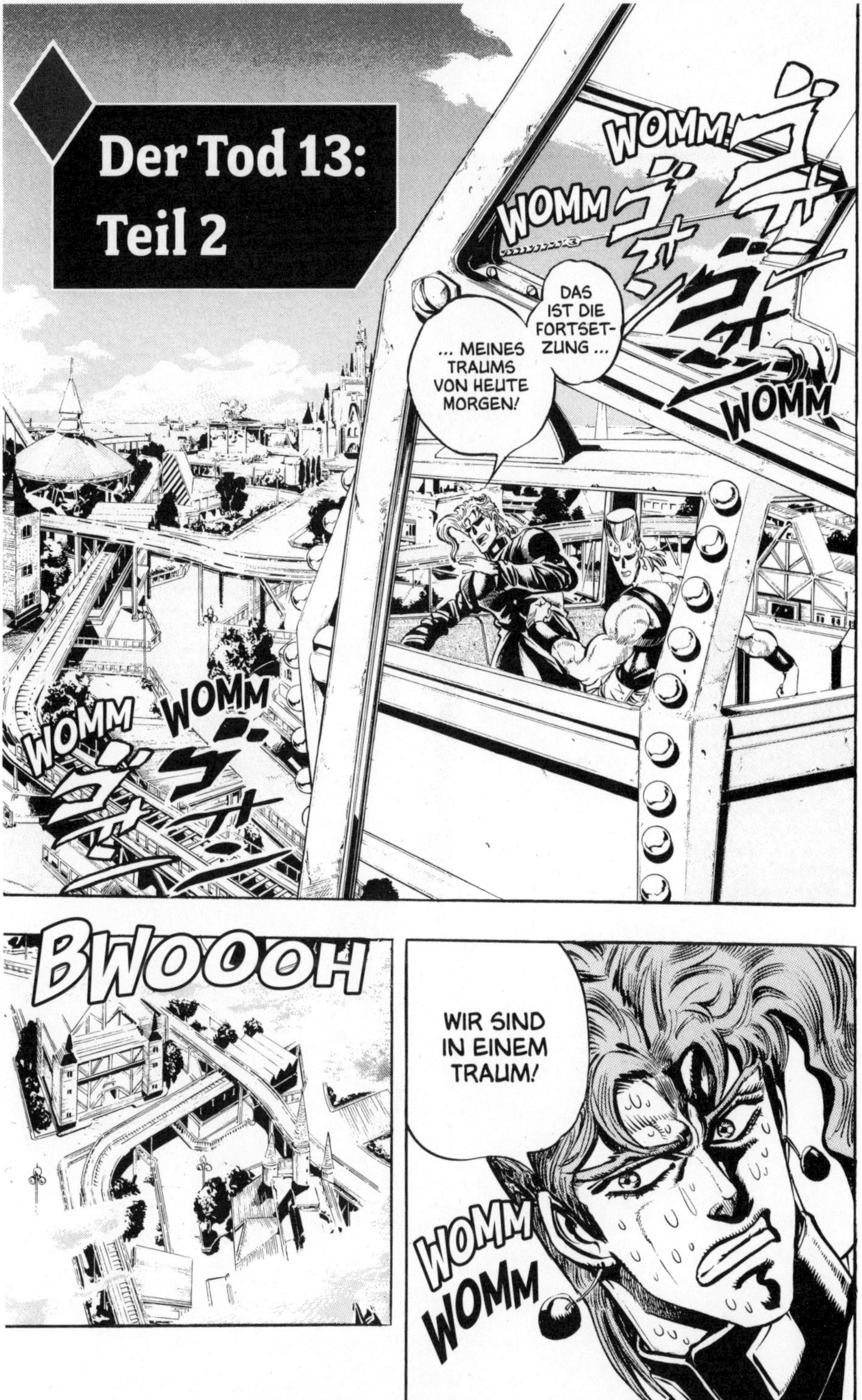
Der Tod 13:
Teil 2
WOMM
WOMM
WOMM
DAS IST DIE FORTSETZUNG …
… MEINES TRAUMS VON HEUTE MORGEN!
WOMM
WOMM
WIR SIND IN EINEM TRAUM!
WOMM
WOMM
BWOOOH

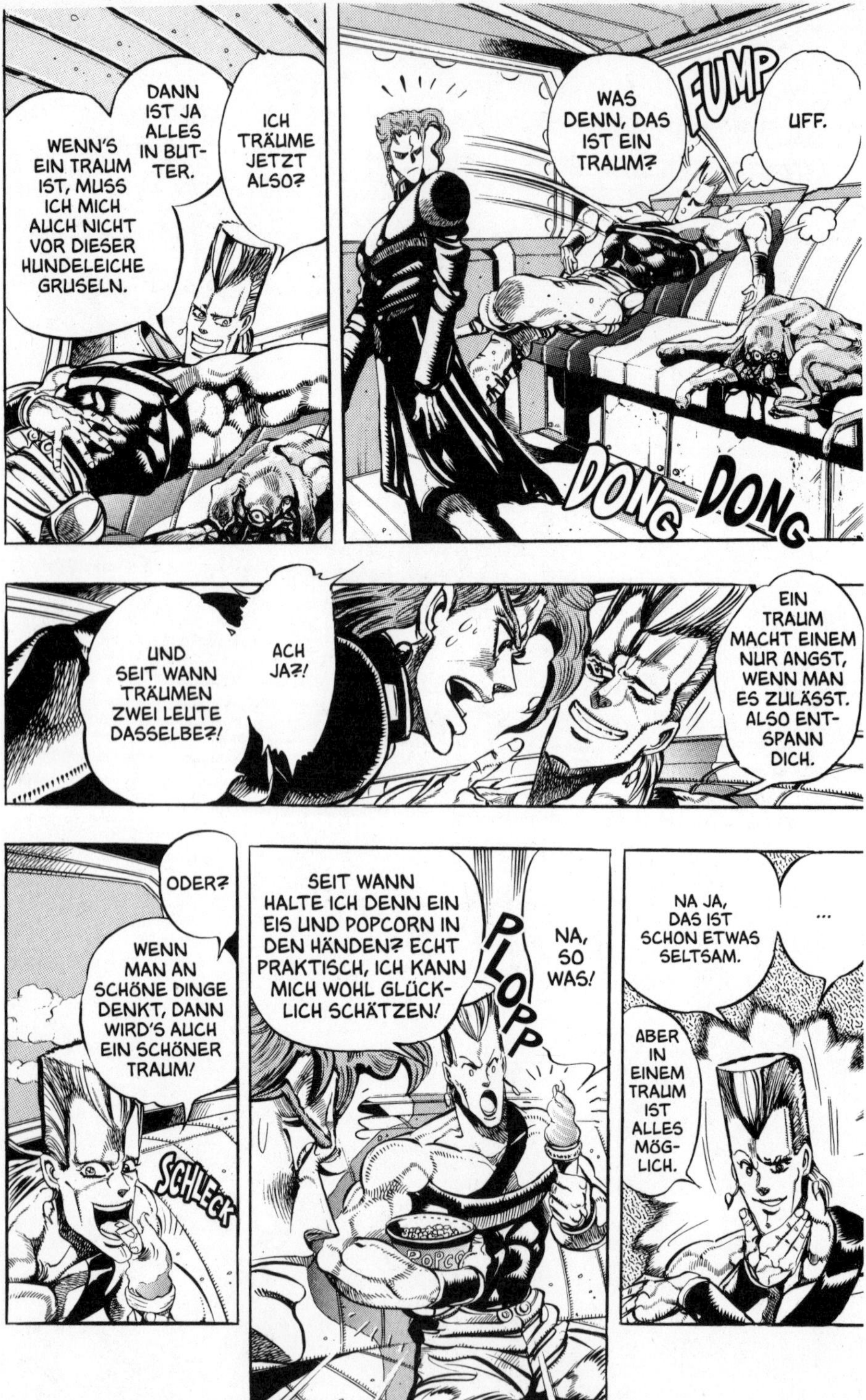
UFF.
FUMP
WAS DENN, DAS IST EIN TRAUM?
DONG DONG
ICH TRÄUME JETZT ALSO?
DANN IST JA ALLES IN BUTTER.
WENN'S EIN TRAUM IST, MUSS ICH MICH AUCH NICHT VOR DIESER HUNDELEICHE GRUSELN.
EIN TRAUM MACHT EINEM NUR ANGST, WENN MAN ES ZULÄSST. ALSO ENTSPANN DICH.
ACH JA?!
UND SEIT WANN TRÄUMEN ZWEI LEUTE DASSELBE?!
...
NA JA, DAS IST SCHON ETWAS SELTSAM.
ABER IN EINEM TRAUM IST ALLES MÖGLICH.
NA, SO WAS!
PLOPP
SEIT WANN HALTE ICH DENN EIN EIS UND POPCORN IN DEN HÄNDEN? ECHT PRAKTISCH, ICH KANN MICH WOHL GLÜCKLICH SCHÄTZEN!
POPCO
ODER?
WENN MAN AN SCHÖNE DINGE DENKT, DANN WIRD'S AUCH EIN SCHÖNER TRAUM!
SCHLECK

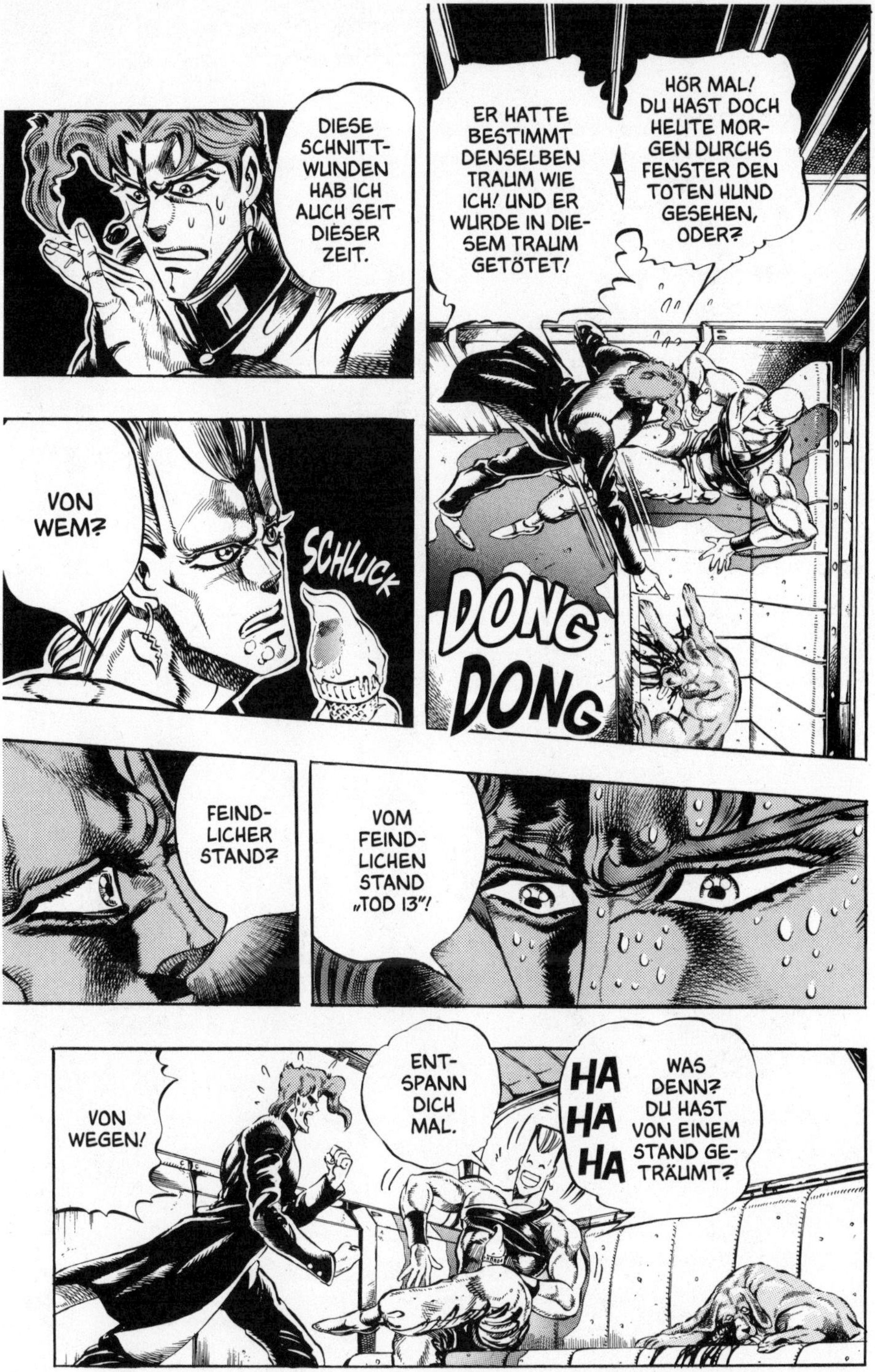
HÖR MAL! DU HAST DOCH HEUTE MORGEN DURCHS FENSTER DEN TOTEN HUND GESEHEN, ODER?
ER HATTE BESTIMMT DENSELBEN TRAUM WIE ICH! UND ER WURDE IN DIESEM TRAUM GETÖTET!
DONG DONG
DIESE SCHNITTWUNDEN HAB ICH AUCH SEIT DIESER ZEIT.
VON WEM?
SCHLUCK
VOM FEINDLICHEN STAND „TOD 13"!
FEINDLICHER STAND?
WAS DENN? DU HAST VON EINEM STAND GETRÄUMT?
HA HA HA
ENTSPANN DICH MAL.
VON WEGEN!

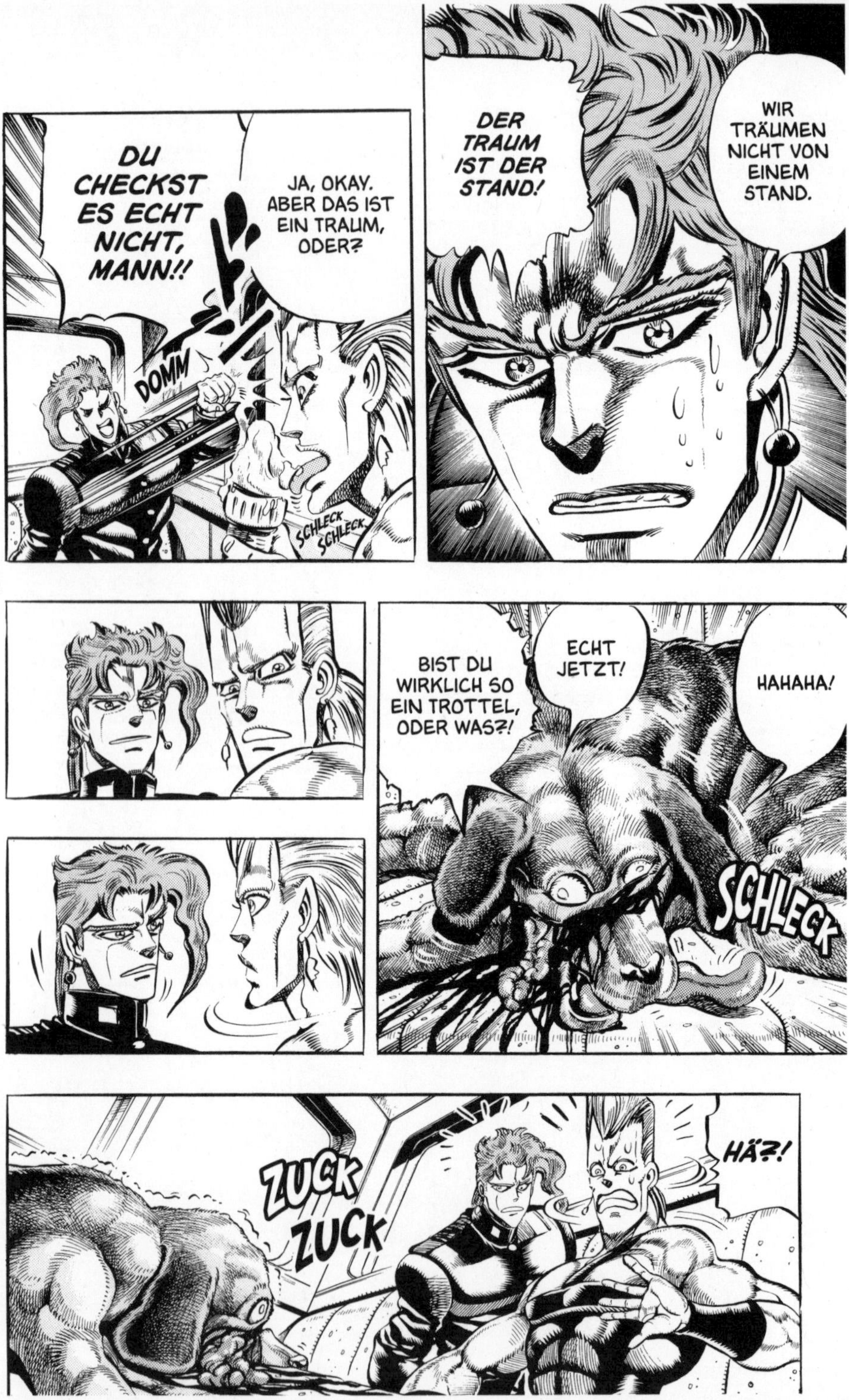
WIR TRÄUMEN NICHT VON EINEM STAND.
DER TRAUM IST DER STAND!
JA, OKAY. ABER DAS IST EIN TRAUM, ODER?
DU CHECKST ES ECHT NICHT, MANN!!
DOMM
SCHLECK SCHLECK
HAHAHA!
ECHT JETZT!
BIST DU WIRKLICH SO EIN TROTTEL, ODER WAS?!
SCHLECK
HÄ?!
ZUCK ZUCK

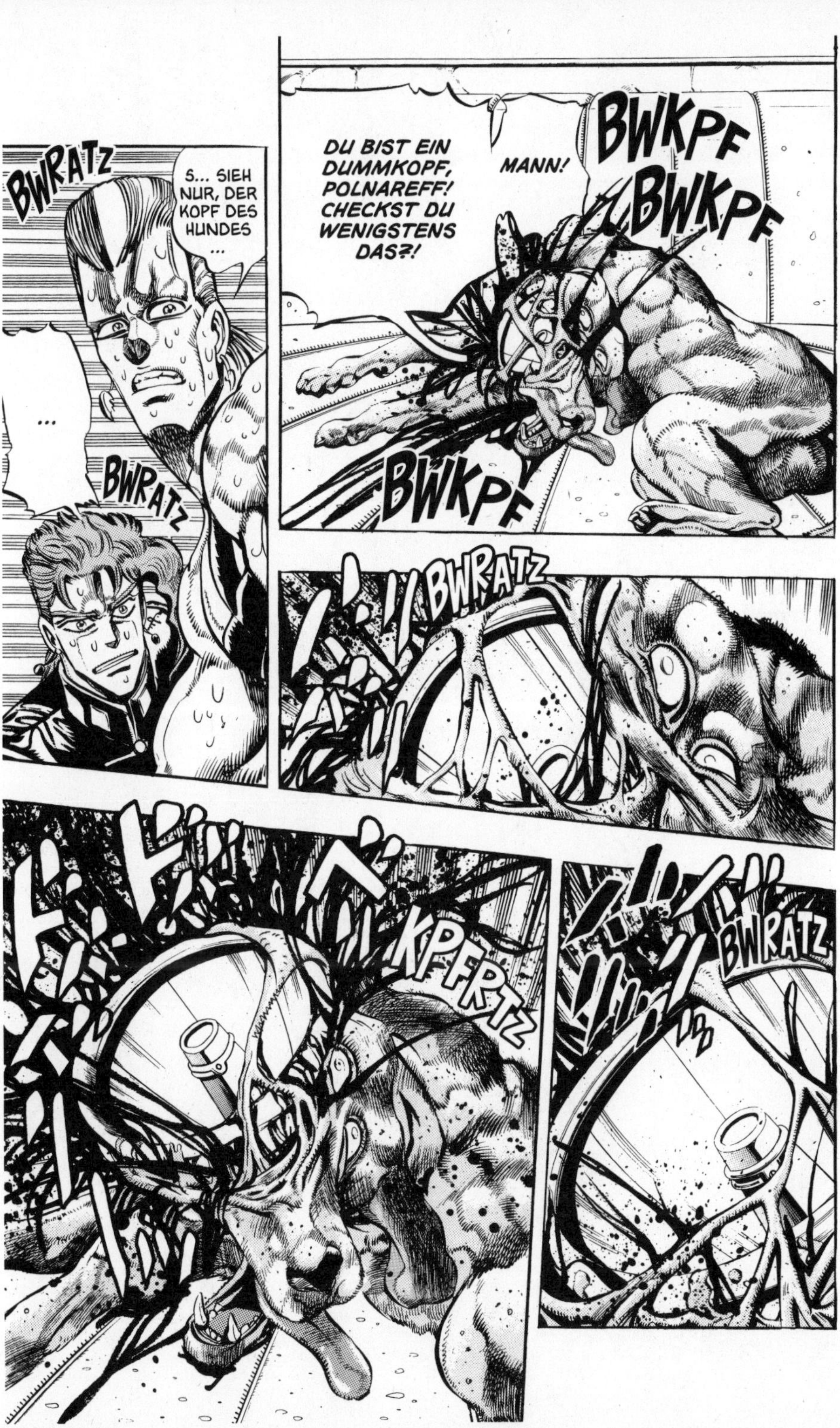
MANN!
DU BIST EIN DUMMKOPF, POLNAREFF! CHECKST DU WENIGSTENS DAS?!
BWKPF
BWKPF
BWKPF
S... SIEH NUR, DER KOPF DES HUNDES ...
...
BWRATZ
BWRATZ
BWRATZ
KPFRTZ
BWRATZ

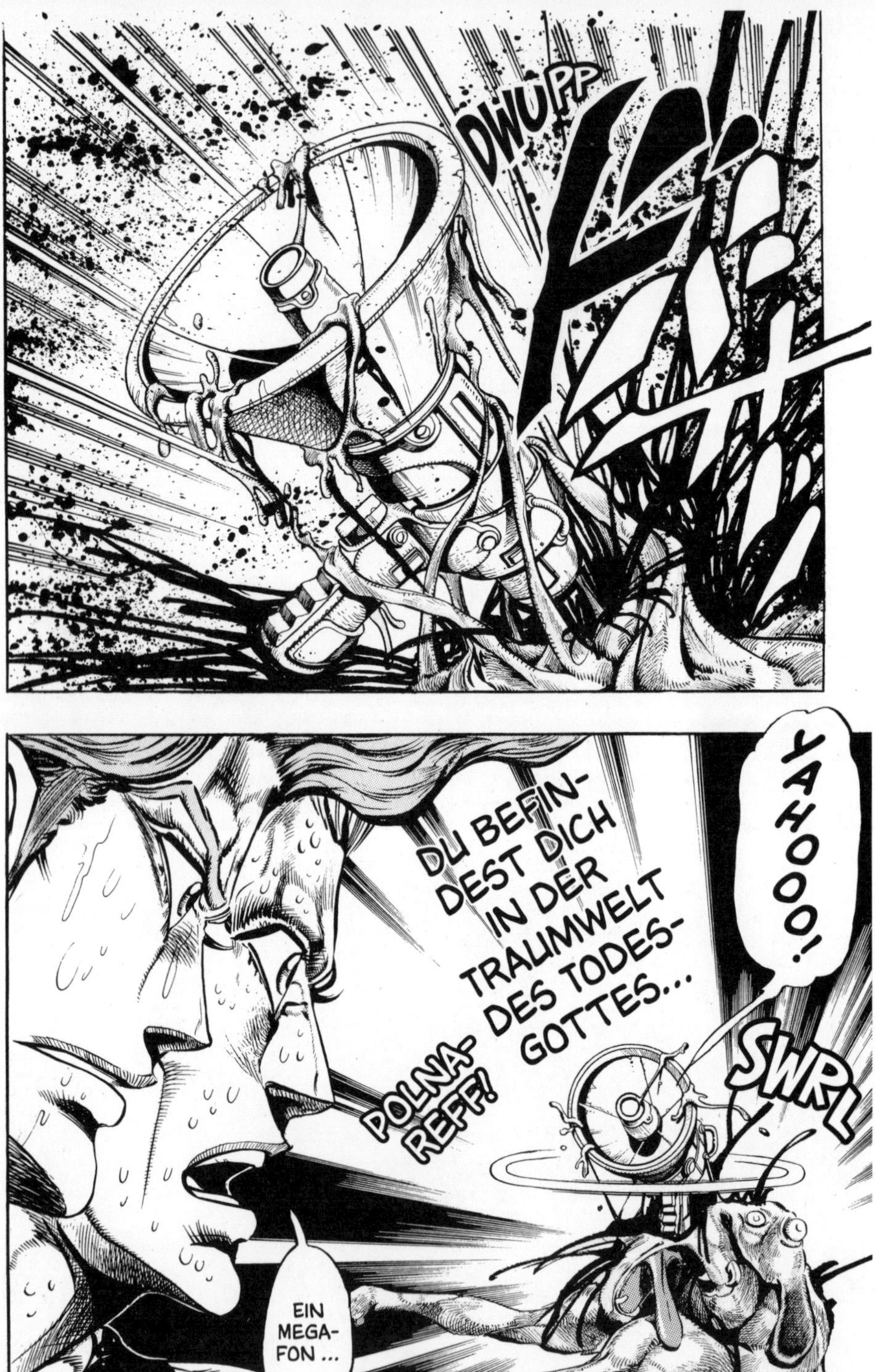
DWUPP
YAHOOOO!
SWRL
DU BEFIN-
DEST DICH
IN DER
TRAUMWELT
DES TODES-
GOTTES...
POLNA-
REFF!
EIN
MEGA-
FON ...

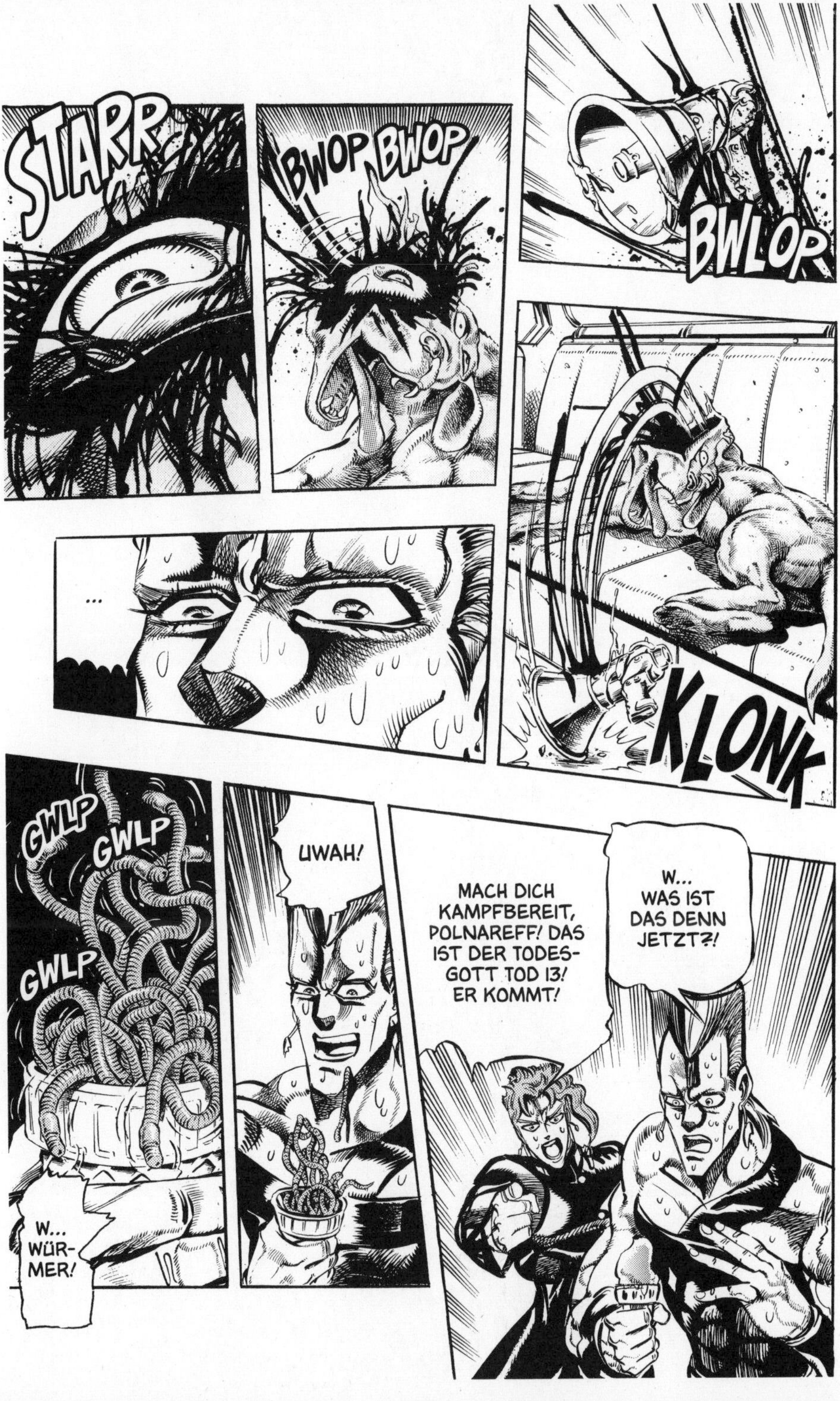
STARR
BWOP BWOP
BWLOP
...
KLONK
GWLP GWLP
GWLP
W... WÜRMER!
UWAH!
W... WAS IST DAS DENN JETZT?!
MACH DICH KAMPFBEREIT, POLNAREFF! DAS IST DER TODESGOTT TOD 13! ER KOMMT!

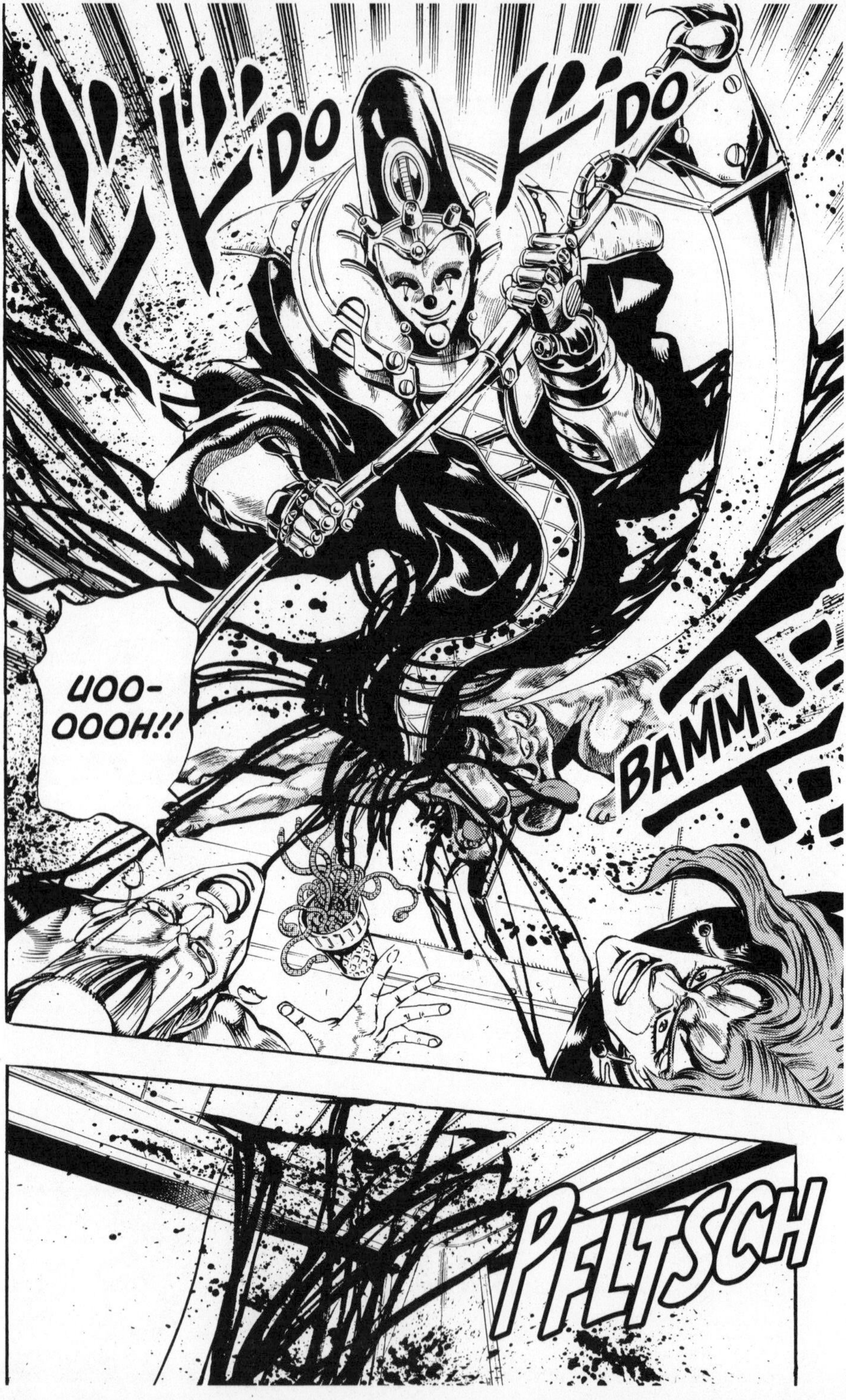
DODODO DO DO
UOO-
OOOH!!
BAMM
PFLTSCH

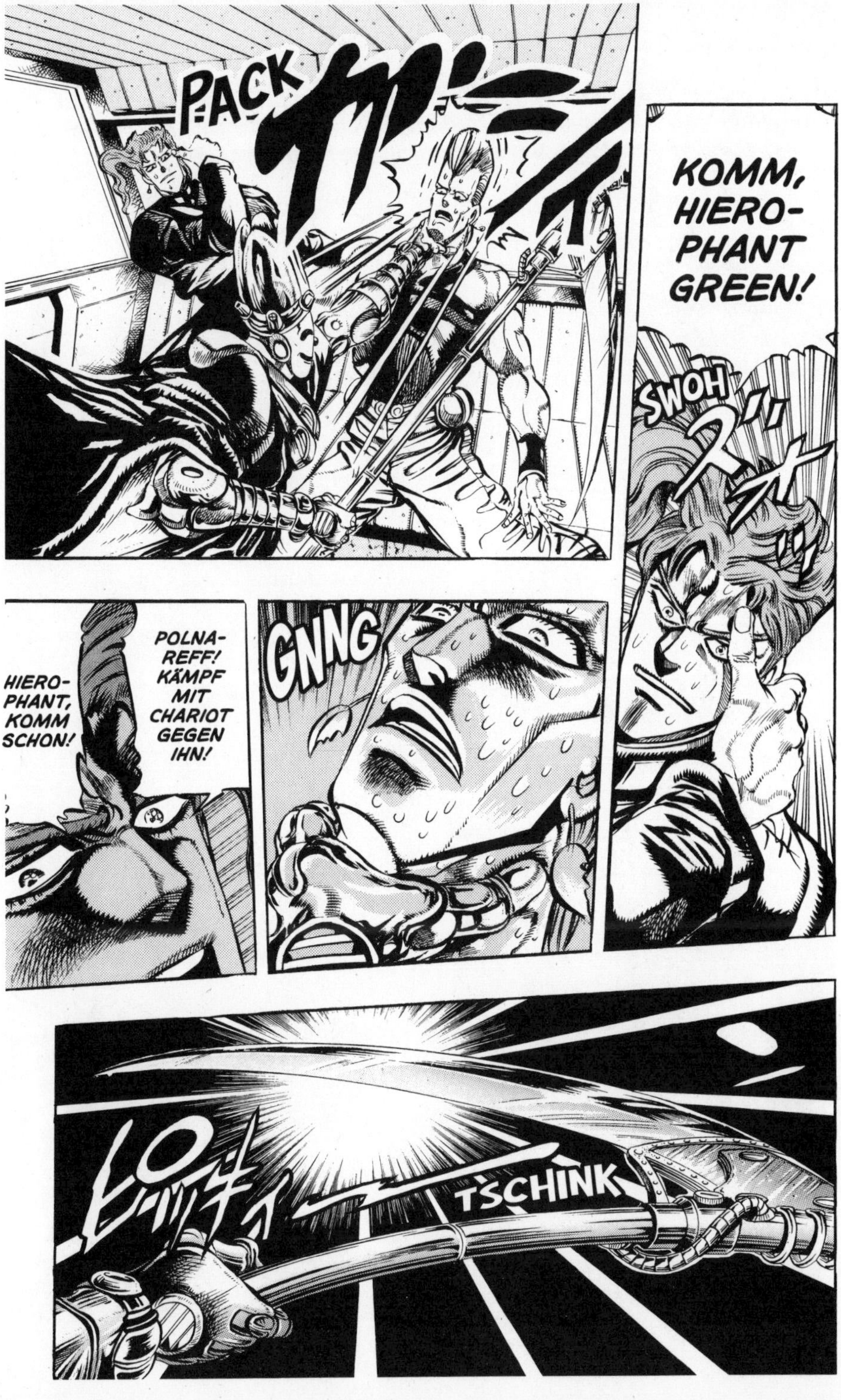
KOMM, HIEROPHANT GREEN!
SWOH
PACK
GNNG
POLNAREFF! KÄMPF MIT CHARIOT GEGEN IHN!
HIEROPHANT, KOMM SCHON!
TSCHINK

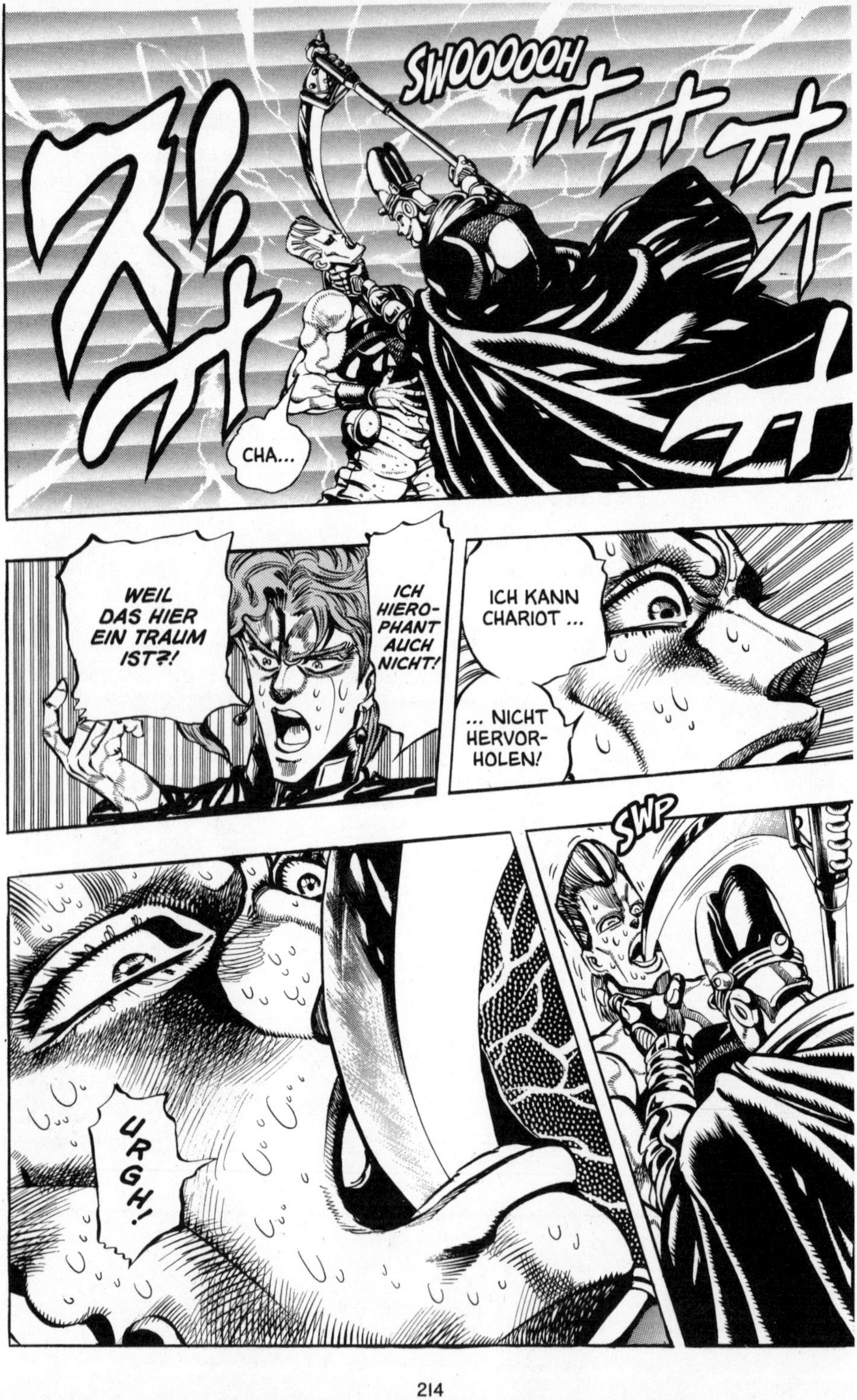
SWOOOOOH
CHA...
WEIL DAS HIER EIN TRAUM IST?!
ICH HIEROPHANT AUCH NICHT!
ICH KANN CHARIOT ...
... NICHT HERVORHOLEN!
SWP
URGH!

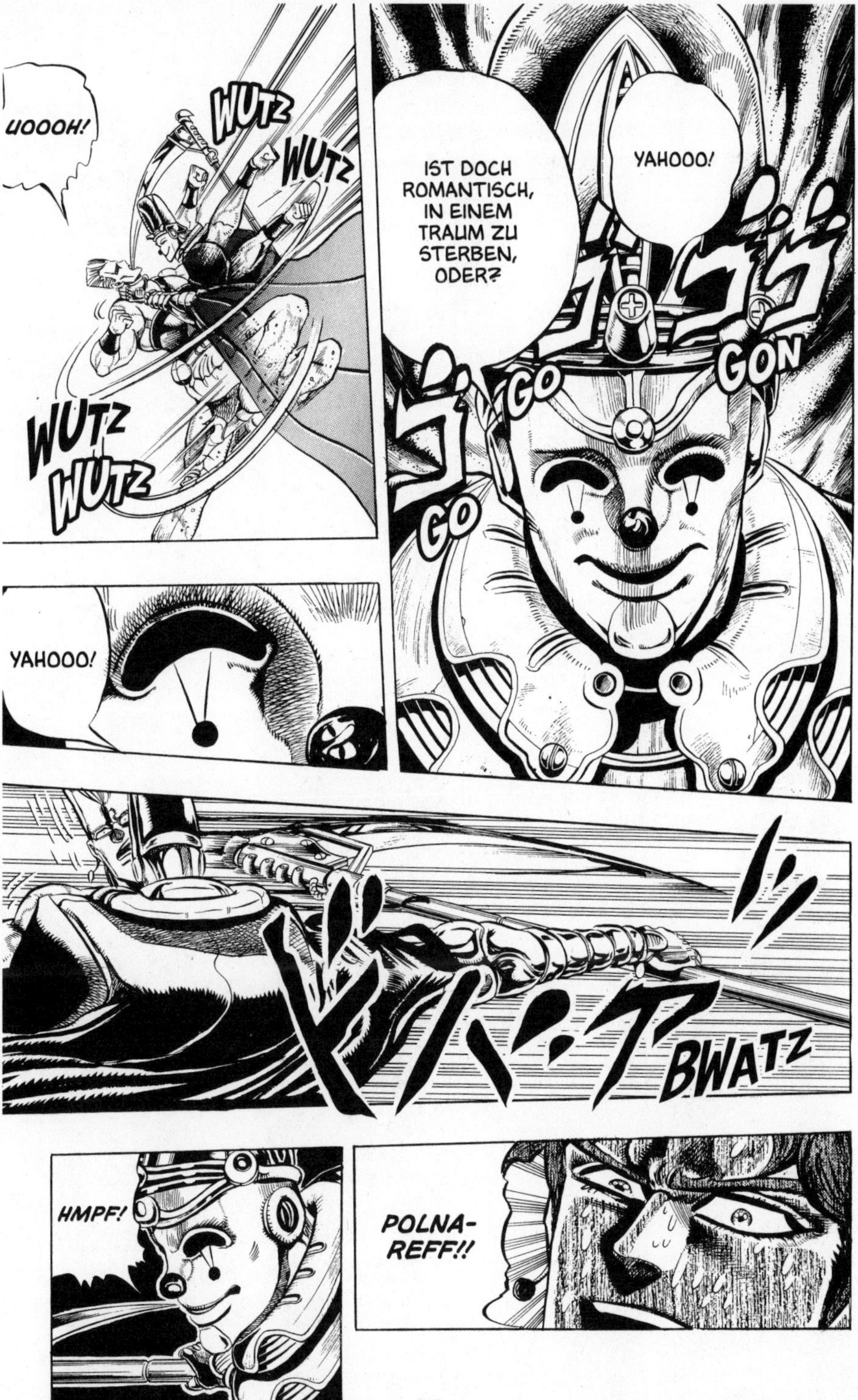
YAHOOO!
IST DOCH ROMANTISCH, IN EINEM TRAUM ZU STERBEN, ODER?
GO GO GON
GO
UOOOH!
WUTZ WUTZ
WUTZ WUTZ
YAHOOO!
BWATZ
POLNA-REFF!!
HMPF!

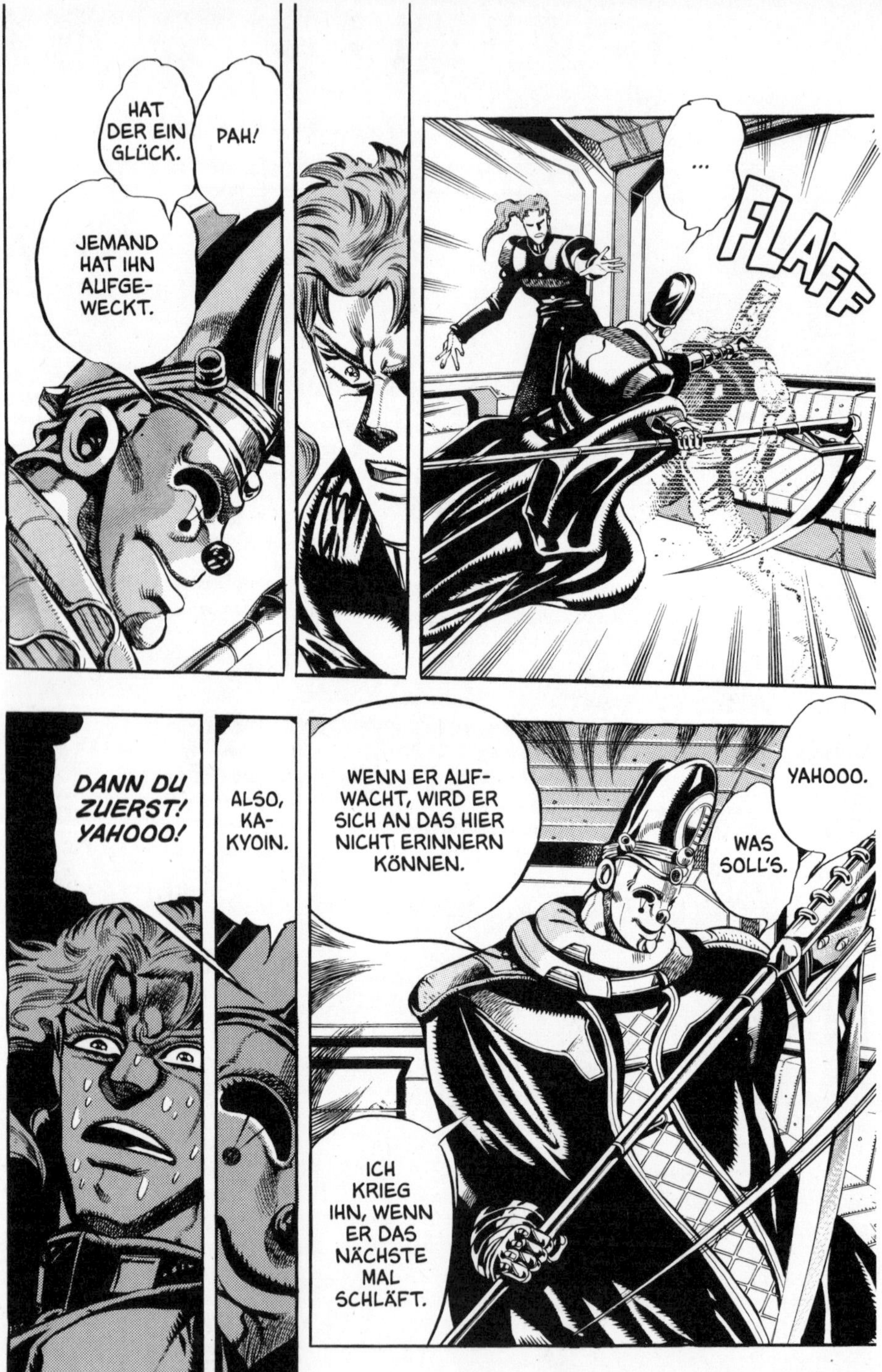
...
FLAFF
PAH!
HAT DER EIN GLÜCK.
JEMAND HAT IHN AUFGEWECKT.
YAHOOO.
WAS SOLL'S.
WENN ER AUFWACHT, WIRD ER SICH AN DAS HIER NICHT ERINNERN KÖNNEN.
ICH KRIEG IHN, WENN ER DAS NÄCHSTE MAL SCHLÄFT.
ALSO, KAKYOIN.
DANN DU ZUERST! YAHOOO!

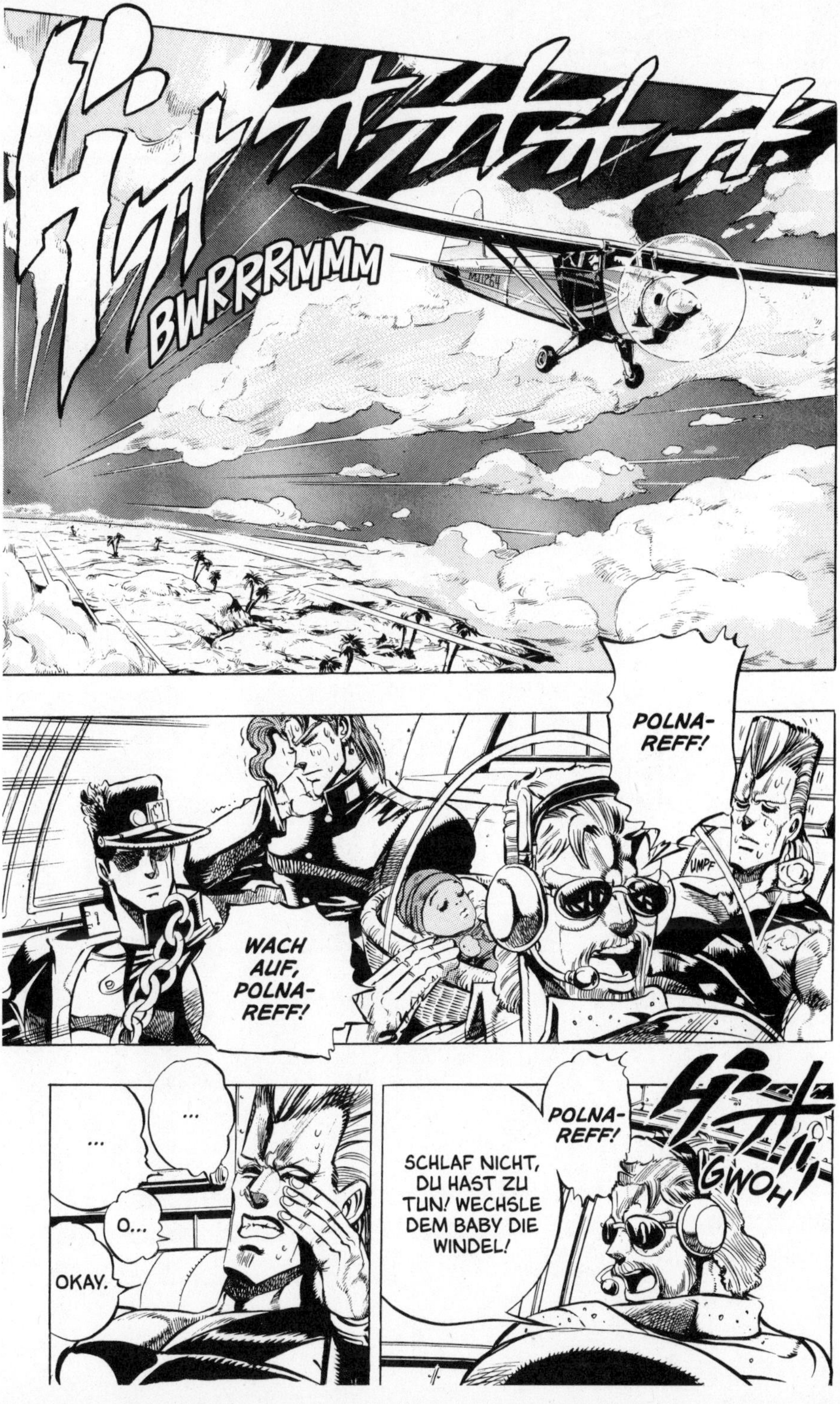
BWRRRMMMM
POLNA-
REFF!
WACH AUF, POLNA-REFF!
UMPF
POLNA-
REFF!
SCHLAF NICHT, DU HAST ZU TUN! WECHSLE DEM BABY DIE WINDEL!
GWOH
...
...
O...
OKAY.

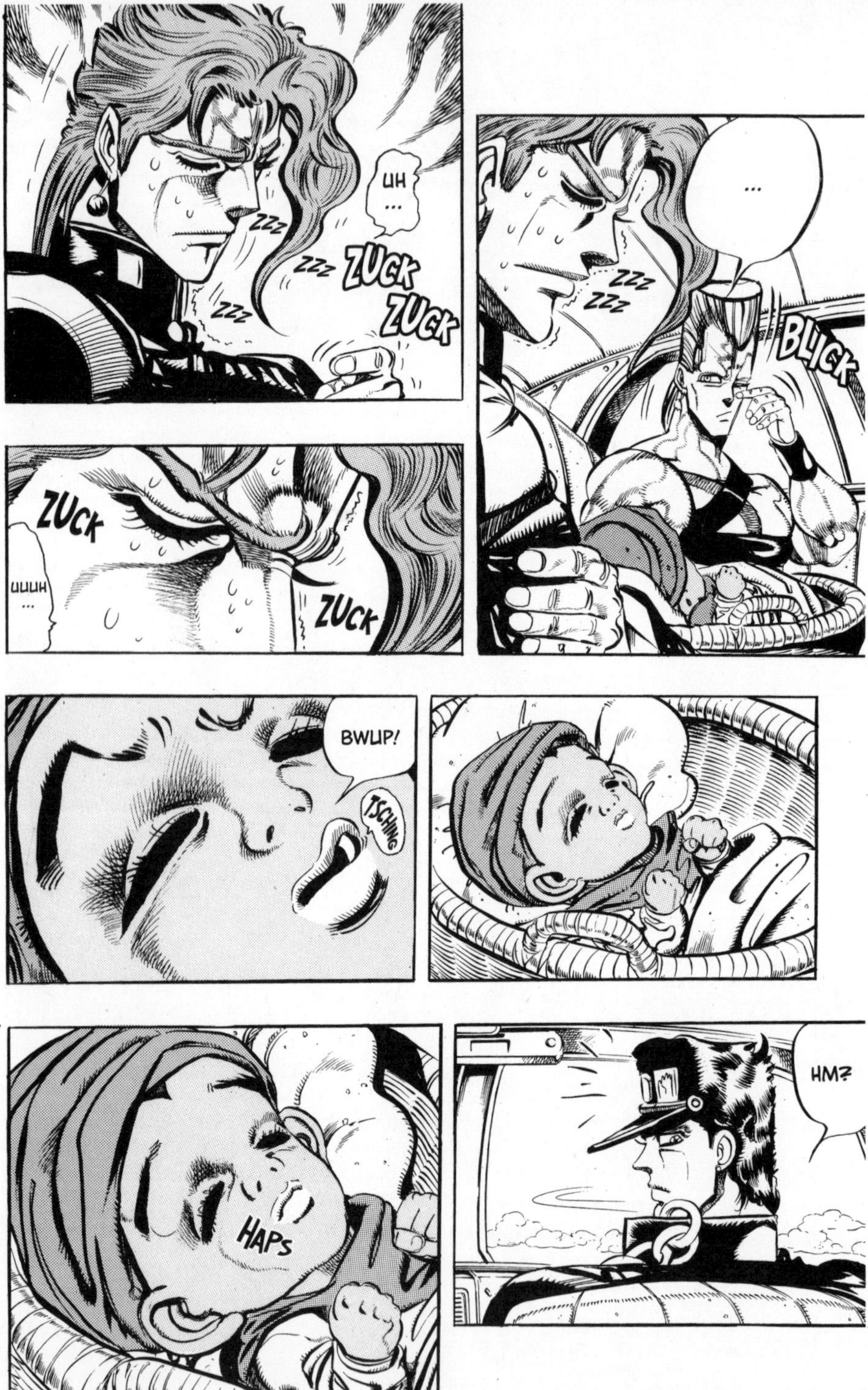

UH ...
ZZZ
ZZZ
ZZZ
ZUCK
ZUCK
...
ZZZ
ZZZ
BLICK
ZUCK
UUUH ...
ZUCK
BWUP!
TSCHING
HAPS
HM?

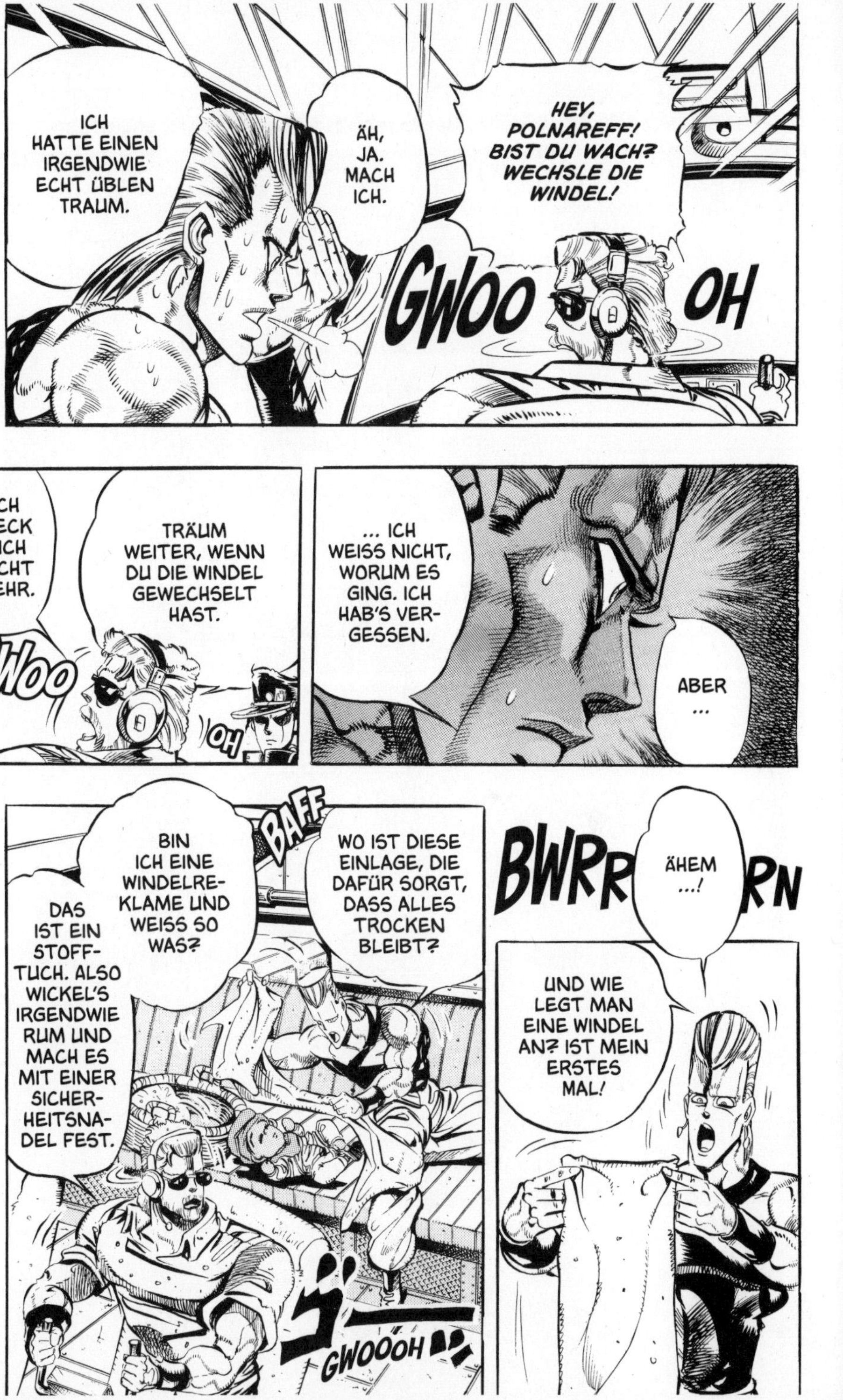
HEY, POLNAREFF! BIST DU WACH? WECHSLE DIE WINDEL!
ÄH, JA. MACH ICH.
ICH HATTE EINEN IRGENDWIE ECHT ÜBLEN TRAUM.
GWOO OH
... ICH WEISS NICHT, WORUM ES GING. ICH HAB'S VERGESSEN.
ABER ...
TRÄUM WEITER, WENN DU DIE WINDEL GEWECHSELT HAST.
ICH WECK DICH NICHT MEHR.
GWOO OH
BWRR RN
ÄHEM ...!
UND WIE LEGT MAN EINE WINDEL AN? IST MEIN ERSTES MAL!
BAFF
WO IST DIESE EINLAGE, DIE DAFÜR SORGT, DASS ALLES TROCKEN BLEIBT?
BIN ICH EINE WINDELREKLAME UND WEISS SO WAS?
DAS IST EIN STOFFTUCH. ALSO WICKEL'S IRGENDWIE RUM UND MACH ES MIT EINER SICHERHEITSNADEL FEST.
GWOOOH

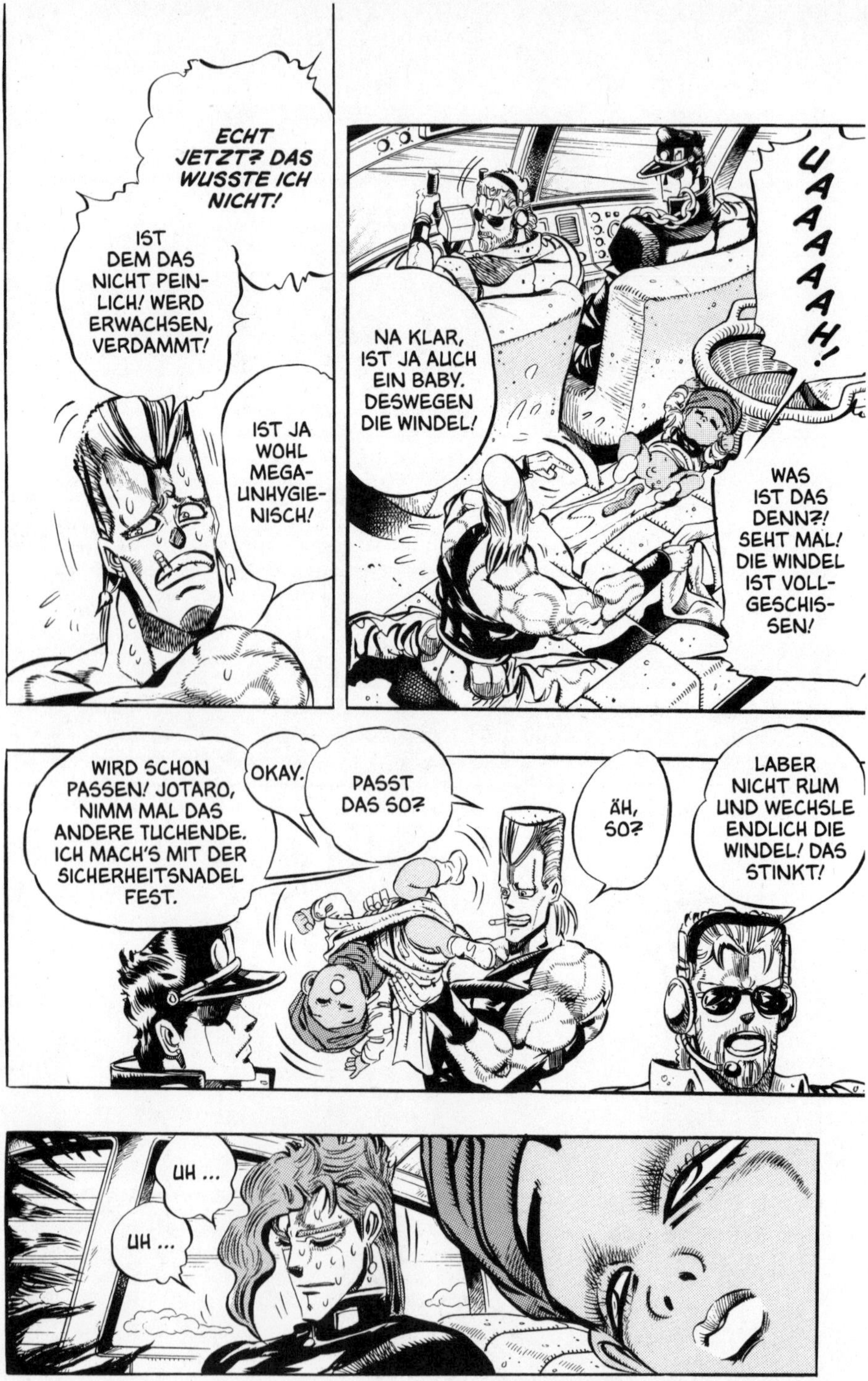
UAAAAAAH!
WAS IST DAS DENN?! SEHT MAL! DIE WINDEL IST VOLL-GESCHIS-SEN!
NA KLAR, IST JA AUCH EIN BABY. DESWEGEN DIE WINDEL!
ECHT JETZT? DAS WUSSTE ICH NICHT!
IST DEM DAS NICHT PEIN-LICH! WERD ERWACHSEN, VERDAMMT!
IST JA WOHL MEGA-UNHYGIE-NISCH!
LABER NICHT RUM UND WECHSLE ENDLICH DIE WINDEL! DAS STINKT!
ÄH, SO?
PASST DAS SO?
OKAY.
WIRD SCHON PASSEN! JOTARO, NIMM MAL DAS ANDERE TUCHENDE. ICH MACH'S MIT DER SICHERHEITSNADEL FEST.
UH ...
UH ...

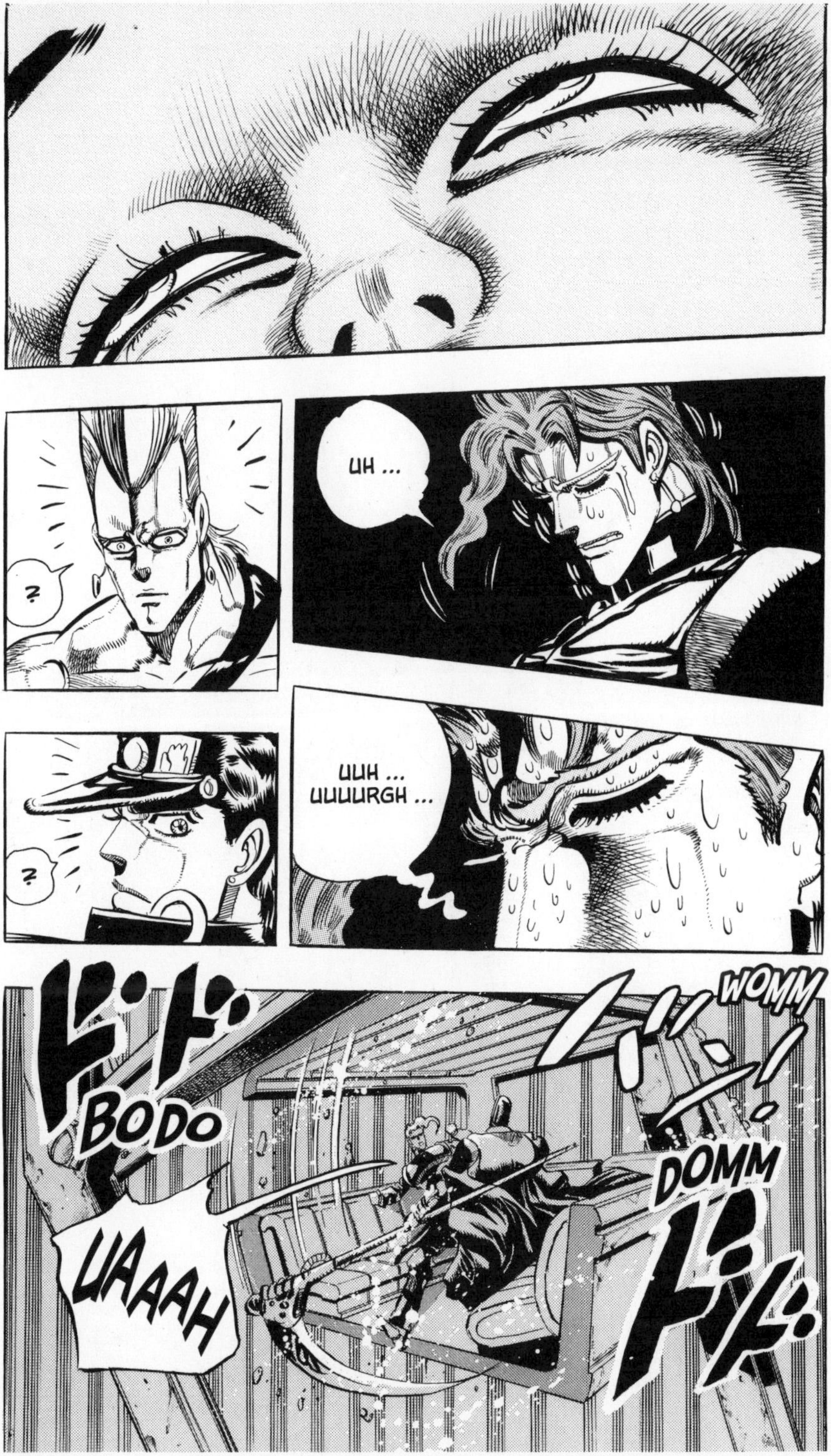
UH ...
?
UUH ...
UUUURGH ...
?
WOMM
DOMM
BODO
UAAAH

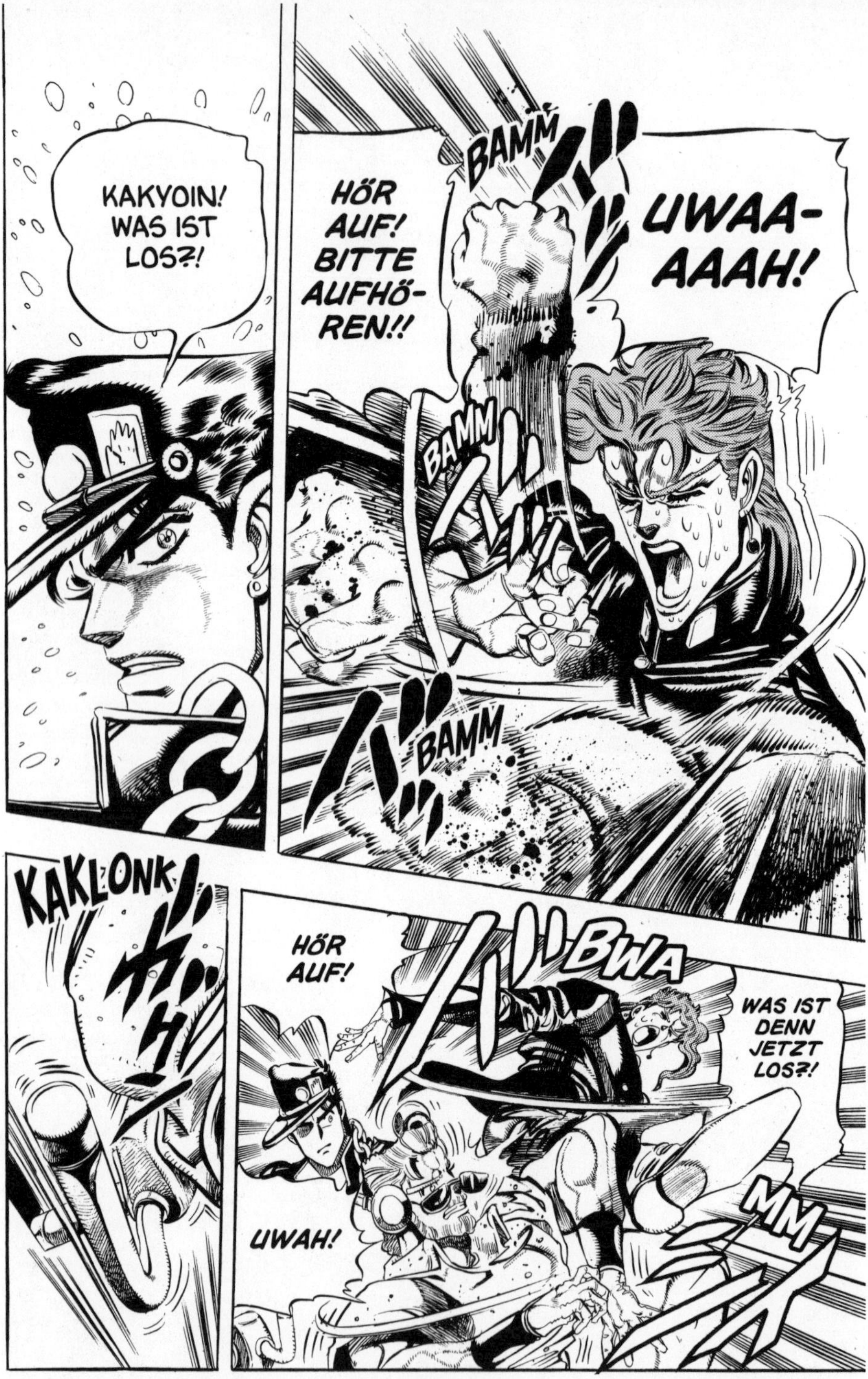
KAKYOIN! WAS IST LOS?!
HÖR AUF! BITTE AUFHÖREN!!
BAMM
UWAA-AAAH!
BAMM
BAMM
KAKLONK
HÖR AUF!
BWA
WAS IST DENN JETZT LOS?!
MM
UWAH!

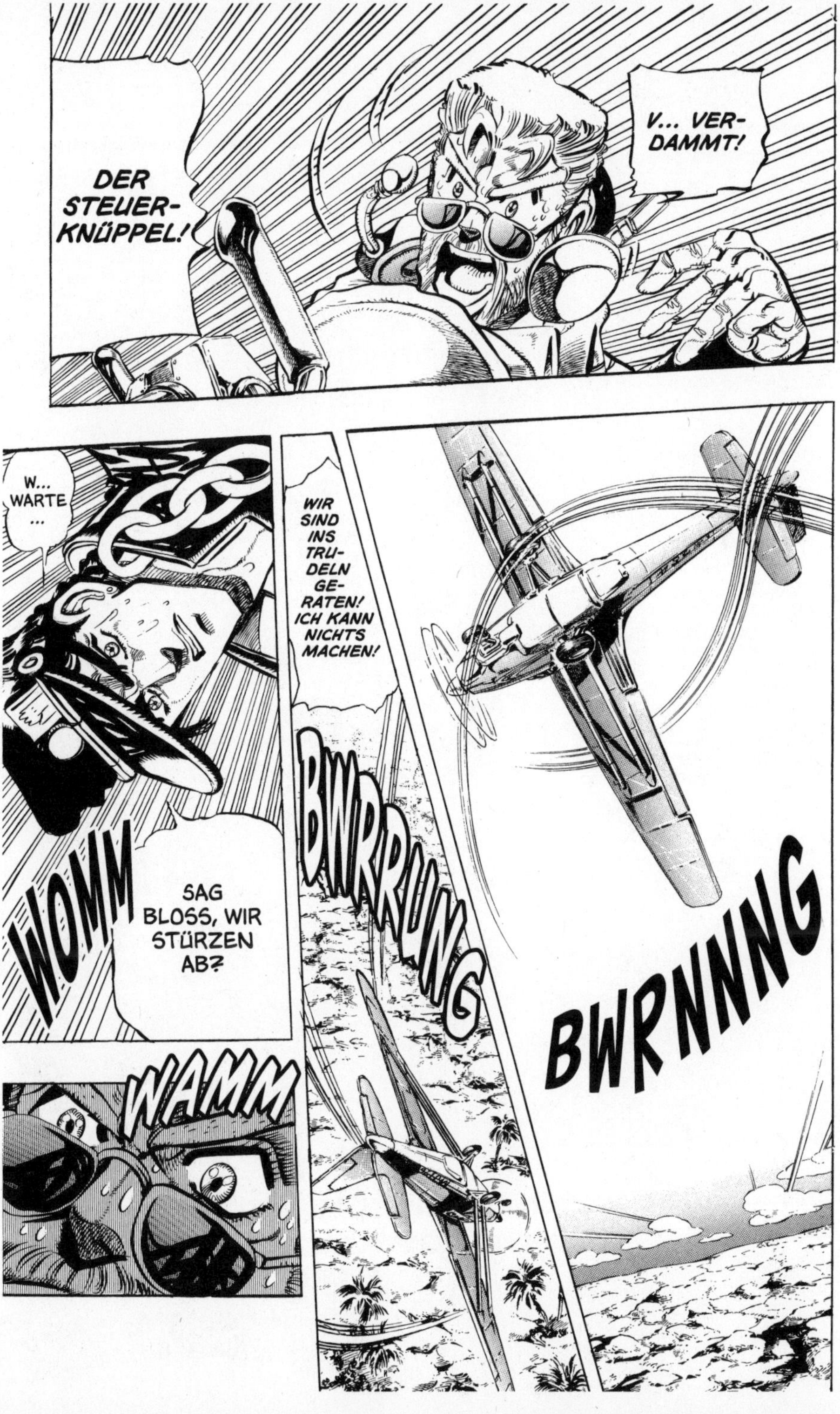
DER STEUER-KNÜPPEL!
V... VER-DAMMT!
W... WARTE ...
WOMM
SAG BLOSS, WIR STÜRZEN AB?
WAMM
WIR SIND INS TRU-DELN GE-RATEN! ICH KANN NICHTS MACHEN!
BWRRUNG
BWRNNNG

JOJO'S BIZARRE ADVENTURE PART 3

STARDUST CRUSADERS

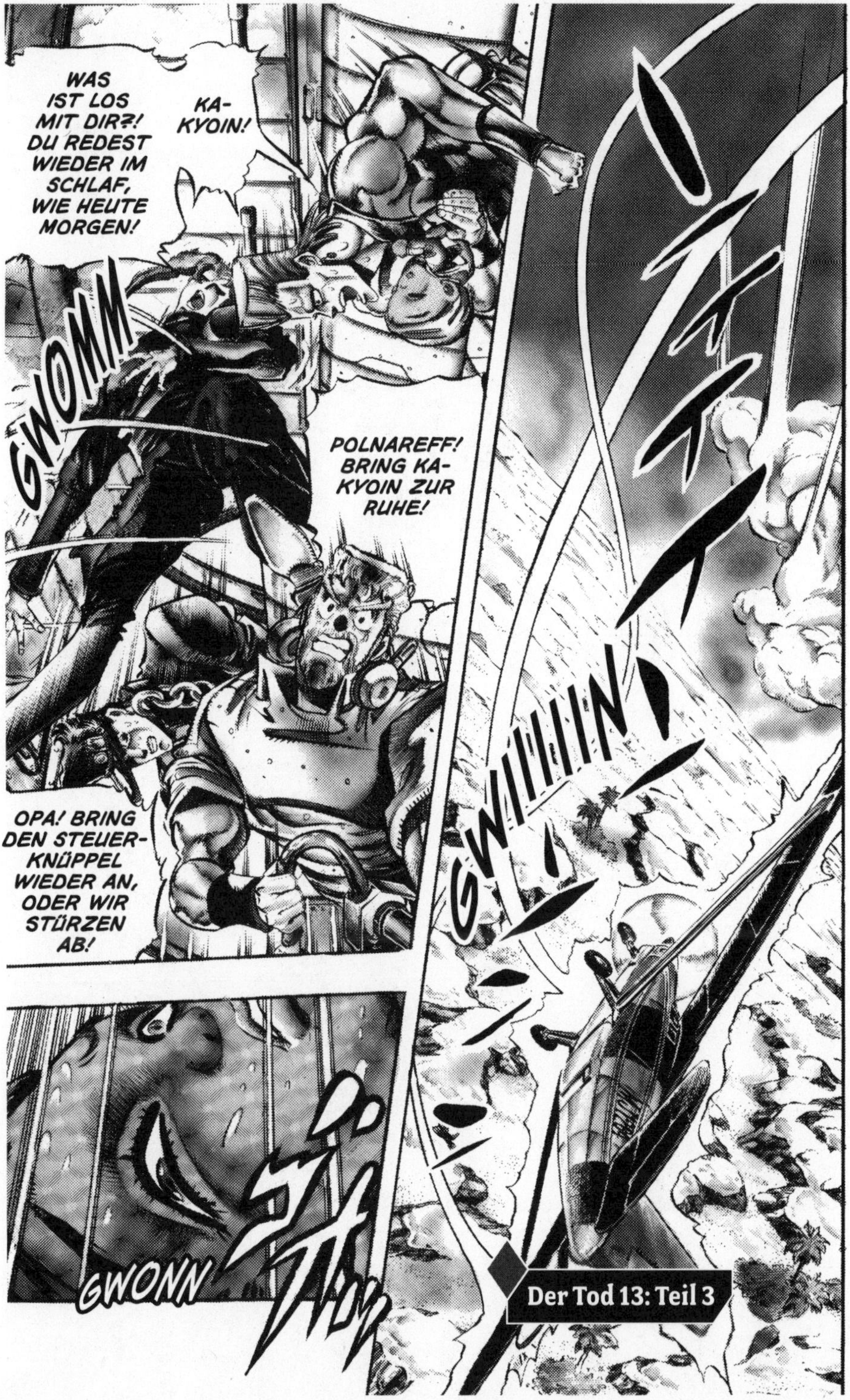

Der Tod 13: Teil 3

Der Tod 13: Teil 3

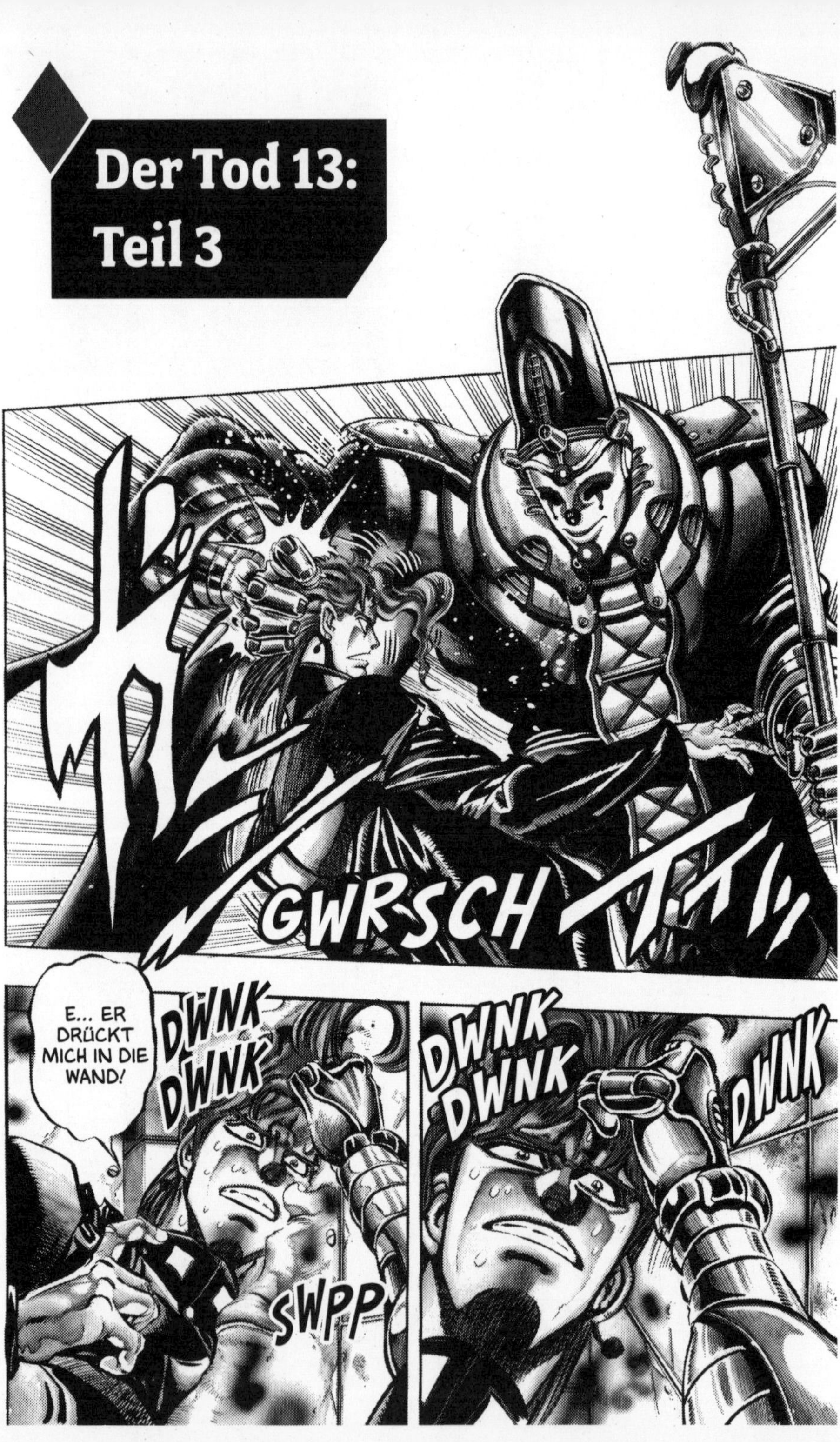

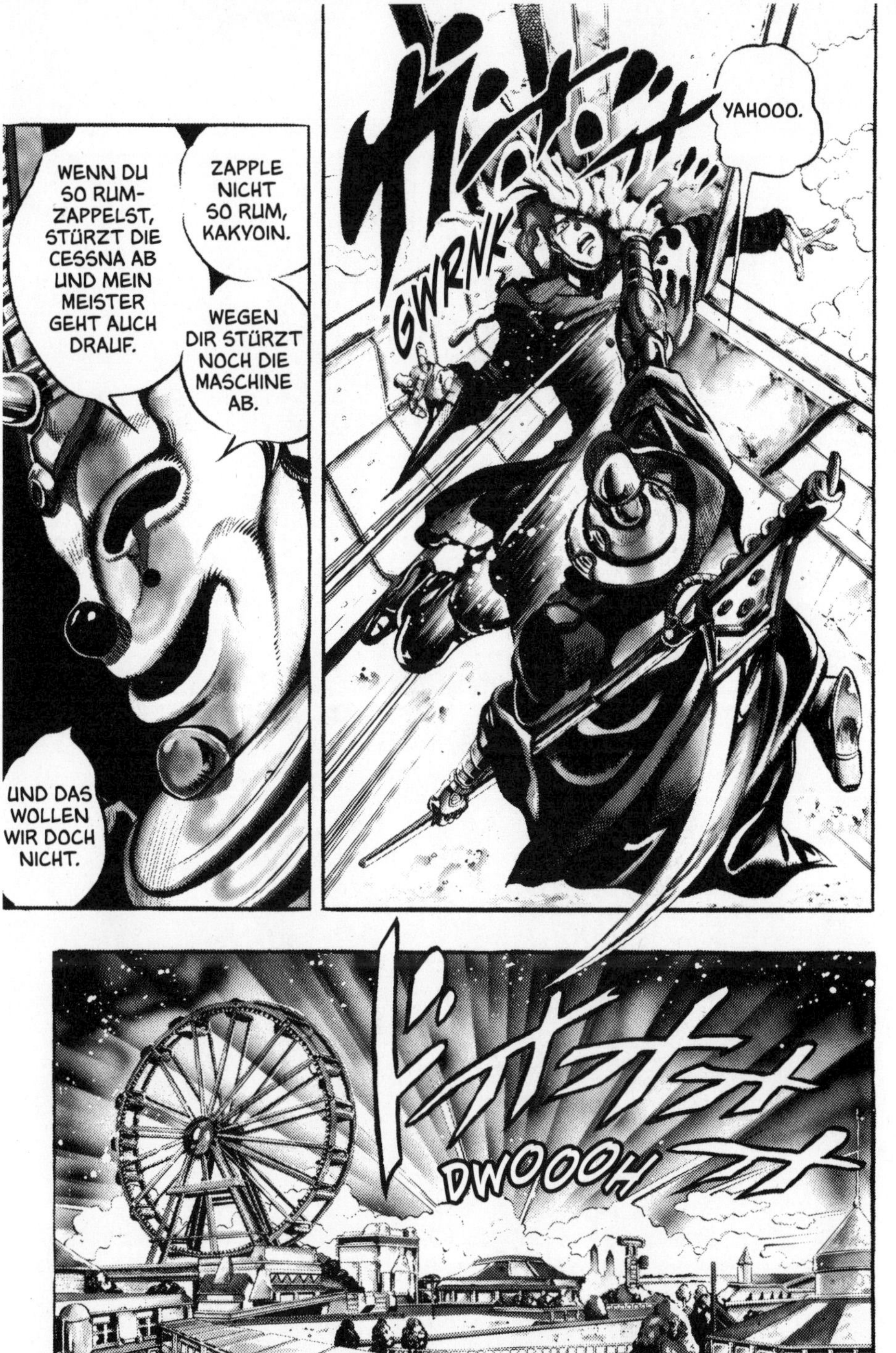
YAHOOO.
GWRNK
ZAPPLE NICHT SO RUM, KAKYOIN.
WENN DU SO RUMZAPPELST, STÜRZT DIE CESSNA AB UND MEIN MEISTER GEHT AUCH DRAUF.
WEGEN DIR STÜRZT NOCH DIE MASCHINE AB.
UND DAS WOLLEN WIR DOCH NICHT.
DWOOOH

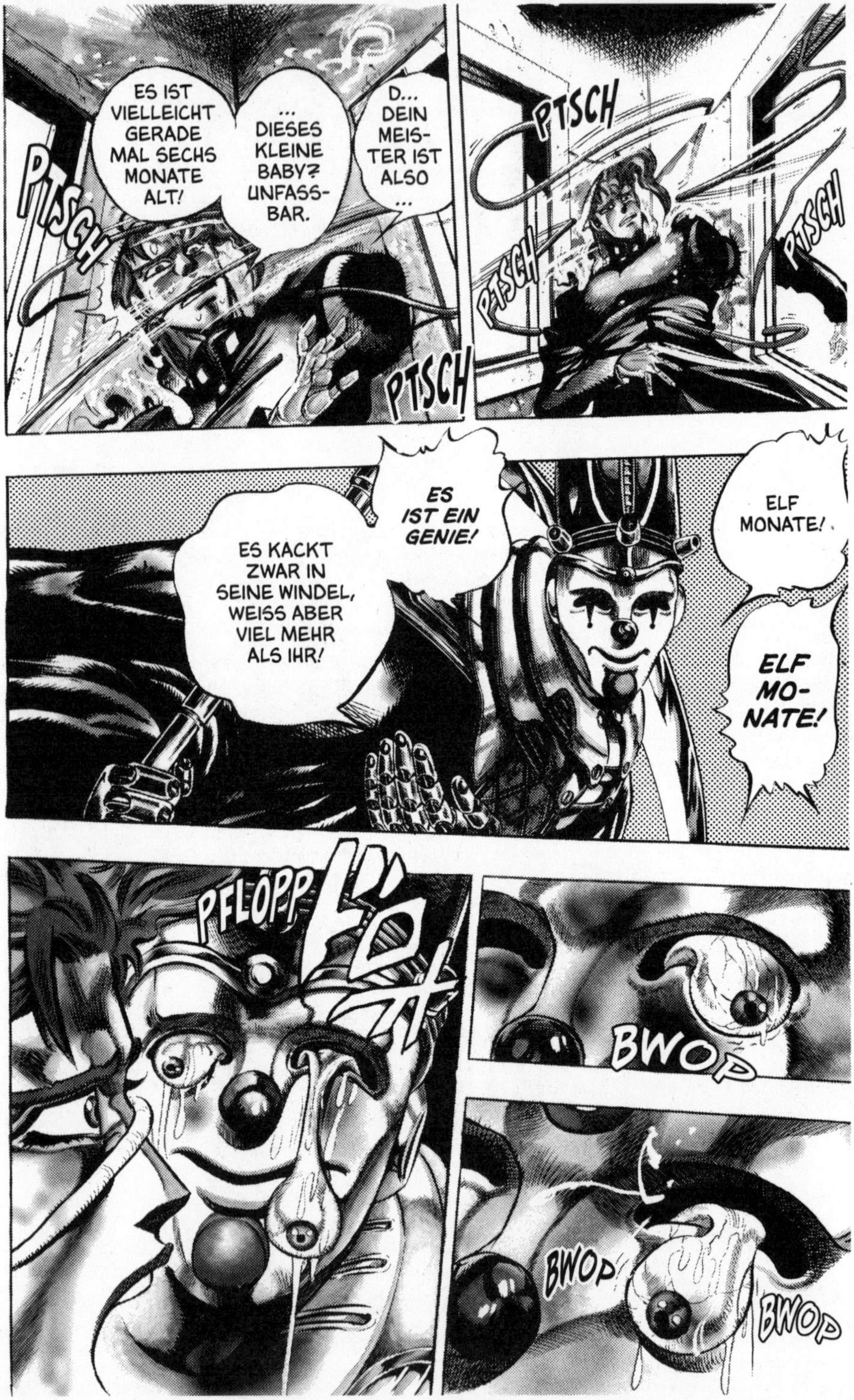
PTSCH
PTSCH
PTSCH
D... DEIN MEISTER IST ALSO ...
... DIESES KLEINE BABY? UNFASSBAR.
ES IST VIELLEICHT GERADE MAL SECHS MONATE ALT!
PTSCH
PTSCH
ELF MONATE!
ELF MONATE!
ES IST EIN GENIE!
ES KACKT ZWAR IN SEINE WINDEL, WEISS ABER VIEL MEHR ALS IHR!
BWOP
BWOP
BWOP
PFLOPP

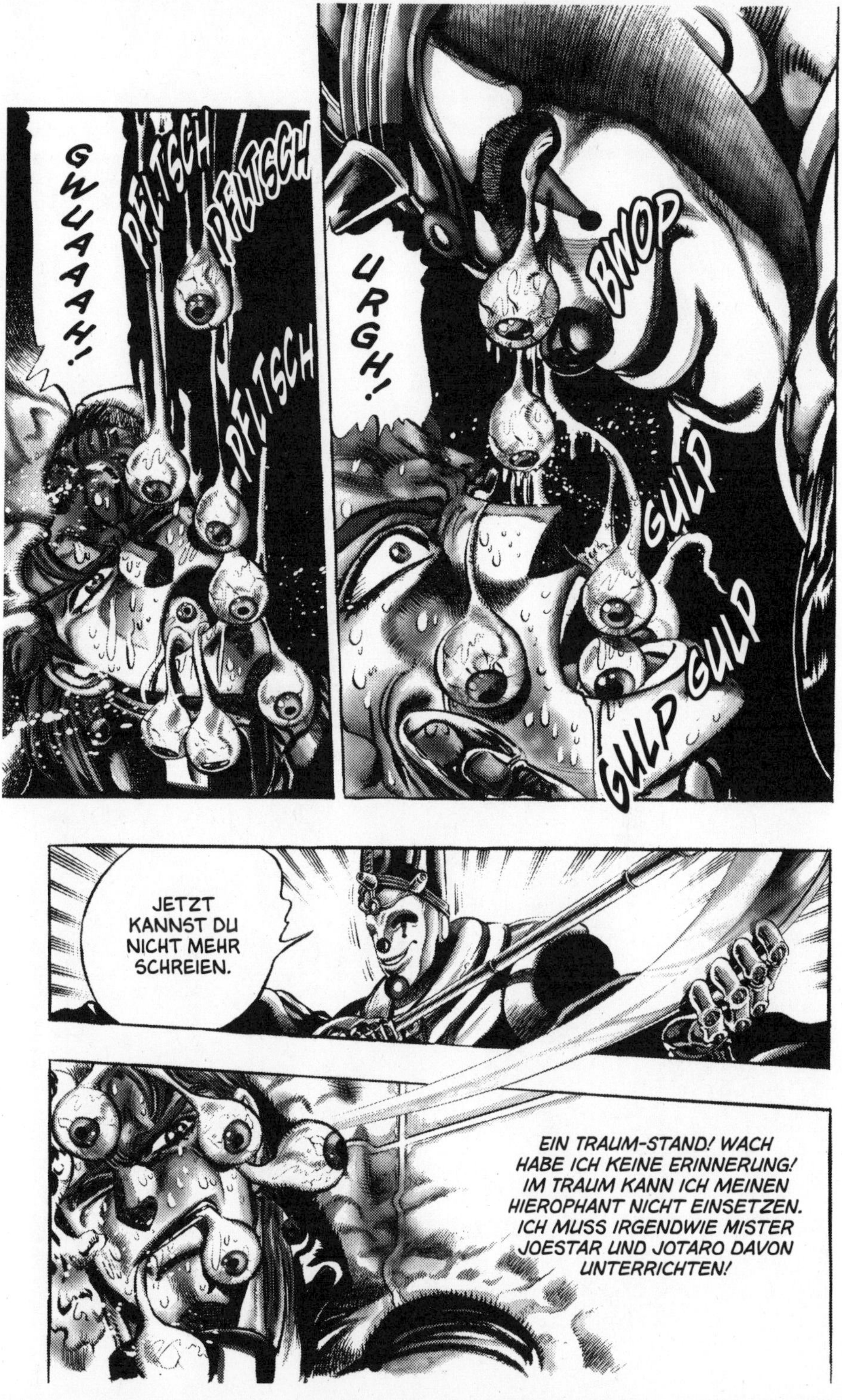
GWUAAAAH!
PFLATSCH
PFLATSCH
PFLATSCH
URGH!
BWOP
GULP
GULP
GULP
JETZT KANNST DU NICHT MEHR SCHREIEN.
EIN TRAUM-STAND! WACH HABE ICH KEINE ERINNERUNG! IM TRAUM KANN ICH MEINEN HIEROPHANT NICHT EINSETZEN. ICH MUSS IRGENDWIE MISTER JOESTAR UND JOTARO DAVON UNTERRICHTEN!

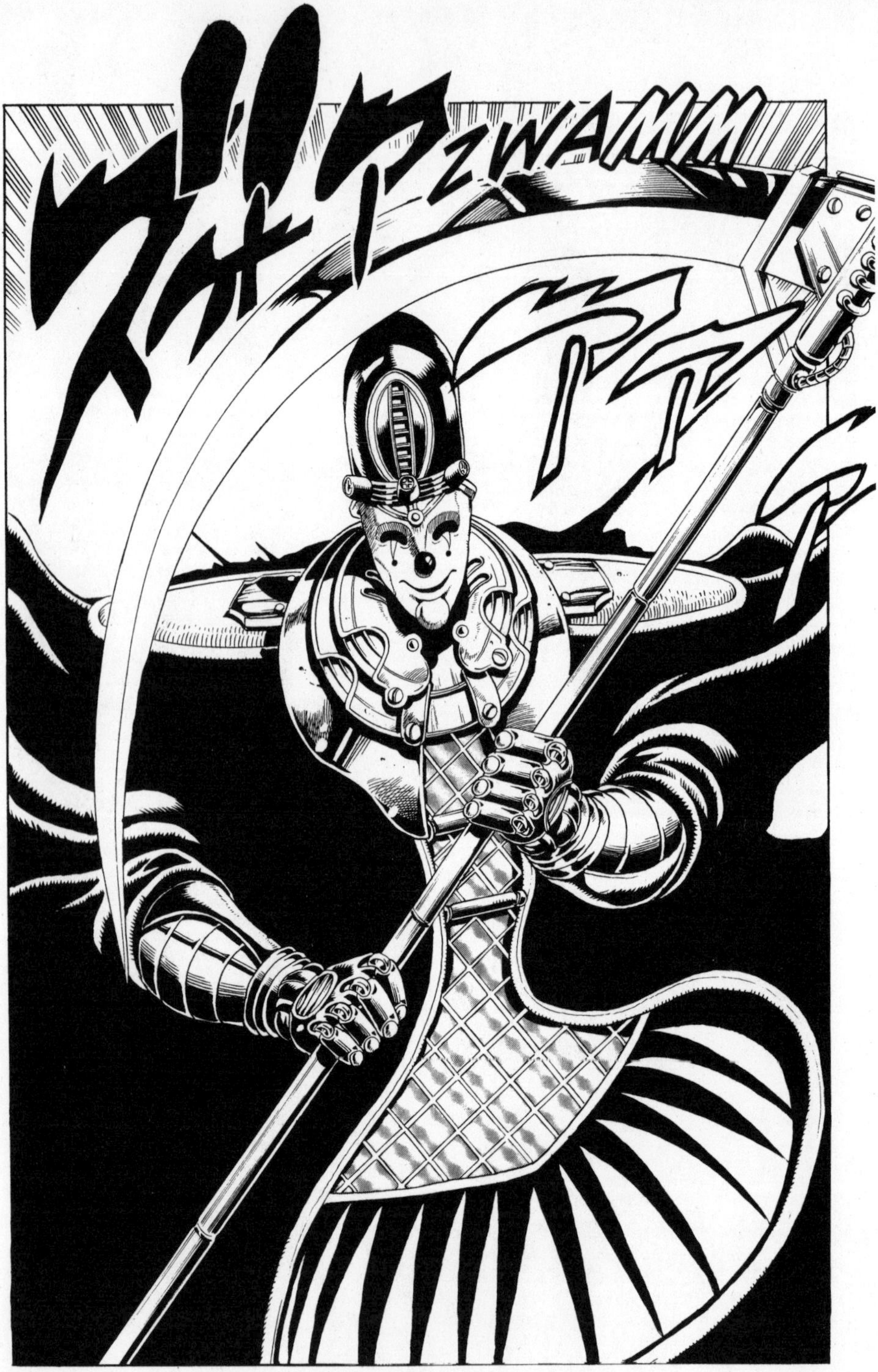
ZWAMM

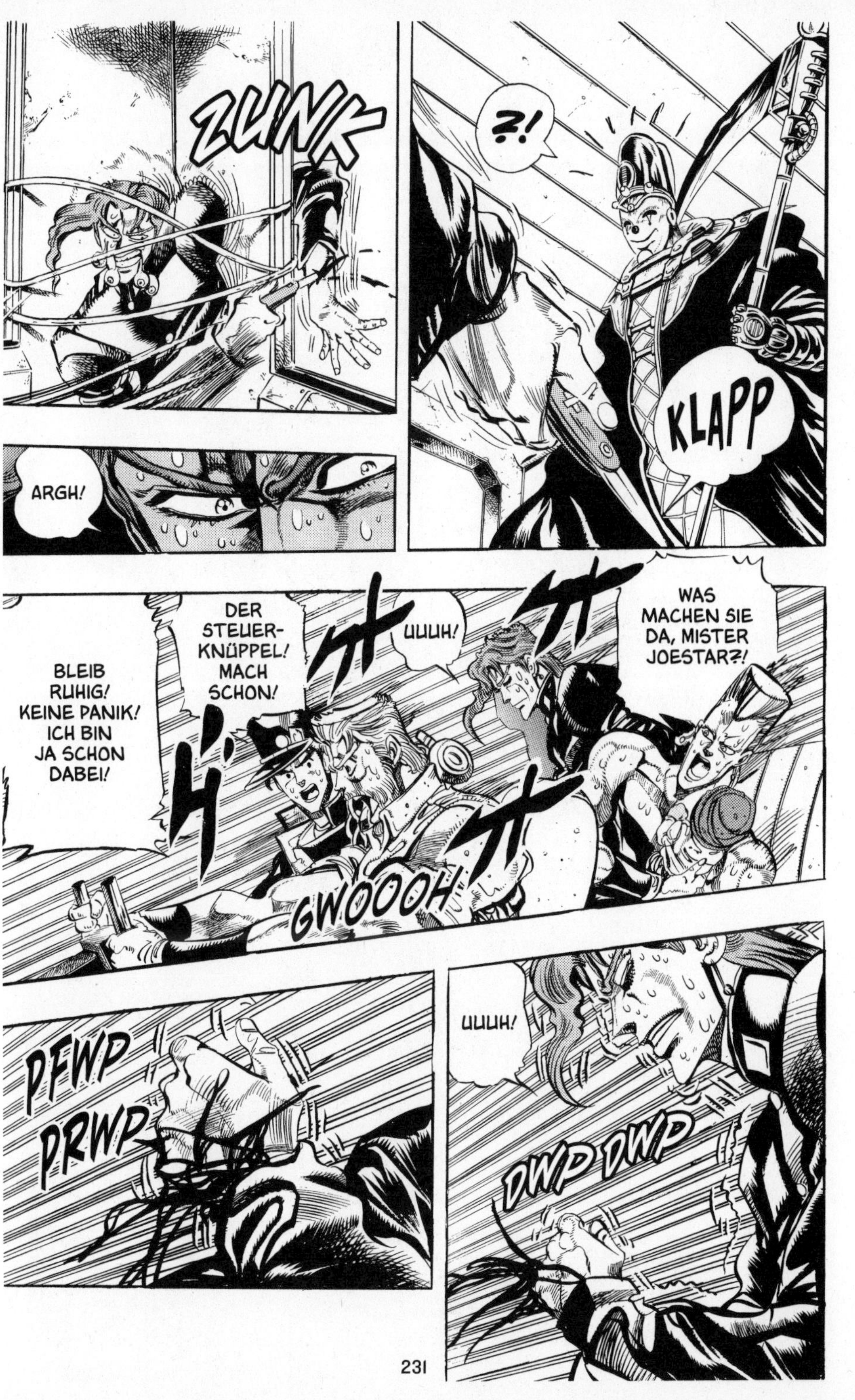
ZUNK
?!
KLAPP
ARGH!
WAS MACHEN SIE DA, MISTER JOESTAR?!
UUUH!
DER STEUER-KNÜPPEL! MACH SCHON!
BLEIB RUHIG! KEINE PANIK! ICH BIN JA SCHON DABEI!
GWOOOH
UUUH!
DWP DWP
PFWP PRWP

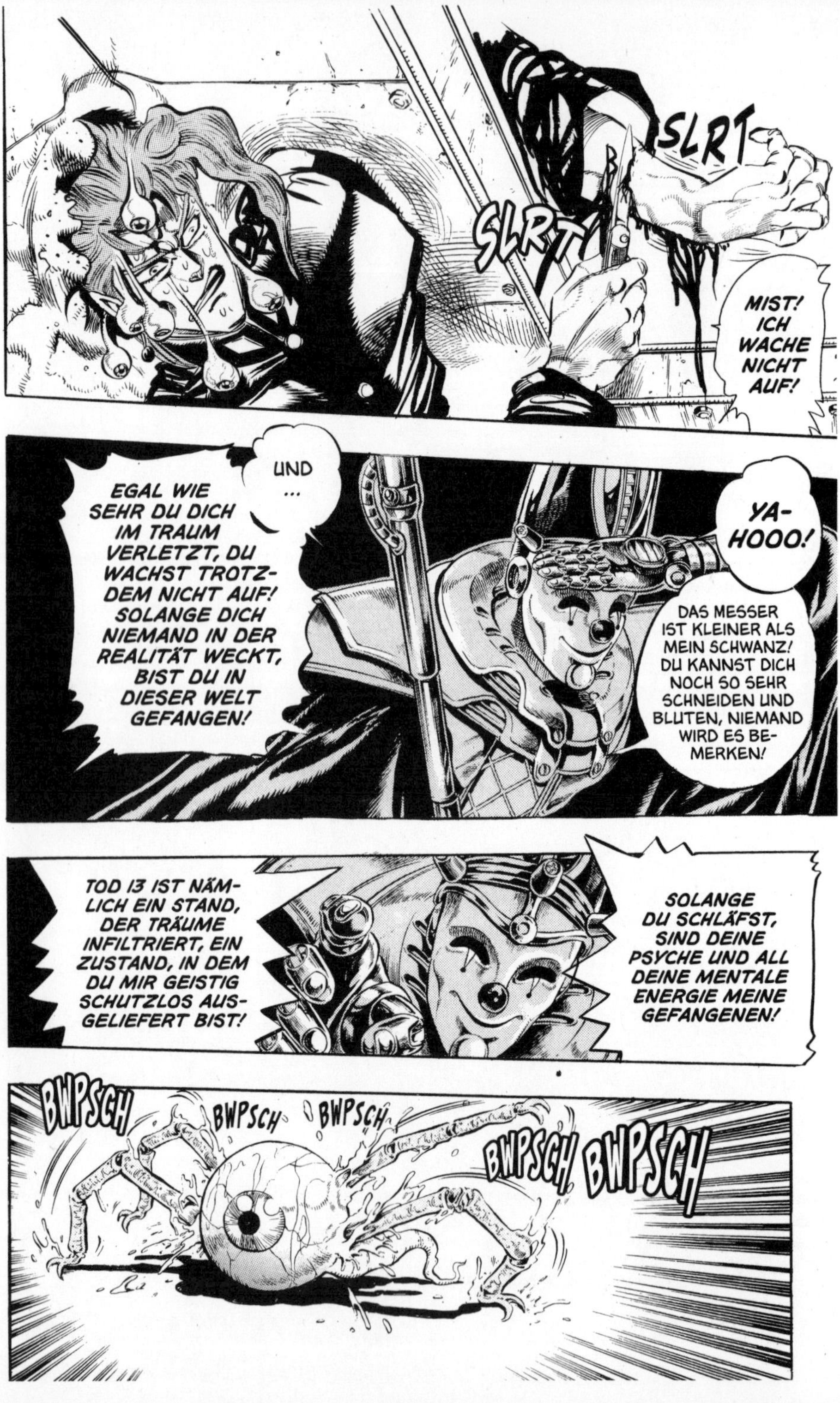

SLRT
SLRT
MIST! ICH WACHE NICHT AUF!
YA-HOOO!
DAS MESSER IST KLEINER ALS MEIN SCHWANZ! DU KANNST DICH NOCH SO SEHR SCHNEIDEN UND BLUTEN, NIEMAND WIRD ES BE-MERKEN!
UND ...
EGAL WIE SEHR DU DICH IM TRAUM VERLETZT, DU WACHST TROTZ-DEM NICHT AUF! SOLANGE DICH NIEMAND IN DER REALITÄT WECKT, BIST DU IN DIESER WELT GEFANGEN!
SOLANGE DU SCHLÄFST, SIND DEINE PSYCHE UND ALL DEINE MENTALE ENERGIE MEINE GEFANGENEN!
TOD 13 IST NÄM-LICH EIN STAND, DER TRÄUME INFILTRIERT, EIN ZUSTAND, IN DEM DU MIR GEISTIG SCHUTZLOS AUS-GELIEFERT BIST!
BWPSCH BWPSCH BWPSCH BWPSCH BWPSCH

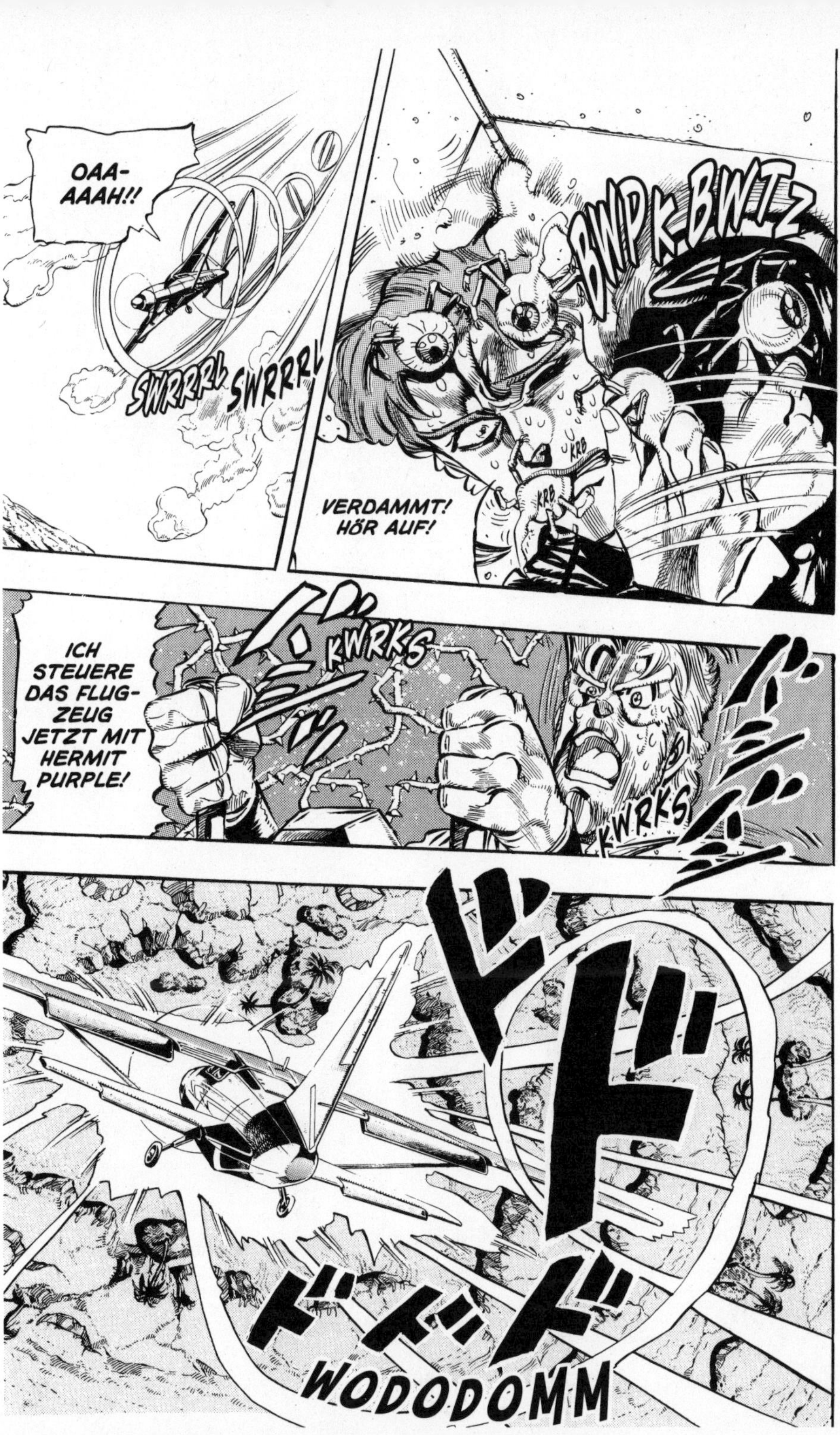

OAA-
AAAH!!
SWRRRL
SWRRRL
BWPK BWIZ
VERDAMMT!
HÖR AUF!
KRB
KRB
ICH
STEUERE
DAS FLUG-
ZEUG
JETZT MIT
HERMIT
PURPLE!
KWRKS
KWRKS
WODODOMM

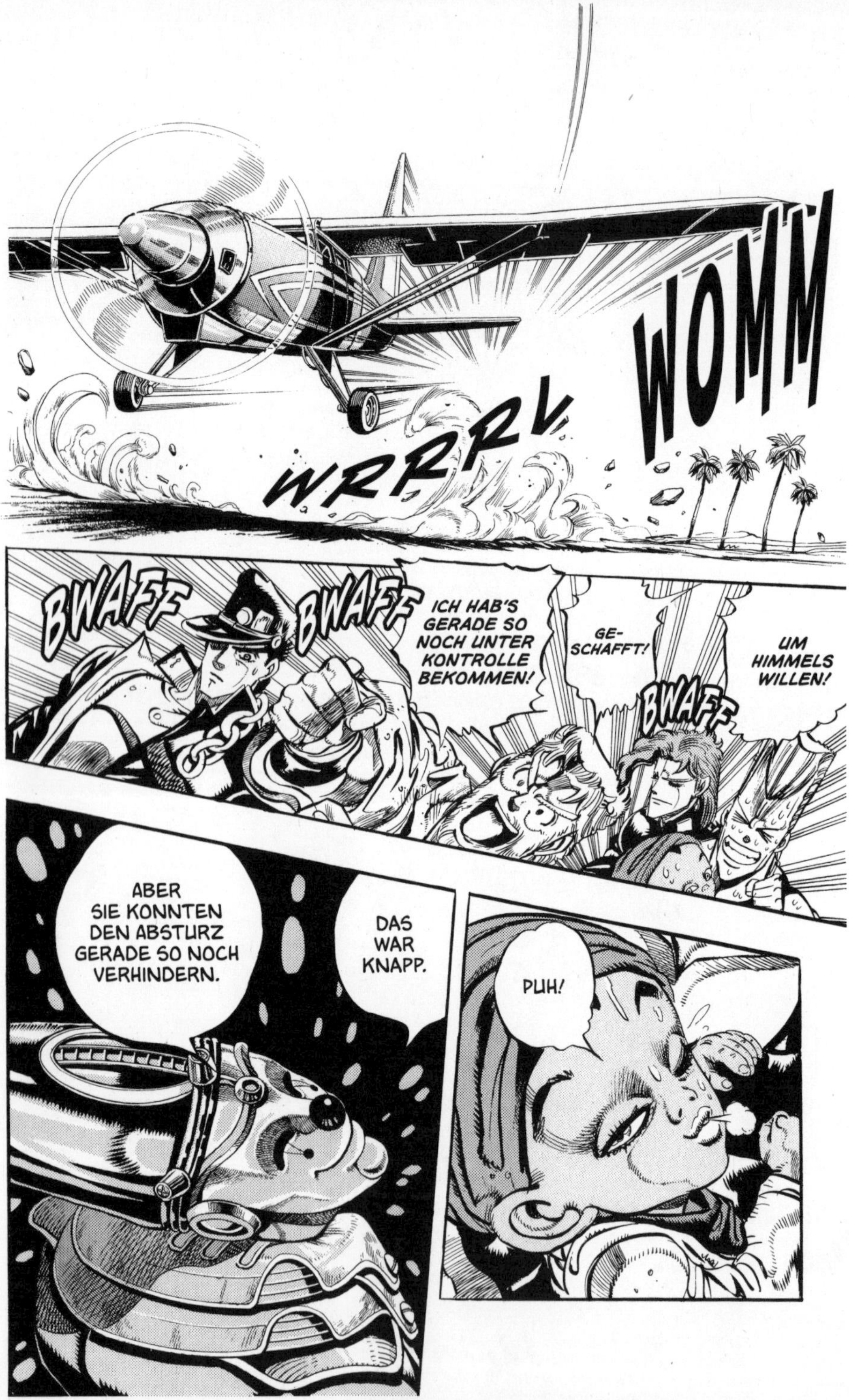
WRRRV
WOMM
UM HIMMELS WILLEN!
BWAFF
GE-SCHAFFT!
ICH HAB'S GERADE SO NOCH UNTER KONTROLLE BEKOMMEN!
BWAFF
BWAFF
PUH!
DAS WAR KNAPP.
ABER SIE KONNTEN DEN ABSTURZ GERADE SO NOCH VERHINDERN.

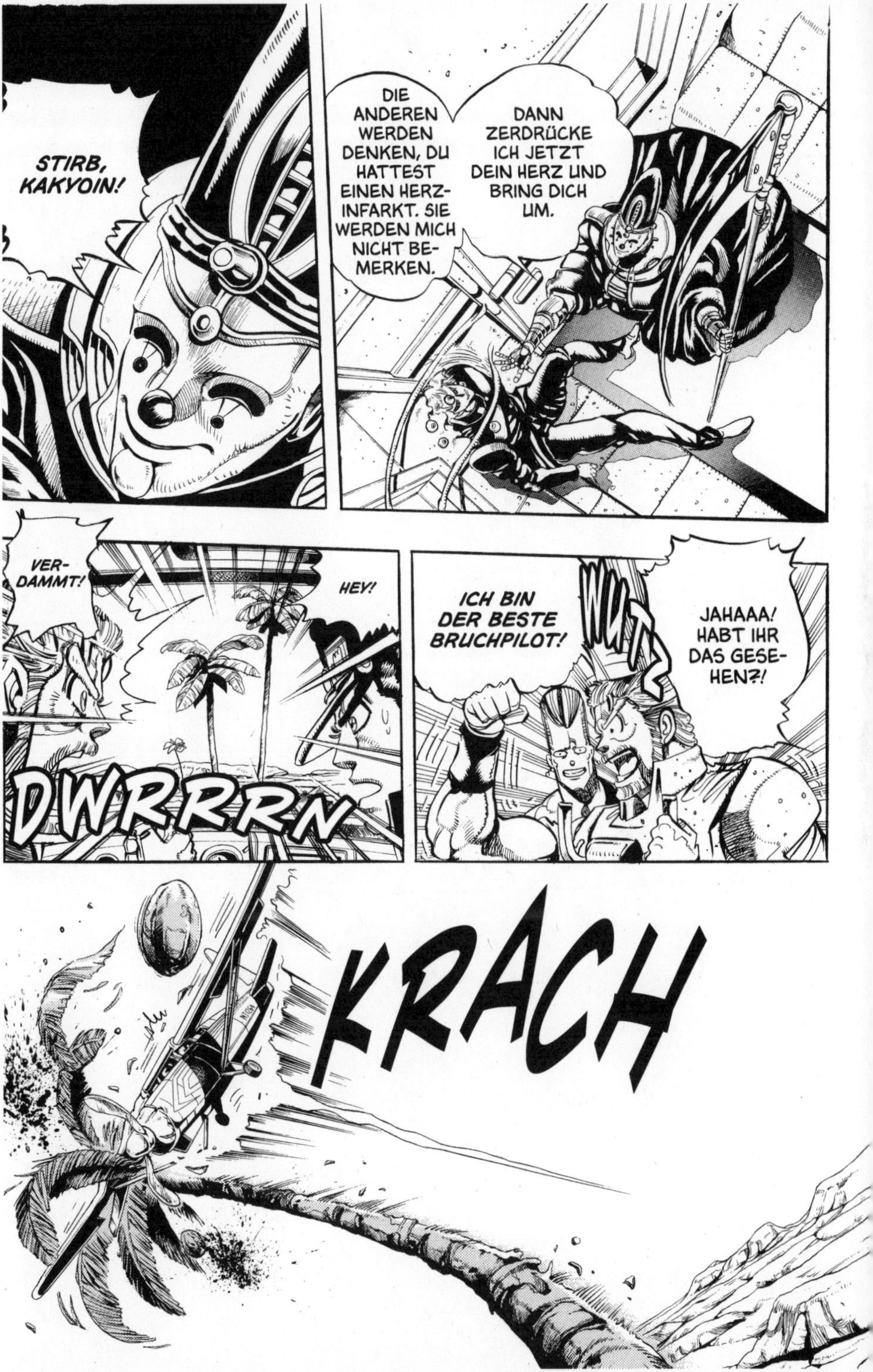
STIRB, KAKYOIN!
DANN ZERDRÜCKE ICH JETZT DEIN HERZ UND BRING DICH UM.
DIE ANDEREN WERDEN DENKEN, DU HATTEST EINEN HERZINFARKT. SIE WERDEN MICH NICHT BEMERKEN.
HEY!
VERDAMMT!
DWRRRRN
JAHAAA! HABT IHR DAS GESEHEN?!
WUTZ
ICH BIN DER BESTE BRUCHPILOT!
KRACH

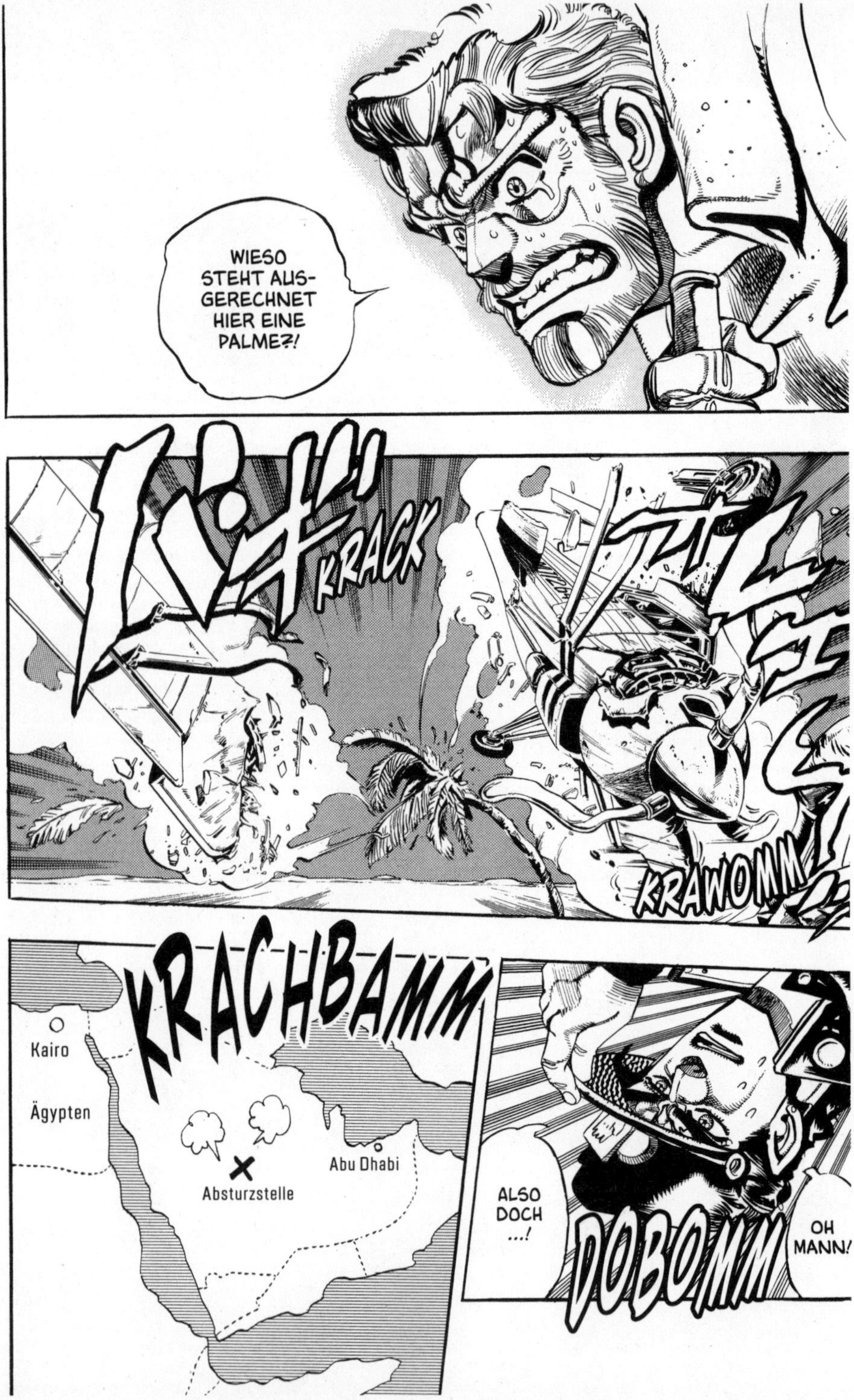
WIESO STEHT AUS-GERECHNET HIER EINE PALME?!
KRACK
KRAWOMM
OH MANN!
DOBOMM
ALSO DOCH ...!
KRACHBAMM
Kairo
Ägypten
Abu Dhabi
Absturzstelle

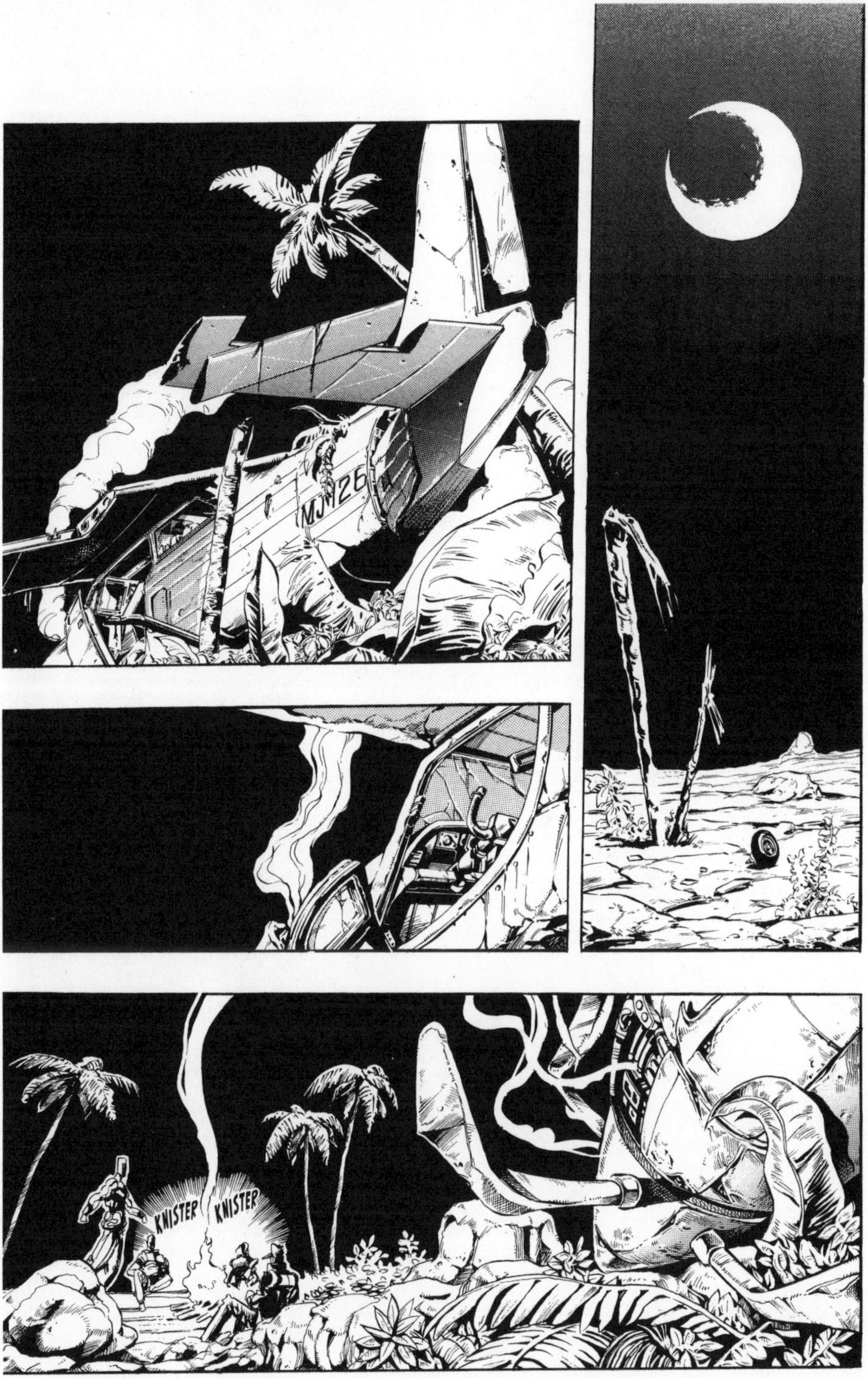
MJ 126
KNISTER
KNISTER

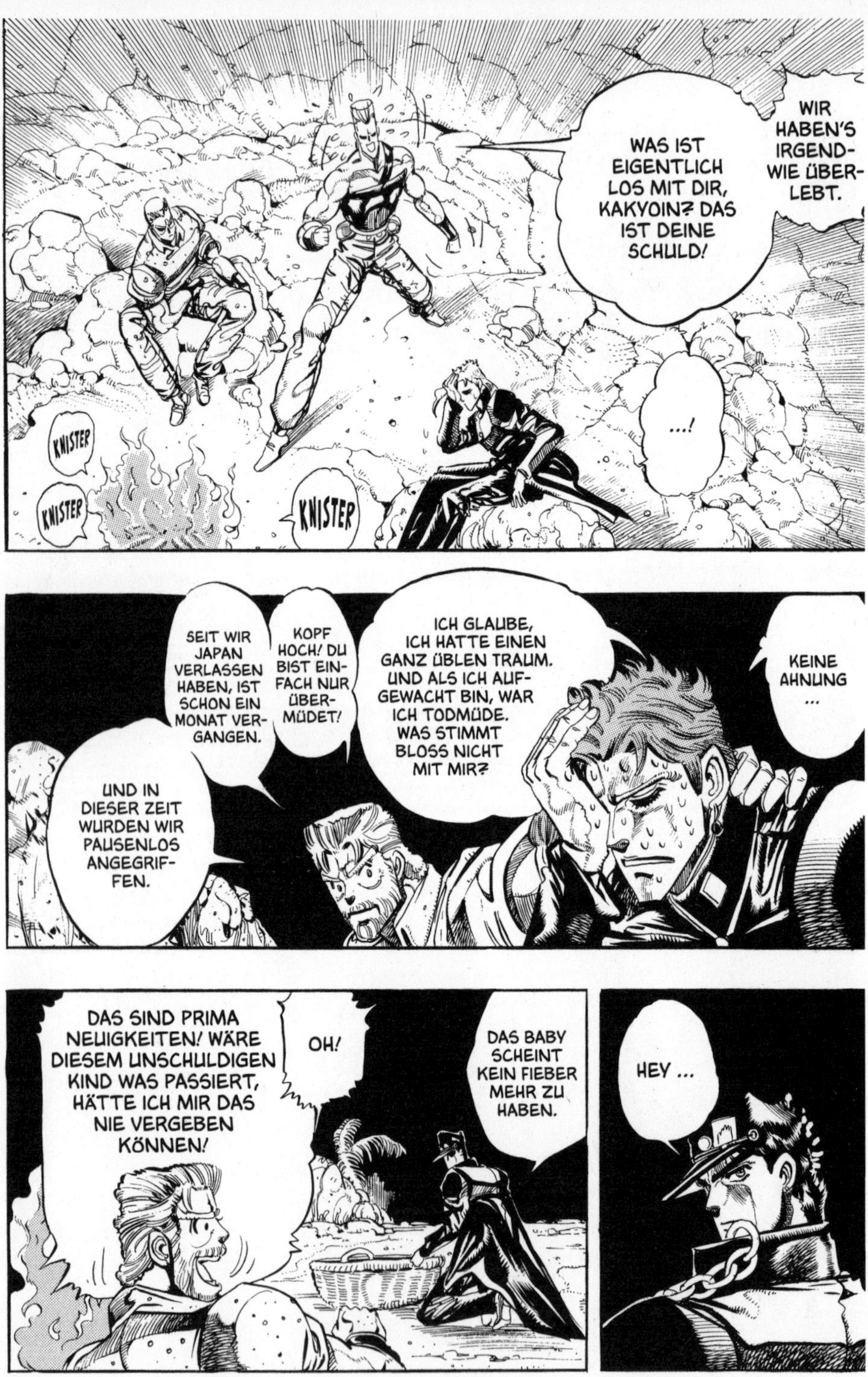
WIR HABEN'S IRGENDWIE ÜBERLEBT.
WAS IST EIGENTLICH LOS MIT DIR, KAKYOIN? DAS IST DEINE SCHULD!
...!
KNISTER
KNISTER
KNISTER
KEINE AHNUNG ...
ICH GLAUBE, ICH HATTE EINEN GANZ ÜBLEN TRAUM. UND ALS ICH AUFGEWACHT BIN, WAR ICH TODMÜDE. WAS STIMMT BLOSS NICHT MIT MIR?
KOPF HOCH! DU BIST EINFACH NUR ÜBERMÜDET!
SEIT WIR JAPAN VERLASSEN HABEN, IST SCHON EIN MONAT VERGANGEN.
UND IN DIESER ZEIT WURDEN WIR PAUSENLOS ANGEGRIFFEN.
HEY ...
DAS BABY SCHEINT KEIN FIEBER MEHR ZU HABEN.
OH!
DAS SIND PRIMA NEUIGKEITEN! WÄRE DIESEM UNSCHULDIGEN KIND WAS PASSIERT, HÄTTE ICH MIR DAS NIE VERGEBEN KÖNNEN!

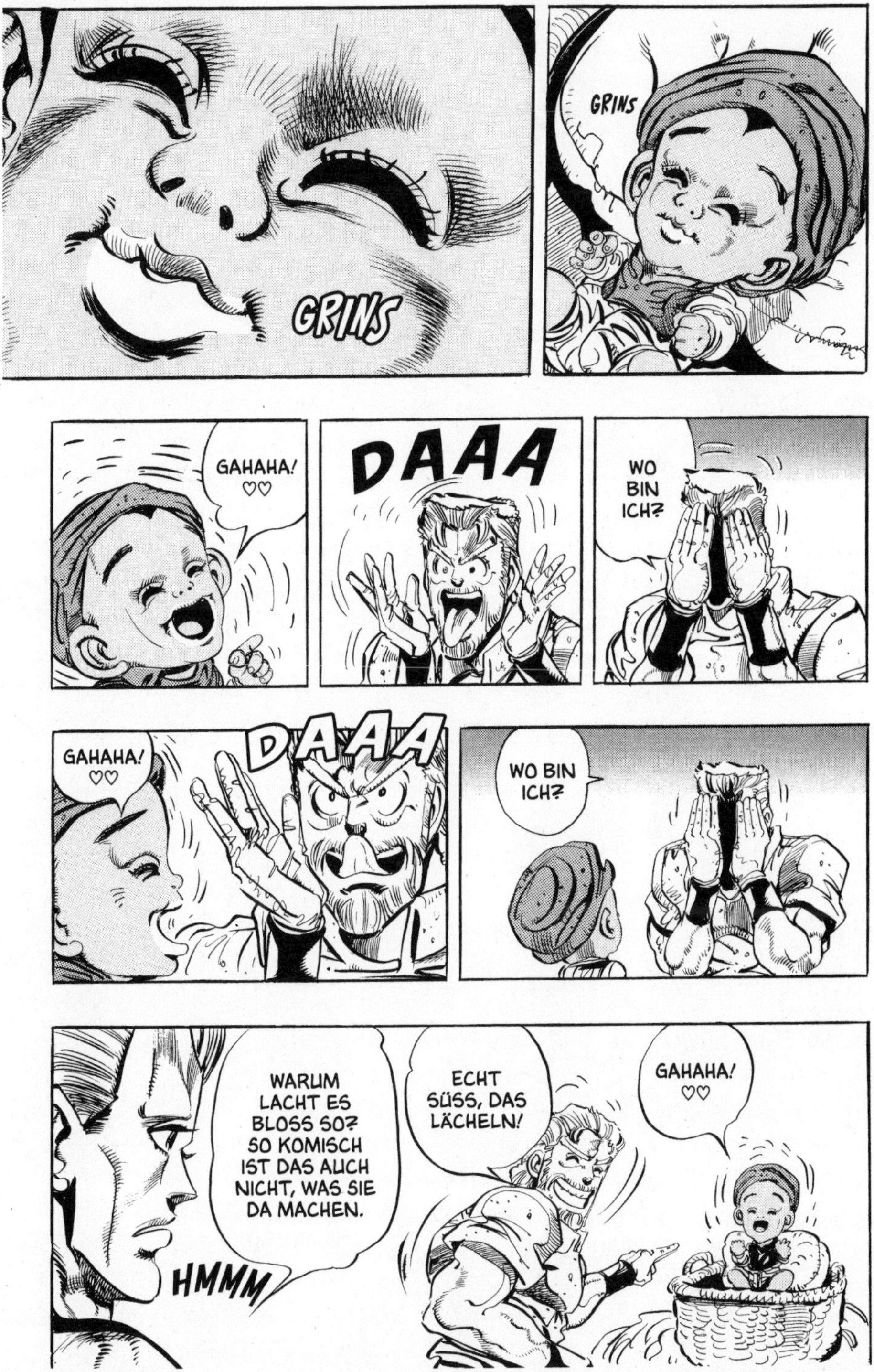
GRINS
GRINS
GAHAHA! ♡♡
DAAA
WO BIN ICH?
GAHAHA! ♡♡
DAAA
WO BIN ICH?
WARUM LACHT ES BLOSS SO? SO KOMISCH IST DAS AUCH NICHT, WAS SIE DA MACHEN.
HMMM
ECHT SÜSS, DAS LÄCHELN!
GAHAHA! ♡♡

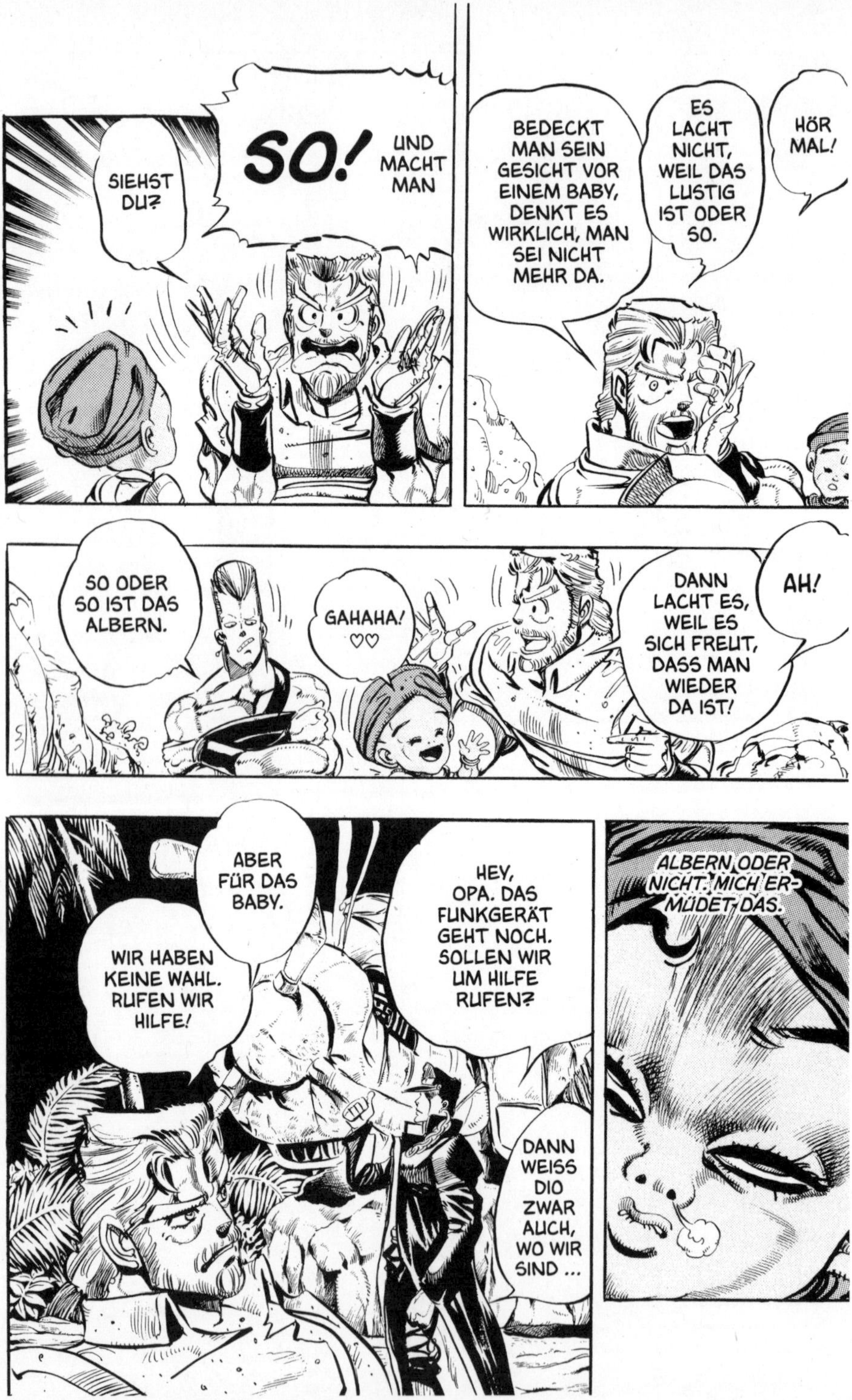
HÖR MAL!
ES LACHT NICHT, WEIL DAS LUSTIG IST ODER SO.
BEDECKT MAN SEIN GESICHT VOR EINEM BABY, DENKT ES WIRKLICH, MAN SEI NICHT MEHR DA.
UND MACHT MAN
SO!
SIEHST DU?
AH!
DANN LACHT ES, WEIL ES SICH FREUT, DASS MAN WIEDER DA IST!
GAHAHA! ♡♡
SO ODER SO IST DAS ALBERN.
ALBERN ODER NICHT. MICH ERMÜDET DAS.
HEY, OPA. DAS FUNKGERÄT GEHT NOCH. SOLLEN WIR UM HILFE RUFEN?
DANN WEISS DIO ZWAR AUCH, WO WIR SIND ...
ABER FÜR DAS BABY.
WIR HABEN KEINE WAHL. RUFEN WIR HILFE!

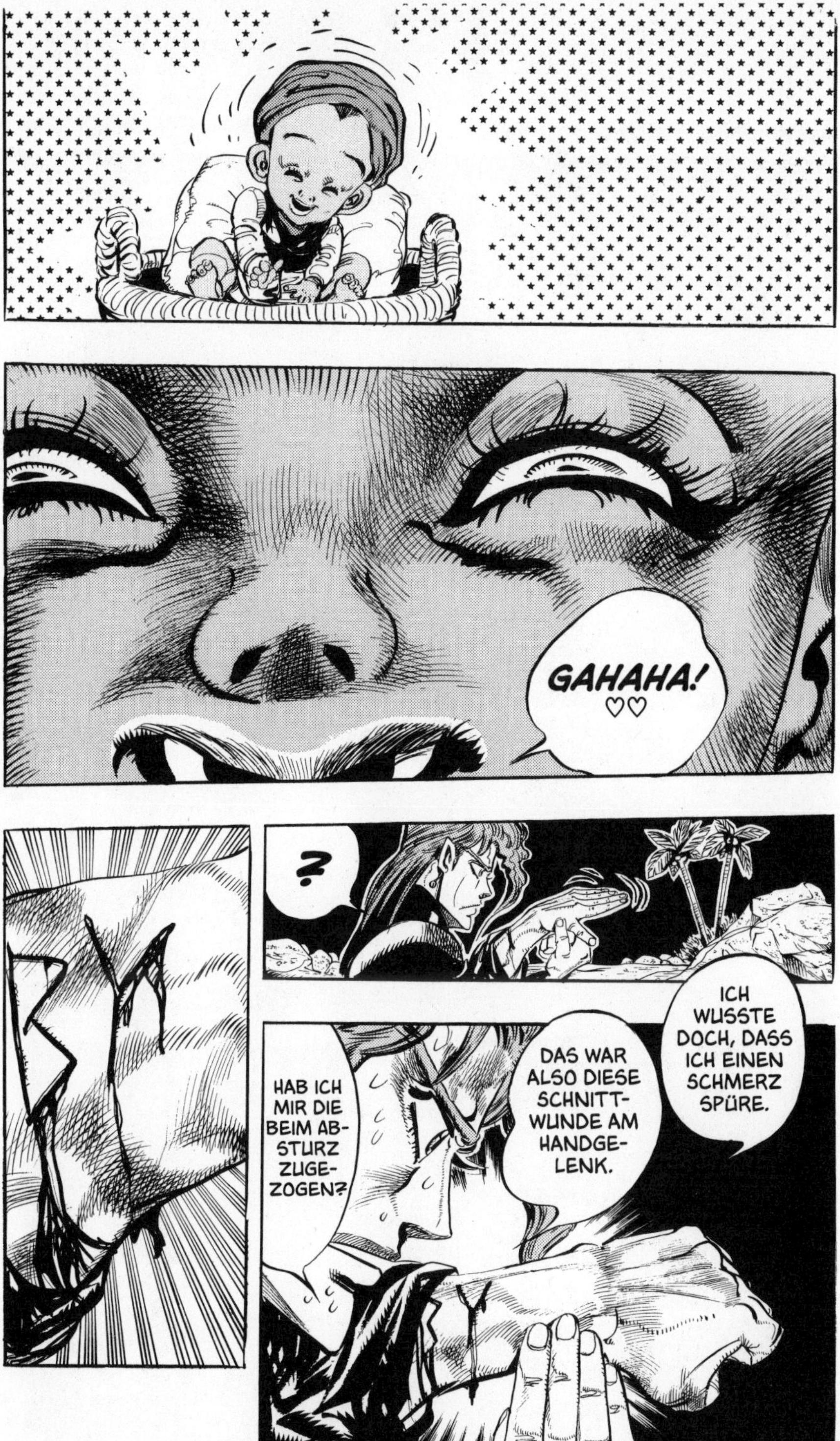
GAHAHA! ♡♡
?
ICH WUSSTE DOCH, DASS ICH EINEN SCHMERZ SPÜRE.
DAS WAR ALSO DIESE SCHNITT-WUNDE AM HANDGE-LENK.
HAB ICH MIR DIE BEIM AB-STURZ ZUGE-ZOGEN?

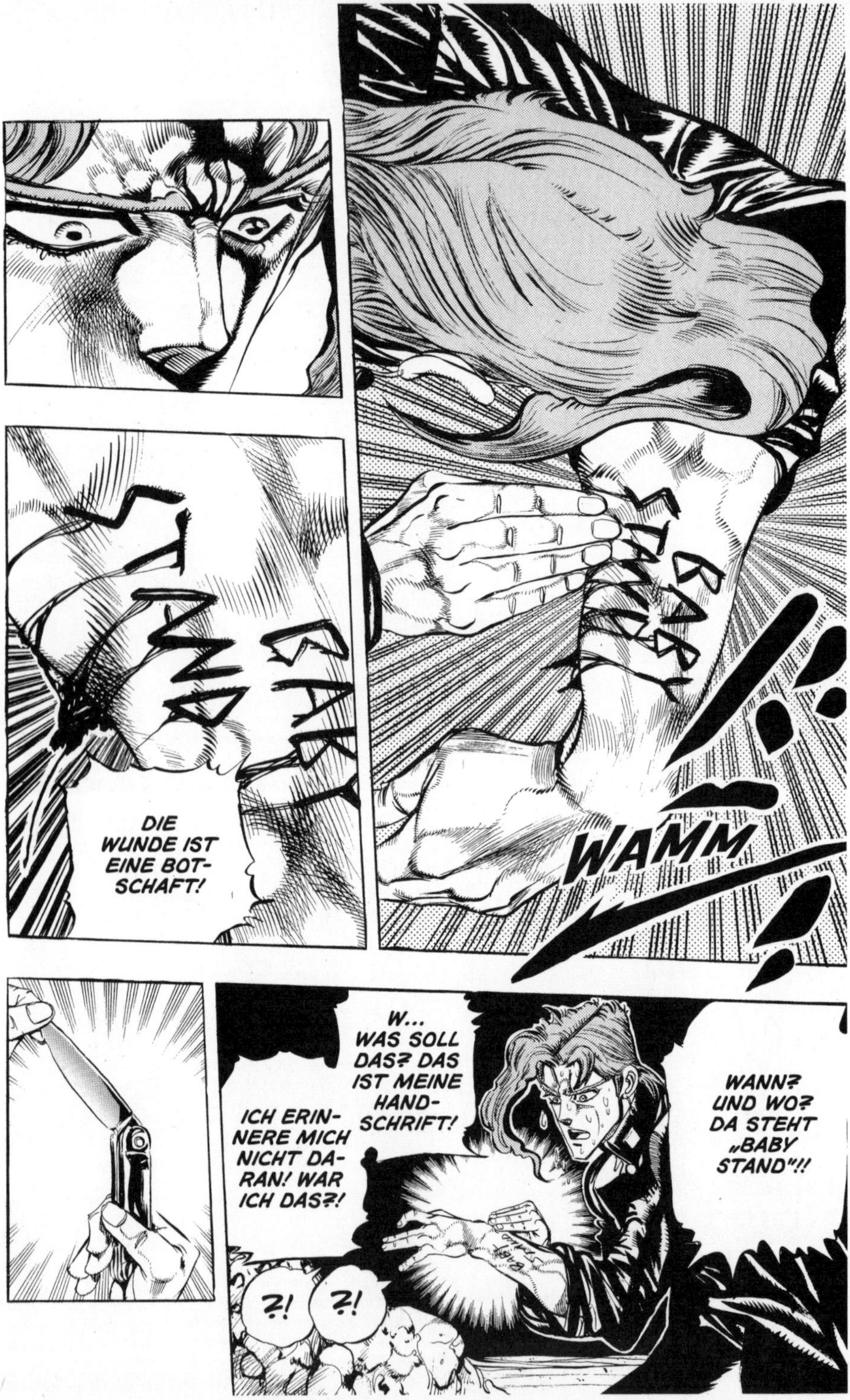
WAMM
DIE WUNDE IST EINE BOTSCHAFT!
WANN? UND WO? DA STEHT „BABY STAND"!!
W... WAS SOLL DAS? DAS IST MEINE HANDSCHRIFT!
ICH ERINNERE MICH NICHT DARAN! WAR ICH DAS?!
?!
?!

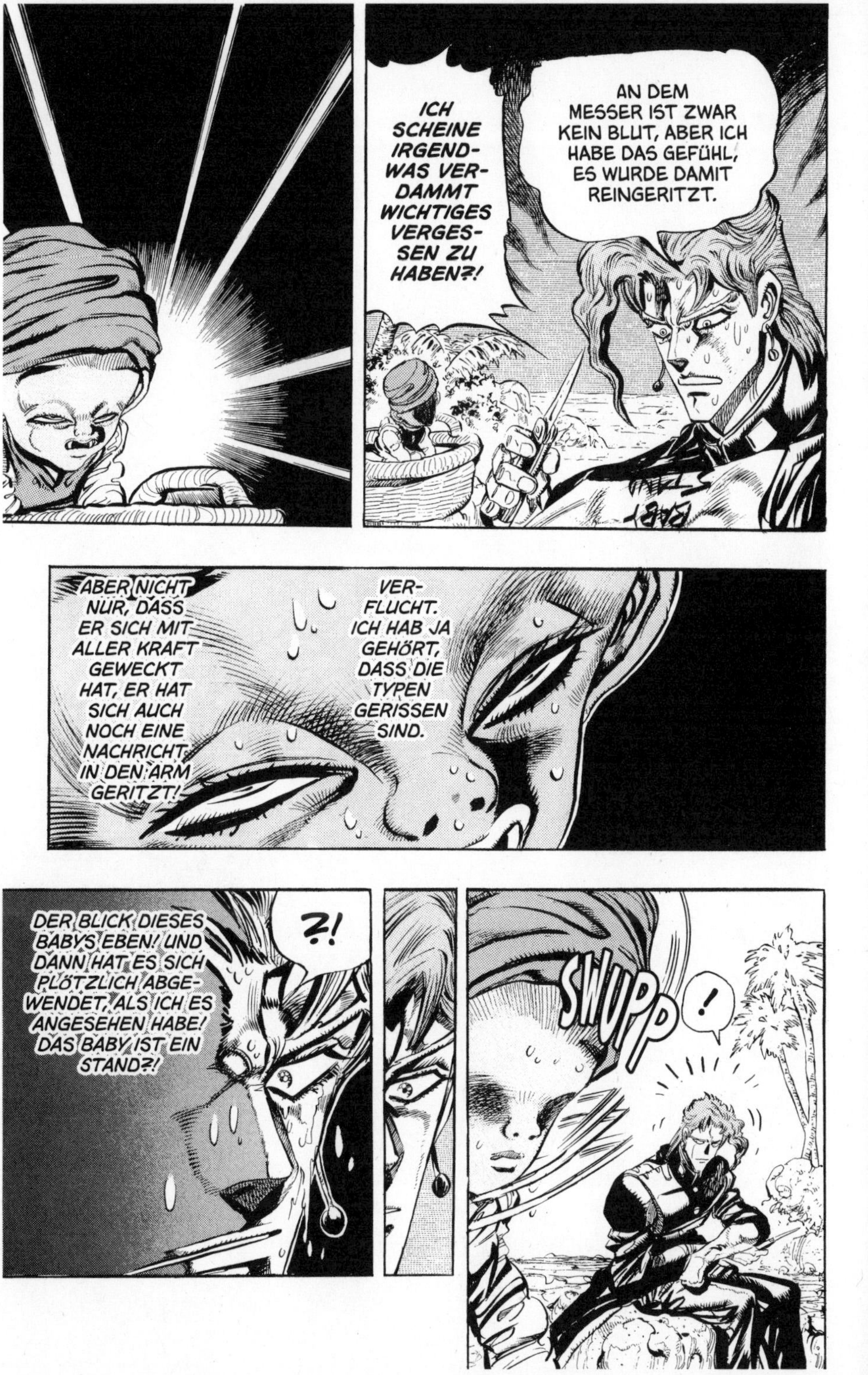
AN DEM MESSER IST ZWAR KEIN BLUT, ABER ICH HABE DAS GEFÜHL, ES WURDE DAMIT REINGERITZT.
ICH SCHEINE IRGENDWAS VERDAMMT WICHTIGES VERGESSEN ZU HABEN?!
VERFLUCHT. ICH HAB JA GEHÖRT, DASS DIE TYPEN GERISSEN SIND.
ABER NICHT NUR, DASS ER SICH MIT ALLER KRAFT GEWECKT HAT, ER HAT SICH AUCH NOCH EINE NACHRICHT IN DEN ARM GERITZT!
SWUPP
!
?!
DER BLICK DIESES BABYS EBEN! UND DANN HAT ES SICH PLÖTZLICH ABGEWENDET, ALS ICH ES ANGESEHEN HABE! DAS BABY IST EIN STAND?!

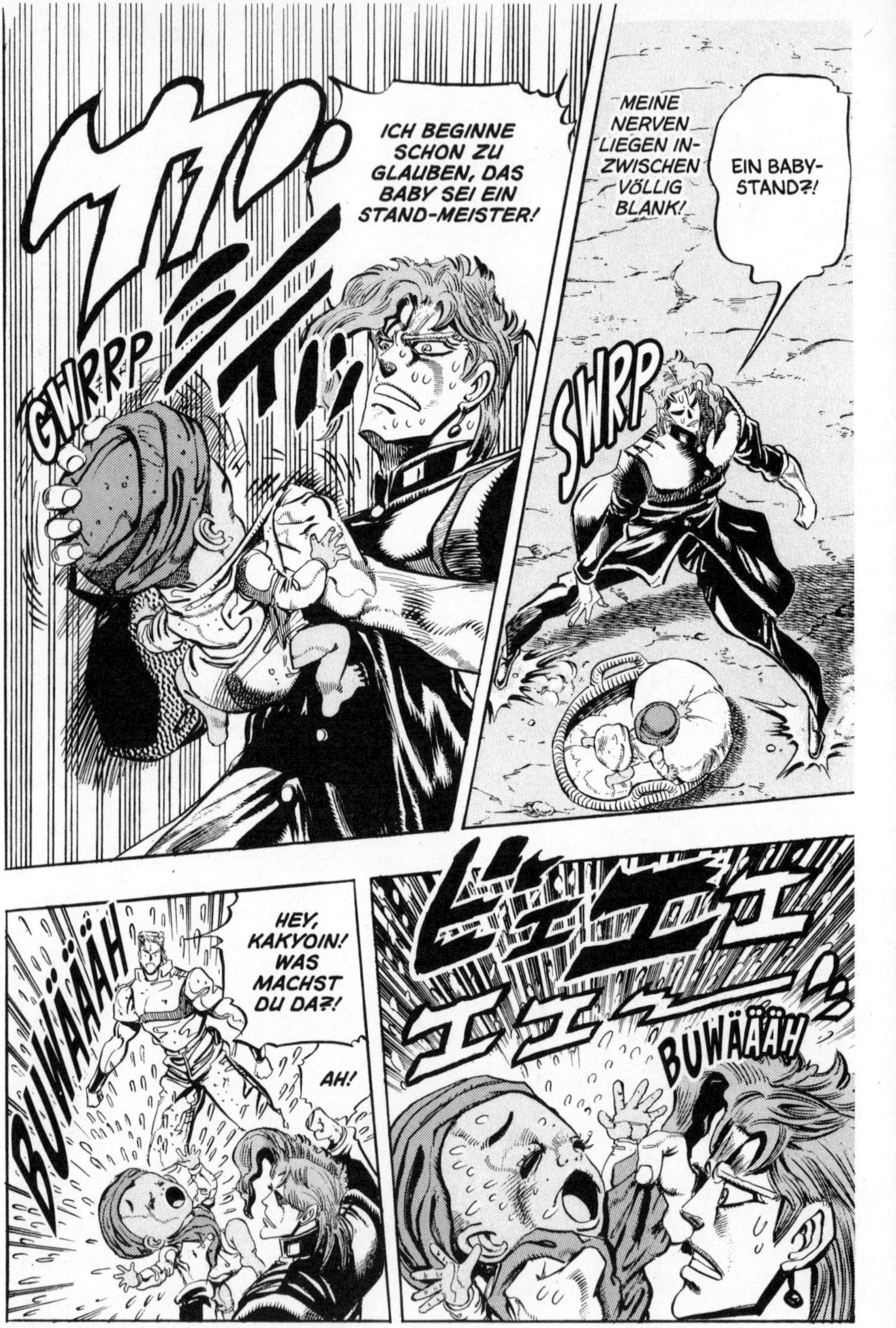
EIN BABY-STAND?!
MEINE NERVEN LIEGEN INZWISCHEN VÖLLIG BLANK!
SWRP
ICH BEGINNE SCHON ZU GLAUBEN, DAS BABY SEI EIN STAND-MEISTER!
GWRRP
BUWÄÄÄH
HEY, KAKYOIN! WAS MACHST DU DA?!
AH!
BUWÄÄH

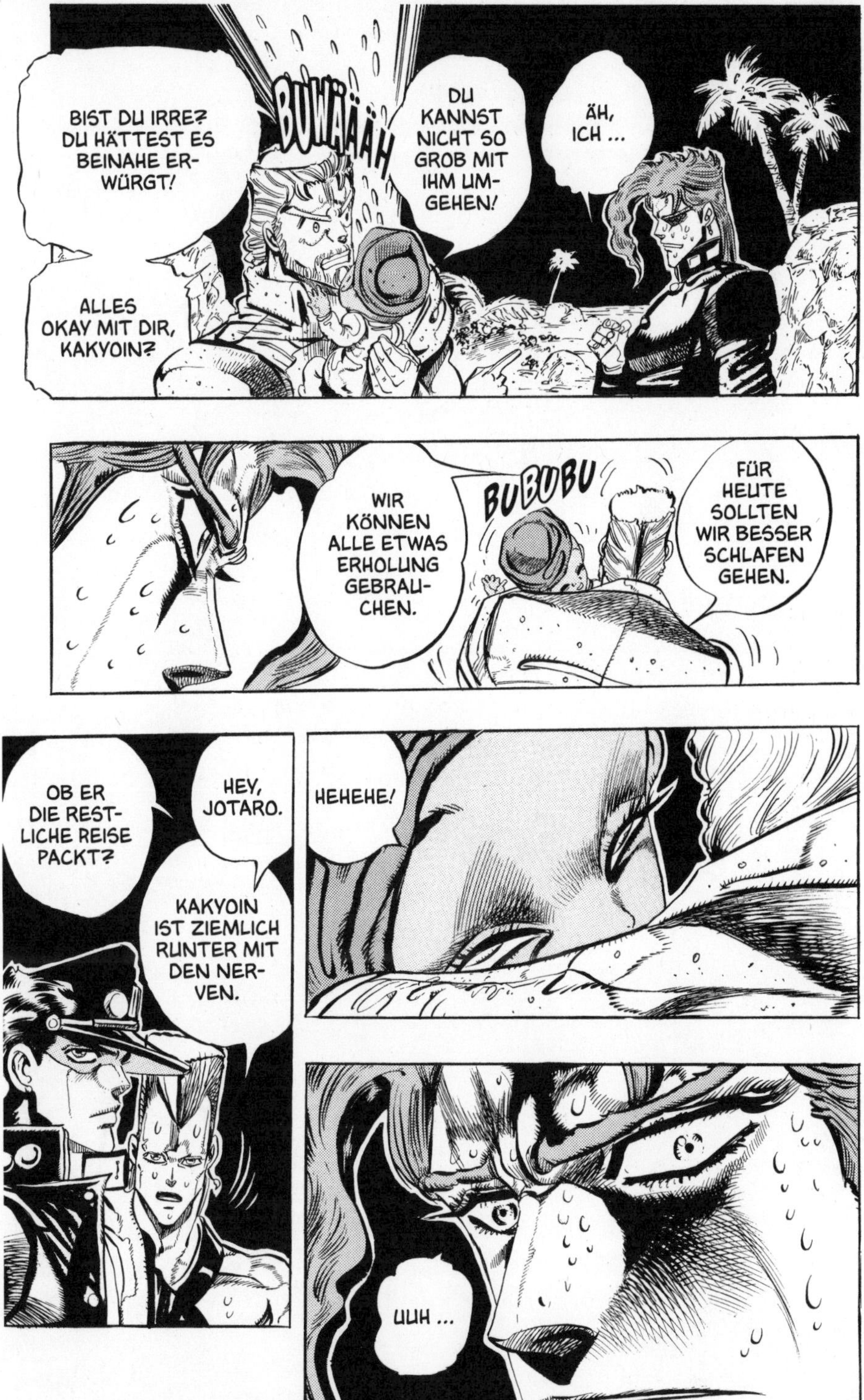
ÄH, ICH ...
DU KANNST NICHT SO GROB MIT IHM UMGEHEN!
BUWÄÄÄH
BIST DU IRRE? DU HÄTTEST ES BEINAHE ERWÜRGT!
ALLES OKAY MIT DIR, KAKYOIN?
FÜR HEUTE SOLLTEN WIR BESSER SCHLAFEN GEHEN.
BUBUBU
WIR KÖNNEN ALLE ETWAS ERHOLUNG GEBRAUCHEN.
HEHEHE!
HEY, JOTARO.
KAKYOIN IST ZIEMLICH RUNTER MIT DEN NERVEN.
OB ER DIE RESTLICHE REISE PACKT?
UUH ...

JoJo's
BIZARRE ADVENTURE
PART 3
STARDUST CRUSADERS

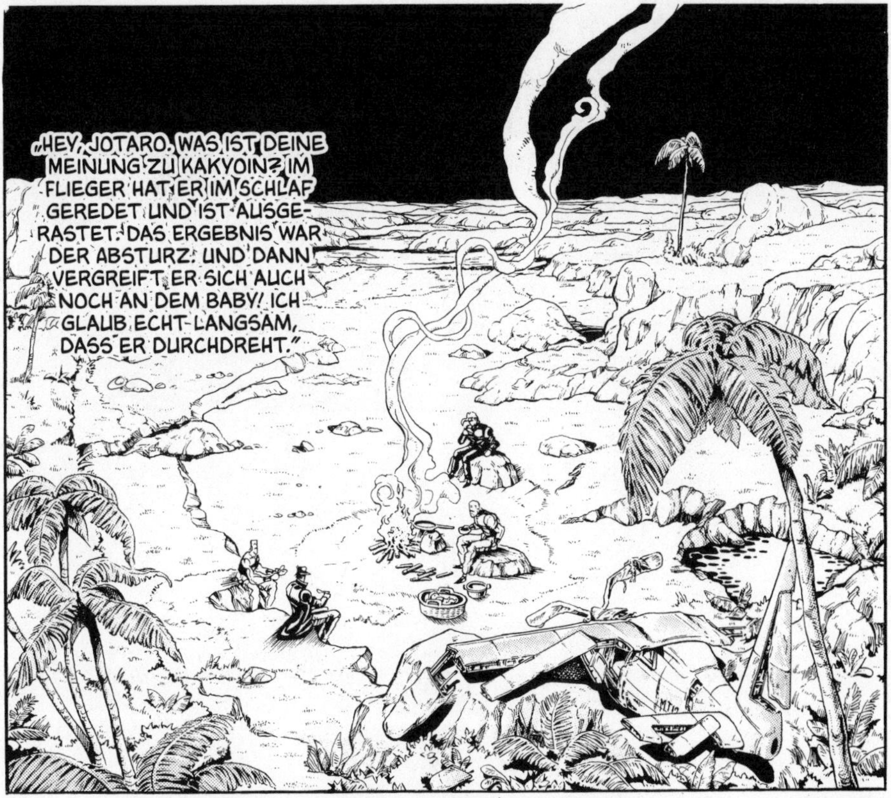

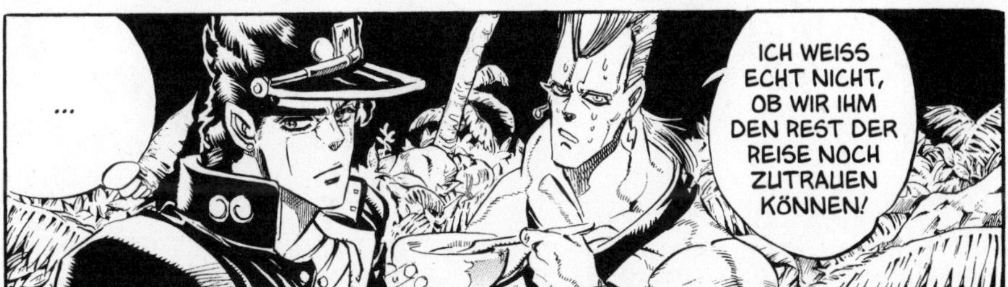

Der Tod 13: Teil 4

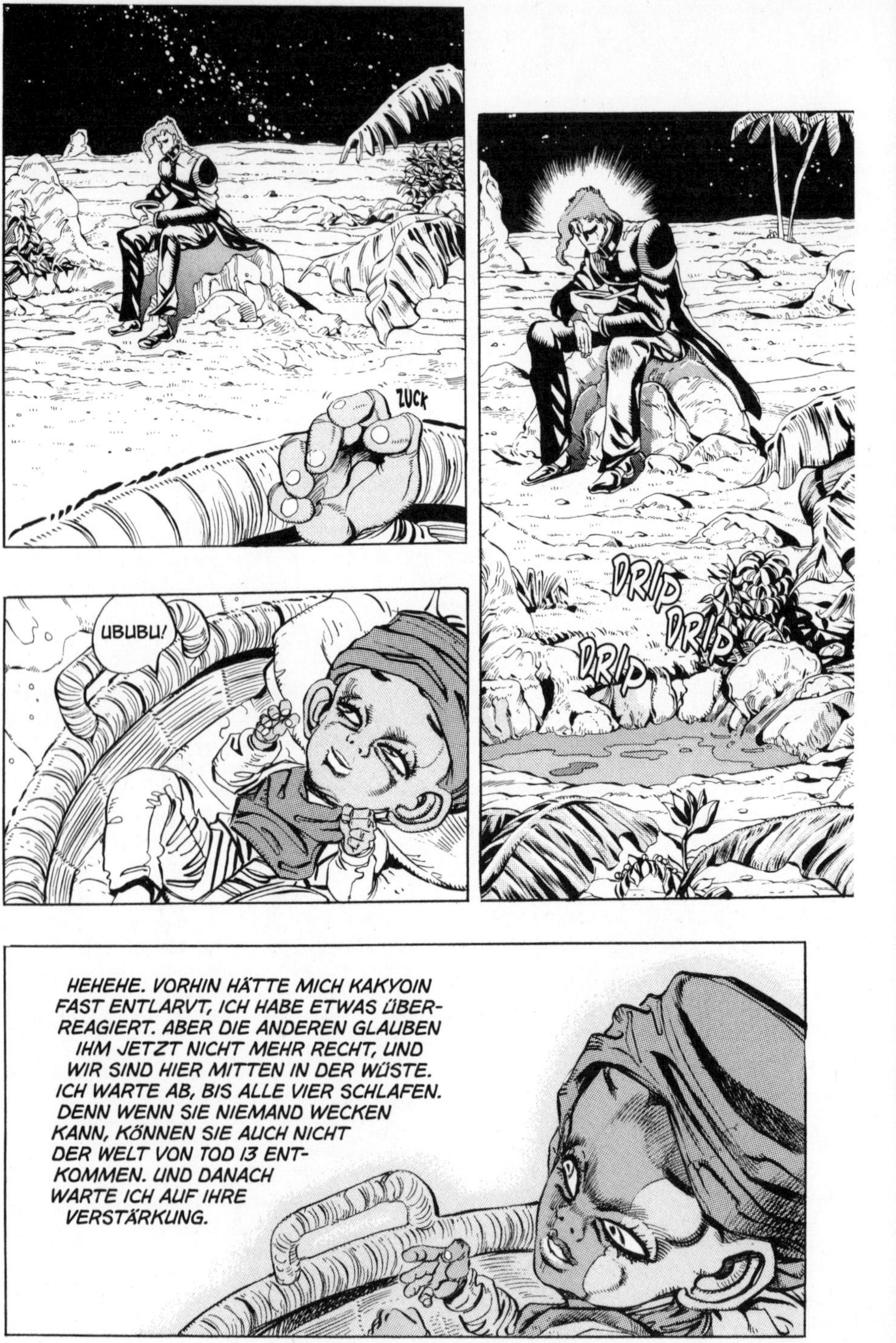
ZUCK
UBUBU!
DRIP
DRIP
DRIP
HEHEHE. VORHIN HÄTTE MICH KAKYOIN FAST ENTLARVT, ICH HABE ETWAS ÜBER-REAGIERT. ABER DIE ANDEREN GLAUBEN IHM JETZT NICHT MEHR RECHT, UND WIR SIND HIER MITTEN IN DER WÜSTE. ICH WARTE AB, BIS ALLE VIER SCHLAFEN. DENN WENN SIE NIEMAND WECKEN KANN, KÖNNEN SIE AUCH NICHT DER WELT VON TOD 13 ENT-KOMMEN. UND DANACH WARTE ICH AUF IHRE VERSTÄRKUNG.

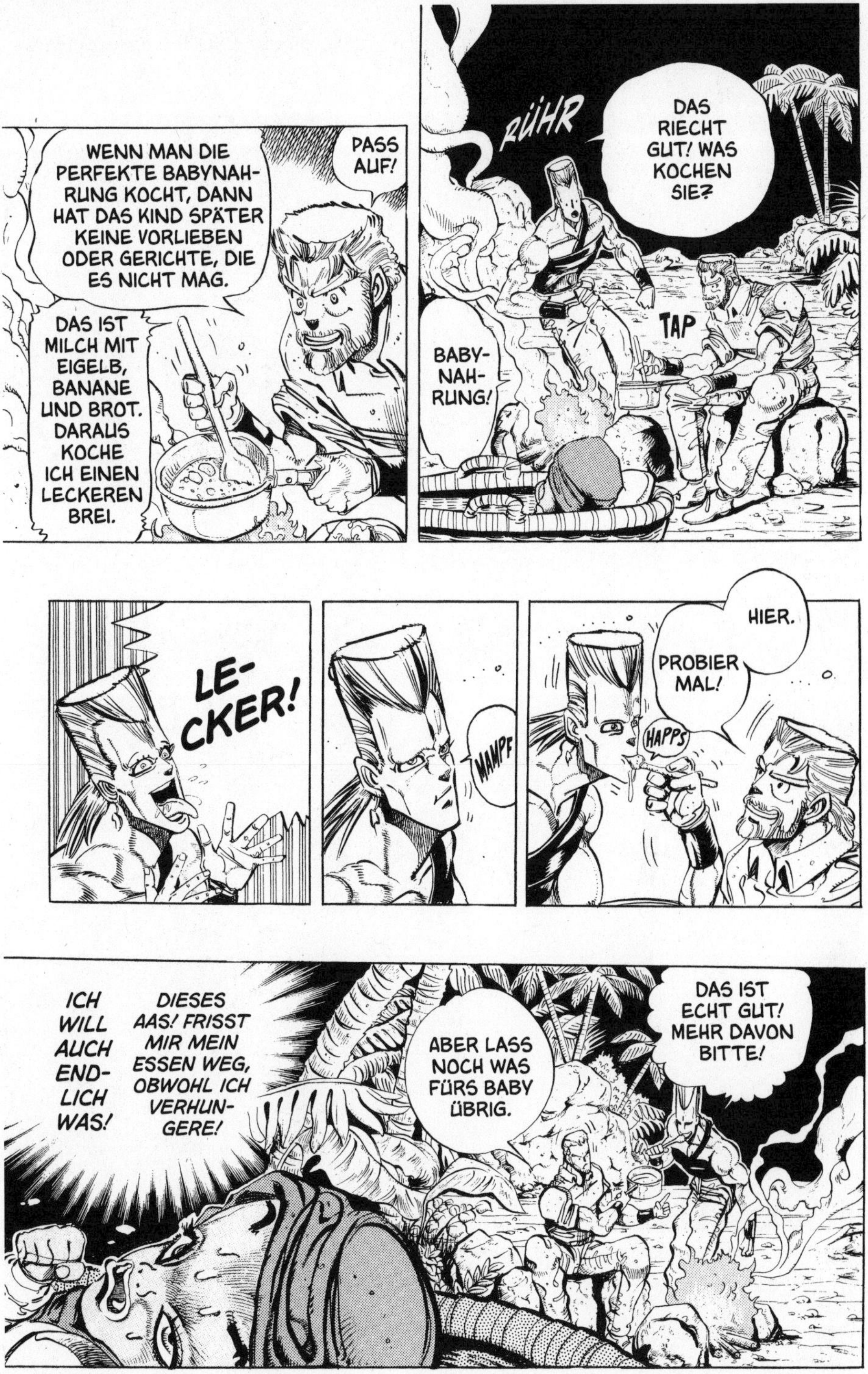
RÜHR
DAS RIECHT GUT! WAS KOCHEN SIE?
TAP
BABY-NAHRUNG!
PASS AUF!
WENN MAN DIE PERFEKTE BABYNAH-RUNG KOCHT, DANN HAT DAS KIND SPÄTER KEINE VORLIEBEN ODER GERICHTE, DIE ES NICHT MAG.
DAS IST MILCH MIT EIGELB, BANANE UND BROT. DARAUS KOCHE ICH EINEN LECKEREN BREI.
HIER.
PROBIER MAL!
HAPPS
MAMPF
LE-CKER!
DAS IST ECHT GUT! MEHR DAVON BITTE!
ABER LASS NOCH WAS FÜRS BABY ÜBRIG.
DIESES AAS! FRISST MIR MEIN ESSEN WEG, OBWOHL ICH VERHUN-GERE!
ICH WILL AUCH END-LICH WAS!

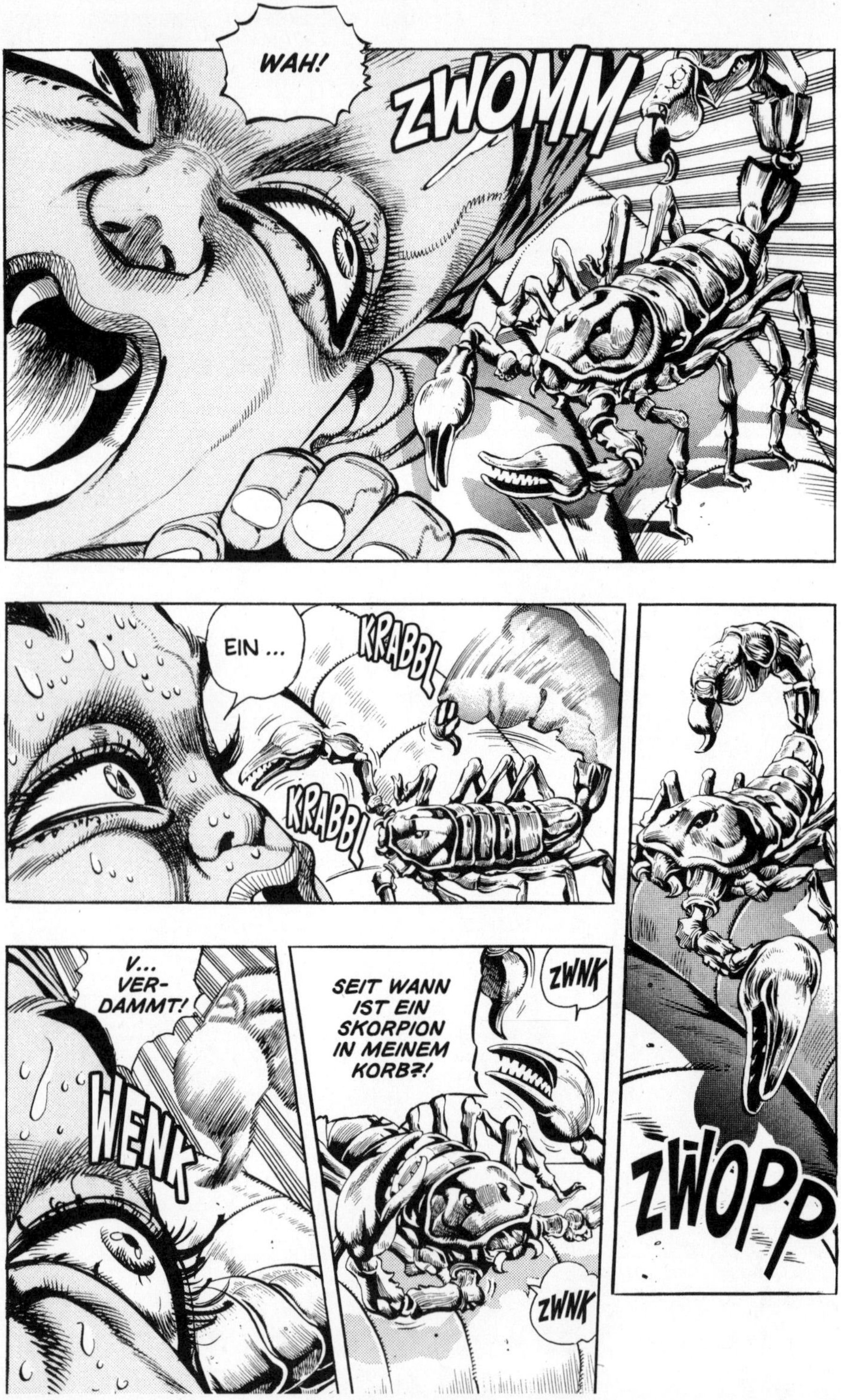
WAH!
ZWOMM
EIN ...
KRABBL
KRABBL
ZWOPP
V... VER-DAMMT!
WENK
SEIT WANN IST EIN SKORPION IN MEINEM KORB?!
ZWNK
ZWNK

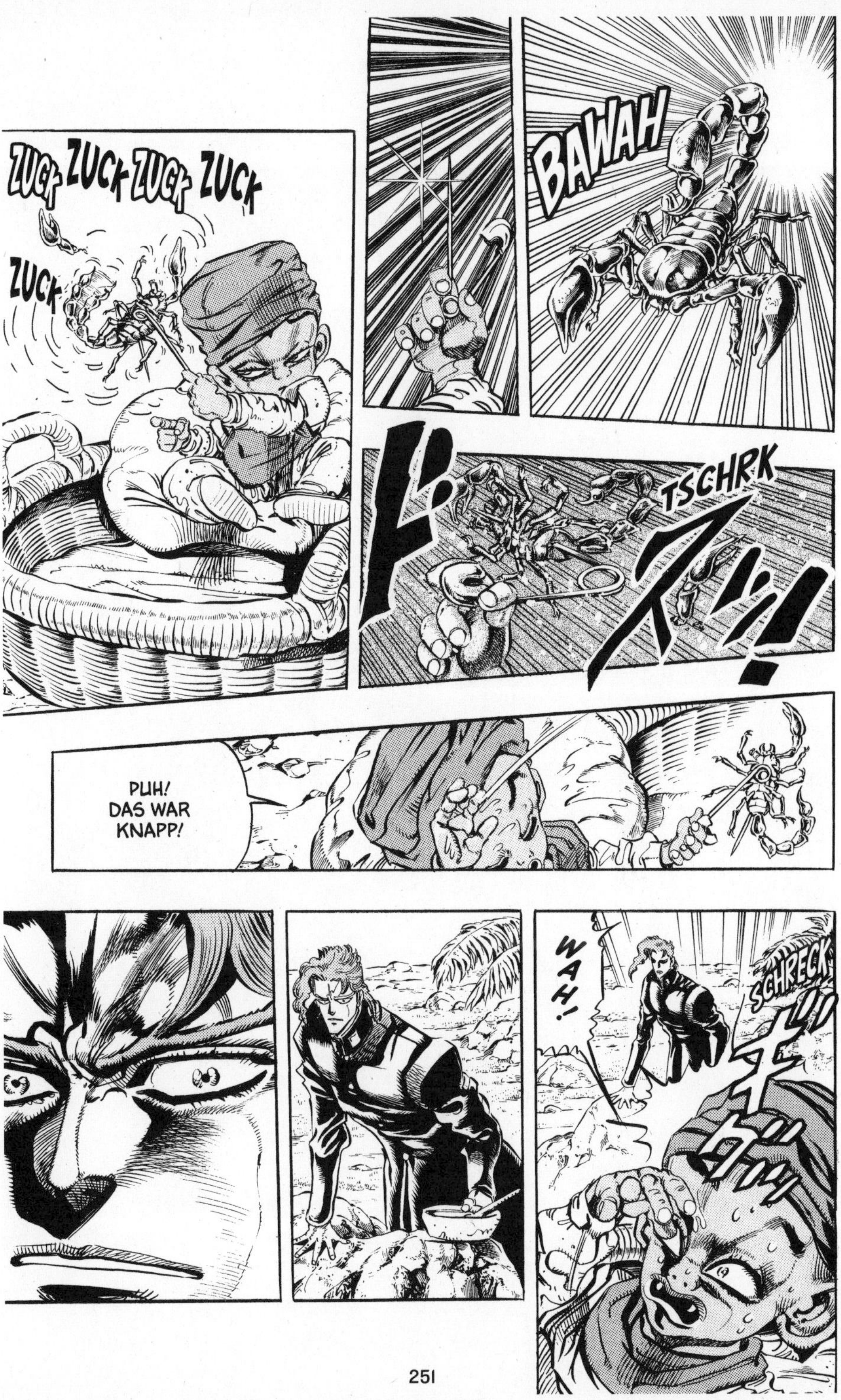
BAWAH
ZUCK ZUCK ZUCK ZUCK
ZUCK
TSCHRK
PUH! DAS WAR KNAPP!
SCHRECK
WAH!

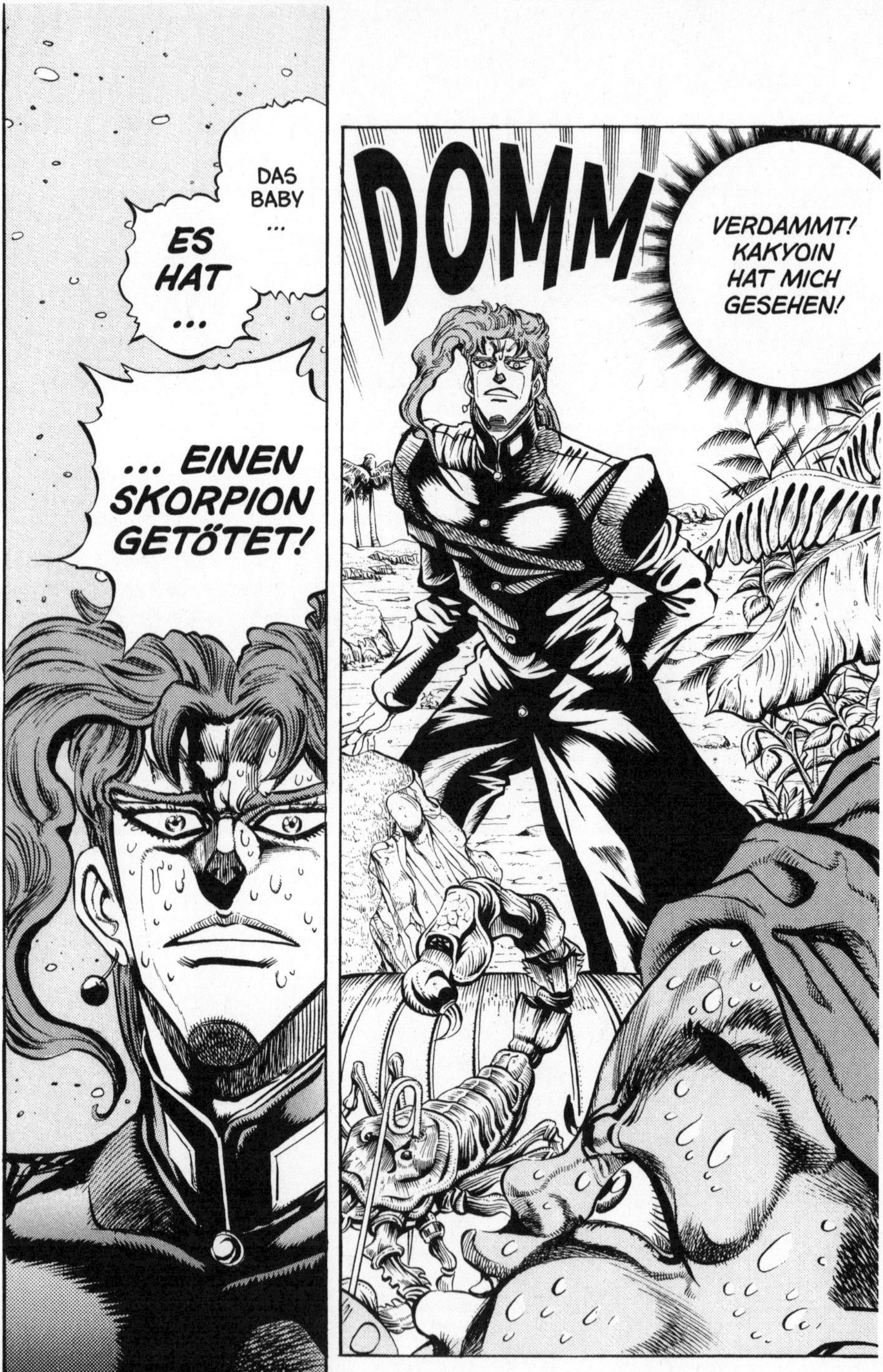
DAS BABY ...
ES HAT ...
... EINEN SKORPION GETÖTET!
DOMM
VERDAMMT! KAKYOIN HAT MICH GESEHEN!

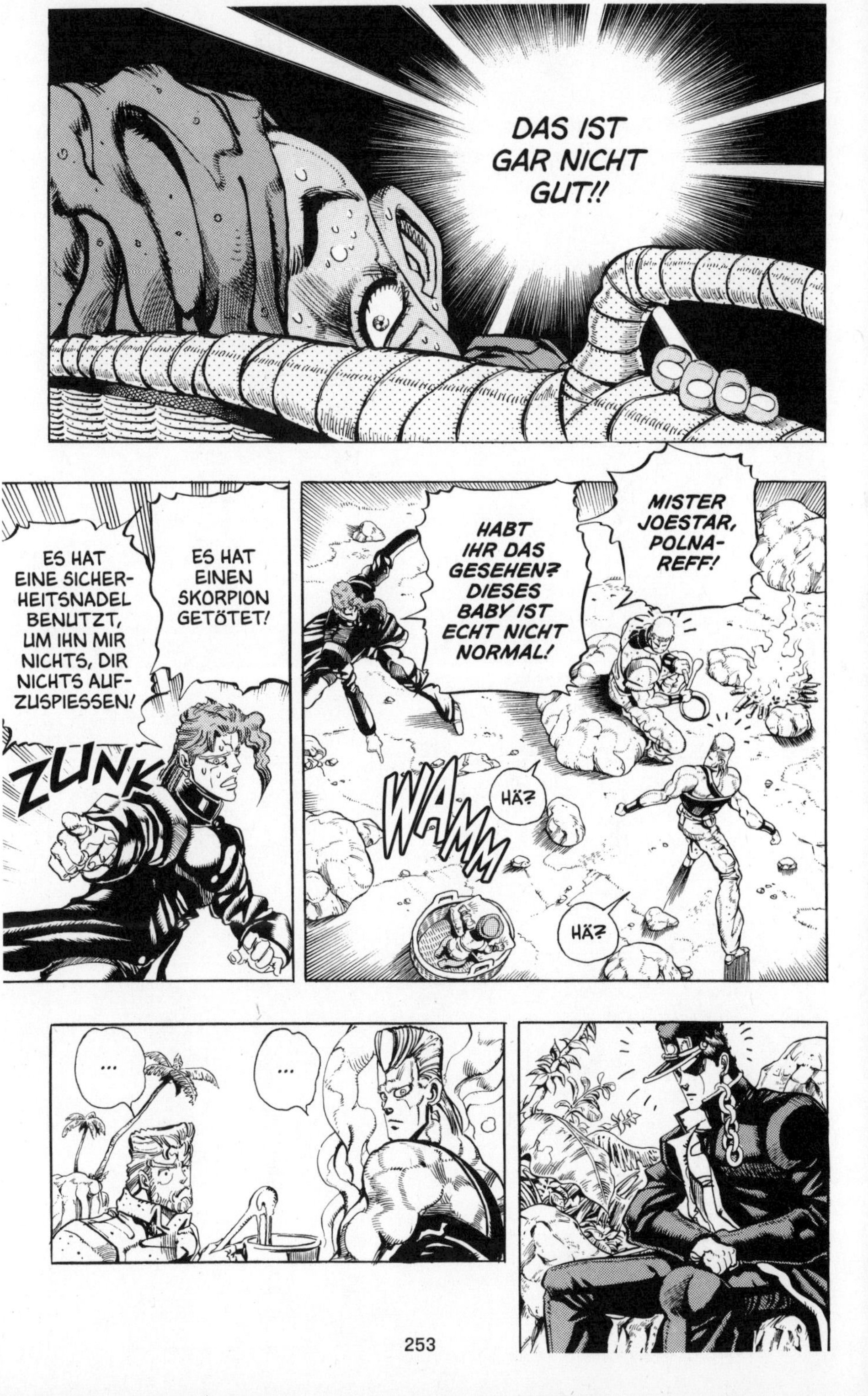

DAS IST GAR NICHT GUT!!
MISTER JOESTAR, POLNAREFF!
HABT IHR DAS GESEHEN? DIESES BABY IST ECHT NICHT NORMAL!
WAMM
HÄ?
HÄ?
ES HAT EINEN SKORPION GETÖTET!
ES HAT EINE SICHERHEITSNADEL BENUTZT, UM IHN MIR NICHTS, DIR NICHTS AUFZUSPIESSEN!
ZUNK
...
...

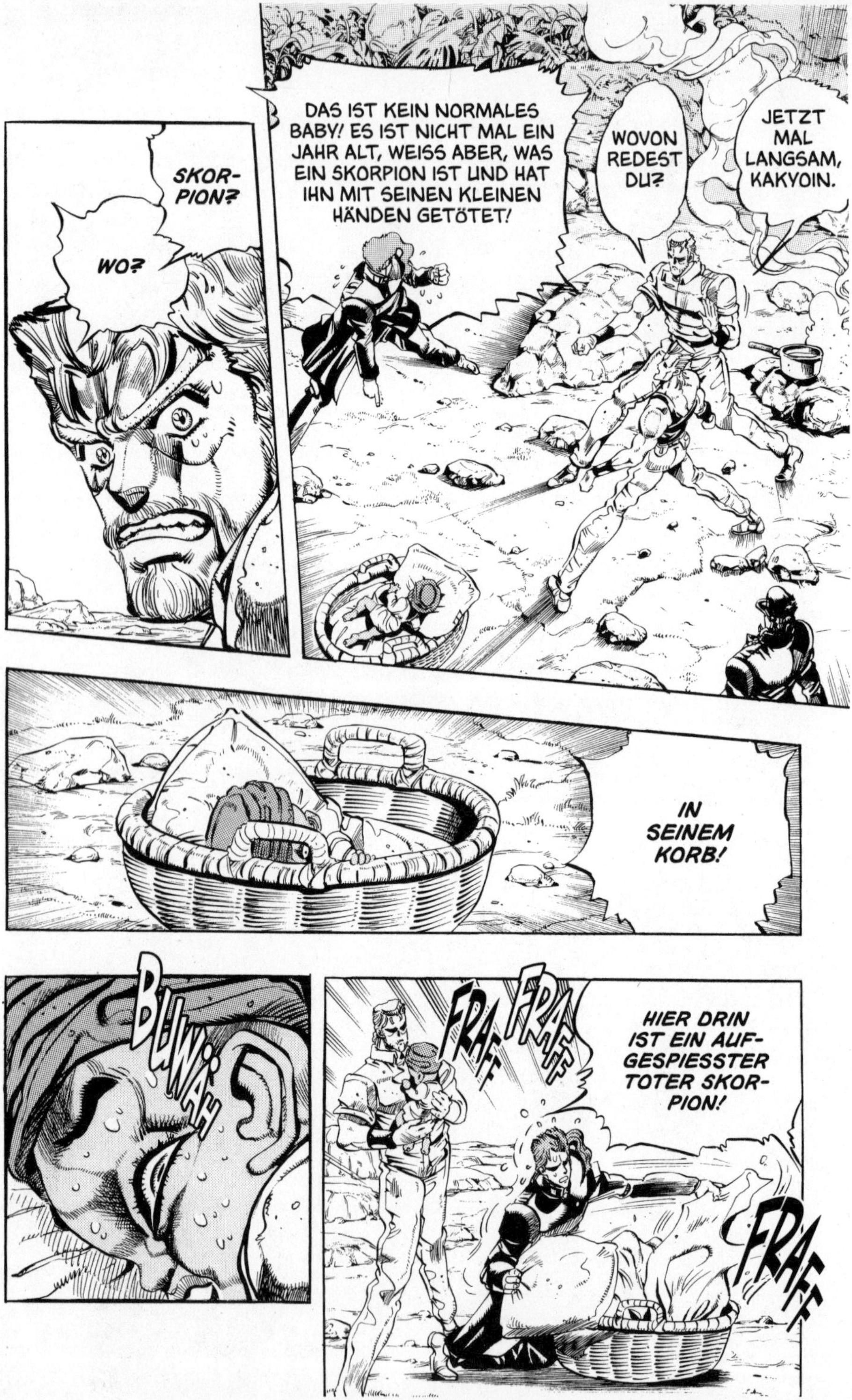
JETZT MAL LANGSAM, KAKYOIN.
WOVON REDEST DU?
DAS IST KEIN NORMALES BABY! ES IST NICHT MAL EIN JAHR ALT, WEISS ABER, WAS EIN SKORPION IST UND HAT IHN MIT SEINEN KLEINEN HÄNDEN GETÖTET!
SKORPION?
WO?
IN SEINEM KORB!
HIER DRIN IST EIN AUFGESPIESSTER TOTER SKORPION!
FRAFF
FRAFF
FRAFF
BUWÄH

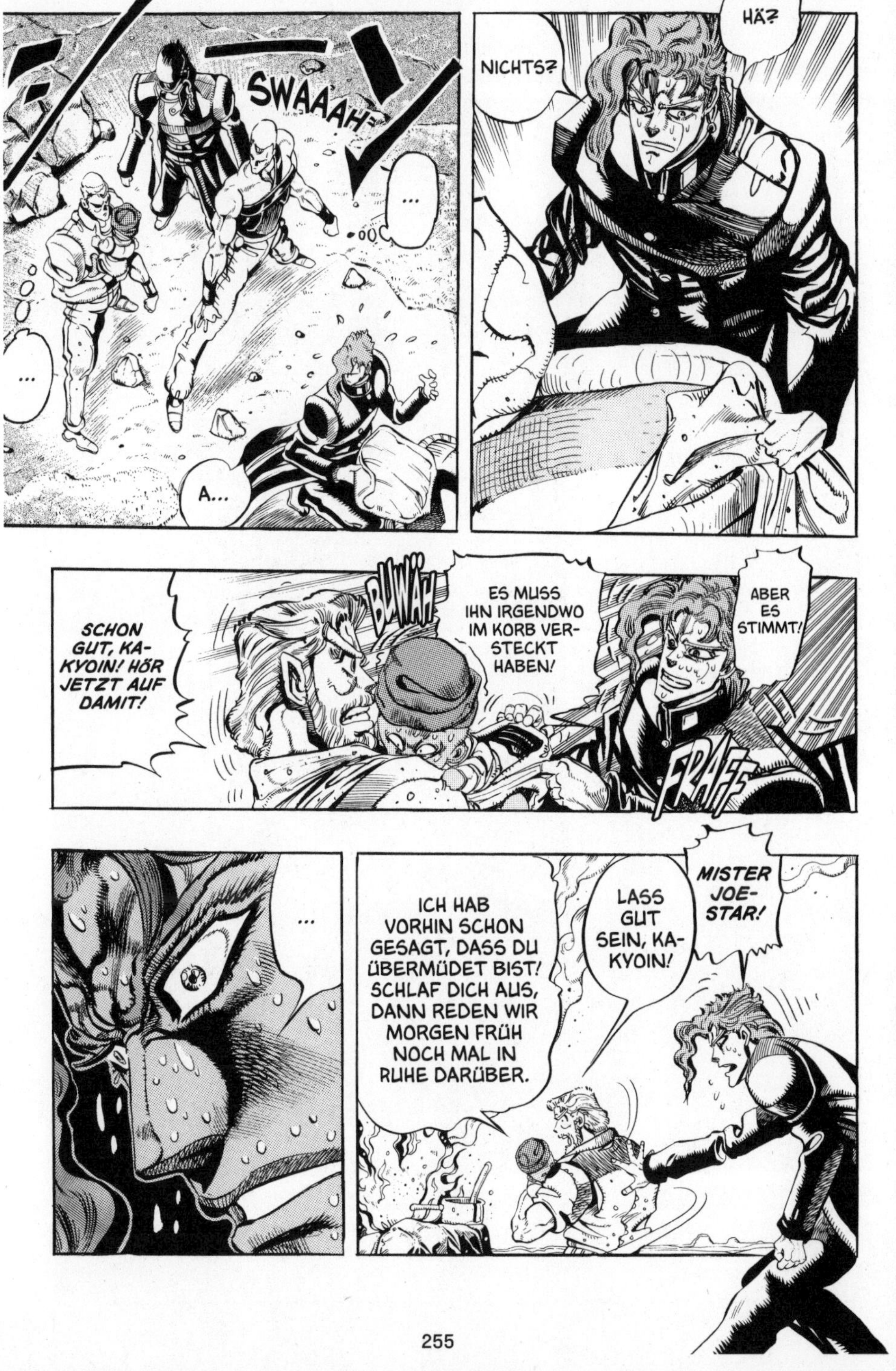
HÄ?
NICHTS?
SWAAAAH
...
...
A...
ABER ES STIMMT!
FRAFF
ES MUSS IHN IRGENDWO IM KORB VERSTECKT HABEN!
BUWÄH
SCHON GUT, KAKYOIN! HÖR JETZT AUF DAMIT!
MISTER JOESTAR!
LASS GUT SEIN, KAKYOIN!
ICH HAB VORHIN SCHON GESAGT, DASS DU ÜBERMÜDET BIST! SCHLAF DICH AUS, DANN REDEN WIR MORGEN FRÜH NOCH MAL IN RUHE DARÜBER.
...

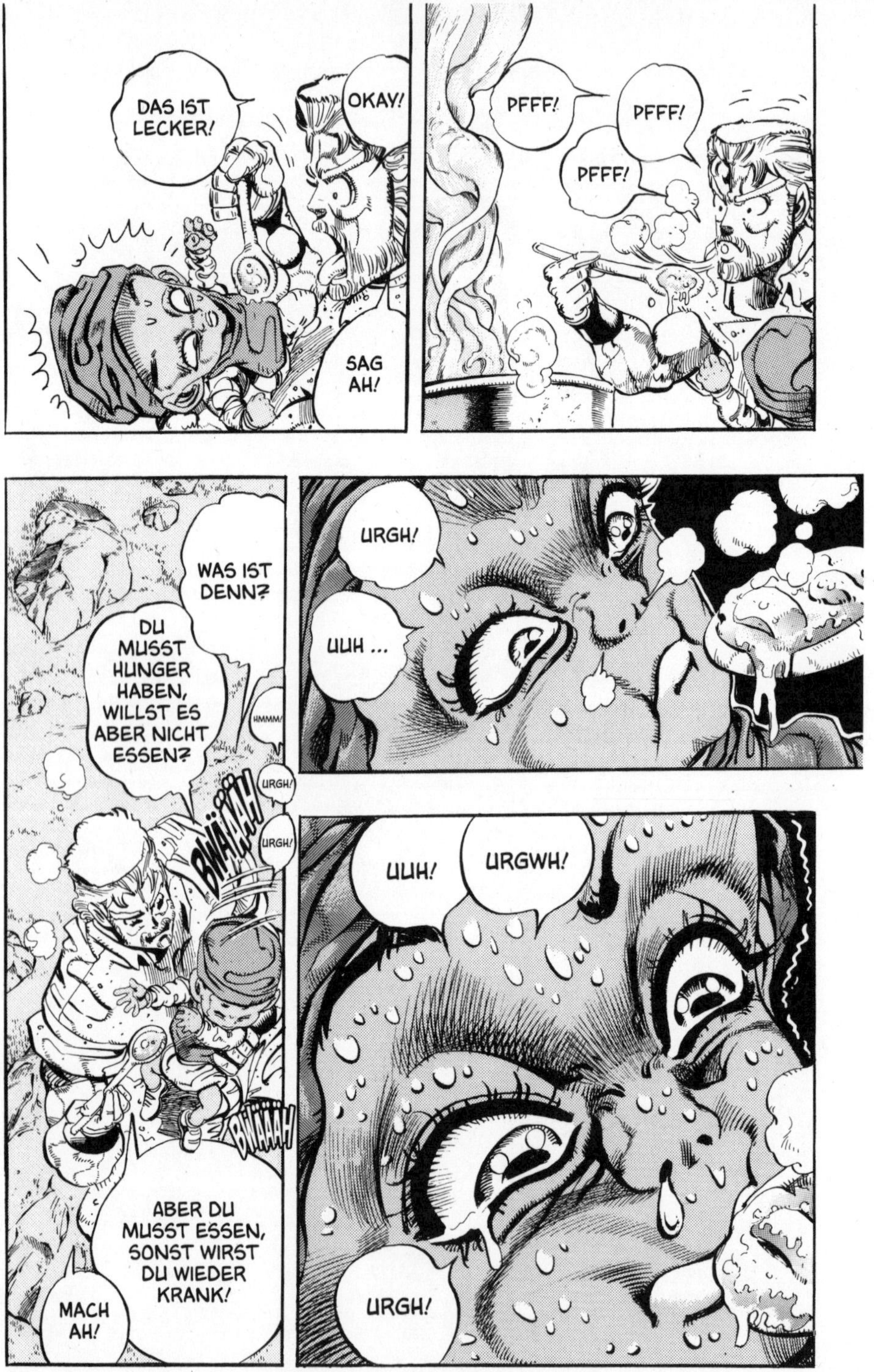
PFFF!
PFFF!
PFFF!
SAG AH!
OKAY!
DAS IST LECKER!
URGH!
UUH ...
URGWH!
UUH!
URGH!
WAS IST DENN?
DU MUSST HUNGER HABEN, WILLST ES ABER NICHT ESSEN?
HMMM!
URGH!
URGH!
ABER DU MUSST ESSEN, SONST WIRST DU WIEDER KRANK!
MACH AH!

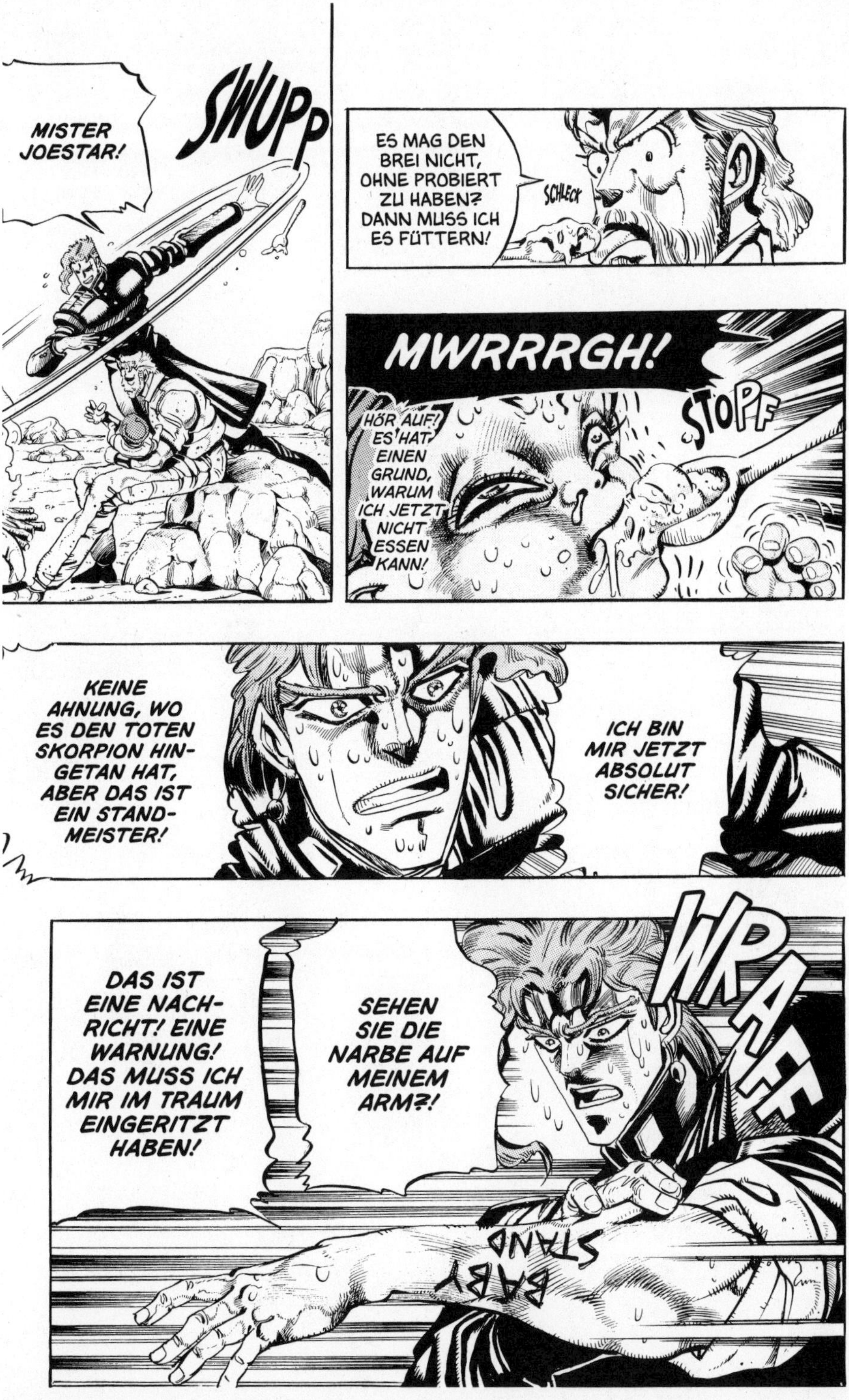
ES MAG DEN BREI NICHT, OHNE PROBIERT ZU HABEN?! DANN MUSS ICH ES FÜTTERN!
SCHLECK
MWRRRGH!
STOPF
HÖR AUF! ES HAT EINEN GRUND, WARUM ICH JETZT NICHT ESSEN KANN!
SWUPP
MISTER JOESTAR!
ICH BIN MIR JETZT ABSOLUT SICHER!
KEINE AHNUNG, WO ES DEN TOTEN SKORPION HINGETAN HAT, ABER DAS IST EIN STANDMEISTER!
WRAFF
SEHEN SIE DIE NARBE AUF MEINEM ARM?!
DAS IST EINE NACHRICHT! EINE WARNUNG! DAS MUSS ICH MIR IM TRAUM EINGERITZT HABEN!
BABY STAND

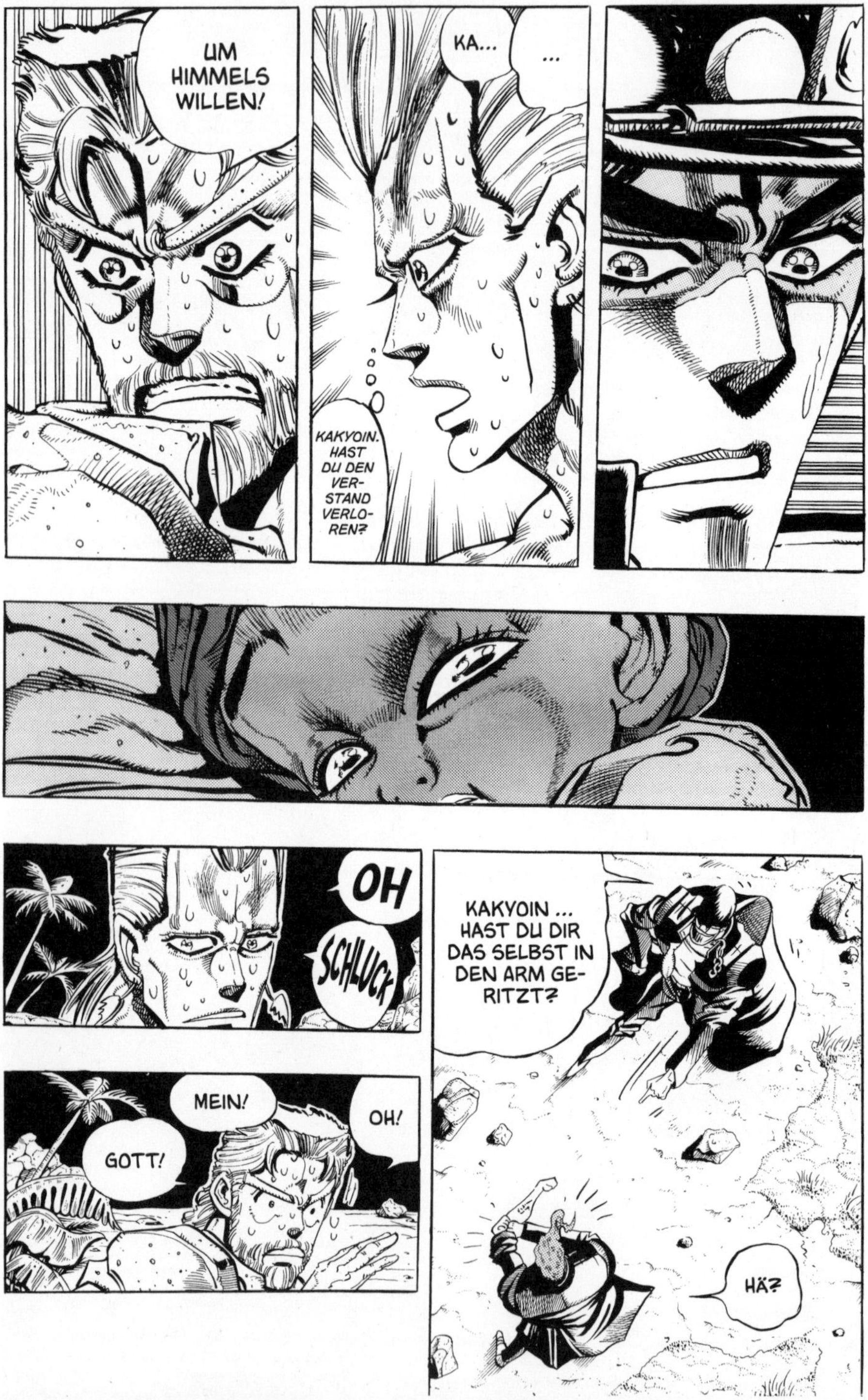
UM HIMMELS WILLEN!
KA...
...
KAKYOIN. HAST DU DEN VERSTAND VERLOREN?
OH
SCHLUCK
MEIN!
OH!
GOTT!
KAKYOIN ... HAST DU DIR DAS SELBST IN DEN ARM GERITZT?
HÄ?

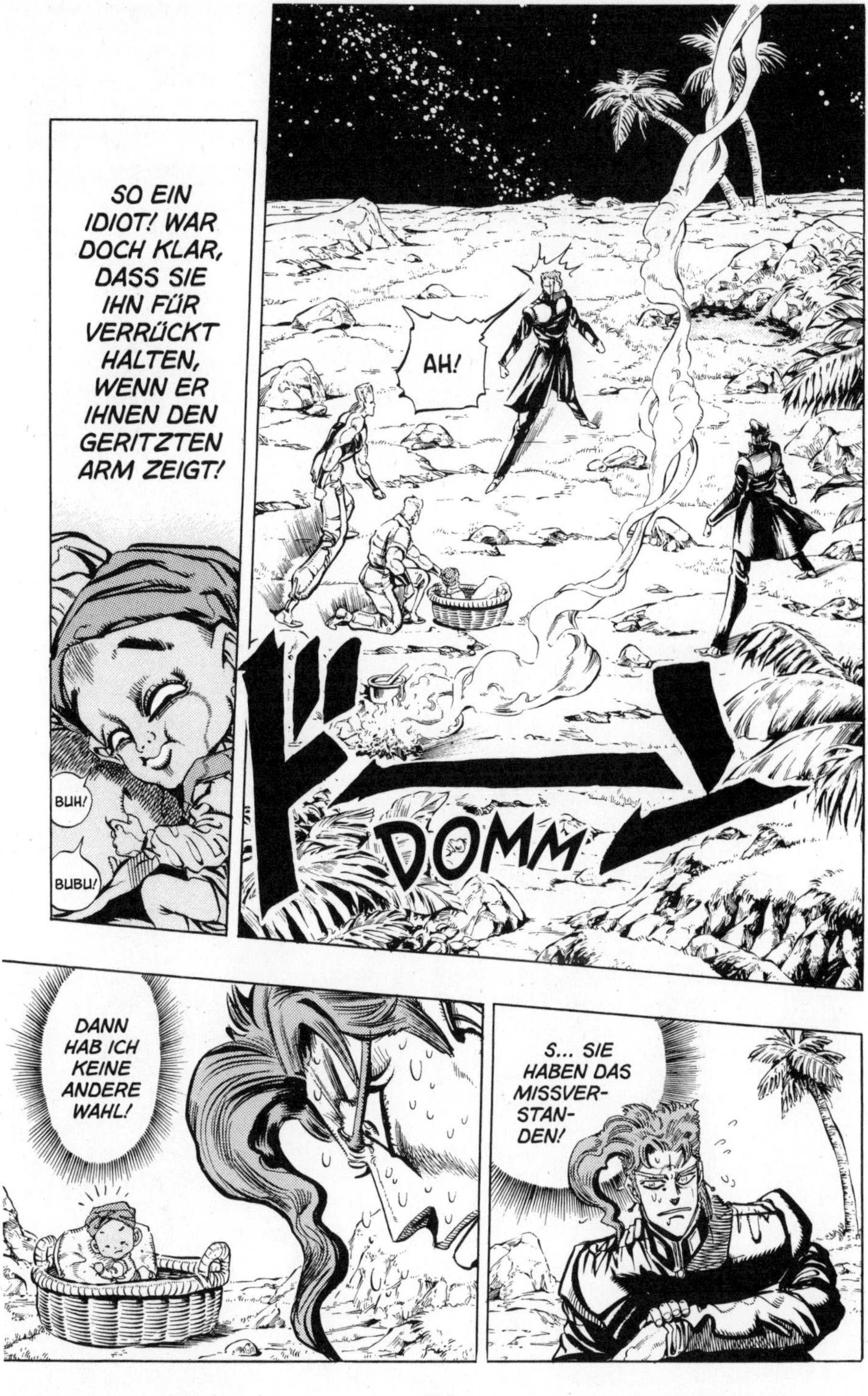
SO EIN IDIOT! WAR DOCH KLAR, DASS SIE IHN FÜR VERRÜCKT HALTEN, WENN ER IHNEN DEN GERITZTEN ARM ZEIGT!
AH!
BUH!
BUBU!
DOMM
S... SIE HABEN DAS MISSVER-STAN-DEN!
DANN HAB ICH KEINE ANDERE WAHL!

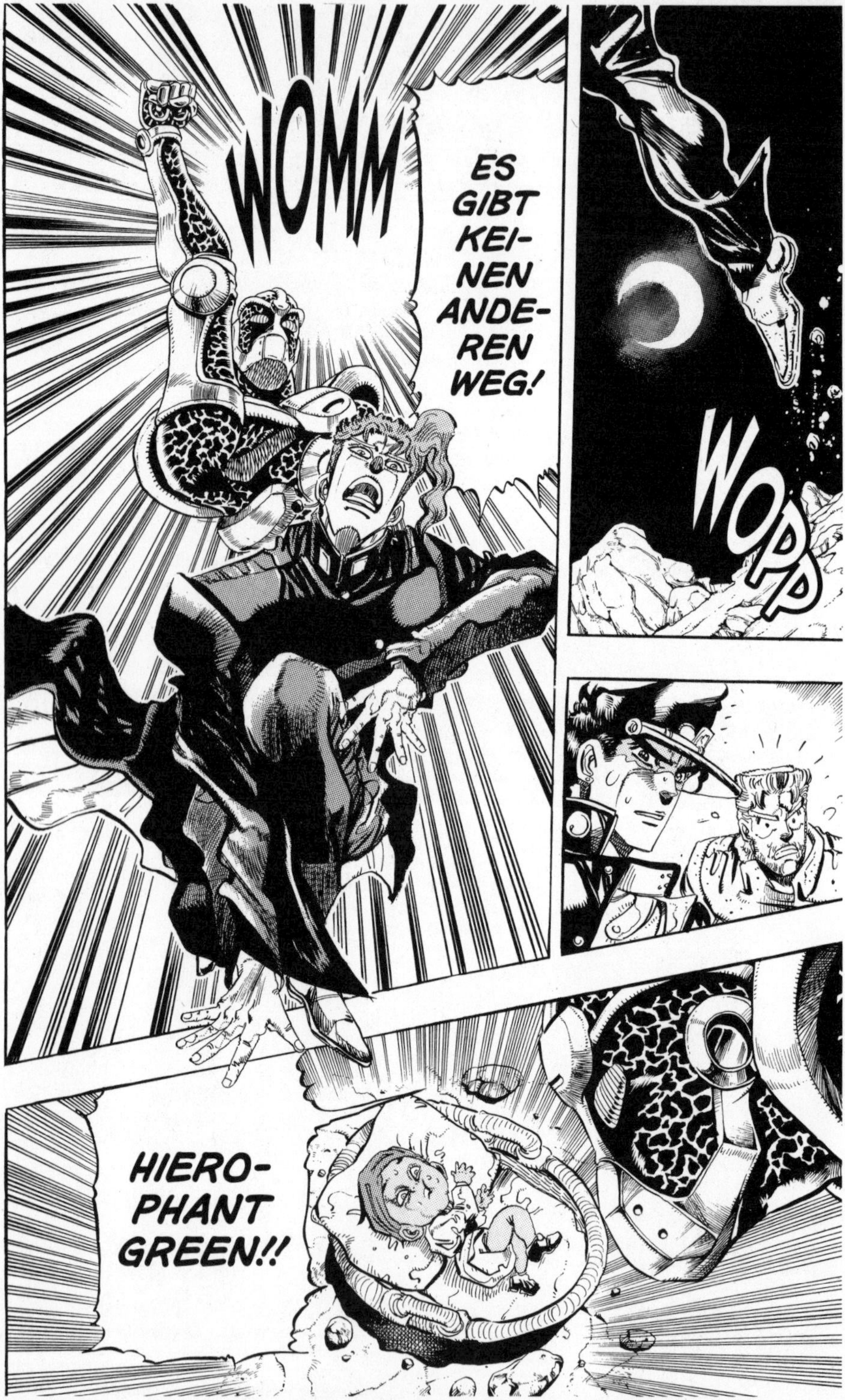
WOPP
WOMM
ES GIBT KEI-NEN ANDE-REN WEG!
HIERO-PHANT GREEN!!

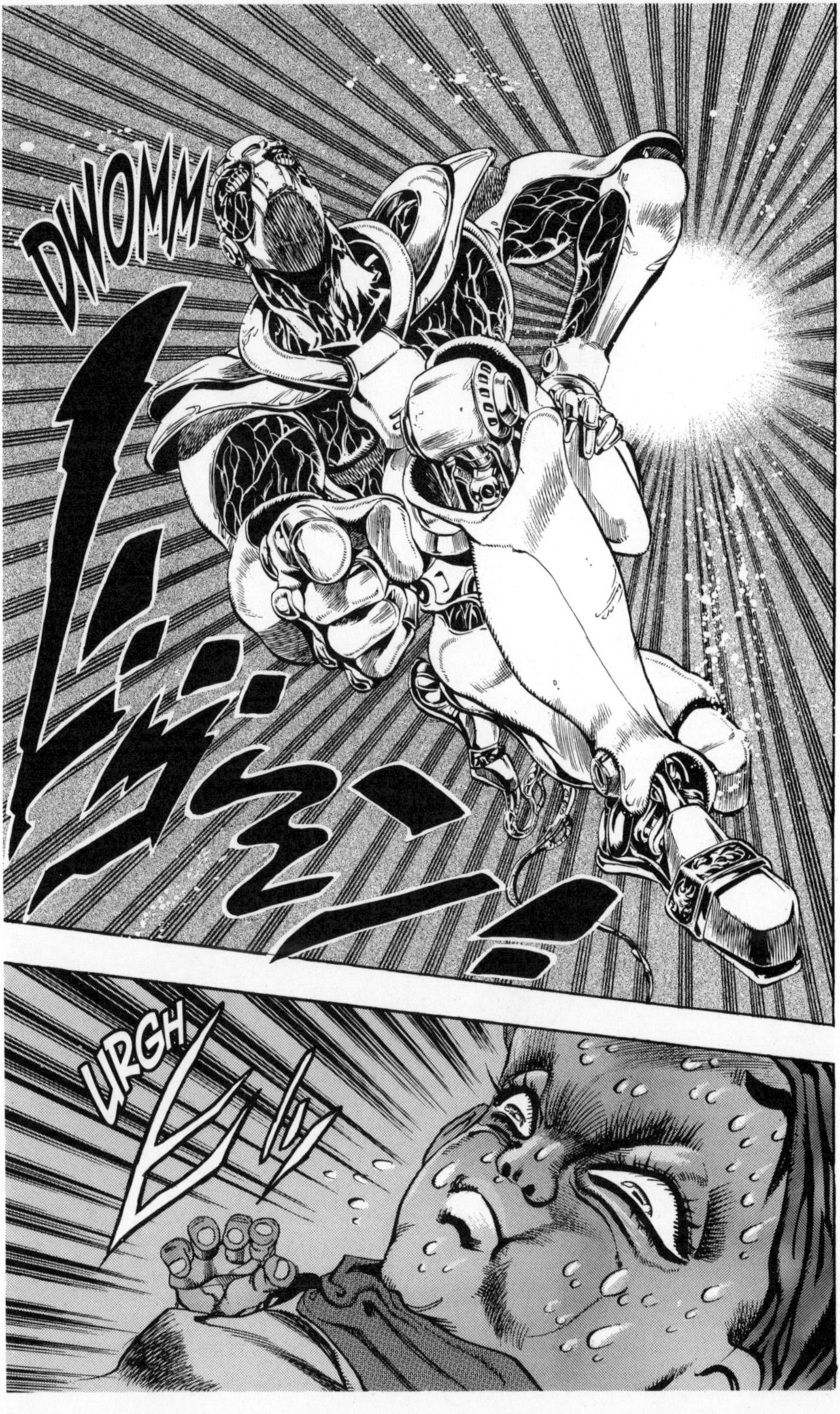
DWOMM
URGH

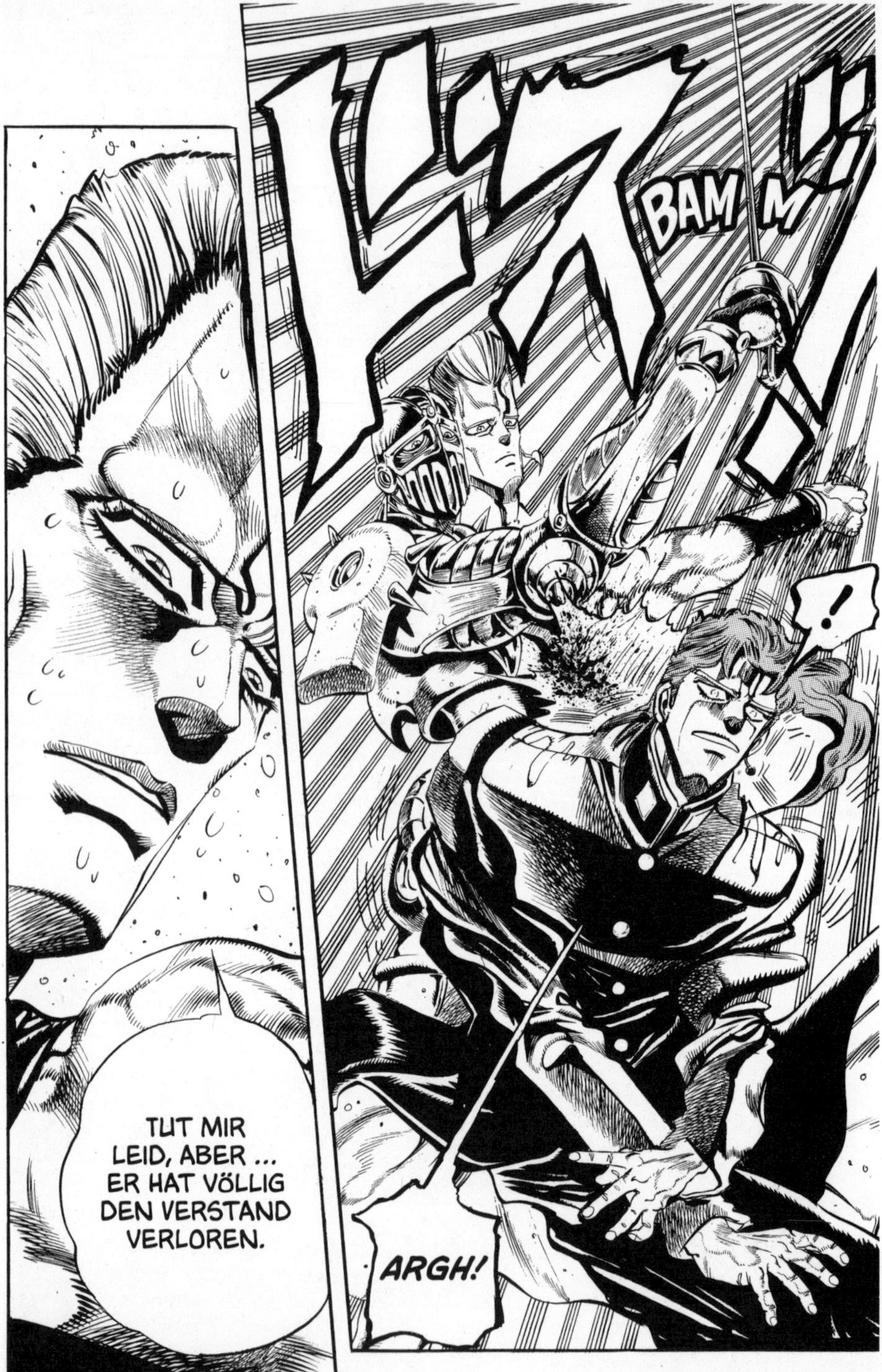
BAMM
!
ARGH!
TUT MIR
LEID, ABER ...
ER HAT VÖLLIG
DEN VERSTAND
VERLOREN.

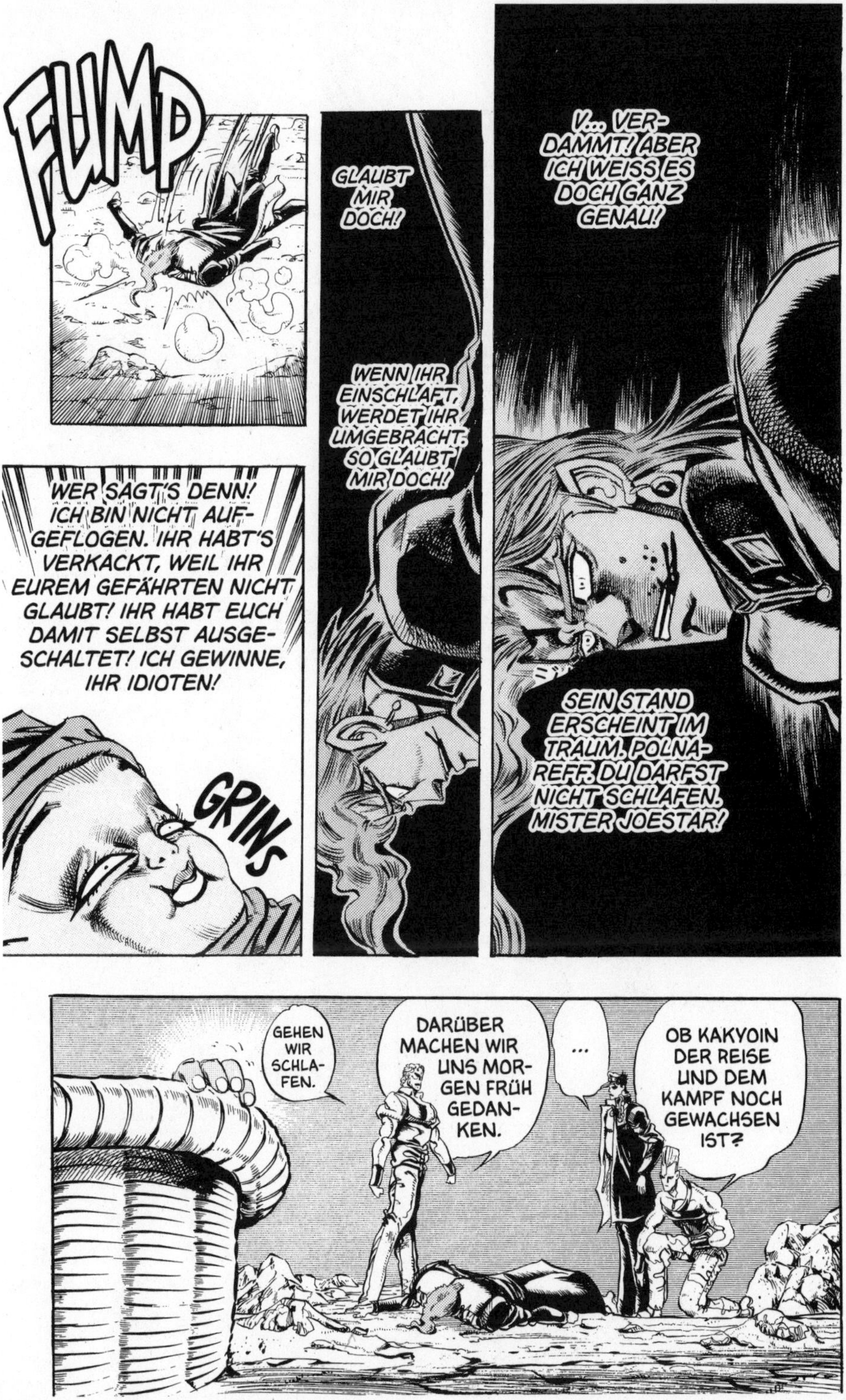
V... VER-DAMMT! ABER ICH WEISS ES DOCH GANZ GENAU!
GLAUBT MIR DOCH!
FUMP
WENN IHR EINSCHLAFT, WERDET IHR UMGEBRACHT. SO GLAUBT MIR DOCH!
SEIN STAND ERSCHEINT IM TRAUM. POLNA-REFF. DU DARFST NICHT SCHLAFEN. MISTER JOESTAR!
WER SAGT'S DENN! ICH BIN NICHT AUF-GEFLOGEN. IHR HABT'S VERKACKT, WEIL IHR EUREM GEFÄHRTEN NICHT GLAUBT! IHR HABT EUCH DAMIT SELBST AUSGE-SCHALTET! ICH GEWINNE, IHR IDIOTEN!
GRINS
OB KAKYOIN DER REISE UND DEM KAMPF NOCH GEWACHSEN IST?
...
DARÜBER MACHEN WIR UNS MOR-GEN FRÜH GEDAN-KEN.
GEHEN WIR SCHLA-FEN.

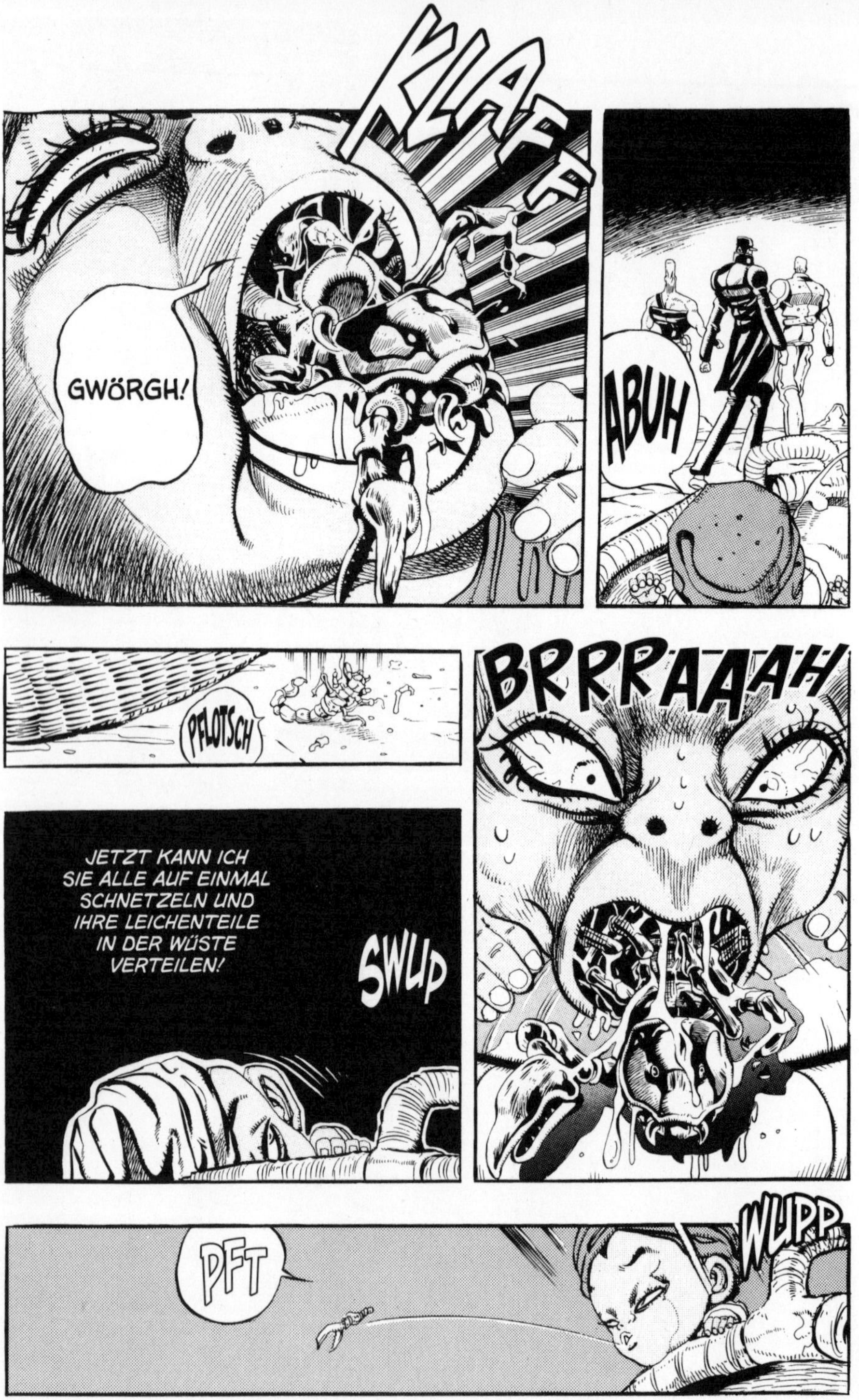
KLAFF
GWÖRGH!
ABUH
BRRRAAAH
PFLOTSCH
JETZT KANN ICH SIE ALLE AUF EINMAL SCHNETZELN UND IHRE LEICHENTEILE IN DER WÜSTE VERTEILEN!
SWUP
WUPP
PFT

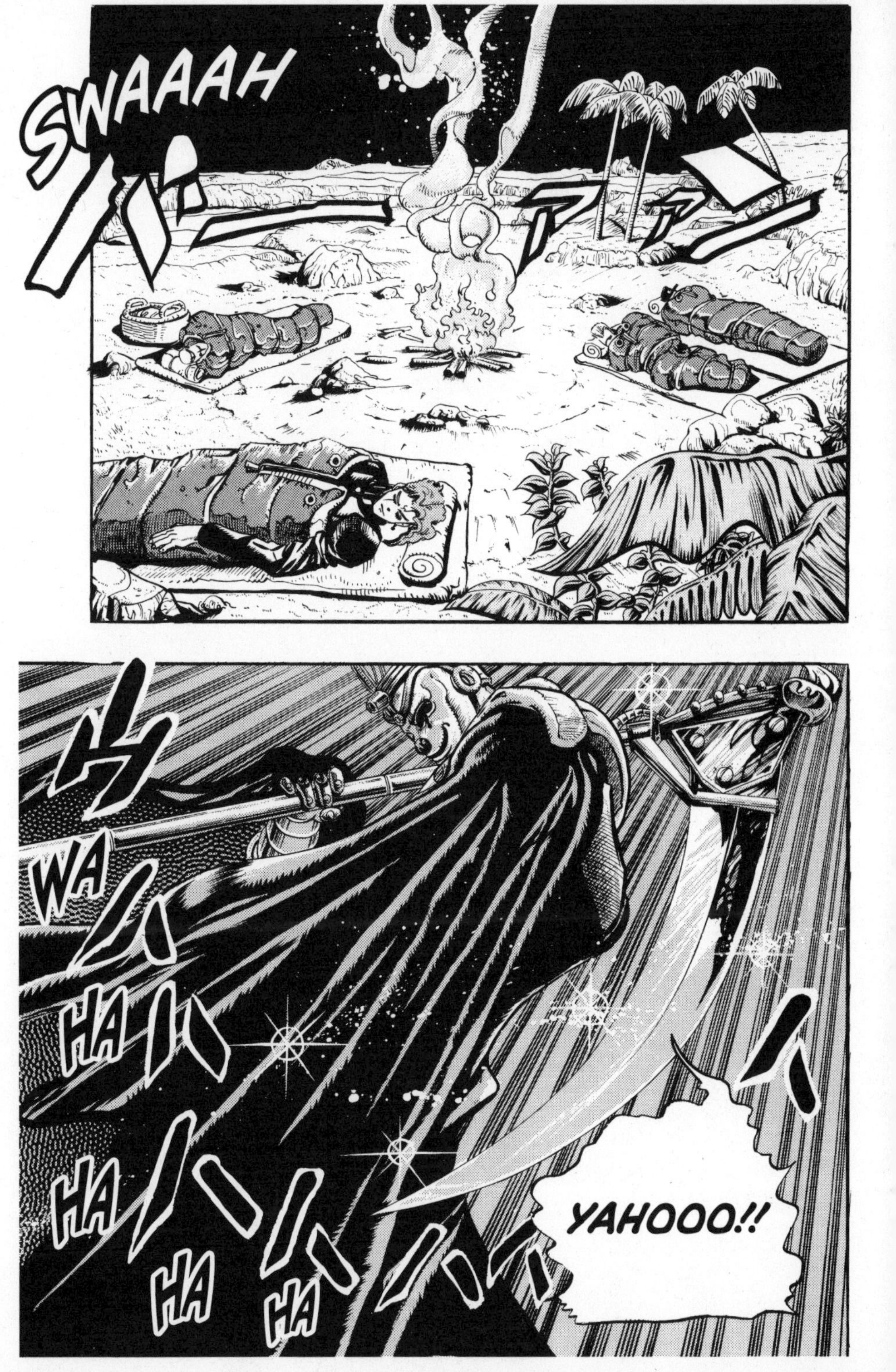
SWAAAH
WA
HA
HA
HA
HA
YAHOOO!!

JOJO'S BIZARRE ADVENTURE PART 3

STARDUST CRUSADERS

Der Tod 13: Teil 5

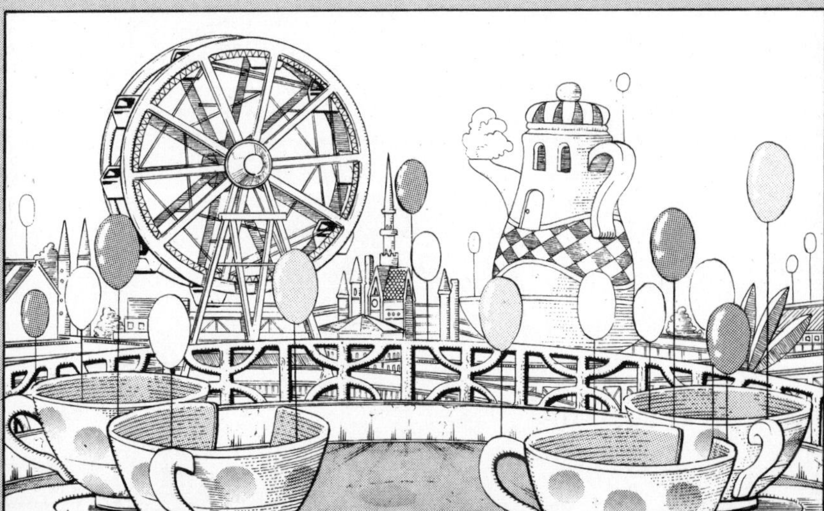

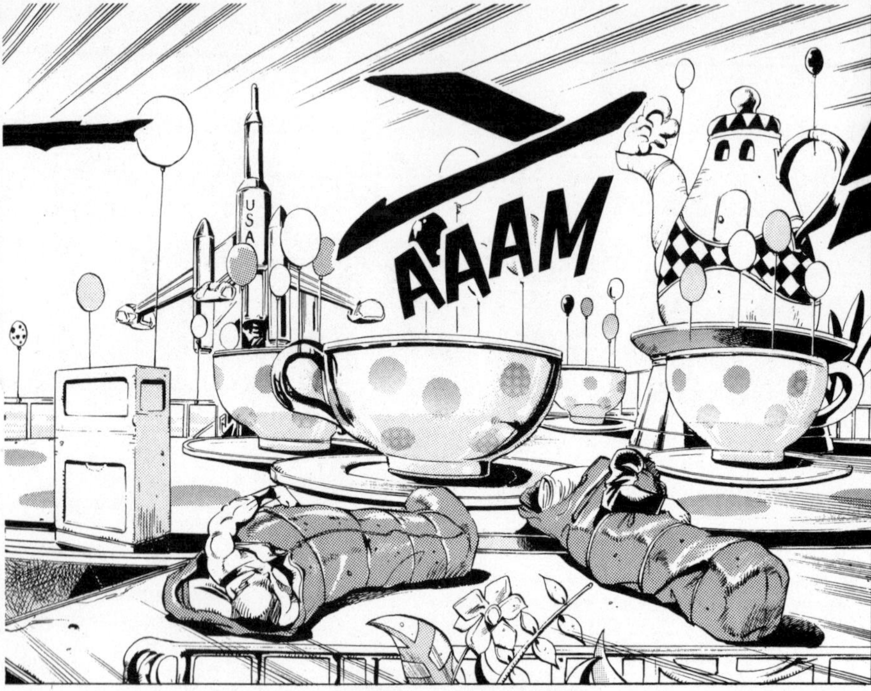

Teil 5

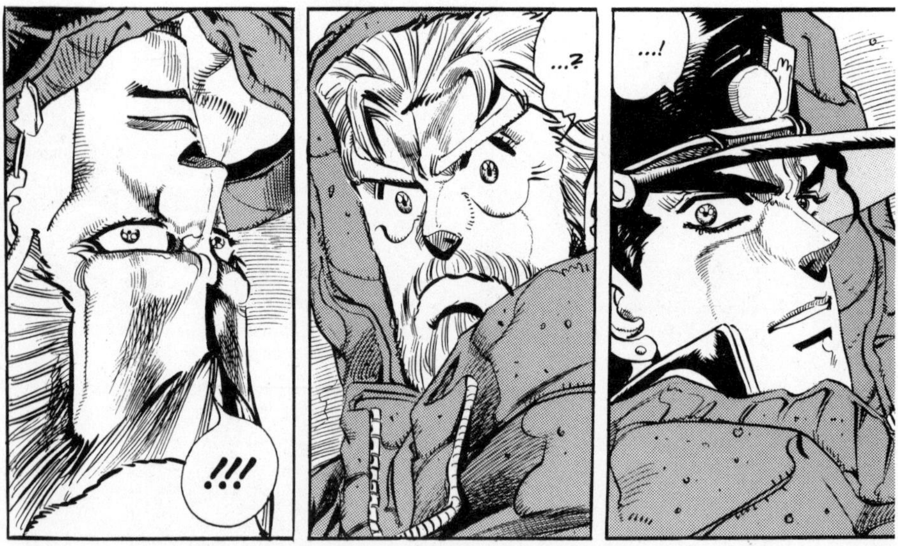

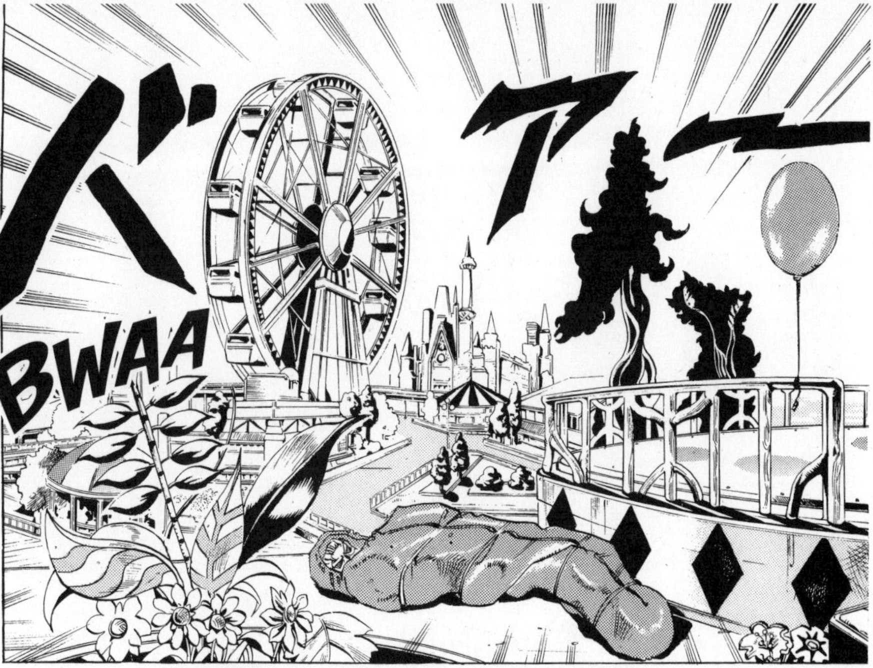
BWAA

Der Tod 13:

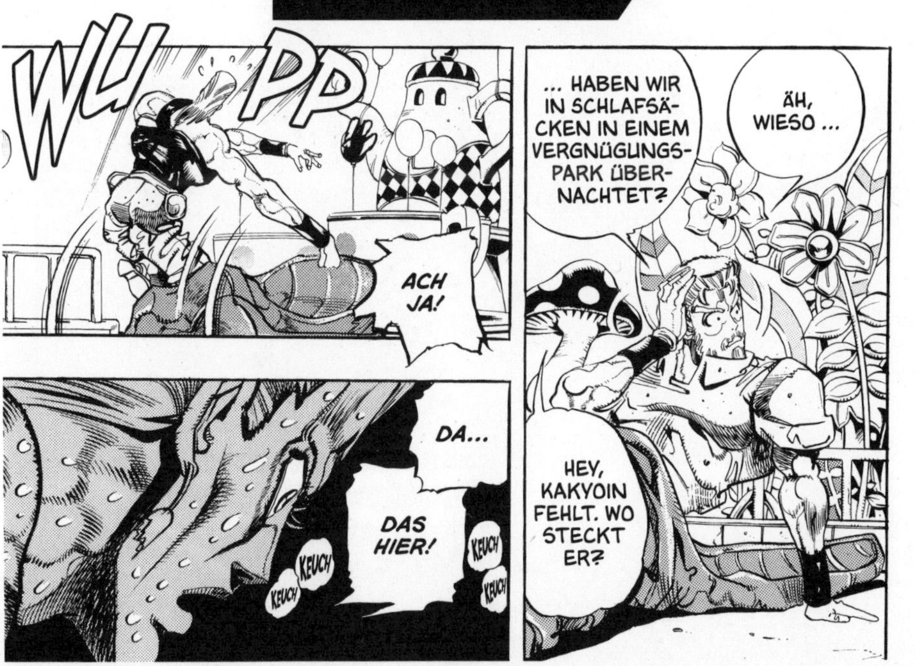
ÄH, WIESO ...
... HABEN WIR IN SCHLAFSÄCKEN IN EINEM VERGNÜGUNGSPARK ÜBERNACHTET?
HEY, KAKYOIN FEHLT. WO STECKT ER?
WUPP
ACH JA!
DA...
DAS HIER!
KEUCH
KEUCH
KEUCH
KEUCH

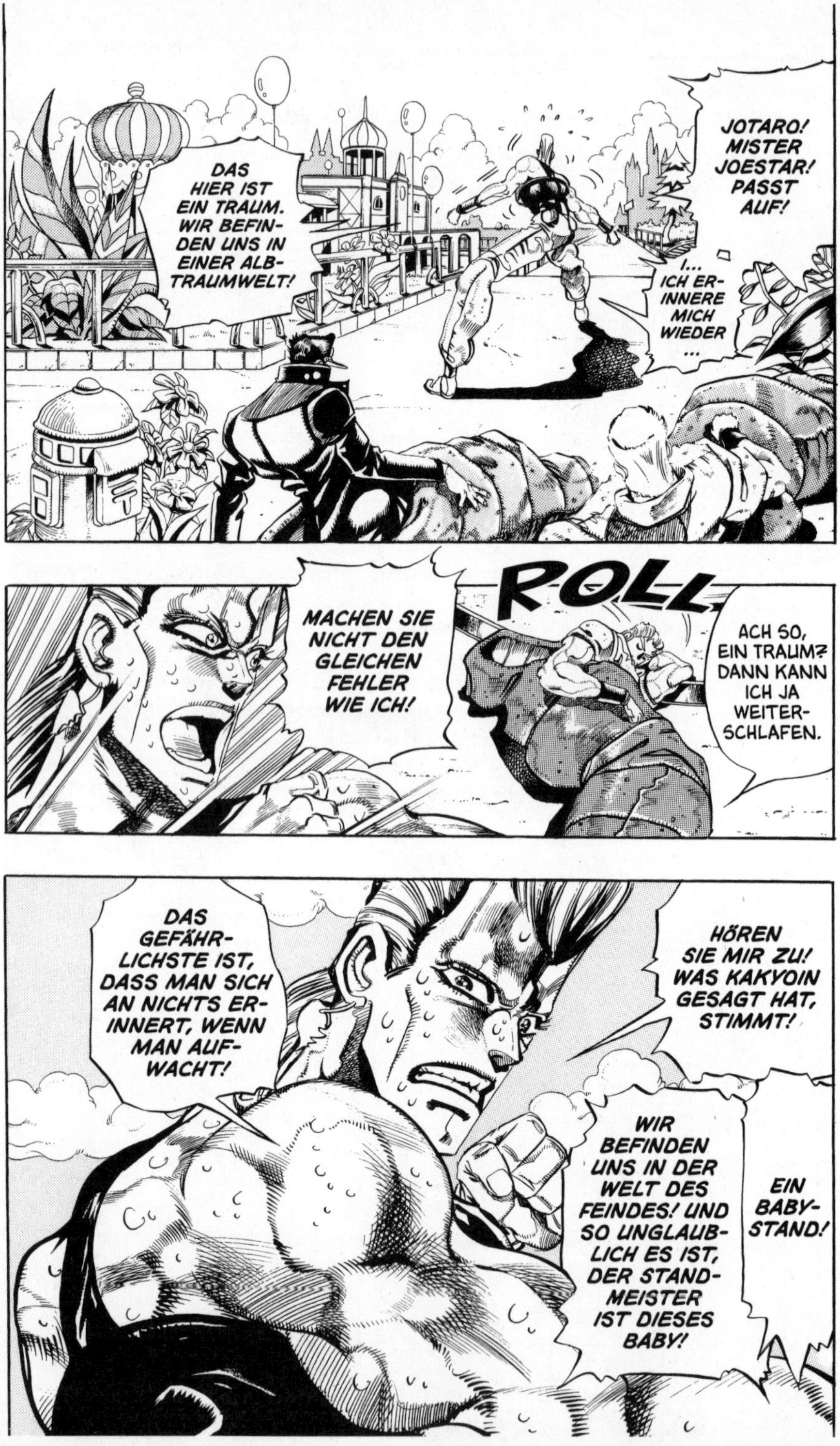
JOTARO! MISTER JOESTAR! PASST AUF!
I... ICH ERINNERE MICH WIEDER ...
DAS HIER IST EIN TRAUM. WIR BEFINDEN UNS IN EINER ALBTRAUMWELT!
ACH SO, EIN TRAUM? DANN KANN ICH JA WEITERSCHLAFEN.
ROLL
MACHEN SIE NICHT DEN GLEICHEN FEHLER WIE ICH!
HÖREN SIE MIR ZU! WAS KAKYOIN GESAGT HAT, STIMMT!
DAS GEFÄHRLICHSTE IST, DASS MAN SICH AN NICHTS ERINNERT, WENN MAN AUFWACHT!
WIR BEFINDEN UNS IN DER WELT DES FEINDES! UND SO UNGLAUBLICH ES IST, DER STANDMEISTER IST DIESES BABY!
EIN BABY-STAND!

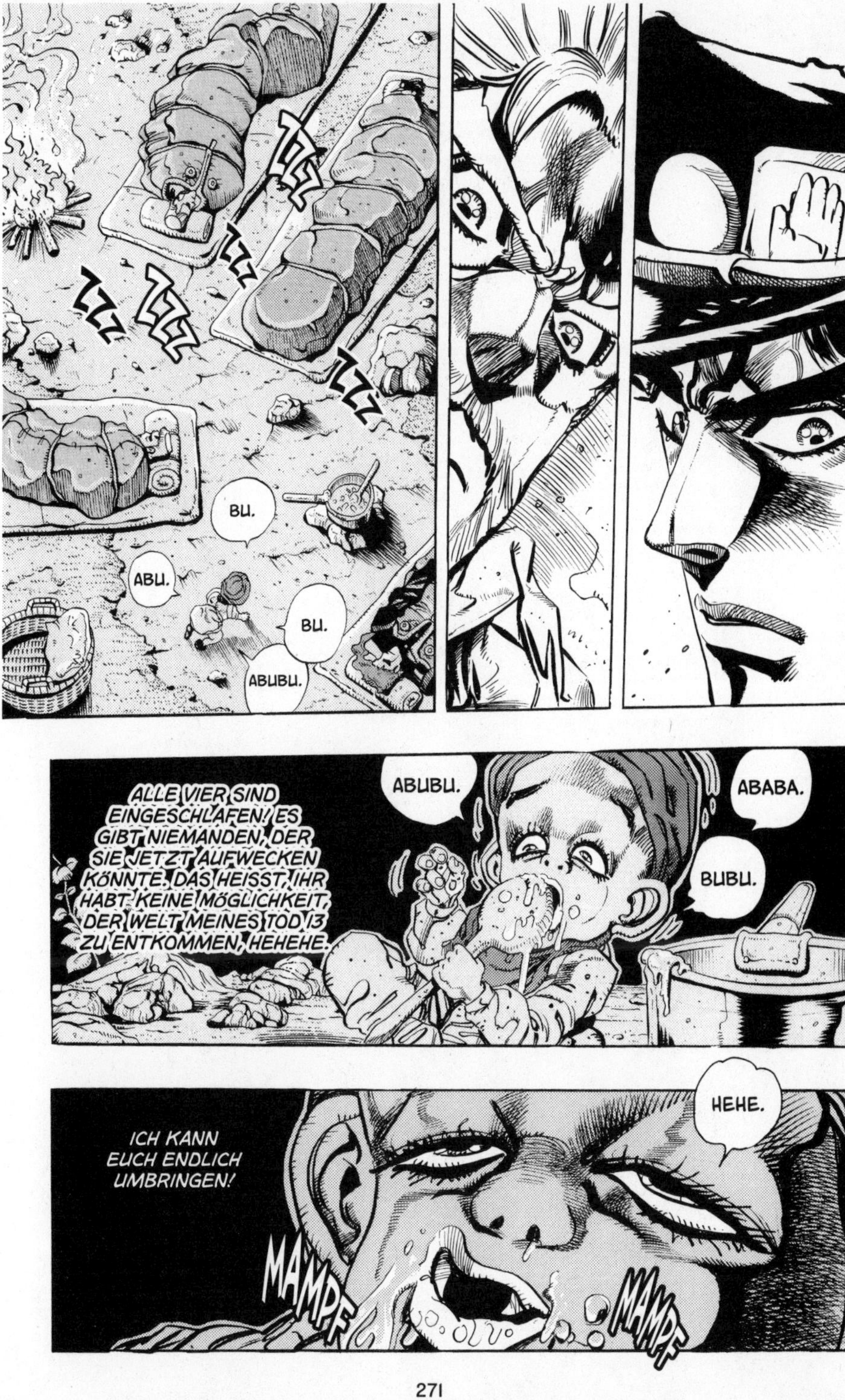
ZZZ
ZZZ
ZZZ
ZZZ
ZZZ
BU.
ABU.
BU.
ABUBU.
ALLE VIER SIND EINGESCHLAFEN! ES GIBT NIEMANDEN, DER SIE JETZT AUFWECKEN KÖNNTE. DAS HEISST, IHR HABT KEINE MÖGLICHKEIT, DER WELT MEINES TOD 13 ZU ENTKOMMEN, HEHEHE.
ABUBU.
ABABA.
BUBU.
ICH KANN EUCH ENDLICH UMBRINGEN!
HEHE.
MAMPF
MAMPF

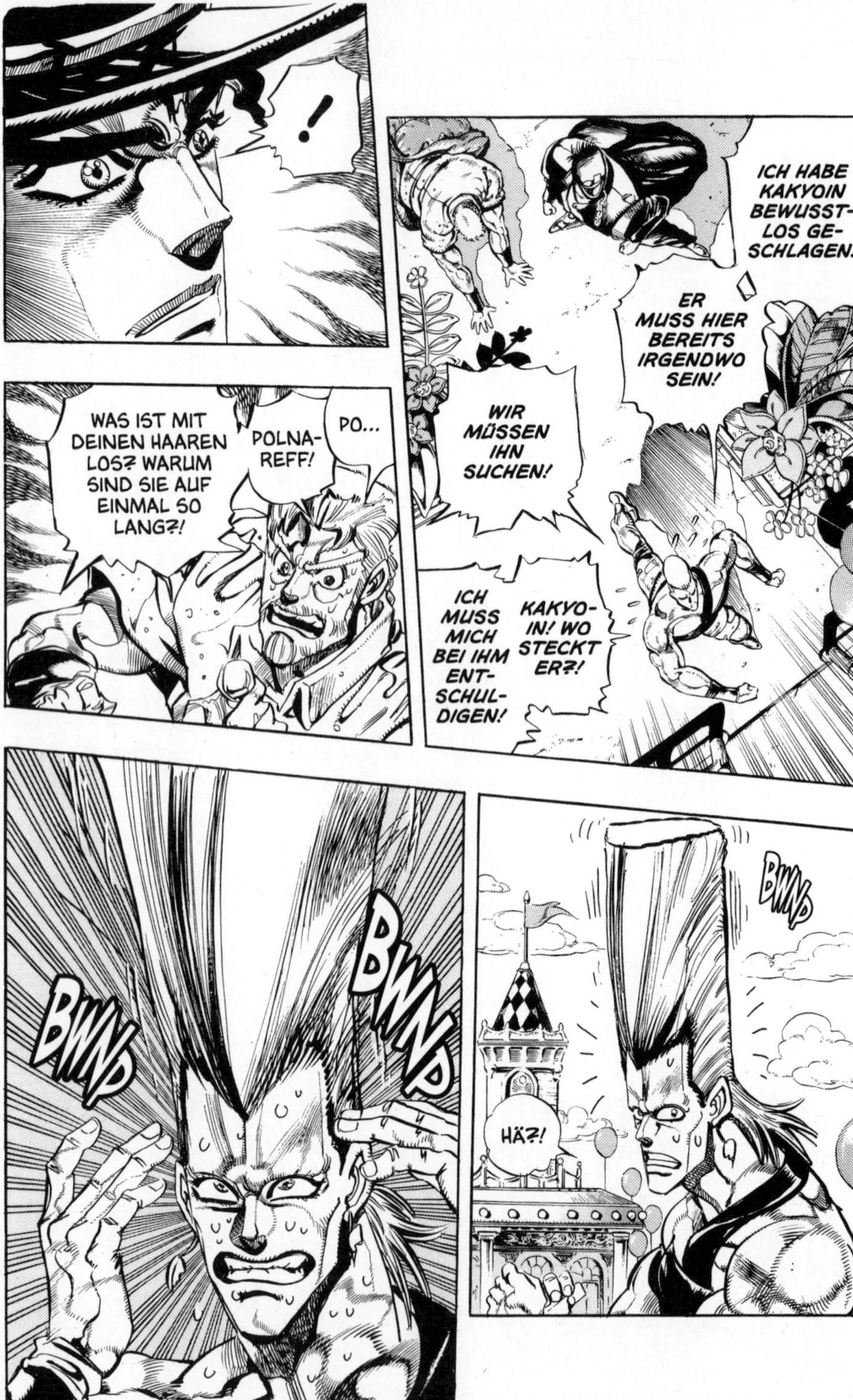
ICH HABE KAKYOIN BEWUSSTLOS GESCHLAGEN!
ER MUSS HIER BEREITS IRGENDWO SEIN!
WIR MÜSSEN IHN SUCHEN!
KAKYOIN! WO STECKT ER?!
ICH MUSS MICH BEI IHM ENTSCHULDIGEN!
!
PO...
POLNAREFF!
WAS IST MIT DEINEN HAAREN LOS? WARUM SIND SIE AUF EINMAL SO LANG?!
BWNP
HÄ?!
BWNP
BWNP

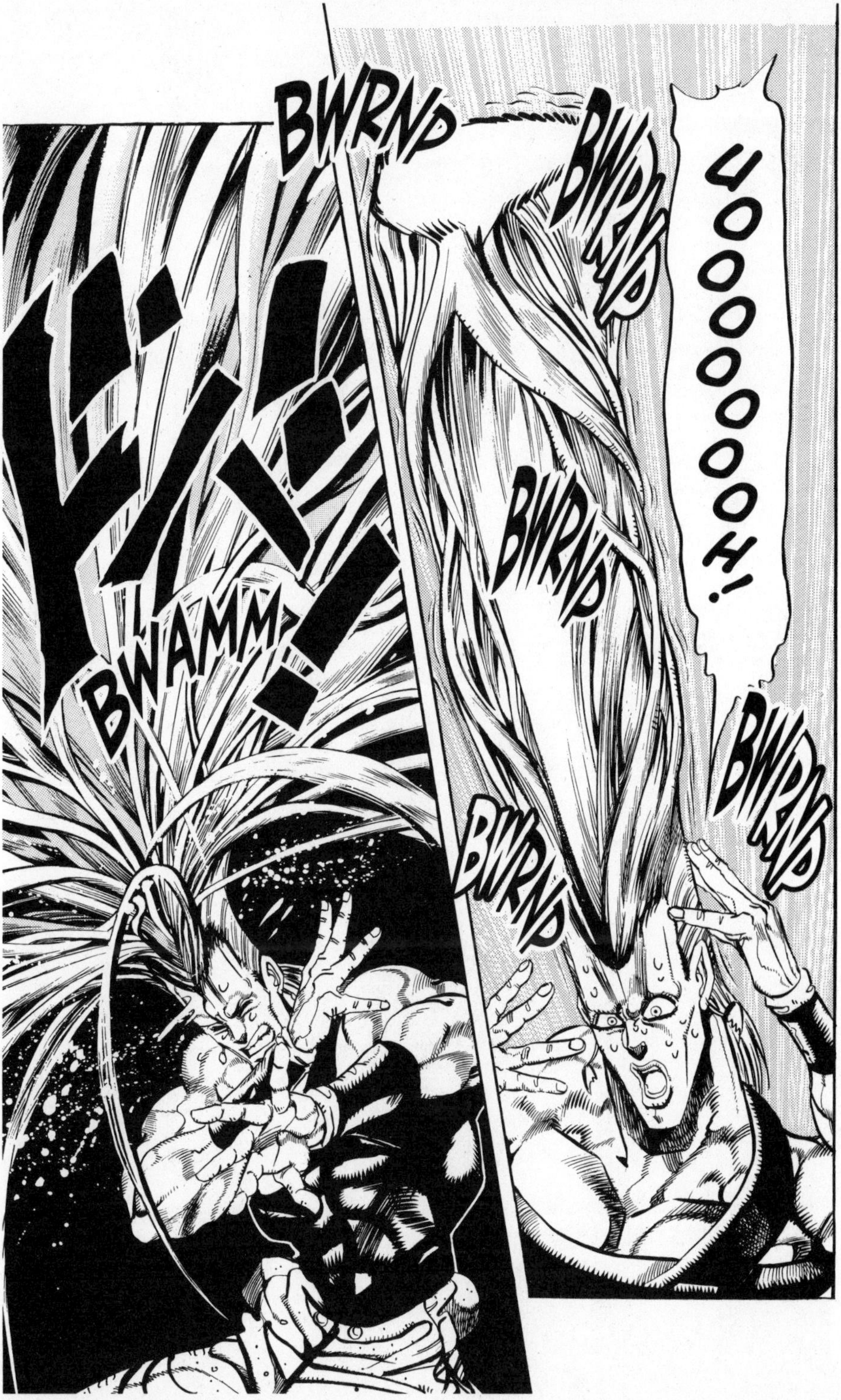
UOOOOOOOH!
BWRND
BWRND
BWRND
BWRND
BWRND
BWAMM

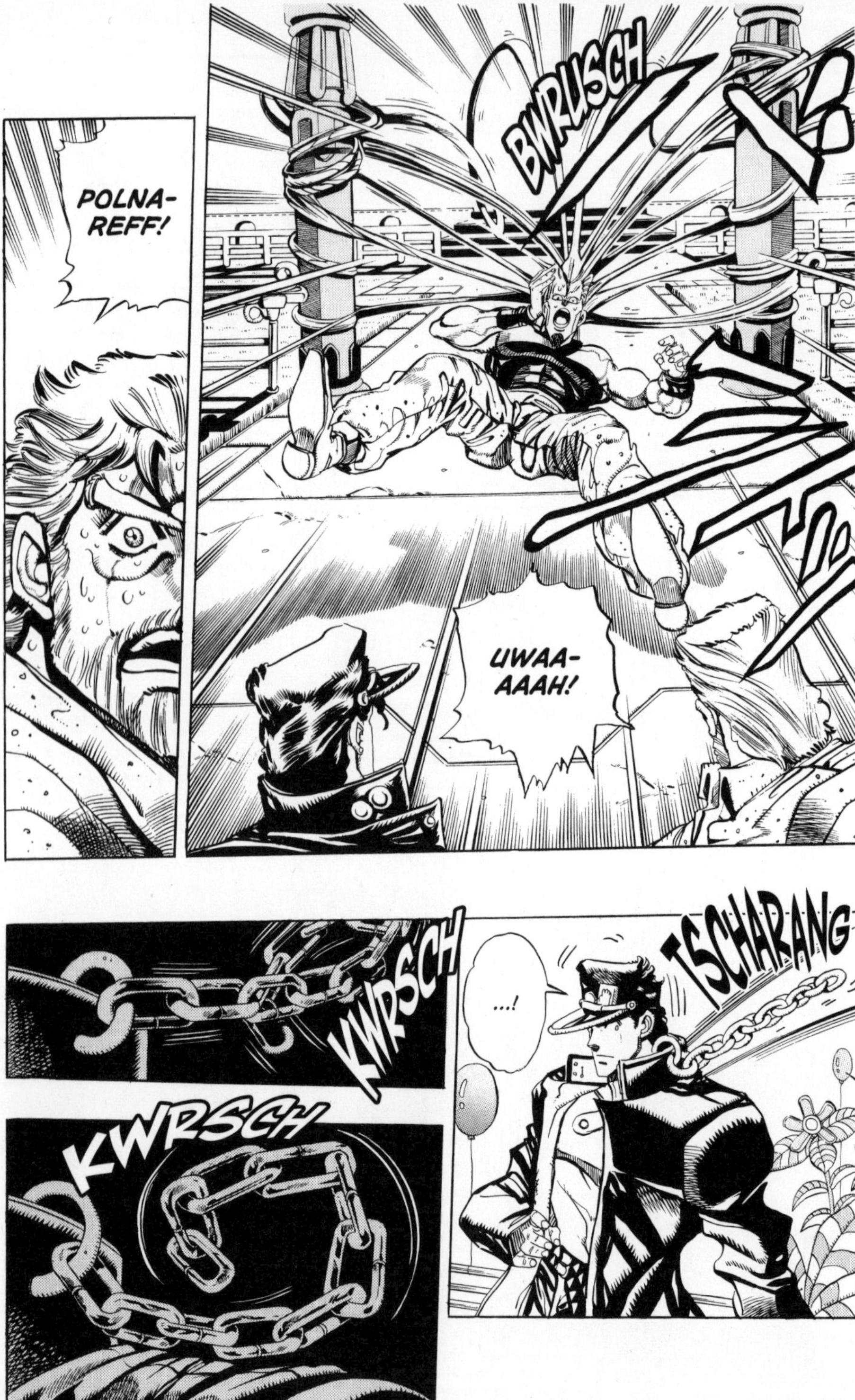
BWRUSCH
UWAA-
AAAH!
POLNA-
REFF!
TSCHARANG
...!
KWRSCH
KWRSCH

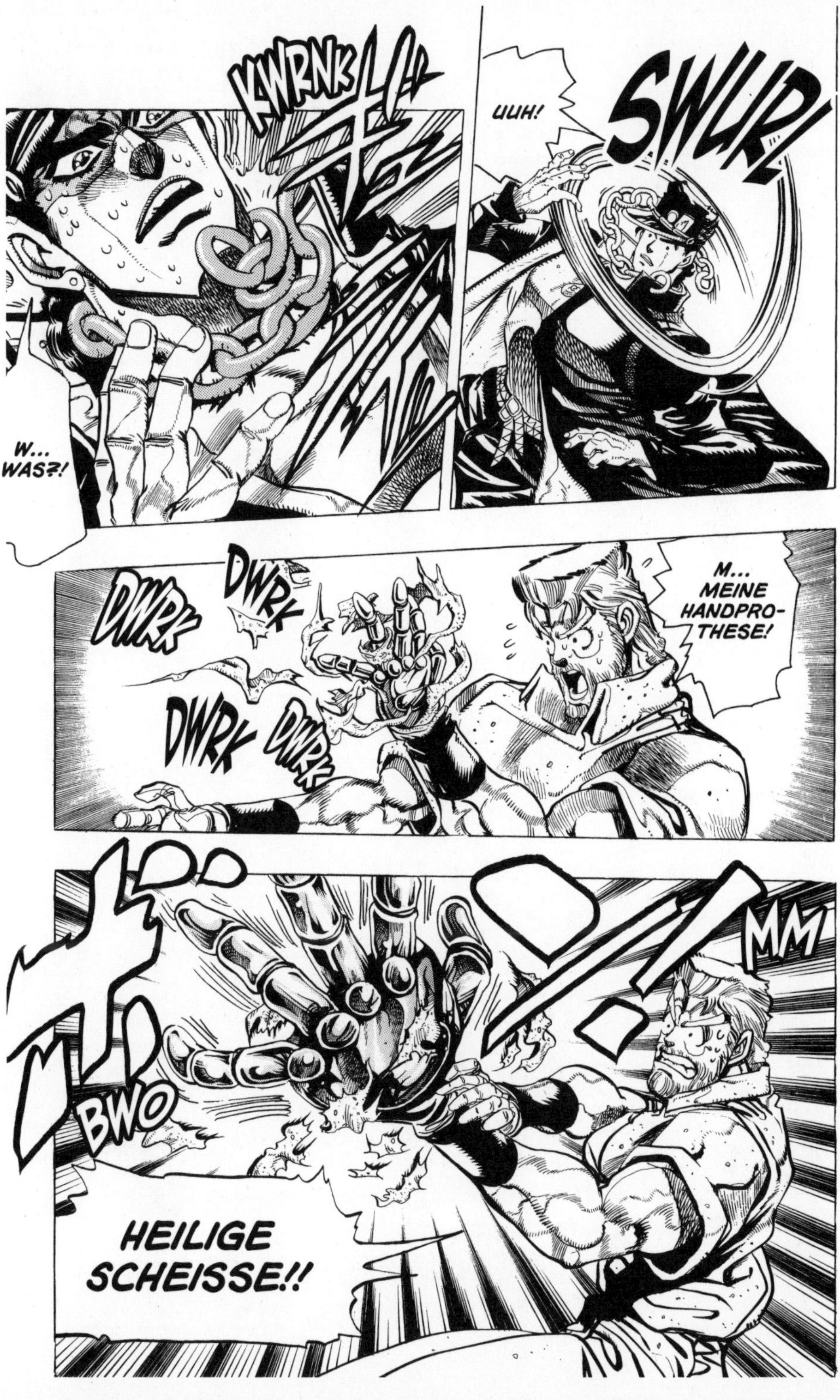
SWUR!
UUH!
KWRNK
W... WAS?!
M... MEINE HANDPROTHESE!
DWRK
DWRK
DWRK
DWRK
MM
BWO
HEILIGE SCHEISSE!!

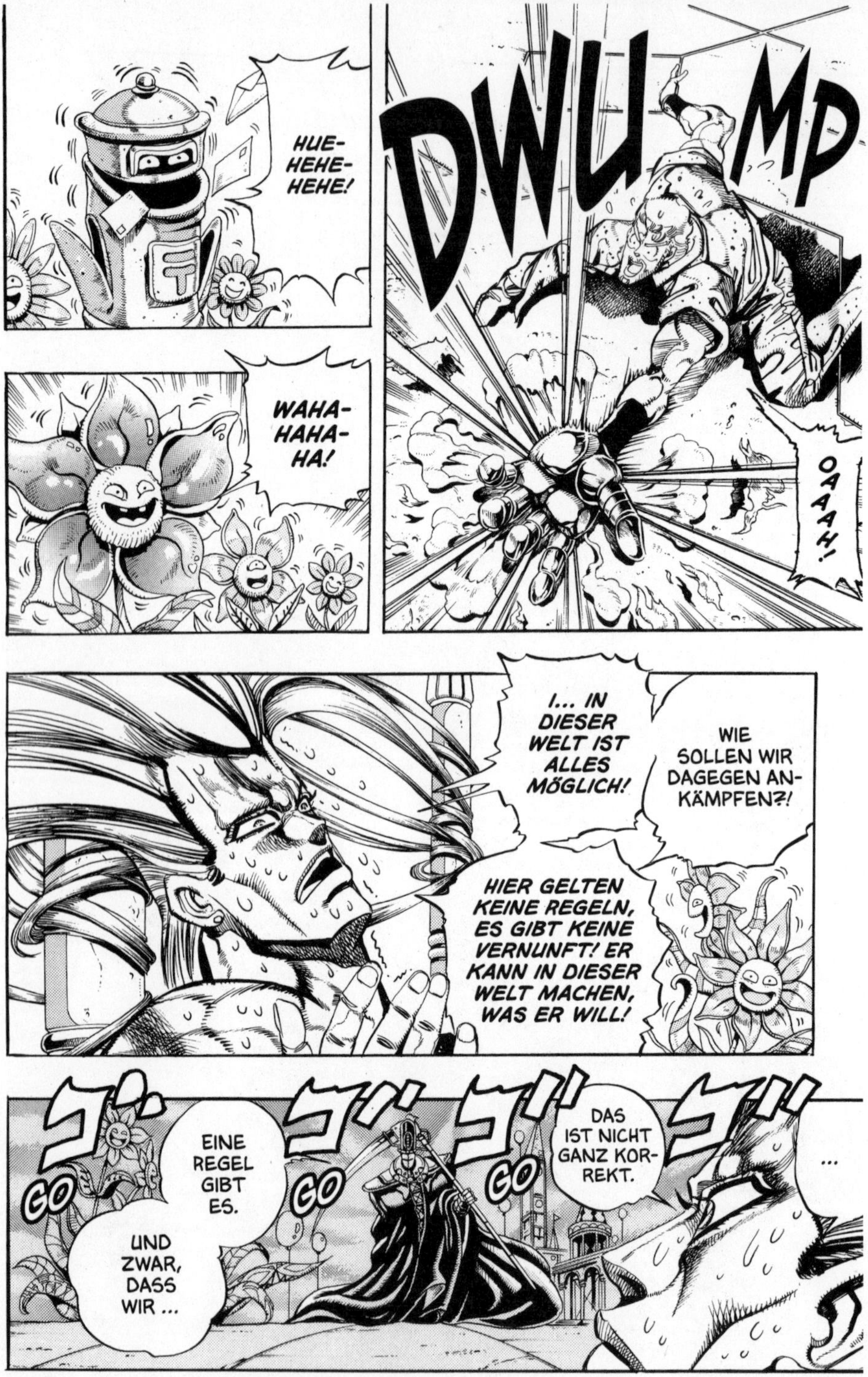
DWUMP
OAAAH!
HUE-HEHE-HEHE!
WAHA-HAHA-HA!
WIE SOLLEN WIR DAGEGEN AN-KÄMPFEN?!
I... IN DIESER WELT IST ALLES MÖGLICH!
HIER GELTEN KEINE REGELN, ES GIBT KEINE VERNUNFT! ER KANN IN DIESER WELT MACHEN, WAS ER WILL!
GO GO GO
...
DAS IST NICHT GANZ KOR-REKT.
EINE REGEL GIBT ES.
UND ZWAR, DASS WIR ...

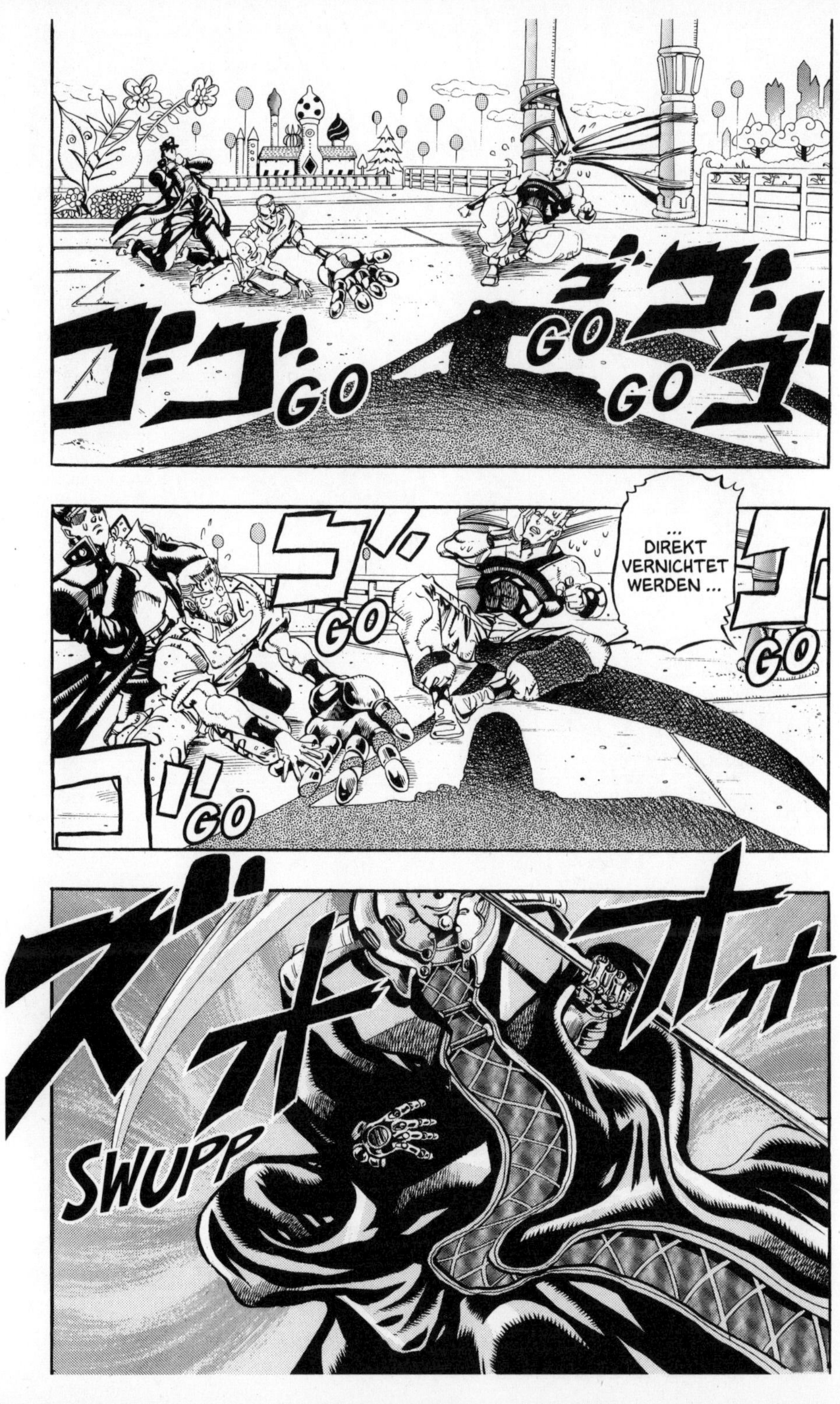
GO
GO
GO
GO
... DIREKT VERNICHTET WERDEN ...
GO
GO
GO
SWUPP

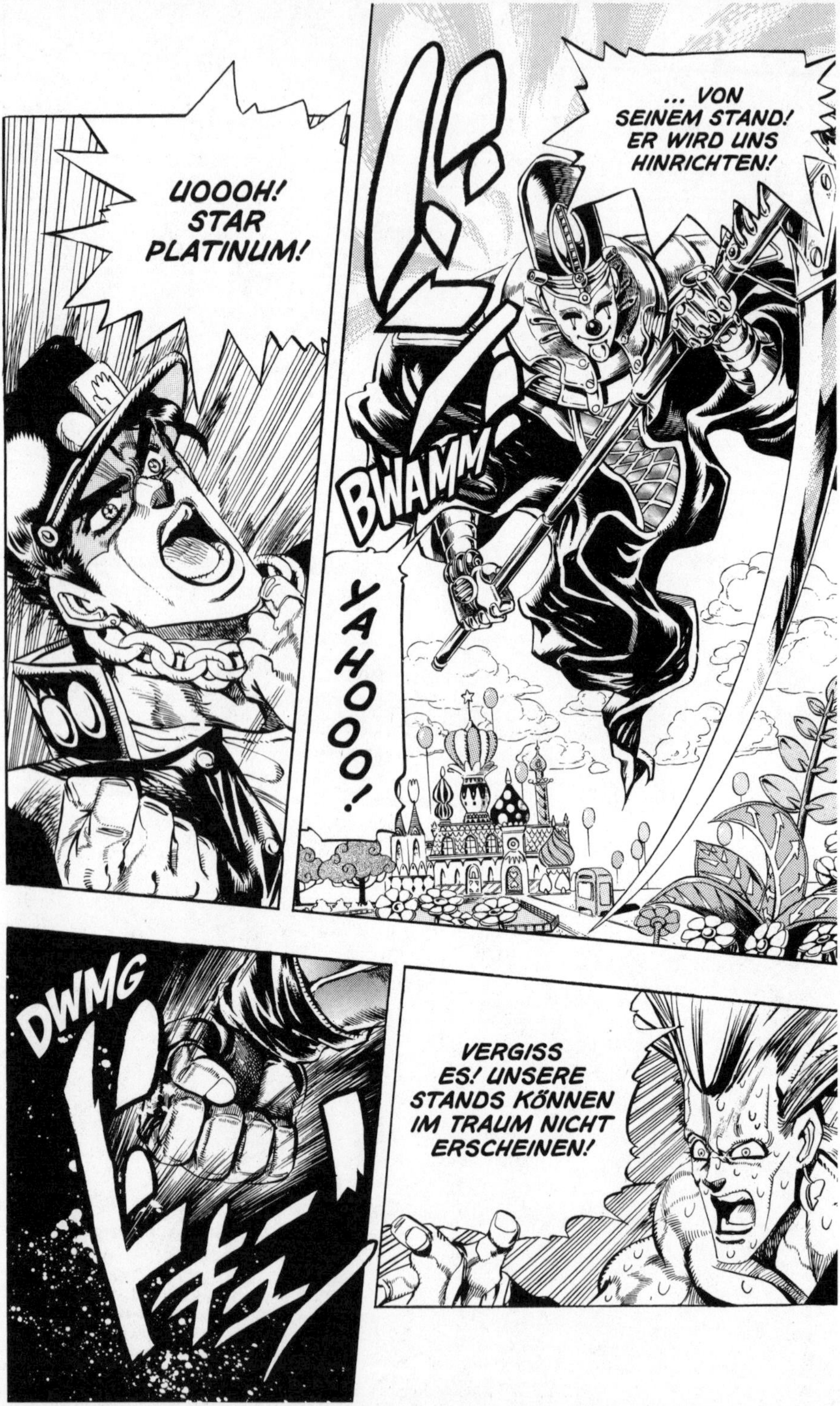
... VON SEINEM STAND! ER WIRD UNS HINRICHTEN!
BWAMM
YAHOOOO!
UOOOH! STAR PLATINUM!
VERGISS ES! UNSERE STANDS KÖNNEN IM TRAUM NICHT ERSCHEINEN!
DWMG

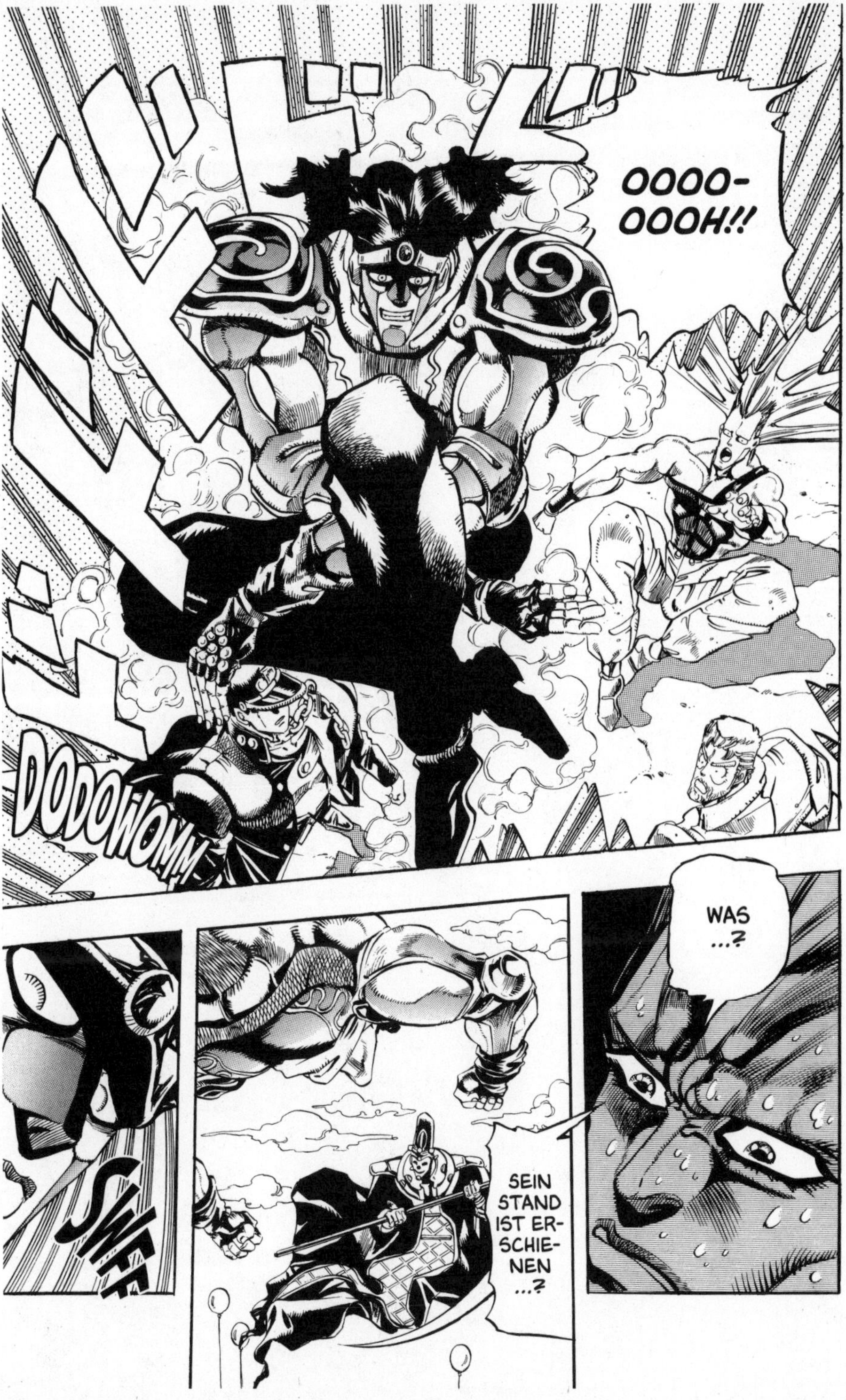
OOOO-OOOH!!
DODOWOMM
WAS ...?
SEIN STAND IST ERSCHIENEN ...?
SWFF

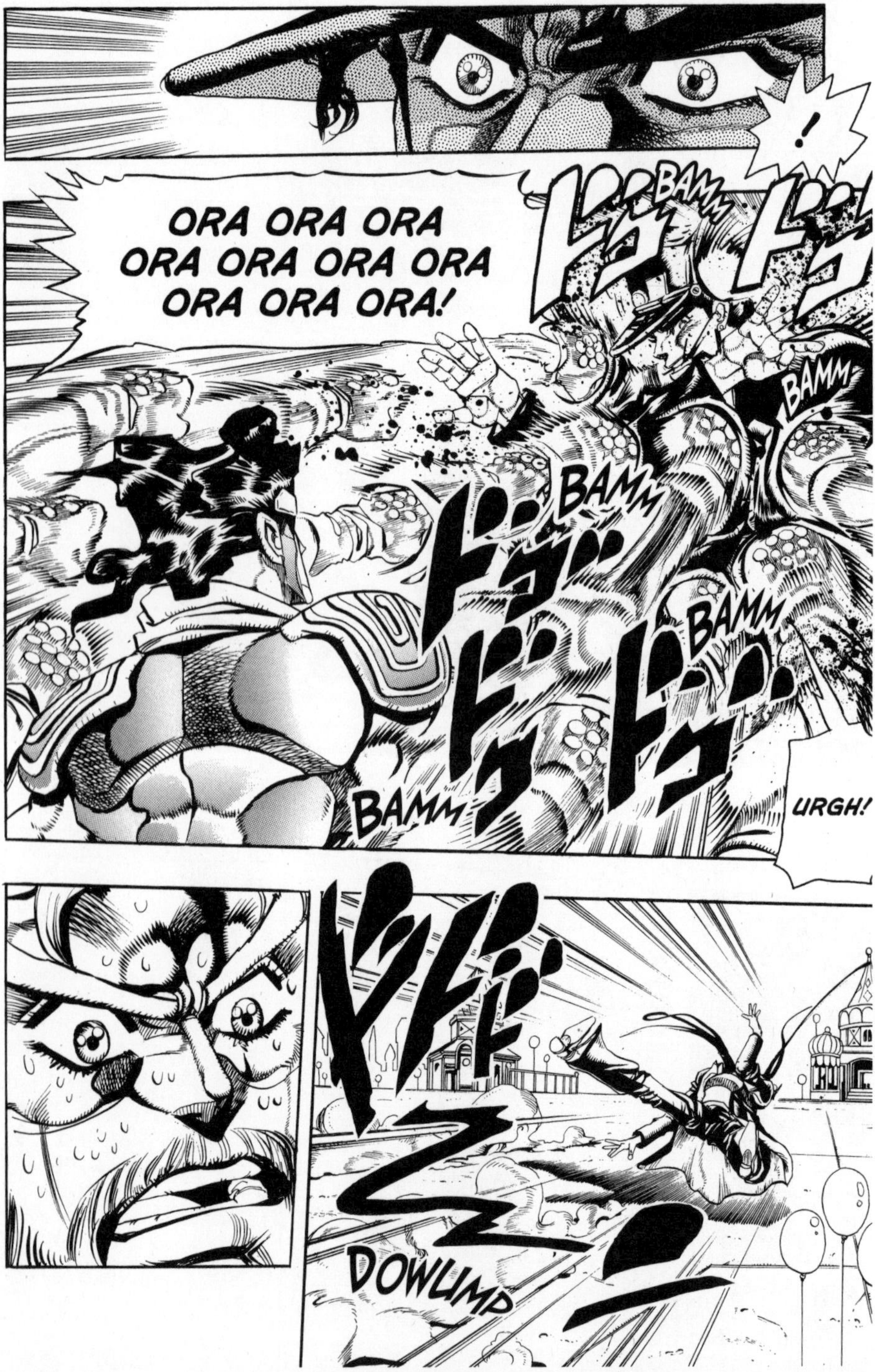
!
ORA ORA ORA
ORA ORA ORA ORA
ORA ORA ORA!
BAMM
BAMM
BAMM
BAMM
BAMM
URGH!
DOWUMP

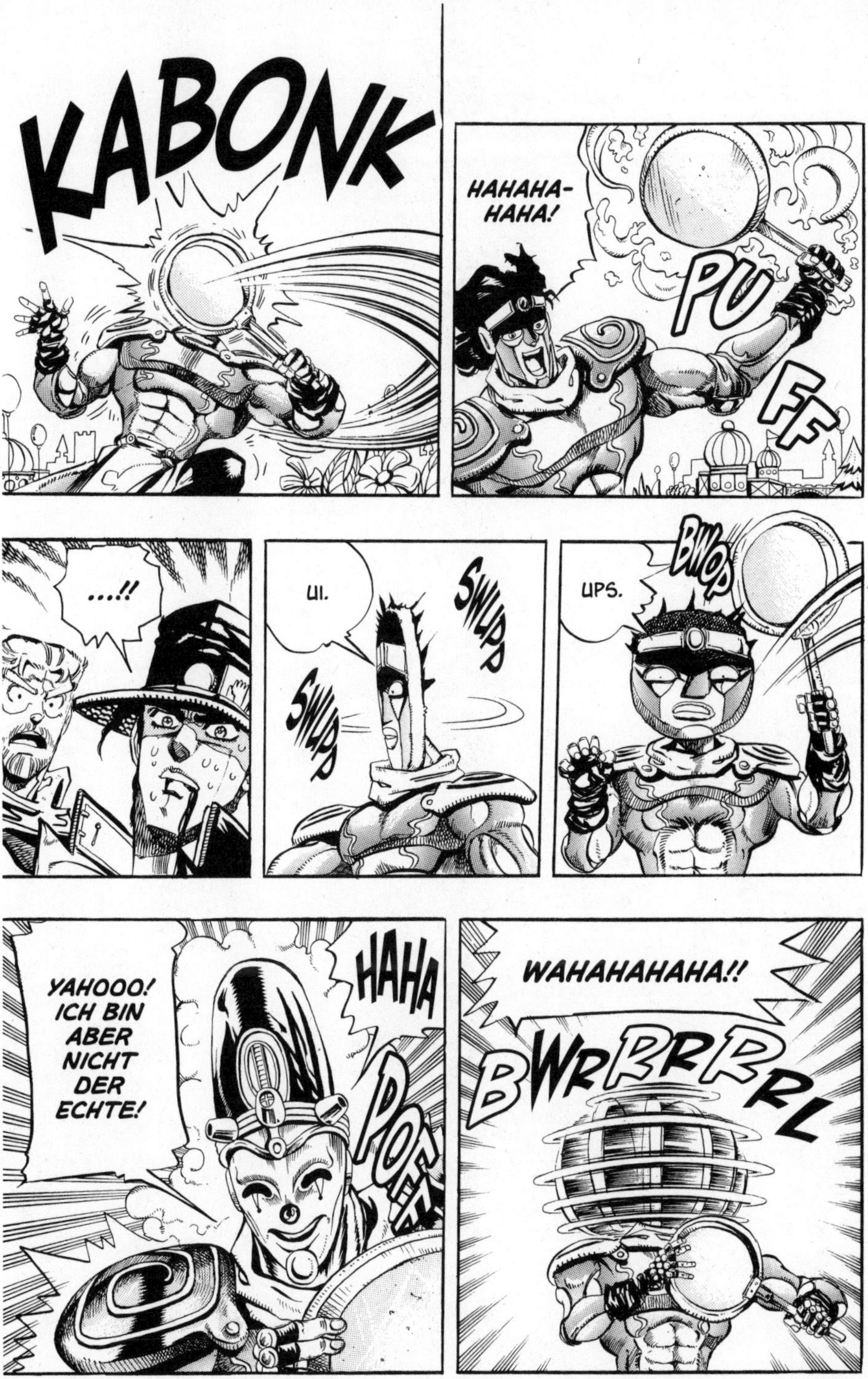
KABONK
HAHAHA-
HAHA!
PUFFF
...!!
UI.
SWUPP
SWUPP
UPS.
BWOP
YAHOOO!
ICH BIN
ABER
NICHT
DER
ECHTE!
HAHA
POFF
WAHAHAHAHA!!
BWRRRRRL

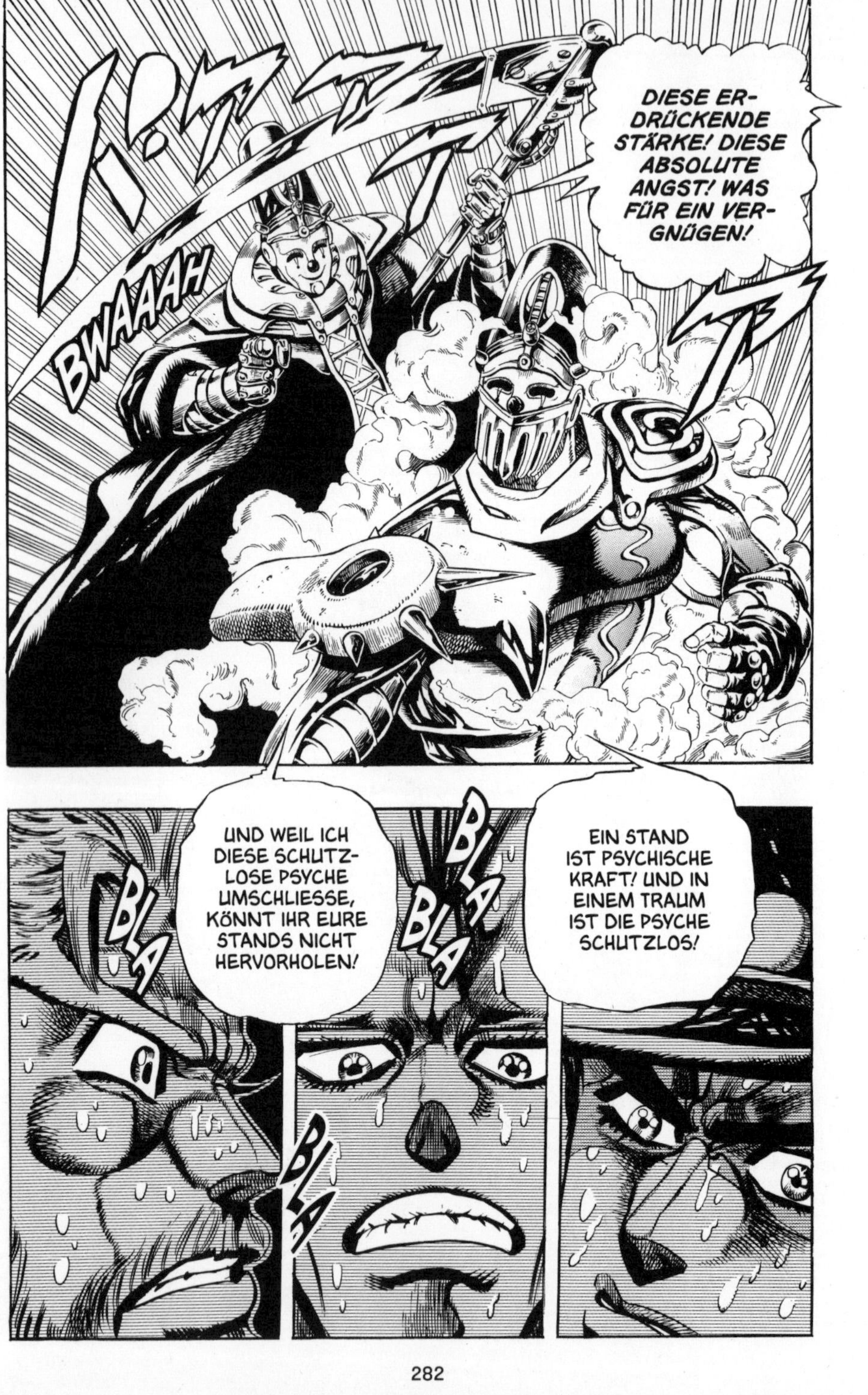
BWAAAH
DIESE ERDRÜCKENDE STÄRKE! DIESE ABSOLUTE ANGST! WAS FÜR EIN VERGNÜGEN!
EIN STAND IST PSYCHISCHE KRAFT! UND IN EINEM TRAUM IST DIE PSYCHE SCHUTZLOS!
UND WEIL ICH DIESE SCHUTZLOSE PSYCHE UMSCHLIESSE, KÖNNT IHR EURE STANDS NICHT HERVORHOLEN!
BLA BLA
BLA
BLA

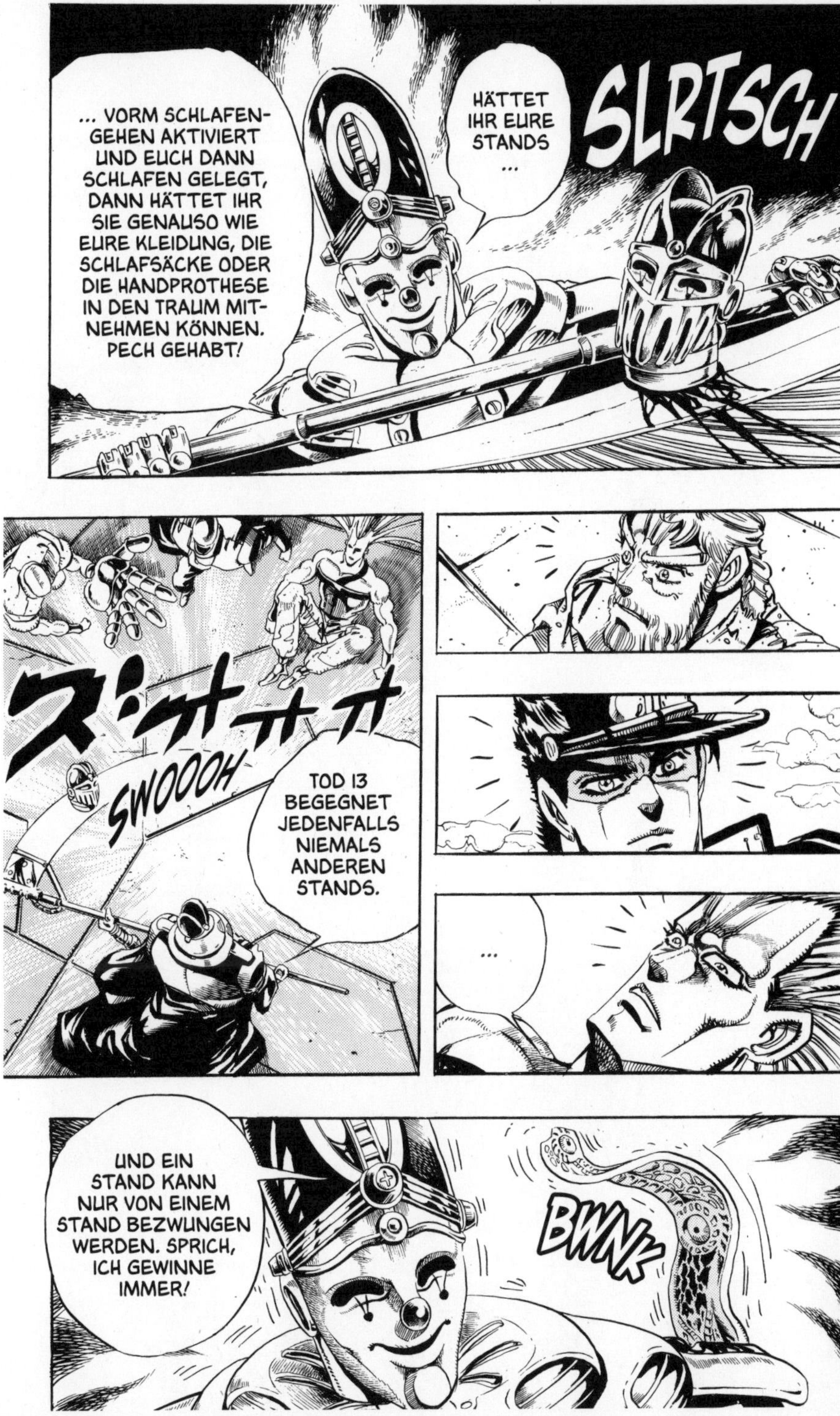
SLRTSCH
HÄTTET IHR EURE STANDS ...
... VORM SCHLAFENGEHEN AKTIVIERT UND EUCH DANN SCHLAFEN GELEGT, DANN HÄTTET IHR SIE GENAUSO WIE EURE KLEIDUNG, DIE SCHLAFSÄCKE ODER DIE HANDPROTHESE IN DEN TRAUM MITNEHMEN KÖNNEN. PECH GEHABT!
SWOOOH
TOD 13 BEGEGNET JEDENFALLS NIEMALS ANDEREN STANDS.
...
UND EIN STAND KANN NUR VON EINEM STAND BEZWUNGEN WERDEN. SPRICH, ICH GEWINNE IMMER!
BWNK

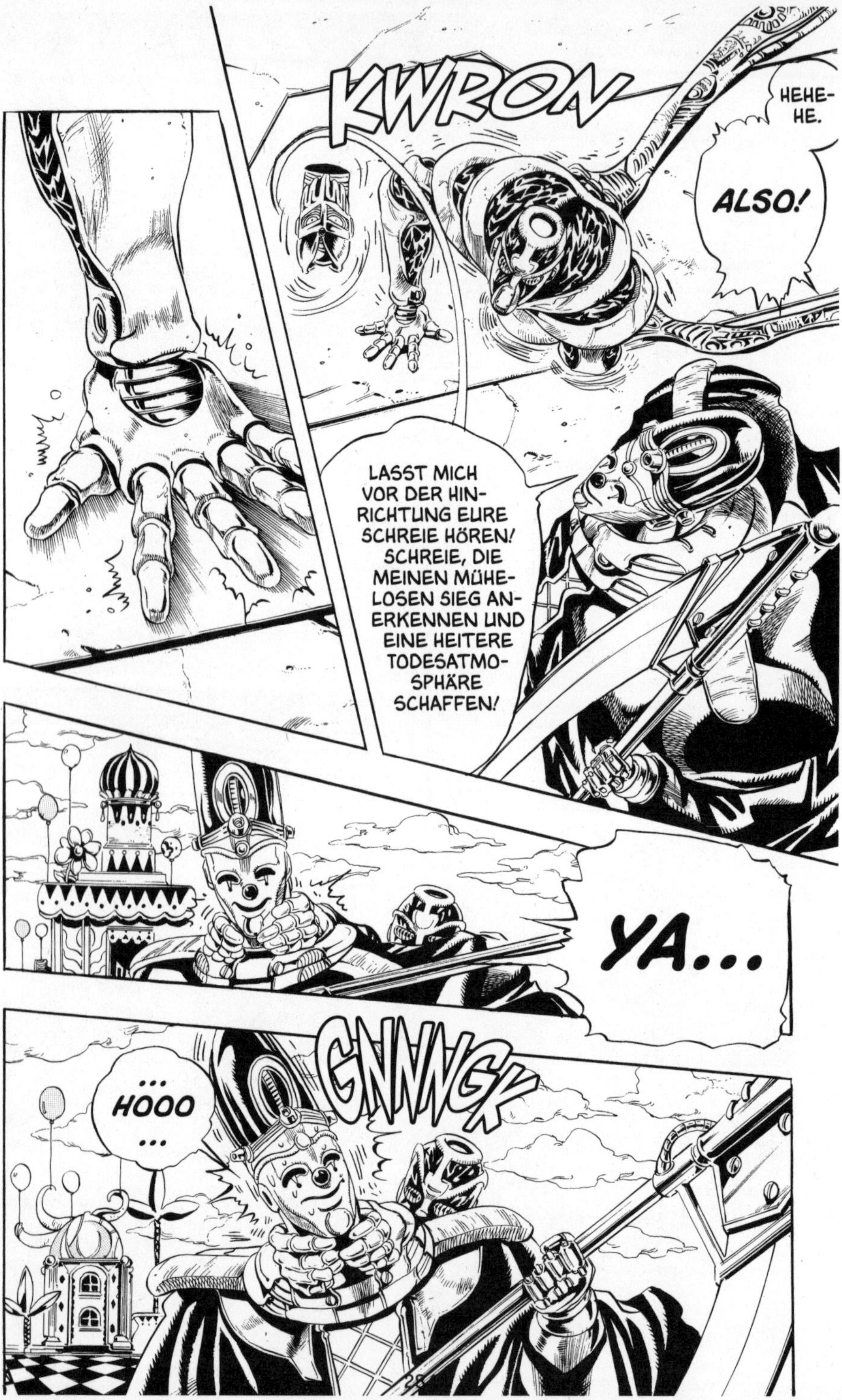
KWRON
HEHE-
HE.
ALSO!
LASST MICH
VOR DER HIN-
RICHTUNG EURE
SCHREIE HÖREN!
SCHREIE, DIE
MEINEN MÜHE-
LOSEN SIEG AN-
ERKENNEN UND
EINE HEITERE
TODESATMO-
SPHÄRE
SCHAFFEN!
YA...
GNNNGK
...
HÖOO
...

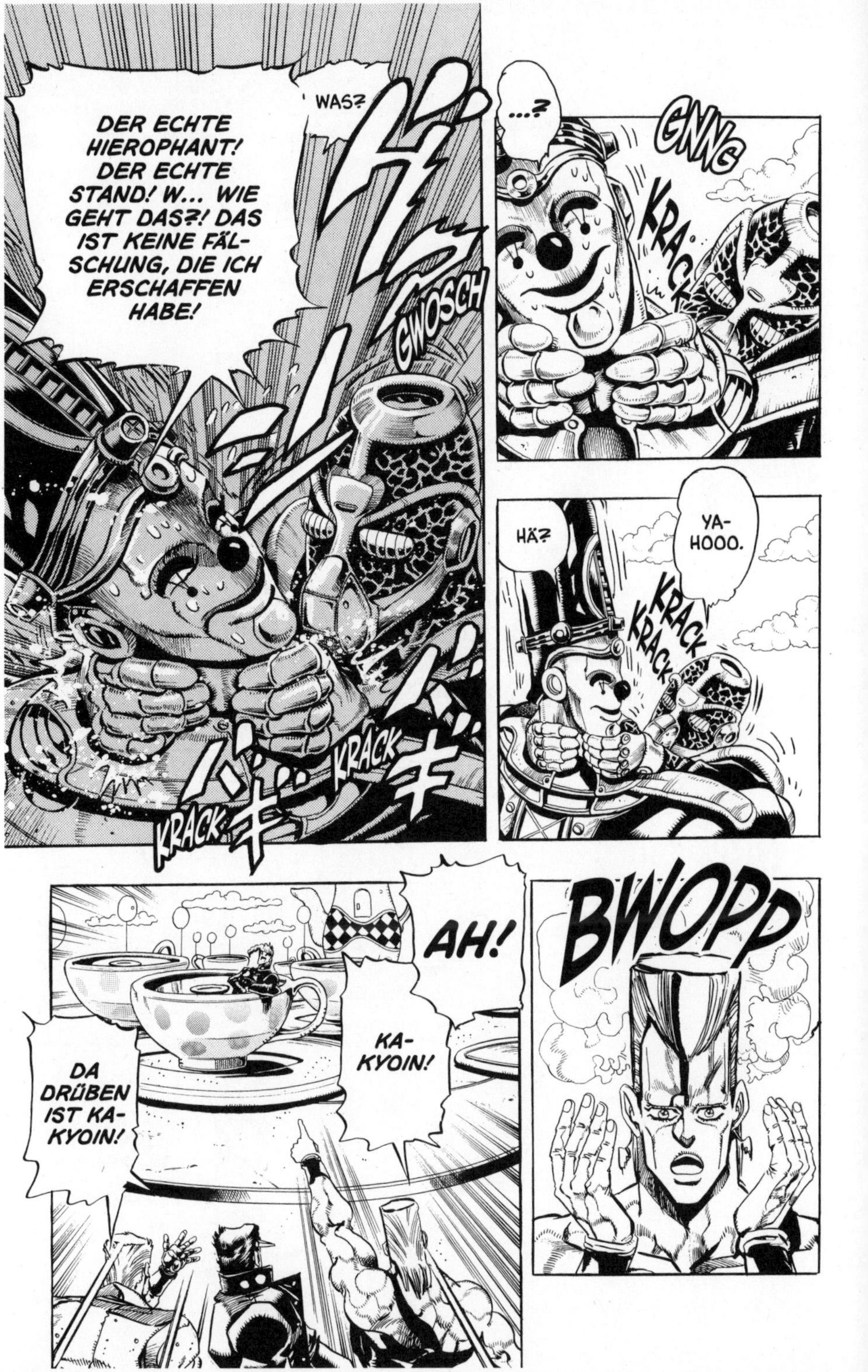
...?
GNNG
KRACK
YA-HOOO.
HÄ?
KRACK
KRACK
WAS?
DER ECHTE HIEROPHANT! DER ECHTE STAND! W... WIE GEHT DAS?! DAS IST KEINE FÄLSCHUNG, DIE ICH ERSCHAFFEN HABE!
GWOSCH
KRACK
KRACK
BWOPP
AH!
KA-KYOIN!
DA DRÜBEN IST KA-KYOIN!

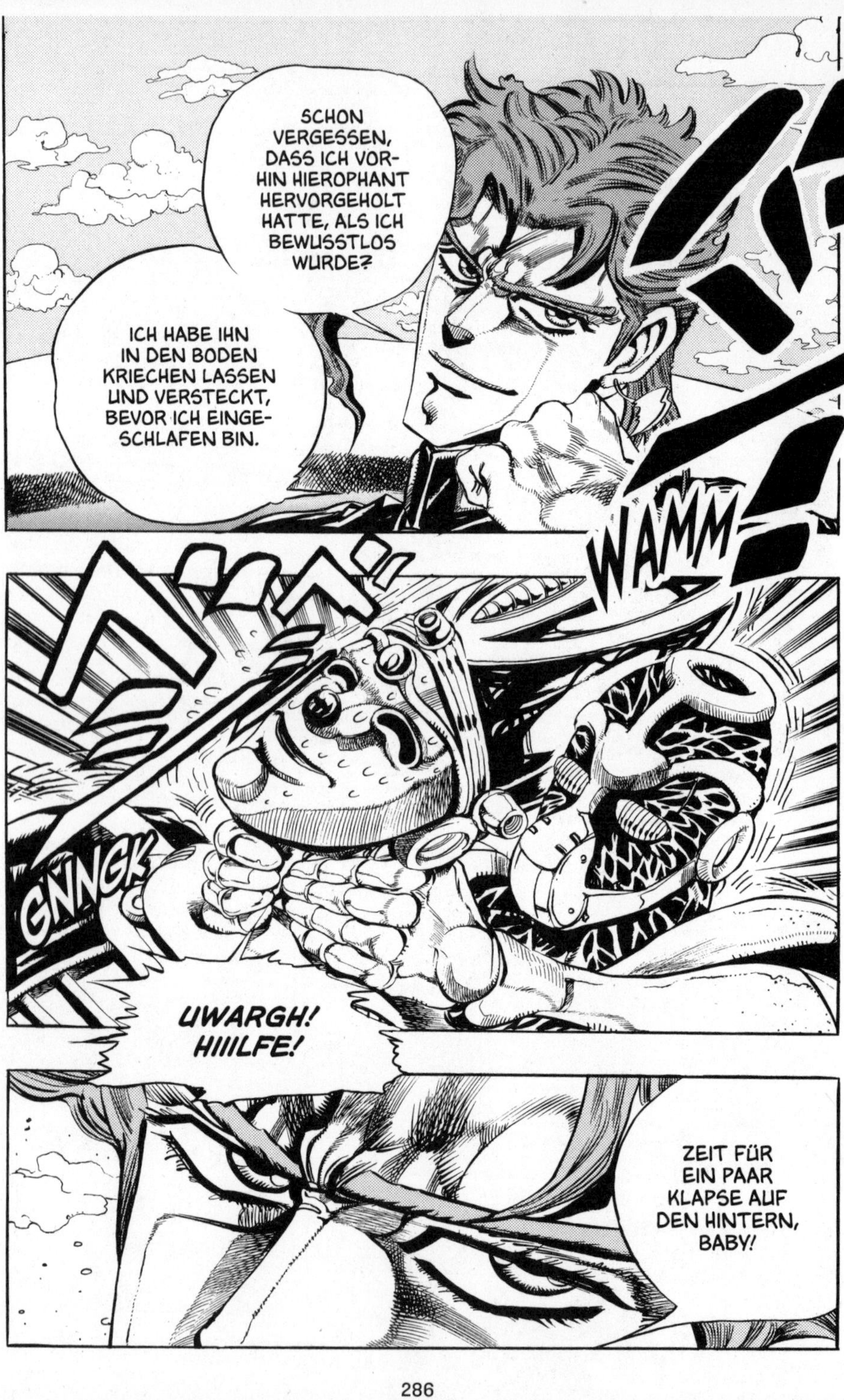
SCHON VERGESSEN, DASS ICH VORHIN HIEROPHANT HERVORGEHOLT HATTE, ALS ICH BEWUSSTLOS WURDE?
ICH HABE IHN IN DEN BODEN KRIECHEN LASSEN UND VERSTECKT, BEVOR ICH EINGESCHLAFEN BIN.
WAMM
GNNGK
UWARGH! HIIILFE!
ZEIT FÜR EIN PAAR KLAPSE AUF DEN HINTERN, BABY!

Der Tod 13: Teil 6

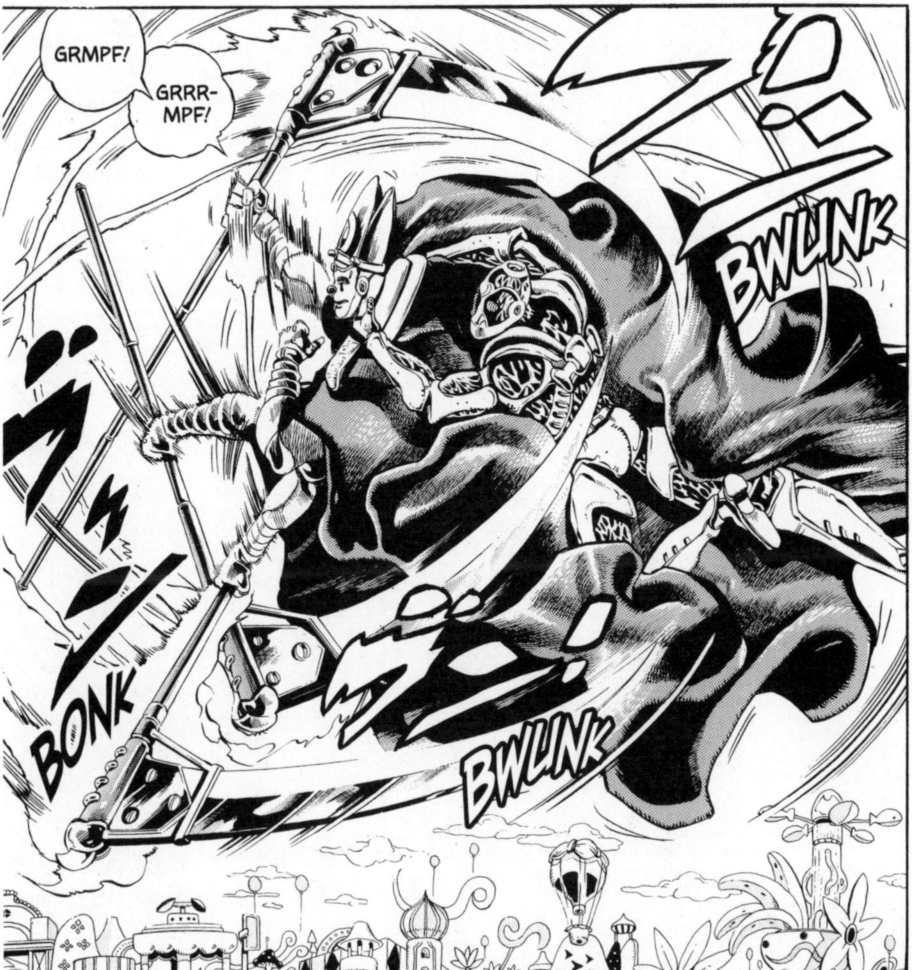

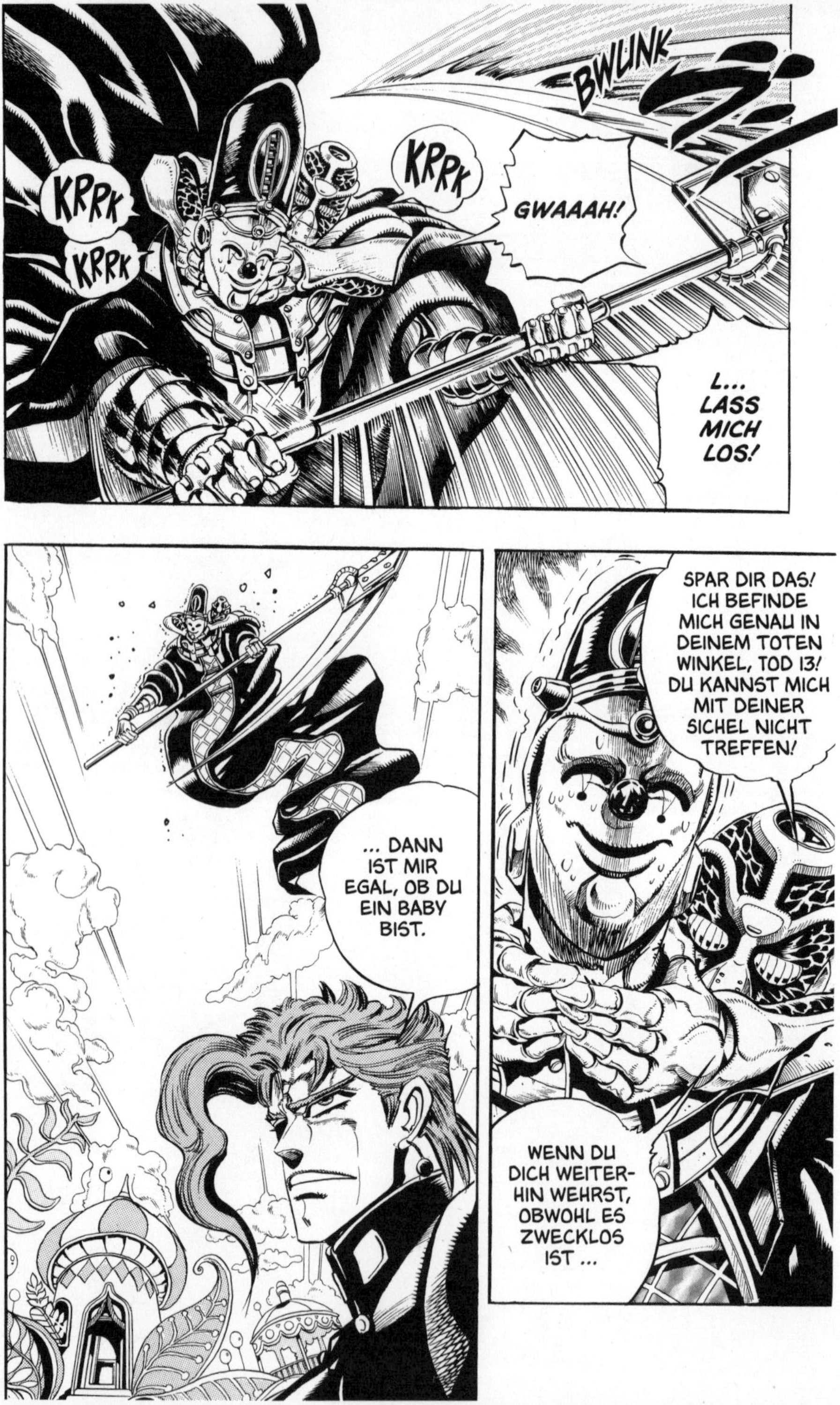
BWUNK
GWAAAH!
L... LASS MICH LOS!
KRRK
KRRK
KRRK
SPAR DIR DAS! ICH BEFINDE MICH GENAU IN DEINEM TOTEN WINKEL, TOD 13! DU KANNST MICH MIT DEINER SICHEL NICHT TREFFEN!
WENN DU DICH WEITERHIN WEHRST, OBWOHL ES ZWECKLOS IST ...
... DANN IST MIR EGAL, OB DU EIN BABY BIST.

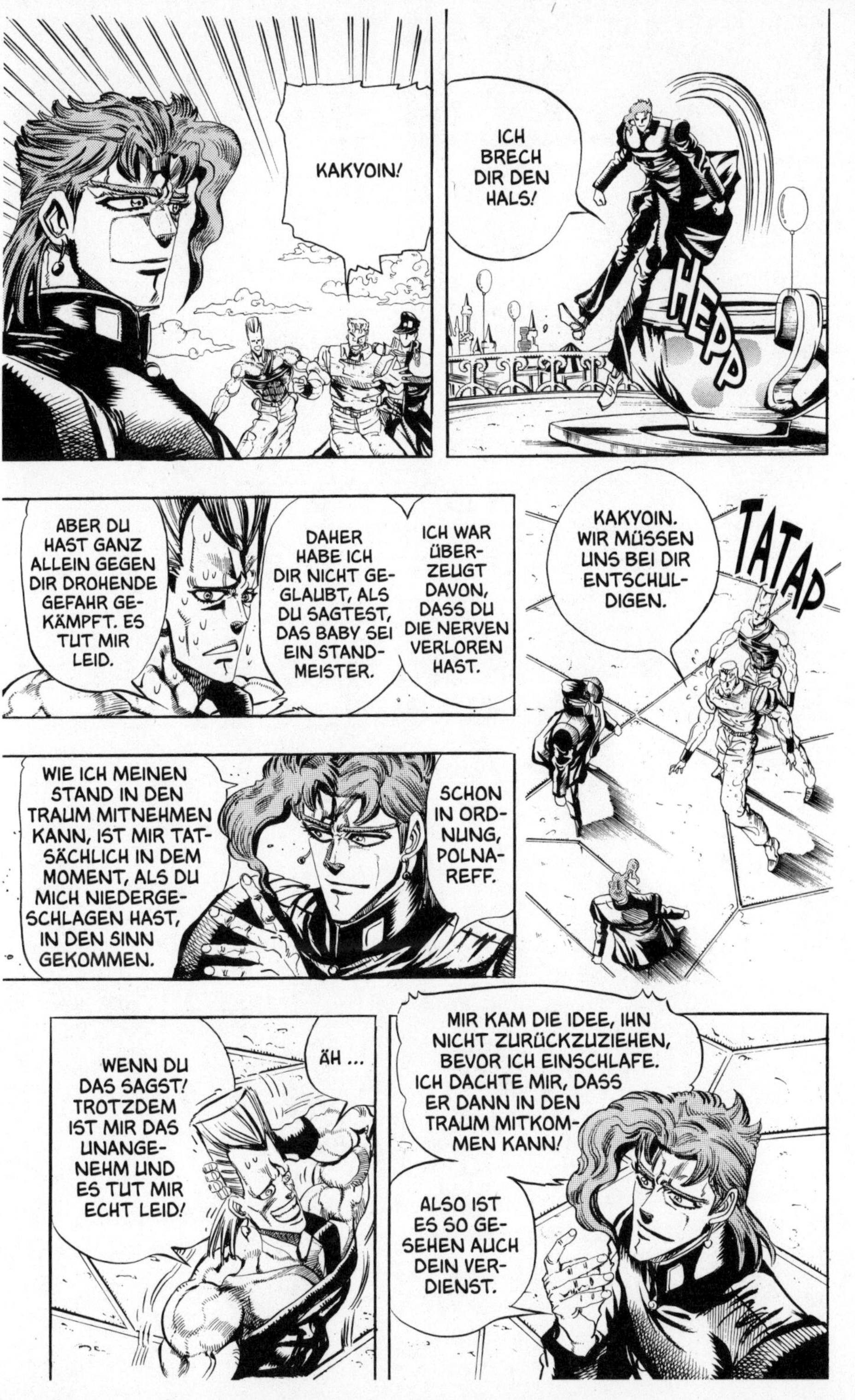
KAKYOIN!
ICH BRECH DIR DEN HALS!
HEPP
ICH WAR ÜBER-ZEUGT DAVON, DASS DU DIE NERVEN VERLOREN HAST.
DAHER HABE ICH DIR NICHT GE-GLAUBT, ALS DU SAGTEST, DAS BABY SEI EIN STAND-MEISTER.
ABER DU HAST GANZ ALLEIN GEGEN DIR DROHENDE GEFAHR GE-KÄMPFT. ES TUT MIR LEID.
TATAP
KAKYOIN. WIR MÜSSEN UNS BEI DIR ENTSCHUL-DIGEN.
SCHON IN ORD-NUNG, POLNA-REFF.
WIE ICH MEINEN STAND IN DEN TRAUM MITNEHMEN KANN, IST MIR TAT-SÄCHLICH IN DEM MOMENT, ALS DU MICH NIEDERGE-SCHLAGEN HAST, IN DEN SINN GEKOMMEN.
MIR KAM DIE IDEE, IHN NICHT ZURÜCKZUZIEHEN, BEVOR ICH EINSCHLAFE. ICH DACHTE MIR, DASS ER DANN IN DEN TRAUM MITKOM-MEN KANN!
ALSO IST ES SO GE-SEHEN AUCH DEIN VER-DIENST.
ÄH ...
WENN DU DAS SAGST! TROTZDEM IST MIR DAS UNANGE-NEHM UND ES TUT MIR ECHT LEID!

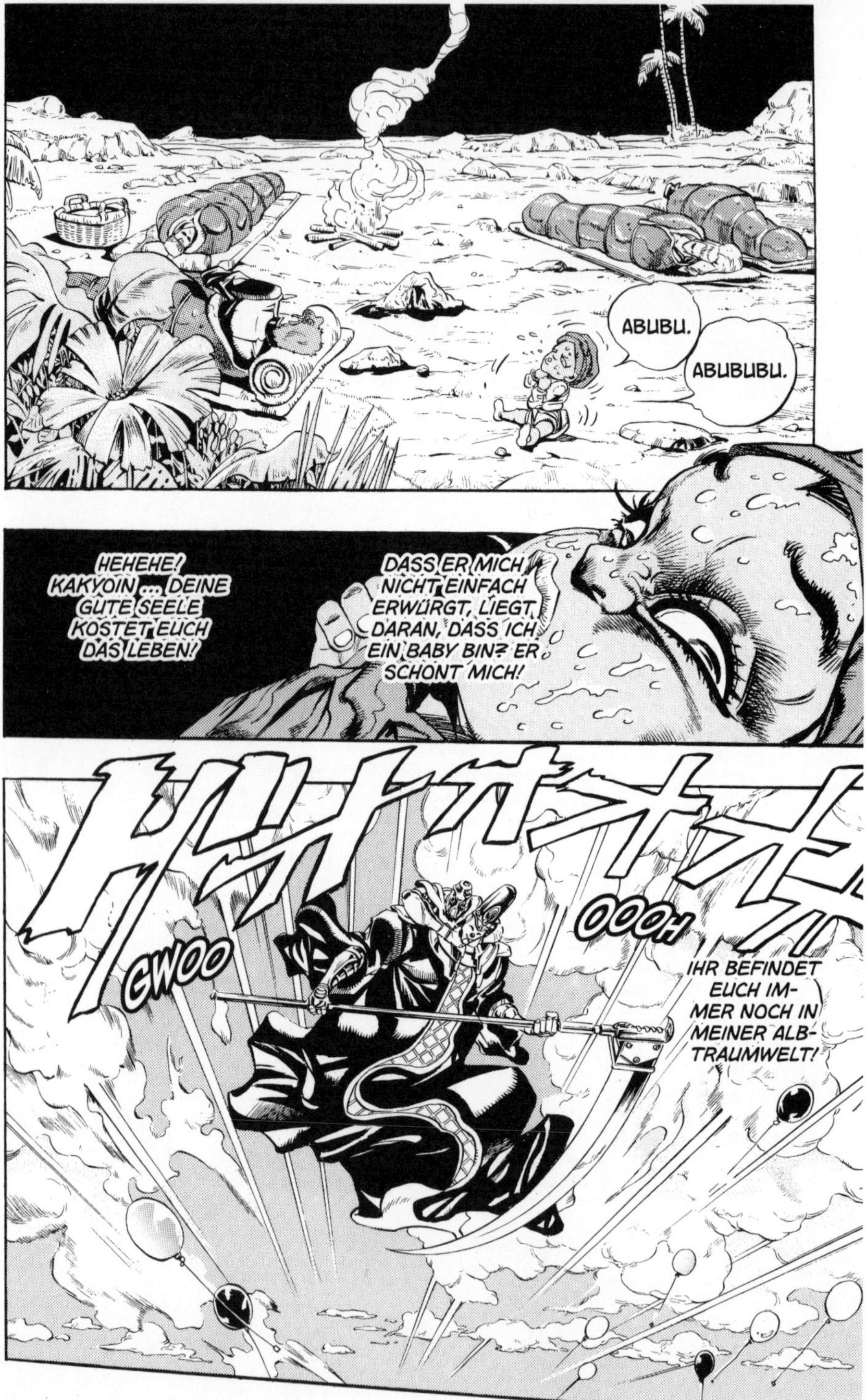

ABUBU.
ABUBUBU.
HEHEHE! KAKYOIN ... DEINE GUTE SEELE KOSTET EUCH DAS LEBEN!
DASS ER MICH NICHT EINFACH ERWÜRGT, LIEGT DARAN, DASS ICH EIN BABY BIN? ER SCHONT MICH!
OOOH
GWOO
IHR BEFINDET EUCH IMMER NOCH IN MEINER ALBTRAUMWELT!

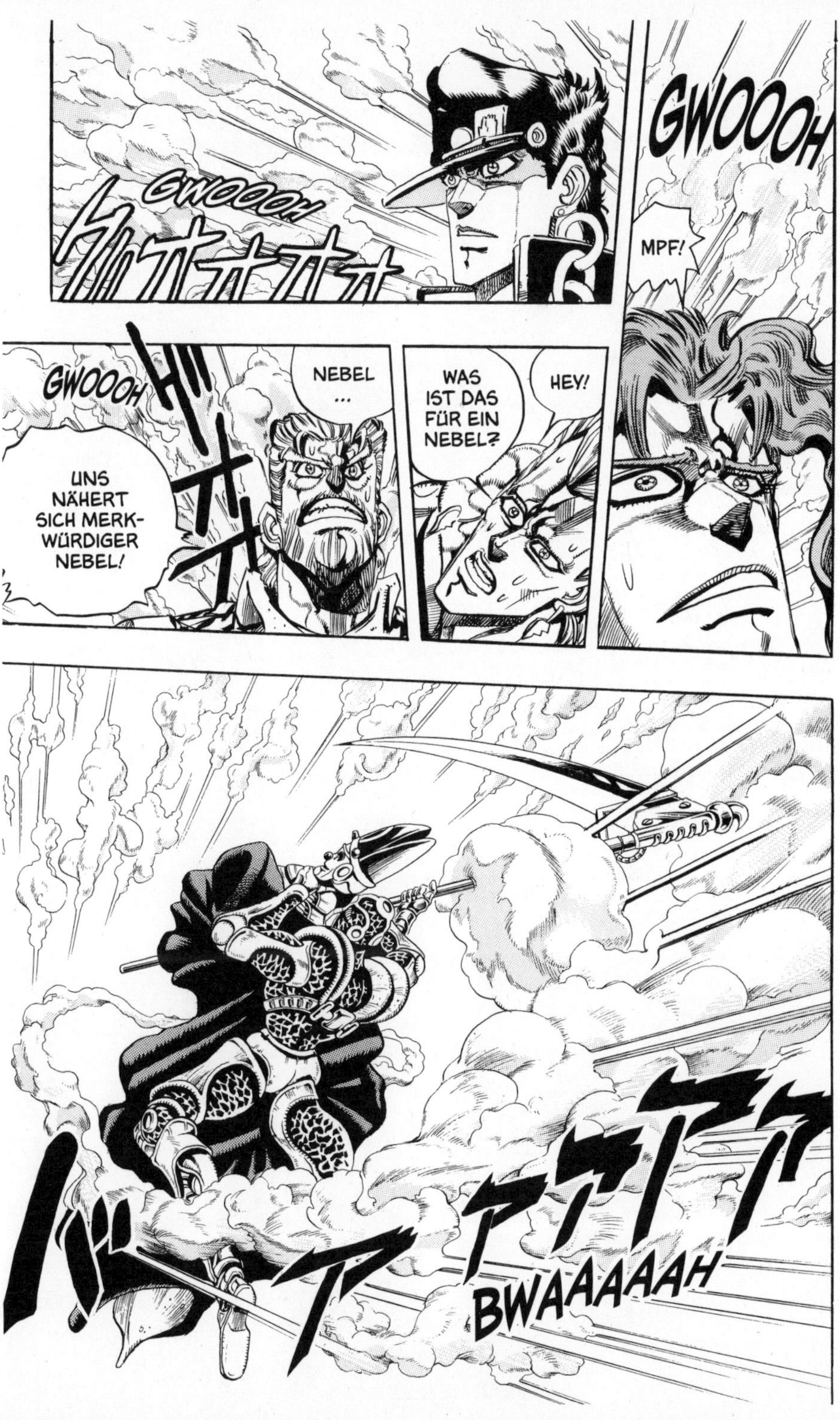
GWOOOH
MPF!
GWOOOH
HEY!
WAS IST DAS FÜR EIN NEBEL?
NEBEL ...
GWOOOH
UNS NÄHERT SICH MERK-WÜRDIGER NEBEL!
BWAAAAAH

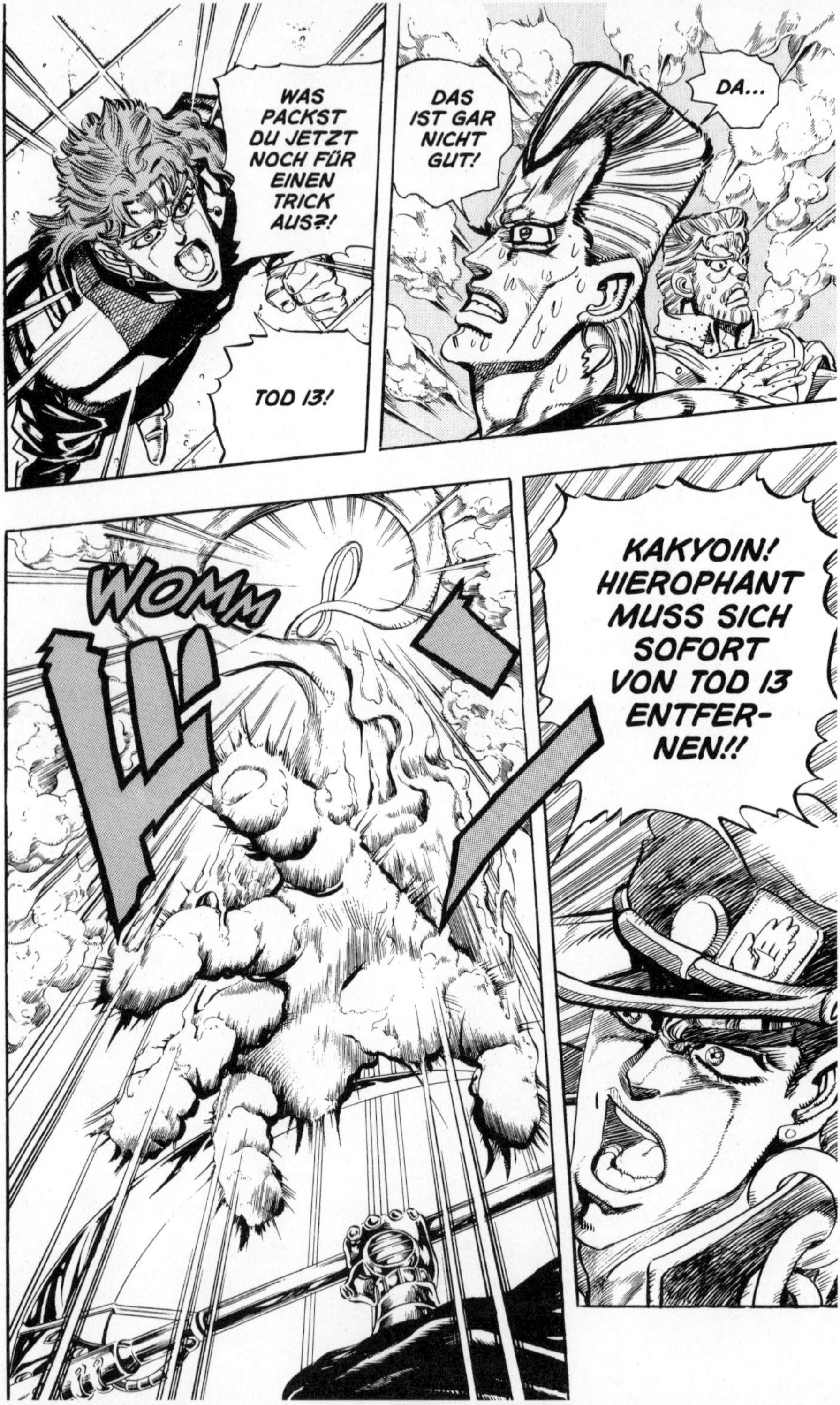
DA...
DAS IST GAR NICHT GUT!
WAS PACKST DU JETZT NOCH FÜR EINEN TRICK AUS?!
TOD 13!
KAKYOIN! HIEROPHANT MUSS SICH SOFORT VON TOD 13 ENTFER-NEN!!
WOMM

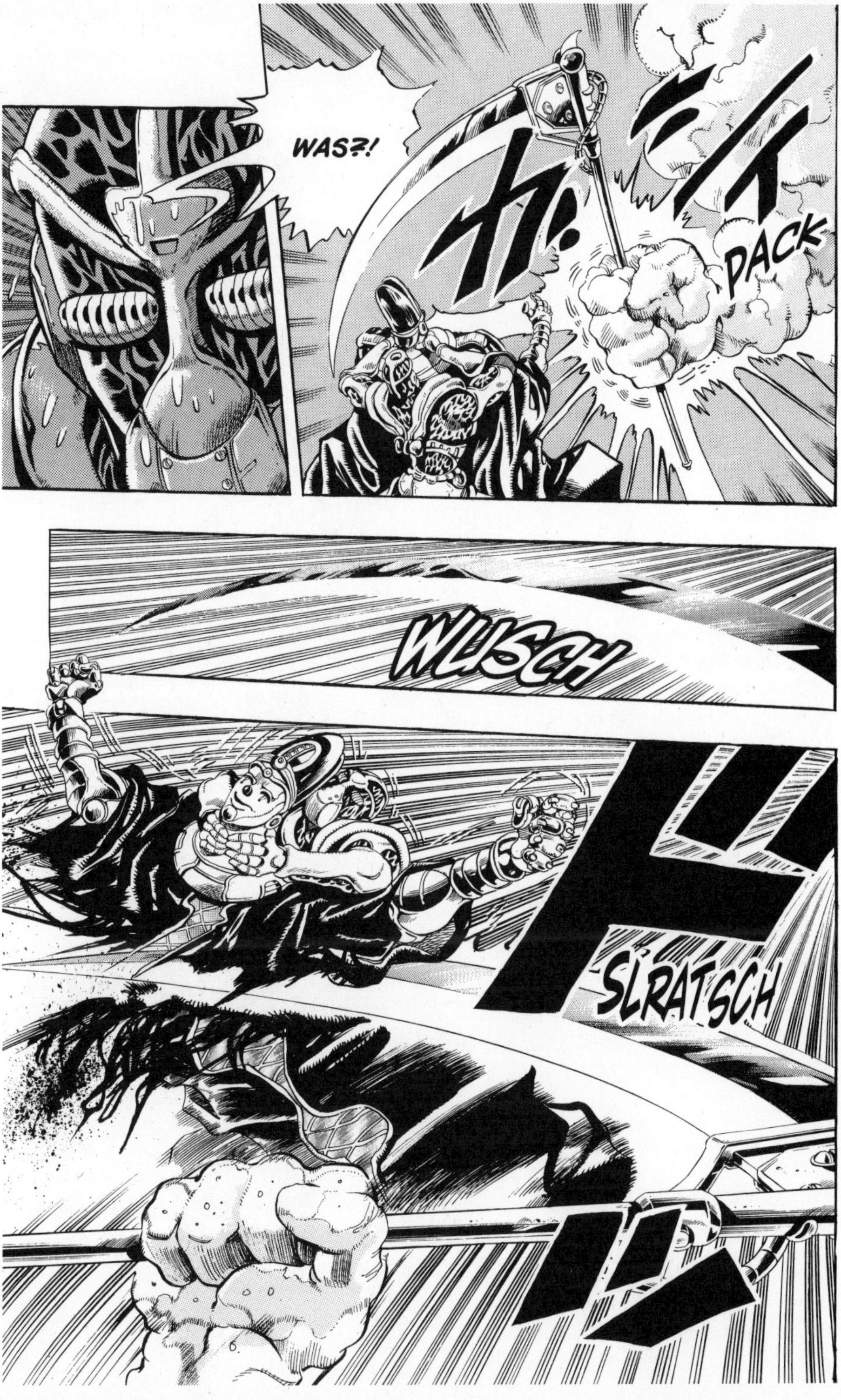

WAS?!
PACK
WUSCH
SLRATSCH

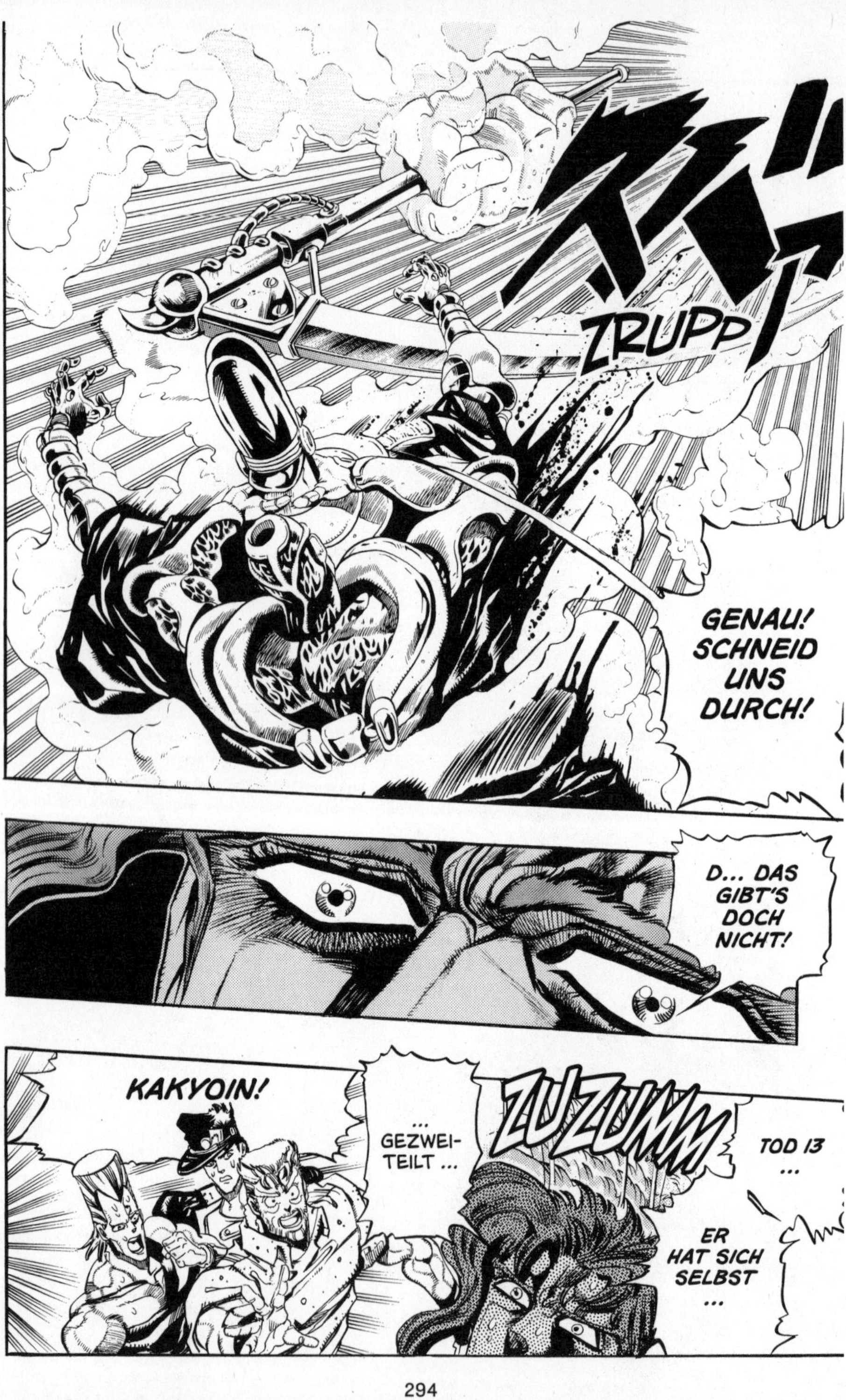
ZRUPP
GENAU! SCHNEID UNS DURCH!
D... DAS GIBT'S DOCH NICHT!
KAKYOIN!
... GEZWEI-TEILT ...
ZUZUMM
TOD 13 ...
ER HAT SICH SELBST ...

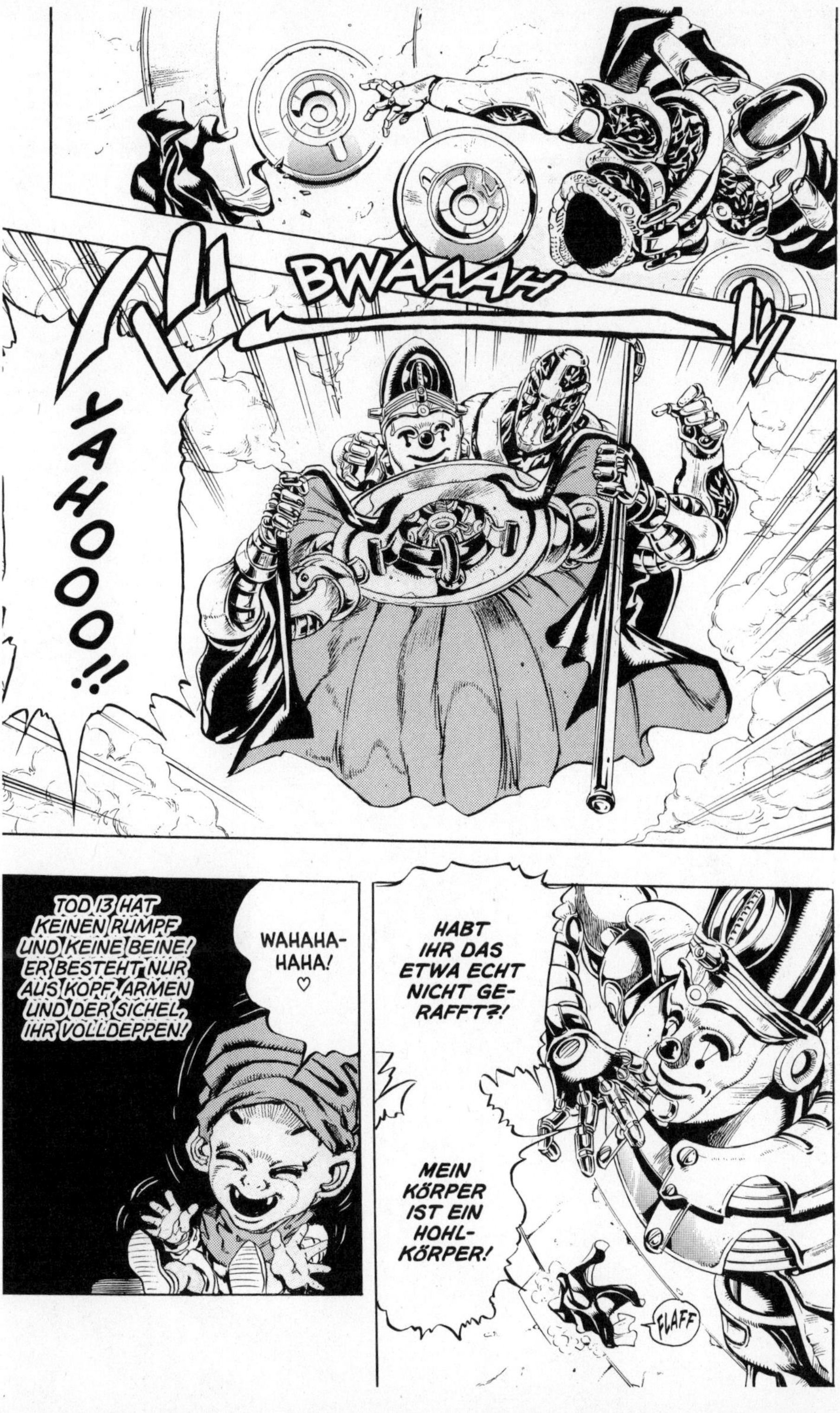
BWAAAAH
YAHOOOO!!
TOD 13 HAT KEINEN RUMPF UND KEINE BEINE! ER BESTEHT NUR AUS KOPF, ARMEN UND DER SICHEL, IHR VOLLDEPPEN!
WAHAHA-HAHA! ♡
HABT IHR DAS ETWA ECHT NICHT GE-RAFFT?!
MEIN KÖRPER IST EIN HOHL-KÖRPER!
FLAFF

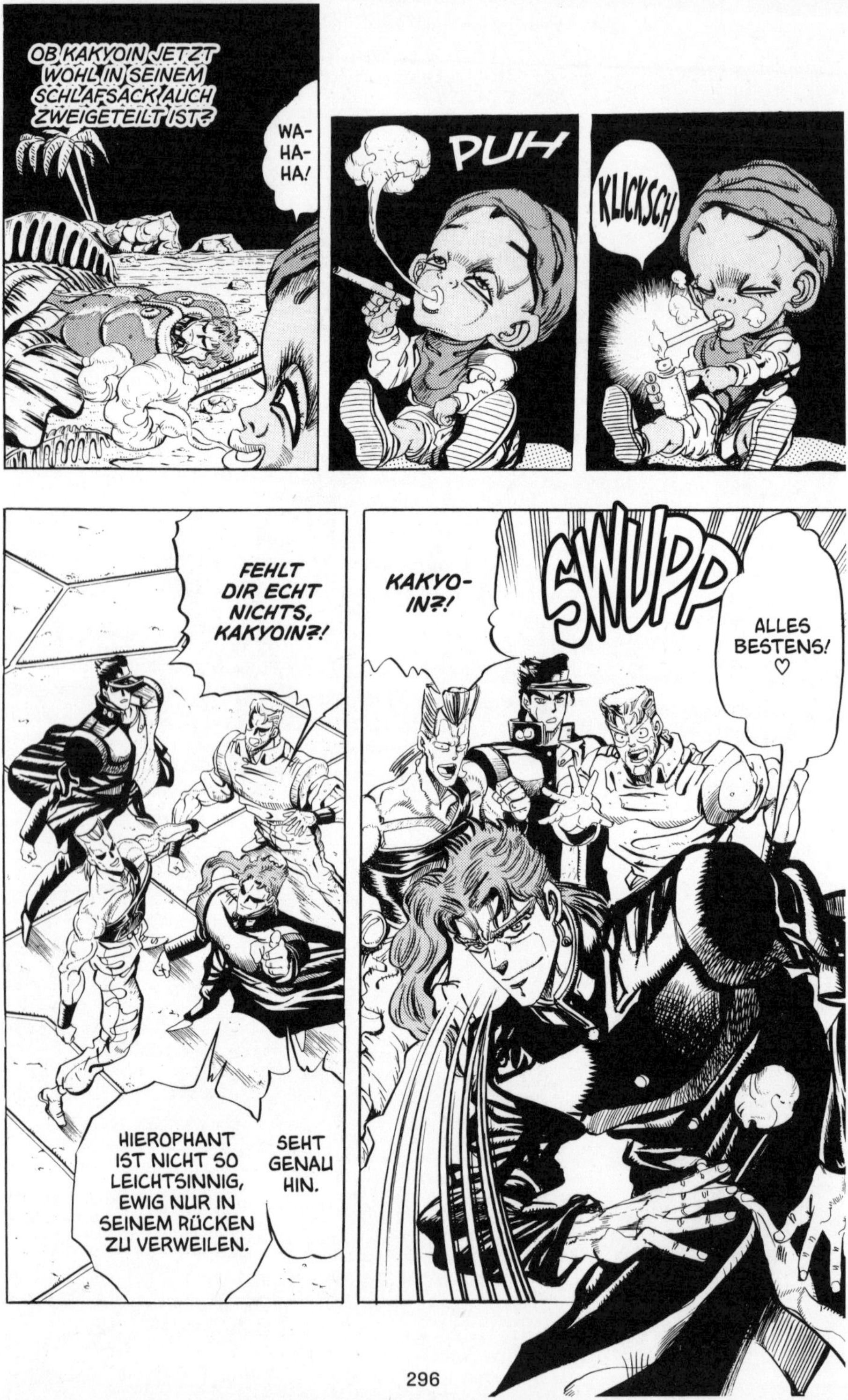
KLICKSCH
PUH
OB KAKYOIN JETZT WOHL IN SEINEM SCHLAFSACK AUCH ZWEIGETEILT IST?
WA-HA-HA!
SWUPP
ALLES BESTENS! ♡
KAKYO-IN?!
FEHLT DIR ECHT NICHTS, KAKYOIN?!
SEHT GENAU HIN.
HIEROPHANT IST NICHT SO LEICHTSINNIG, EWIG NUR IN SEINEM RÜCKEN ZU VERWEILEN.

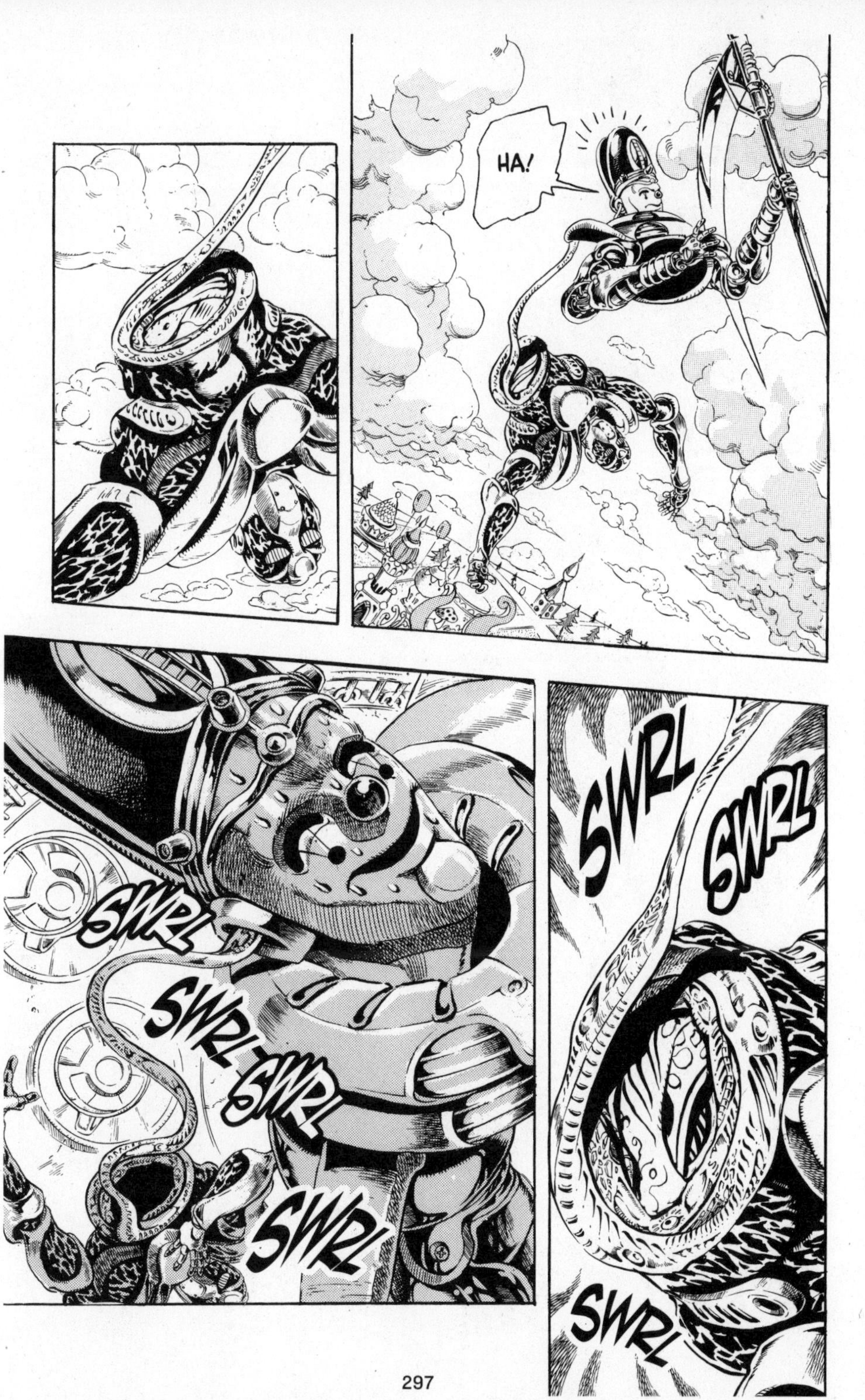
HA!
SWRL
SWRL
SWRL
SWRL
SWRL
SWRL
SWRL
SWRL

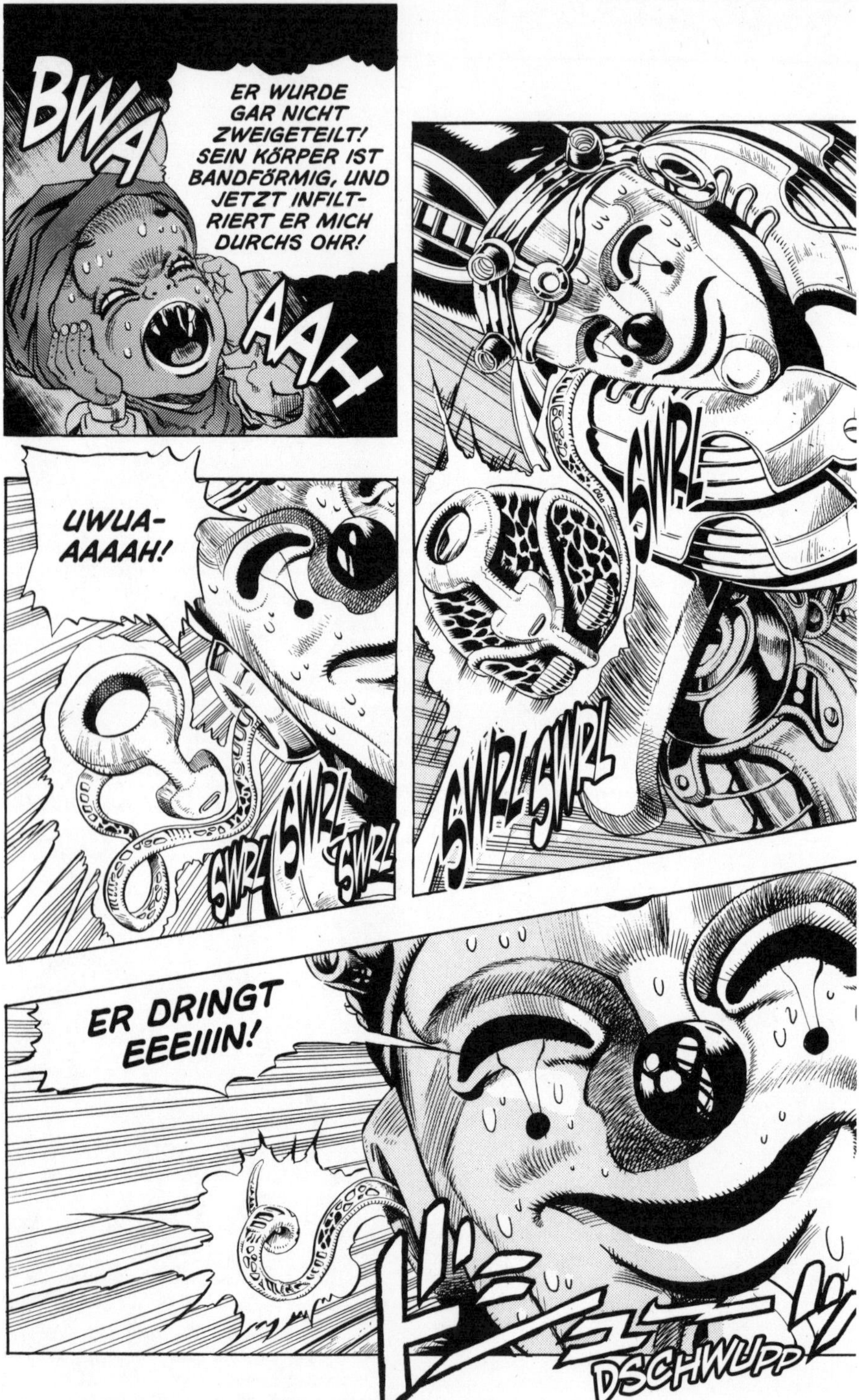
BWA
ER WURDE GAR NICHT ZWEIGETEILT! SEIN KÖRPER IST BANDFÖRMIG, UND JETZT INFILT-RIERT ER MICH DURCHS OHR!
AAH
SWRL
SWRL SWRL
UWUA-AAAAH!
SWRL SWRL SWRL
ER DRINGT EEEIIIN!
DSCHWUPP

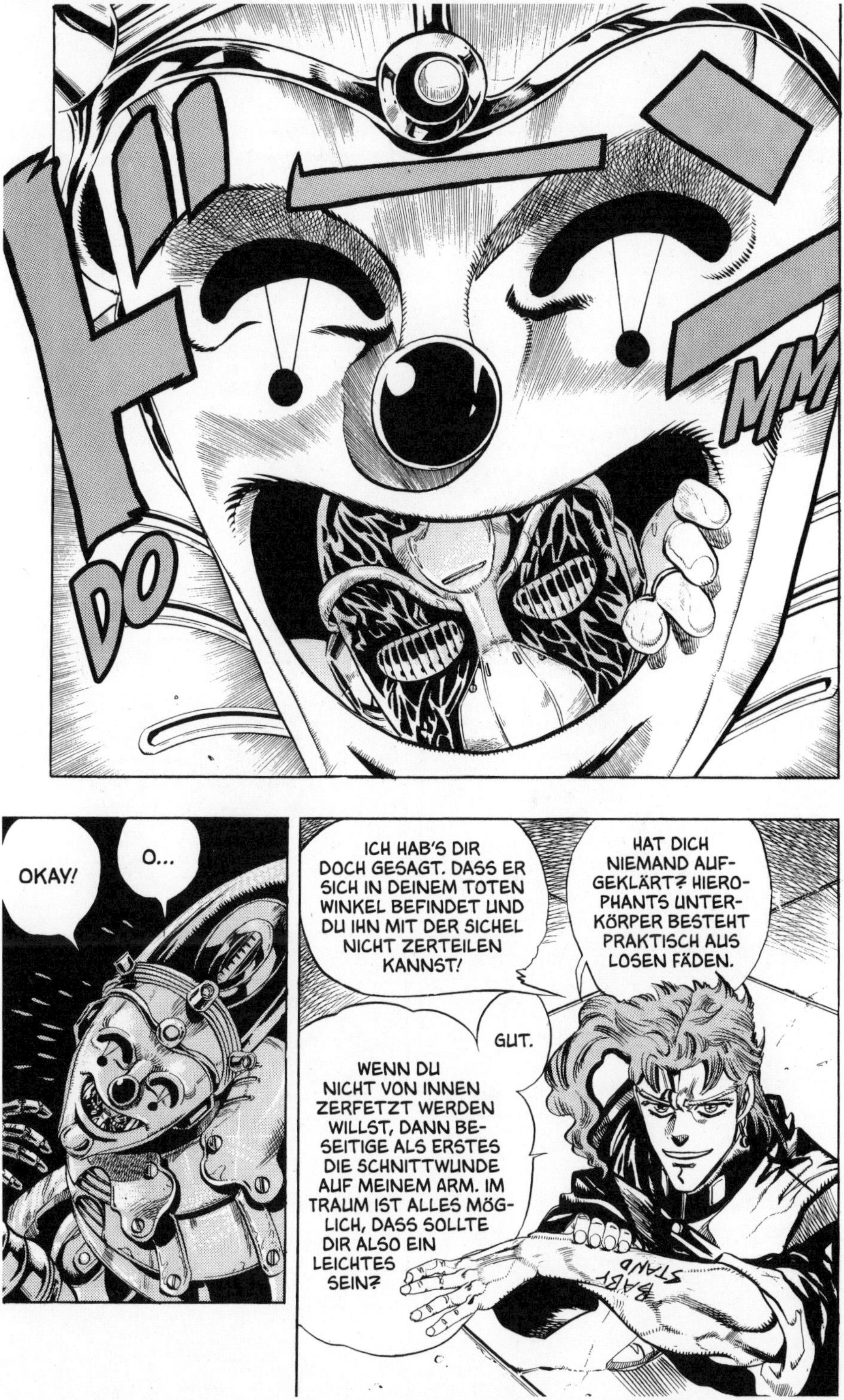
MM
DO
HAT DICH NIEMAND AUFGEKLÄRT? HIEROPHANTS UNTERKÖRPER BESTEHT PRAKTISCH AUS LOSEN FÄDEN.
ICH HAB'S DIR DOCH GESAGT. DASS ER SICH IN DEINEM TOTEN WINKEL BEFINDET UND DU IHN MIT DER SICHEL NICHT ZERTEILEN KANNST!
GUT.
WENN DU NICHT VON INNEN ZERFETZT WERDEN WILLST, DANN BESEITIGE ALS ERSTES DIE SCHNITTWUNDE AUF MEINEM ARM. IM TRAUM IST ALLES MÖGLICH, DASS SOLLTE DIR ALSO EIN LEICHTES SEIN?
BABY STAND
O...
OKAY!

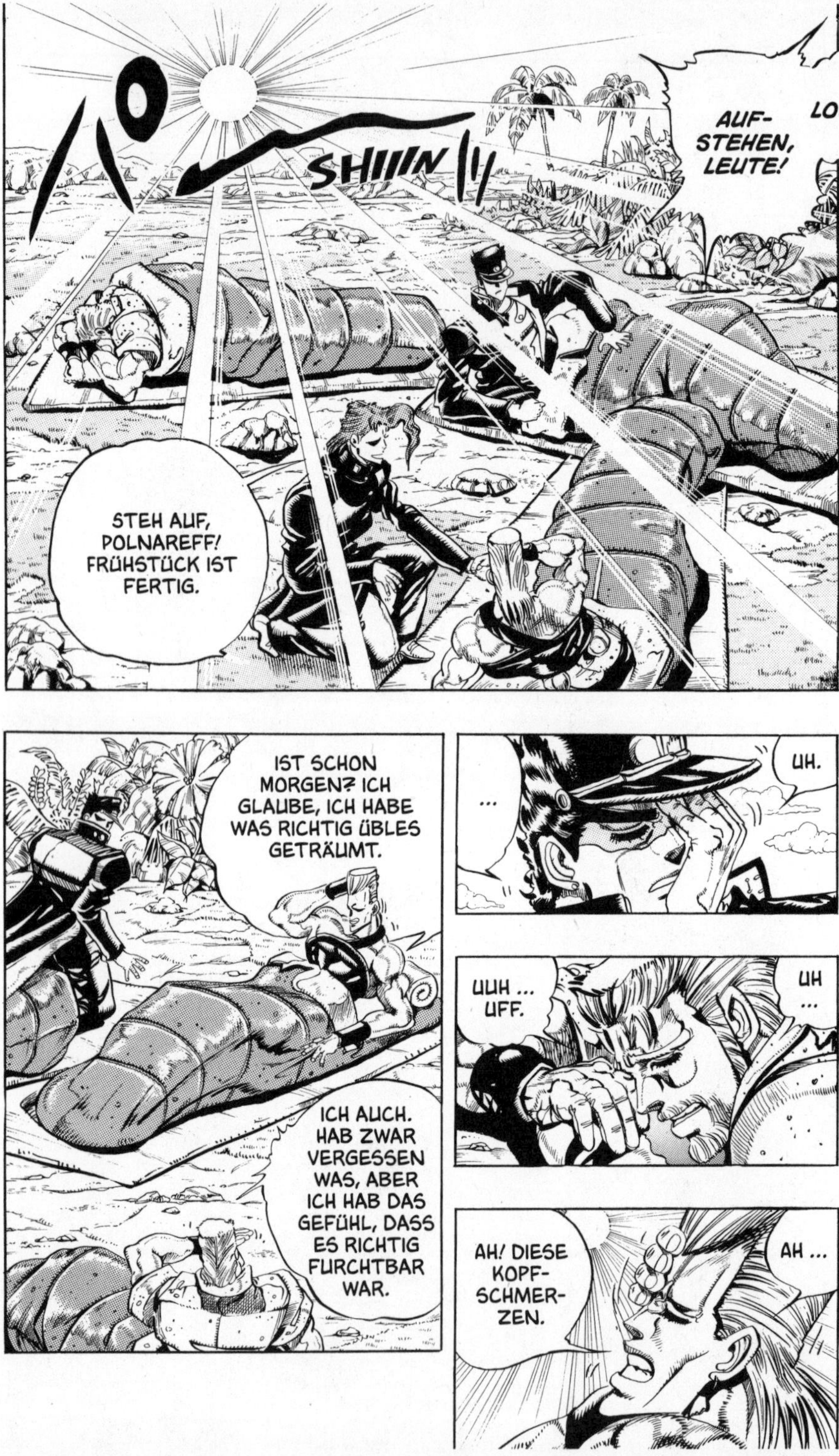
AUF-STEHEN, LEUTE!
LOS!
SHIIIN
STEH AUF, POLNAREFF! FRÜHSTÜCK IST FERTIG.
UH.
...
UH ...
UUH ... UFF.
AH ...
AH! DIESE KOPF-SCHMER-ZEN.
IST SCHON MORGEN? ICH GLAUBE, ICH HABE WAS RICHTIG ÜBLES GETRÄUMT.
ICH AUCH. HAB ZWAR VERGESSEN WAS, ABER ICH HAB DAS GEFÜHL, DASS ES RICHTIG FURCHTBAR WAR.

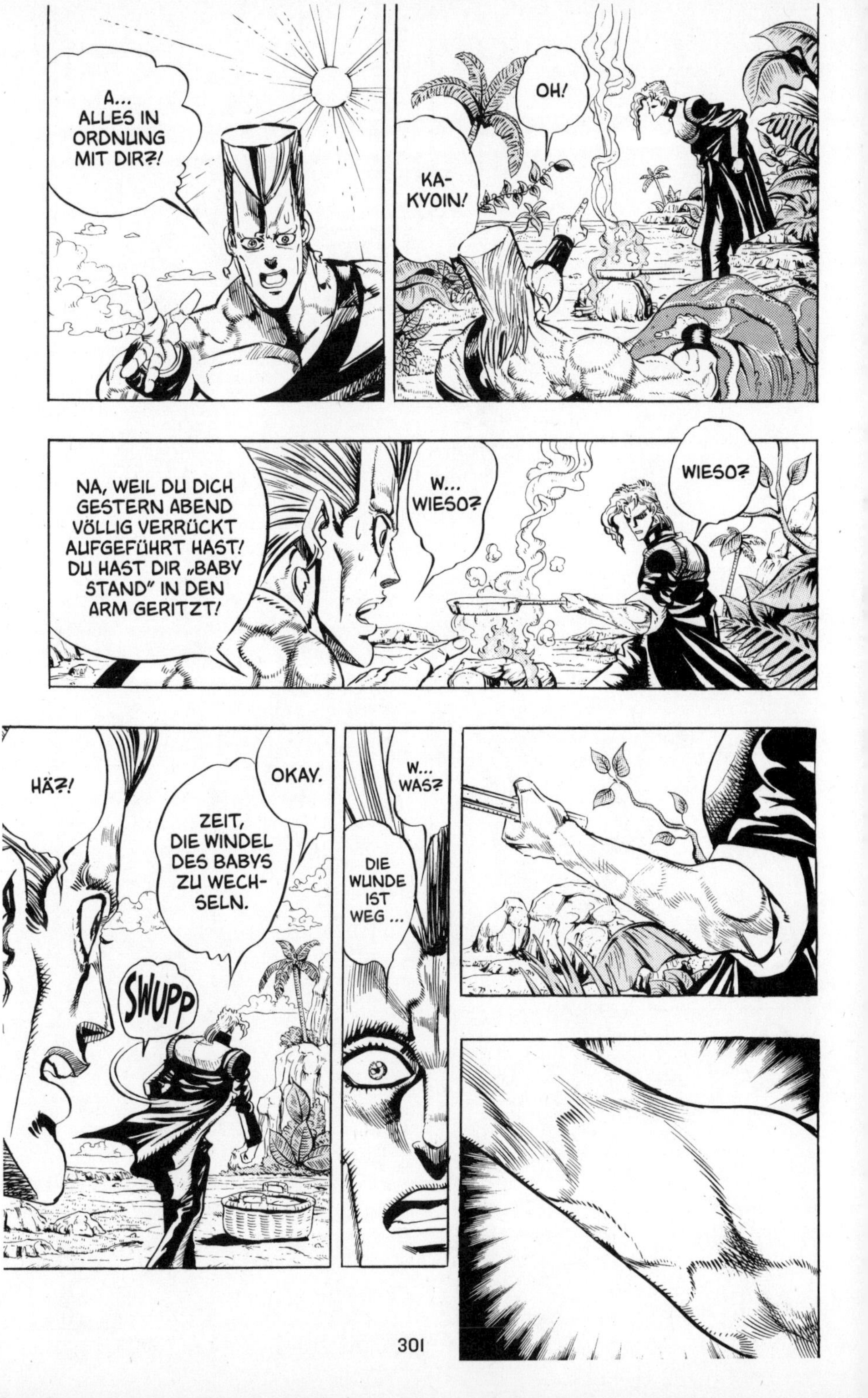
A... ALLES IN ORDNUNG MIT DIR?!
OH!
KA-KYOIN!
WIESO?
W... WIESO?
NA, WEIL DU DICH GESTERN ABEND VÖLLIG VERRÜCKT AUFGEFÜHRT HAST! DU HAST DIR „BABY STAND" IN DEN ARM GERITZT!
W... WAS?
DIE WUNDE IST WEG ...
OKAY.
ZEIT, DIE WINDEL DES BABYS ZU WECH-SELN.
SWUPP
HÄ?!

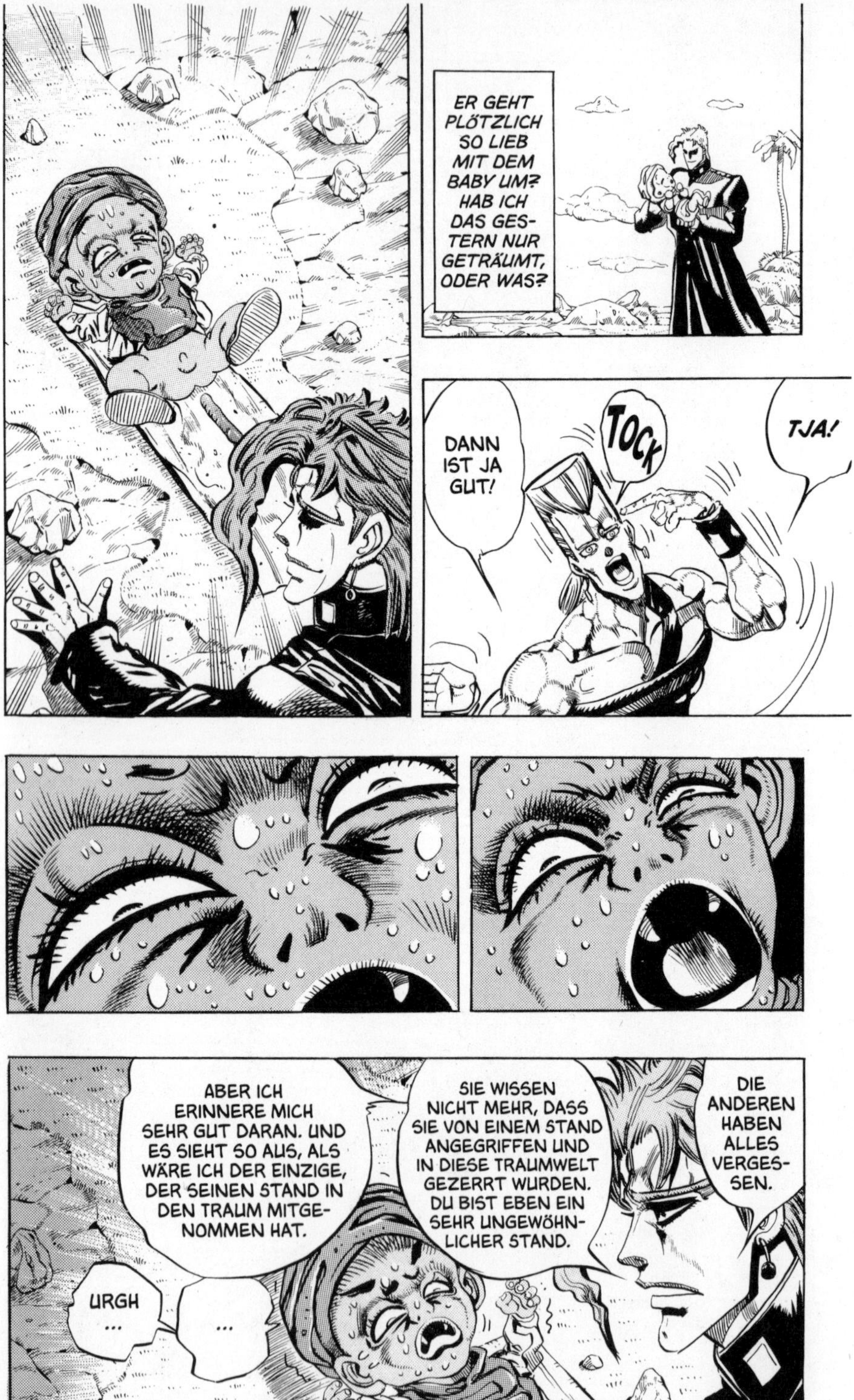
ER GEHT PLÖTZLICH SO LIEB MIT DEM BABY UM? HAB ICH DAS GESTERN NUR GETRÄUMT, ODER WAS?
TJA!
TOCK
DANN IST JA GUT!
DIE ANDEREN HABEN ALLES VERGES-SEN.
SIE WISSEN NICHT MEHR, DASS SIE VON EINEM STAND ANGEGRIFFEN UND IN DIESE TRAUMWELT GEZERRT WURDEN. DU BIST EBEN EIN SEHR UNGEWÖHN-LICHER STAND.
ABER ICH ERINNERE MICH SEHR GUT DARAN. UND ES SIEHT SO AUS, ALS WÄRE ICH DER EINZIGE, DER SEINEN STAND IN DEN TRAUM MITGE-NOMMEN HAT.
...
URGH ...

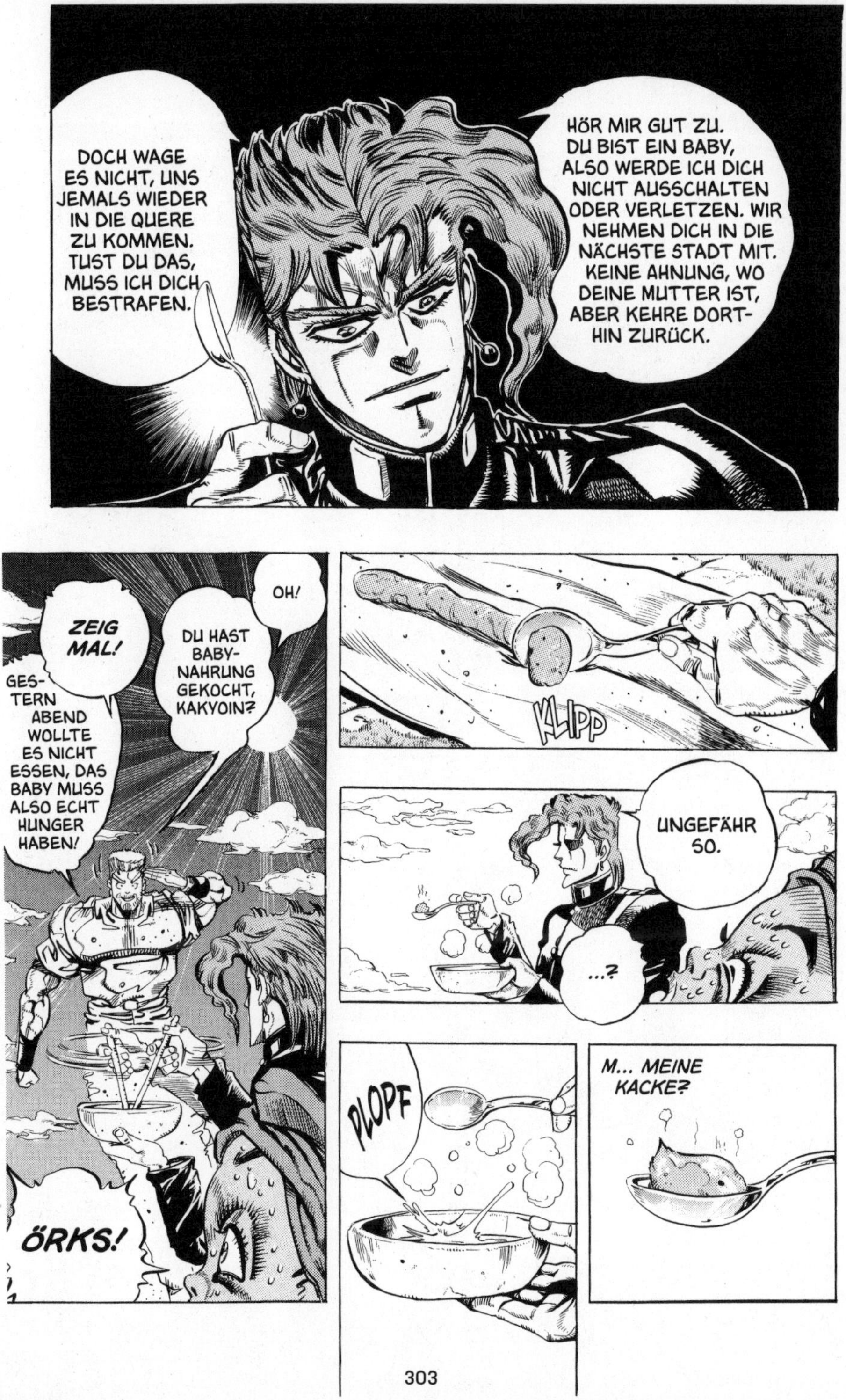
HÖR MIR GUT ZU. DU BIST EIN BABY, ALSO WERDE ICH DICH NICHT AUSSCHALTEN ODER VERLETZEN. WIR NEHMEN DICH IN DIE NÄCHSTE STADT MIT. KEINE AHNUNG, WO DEINE MUTTER IST, ABER KEHRE DORTHIN ZURÜCK.
DOCH WAGE ES NICHT, UNS JEMALS WIEDER IN DIE QUERE ZU KOMMEN. TUST DU DAS, MUSS ICH DICH BESTRAFEN.
OH!
DU HAST BABYNAHRUNG GEKOCHT, KAKYOIN?
ZEIG MAL!
GESTERN ABEND WOLLTE ES NICHT ESSEN, DAS BABY MUSS ALSO ECHT HUNGER HABEN!
ÖRKS!
KLIPP
UNGEFÄHR SO.
...?
PLOPF
M... MEINE KACKE?

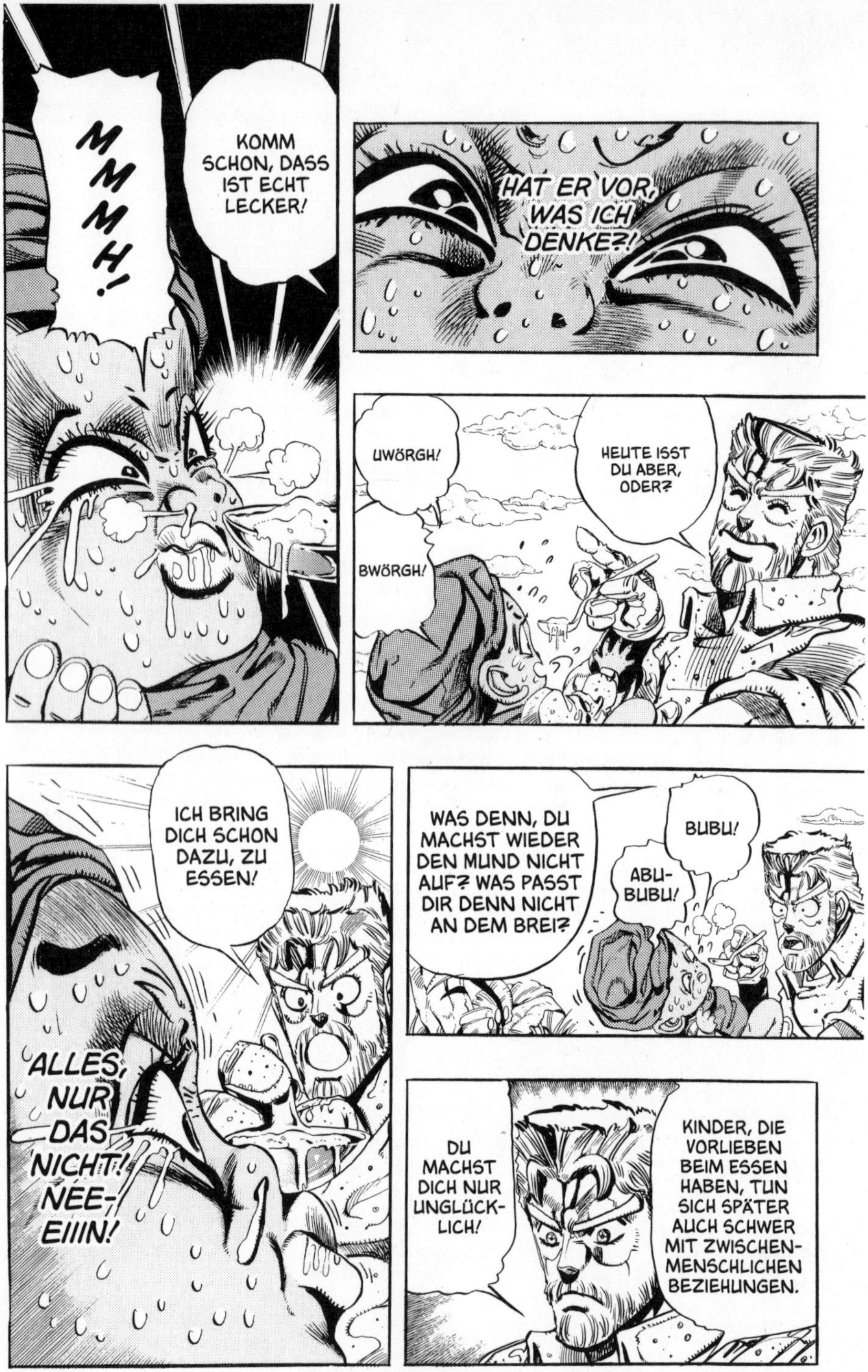
KOMM SCHON, DASS IST ECHT LECKER!
MMMMH!
HAT ER VOR, WAS ICH DENKE?!
HEUTE ISST DU ABER, ODER?
UWÖRGH!
BWÖRGH!
ICH BRING DICH SCHON DAZU, ZU ESSEN!
ALLES, NUR DAS NICHT! NEE-EIIIN!
BUBU!
ABU-BUBU!
WAS DENN, DU MACHST WIEDER DEN MUND NICHT AUF? WAS PASST DIR DENN NICHT AN DEM BREI?
KINDER, DIE VORLIEBEN BEIM ESSEN HABEN, TUN SICH SPÄTER AUCH SCHWER MIT ZWISCHEN-MENSCHLICHEN BEZIEHUNGEN.
DU MACHST DICH NUR UNGLÜCK-LICH!

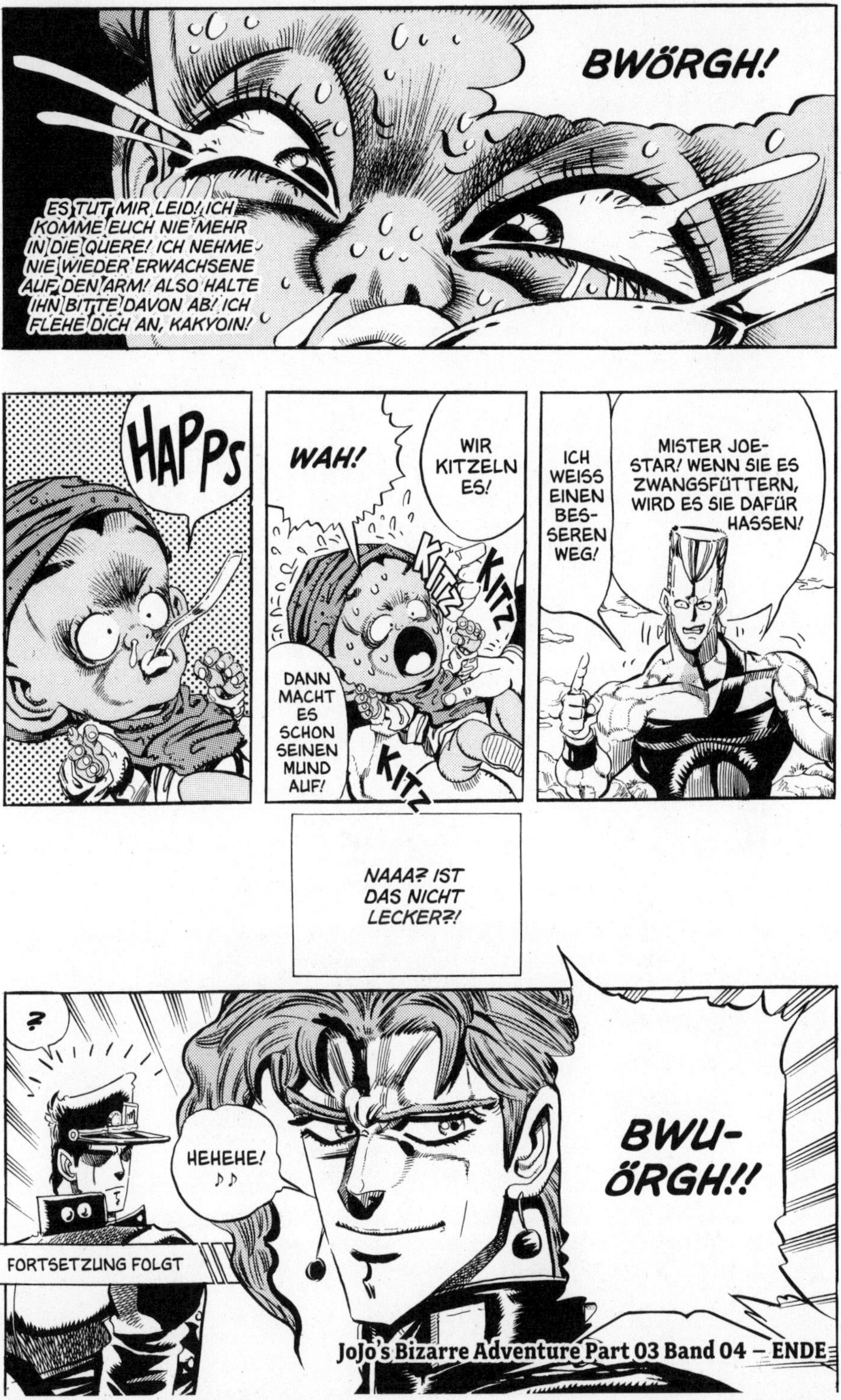
BWÖRGH!
ES TUT MIR LEID! ICH KOMME EUCH NIE MEHR IN DIE QUERE! ICH NEHME NIE WIEDER ERWACHSENE AUF DEN ARM! ALSO HALTE IHN BITTE DAVON AB! ICH FLEHE DICH AN, KAKYOIN!
MISTER JOE-STAR! WENN SIE ES ZWANGSFÜTTERN, WIRD ES SIE DAFÜR HASSEN!
ICH WEISS EINEN BES-SEREN WEG!
WIR KITZELN ES!
WAH!
KITZ
KITZ
DANN MACHT ES SCHON SEINEN MUND AUF!
KITZ
HAPPS
NAAA? IST DAS NICHT LECKER?!
BWU-ÖRGH!!
HEHEHE! ♪♪
?
FORTSETZUNG FOLGT
JoJo's Bizarre Adventure Part 03 Band 04 – ENDE

STOPP!

STOPP! DIES IST DIE LETZTE SEITE!

JOJO'S BIZARRE ADVENTURE ist ein Manga, und einen japanischen Comic liest man von hinten nach vorne. Auch die Lesereihenfolge der Bilder und Sprechblasen auf den Seiten ist anders als gewohnt: von rechts oben nach links unten.

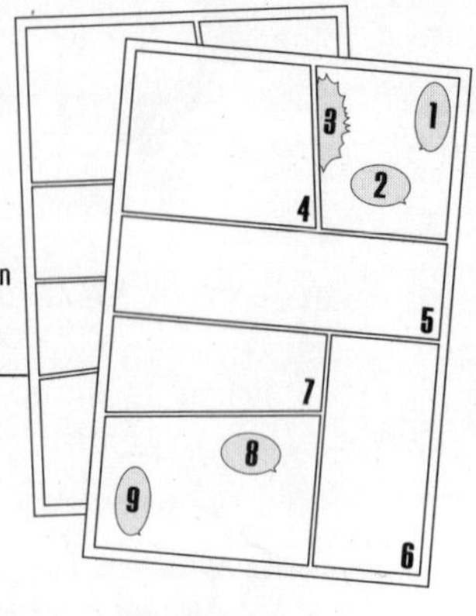

JOJO'S BIZARRE ADVENTURE PART 3
STARDUST CRUSADERS 04

von
Hirohiko Araki

1. Auflage, 2023
Deutsche Ausgabe/German Edition

Inh. Andreas Mergenthaler | Verlagsleitung: Luciana Bawidamann

Aus dem Japanischen von Josef Shanel

Programmleitung: Alexandra Grimsehl
Redaktion & Lektorat: Alexandra Grimsehl
Korrektorat: Beatrice Tavares
Grafik/Produktionsleitung: Elke Epple
Layout und Lettering: Manga Cult, Datagrafix GSP GmbH, Berlin
Original Cover Design: Editorial Ivrea+Javier Heredia
Druck: GGP Media GmbH, Pößneck

Print-ISBN: 978-3-96433-516-6

www.manga-cult.de | April 2023